COLEÇÃO

HISTÓRIA DA IGREJA DE CRISTO

DANIEL-ROPS

COLEÇÃO

HISTÓRIA DA IGREJA DE CRISTO

IV

A IGREJA DA RENASCENÇA E DA REFORMA (I)

4ª edição

Tradução de Emérico da Gama

QUADRANTE

QUADRANTE

QUADRANTE EDITORA
Rua Bernardo da Veiga, 47 | Tel.: 3873-2270
CEP 01252-020 | São Paulo - SP
atendimento@quadrante.com.br
www.quadrante.com.br

Direção geral
Renata Ferlin Sugai

Direção de aquisição
Hugo Langone

Direção editorial
Felipe Denardi

Produção editorial
Juliana Amato
Gabriela Haeitmann
Ronaldo Vasconcelos
Roberto Martins
Karine Santos

Capa
Gabriela Haeitmann

Diagramação
Sérgio Ramalho

Título original: *L'Église de la Renaissance et de la Réforme*
Edição: 4ª

Dados Internacionais de Catalogação na Publicação (CIP)

Daniel-Rops, Henri, 1901-1965
A Igreja da Renascença e da Reforma: I. A reforma protestante / Henri Daniel-Rops; tradução de Emérico da Gama – 4ª ed. – São Paulo: Quadrante Editora, 2024.

Título original: *L'Église de la Renaissance et de la Réforme*
ISBN (capa dura): 978-85-7465-750-9
ISBN (brochura): 978-85-7465-738-7

1. Igreja - História - Período medieval, 1500- 2. Igreja Católica - História I. Gama, Emérico da. II. Título III. Série.

CDD–270.2

Índices para catálogo sistemático:
1. Cristianismo : História da Igreja 270.2

SUMÁRIO

I. Uma crise de autoridade: o cisma e os concílios

O glorioso retorno

A 17 de janeiro de 1377, numa dessas manhãs de sol brando e vento moderado, de que às vezes se desfruta durante o inverno na planície de Roma, uma enorme multidão se comprimia nas margens do Tibre, num visível estado de delirante entusiasmo. Não longe dali, entre os pinheiros, erguia-se a Basílica de São Paulo Extramuros, a mesma que o imperador Honório e Gala Placídia haviam erigido em honra do Apóstolo no lugar em que se cavara a sua sepultura, e cujos mosaicos rivalizavam com os de Ravena. Através do velho caminho lajeado — a antiga via de Óstia —, continuavam a afluir verdadeiras ondas humanas, desejosas de unir-se aos espíritos fervorosos que, com uma alegria transbordante e à luz de tochas, tinham velado, rezado e cantado ao longo de toda a noite. A galera pontifícia estava ancorada a montante, acompanhada por cerca de outras vinte, que hasteavam a bandeira de muitos reinos e de muitas cidades. O rio estava coberto de embarcações que serviam de escolta. Por fim, viu-se surgir a figura que se aguardava; atravessou a passarela de desembarque e dirigiu-se à igreja onde Pierre Ameilh de Brénac, bispo de

Sinigaglia e prelado da Cúria, ia celebrar a Santa Missa. Todos se prostraram e se ajoelharam, e a seguir aclamaram o pontífice em altos brados. Ali estava ele, fatigado e pálido; não parecia muito contente.

O papa que a Cidade Santa acolhia desse modo chamava-se *Gregório XI*. Tinha quarenta e oito anos. Era um homem franzino, magro, de rosto macerado, precocemente gasto pelas lutas e pela angústia. Já na ocasião em que fora eleito, em 1370 — como o representa uma miniatura das *Chroniques* de Froissart —, parecia ter quase sessenta anos, quando mal acabava de chegar aos quarenta. Dentro dessa frágil bainha, porém, havia uma espada de bom aço. Francês — seria o último dos soberanos pontífices nascidos na França —, filho do conde de Beaufort, sobrinho de Clemente VI, ascendera na carreira eclesiástica graças à estranha rede de benesses infelizmente comuns na corte de Avinhão. No seu caso, soubera utilizar essas promoções escandalosas para a glória de Deus.

Cônego aos onze anos, prior de Mesvres, perto de Autun, e cardeal aos dezenove anos[1], não tinha achado, como tantos outros, que a sua brilhante posição o dispensava de estudar e de se comportar corretamente. Aluno do célebre Baldo dei Ubaldi em Perúgia, adquirira eminentes conhecimentos jurídicos de que nutria a sua maneira de pensar, naturalmente sábia e ponderada. Modesto, piedoso e prudente, mostrava-se sempre benevolente e afável, mas sabia também dar provas de firmeza e mesmo de rigor, muitas vezes necessárias num verdadeiro condutor de homens. Reformador dos costumes, propagador da fé e perseguidor das heresias, enfrentara corajosamente os inumeráveis perigos que ameaçavam a Igreja. Se não conseguira romper o círculo mortal da rivalidade franco-inglesa, pelo menos tinha restabelecido a paz nas Espanhas, reconciliado o Império com a Hungria e Nápoles com a Sicília. O papa desta virada da história era, pois, sob muitos aspectos um grande homem. E também vemos nele, como em outras figuras, a mais firme energia aliada a uma misteriosa fragilidade.

Nenhuma outra prova mais clara dessa energia do que o glorioso retorno que agora acabava de se realizar. Assim que fora sagrado sucessor de São Pedro, tinha anunciado o seu projeto: "O bem da fé cristã", dissera, "o proveito da igreja romana, nossa Esposa, a situação dos territórios pontifícios, a utilidade pública, tudo nos insta a partir para a Cidade Santa". Tendo censurado certa vez um bispo por ter deixado em situação de abandono a sua igreja, sua esposa mística, este ousara ripostar-lhe: "Vossa Santidade não estará mais atrasado do que eu em voltar para a sua?" E o papa respondera-lhe simplesmente: "Em breve estarei em Roma".

As intrigas dos reis, das cidades e dos cardeais puderam retardar, mas não impedir o amadurecimento da sua decisão. A voz de uma santa fizera o resto. Tanto no baixo-relevo do seu sarcófago em Santa Francisca Romana, talhado no mármore por Paolo Olivieri, como no célebre painel de Matteo di Giovanni no hospital de Siena, o seu retorno a Roma é retratado como a mais importante realização da sua vida. Mesmo em pleno século XVI, num tempo em que a Igreja de Cristo era atingida por uma cisão muito pior, a imaginação dos artistas comovia-se ao recordar aquele que fizera desaparecer outra ruptura e pusera fim ao exílio de Avinhão.

O cortejo começou a mover-se. O Vigário de Cristo ia a cavalo, debaixo de um dossel sustido por quatro prelados a pé. Seguiam atrás os príncipes da Igreja, com os seus chapéus vermelhos à cabeça ou caídos sobre as costas. Por toda a parte, só se avistavam estandartes erguidos e cavalos ajaezados com seus guizos tilintantes; os fidalgos romanos corriam como loucos; os *caporioni*, barqueiros e dançarinos externavam ruidosamente a sua alegria. As mulheres e as crianças lançavam flores e enchiam de guloseimas os cavalos da escolta. A nobreza da cidade misturava-se com os jovens grupos de Raimundo de Turenne e dos seus cadetes da Provença. Apontava-se para João de Heredia d'Emposte, que, muito sério, conduzia dignamente o pendão pontifício, e para o intendente Bertrand Raffin, arcediago de Lérida, ainda preocupado em buscar alojamentos. Também o milagre, dizia-se, tivera participação no acontecimento: os anjos tinham tido o cuidado de reconduzir para São Pedro a cadeira do apóstolo exilado e, a fim de que a responsável sobrenatural por esse triunfo, Catarina de Sena, pudesse presenciá-lo com as suas irmãs enclausuradas, as paredes do convento tinham-se aberto subitamente.

Alegria! Alegria! Estava tudo esquecido. Queria-se esquecer tudo nessa hora: a profunda saudade que muitos desses franceses tinham sentido ao deixarem "a cidade bela como a flor, brilhante como o marfim"; os negros pressentimentos que, fortemente reforçados pela astrologia, tantos deles tinham experimentado ao abandonarem a tão amada colina dos Doms; e as espantosas dificuldades dessa viagem que se estendera por quatro meses completos e durante a qual tudo parecera unir-se contra o propósito do pontífice: os ventos enfurecidos, o mar, as intrigas dos homens, as rivalidades entre a tripulação e, para terminar, as manobras suspeitas de certos romanos.

Mais ainda: queria-se esquecer o preço pago por essa brilhante vitória, alcançada mais através da força do que do amor aconselhado por Catarina de Sena; esquecer também os horrores cometidos pelos bandos mercenários de bretões e de ingleses que fora preciso lançar sobre a Itália a fim de ali restabelecer a ordem; esquecer que Florença, conduzida pelos seus "Oito Santos", embora sob interdito e semiarruinada, ainda estava envolvida numa guerra terrível; esquecer que na própria Igreja, no seio do Sacro Colégio, as invejas e os ódios guardavam um silêncio apenas provisório. E esquecer sobretudo que essa situação, em tantos sentidos angustiante, estava nas mãos de um quase quinquagenário já gasto, que parecia ter um pé no túmulo e de quem a Itália nada sabia.

Era preciso não pensar em nada disso. Apenas se devia prestar toda a atenção à alegria ruidosa dos sinos e das fanfarras. "Eis o bem-vindo! Eis aquele que tanto esperávamos! Viva o Papa! Viva Gregório! Alegria! Alegria!" Através das pequenas ruas tortuosas da cidade, o interminável cortejo serpenteou quase sem solução de continuidade durante todo o dia. Um arauto brandia à frente do pontífice as chaves da Cidade Eterna. Por toda a parte, nas janelas, nas varandas, na soleira das portas, viam-se somente magnificências de brocado e rutilâncias de ouro. A noite caíra e ainda se continuava a caminhar — "e estávamos sempre em jejum", observa com precisão o bom bispo Ameilh, no relatório rimado que fez de toda essa aventura.

Por fim, chegaram a São Pedro. O herdeiro avançou até o túmulo do apóstolo e, durante um longo tempo, abismou-se na meditação e na oração. Que experimentava essa consciência habitada pelo Espírito? Que via? Num futuro próximo, a fúria que voltava a desencadear-se? A abominável carnificina de Cesena, que as próprias tropas pontifícias levariam a cabo menos de cinco semanas mais tarde? O futuro exílio em Anagni seis meses depois, e o retorno a Roma onde a morte o aguardava impaciente? Inteiramente entregue aos sombrios pressentimentos que se misturavam com a sua ação de graças, o papa esquecia a hora. Os que o acompanhavam, porém, cansados de entoar louvores a Deus por tanto tempo, preocupavam-se agora com coisas menos sobrenaturais. Instalaram-se no Palácio do Vaticano e, à luz das tochas, procuraram recuperar as forças sem escrúpulos. Dizem que o serviço foi magnífico, com iguarias raras e preciosas.

Os últimos papas de Avinhão

Assim terminava uma longa e penosa prova que a Igreja sofria há mais de setenta anos. Lembremos os acontecimentos[2].

Em 1305, o arcebispo de Bordéus, Bertrand de Got, eleito Clemente V após muitas dificuldades, julgara seu dever solucionar a desavença que opunha o papado ao rei da França; desejara fazê-lo antes de instalar-se em Roma, proclamada por ele em voz alta "a sua verdadeira sé". Contudo, a diplomacia capetíngia, o medo do caos italiano e a necessidade de trabalhar no Concílio de Vienne haviam-no retido do outro lado dos Alpes. Depois de muito vaguear, e apesar de uma longa permanência em Avinhão, onde chegara em 1309, morrera em 1314, quando estava prestes a realizar uma nova viagem, sem ter posto os pés na Itália. Nunca cessara, porém, de declarar que o seu único desejo era transferir-se para a Cidade Eterna.

O seu sucessor, João XXII (1316-1334), um septuagenário franzino, tinha considerado impossível qualquer retorno enquanto a Península estivesse no estado em que ele a via. Limitara-se a enviar para lá um legado, que se envolvera em longas e custosas batalhas, sem grandes resultados. Um reaquecimento inesperado da velha questão do sacerdócio e do Império, que o opusera a Luís da Baviera, convencera-o de que a Providência preferia vê-lo nas margens do Ródano a vê-lo nas do Tibre. Como bom organizador, fixara a Cúria na cidade provençal, esforçando-se por dotar o governo central da Igreja de meios de ação eficazes. Bento XII (1332-1342) e Clemente VI (1342-1352) tinham continuado a sua obra. Sobre o rochedo dos Doms, erguia-se o imponente castelo edificado por ordem papal. Cerca de seis mil metros quadrados e um conjunto pontiagudo de torres e muralhas manifestavam aos olhos do mundo a glória de Avinhão, capital provisória da Igreja. Uma capital, aliás, pouco confortável: as suas ruas fervilhavam de gente e as casas regurgitavam de cardeais e comerciantes, de funcionários e procuradores, de diplomatas e cortesãos, sem falar de diversas faunas menos recomendáveis. E os italianos, furiosos por verem Roma viúva do pontífice, zombavam da cidade que Petrarca chamava "a sentina dos vícios, o esgoto do mundo, a mais fétida das cidades", o que era um grande exagero.

Mas nenhum daqueles papas franceses que haviam ocupado a sede pontifícia em Avinhão renunciara à ideia do regresso. Servindo-se das armas, do dinheiro ou da intriga, todos tinham procurado preparar as condições que lhes pareciam indispensáveis para tornarem a instalar-se em Roma. Mesmo depois de Avinhão ter sido comprada, em 1348, à rainha Joana de Nápoles — o que parecia confirmar o caráter definitivo da instalação —, Clemente VI, ao conceder o Jubileu de 1350, tinha esclarecido que as graças relativas a esse ano de indulgência se adquiriam junto do túmulo do apóstolo. Portanto, o "novo cativeiro da Babilônia", como se dizia então em vários pontos da cristandade, não seria eterno, mas nem por isso os polemistas apaixonados se tinham apaziguado.

O pontificado de *Clemente VI* terminara em 1352, deixando simultaneamente a lembrança das horas mais faustosas que a corte de Avinhão conhecera e a dos dias de terrível angústia durante os quais a peste negra se abatera sobre a cristandade como um sinal da cólera divina. Nessa altura, a situação parecia singularmente confusa e pouco propícia para que se pudesse tomar uma decisão. Somente sob um único aspecto as coisas se tinham clarificado: o das relações entre o papado e o Império.

Em 1346, Carlos da Morávia — filho do valoroso João de Luxemburgo, o rei cego que nesse mesmo ano se deixaria matar heroicamente em Crécy, nas fileiras francesas — passara a ser Carlos IV e, como imperador, tinha respeitado os compromissos que assumira com o pontífice: renunciara às turbulentas investidas sobre a Itália e mostrara-se desejoso de acatar os interesses da Santa Sé. A Petrarca, que o intimara a ser o "salvador" da Itália, respondera, não sem humor, com as palavras de Tibério: "Não sabeis que monstro é o Império..." E revelara-se mais interessado no dinheiro e nos resultados palpáveis do que em grandes sonhos de poder. Em 1355, descera a Roma, mas como peregrino, e, se se fizera coroar, deixara a cidade naquela mesma tarde, a fim de mostrar que não pretendia tornar-se seu senhor.

Só lá voltaria em 1368, já quando *Urbano V* se encontrava presente, e nessa ocasião vê-lo-iam conduzir pelas rédeas a cavalgadura do pontífice e oficiar ao seu lado como diácono na festa de Todos os Santos. Por esse lado, portanto, tudo corria da melhor maneira possível.

Infelizmente, os outros setores do mapa político do Ocidente não davam motivo para tanto otimismo. A oeste dos Alpes, a situação revelara-se bastante inquietante. A guerra que eclodira em 1337 entre os reis da França e da Inglaterra ameaçava estender-se por muito tempo — duraria cem anos... — e as tentativas de mediação dos papas tinham malogrado completamente. A França de Carlos V e de Bertrand Duguesclin resistia bem, embora esmagada em Crécy e sem o seu rei João II, morto no cativeiro dez anos depois em Poitiers. As lutas, porém, vinham causando estragos nos quatro cantos do seu território. Poderia o papado considerar-se seguro em país francês?

Mas estaria melhor em terras italianas? A Península encontrava-se num caos absoluto: as divisões políticas eram cada vez maiores, os partidos dilaceravam-se dentro das cidades e as cidades guerreavam ferozmente entre si. Desaparecera todo o princípio de autoridade e de unidade. O reino angevino de Nápoles mergulhara na impotência e os Visconti de Milão eram detestados. Nos Estados da Igreja, os senhores talhavam como queriam os seus feudos. Em Roma, a aventura de Cola di Rienzo, em 1347, provara com que facilidade a população estava disposta a ouvir qualquer agitador. O único ponto sobre o qual os italianos pareciam estar quase de acordo — a constituição da Liga de Ferrara assim o demonstrava — era impedir que um estrangeiro dominasse a Península. Ora, os papas de Avinhão eram franceses...

E não somente os papas, mas quase todo o Sacro Colégio! No Conclave aberto em 16 de dezembro de 1352, apenas três dos vinte e cinco cardeais não procediam da flor-de-lis: dois italianos e um espanhol. Entre os franceses, o clã dos limusinos, compacto e resoluto, mostrara-se decidido a manter o domínio sobre a tiara. Tinham chegado a pensar em eleger o geral dos cartuxos, o limusino Jean Birel, mas haviam renunciado à ideia por medo de que esse santo homem se revelasse um outro Celestino V[3] e se repetisse a história das rãs que escolheram um rei. Tinham eleito então o cardeal — limusino, é claro — Étienne Aubert, que passara a chamar-se *Inocêncio VI* (1352-1362). Era um sábio jurisconsulto, bem visto pela corte da França, mas afetado de gota e precocemente envelhecido, um homem considerado inconstante e impressionável: "excelente instrumento", pensavam os cardeais ambiciosos.

No Conclave seguinte, novas manobras e novo êxito dos limusinos. Depois de hesitar por cima da cabeça do próprio irmão de Clemente VI, o Espírito Santo pousara sobre o respeitável abade de São Vítor de Marselha, Guillaume de Grimoard. Era ainda um limusino, mas o que havia de mais contrário a um intriguista. Na pessoa de *Urbano V* (1362-1370), o papado de Avinhão desmentia os caluniadores que viam naquela cidade uma Sodoma e uma Gomorra. Esse santo monge nunca abandonara o hábito beneditino, confessava-se todas as vezes que celebrava a Missa e lia sempre o ofício com os seus familiares. A sua caridade era inesgotável e a sua única felicidade consistia em dedicar-se ao direito canônico, à admirável biblioteca que enriquecera e mandara catalogar, e aos mil e quatrocentos estudantes que tinha em Avinhão, Montpellier e Manosque. Merecera, portanto, a homenagem unânime de todos os homens justos, homenagem que em 1870, cinco séculos depois da sua morte, a Igreja lhe renderia incluindo-o entre os bem-aventurados.

Um dado impressionante mostra até que ponto são caluniosas as teses que fazem dos últimos papas de Avinhão simples marionetes da França. Foi na alma verdadeiramente cristã de Inocêncio VI e Urbano V, homens de humor afável e saúde precária, que germinou e depois se enraizou a ideia de que era indispensável regressar a Roma e de que constituía dever do papa providenciá-lo, a despeito dos votos dos seus eleitores.

Para realizar essa difícil tarefa, o papado encontrou um colaborador extraordinariamente eficaz: o *cardeal Gil Albornoz*, antigo arcebispo de Toledo. Veterano das guerras contra os mouros, tinham-no visto lançar-se entre os combatentes em Tariff e tomar parte nos cercos de Algeciras e de Gilbratar. Uma personalidade poderosa, ao mesmo tempo homem da Igreja, diplomata e guerreiro. Enviado como legado para a Itália, empenhou-se imediatamente em restabelecer os direitos da autoridade pontifícia e em reconquistar os Estados pontifícios: sob o báculo do terrível cardeal, recuperaram-se um após outro o patrimônio de São Pedro, o ducado de Spoleto, a Marca de Ancona e a Romagna. Os mercenários que aterrorizavam os campos foram contidos e ergueram-se fortalezas em lugares estratégicos, como essa *rocca* que ainda hoje se vê acima de Spoleto. Depois, legislando com a mesma autoridade, o grande legado decretou para os Estados pontifícios as "Constituições egidianas" que, quase sem retoques, vigoraram até 1816.

Parecia restar apenas um obstáculo sério ao triunfo do papado na Itália: a ambição desmedida de *Bernabo Visconti*. Albornoz preparava-se para abatê-la quando a diplomacia do milanês, azeitada sem dúvida por alguns "presentes" oportunamente oferecidos — tanto mais eficazes quanto as finanças pontifícias estavam muito abaladas —, conseguiu aproveitar-se das invejas que o sucesso do cardeal espanhol despertava para fazer que o papa o afastasse. Limitado às funções de legado em Nápoles, em 1363, Albornoz não pôde concluir o seu trabalho.

Contudo, os resultados obtidos foram suficientes para confirmar os papas na sua intenção de retornar a Roma. Além disso, graves acontecimentos ocorridos na mesma ocasião fizeram-nos compreender que Avinhão estava longe de oferecer as garantias de segurança que poderiam justificar a permanência na sua colina. A guerra franco-inglesa provocara uma consequência bastante previsível, mas nem por isso menos terrífica: o surgimento de numerosos malfeitores em toda a França. As "grandes companhias" de mercenários veteranos, desde o momento em que já não recebiam soldo de nenhum dos dois adversários, tinham de recorrer à pilhagem para sobreviver. Inocêncio VI vira-as aparecer em diversas ocasiões nas redondezas do seu pequeno domínio de Avinhão. Certa vez, fora obrigado a fugir diante delas; e em duas outras ocasiões, tivera de pagar bons florins para que se retirassem provisoriamente. Fora para proteger a sua cidade contra esses assaltos que mandara construir uma sólida muralha com quatro quilômetros de extensão. Acontecera a mesma coisa no tempo de Urbano V que, tentando afastar definitivamente esse terrível perigo, pagara um bom preço a *Messire* Duguesclin para que lançasse esses temíveis aventureiros contra os infiéis. Mas nada garantia que não reaparecessem outros bandos e não era descabido perguntar, por volta de 1365, se o cinturão de ameias de Avinhão — que ainda hoje se vê em torno da cidade — não encerraria o papado como numa prisão.

Foi em tais condições que Urbano V anunciou ao Sacro Colégio, aos romanos e aos príncipes cristãos que era seu propósito voltar para a Cidade Eterna e que já mandara restaurar o palácio papal. Depois disso pôs-se a caminho, quase inopinadamente. Todos os cardeais explodiram de indignação, mas o santo homem não lhes deu ouvidos. Respondeu aos protestos conferindo a púrpura ao jovem franciscano Guilherme d'Aigrefeuille, o que fez o povo dizer que "dos pelos daquele capuz poderiam sair muitos outros cardeais". Já mais calmo, o Sacro Colégio acabou por resignar-se e deixou que o papa chegasse a Roma em 16 de outubro de 1367.

Contudo, esta primeira tentativa de regresso fracassou. Assim que pôs os pés na Itália, Urbano V sentiu-se inquieto e constrangido. Ao passar por Viterbo, ele e o seu pequeno rebanho viram-se bloqueados por um motim. Quando entrou em Roma, afligiu-se com a má catadura de todos aqueles homens que o haviam escoltado armados até aos dentes e que davam a impressão de quererem matar-se uns aos outros. As autoridades da cidade também não se apressaram a ajudá-lo a instalar-se. Logo que chegaram os primeiros calores, o papa refugiou-se num desses castelos de que Albornoz dotara os Estados pontifícios, em Montefiascone, acima do lago Bolsena, e isso não agradou aos romanos. Depois, criou oito cardeais, mas seis eram franceses, e toda a Itália se enfureceu. Estalaram revoltas, principalmente em Perúgia, com a ajuda de um dos mais célebres chefes de bandos daquele tempo, John Hawkwood. Ao mesmo tempo, Bernabo Visconti invadia a Toscana. Invocando como pretexto um eventual papel de árbitro que teria de desempenhar entre a França e a Inglaterra, Urbano V tornou a embarcar.

Mas seria um pretexto? O santo homem declarou-se tão convencido de que o Espírito Santo queria o seu regresso à França como, dois anos antes, se mostrara convencido de que o mesmo Espírito Santo exigia a sua partida para a Itália. Nada o pôde deter: nenhum conselho, nenhum protesto, nem os clamores de Petrarca, nem as súplicas do infante Pedro de Aragão, que se fizera franciscano, nem mesmo a grande voz de Santa Brígida da Suécia. Cansado, inquieto, mas resoluto, o papa regressou a Avinhão.

Foi então que a grande controvérsia sobre a permanência do papado nas margens do Ródano atingiu o seu paroxismo. Desencadearam-se as paixões nacionais. Para reterem o pontífice sob a sua tutela, os franceses exaltavam a força do seu reino, a sabedoria do seu soberano Carlos V, a reputação (aliás bem fraca) da universidade parisiense e até a suculência dos seus manjares e dos seus vinhos. "Onde está o Papa, aí está Roma!", gritavam eles com força. Mas os italianos invocavam o testemunho da história, a tradição e mil outros episódios antigos de glória e fidelidade. E Dante fornecera-lhes muitos versos sublimes para clamarem ao céu contra a proscrição da pátria do cristianismo ocidental. É no clima deste duelo que temos de interpretar as acusações de um Petrarca contra Avinhão, tal como as lemos nessa *Apologia* que ele publicou em 1373: "Roma santa, Roma consagrada pelo sangue dos mártires, Roma capital do mundo, esperava o seu hóspede!", assim bradava o poeta. Mas, falando diante de Urbano V, o enviado do rei da França, Ancel Choquard, começou o seu discurso com este surpreendente diálogo: "— *Quo vadis, Domine?* — Volto para Roma. — Para ser lá crucificado de novo!"... E esse argumento pareceu também digno de consideração.

Até esse momento, o grande tumulto de argumentações, de citações bíblicas e de expressões ultrajantes só fora ouvido em círculos intelectuais bastante fechados. Já as pessoas mais simples do povo eram sensíveis a outro tipo de propaganda, a toda essa vasta corrente de sentimentos que se originara em Joaquim de Fiore[4] e que era difundida por toda a parte pelos franciscanos "espirituais". Aproximava-se a era do Espírito Santo! A Igreja contemporânea, manchada por tantos abusos e escândalos, ia precipitar-se no abismo! Mas surgiria uma comunidade de santos, os eleitos do fim do mundo! Porque o fim estava próximo e já se podiam observar todos os sinais anunciados pela Escritura! Nesse clima apocalíptico, o "cativeiro da Babilônia" não podia ser senão uma prova da cólera de Deus.

No meio de um amontoado enorme de tratados, libelos e profecias, cujos detalhes são pouco importantes, mas cuja existência e abundância são significativas, destacava-se uma única obra ainda hoje digna de ser lida: as *Revelações* de Santa Brígida da Suécia (1302-1373). Filha do governador de Upland, casara-se aos dezessete anos com Ulf Gudmarsson, que, em questão de poucos anos, a deixara viúva com oito filhos. Afastando-se do mundo, fundara a Ordem do Santo Salvador e mudara-se para Roma com o propósito de conseguir a aprovação da sua fundação, o que só se deu após vinte anos de esforços e exatamente três anos antes da sua morte.

Na sua solidão, durante cerca de um quarto de século, tivera visões cujo caráter apocalíptico não oferecia nenhuma dúvida. O mesmo sinal de sangue que mais tarde Catarina de Sena deveria sentir sobre ela e sobre o mundo com uma força alucinante, tinha sido visto pela monja sueca gravado na fronte dolorosa da cristandade. Avinhão parecera-lhe também a abominação, a tara satânica no flanco da Igreja. Assegurava ter ouvido o próprio Cristo condenar a corte dos papas franceses, a sua cobiça, o seu orgulho e a sua devassidão, e acusá-los de povoarem o inferno. Nos seus terríveis vaticínios, dissera que Inocêncio VI era "mais abominável que os usurários judeus, mais traidor que Judas, mais cruel que Pilatos", e que o vira rolar no abismo "como uma pedra extremamente pesada". Encontrando-se em Roma na mesma ocasião que Urbano V, suplicou-lhe que lá ficasse apesar de tudo e apesar de todos. Quando, pouco depois do seu regresso a Avinhão, o papa morreu, a profetisa gritou, com uma voz ainda mais forte, que aquela morte constituía uma prova evidente da cólera de Deus.

Era nesse clima que, em 1370, os espíritos preocupados com o bem da Igreja meditavam sobre a eventualidade de o papa deixar Avinhão, enquanto Urbano V entregava a Deus a sua doce e santa alma. Às entrevistas entre a santa da Suécia e o papa assistira o cardeal Pedro Rogério de Beaufort, e foi justamente ele que um Conclave excepcionalmente curto elegeu como novo papa. Ter-se-á *Gregório XI* impressionado com o que ouviu dos lábios de Brígida? A verdade é que, logo depois de coroado, voltou a estudar o projeto do regresso a Roma.

Os obstáculos eram numerosos. Bernabo Visconti manobrava outra vez contra as terras da Igreja, não havia dinheiro suficiente para combatê-lo e Roma agitava-se de novo. Pelo menos, graças ao pontífice, a trégua de Bruxelas estabelecera um período de paz entre a França e a Inglaterra. Empenhando as suas joias, tributando o episcopado e recrutando mercenários, Gregório XI preparou durante meses a grande aventura, não sem confessar os seus temores e deixar ver as suas hesitações.

Por fim, tudo parecia mais ou menos pronto e, apesar das pressões do rei da França, dos habitantes de Avinhão e de muitos cardeais, o papa anunciou a partida como iminente. Mas um novo incidente fez tudo voltar ao começo. De súbito, Florença armou um motim, acusando os partidários do pontífice de quererem invadir a Toscana e censurando-os por deixarem morrer de fome a sua população, quando eles próprios tinham os seus celeiros abarrotados. Emissários do lis vermelho espalharam-se por todos os Estados da Igreja, aconselhando os habitantes a revoltar-se contra os governadores franceses, o que não era difícil. Em três meses o trabalho de Albornoz caiu por terra. O conselho dos oito burgueses, "os Oito Santos", que dirigia Florença com mão de ferro, parecia desprezar impunemente todo o poder do pontífice.

Gregório XI não era homem para permitir que zombassem dele. Florença foi posta à margem da cristandade e sofreu a pena de interdito. Os reis, convidados a expulsar dos seus territórios os negociantes florentinos, acederam ao convite de boa vontade. Um homem de ferro, o cardeal

Roberto de Genebra, ofereceu-se para ir restabelecer a ordem na Itália, e o papa aceitou. Travou-se então uma guerra atroz na Península. Os mercenários que o papado contratara, os bretões de Malestroit e os ingleses de Hawkwood devastaram a Toscana, massacraram todos os que, próxima ou remotamente, eram suspeitos de simpatias florentinas, retomaram as fortalezas revoltadas dos Estados pontifícios e, como se não bastasse, cometeram mil e uma depredações e violências abomináveis. Arruinada, sitiada, Florença arquejava e dispunha-se a entrar em negociações — Visconti oferecera os seus serviços para uma mediação... —, quando Gregório XI, arriscando tudo por tudo, decidiu deixar Avinhão e transferir-se para Roma.

Assim se encerrava mais um capítulo da história da Igreja, não sem um comovente debate interior. Imaginamos bem esse papa, realmente um homem de fé e dotado da mais alta consciência dos seus deveres de estado, assomado ao parapeito de alguma das profundas janelas góticas do seu palácio em Avinhão. Com o olhar pousado sobre a cidade de telhados de ocre e sobre a campina de cor malva, meditava acerca do que Deus verdadeiramente esperava dele. Como devia hesitar no mais íntimo do seu coração! Em nome do rei da França, o duque de Anjou viera dizer-lhe que iria expor a tiara aos piores ultrajes; mas, em nome dos italianos — e talvez da Igreja —, Tiago de Orsini respondera-lhe: "Viu-se alguma vez um reino bem governado na ausência do seu senhor?" E, no seu caso, era de bem mais do que de um reino que ele se sentia responsável diante de Deus. Adiando de mês para mês a hora de partir, ainda hesitava, impondo um "silêncio perpétuo" aos que queriam lembrar-lhe os obstáculos que se opunham à viagem, mas sem conseguir impor esse silêncio aos seus próprios temores...

Teria esse homem de boa vontade a vontade suficiente para quebrar todas as suas hesitações e para partir, apesar de tudo, em direção a essa Esposa mística que o esperava junto do túmulo do apóstolo, se uma voz inspirada não houvesse ressoado aos seus ouvidos como a de um arauto do Espírito?

A missão de Santa Catarina de Sena

Quando, no fim da primavera de 1376, se viu aparecer em Avinhão, no pequeno mundo efervescente que constituía a corte pontifícia, aquela que os italianos chamavam *la mantellata*, por andar vestida de branco com uma capa negra, é preciso reconhecer que não foi pequena a decepção. Chegava precedida de uma lenda. Dessa obscura religiosa, que ousara escrever ao papa uma carta em tom de repreensão, contava-se — e só isso poderia justificar a sua audácia — que os milagres se multiplicavam entre as suas mãos, que a menor das suas palavras era profética e que vinha em pessoa trazer a Gregório XI uma mensagem de Cristo. Não era preciso mais para que os cardeais, calejados e desconfiados, prestassem atenção à jovem visitante. Mas viram apenas uma freira insignificante, cujo encanto e aspecto externo não impressionavam ninguém e que não falava francês nem latim, mas unicamente o toscano das classes baixas. Se dizia com frequência coisas desagradáveis, não curava nenhum doente e não ressuscitava nenhum morto.

Com efeito, a aparência não depunha em favor de *Catarina de Sena*. Somente os que a conheciam bem sabiam que era uma mulher radiante, cheia de vibração e dotada dessa beleza que, fugindo aos cânones da terra, circunda com uma auréola sobrenatural a fronte daqueles sobre quem pousou o Espírito. Havia nela uma ternura inefável, uma generosidade sem limites, que a fazia amar os homens fossem quem fossem, mesmo na sua abjeção e miséria — e por causa delas. Mas era também por causa dessa abjeção e dessa miséria que ela devia ser severa, rigorosa e implacável.

Em certos casos, a única forma de amar os homens é revestir de aço a alma mais delicada e feri-los em cheio no rosto. A religiosa de Siena não vivia, portanto, senão da caridade de Cristo, mas sabia que essa caridade é terrível. Não havia nela a graça, nem a jovialidade, nem a vivacidade que tornarão uma Teresa de Ávila tão amável, mas apenas os sinais de tensão e de violência que caracterizam a figura de um combatente. "Eu quero!", eram as duas palavras que lhe acudiam aos lábios sem cessar. Poderia ser diferente aquela que Deus chamava para batalhas tão duras e sobre cujos ombros aquele tempo depositava um fardo tão pesado?

Catarina ouvira o chamamento de Deus desde a mais tenra infância, numa idade em que, normalmente, só se pensa em brincar. Aos seis anos[5], perante os seus olhos predestinados, vira abrir-se o céu e avistara a Parusia antecipadamente. Aos sete, já contraíra núpcias místicas com o Menino Jesus. Desde então, devotara-se ao Senhor com uma energia invencível e consagrara-se à grave tarefa de converter o mundo pecador.

Siena estende-se sobre as suas colinas como uma flor de três pétalas. E foi por toda essa cidade, nos bairros populares como nos salões nobremente sombrios dos ricos palácios burgueses, cujas torres esguias se erguem para o céu, que o boato correu rapidamente. Dizia-se que a pequena Catarina, a vigésima quinta filha dos Benincasa, tinha visões surpreendentes e que vivia como uma reclusa no quarto mais isolado da casa paterna, no bairro da Oca. Não se era muito místico na mais agradável cidade de Toscana, mas havia fé suficiente para que ninguém se admirasse de que, para entregar a sua mensagem, o Filho do carpinteiro tivesse escolhido a obscura filha de um operário tintureiro.

Entretanto, as visões de Catarina prosseguiam e, a bem dizer, levavam-na a viver numa espantosa familiaridade com os grandes mistérios. Uma noite, São Domingos apareceu no seu quarto e mostrou-lhe um hábito que ela reconheceu; era o que usavam as Irmãs Hospitalárias da Penitência, uma espécie de ordem terceira regular (isto é, que seguia determinada regra religiosa) que ia buscar as suas postulantes entre as mulheres e moças da cidade, e que se dedicava à oração e às obras de caridade. Imediatamente a pequena Catarina não teve outro desejo senão vestir o hábito branco e cobrir a cabeça com o manto negro das *mantellate*.

Mas o seu destino era tão estranho, que teve de esperar algum tempo por essa felicidade. Quando por fim foi admitida na congregação, sentiu confirmar-se nela a sua vocação particular: "Fui escolhida — dizia — e colocada na terra para pôr remédio a um grande escândalo". Como o seu pai espiritual, o fundador dos dominicanos, teria de gritar ao mundo a verdade de Deus e a sua justiça. Nisso empregou toda a sua vida.

Assim, a rude moça que em 1376 subia a encosta de acesso à colina dos Doms, realizava em si o mistério que representa a coexistência num mesmo ser da experiência mística mais pura e mais irredutível às normas da razão com uma atividade prática incessante e eficaz, própria de um político, de um diplomata, de um tribuno. Nunca, ao longo da sua breve existência, se rompeu o seu contato com Aquele que a chamava pelo nome. A mulher que lia no coração dos homens, que era capaz de não tomar, durante cinquenta e cinco dias, outro alimento senão uma hóstia, que dialogava com Cristo em termos tão claros que podia algumas vezes repetir as palavras divinas e compor com elas um dos mais preciosos tratados da alma; a mulher, enfim, cujo corpo devia receber, como outrora o do *poverello* de Assis, a terrível graça dos estigmas, era a mesma que, nas praças das cidades, nos palácios comunais e agora em plena Cúria, gritava em nome de Deus temíveis advertências. Com efeito, até nos êxtases, o que via era a amargura dAquele que era traído pela sua Igreja e cuja cólera se aproximava. A sua mística, tão realista e concreta, toda orientada para a lição e para o exemplo, estava plenamente integrada na sua ação.

Não foi ela quem quis essa ação: Outro a quisera para ela. Restava-lhe sair do seu retiro, misturar-se com os seus concidadãos, consagrar-se — e com que heroica simplicidade! — ao cuidado dos doentes, dos cancerosos e dos pestilentos, para que brilhasse aos olhos de todos essa "natureza em chamas" que ela confessava ser a sua. Não tinha ainda dezoito anos, e já ao seu redor se constituíra a sua "bela brigada", um grupo de homens e mulheres, de todas as idades e condições, que a consideravam seu chefe para os conduzir ao Pai. Chamavam-lhe, por mais espantoso que isso pareça, a *dolcissima mamma*, a mãe dulcíssima. Nesse núcleo de cristãos autênticos, lia-se a *Divina comédia*, meditavam-se os místicos e perscrutavam-se os artigos da *Suma* de São Tomás de Aquino. Tentava-se compreender o que Deus esperava dos homens dessa época, tão dolorosa e ameaçada.

Foi assim que Catarina sentiu recair sobre os seus ombros o peso da cristandade inteira. A sua projeção não demorou a transpor os limites da Toscana e a invadir toda a Itália. Na França, no Império, como em Avinhão, soubera-se que talvez uma virgem de Siena tivesse sido investida por Deus numa missão misteriosa — e certos cardeais inquietavam-se, inclinados a suspeitar da sua ortodoxia.

Mas ela, à medida que descobria o mundo e os homens, sentia mais cruelmente a sua angústia. Tudo o que via causava-lhe horror e desesperava-a. A Itália estava mais do que nunca entregue a sangrentas discórdias: cidades contra cidades, partidos contra partidos, guelfos contra gibelinos. Manifestava-se a cada passo uma atroz crueldade, que trazia à tona os mais abjetos refolhos da alma humana: padres esfolados vivos, prisioneiros lançados aos cães, condenados à morte enterrados vivos de cabeça para baixo, e, por toda a parte, enormes chacinas levadas a cabo por mercenários veteranos. A moral nada ganhava com essas terríveis desordens e a torpeza parecia fazer gala de oferecer-se em espetáculo sem a menor vergonha. O pior era que a própria Igreja, a Esposa mística, apresentava os mesmos sintomas, e fora dessa desolação que Cristo falara com Catarina. Difundidos por esses italianos pouco benevolentes, mas em grande parte fundados na realidade, os ecos que chegavam ao palácio pontifício de Avinhão justificavam todas as severidades e todos os receios. E foi ao pensar nessa universal abjeção que essa virgem forte lançou estas terríveis palavras: "Ah, morro e não consigo morrer!"

Quem, portanto, lhe determinou que empreendesse o caminho da França e fosse falar com o Vigário de Cristo em pessoa? No fundo, foi apenas a sua consciência, isto é, a voz de Deus. Catarina possuía um sentido tão elevado e tão imperioso da Igreja, um amor tão profundo ao "doce Cristo na terra", o santo padre, que não podia admitir que este não tomasse as providências necessárias para arrancar a cristandade do abismo que estava prestes a tragá-la. Teria sido enviada em embaixada pelos florentinos para reconciliá-los com o papa? Nessa hipótese, certamente foi mal sucedida, pois, muito em breve, ciente das cautelosas manobras da cidade do lis vermelho, Gregório XI exclamaria: "Ou abato

Florença ou Florença abaterá a Igreja!" Não se sabe nada com certeza a este respeito, e muitos historiadores têm discutido o fato. O indiscutível é que Catarina, ao chegar a Avinhão, estava investida numa missão mais importante do que qualquer missão diplomática: era verdadeiramente a voz viva da consciência cristã, dessa Igreja dilacerada, conspurcada e crucificada, que ela fora incumbida por Cristo de reconduzir para Ele.

Até onde se sabe, o que a jovem mística disse a Gregório resume-se num plano muito simples: reformar a Igreja e estabelecer a paz entre os cristãos. Para isso, convinha pôr fim à longa ausência, a esse exílio em Avinhão que privava a cristandade da sua autêntica capital, consagrada pelo sangue do apóstolo. O passo seguinte seria reunir todos os batizados no único empreendimento legítimo — a cruzada. Filha de São Domingos e, em muitos aspectos, última testemunha da Igreja medieval, Catarina deve ter falado como falaria São Bernardo no seu lugar. Pouco importa que, politicamente, como a crítica se obstina em demonstrar, o seu papel não tenha tido a eficácia que, na trilha de Raimundo de Cápua, os seus hagiógrafos lhe atribuem, e que, antes mesmo de comparecer perante Gregório XI, o papa tivesse resolvido abandonar Avinhão. O papel de Catarina foi bem mais do que um papel político: foi um papel de profeta, um papel de testemunha. No momento em que, presa de influências contraditórias e de intrigas, o papa pensava ainda em suspender a sua decisão, que peso poderiam exercer sobre ele as palavras veementes da mística toscana, que lhe falava em nome dos poderes supremos da Igreja e de Deus?

"Não te peço que me aconselhes, mas que me dês um sinal da vontade de Deus!", teria dito Gregório XI à jovem vidente, no final da entrevista. Que sinal foi esse? A crônica não o disse, mas impõe-se ao espírito como uma evidência. Nessa hora em que os exércitos de Roberto de Genebra, os bandidos bretões de Malestroit e os mercenários de Hawkwood desencadeavam novos massacres na Itália; nessa hora em que, com a alma dominada pelo delírio profético, ela devia notar, para além do regresso glorioso, as piores calamidades que haviam de cair sobre a Igreja, que outro sinal podia dar — ela que trazia a marca de Cristo na sua carne viva e estigmatizada — a não ser o sinal da Paixão redentora, desse sangue que surge nos seus textos místicos como a única bebida que embriaga e dá a vida?

Nada se adaptaria melhor à situação desse mundo que só podia salvar-se pela dor e pelo sacrifício. Certa vez, Catarina vira e como que tocara com as mãos a graça de Deus penetrando na alma de um jovem condenado à morte — que ela mesma acompanhara ao cepo do patíbulo — no exato momento em que o sangue reparador jorrara da cabeça decepada. Também agora, do fundo da sua amargura, esperava ver a cristandade resgatada pelo sangue derramado, pelo sangue de Cristo e pelo dos homens, se este soubesse unir-se àquele. Ela não fora mandada por Deus para dizer outra coisa: a sua missão era lembrar ao mundo o sinal do Sangue.

Aparências de força e de prestígio

Essa angústia, de que a virgem de Siena era a expressão viva aos olhos dos cristãos do seu tempo, podia considerar-se justificada? Aparentemente, não. No momento em que Gregório XI se reinstalava em Roma, a Igreja continuava a apresentar um aspecto exterior imponente, e seriam necessários olhos muito perspicazes para ver todas as fendas que começavam a abalar esse majestoso edifício.

O domínio geográfico da cristandade cobria toda a Europa nórdica, ocidental, central e mediterrânea. O islã conservava apenas uma pequena cabeça-de-ponte, no extremo Sul da Península Ibérica, ao redor de Granada. O perigo representado pelo principado pagão da Lituânia, que se enterrava num canto entre a Curlândia e a Prússia até o Báltico, estava prestes a desaparecer: o Evangelho começava a penetrar na região e em breve o duque Ladislau Jagelão, ao desposar Hedwiges da Polônia (1386), anunciaria oficialmente a vitória de Cristo nas suas terras.

A leste, o catolicismo romano fora obrigado a abandonar as montanhas balcânicas e as planícies russas aos patriarcas cismáticos de Bizâncio, da Sérvia, da Bulgária e da Rússia, mas mantinha-se viva nas almas cristãs a esperança de uma reconciliação do Oriente com o Ocidente. O gesto de submissão que o imperador João V Paleólogo tivera a título pessoal, em 1369, não seria o prelúdio de uma perfeita união entre os dois partidos da Igreja de Cristo?

Existia certamente um perigo que, por muito remoto que parecesse em Paris e em Roma, não deixava de inquietar os espíritos atentos: o dos *turcos otomanos*[6]. Depois de terem submergido toda a Ásia Menor, atravessado o Bósforo e posto o pé na Europa, acabavam de contornar Constantinopla, isolando-a do celeiro de trigo da Trácia. Agora pirateavam no Mar Egeu, enquanto o império siro-egípcio do Cairo exterminava o heroico núcleo fiel da Pequena Armênia (1375). Mas, entre a massa dos cristãos, o perigo muçulmano não era avaliado na sua justa medida. Espíritos generosos e algo sonhadores, os chefes cristãos exaltavam-se com projetos de cruzadas, mais pela ideia de empreenderem a aventura de Deus à moda dos antepassados do que por motivos friamente políticos. Ninguém acreditava que a Ásia pudesse vencer a Europa cristã ou ameaçar a sua existência.

Por outro lado, pareciam numerosos e evidentes os sinais de uma próxima vitória da Cruz nesse imenso continente misterioso, onde missionários e comerciantes ocidentais tinham penetrado havia mais de um século. Na própria Palestina, não tinha o franciscano Rogério Guérin conseguido comprar os Lugares Santos ao sultão do Egito e construído os conventos de Sião, do Santo Sepulcro, da gruta de Belém, e até uma ampla estalagem aonde os peregrinos acorriam em massa? Não tinham os próprios muçulmanos mandado buscar operários no Ocidente quando se haviam iniciado os trabalhos para a construção das igrejas no lugar da Dormição da Virgem e sobre a gruta da Agonia, em 1362?

Essa implantação do cristianismo em terras asiáticas não era menos visível na Pérsia. Em 1318, a nova cidade de Sultanyeh fora erigida em metrópole por João XXII, em benefício do dominicano Franco de Perúgia, e desde então os missionários vinham-se mantendo na região, apesar do despertar do islã. E exerciam tal influência que um deles, o arcebispo João Lycènes, um belga de Bruxelas, seria utilizado por Tamerlão, em 1402, como embaixador junto ao rei da França. Ainda muito mais longe, na vasta e profunda China, os prodigiosos resultados obtidos no início do século por João de Montecorvino[7], primeiro arcebispo de Pequim, pareciam prometer muito. Em 1370, após a revolução que levara a dinastia Ming ao poder, o papa apressara-se a enviar para lá um novo arcebispo, Guilherme de Prato, com doze companheiros. Não sabia, porém, que os novos senhores da China não teriam para com o cristianismo a mesma benevolência dos imperadores mongóis.

Enquanto o impulso evangélico impelia a cristandade para uma contínua expansão, estendia-se sobre as terras anteriormente conquistadas uma rede complexa de instituições eclesiásticas. Capelas, oratórios, igrejas, mosteiros, colegiadas e catedrais — eram inumeráveis os sinais da presença da Igreja nos velhos países da Europa. Paróquias, bispados e províncias fixavam os limites dos territórios em que vivia o povo fiel[8]. Uma história monástica de dez séculos havia sobreposto sucessivas fundações às circunscrições seculares. Entre muitos exemplos possíveis, bastará apresentar o da Inglaterra, que contava nada menos de novecentos conventos de todas as espécies e de todas as ordens: beneditinos, cistercienses, agostinianos, eremitas, franciscanos, dominicanos, carmelitas e outros.

Mal podemos imaginar hoje o poder que esse mundo clerical detinha na época e a influência que exercia em todos os domínios. Ultrapassando amplamente o efetivo necessário para o serviço das paróquias, das capelas e dos mosteiros, a inumerável milícia dos tonsurados — que, sob esse título, se beneficiava de preciosos privilégios — encontrava-se em toda a parte: na corte dos reis e nos castelos principescos, nas universidades e na solidão dos eremitérios. A autoridade da Igreja apoiava-se sobre um verdadeiro exército de clérigos, talvez um décimo da população adulta da época.

No cimo dessa hierarquia de homens e instituições, o chefe supremo, o Papa, herdeiro de São Pedro e ungido de Deus, gozava de um imenso prestígio. As tendências que se haviam manifestado após a reforma gregoriana do século XI — tão conscienciosamente formuladas pelo grande pontífice nos seus *Dictatus papae*, ainda mais precisadas por santos como São Bernardo, que reconhecera no Vigário de Cristo a "plenitude do poder", e, por fim, erigidas em doutrina por Inocêncio III e pelos juristas do século XIII — tinham resultado na criação de uma verdadeira monarquia pontifícia, uma das mais poderosas do tempo. Aos papas de Avinhão coubera dar-lhe a última demão.

O sucessor do apóstolo surgia como o príncipe e o chefe, como o mestre e o juiz. Como legislador, desde que no século XII se estabelecera o direito canônico com base no famoso "tratado de Graciano"[9], somente ele podia acrescentar ao corpo jurídico constituído o que tinham feito Gregório IX nos seus *Cinco livros*, Bonifácio VIII na sua *Sexta*, Clemente V nas suas *Clementinas* e João XXII nas suas *Extravagantes*. Como juiz, competiam-lhe as causas mais importantes que envolviam prelados, recebia as apelações de toda a jurisdição eclesiástica e absolvia os pecados mais graves no tribunal da penitência. Como mestre da disciplina, somente ele tinha o direito de promover a reforma que julgava tão necessária. Quem quisesse empreendê-la sem ele seria imediatamente fulminado, como acontecera com os franciscanos "espirituais".

Um dos objetivos mais tenazmente visados pelos papas de Avinhão era o açambarcamento dos benefícios, isto é, a fiscalização pontifícia das nomeações. Desde 1265, pela bula *Licet Ecclesiarum*, Clemente IV proclamara o princípio de que o Papa, instituído pelo próprio Cristo, dispõe plenamente de todas as funções eclesiásticas. Mas, na realidade, a Santa Sé só intervinha em casos limitados, quer servindo de árbitro numa eleição contestada, quer promovendo por um ato de autoridade a substituição de algum dignitário. No século XIV, o papa tornara-se o verdadeiro senhor das nomeações, não só em certos casos definidos por João XXII na Constituição *Ex debito*, mas também sempre que assim o quisesse, pelo simples lançamento de uma "reserva". Viu-se, por exemplo, Gregório XI chamar a si todas as igrejas episcopais e todos os mosteiros que ficavam vagos no seu reinado. Mais ainda: "a graça-expectativa" permitia nomear um sucessor para um cargo que ainda estava preenchido. O poder laico perdera assim muito terreno diante do poder pontifício. Mesmo no reino da França, cujo senhor aproveitara a sua dramática contenda com Bonifácio VIII para protestar contra o sistema das reservas, a ingerência do papado em matéria de benefícios não deixara de se desenvolver ao longo do século, fazendo os reis da França pagarem um preço alto pelas vantagens que os pontífices de Avinhão lhes tinham consentido.

Ao lado dessa sujeição à hierarquia católica, verificara-se outro fenômeno: a proliferação do fisco pontifício. Desde a primeira metade do século XIII, o papado preocupara-se com o aumento dos seus recursos, não se contentando com os rendimentos dos Estados da Igreja, com o Óbolo de São Pedro e com o que lhe pagavam os reinos ou estabelecimentos que protegia. Das cruzadas sobrevivera a chamada "décima", originariamente prevista para financiá-las. Os "serviços comuns" prestados pelos prelados, as "anatas" pagas pelos beneficiários menores, as "vacantes" lançadas sobre os benefícios durante a vacância dos titulares, os "direitos de despojo", que incidiam sobre a herança dos clérigos falecidos — tudo isso constituía um belo arsenal fiscal a que os papas de Avinhão, devemos admiti-lo, tinham dedicado toda a sua atenção e os maiores cuidados. Como se viam a braços com um orçamento sempre deficitário, tinham-se esforçado por multiplicar os impostos e taxas, chegando ao ponto de avocarem para si os rendimentos que os bispos e outros dignitários auferiam por ocasião das visitas canônicas que faziam aos estabelecimentos que lhes estavam confiados! Os resultados desses excessos seriam os mais deploráveis.

Para cumprir tantas tarefas, o Papa tinha constituído um governo fortemente centralizado, nada parecido com o poder quase patriarcal com que se contentava na Idade Média! Protelando os concílios — o último em data fora o de

1311, em Vienne, no Dauphiné, para resolver a questão dos templários —, os pontífices tinham-se rodeado de conselhos nomeados por eles mesmos e pelos quais não se deixavam dominar. Eram eles que convocavam os Consistórios, mas só os consultavam sobre questões que eles próprios escolhiam. E recusavam-se a considerar válidas mesmo as promessas que haviam feito como cardeais perante o Sacro Colégio, antes de serem eleitos para a tiara.

Titulares de uma autoridade ampliada, governavam por meio de secretarias, que os papas de Avinhão tinham elevado a um grau de perfeição ainda não igualado: a da Chancelaria, de onde se expediam os seus atos, com mil precauções para desencorajar os falsificadores; a da Penitenciaria, em que corriam as causas relacionadas com o seu magistério espiritual; o Tribunal da Rota, que julgava os processos cujo veredito estava reservado ao Pontífice romano; e as secretarias da Câmara Apostólica, que administravam as finanças e fiscalizavam muitos colaboradores que andavam em constantes viagens. Um sistema como esse podia rivalizar com os dos governos mais bem organizados, como por exemplo o da França, que aliás desde Filipe V o Longo se inspirara nos métodos de Avinhão.

E este era apenas o aspecto prático da imensa autoridade que o Pontífice possuía nessa época. Se, sobre a Igreja, que considerava uma sociedade "perfeita", isto é, totalmente independente, exercia poderes tão extensos, em relação ao mundo laico não abdicava de nenhuma das suas prerrogativas: porque o espiritual domina o temporal — "como a alma domina o corpo", dissera Inocêncio III —; e porque o Vigário de Deus tinha nas mãos "as duas espadas", uma que lhe servia diretamente para reger a Igreja e outra que delegava aos príncipes para os negócios da terra, conforme a doutrina de Bonifácio VIII na *Unam sanctam* (1302).

Aos seus próprios olhos e aos da cristandade, o Papa era o único senhor legítimo da monarquia dos batizados e, em princípio, não tinha abandonado nada das mais categóricas concepções teocráticas dos seus predecessores. Por isso, vimo-lo recusar o Império a Luís da Baviera para dá-lo a Carlos da Morávia, servir de mediador entre a França e a Inglaterra, bem como entre Veneza e Gênova, e intervir em diversas querelas feudais. Catarina de Sena, expressão exata da alma do seu tempo, tinha essa mesma concepção: a de um mundo que estivesse a cargo da Igreja, absorvido e regido por ela. Acreditava no governo sacerdotal e na onipotência do Papa, que era "o doce Cristo sobre a terra". A mística e os canonistas juntavam as suas vozes para afirmar a glória sem igual dessa Igreja hierarquizada, organizada e investida por Deus na onipotência que o Pontífice exercia em toda a sua plenitude. Essa era a convicção do fiel vulgar. No entanto...

O peso do mundo

O cronista Raimundo de Cápua conta que, em janeiro de 1380, exatamente três meses antes que o Esposo celeste a chamasse para junto de Si, Santa Catarina, encontrando-se em oração numa capela de São Pedro de Roma, levantou os olhos para o mosaico que ornava a absidíola e ali ficou, prostrada, a gemer. O mosaico representava a *navicella*, a barca da Igreja, num mar agitado e prestes a tragá-la. O apóstolo barqueiro, ao leme, parecia incapaz de conduzir para o porto a frágil embarcação que apenas Cristo, com a sua mão poderosa, conseguia segurar. Quando, depois, lhe perguntaram o que lhe causara aquele mal-estar, respondeu que lhe parecera trazer sobre os ombros aquela barca tão terrivelmente ameaçada, de um peso insuportável, e que num momento de dilacerante lucidez perguntara a si própria se mesmo o Senhor poderia evitar que a embarcação naufragasse.

A visão mística correspondia perfeitamente à realidade. Com efeito, nesse final do século XIV, os ventos da história sopravam tempestuosamente por toda a parte, e a barca do mundo cristão parecia excessivamente sobrecarregada para poder vencer os perigos. Ao quadro majestoso da Igreja poderosa, organizada e consciente da sua força, teriam de se acrescentar muitos retoques, e, de qualquer forma, a cristandade inteira apresentava sintomas inquietantes.

Em primeiro lugar, no plano exclusivamente material[10]. Parecia ferida a prodigiosa vitalidade de que a humanidade ocidental dera provas durante os grandes séculos da Idade Média. A maré demográfica, que, logo depois do ano mil, havia erguido toda a sociedade medieval, tinha-se estancado e começava até a baixar. Na França, não haverá muito mais "fogos" — isto é, lares, famílias — em 1389 do que em 1328. A peste negra, que assolara quase toda a Europa entre 1347 e 1349, causara estragos difíceis de imaginar, aniquilando aldeias inteiras, reduzindo cidades à décima e à vigésima parte da sua população, exterminando, segundo os cálculos mais moderados, um terço dos europeus, e deixando atrás de si um cheiro a cadáveres amontoados e uma terrível angústia. Pouco depois vinha substituí-la a guerra, preparando-se para continuar por um longo tempo a tarefa de destruição, principalmente na França.

As consequências dessas catástofres eram numerosas e graves em todos os planos. O comércio estava arruinado, a economia arquejava e os conventos, vazios, deixavam ruir os seus edifícios juntamente com a sua vida espiritual. É talvez a esta queda universal de vitalidade, a este envelhecimento de certo modo fisiológico da sociedade que se deve atribuir a queda de qualidade dos homens de primeira linha, porque o seu número tinha diminuído e os que existiam não valiam tanto como os da época precedente: a não ser no campo das virtudes pessoais, um São Bernardino ou um São Vicente Ferrer não igualarão um São Bernardo ou um São Francisco, e de maneira nenhuma se poderá comparar um Martinho V a um Bonifácio VIII, um Eugênio IV a um Inocêncio III, nem o rei Carlos V a São Luís ou o imperador Carlos IV ao seu predecessor Frederico II. Por todos esses sinais, notava-se um incontestável declínio.

Mas havia algo mais grave. Essa sociedade ferida nas suas obras vivas era trabalhada por forças obscuras e temíveis. Um escritor dos começos do século XIV, Engelbert de Amont, numa obra em que, a propósito do fim do Império Romano, estabelecera uma aproximação com a sua época, profetizara a vinda do Anticristo — convicção bastante difundida naquela altura — e enumerara os sinais que a anunciavam. Apoiando-se numa célebre passagem de São Paulo, na *Epístola aos Tessalonicenses*, determinara os três sinais mais importantes, que ele chamava *les trois discessions*: o espírito humano revoltar-se-ia contra a fé; os cristãos revoltar-se-iam contra a autoridade legítima da Sé Apostólica; os Estados quebrariam a antiga unidade dos batizados. Era bom profeta, esse monge. Tais sinais não eram os do fim *do* mundo, como todos os homens das épocas de transição tendem a acreditar, mas anunciavam por certo o fim *de um* mundo, o fim de uma sociedade.

Os sintomas da tríplice crise eram numerosos e fáceis de apontar havia muito tempo: crise de autoridade, crise de unidade e, condicionando as duas, crise nas almas, nas consciências e nos espíritos. Quanto a esta última, não se tratava apenas de uma dessas recaídas, de um desses relaxamentos de disciplina como se tinham conhecido vários no decurso da história da Igreja, e aos quais uma reforma moral — do gênero das que se tinham visto no século XI com Cluny, no século XII com São Bernardo e São Norberto, no século XIII com São Francisco e São Domingos — conseguira pôr fim, reconduzindo a alma cristã às suas fidelidades e às suas exigências. O mais grave era que as críticas que se podiam dirigir nessa ocasião à Igreja punham em causa a sua própria autoridade, tanto a autoridade prática como a que exercia desde há muito tempo sobre os espíritos e as consciências.

A inteligência afastava-se das suas bases tradicionais; não se discutia ainda a fé propriamente dita, mas as suas relações com a razão e com o conhecimento. Enquanto anteriormente aqueles que lutavam contra a Igreja não pensavam senão em transformá-la — o herege é por essência um homem de fé —, começava a aparecer uma geração de espíritos que pensava fora dela. A literatura, a filosofia, a ciência, a arte e todas as atividades intelectuais iam tornar-se laicas. A magnífica unidade interior da consciência medieval, para a qual a fé e a submissão ao ensino cristão não eram entraves mas um meio de ligar-se ao absoluto, estava ameaçada. A rebelião anunciada pelo monge de Amont aproximava-se.

Da noite para o dia, a unidade orgânica, moral, social e política da grande época medieval apresentava-se como que retalhada e a cristandade, que a princípio era um ideal vivido, não podia sobreviver à mutilação desse ideal. Desde fins do século XII, pudera verificar-se por numerosos sinais até que ponto as novas forças atuavam eficazmente contra ela. A evolução política tendia para a concentração das forças nas mãos dos reis e para uma consciência cada vez mais exigente de autonomia por parte dos agrupamentos nacionais. A cristandade ia ser substituída pelos Estados-nações, que se defrontavam uns com os outros. Chegara ao fim a época dos grandes empreendimentos coletivos, levados a cabo sob a direção do papa por todos os cristãos sem distinção de nacionalidades: a época das cruzadas.

Isto não quer dizer que estivesse afastado o perigo que originara tais empreendimentos. Pelo contrário: instalados nas orlas da Ásia, e com o olhar ávido dirigido para a Europa, os turcos esperavam apenas o momento propício para lançar contra ela a sua ofensiva decisiva, que lhes permitiria estabelecer o seu domínio sobre uma parte do continente.

Se a unidade cristã estava gravemente ferida, a própria autoridade da Igreja, que fora o seu guia e penhor, não o estava menos, apesar das aparências. O terrível conflito que, no limiar do século XIV[11], opusera Filipe o Belo a Bonifácio VIII, e que tivera como episódio mais doloroso o célebre "atentado de Anagni", mostrara até que ponto se tornara precário o verdadeiro poder de Gregório VII e de Inocêncio III. A instalação da Santa Sé em Avinhão em nada contribuíra para restaurar uma autoridade que os governos, dali por diante, haveriam de considerar complacentemente posta a serviço dos reis da França.

Mas havia ainda um aspecto mais grave. Essa autoridade não vinha sendo discutida apenas no plano político; começava também a sê-lo juridicamente. O renascimento do direito romano tivera como resultado um declínio do direito canônico, baseado nas leis divinas e nas regras da Igreja. A nova disciplina entendia bastar-se a si própria. Mesmo no interior da Igreja, esboçavam-se certas correntes ideológicas que convidavam a pôr em discussão as bases tradicionais da sua organização. Com Ockham, Marsílio de Pádua e os seus alunos, discutia-se já o próprio princípio da autoridade pontifícia. Opunham-lhe a de toda a Igreja, isto é, da coletividade dos fiéis, e começavam a correr os primeiros rumores de que, a um papado sem pulso, era necessário impor a fiscalização de um concílio, expressão da Igreja inteira. Tais teorias esperavam apenas uma ocasião propícia para se afirmarem com estrondo. E essa ocasião surgiria com uma eleição pontifícia discutida, cujo resultado foi um cisma, coisa que não era nova na história da Igreja, mas que nessa ocasião traria as mais dramáticas consequências.

Tudo isso era grave. A Igreja tinha já atravessado muitas crises no decorrer dos séculos, mas aquela que se anunciava em meados do século XIV parecia ser a pior. É certo que havia outros sinais, mais favoráveis, que permitiam esperar que essa crise seria igualmente vencida. Os espirituais e os místicos, em número considerável, esforçavam-se por renovar a alma cristã no seu íntimo. A admirável animação que se observava em certos domínios do espírito, pelo progresso das letras clássicas e pelas descobertas científicas, podia dotar a inteligência e a sensibilidade cristãs de novos instrumentos. Mas a questão que se punha era esta: a braços com essa tríplice crise, poderia o cristianismo conservar a influência que exercera sobre a sociedade da época precedente? E se os estalidos que se ouviam de todos os lados fossem os da casca intumescida pela seiva primaveril, poderia a Igreja comandar esse jovem e violento impulso? Durante um século, e de modo cada vez mais premente, os acontecimentos deram motivo a que se fizesse essa pergunta, mas a resposta só viria muito tempo depois.

O Grande Cisma do Ocidente

Das três, a crise de autoridade foi a que mais afligiu os contemporâneos; aliás, foi atroz e terrível para a Igreja. Os negros pressentimentos que tinham angustiado Gregório XI durante os últimos meses seriam agora amplamente confirmados pela realidade. Antes de morrer, o pontífice adivinhara o estranho explosivo que constituíam aquelas misturas de intrigas de Avinhão com as *combinazioni* romanas e, para evitar o pior, decretara que o Conclave se reunisse logo após a sua morte, sem esperar pelos cardeais ausentes, e que a eleição se fizesse por maioria simples. Pobre papel, essa bula que pretendia opor-se ao furacão que se avizinhava!

Gregório XI morreu em 27 de março de 1378; os dezesseis cardeais presentes em Roma (dos vinte e três que compunham o Sacro Colégio) reuniram-se imediatamente e, durante dez dias, houve apenas palavreado. Não era ainda o Conclave: os príncipes da Igreja procuravam apenas pôr-se de acordo. Mas isso seria o mesmo que resolver a quadratura do círculo!

Os eleitores estavam divididos em três clãs de desigual importância: quatro italianos, cinco do "partido francês" e sete limusinos, de quem os seus compatriotas desconfiavam muito. Mas era preciso contar também com um eleitor "de fato", o povo romano, que cercava os muros do Vaticano e cujas vociferações ressoavam muito desagradavelmente aos ouvidos dos membros do Conclave: "Queremos um romano ou então matamos todos!" E os sinos da cidade tocavam a rebate.

À falta de um romano, foi eleito um italiano, depois de um dia inteiro de debates. Não podendo impor um dos seus, os limusinos lançaram o nome de um prelado que não pertencia ao Sacro Colégio, Bartolomeu Prignano, arcebispo de Bari. Houve apenas uma abstenção e três reservas formuladas contra o nome do eleito. Mas o povo o aceitaria? Os cardeais inquietavam-se, vendo do alto dos muros do palácio a multidão que berrava e gesticulava. Para estarem mais seguros, sem dúvida, de que o Espírito Santo pousava sobre a cabeça do seu eleito, recomeçaram a votação e afirmaram que, livremente, o napolitano fora realmente eleito papa. Foi nesse momento que a multidão invadiu a capela, reclamando a entronização de um papa romano. Como sair da situação?

Um astucioso lembrou-se de colocar à força a mitra e a capa sobre o cardeal de São Pedro, o velho Tibaldeschi, e de apresentá-lo à horda sentado num trono; este protestou quanto pôde, mas as aclamações abafaram a sua voz trêmula. O desfile durou o tempo suficiente para que os cardeais mais sensatos se afastassem. No dia seguinte, 10 de abril, as autoridades, avisadas da fraude, apressaram-se a procurar na cidade os doze *porporati* que ainda ali se encontravam e convidaram-nos a entronizar o mais depressa possível o arcebispo de Bari. E foi assim que *Urbano VI* se tornou sucessor de São Pedro, legitimamente se o quisermos — visto que a intrusão da populaça só se deu depois da sua eleição —, mas de uma forma pelo menos discutível e que pouco brilho dava à sua dignidade.

Infelizmente, este homem de bem, austero, excelente jurista e perfeitamente informado dos assuntos, revelou-se na cátedra pontifícia uma espécie de louco furioso, quase um energúmeno, que converteu os modos ursinos num meio de governar. Queria reformar a Igreja o mais depressa possível, a começar pela Cúria e pelo episcopado, no que tinha muita razão; faltavam-lhe apenas as boas maneiras. Declarou guerra à simonia, ao mau comportamento e ao luxo do clero com tal vigor que pouco lhe importava quem se sentisse atingido. O seu vocabulário, insólito em lábios tão augustos, magoava todo o mundo: o cardeal de Amiens, muito influente na França, foi tratado publicamente como velhaco; o cardeal Orsini, que o tinha coroado, foi recompensado com o qualificativo de imbecil; um honrado cobrador de impostos, que trazia para Roma o produto da sua arrecadação inteiramente legal, apanhou com o dinheiro em pleno rosto, acompanhado de uma oportuna citação da Escritura que o comparava a Simão o Mago.

Em vão Santa Catarina de Sena, espantada, gritava a essa temível testemunha do amor divino "que moderasse, em nome do Senhor crucificado, os movimentos espontâneos da sua natureza". Quando, diante de um grupo de cardeais franceses, Urbano VI declarou que lançaria uma tal fornada de cardeais italianos que os outros nada mais poderiam fazer senão calar-se no Sacro Colégio, assinou a sua perdição. Roberto de Genebra, muito pálido, saiu da sala. Como se não bastasse, o irascível pontífice acabava de se indispor com a rainha de Nápoles e com o poderoso senhor de Frondi.

A operação foi preparada em dois tempos. Treze cardeais dirigiram-se secretamente a Anagni e ali tomaram as suas deliberações, sob a proteção de forças armadas da Gasconha e de Navarra, comandadas por Bernardin de la Salle, companheiro de Duguesclin. Sentindo-se em segurança, rejeitaram com desprezo as propostas de entendimento, insolitamente moderadas, que Urbano VI lhes fez chegar, e em 9 de agosto de 1378 declararam nula a eleição de Roma, alegando coação. Depois disso, em 20 de setembro, elegeram em Fondi um novo papa, que tomou o nome de Clemente VII.

A escolha era infeliz. Não porque o novo eleito não fosse um homem de mérito, mas porque não era outro senão o próprio Roberto de Genebra, que preparara o regresso de Gregório XI à Itália pelos meios que já conhecemos e que era censurado por causa da terrível chacina de Cesena. Canonicamente, a sua eleição era inadmissível, e assim o julgou Santa Catarina de Sena que, apoiando Urbano VI apesar dos seus enormes defeitos, tratava os cardeais de Anagni como "diabos com cara humana".

Mas, enquanto o novo antipapa, depois de ter tentado inutilmente impor a sua autoridade a Roma e à Itália, tomava o velho caminho de Avinhão, os Estados jogavam, conforme os seus interesses, com um ou outro papa. O de Roma manteve sob a sua obediência a Inglaterra, quase toda a Alemanha, a Escandinávia e a Itália do Norte e do Centro; o de Avinhão foi reconhecido pela França, pela Escócia, pela Espanha e pelo reino de Nápoles. Excomungando-se um ao outro, os dois rivais ameaçavam-se mutuamente com a fogueira. Começara o *Grande Cisma do Ocidente*, a mais terrível provação que a Igreja sofrera até então no seu próprio seio e que duraria quarenta anos.

Urbano VI, tal como o conhecemos, evidentemente não fez nada para melhorar a situação. A sua agitação era já frenesi. Os próprios amigos puderam verificá-lo com desolação. Era tão corajoso quanto rude. Um dia em que estalou um motim em Roma, avançou sozinho para a frente da multidão hostil e gritou: "Aqui me tendes. Que quereis de mim?" Santa Catarina, entre duas síncopes, ainda encontrava forças para aconselhá-lo, mas em vão. A grande santa morreu em 29 de abril de 1380.

Quando soube que alguns dos seus próprios cardeais queriam interditá-lo como louco, Urbano VI mandou-os prender, torturar, passear pela cidade amarrados como fardos sobre jumentos, de cabeça descoberta debaixo de um sol canicular, e por fim executar. O escândalo foi tal que todos os partidários do louco furioso o abandonaram. Morreu, solitário e terrível, sem nunca abdicar do seu modo de pensar, no ano de 1389. Mas nem por isso o cisma terminou.

Logo que Urbano VI morreu, os cardeais da sua obediência elegeram Bonifácio IX (1389-1404). Era um napolitano cortês, de quem, a não ser pelo seu comprovado nepotismo, nada havia a dizer. Depois dele, os Orsini e os Colonna puseram-se de acordo para colocar no trono pontifício outro napolitano, Inocêncio VII (1404-1406). Mas este homem, prudente e conciliador, não conseguiu manter a paz nem mesmo em Roma, quanto mais na Igreja. E quando lhe sucedeu Gregório XII (1406-1415), o veneziano octogenário Ângelo Correr, revelou-se também incapaz de restabelecer a unidade.

Do lado de Avinhão, notava-se a mesma incerteza, a mesma fraqueza. Clemente VII mostrou-se menos violento que Roberto de Genebra na cátedra pontifícia usurpada, mas também menos eficaz. À sua morte, o cardeal de Aragão, o canonista Pedro de Luna, que há muito tempo ambicionava a tiara, colocou-a finalmente sobre a cabeça e tornou-se Bento XIII (1394-1422). Mas onde estava a sua autoridade? Austero e piedoso, sinceramente convencido do seu direito e disposto a fazê-lo triunfar, além de se mostrar um hábil diplomata e um caráter firme, nem por isso deixou de ser objeto — aliás injustamente — do ódio de metade do mundo cristão. Os franceses, que reconheciam em princípio (mas com oscilações) a sua autoridade, brincalhões como eram, chamavam-lhe "o papa da Lua". O dito era engraçado, mas não tornava a situação menos atroz.

É difícil avaliarmos hoje a perturbação que tal anarquia causava nas almas. Este cisma, não devido como outrora à ambição de algum imperador germânico, mas querido por aqueles mesmos que tinham o depósito do Espírito, sobressaltava as consciências. Repercutia na cristandade inteira. Em quantas dioceses, paróquias e mosteiros, não se via levantarem-se bispo contra bispo, pároco contra pároco, abade contra abade! Ninguém podia estar seguro da sua fé nem da validade da sua obediência. Como diz Froissart, o povo "espantava-se de que a Igreja tivesse podido cair em tão grande confusão e nela permanecesse durante tanto tempo".

Os próprios santos estavam divididos em dois campos: do lado dos papas romanos alinhavam-se, depois de Santa Catarina de Sena, Santa Catarina da Suécia, o Bem-aventurado Pedro de Aragão e esse notável Gerardo de Groote, que Tomás de Kempis chamava "a luz da Igreja". Mas os papas de Avinhão tinham quase outros tantos fiadores junto do céu: o grande espanhol São Vicente Ferrer, que escreveu todo um tratado para demonstrar a legitimidade da dissidência, Santa Colette, a admirável reformadora das clarissas, e esse adorável pequeno bispo de dezessete anos, morto aos dezenove, o Bem-aventurado Pedro de Luxemburgo, sobre cujo túmulo os milagres se multiplicaram em tão grande número e tão depressa que muitos viram aí a prova de que Pedro de Luna era efetivamente o Vigário de Cristo!

Cada um dos campos podia, pois, com a maior boa fé, considerar o outro como infiel. Por ocasião da batalha de Roosebeke, em 1382, os chefes do exército francês perguntavam-se se teriam o direito de levantar contra os flamengos a auriflama, estandarte que só se devia desfraldar por uma causa sagrada. A decisão foi afirmativa, porque as cidades de Flandres estavam do lado de Urbano VI e combatê-las era servir a Deus!

Não parava de crescer, portanto, uma imensa angústia, e a desolação apoderava-se cada vez mais das almas. Espalhava-se a crença de que, desde o início do cisma, ninguém mais entrara no Paraíso. As velhas profecias de Joaquim de Fiore ganhavam uma nova atualidade e Telésforo o Eremita reeditava-as com sucesso em 1386. A grande dissidência parecia anunciar o fim do mundo, que muitos acreditavam estar marcado para o ano de 1400. Já se viam em movimento os bandos de penitentes, conhecidos por *dealbati* por causa das longas túnicas brancas que vestiam. Que reclamavam? A indulgência plenária para o ano de 1400, quando os dois papas — o de Roma e o de Avinhão — já a tinham concedido para o ano jubilar de 1390. Os flagelantes impressionavam ainda mais, e também falavam do Anticristo e do fim do mundo. A cristandade, dilacerada, afundava-se no caos.

Como sair do impasse? A Universidade de Paris foi a primeira autoridade que propôs um plano. Em 1394, após uma ampla consulta a personalidades dos mais diversos níveis de competência, redigiu um memorial em que se concluía serem possíveis três soluções: a cessão, a arbitragem e o concílio. No primeiro caso, os dois papas abdicariam ao mesmo tempo; no segundo, uma comissão nomeada pelos dois campos resolveria a questão; no terceiro, a assembleia ecumênica da Igreja seria chamada a pronunciar-se. Gerson, o mestre mais eminente, queria que se tentassem sucessivamente os três meios. Mas como persuadir os pontífices a aceitar essa "via de cessão", a primeira das três propostas, que afastaria os dois do poder?

Na França, fez-se uma tentativa extraordinária, muito reveladora do estado de perturbação em que se encontravam os espíritos. O clero, impelido pelas universidades, proclamou em 1398 a cessação imediata e completa da obediência a Bento XIII, para obrigá-lo a abdicar sem demora. Num dos seus raros momentos de lucidez, Carlos VI assinou essa declaração. Era um fato inaudito: a Igreja de França punha-se à margem de todo o resto do mundo católico, reduzindo-se a ser apenas galicana!

Bento XIII, porém, não se deixou intimidar. Nem a deserção de dezessete dos seus cardeais, nem os conselhos dos amigos, nem um cerco em regra ao seu palácio conseguiram quebrar uma energia digna dos maiores encômios. Não seria ele o primeiro a abdicar, e sozinho! Passados quatro anos das mais diversas vicissitudes, a opinião pública mudou e voltou a ser-lhe fiel. E, da mesma forma, os chefes da igreja francesa, verificando que o assunto se arriscava a provocar as piores complicações políticas e que, além disso, o governo real os oprimia com impostos extraordinários, decidiram retornar à obediência. Mas nem por isso o caso do cisma estava arrumado!

Entretanto, por morte de Inocêncio VII, em 1406, todos os cardeais romanos juraram a "cessão", isto é, que quem dentre eles fosse eleito renunciaria à tiara, se o antipapa estivesse de acordo em proceder do mesmo modo. Tentaram persuadir Bento XIII a fazer idêntica promessa. Uma vez eleito, Gregório XII foi convidado a cumprir o seu compromisso, e o seu adversário recebeu igual convite. Mas nenhum deles quis abandonar o título, apaixonadamente convencidos como estavam do seu direito. Iniciou-se então um jogo diplomático muito complexo. Os dois pontífices resolveram encontrar-se em Savona, mas detiveram-se a um dia de marcha um do outro e regressaram às suas terras. Diante disso, um grupo de cardeais abandonou os dois.

Surgiu então a ideia de reunir um concílio que depusesse um e outro. Era a "terceira via" preconizada por Paris. Em março de 1409, vinte e quatro cardeais, dos quais catorze partidários de Roma e dez de Avinhão, acompanhados por cerca de trezentos altos prelados, reuniram-se em Pisa na presença dos embaixadores de todas as nações ocidentais; era um concílio ilegal, pois nenhum papa o tinha convocado. Discutiram até mais não poderem, de março a agosto, e,

Papas de Roma	Papas de Avinhão	Papas de Pisa
Urbano VI, 1378-1389	Clemente VII, 1378-1394	
Bonifácio IX, 1389-1404	Bento XIII, 1394-1422, *declarado deposto em 1417*	
Inocêncio VII, 1404-1406		Alexandre V, 1409-1410
Gregório XII, 1406-1417, *demissionário em 1415*		João XXIII, 1410-1419, *declarado deposto em 1415*

OS PAPAS NA ÉPOCA DO GRANDE CISMA.

sob a dupla acusação de cisma e heresia, depuseram os dois pontífices rivais e designaram um único: o grego Petros Filargo, cardeal de Milão, que se tornou Alexandre V (1409-1410). "Ó feliz eleição, concórdia restabelecida e pacífica união!", exclamou a universidade parisiense. Mas aconteceu algo em que ninguém pensara: os dois papas depostos recusaram-se a abdicar por ordem do concílio. Em vez de dois papas contestados, contestáveis, havia agora três!

O concílio contra o papa: a tentativa de Constança

Essa lamentável experiência não era obra do acaso, mas o resultado final de todo um modo de pensar que já há algum tempo vinha minando a Igreja. O concílio de Pisa foi iniciativa de uma vanguarda de intelectuais que viram nele a oportunidade de legislarem para a cristandade inteira em nome de doutrinas elaboradas por eles próprios. Doutrinas literalmente revolucionárias, que visavam nada menos que impor uma nova concepção da Igreja, em sintonia com toda a corrente da época. Estavam intimamente associadas às teorias nacionalistas que o recente crescimento dos Estados modernos pusera de moda, e mais ou menos contaminadas por teses claramente heréticas, como as que Wiclef e João Huss iriam promover.

Qual era, segundo a doutrina tradicional — exposta pelos grandes doutores do século XIII —, a constituição da Igreja? De Alexandre de Hales a São Boaventura, de Santo Alberto Magno a São Tomás, todos estavam de acordo sobre quatro princípios: a Igreja era uma monarquia dirigida por um chefe, o Papa; o primado do Papa provinha unicamente de Cristo através de Pedro, e de modo algum de uma delegação dos fiéis; o conselho dos chefes da Igreja — o concílio —, se fosse chamado a reunir-se, só o poderia fazer de acordo com o Papa, e as suas decisões só seriam válidas se confirmadas por ele; por fim, ninguém podia apelar das suas sentenças para outro tribunal, nomeadamente para os concílios, já que o Papa era juiz soberano em matéria de fé e disciplina. Era contra estes quatro pontos, considerados fundamentais até hoje, que os revolucionários se insurgiam.

O movimento nascera nos últimos anos do século XIII e nos primeiros do século XIV, com *Marsílio de Pádua* e *Guilherme de Ockham*[12], que, de resto, não eram subversivos apenas neste aspecto. Mestre laico, Marsílio tinha levado a Luís da Baviera um tratado — curiosamente intitulado *Defensor da Paz* (1324) — em que lhe fornecia argumentos para a sua luta contra o papa João XXII. Retomando as ideias que Nogaret e o seu clã tinham lançado nos dias da disputa entre Filipe o Belo e Bonifácio VIII, mas desenvolvendo-as enormemente, sustentava que na Igreja, como aliás no Estado, a autoridade residia no povo, o qual, por maioria, a delegava no concílio ou a retirava dele; o verdadeiro juiz da fé e da disciplina era o povo fiel: o chefe eleito não passava de um simples agente executor. Por outro lado, o bispo de Roma não tinha qualquer jurisdição sobre os seus colegas. Quando muito, possuía uma precedência que lhe era cortesmente concedida. Em suma: nessas perspectivas, a Igreja não era já uma instituição e uma sociedade, mas uma doutrina, cujo depósito comum estava confiado a todos os que a aceitavam.

Semelhantes ideias anárquicas encontravam-se também em outros, principalmente em Miguel de Cesena, geral dos franciscanos, que exclamava: "Todo o Papa pode errar na fé ou nos costumes, mas a Igreja, tomada no seu conjunto, nunca erra!" Outro filho de São Francisco, o inglês Guilherme de Ockham — cuja inteligência e saber ultrapassavam, e de longe, os dos já mencionados —, retomara os temas de Marsílio no seu célebre *Diálogo* (o gênero fora escolhido por prudência), sistematizando-os e levando-os ainda mais longe. Para ele, o concílio possuía uma autoridade superior à do Papa; e a Igreja, a assembleia dos fiéis, que podia perfeitamente reduzir-se a um punhado de verdadeiros crentes, era a única infalível, mesmo que a hierarquia inteira se enganasse.

Naquela ocasião, o êxito dessas ousadas teorias fora limitado, pois iam de encontro a uma tradição quase milenar que tinha horror a toda a tendência cismática. A Igreja combatera-as assim que tinham surgido, e durante algum tempo, na Universidade de Paris, os mestres tinham sido obrigados a jurar que não leriam o *Defensor da Paz*. O Grande Cisma, porém, favoreceu a difusão dessas ideias e deu-lhes fortes probabilidades de triunfarem. Já que o papado se desfazia visivelmente, não teriam razão os teóricos conciliares? "E quem quererá alicerçar a estabilidade da

Igreja sobre a fraqueza de Pedro?", perguntava um mestre parisiense, Pedro d'Ailly. E quem podia responder-lhe? A pergunta nascia do escândalo, por muito doloroso que fosse ouvi-la formular.

Assistiu-se então à proliferação de toda a espécie de tratados, panfletos, proposições e comentários que se resumiam essencialmente em proclamar a superioridade do concílio sobre o Papa. Em Viena, Henrique de Langenstein, na sua *Proposta de paz para a união e reforma da Igreja*, declarava-se convencido de que o cisma tinha sido querido por Deus para fornecer a prova de que o verdadeiro poder reside no povo e de que o concílio formado por todos os bispos é quem dispõe do pontificado. Conrado de Gelnhausen, outro professor evadido de Paris em 1391, ia mais longe e afirmava não só que o Papa estava submetido ao concílio, mas que neste é que estava a legítima representação da Igreja.

Em Paris, tais ideias eram recebidas com grande regozijo. A *Dame Université* mostrava-se extremamente orgulhosa do seu saber e prestígio, que afirmava remontar a Carlos Magno, e até a Roma e Atenas! O procurador Jean Jouvenel chamava-a, modestamente, "a venerável mãe enviada por Deus do Paraíso", e, no seu seio, os interesses temporais, não só do rei da França como de pessoas singulares, harmonizavam-se às mil maravilhas com os interesses espirituais da Igreja. Ora, como se sabe, não há nada às margens do Sena que as pessoas detestem tanto como não se encontrarem na vanguarda da moda e da novidade. "Que importa o número de papas? Por que não dois, três, dez, doze ou até um por cada reino?", exclamavam os entusiastas da Sorbonne.

Apoiando-se na natureza da Igreja, os mais sérios chegavam a esta pesada conclusão: é próprio dessa natureza ser una; portanto, se o Papa não assegura a necessária unidade, como é sua missão, será preciso que uma outra autoridade o substitua, e o concílio, que se reunirá com ele ou contra ele, fará o que for melhor para bem do povo cristão. *Pedro d'Ailly*, que não era nem um espírito especialmente equilibrado nem um grande caráter, sustentava essa tese com violência; *Jean Gerson*, chanceler da Universidade de Paris, no seu livro *A unidade da Igreja*, afirmava que, se a lei canônica e a lei civil, duas das bases da unidade, estivessem em desacordo com a lei divina e a lei natural — os dois outros pilares dessa unidade —, aquelas deveriam ceder perante estas: isto é, a consciência coletiva da Igreja, depositária da mensagem de Cristo, tinha o direito de se insurgir contra um papa perjuro ou deficiente.

Como se vê, tratava-se de ideias totalmente novas que, adotadas, teriam subvertido completamente a ordem da Igreja e as suas mais sólidas instituições. Mas, no clima de paixão em que o cisma tinha mergulhado a cristandade inteira, ninguém se interessava em saber a que lugar conduziriam essas teorias e até que ponto a anarquia não seria a sua conclusão lógica. No dia anterior à reunião do concílio de Pisa, o mestre paduano *Zabarella* (que, aliás, terminaria os seus dias como um prudente cardeal...) compilava todos esses argumentos num tratado contundente, *A jurisdição imperial*, em que apelava para uma nova personagem. "A plenitude dos poderes reside na massa dos fiéis quanto à sua origem", lia-se nesse texto, "e no Papa somente como seu principal agente executor"; logo, era preciso reunir o concílio, expressão da vontade da Igreja, quer isso agradasse ou não ao Papa; e se este não quisesse convocá-lo, havia um homem chamado a fazê-lo em seu lugar: o imperador.

Ora, o imperador acabava de morrer, e como Ruprecht da Baviera e três outros pretendentes aspiravam a suceder-lhe, o glorioso trono parecia incapaz de resolver a crise a curto prazo. Mas, para surpresa geral, um dos rivais, Sigismundo de Luxemburgo, rei da Hungria, conseguiu impor-se e tornar-se rei da Alemanha. Era um belo homem, calmo, de feições enérgicas e barba cuidada. Desceu imediatamente à Itália, anunciando que solucionaria a questão do cisma. Nesse preciso momento, soube-se que o papa de Pisa, Alexandre V, acabava de morrer, aliás de uma morte tão inesperada que pareceu suspeita. Os cardeais que lhe eram fiéis elegeram sob o nome de João XXIII o cardeal-diácono de Óstia, Baltasar Cossa, a cujo respeito corriam os boatos mais terríveis (dizia-se que fora pirata), mas que era amigo do novo senhor alemão. Parecia, pois, ser uma ocasião muito favorável para que o "rei dos romanos", o "protetor da Igreja", assumisse as rédeas da situação. Expulso de Roma por um ato de força das tropas napolitanas, Gregório XII não podia opor-se a essa intervenção, e, no decorrer de 1414, a cristandade soube que se iria reunir um novo concílio, na esperança de se refazer a unidade.

O lugar escolhido foi Constança; certamente queria-se arrancar a assembleia conciliar às intrigas italianas, mas Sigismundo devia pensar também que, nessa cidade alemã, o Espírito Santo não deixaria de ter algumas atenções para com ele. Os franceses, embora pouco contentes por terem perdido a iniciativa, não se deram por achados. Habilmente, enviaram ao concílio homens de primeira plana: os cardeais Guilherme Fillastre e Pedro d'Ailly, bem como Jean Gerson, o grande universitário — todos eles célebres pelos seus trabalhos e pelas suas doutrinas —, bem como Zabarella, o canonista paduano que acabava de ser elevado à púrpura e que partilhava dos mesmos pontos de vista. Em grande medida, o cérebro do concílio seria francês.

No decorrer de 1414, afluíram a Constança, transformada em capital provisória da cristandade, representantes de todos os partidos e das três obediências. João XXIII compareceu acompanhado por seiscentas pessoas, mas os dois outros pontífices fizeram-se representar por delegados. Incrivelmente amontoados, viram-se na cidade trinta e três cardeais, perto de quinhentos bispos, dois mil representantes das universidades, cerca de cinco mil padres, sem falar dos embaixadores de todos os soberanos, de quarenta duques, trinta e dois príncipes e quinhentos cavaleiros, cada um escoltado pelo seu séquito, totalizando, conforme o cronista Ulrich de Richethal, cem mil almas! Pormenor lamentável, que lança uma luz estranha sobre esta assembleia da Igreja: setecentas mulheres públicas alugaram também os seus quartos na cidade, não, certamente, para reformar os costumes.

Era triplo o objetivo proposto à ilustre assembleia: pôr fim ao escândalo da grande dissidência, promulgar medidas que suprimissem os abusos cuja extensão afligia os melhores cristãos — abusos outrora chamados simonia e nicolaísmo, contra os quais a Igreja já tivera de lutar por várias vezes — e, finalmente, aniquilar as heresias, que ganhavam terreno a olhos vistos.

Das três intenções, temos de confessar, somente a primeira foi levada a sério. A reforma moral, que originou grandes e frequentes discursos, esteve longe de ser a preocupação dominante do concílio. Quanto à heresia, se é verdade que queimaram o infeliz João Huss[13], que cometeu a imprudência de se meter nesse canônico vespeiro, não houve um esforço doutrinal capaz de solapar as más doutrinas. De forma alguma o Concílio de Constança pode ser comparado ao admirável Concílio de Trento que, cento e cinquenta anos mais tarde, salvaria a Igreja e assentaria o universo cristão em bases estáveis. Mas pelo menos foi resolvida a principal questão que motivara a convocação da assembleia.

Seria possível escolher entre os três papas? Evidentemente que não. Era preciso afastar os três para escolher um outro, mas isso era mais fácil de dizer do que de fazer. Tinham ali à mão um dos desastrosos rivais — João XXIII —, e foi sobre esse que se lançaram em primeiro lugar. Os franceses tinham conseguido que se aceitasse o voto por nação e não por cabeça; quando a França, a Inglaterra e a Alemanha coligaram-se contra os italianos, Sigismundo abandonou o seu protegido. Subitamente, levantou-se um ataque geral, uma maré de ignomínias contra o "calvo", o "sarnento". Disfarçado de arqueiro, João XXIII fugiu da cidade, na esperança de que a sua ausência dissolvesse o concílio. Mas não foi assim. O seu novo protetor, o duque de Áustria, pesava pouco ao lado do senhor da Alemanha. Apodado de simoníaco, de prebendado, de incestuoso, de sodomita, de fornicador e outras gentilezas, publicamente acusado de ter mandado assassinar o seu predecessor, o infeliz afundou-se. Resignou-se a aceitar a sua condenação e quis assiná-la, escrevendo apenas o seu nome próprio — Baltasar. Esta humildade deveria valer-lhe uma consolação última: cinco anos mais tarde, o verdadeiro papa, Martinho V, reintegrava-o no Sacro Colégio, e o admirável túmulo que Donatello lhe construiria no Batistério de Florença seria digno de um soberano pontífice.

Restava acertar o destino dos outros dois: Bento XIII e Gregório XII. Este já estava cansado do papel desolador que vinha representando. Concordou em reconvocar o concílio, cuja legitimidade se tornara discutível desde a fuga de João XXIII, e a seguir negociou a sua abdicação, para acalmar as suas suscetibilidades pontifícias: um gesto que vinha com sete anos de atraso, mas que, em todo o caso, depõe em seu favor.

Bento XIII continuava no seu lugar, austeramente encastelado nos seus "direitos adquiridos", deslocando-se constantemente entre Perpignan e a Espanha, abandonado por quase todos os seus partidários de Aragão, de Armagnac e de Foix, mas extraindo desse mesmo abandono uma grandeza trágica e uma reforçada certeza de ter razão. Sigismundo foi pessoalmente suplicar-lhe que aceitasse uma solução honrosa, mas em vão. Refugiado sobre o esporão rochoso de Peñiscola, entre Tortosa e Vinaroz, uma espécie de Mont Saint-Michel da Espanha, Pedro de Luna proclamava sempre a sua fé profunda na justiça da sua causa; a cristandade inteira estava com ele no cimo desse promontório, como a humanidade estivera com Noé na Arca!

Foi preciso proclamar a sua deposição (1417). Mas isso não o impediu de nomear novos cardeais que, após a sua morte, elegeram ainda um antipapa, Clemente VIII. Quando este abdicou, restava apenas um cardeal rebelde, mas o espírito de Pedro de Luna subsistia na minúscula e agitada corte de Valença, e foi assim que, por um único voto, foi eleito papa o sacristão de Rodez, com o nome de Bento XIV, sem que o fato causasse grande ruído.

Estava, pois, resolvida — não sem dificuldade — a questão do cisma: os três adversários tinham sido afastados. Bastava agora eleger um papa legítimo. Mas não era tão simples como parecia. As facções não paravam de manobrar entre os membros da assembleia e os bem intencionados perguntavam-se se os cardeais das três doutrinas não iriam dividir-se novamente na votação. Foi Sigismundo quem, sem querer, selou a união de todos.

Esse rude Constantino, cujas intervenções na assembleia se tornavam cada vez mais indiscretas, tinha acabado por indispor contra ele todos os *porporati* de todas as origens e partidos. Quando deixou transparecer a intenção de continuar a controlar a Igreja, sob o pretexto de levar adiante a reforma antes de qualquer eleição, os cardeais franceses não tiveram grande dificuldade em agrupar num bloco todos os seus colegas, e Guilherme Fillastre chegou a falar em ir até ao martírio para fazer frente ao novo tirano. Mas não foi preciso chegar tão longe. A corte da Inglaterra, então em plena glória, ofereceu-se para servir de mediadora, e Sigismundo apressou-se a aceitar a proposta. O Conclave reuniu-se em Kaufhaus, formado excepcionalmente por cardeais e trinta representantes das cinco nações cristãs. Apenas oito dias depois, era eleito, sob o nome de *Martinho V* (6 de novembro de 1417), Otto Colonna, da ilustre família romana e antigo cardeal da obediência de Inocêncio VII.

Voltara, portanto, a paz à Igreja. Mas estariam afastadas todas as dificuldades? Longe disso! Em última análise, quem pusera fim ao escândalo da ímpia cisão? O concílio, sem dúvida. E esse fato não daria razão, pelo menos na aparência, aos teóricos da supremacia conciliar?

Fora justamente em Constança que se tinham votado decretos que, se fossem reconhecidos como válidos, colocariam o papado sob tutela. Um deles afirmava que, "representando a Igreja e recebendo imediatamente de Cristo o seu poder, o concílio deve ser obedecido por todos, seja qual for o seu estado ou dignidade, mesmo papal". Outro, votado pouco antes da eleição de Martinho V, o decreto *Frequens*, instituíra o concílio como autoridade normal e regular na Igreja, e fixara a sua periodicidade (cinco anos a princípio, e depois sete e dez), deixando assim ao Papa somente o papel de um primeiro-ministro eleito por um Parlamento que o fiscalizaria. Esses decretos eram decisões circunstanciais ou, como pensava Gerson, fixavam uma regra? Que canonista teria podido dizê-lo? Tudo dependia, em última análise, da energia do novo papa e da sua habilidade.

Martinho V não era homem para deixar que lhe enfiassem um cabresto. E já no dia seguinte ao da sua eleição deixou isso claro, pois no juramento que prestou se absteve cuidadosamente de nomear Constança entre os concílios ecumênicos cujos decretos teria de acatar... Depois, instado por Sigismundo a fixar-se na Alemanha e pelos franceses a voltar a Avinhão, retomou corajosamente o caminho de Roma. Preferiu o monte de escombros em que se convertera a Cidade Eterna e os lobos que vagueavam pelas campinas romanas às exigências que conhecia muito bem.

Homem enérgico, em plena força da idade — cinquenta anos —, culto, de juízo seguro, de costumes irrepreensíveis, soubera manter-se à margem de todas as intrigas. Os sobrinhos de que se rodeou — o que lhe atraiu muitas críticas — ajudaram-no a ter na mão as grandes famílias italianas e a enfrentar a anarquia da Península. A firmeza com que anunciou o seu desejo de empreender a indispensável reforma[14] assegurou-lhe o respeito dos homens, as preces da sua protegida Santa Francisca Romana[15] e a benevolência de Deus. Quanto ao problema decisivo — o das relações com o concílio —, regulou-o com soberana habilidade.

Não lhe teria sido possível sacudir a tutela da assembleia e rasgar o decreto *Frequens*. Esperou, pois, a sua hora, declarando sempre, a quem o quisesse ouvir, que a simples palavra "concílio" já lhe causava horror. Não deixou de reunir a assembleia na data prevista, em 1423, primeiro em Pavia, e depois — pensando que Filipe Maria Visconti, o tirano de Milão, estava decididamente muito perto — em Siena: uma peste muito oportuna permitiu-lhe a transferência. Depois, mandou para lá homens de primeira ordem, capazes de enfrentar os teorizadores conciliares, principalmente o dominicano Jerônimo de Florença, célebre orador da época.

Habilmente, os partidários do papa concentraram-se na tarefa de abater os adversários, o que não foi difícil no caso dos franceses e dos ingleses. Pela primeira vez, desde há muito tempo, os parisienses da universidade se sentiam menos seguros das suas teses, embora a Sorbonne as ensinasse como artigos de fé. Após um ano de vãs discussões, o concílio de Siena dissolveu-se, não sem ter "ordenado" a reunião de outro concílio sete anos mais tarde, em Basileia.

Martinho V aceitou: não se arriscava a ver a assembleia levantar-se contra o trono de São Pedro. O cardeal Cesarini, unanimemente respeitado pela sua inteligência, pela sua cultura e pelas suas insignes virtudes, presidiria ao futuro concílio e isso dava antecipadamente toda a garantia. O último antipapa acabava de desaparecer, sem deixar vestígios apreciáveis. O papado parecia estar em vias de retomar toda a sua antiga autoridade. Quando o "segundo fundador da realeza pontifícia", o restaurador de Roma, morreu de um ataque de apoplexia, em fevereiro de 1431, a delicada partida parecia quase ganha.

Um pontificado movimentado: Eugênio IV

Quase, mas não completamente. Bastaria pouco para comprometer o resultado. Quando o Conclave, reunido no convento de Minerva, designou o sucessor de Martinho V — o cardeal de Siena, Gabriel Condulmero, nobre de Veneza e sobrinho de Gregório XII —, a escolha pareceu excelente. O novo papa, que adotou o nome de *Eugênio IV*, era sem dúvida respeitável sob todos os ângulos, e em muitos aspectos digno de admiração. Afável e distinto, reservado, mas sem arrogância, continuou a levar na Sé apostólica uma vida monástica (pois era agostiniano). Ou melhor, continuou a viver como era dever de todos os monges: só bebia água, comia apenas frutas e legumes e levantava-se no meio da noite para rezar as matinas — uma vida de santo. Além disso, era resolutamente hostil a todo o nepotismo e queria governar unicamente em função dos interesses da Igreja. Teria sido perfeito se, a todas essas virtudes, tivesse acrescentado a maleabilidade e o tino de um diplomata. Mas, inflexível nas suas decisões e brusco nas suas ordens, não dava a menor prova de possuir essas duas qualidades, que talvez considerasse sinais de fraqueza e covardia.

No Conclave, Eugênio IV tivera de assinar, como todos os cardeais, uma espécie de capitulação que, se fosse posta em prática, submeteria o pontífice ao Sacro Colégio. Este seria o único habilitado a receber o juramento de fidelidade dos vassalos e dos funcionários, a assinar alianças, a declarar guerra e, principalmente, a supervisionar a reforma da Igreja, incluindo a da corte pontifícia e do seu chefe! Desconfiariam os cardeais tanto do futuro papa como do próximo concílio? Ao que parece, desconfiavam dos dois. Um pontífice diplomata teria tirado partido dessa situação para se desembaraçar do concílio, apoiando-se no Sacro Colégio e substituindo depois os *porporati* excessivamente empreendedores. Mas, se houve alguma vez uma boa ocasião perdida, foi por certo a que Eugênio IV deixou passar desde o começo do seu pontificado.

Estava prestes a reunir-se o Concílio de Basileia, e ninguém podia evitá-lo. Mas as circunstâncias eram pouco favoráveis: a guerra dos hussitas causava estragos na Boêmia; às portas da própria Basileia, Filipe o Bom, duque da Borgonha, ajustava contas com Frederico da Áustria; a França, onde Joana d'Arc ia ser lançada à fogueira, estava mergulhada em total anarquia.

Não foi um concílio que se reuniu na cidade limpa e cheia de rosas às margens do seu Reno tão verde, mas uma espécie de conciliábulo, em que cerca de trinta abades, cinquenta clérigos e um grupo de universitários gritavam em altos brados estarem ali para representar a Igreja universal. O cardeal Cesarini não compareceu, ocupado com uma cruzada contra os hereges tchecos. Um papa como Martinho V teria apagado de um sopro o pavio de Basileia, e tudo se teria resolvido.

Mas Eugênio IV perdeu seis meses. Estava muito absorvido — é preciso reconhecê-lo — em disputar aos Colonna, herdeiros do seu predecessor, muitas riquezas eclesiásticas que eles tinham desviado. Os encarniçados partidários do concílio aproveitaram a demora para se agruparem e se organizarem: reuniram-se em Basileia alguns bispos, e, por sua vez, o cardeal Cesarini, cujos cruzados tinham debandado diante dos hussitas, foi à assembleia declarar que, para vencer a heresia, seria preciso nada menos do que a autoridade conjunta da assembleia e do papa, e assim esse pequeno concílio de bolso descobriu de repente uma grande razão de existir. Foi precisamente nesse momento que chegou a Basileia uma bula na qual Eugênio IV anunciava a dissolução do concílio e a convocação de outro para Bolonha, dentro de aproximadamente dezoito meses.

O efeito foi desastroso. Numa carta patética, o cardeal Cesarini evocou a "explosão de desespero e de cólera" que se seguiu à leitura do documento pontifício. Por que, indagava o grande legado, investir contra esse concílio que não manifestara nenhuma espécie de hostilidade contra o pontífice? Abrindo um precedente à atitude que Mirabeau tomaria na Assembleia de Versalhes, os padres de Basileia responderam à ameaça declarando que só sairiam dali obrigados pela força. Sigismundo, que pretendia oferecer o seu apoio ao papa em troca de uma bela sagração imperial em Roma, protegia veladamente os extremistas conciliares. Mesmo o sábio Nicolau de Cusa, apóstolo da unidade e da concórdia, no seu vasto plano de reforma que acabava de aparecer, o *De concordantia catholica*, declarava indispensável o apoio do concílio. Quando Eugênio IV fora eleito, comparara-se a sua chegada à do arcanjo Gabriel junto da Santíssima Virgem, mas agora havia cada vez menos vontade de lhe dizer: "Faça-se segundo a vossa palavra!"

O conflito parecia, portanto, inevitável. Chegavam a Basileia novos reforços de toda a parte. O rei da França, Carlos VII, que há muito tempo vinha preparando a manobra que culminaria na Pragmática Sanção de Bourges[16], apoiava o movimento. A Borgonha, a Escócia e Castela faziam o mesmo. Um incidente permitia pôr em dúvida a própria legitimidade do soberano pontífice: o apelo interposto perante o concílio pelo respeitável cardeal Caprânica — que Martinho V elevara à púrpura, mas a quem não tivera tempo de conferir o barrete — e que Eugênio IV cometeu o erro insigne de tratar como impostor rebelde. Se Caprânica era autenticamente cardeal, e fora afastado do Conclave, não se deveria considerar nula a eleição papal? A situação tornava-se tão tensa que já os próprios núncios se desentendiam, e o papa, intimado a comparecer, era declarado contumaz. Em Roma, na própria Cúria, os ventos mudavam de rumo: apesar da proibição pontifícia, alguns cardeais escapuliam e dirigiam-se a Basileia. Aonde levariam esses acontecimentos?

O ano de 1433 foi decisivo. Mudando repentinamente de tática, Eugênio IV publicou em fevereiro uma bula que autorizava a realização do concílio em Basileia e ordenava o comparecimento do maior número possível de padres. A manobra era grosseira e não podia de modo algum ser bem sucedida. Aproveitando do documento apenas a aprovação pontifícia, os padres do concílio tornaram-se mais arrogantes. Se os príncipes laicos — e sobretudo Sigismundo, que Eugênio IV acabara de coroar imperador de Roma —

não tivessem estado lá para os refrear, teria surgido imediatamente um novo cisma.

Em vão o cardeal Cesarini propôs uma fórmula conciliatória; exasperado, o papa disparou duas novas bulas que pretendiam anular todas as decisões conciliares. Era demasiado. A cristandade tinha medo de ver renascer o cisma. Imperador, príncipes e reis, cardeais e canonistas, e até o doge de Veneza, terra natal do papa, pediram-lhe que cedesse. Eugênio IV compreendeu que estava ali a sua derradeira oportunidade, e a nova bula *Dudum sacrum* consagrou a sua submissão. Uma breve restrição não tirava nada à gravidade do fato: o papa declarava ter aprovado o concílio, mas não todos os seus decretos. Um prelado alemão, amigo evidentemente da hipérbole, afirmou que "o mundo nunca recebera maior graça depois da Encarnação" do que nesse dia de Natal, em que se soube em Basileia que o papa capitulara.

Pouco depois, um novo acontecimento viria acrescentar-se às tribulações do infeliz pontífice, ameaçado até mesmo em Roma. Os Colonna, momentaneamente amordaçados, ainda possuíam armas, e foram encontrar no duque de Milão, Filipe Maria Visconti, um aliado disposto a pregar juntamente com eles uma peça ao papa. Descontente com os favores concedidos a Florença e Veneza — as duas repúblicas que odiava —, o duque invadiu os Estados da Igreja, o que causou em Roma uma viva agitação. Para tentar detê-lo, Eugênio IV tomou a seu soldo o *condottiere* Francisco Sforza, o que também não deixava de trazer os seus riscos. Durante toda a primavera de 1434, a situação piorou. Por fim, sentindo-se pouco seguro na Cidade Eterna, o papa resolveu fugir.

Foi um episódio digno de um romance de aventuras. Disfarçado de beneditino e acompanhado por um único fiel, o pontífice partiu a cavalo durante a noite de 4 de junho, a fim de embarcar clandestinamente em Ripagrande. Os romanos, porém, aperceberam-se da fuga e lançaram-se em sua perseguição. Das margens, uma saraivada de flechas e de pedras tentou atingir o batel. Entre a Basílica de São Paulo e Óstia, uma grande embarcação tentou barrar o caminho à do navegante de São Pedro, que, deitado no fundo e coberto com um escudo, acompanhava com angústia a corajosa manobra do seu barqueiro Valentim; este, não contente de ter evitado a abordagem, tentava atingir o adversário e afundá-lo!

Quando o pontífice chegou por fim a Óstia, respirou aliviado, e dali seguiu para Pisa, passando por Florença. Nada desanimado, expediu uma ordem para que todos os seus fiéis se unissem a ele no convento de Santa Maria Novella, onde se instalou.

Esta brilhante manifestação de energia e de coragem devolveu-lhe certa autoridade. Muitos cardeais se agruparam à sua volta em Florença, e a república do lis vermelho, orgulhosa de se ter tornado a capital da Igreja, assegurou-lhe proteção. Tomando a ofensiva, o papa ordenou o encerramento do Concílio de Basileia — que, aliás, estava em pleno caos e acabara de ser abandonado pelo legado — e convocou um novo concílio a reunir-se em Ferrara. Quase simultaneamente, obtinha uma vitória que aumentava consideravelmente o seu prestígio: realizava o sonho que tantos cristãos haviam acalentado desde 1054 — a reconciliação da igreja oriental com Roma, a união das duas partes da cristandade.

O projeto estava no ar desde havia muito tempo[17], mas a ameaça turca sobre Bizâncio facilitava a sua realização; Salônica caíra em 1430. Em março de 1438, o basileu e o patriarca chegaram a Ferrara com um séquito tão numeroso que a cidade parecia ter-se tornado grega. Instalaram-se na catedral quatro luxuosas cadeiras, a mais alta para o papa, outra um pouco mais baixa para o patriarca e duas menos elevadas, mas iguais, para os imperadores.

Não tardaram a surgir inúmeras dificuldades entre gregos e latinos, tanto sobre pontos de doutrina como sobre questões de precedência, sem falar da peste que, vindo rondar Ferrara, obrigou o concílio a ir para Florença. Por fim, após meses e meses de palavreado, graças sobretudo à ação de um prelado oriental — Bessarion, futuro cardeal romano —, as partes acabaram por entrar em acordo. Em junho de 1439, votava-se uma declaração solene em que se proclamava "o pontífice romano sucessor autêntico do bem-aventurado Pedro, Príncipe dos Apóstolos, verdadeiro Vigário de Cristo, Pai e Doutor de todos os cristãos". Um mês depois, assinava-se o ato de união. Era uma brilhante vitória para Eugênio IV, ainda que, na realidade, viesse depois a mostrar-se precária e desprovida de resultados.

Entretanto, em Basileia, a atmosfera tornava-se ao mesmo tempo pesada e frenética. Para dar uma lição de moral a essa Sodoma, a essa Gomorra, a essa Babilônia de perdição em que Florença se convertera claramente, fazia-se reinar na graciosa cidade rosada um clima de terror puritano, no meio do qual beber, cantar, distrair-se ou simplesmente descansar eram pecados.

Quanto à luta antipontifícia, era conduzida por um fanático, o cardeal Luís Aleman. Em vão todos os grandes Estados multiplicavam as suas advertências e reservas. Em setembro de 1439 — enquanto o cardeal Cesarini trocava as margens do Reno pelas do Tibre, e Nicolau de Cusa ia receber o barrete de cardeal, negociando habilmente a submissão dos príncipes alemães, cada vez mais excitados —, consumava-se em Basileia a ruptura e elegia-se um antipapa.

A escolha foi um tanto estranha, mas decorosa. Com efeito, procuraram um leigo, viúvo e pai de nove filhos, o príncipe Amadeu VIII da Savoia, porque era rico, bem aparentado e, além disso — como convinha — de comportamento impecável. Deixando as margens lacustres do eremitério de Ripaille — onde, é preciso esclarecer, levava uma vida que em nada justificava a reputação provinda do nome desse local, "comilança" em francês —, o saboiano entrou solenemente em Basileia (doze jumentos representavam os doze apóstolos...), envergou uma admirável capa de ouro e adotou o nome de Félix V, depois do que não demorou a notar que tinha entrado num autêntico vespeiro.

Com efeito, os padres do concílio pensavam serem eles os verdadeiros mestres. Félix V viu, por exemplo, surgirem decretos "conciliares e pontifícios", como o que instituiu a festa da Visitação, sem que lhe tivessem dado a menor informação a esse respeito. Basileia, além disso, tornava-se um exemplo perfeito da confusão que um regime democrático pode criar quando não existe uma autoridade superior que o dirija ou um grande sentido do interesse geral. Tudo era ocasião de intrigas e rivalidades. Todos os problemas evocados no concílio — que julgava tê-los enumerado todos! — arrastavam-se interminavelmente. Numa palavra, essa assembleia insensata estava desacreditada.

Soava a hora da vingança para Eugênio IV, e ele soube aproveitá-la. Deixando Florença, voltou para Roma, a pedido dos próprios romanos, aflitos por verem de novo a sua cidade viúva do pontífice e entregue, sem nenhum árbitro, aos ódios sangrentos dos clãs. E o seu regresso assumiu o aspecto de um verdadeiro triunfo. Despertou imediatamente o entusiasmo popular ao pregar contra os turcos uma cruzada que Scanderbeg, João Hunyade e Ladislau da Hungria levariam à vitória (mas que, na realidade, foi um revés).

Compreendendo por fim que a habilidade diplomática é melhor do que a força, Eugênio IV entendeu que devia aproveitar contra o concílio o mau humor generalizado e conquistar amigos. Foi poderosamente ajudado nas suas manobras por um dos homens mais finos do tempo, o interessante *Enéas Sílvio Piccolomini*, humanista de talento e de costumes austeros, que fora secretário do cardeal Caprânica e depois de Félix V, e que viria a ser um dia o papa Pio II. Tendo compreendido que a causa do verdadeiro pontífice era a única boa, este maravilhoso diplomata submeteu-se a ele e trabalhou energicamente para lhe conseguir a adesão dos príncipes, sobretudo do novo senhor da Alemanha, Frederico III.

Sentindo-se abandonados, os padres de Basileia e o seu pobre antipapa prepararam-se para capitular. Tratava-se apenas de oferecer-lhes uma saída honrosa, e a isso se dedicou zelosamente o astucioso Piccolomini. Fingiu acreditar que essa submissão era inteiramente voluntária e que Félix V concordava de bom grado em passar a ser um simples cardeal e legado, embora o saboiano tivesse resistido à ideia durante algum tempo. No fim do ano de 1447, a solução de toda a penosa crise era um fato mais ou menos consumado. Mas Eugênio IV já não pôde saborear a alegria da vitória: depois de um pontificado tão agitado, o Senhor concedeu-lhe a graça de uma morte tranquila em 23 de fevereiro.

"Tinha o coração posto no alto", diz a seu respeito Enéas Sílvio Piccolomini, "mas não tinha nenhum sentido da medida e, como regra de conduta, costumava fazer não o que podia, mas o que queria". Bossuet ensinou-nos que isso constitui um grave desregramento, e os acontecimentos provaram ao pontífice que não é impunemente que se desprezam as suas lições. Este homem tão discutido teve, ao menos, um mérito indiscutível: o de conservar sempre o mais alto sentido do seu título e da sua dignidade, e de, mesmo na desgraça, salvaguardar o seu prestígio. Diz-se que a tiara pontifícia que Ghiberti cinzelou para o papa asceta pesava quinze libras de ouro, de esmeraldas, de safiras e de rubis. E a coorte de artistas que o escolta dá um toque mais amável ao retrato desse terrível lutador, que foi amigo de Fra Angélico...

"Non placet Spiritui Sancto"

O papado saía vitorioso da terrível crise. Vencera o concílio, que não tinha podido impor-lhe a sua tutela; vencera também o Sacro Colégio, que em vão tinha tentado, em cada Conclave, impor ao pontífice as *Capitulações*, para o dominar. Mesmo no plano temporal, a sua vitória era brilhante, pois os seus súditos da Itália central pareciam amansados. Um dos seus melhores turiferários, João de Torquemada, reafirmava com vigor, na *Suma da Igreja* (redigida em 1448-1449), os direitos do Papa, o seu poder supremo e a sua autoridade universal. Certamente, Torquemada tinha razão. No entanto...

Relatando uma das sessões mais movimentadas do Concílio de Basileia — em que se vira os chefes dos dois clãs enfrentarem-se na catedral, com os punhos cerrados, um agarrado ao púlpito, o outro ao banco dos notários, cada um uivando os seus argumentos —, o excelente cronista, graças ao qual sabemos tudo isto, conclui tristemente: *"Non placet Spiritui Sancto"*... Não, essas discórdias, essas rebeliões, esses cismas e essas manobras não agradavam ao Espírito Santo! Vitorioso, o papado tinha, porém, gasto na luta muitas das suas forças e perdido nela muito do seu prestígio.

O mundo estava bem longe de se ter purificado das ideias lançadas pelos teóricos conciliares sobre a limitação dos poderes pontifícios, sobre a regulamentação da excomunhão e do interdito, e principalmente sobre a fiscalização das finanças eclesiásticas por parte do povo cristão. Este último ponto, em particular, encontrava eco em toda a parte. E, na verdade, não era apenas a Santa Sé que saía mais ou menos enfraquecida da tempestade: a própria Igreja estava abalada. Aquilo que as ideias subversivas de Ockham e Marsílio não tinham podido conseguir por si sós, tinham-no conseguido as crises sucessivas do exílio em Avinhão e dos cismas. Não é impunemente que as multidões se habituam a discutir o indiscutível e a pôr em dúvida a própria legitimidade dos seus chefes.

A crise de autoridade, da qual o papado oferecera um exemplo pungente, repercutira de cima a baixo na hierarquia católica. Em muitas dioceses, os bispos não eram mais obedecidos do que o papa e o antipapa nos países que lhes eram fiéis. Muitos deles se tornavam cada vez mais meros instrumentos em poderosas mãos laicas. Nas ordens religiosas, a crise não era menos grave. Quase todas se tinham dividido por ocasião do cisma em facções inimigas, cada uma com o seu próprio superior geral. A principal razão de ser que a Igreja vira na instituição monástica, como organismo de atuação universal, estava em vias de desaparecer; fragmentava-se em grupos nacionais, mais ou menos enfeudados aos príncipes. As grandes abadias beneditinas e os conventos dos premonstratenses escapavam praticamente a toda a autoridade central. O Capítulo geral dos cistercienses não se pôde reunir durante trinta anos!

Não foi somente na organização e na disciplina eclesiásticas que a crise de autoridade teve consequências desastrosas. Os agrupamentos nacionais aproveitaram-se da situação para tomar crescentes liberdades em relação à Santa Sé, e os Estados procuraram impor-lhes limites. Tratava-se de um fato capital, carregado de graves consequências para o futuro.

A renovação dos estudos de direito romano e a análise da *Política* de Aristóteles tinham elevado a um lugar de honra a noção de Estado. Tornara-se um poder superior a todos os indivíduos, a todos os particularismos e a todos os privilégios, sem reconhecer limites à sua soberania. A sociedade civil considerava-se senhora absoluta dos seus destinos. Para afastar toda a ingerência da Igreja nos assuntos temporais, os legistas franceses e ingleses tinham ido procurar, nos esquecidos tesouros das tradições, os costumes das suas respectivas monarquias, que em breve seriam pomposamente denominados "as leis fundamentais".

Por sua vez, os legistas imperiais — rejeitando as consequências da pretensa "doação do Ocidente ao papa por Constantino", e a tese teocrática segundo a qual o Vigário de Cristo concedera o Império primeiro aos gregos, depois aos francos e por fim aos germanos — tinham exaltado o poder soberano do seu senhor. Desde a violenta crise que opusera Filipe o Belo a Bonifácio VIII numa luta pelo primado[18], não tinham faltado êmulos a Guilherme de Nogaret, doutor em leis da Universidade de Toulouse e conselheiro do rei da França. Entrara em atividade todo um movimento intelectual que tinha encontrado em Marsílio de Pádua o teórico de um Estado laico ao qual a Igreja devia servir. Em meados do século XIV, a influência crescente de Guilherme de Ockham contribuíra para estabelecer as teses do direito positivo, radicalmente contrário aos princípios jurídicos da Igreja. Na camarilha do sábio rei da França, Carlos V, eram numerosos os defensores de um governo baseado unicamente na experiência e na razão.

As circunstâncias em que a Igreja se encontrou — "exílio" de Avinhão e cisma — tiveram uma grave consequência: de uma mera agitação de ideias, passou-se aos fatos. As principais potências cristãs emanciparam-se da tutela sacerdotal, frequentemente sem violência alguma e com uma facilidade espantosa. É significativo que o imperador Carlos IV — que devia o trono ao papado e que se empenhava com toda a alma em manter os compromissos assumidos com ele — tenha sido quem fixou a designação de "rei dos romanos", candidato ao Império, de tal sorte que o Papa já não tivesse a menor participação nela. O célebre edito de 1356, conhecido sob o nome de *Bula de ouro* — pois o selo estava encerrado numa cápsula de metal precioso ", determinava os sete eleitores que realizariam a escolha e previa a vacância do poder sem qualquer alusão ao chefe da Igreja. A elevação de um novo soberano tornava-se, subitamente, um assunto puramente laico. Na realidade, essa inovação não trazia nenhuma felicidade ao Sacro Império Romano Germânico, que, conservando da sua força passada apenas o título prestigioso, se afundara na divisão e na anarquia durante um século. Mas não impressiona menos que, perante uma amputação tão evidente da sua autoridade, o papado de Avinhão não tivesse reagido com vigor.

Na França e na Inglaterra, o processo foi ainda mais claro. Solidamente constituídas, as duas monarquias esforçaram-se com êxito por restringir a competência das jurisdições eclesiásticas, por apoderar-se dos benefícios e tributar o clero em seu proveito. Procederam com notável habilidade, aceitando os clérigos nomeados pela Cúria de Avinhão e os impostos cobrados por ela, mas com a condição de poderem dotar generosamente de benefícios os seus próprios candidatos, e de exigir das suas igrejas subsídios substanciais. Com esse jogo do "toma lá, dá cá", a Igreja só podia sair perdendo. Os reis da França aproveitaram-se abundantemente do sistema das concessões recíprocas. Quanto aos da Inglaterra, à força de gritarem que os pontífices de Avinhão davam provas de uma parcialidade revoltante em favor de Paris, conseguiram um *modus vivendi* análogo, como o que se estabeleceu após as negociações de Bruges, sob o pontificado de Gregório XI.

Esses jovens e vigorosos Estados orientaram, pois, o seu esforço no sentido de dominar e explorar as igrejas nacionais. Um dos meios mais eficazes foi o exercício do *direito de regalia*. Sabe-se em que consistia tal direito: durante a vacância de certo número de bispados que eram de fundação real ou que, por alguma razão feudal, dependiam do rei, este não só recebia os rendimentos — era a "regalia temporal" —, mas ainda fazia as nomeações para os cargos dotados de benefícios que eram da competência do bispo — e esta era a "regalia espiritual".

Entre os papas, que, como vimos, procuravam aumentar as suas "reservas", e os reis, não menos dispostos a explorar ao máximo o direito de regalia, travou-se uma luta repleta de manobras, da qual — é preciso reconhecer — os segundos saíram vitoriosos. Na França, principalmente, todas as dioceses situadas ao norte do Loire ficaram submetidas à regalia em nome dos famosos "costumes". O último protesto veemente foi o de Bento XII, em 1337; depois disso, todos se acostumaram a ver os Valois acolher súplicas, expedir cartas de provisão, distribuir até graças-expectativas, à imitação da chancelaria pontifícia, embora, sem dúvida, com menos método! Em 1351, o *Statute of Provisors*, estabelecido por Eduardo III da Inglaterra, que pretendia assegurar todo o jogo tradicional das colações beneficiais baseando-se nos direitos dos eleitores e dos patronos, teve como resultado afastar toda a ingerência da Santa Sé.

Houve outra frente em que os Estados atacaram a Igreja sem descanso: a do famoso privilégio do "foro eclesiástico", que isentava todos os clérigos da jurisdição laica. Havia muito tempo que esse privilégio era discutido; já em 1329, na Assembleia de Vincennes, um presidente do Parlamento de Paris, Pierre de Cuignières, sustentara que o clero não tinha nenhum direito a um tribunal particular e que devia submeter-se às instituições do reino. Os tribunais reais, por sua vez, tinham conseguido julgar certas causas que haviam sido levadas indevidamente aos tribunais da Igreja. Na Inglaterra, tinha-se ido ainda mais longe: o *Statute of Praemunire* ameaçara com severas punições os súditos do rei que invocassem jurisdições "estrangeiras", ou seja, eclesiásticas! Ia longe o tempo em que a justiça da Igreja primava sobre todas as outras e atraía interessados de toda a parte...

Se, desde antes de 1378, os Estados tinham obtido consideráveis vantagens, obviamente a sua tarefa se tornou ainda mais fácil quando passaram a ver diante de si um papado cindido, uma cristandade dividida em duas ou mesmo em três obediências, e concílios contrários aos pontífices. O jogo, muito simples, consistiu em opor uma autoridade a outra, em recriminar as tendências centralizadoras de Roma, responsáveis, bem entendido, pela horrível desordem, e em domesticar os clérigos nacionais sob o pretexto de lhes restituir as antigas liberdades!

O exemplo mais flagrante de todas essas manobras foi a *Pragmática Sanção*, ato régio pelo qual Carlos VII, em 1438 — depois de ter reunido os delegados em Bourges —, decidiu unilateralmente a sorte da Igreja na França. Puseram-se em prática as recomendações dos padres do Concílio de Basileia: as eleições dos bispos passavam para os cabidos das catedrais e as dos abades para os monges, cabendo aos arcebispos e bispos apenas a respectiva confirmação. Foram proibidas reservas e expectativas pontifícias. Quanto à apelação para a jurisdição da Sé apostólica, era admitida somente depois de terem sido consultados todos os tribunais intermediários franceses.

Logicamente, foram abolidas as anatas recebidas pelo papa, e o clero da França passou a fixar dali por diante a sua contribuição para as despesas de toda a cristandade. Os hábeis universitários que tinham preparado essas medidas não se esqueceram, evidentemente, de si próprios: era-lhes destinado um terço das prebendas das catedrais. Eugênio IV e os seus sucessores recusaram-se sempre a sancionar esse ato, promulgado sem a sua intervenção, e, finalmente (depois de uma primeira tentativa em 1472), embora não tivessem podido reduzi-lo a letra morta, conseguiram substituí-lo, em 1516, por uma concordata estável. Em 1450, para lhes pregar uma peça, a Assembleia de Chartres trouxe à baila uma pretensa "Pragmática de Luís IX", datada de 1269, para pôr a nova política sob a autoridade do rei santo.

Com a Pragmática Sanção de Bourges, nascera o *galicanismo*, com a sua dupla pretensão: para a igreja francesa, a liberdade de se administrar a si mesma; para o rei — que desde então insistiria muito sobre o caráter religioso que lhe conferia a sagração e sobre as suas virtudes de taumaturgo —, o direito de fiscalização sobre a igreja nacional. Na época seguinte, e até hoje, quantos problemas não surgiram dessas duas tomadas de posição?

A Pragmática Sanção francesa teve a sua réplica na Alemanha no ano seguinte. Em 1439, em Mogúncia, os delegados imperiais tomaram medidas totalmente análogas: instituições eclesiásticas, poder legislativo, até mesmo direitos financeiros em grande parte, tudo foi subtraído à autoridade do sucessor de São Pedro. Vê-se bem o que Roma perdera no plano temporal e político.

Se ao menos essas perdas tivessem sido compensadas por ganhos espirituais! Se a tutela real tivesse posto fim ao favoritismo, à acumulação de cargos e a outros escândalos de que a Igreja dessa época oferecia tantos exemplos! Mas não foi assim. Ao contrário, tanto na França como na Alemanha, por ocasião de cada processo ou de cada eleição, ocorreram enervantes chicanas e até vergonhosas batalhas. De 1444 a 1458, dentre vinte sés francesas, sete serão ocupadas à força. Por toda a parte, ver-se-ão cônegos incapazes de entender-se elegerem dois, três e até quatro bispos para a mesma sé. Os sufragâneos recusar-se-ão a reconhecer a autoridade dos metropolitanos. De escândalo em escândalo, chegar-se-á até esse motim de 1492 em que os cônegos de Paris espancaram o seu metropolitano, o arcebispo de Sens, dando origem a treze processos e causando graves perturbações. Em Pamiers, houve um verdadeiro cisma diocesano. Em Uzès, Nevers, Poitiers, Rouen e Saint-Flour, e até mesmo nos coros das catedrais, travaram-se numerosas batalhas campais! A tutela dos reis, longe de pôr termo à crise de autoridade, agravou-a ainda mais.

Considerando essa degradação, como não inquietar-se, como não temer novos dramas? Um papado menos forte, uma Igreja menos unida em torno do seu chefe, funções religiosas convertidas cada vez mais em objeto de cobiças e cálculos políticos, uma alma cristã profundamente despedaçada — tais eram os mais evidentes resultados da dolorosa crise que o mundo cristão acabava de viver. Mas o pior era que, ao mesmo tempo, os meios para superar essas dificuldades pareciam fugir das mãos dos mesmos que deviam travar o bom combate.

Durante toda essa crise, os papas e os concílios tinham compreendido perfeitamente que na Igreja, de cima a baixo, se manifestava uma crise ainda mais profunda nas consciências e nos espíritos, mas, apesar da sua boa vontade, não tinham conseguido aplicar-lhe nenhum remédio. Os corajosos esforços de algumas almas santas tinham sido esporádicos, muito pouco eficazes por falta de uma autoridade e de uma vontade únicas que os orientasse. No plano intelectual, acontecera a mesma coisa, pois os papas não tinham tido tempo nem disposição para empreender o indispensável trabalho de rejuvenescer as velhas fórmulas, aplicar os princípios cristãos às novas circunstâncias da Igreja, fazer, em suma, o que seria levado a cabo pelo Concílio de Trento.

Esse duplo esforço de reforma e de readaptação era singularmente difícil de ser realizado pelo papado nas condições em que este se ia encontrar. Não teria sido perigosa a reinstalação dos pontífices em Roma? Os de Avinhão tinham sido acusados de serem papas "franceses", de serem devotos dos capetíngios. Mas, a partir de Eugênio IV, não se estaria — muito mais, certamente — perante um papado italiano comprometido até ao pescoço com as complicadas intrigas da Península, prêmio disputado nas lutas entre os príncipes e as cidades, e até entre os clãs romanos? E não se veria também um papado sob a influência, ao mesmo tempo embriagadora e perigosa, dessa terra, dessa época, desse clima em que desabrochava a maravilhosa floração da arte e do espírito, mas em que a moral não encontrava espaço? É este caráter italiano que vai pesar gravemente sobre os destinos do papado durante toda a *Renascença*.

E assim será até a hora em que, do fundo da alma autenticamente cristã da melhor Itália, terá início com Paulo III, e triunfará com São Pio V, a reação que há de salvar a Igreja. Mas isso será muito mais tarde — talvez tarde demais...

Notas

[1] Este ponto é objeto de discussão, mas sabe-se que foi eleito cardeal muito jovem.

[2] Cf. *A Igreja da catedral e das cruzadas*, cap. XIV, par. *O papado em Avinhão.*

[3] Cf., a respeito da estranha aventura desse eremita que se tornou papa, *a Igreja das catedrais e das cruzadas*, cap. XIV, par. *O eremita no trono de São Pedro.*

[4] Cf. o índice analítico de *A Igreja das catedrais e das cruzadas.*

[5] Discute-se muito a data do seu nascimento; muitos autores admitem 1347 (E. Jourdan, *La date de naissance de Sainte Catherine*, em *Analecta*, bol. 1922, p. 315, confirma o ano de 1347, em oposição a Fawtier).

[6] Cf. cap. II, par. *A maré turca ao assalto da cristandade.*

[7] Cf. *A Igreja da catedral e das cruzadas*, Índice analítico.

[8] O mapa variava muito e a presença da Igreja acentuava-se mais ou menos segundo os casos. As dioceses possuíam dimensões diversas: Orange tinha 345 quilômetros e Bruges 18476. A Itália tinha 225 bispados, mas a Inglaterra apenas 25. As próprias dioceses possuíam um número de paróquias extremamente diverso. Amiens, por exemplo, contava 763 e Sens, de extensão parecida, 580. É óbvio que o rendimento dos benefícios eclesiásticos também variava: dez vezes mais elevado em Paris do que em Vienne, no Dauphiné, e trinta vezes mais do que em Die. Abordamos aqui apenas os aspectos externos da ação do cristianismo nas antigas terras batizadas; a questão da prática religiosa é mais complexa (cf. cap. III, par. *Uma fé sempre viva*).

[9] Cf. *A Igreja das catedrais e das cruzadas*, par. *A justiça da Igreja e o direito canônico.*

[10] Resumimos aqui o que dissemos no último capítulo de *A Igreja das catedrais e das cruzadas.*

[11] Cf. *A Igreja das catedrais e das cruzadas*, cap. XIV, par. *Filipe o Belo e o atentado de Anagni.*

[12] Cf. *A Igreja das catedrais e das cruzadas*, cap. XIV.

[13] Cf. cap. III, par. *João Huss.*

[14] Cf. cap. III, par. *A Igreja será reformada?*

[15] Cf. cap. III, par. *idem.*

[16] Cf. neste capítulo, par. *Non placet Spiritui Sancto.*

[17] Cf. cap. II, par. *Derradeiras tentativas de união.*

[18] Cf. *A Igreja das catedrais e das cruzadas*, cap. XIV, pars. *A luta pelo primado: Bonifácio VIII* e *Filipe o Belo e o atentado de Anagni.*

II. Uma crise de unidade: a cristandade desmembra-se e perde o Oriente

Um mundo morre, outro procura nascer

O grande despedaçamento por que a Igreja passou ao longo de tantos anos não era senão um aspecto, entre muitos outros, da tragédia que o Ocidente viveu durante o século que vai de meados de 1350 até a data fatídica de 1453[1]: um dos períodos mais obscuros e febris que se conheceram.

Aos conflitos que opuseram papas a antipapas, pontífices a concílios, e Roma a Constança e Basileia, outros, muitos outros, se justapuseram, interferindo mais ou menos com os seus episódios e acabando por fazer que os homens vivessem num clima de angústia. Últimas lutas do feudalismo esmagado pelas jovens monarquias, perturbações sociais de múltiplos aspectos, primeiras guerras de nações contra nações, tudo revela, neste tempo trágico, que a violência, contida durante quase três séculos pela ação conjunta da Igreja, dos reis e dos grandes, se desencadeara de novo sobre o mundo.

No entanto, este período de assassinatos e rapinas, de sangue derramado por toda a parte, não é apenas um tempo de ruínas e de terríveis ajustes de contas: por diversos sinais se revela um esforço por sair do caos e por dotar o mundo de uma nova ordem. Bem mais do que à grande época das catedrais e das cruzadas, é a este período de hesitações e de transição que conviria o epíteto de "Média Idade". Morre um mundo e outro procura nascer; e, como é de regra no mundo da natureza, a morte e o nascimento fazem-se sempre acompanhar de dor.

O mundo que morre chama-se *cristandade*. Este termo, que começara a impor-se desde o século IX, tinha adquirido de geração em geração um sentido cada vez mais profundo e vasto, e acabara por definir uma admirável concepção de mundo[2]. Nos séculos XII e XIII, a cristandade não é apenas pertença da religião cristã ou mesmo território ocupado unicamente pelos batizados; é a comunidade viva, organicamente constituída, de todos aqueles que, partilhando das mesmas certezas espirituais, querem que toda a sociedade humana se ordene segundo a sua fé. Dois grandes princípios se encontram nos seus alicerces. Um deles é o sentido da fraternidade humana, superior a todos os antagonismos de interesses, consequência da paternidade divina, uma fraternidade que o bom poeta Ruteboeuf exprimia nestes versos tocantes:

> *Todos são um corpo em Jesus Cristo,*
> *do qual vos mostro por escrito*
> *que uns são membros dos outros.*

O segundo princípio é o da ordenação do mundo, resultado da primazia de Deus. Na cristandade, cada homem sabe por que e como se situa nas hierarquias da sociedade; na cristandade, todas as instituições humanas se alinham no quadro das intenções divinas e segundo uma ordem que é aceita por todos, do papa e do imperador até o último dos fiéis. O fato de ter havido sempre uma considerável distância entre esses dois grandes princípios e a sua realização nada tira à sua beleza nem à sua força. Durante quase três séculos, a humanidade ocidental viveu deles.

Mas, por volta de 1350, e cada vez mais no decurso das décadas seguintes, essas bases desmoronam-se. A ordenação sócio-política da cristandade começara a ostentar algumas fendas a partir de fins do século XII, e a aparição de novas forças e o seu rápido desenvolvimento vão abalar os próprios alicerces do mundo cristão. Um dos elementos de que o cristianismo se tinha servido para sair do caos dos tempos bárbaros e assegurar a ordem está agora em pleno declínio: o feudalismo.

Já sem conseguir justificar com serviços efetivos as suas prerrogativas e os seus privilégios, arruinada pelas cruzadas e pela substituição de uma economia ligada ao cultivo da terra por uma economia dependente dos negócios, bem como pelas flutuações da moeda, a nobreza vê decair o seu papel. É certo que ocupa ainda um lugar considerável, mas esse lugar torna-se dali por diante mais de aparato do que de comando. Classe faustosa e elegante, apaixonada pelos torneios, pelos votos solenes, pelas ordens de cavalaria e pelos vistosos golpes de espada, parece que toda a evolução política e social a condena a um inelutável declínio. Assim acontecerá com a Guerra dos Cem Anos, que ceifará e arruinará a nobreza das flores-de-lis.

Todavia, perante essa potência que declina, outras estão em pleno desenvolvimento. Em primeiro lugar, a dos reis. Nascidos do próprio feudalismo, os soberanos procuraram e conseguiram rapidamente livrar-se da sua tutela; e contaram para isso com a ajuda da Igreja, que via neles um elemento necessário da cristandade hierárquica. Principalmente na

França e na Inglaterra — os dois países que precederam todos os outros Estados europeus no caminho da unidade nacional —, esses soberanos trabalharam admiravelmente por centralizar o poder e organizar o sistema monárquico. Com um sentido quase constante da oportunidade, aproveitaram as ocasiões para estenderem a sua autoridade e para arrancarem aos nobres esta ou aquela prerrogativa. Souberam apresentar-se por toda a parte ao espírito dos povos como um elemento de estabilidade e de calma, como o árbitro superior de que o homem comum necessita, e esse sentimento existiu também, com laivos de nostalgia, em países como a Itália e a Alemanha, onde a instituição monárquica não conseguia impor-se.

A desigualdade de valor entre os que cingiam a coroa não impediu que o processo se desenvolvesse: na França, o fato de um João o Bom (1350-1364) ter sido um príncipe tão leviano como corajoso; de ao sábio Carlos V (1364-1380) ter sucedido o infeliz Carlos VI o Demente (1380-1422), e de Carlos VII (1422-1461) ter deixado passar muito tempo antes de se ter posto à altura da situação dramática em que se encontrava; na Inglaterra, o fato de um Ricardo II (1377-1399) se ter revelado um caprichoso impulsivo, de quem os seus próprios súditos logo se desembaraçaram; de um Henrique IV (1399-1413) ter duvidado da sua própria legitimidade; de um Henrique V (1413-1422) ter morrido prematuramente, deixando o trono a uma criança de tenra idade, Henrique VI (1422-1461), nada disso impediu que a instituição monárquica ganhasse terreno, impelida pela corrente da história. Mesmo os acontecimentos mais graves agiram a seu favor: a Guerra dos Cem Anos preparou o absolutismo de Luís XI na França e o dos Tudor na Inglaterra, assim como na Espanha a anarquia castelhana preparou o de Fernando e Isabel. A Idade Média acabará pela derrota da nobreza feudal e pelo triunfo das monarquias. Mas incluir-se-ão ainda estas jovens forças em expansão nas estritas hierarquias em que a concepção agostiniana colocava os reis de outrora? Mesmo que os reis sejam pessoalmente bons cristãos (e esse é o caso mais geral), o mecanismo do seu desenvolvimento e do seu crescimento atuará contra a cristandade medieval. Neste ponto, quebrar-se-á a ordem antiga.

Esta ordem quebrar-se-á ainda, e de modo bem evidente, pela aparição de um novo elemento sócio-político: as cidades, centros da burguesia comercial, também em plena expansão. O renascimento urbano, em torno de 1150, tinha-se manifestado como um fenômeno de primeira importância, e o impulso adquirido não enfraqueceria dali por diante. No limiar do século XIV, as grandes cidades, sem atingirem as cifras dos espantosos comglomerados do mundo moderno (Paris tinha pouco mais de 200.000 almas por volta de 1350), constituem elementos políticos extremamente sólidos e conscientes da sua força, com os quais era preciso contar.

Na França e na Inglaterra, essas cidades estão sob o controle dos reis, aos quais se ligaram por muitos laços de interesse e a quem fornecem colaboradores. Já na Alemanha e na Itália tiraram e continuarão a tirar partido da ausência de um poder central para conduzirem sozinhas os seus destinos. Todas elas se enriquecem incrivelmente graças ao aperfeiçoamento das técnicas comerciais (que datam de uma maneira geral do século XIII), principalmente no campo da escrita e da contabilidade, à criação dos grandes bancos germânicos, florentinos e venezianos, cujas letras de câmbio circulam do Báltico até Chipre, e igualmente ao aparecimento das primeiras grandes indústrias modernas, sobretudo de tecidos.

Florença, onde a aristocracia dos tecidos e dos bancos reina em 1434 com os Médici; Milão, onde os Visconti, e depois os Sforza, não governam senão de acordo com os grandes interesses do mundo dos negócios; e Veneza, onde é o próprio meio comercial que detém todo o poder, sob a gloriosa máscara do Doge, são apenas três flagrantes exemplos, entre muitos outros, da ascensão burguesa na Itália. Na Alemanha, multiplicam-se as grandes cidades: Aix-la-Chapelle, Colônia, Ulm, Augsburgo, Ratisbona, Nuremberg, Bremen, Hamburgo e Luebeck, unidas entre si por uma rede compacta de interesses, por vezes até oficialmente associadas, como é o caso da Liga Hanseática, fundada em 1343, às margens do Báltico, e que terá escritórios por toda a parte, mesmo em Novgorod, na Rússia. Em Flandres, outrora pátria de frutuosos negócios, se Gand e Ypres declinam, Bruges progride a olhos vistos; é nos cais do Zwyn que os *Kogge* nórdicos encontram as galeras do Mediterrâneo.

Este movimento de expansão urbana operou-se expressamente contra a Igreja? Em parte, com certeza; aliás, sabemos como a Igreja vira outrora com bastante apreensão prosperarem as comunas. Mas não foi apenas contra a tirania de certos senhores-bispos que os burgueses se insurgiram. À medida que adquirem importância, as cidades exigem que os seus magistrados detenham todos os poderes e que os clérigos se submetam ao direito comum em matéria judicial e fiscal; muitas delas limitam ou até proíbem que se fundem conventos dentro dos seus muros. Não se trata apenas de leis e de privilégios; é nas cidades de altos negócios que o novo espírito ganha raízes e que vai aos poucos afastando muitas almas daquela fé simples, sem reticências, que era a dos seus pais. A concepção burguesa da vida gira cada vez mais em torno do dinheiro e do lucro, em detrimento dos valores morais. E é assim que, de mil formas, à medida que se vão enriquecendo, as grandes cidades se vão firmando também na sua orgulhosa vontade de autonomia. A Europa das cidades não se inclui melhor que a Europa das novas monarquias nos planos da cristandade.

Mas existe, em certo sentido, algo ainda mais grave do que a mudança das bases políticas e sociais sobre as quais assentava a ordem antiga: começam a subverter-se as próprias bases psicológicas. Está em plena decadência o próprio sentimento que selava a unidade cristã, o da fraternidade entre os fiéis. A sociedade tornou-se um mosaico de monarquias, de cidades, de coutos senhoriais, de corporações, de ordens, de cabidos e de paróquias, cujas molas se entrecruzam, mas que consideram como sua preocupação mais imperiosa defender os seus interesses egoístas. Não há fórmula mais usada que a dos *jura et libertates*, incansavelmente reivindicados. Em 1311, quando se reuniu o Concílio de Vienne a fim de, em princípio, estudar a reforma da Igreja, com que se preocuparam os prelados logo de entrada, pondo de parte qualquer outro cuidado? Com impedir todas as usurpações que as circunscrições eclesiásticas pudessem vir a sofrer. Os séculos XIV e XV foram tempos de juristas e intriguistas hostis a todo o pensamento de verdadeira unidade. Nesse meio tempo, todos esses pequenos organismos, encarniçados em obter privilégios, começavam a chocar com uma nova força que procurava submetê-los e que, por sua vez, não trabalhava menos contra a unidade cristã: o sentimento nacional, que em breve enveredaria pelos piores desvios.

Com efeito, é a partir de meados do século XIV que as nações tomam consciência de si próprias, graças à dupla evolução política e social. Os esforços dos reis por concentrar os seus poderes e reforçar o Estado são acompanhados de uma verdadeira propaganda — espontânea ou não — que torna cada um deles símbolo da unidade nacional, liame vivo que une os homens de um mesmo país. Fazem parte dessa propaganda tanto as recordações do passado glorioso como os interesses mais materiais, tanto os mais belos sentimentos de amor e fidelidade como os mais sórdidos rancores contra os povos que ficam para além dos mares ou para além dos montes. O progresso social, consecutivo ao desenvolvimento das cidades, caminha no mesmo sentido; quanto mais economicamente avançado se encontra um país, mais intensa é a sua febre nacionalista. Na Itália, criam-se oposições entre província e província, entre cidade e cidade, para se distinguirem umas das outras. Os burgueses estão muito mais marcados pelas características específicas da sua região e do seu povo do que a nobreza, classe internacional e fortemente unificada. Tudo caminha no sentido da desagregação e do esfacelamento.

Um dos sintomas mais flagrantes desta evolução é o desenvolvimento das línguas nacionais, outrora tidas por *patois*, e que se empregam cada vez mais na vida literária e científica. O latim perde terreno; continua a ser a língua litúrgica, mas, fora disso, dentro em breve será apanágio exclusivo de alguns especialistas. Mesmo os que deploram a queda em desuso do idioma internacional da cristandade — como Dante — contribuem pela sua ação para o proscrever: a *Divina Comédia* é a primeira obra-prima das letras italianas.

O fenômeno repete-se por toda a parte. Na França, já desde o século XII — desde o *Roman de Renart*, as crônicas de Villehardouin e as trovas —, o francês toma a dianteira e a seguir desenvolve-se, no século XIII, com Joinville, o *Roman de la rose* e as obras de Ruteboeuf. A partir do século XIV, torna-se praticamente vitorioso com Froissart, com os poemas de Eustache Deschamps e com a elegante poesia de Cristina de Pisan; e depois, no século XV, com

Carlos de Orléans, Arnould Gréban e Villon. Na Alemanha, a *Grande crônica saxônica* (por volta de 1250), as epopeias guerreiras dos *Niebelungen* e as corteses de *Tristão e Isolda* e de *Parsifal* permitem aos germanos sonhar com uma unidade linguística e moral que a política lhes recusava. Na Itália, *Petrarca* (1304-1374) conclui a elaboração de uma língua literária que, iniciada por Dante, será uma das mais vivas do mundo. Em todos os domínios, os idiomas nacionais substituem o latim; o sábio Nicolau de Oresme escreve em francês, como os historiadores Villani e López de Ayala em italiano e espanhol; o místico Henrique Suso emprega o alemão, como Ruysbroeck o Admirável usa o neerlandês. Os reis castelhanos legislam em castelhano, como John Fortescue expõe em inglês as suas teorias políticas. O fenômeno é universal, mas à custa do sentido da universalidade.

Tudo isso é apenas um sinal. O sentimento nacional, que cresce e se afirma, insinua-se em todos os domínios. Surge na economia, pois veem-se reis — como Carlos VII, da França — proibir os seus súditos de irem às feiras estrangeiras, e exigir que as mercadorias nacionais sejam transportadas em barcos também nacionais. Esse sentimento, em muitos casos, funde-se com as próprias aspirações religiosas, como acontecerá ainda mais claramente nos dias da Reforma protestante. A revolta herética de Wiclef na Inglaterra e a de João Huss na Boêmia[3] (sobretudo esta última, que desencadeará uma guerra de uma violência selvagem) devem-se tanto a explosões do sentimento nacional como aos movimentos da alma e do espírito.

Mais sutilmente ainda, o nacionalismo matiza a cultura, que se diferencia de país para país; até o século XIV, a lei que a regia era a interdependência, e os homens do mesmo nível intelectual e das mesmas especialidades constituíam castas internacionais sem preocupação de fronteiras. De futuro, irão afirmar-se uma cultura francesa, uma cultura alemã, uma cultura italiana e uma cultura flamenga. O monge de Groenendael aparentar-se-á visivelmente com os artistas de Flandres, os Van Eyck, por exemplo; assim como Petrarca, esse grande viajante, com os da Península. Uma Europa de múltiplas civilizações substitui a civilização da cristandade.

Quem poderia opor-se a essas forças de desagregação? A Igreja? Tinha sido esse o seu papel, desde há séculos, exatamente desde o fim do mundo romano; fora ela que impedira o desmembramento da sociedade ocidental e o esfacelamento da civilização do Ocidente. Mesmo quando se tinham manifestado violentas tensões entre ela e alguns elementos dessa sociedade — entre ela e os imperadores, por exemplo —, essas tensões tinham-se processado no âmbito de uma unidade cuja existência não ameaçavam. Mas poderia a Igreja continuar a desempenhar esse papel? Politicamente, seria o papado de Avinhão, menosprezado e caluniado, ou o do Grande Cisma, que poderia assumir as funções de árbitro? Pelo contrário, eram os Estados que se serviam da Igreja para o seu jogo de interesses. Moralmente, poderia um clero cujas fraquezas eram conhecidas pelo mais simples dos batizados servir de apoio a uma sociedade abalada nos seus alicerces? Da Cúria até ao último dos párocos, toda a autoridade dos homens consagrados tornara-se discutível. Além disso, para manter sob controle a prodigiosa mudança que se operara, teria sido necessário que a Igreja possuísse homens bastante lúcidos para tomarem plena consciência da situação, e bastante enérgicos para romperem com um passado moribundo e se abrirem sem reservas ao futuro. Mas faltavam-lhe esses homens. Uma hierarquia de outra natureza teria podido substituir aquela que alicerçava a cristandade, uma hierarquia mais ágil, em que cada grupo humano cumprisse os seus destinos sem destruir a fraternidade transcendente dos filhos de Deus. A Igreja, porém, não soube conceber a tempo essa hierarquia e, demasiado presa ao ideal da cristandade feudal, levará mais de dois séculos para compreender que a história proscrevia esse ideal.

Nessa concepção da cristandade, o outro árbitro natural que teria podido deter o trabalho das forças desagregadoras era o imperador. Mas é doloroso ter de dizer que ele já não podia desempenhar essa função. A sua autoridade universal, mesmo que nunca tivesse passado de um belo conceito, teria podido constituir um elemento de equilíbrio; mas o desenvolvimento das monarquias no Ocidente, o avanço da economia urbana e a anarquia resultante da competição dos príncipes em luta pela coroa imperial iam adensando em torno dessa autoridade um eclipse que parecia definitivo. Para resolver todos os problemas do seu tempo, ver-se-ão muitos imperadores reunirem solenes Dietas, mas Enéas Sílvio Piccolomini dirá com graça dessas pomposas assembleias "que nenhuma será estéril..., pois cada uma gerará outra a seguir!" Mais dolorosamente, o mesmo clarividente observador acrescentará: "A cristandade já não tem cabeça; nem o papa nem o imperador são já obedecidos e respeitados; tratam-nos como mitos... Cada Estado quer o seu príncipe e cada príncipe defende os seus interesses. Que voz será suficientemente poderosa para reunir sob a mesma bandeira tantas forças antagônicas?" O futuro papa Pio II tinha razão...

É preciso acrescentar que a partir do século XIV a França abandona o papel de árbitro e por vezes de líder que muitas vezes desempenhara na grande época medieval. Esse papel caíra-lhe das mãos. No limiar desse século, Dante, num verso célebre, ainda se perguntava se Deus não tomara por armas as flores-de-lis; cem anos mais tarde, não teria voltado a fazer essa pergunta! Com efeito, a França entra em declínio e, durante cerca de trezentos anos, renuncia a ser a vanguarda do Ocidente. A Guerra dos Cem Anos desfere-lhe golpes terríveis, que ela acusa dolorosamente, apesar dos belos mas temporários esforços que faz para reerguer-se. À luta contra o estrangeiro virão juntar-se as que os franceses travam entre si — Armagnacs contra Bourguignons — e também os movimentos revolucionários que eclodem tanto nas grandes cidades como nas províncias.

Um fenômeno menos visível, mas igualmente grave, contribui para acelerar essa ruína: o eixo do comércio desloca-se e deixa de atravessar a França. De Florença e Veneza para Bruges ou Luebeck, as estradas evitam o reino desolado e dilacerado dos Valois, e a miséria provocada por essa causa torna-se extrema. Os campos, devastados pelos ingleses, assolados pelos bandos de aventureiros e, mais tarde, aterrorizados pelos *Écorcheurs*, os "destripadores", despovoam-se. O banditismo impede o comércio, mesmo em regiões como a Provença e os Alpes, onde não se faz sentir a guerra estrangeira. Muitas cidades são abandonadas pelos seus habitantes que, como os camponeses expulsos das suas terras, se refugiam em lugares tranquilos como a Bretanha, as margens do Reno e a Espanha. Calcula-se que Lyon perdeu três quartos dos seus habitantes e que a população de Saint-Gilles, no Languedoc, caiu de dez mil almas para quatrocentas.

Como é que um país poderia conservar a sua grandeza em tais circunstâncias? Como poderia desempenhar o papel de guia espiritual que o mundo lhe reconhecia no momento em que um observador considerava Paris "o forno onde se coze o pão do Ocidente"? A Sorbonne está em pleno declínio, com os seus colégios empobrecidos, os seus edifícios a ponto de desabar e um corpo docente ainda prestigioso, mas que dá azo aos boatos mais lamentáveis... Tudo contribui, portanto, para esse desmoronamento da França do qual Michelet dirá que, sempre que se produz, marca um tempo de "agonia do mundo". Ferida de morte, a cristandade já não tem guia nem árbitro. Já não possui um parâmetro comum. O seu destino são a noite e o caos.

Um século de caos

Não entra no âmbito de uma história da Igreja evocar os pormenores dessas múltiplas crises que marcaram a agonia da cristandade medieval. No entanto, poderia fazer abstração deles? Há cristãos que se atacam e se matam entre si com uma violência e com uma vontade de aniquilar o adversário que nunca se tinham visto antes e que revelam até que ponto caducou o antigo ideal da fraternidade entre os filhos de Deus.

Quem se envolve nesses conflitos sangrentos são muito frequentemente homens da Igreja, sem que por isso a própria Igreja ganhe outra coisa a não ser destruição e luto. Em certa medida, trata-se das consequências dos embates que, repercutindo nos negócios propriamente religiosos, prolongam o Grande Cisma, enfraquecem os papas e travam a vontade de reforma. Esse mundo ofegante, presa dos poderes da morte, é o mundo em que a Cruz foi plantada. Em breve, ao arrancá-la de uma imensa parte das terras cristãs, os turcos se encarregarão de demonstrar aos batizados que, dilacerando-se desse modo, se ferem no seu próprio coração.

A mais célebre dessas crises, e também a mais vasta e a mais demorada, foi a que opôs a monarquia francesa e a monarquia inglesa — uma e outra em pleno esforço por alcançarem a hegemonia nos seus países —, crise conhecida na história sob o nome de *Guerra dos Cem Anos*. Expressão em certo sentido pouco exata, pois essa guerra, que começara em 1337, oficialmente só veio a terminar em 1453, e principalmente porque as operações foram várias vezes interrompidas por tréguas de longos anos. No entanto, a designação é profundamente justa porque, em termos amplos, foi preciso nada menos que um século de intermitentes batalhas para que surgisse uma solução e, sobretudo, para que se estabelecesse um novo princípio que permitisse encarar os problemas de outra forma. Foi uma guerra de transição, plenamente característica desse momento histórico em que se alteravam as bases em que assentava o mundo. Terá sido a última das guerras feudais ou a primeira das guerras nacionais? Ambas as coisas e do modo mais contraditório.

Aparentemente, as suas causas são feudais: as pretensões à coroa da França de um Eduardo III, neto por parte de mãe de Filipe o Belo, e a sua recusa, embora fosse rei da Inglaterra, soberano na sua ilha, de permanecer vassalo do rei da França quanto às terras que possuía no continente. As verdadeiras causas, porém, são bem diferentes: giram em torno do antagonismo franco-inglês pela posse da Flandres com Bruges e da Guienne com Bordeaux, isto é, pelo controle do mar, dos grandes negócios do trigo, do vinho e dos tecidos. E isso é muito moderno... Igualmente na sua técnica militar, esta guerra assinala uma transição: os cavaleiros blindados das antigas formações nobiliárias enfrentam agora, com um heroísmo muitas vezes estupidamente temerário, infantarias móveis, insinuantes, fornecidas pelas cidades, e os primeiros canhões, futuros reis dos combates.

Até mesmo aqueles que aparentam ter compreendido o profundo sentido do drama se enganam sobre o essencial. Quando o rei da Inglaterra, vitorioso graças a uma estratégia moderna, impõe à França, pelo tratado de Brétigny (1360), o abandono de seis províncias, essa operação feudal de desmembramento vai de encontro à corrente da história que tende a exaltar nos povos o sentimento nacional, sentimento que tantas figuras notáveis — do Grande Ferré a Jeanne Hachette e a Joana d'Arc — encarnarão contra a Inglaterra. Mas depois que Carlos VIII vê esse sentimento provocar a seu favor uma reviravolta tão prodigiosa da situação, antes quase inconcebível, em vez de congregar todas as forças do país em torno da heroica virgem lorena para "expulsar os ingleses", ludibriado pelos seus preconceitos, pela sua camarilha e pelo seu espírito feudal, hesita, procura evasivas. Serão precisos ainda vinte anos para que compreenda a lição de Orléans, de Reims e de Rouen.

É sobre esta trama equívoca que se tecem os acontecimentos sangrentos cujo preço foi pago tanto pela unidade como pela caridade cristãs. E assim temos uma França duramente ferida desde os primeiros combates, em Écluse, em Crécy e em Calais, sob Filipe VI; quase totalmente abatida sob João II o Bom, o vencido de Poitiers (1356); reerguida pela firme sabedoria de Carlos V e pela astuciosa audácia de Bertrand Duguesclin; novamente afundada na derrota e na discórdia, ferida de morte em Azincourt e a braços com a ocupação, e no entanto tornando a levantar-se ao apelo de uma voz inspirada para salvar, com a sua jovem honra nacional, as suas fidelidades decisivas. E, defronte, uma Inglaterra empenhada em vencer a todo o custo e que esgotava as suas reservas de ouro e de homens para dar vida a um imenso projeto que faria dela a primeira potência do Ocidente.

Tal é o espetáculo, ao mesmo tempo desolador e grandioso, que nos oferece esta longa crise, regida evidentemente pelo determinismo histórico, tão inevitável quanto desastrosa para os dois adversários. A rude disciplina de Luís XI não será suficiente para que a França, arruinada e exangue, se recupere e refaça as suas forças, ao mesmo tempo que, do outro lado da Mancha, a guerra das Duas Rosas (1455-1485) será a conclusão terrivelmente lógica de um empreendimento desmedido.

Dois povos que, unidos, teriam podido ajudar o Ocidente a vencer um momento difícil, acabaram por contribuir para aumentar o caos dilacerando-se mutuamente. Mas esse caos estava generalizado. O exemplo mais impressionante vem da Itália, onde, tendo fracassado todas as tentativas de unificação, cada província e quase cada cidade se isolam numa orgulhosa consciência de si próprias. Como expressão desse orgulho, tende a impor-se por toda a parte o regime monárquico e até mesmo ditatorial. O nacionalismo e os interesses comerciais provocam inúmeros conflitos entre essas entidades minúsculas: cidade contra cidade, repúblicas contra os Estados do Papa, Norte contra Sul — tudo constitui uma confusão inextricável de guerras, deliberadamente atrozes e fecundas em episódios horríveis. Essas lutas são muitas vezes fatais, como as que opuseram Veneza e Gênova, no decurso das quais, em 1381, a armada da Sereníssima aniquilou totalmente a do seu adversário. Durante mais de um século, as palavras de Dante continuarão a ser de uma verdade assombrosa: mesmo no momento em que nela desabrocha uma civilização admirável, a Itália, esse "albergue da dor", resvala rapidamente para o declínio.

O mundo germânico oferece um espetáculo não menos cruel, mergulhado numa anarquia em que toda a legalidade é abolida e o *Faustrecht*, o direito dos punhos, se torna a *ultima ratio*. Que resta da antiga autoridade imperial? Imagens, alguns ritos e pouco mais. Se a Bula de Ouro de 1356 pôs fim a toda a intervenção do papado na Alemanha, deixou, por outro lado, a coroa imperial sob a tutela dos grandes, principalmente dos sete Eleitores, que a fazem passar de uma família para outra — Nassau, Baviera, Luxemburgo, Habsburgo da Áustria —, até que em 1440 um membro desta última família, Frederico III (1440-1493), apesar da sua aparência apagada e do seu pouco prestígio, estabelece solidamente a supremacia da sua linhagem e põe em prática, com a Borgonha, a Espanha e a Boêmia, a frutuosa política dos casamentos, que permitirá aos seus descendentes retomarem, com certos visos de verdade, a orgulhosa divisa: A.E.I.O.U. – *Austriae est imperare orbi universo*, cabe à Áustria dominar todo o universo... Mas, enquanto se espera, triunfa a pior anarquia feudal: barões contra condes, príncipes-bispos contra duques, cidades contra cidades. Mais de seiscentas entidades repartem entre si a terra germânica, onde as paixões nacionais se penduram de algumas muralhas e se agarram a alguns hectares.

Como é que, em tal situação, não se haviam de desencadear as piores rivalidades, num clima de violência? Ajustes de contas e banditismo acompanham os antagonismos da ambição. A terrível guerra hussita não é senão um episódio paroxístico entre tantos, num tempo em que a brutalidade encontra livre curso. Essa ao menos tem a desculpa de ter sido feita em nome de um princípio superior — a ortodoxia religiosa —, mas quantas delas não tiveram outra origem senão sórdidas questões de interesses!

Aproveitando essa anarquia, vão-se introduzindo e constituindo novas organizações. Ao redor dos três primeiros cantões nos campos de Grütli que, em 1291, tinham prestado mútuo juramento de fraternidade, outros se agrupam — Lucerna, Zurique e depois Berna (1351-1353) — e quando, em Sempach (1386), os cavaleiros austríacos tiverem sido esmagados pelos vigorosos montanheses, nascerá a federação suíça, prenhe de promessas de um futuro de fecunda liberdade.

E é também ao abrigo dessa mesma situação anárquica em que se dissolve o mundo germânico, que um ramo mais novo da família capetíngia, procurando revitalizar o velho conceito lotaríngio, constitui audaciosamente um domínio intermédio entre a França e a Alemanha e consegue soldar elementos da Borgonha à Holanda, incluindo até mesmo o Luxemburgo, terra natal de uma das famílias imperiais: belo sonho que Carlos o Temerário levará à falência, depois de ter julgado que o levaria ao êxito.

Por toda a parte, a antiga unidade é substituída pela anarquia e pela violência; por toda a parte, cristãos se opõem a cristãos e se derrama o sangue dos batizados. Às margens desse Báltico onde outrora, unidos, os católicos tinham feito recuar o paganismo e contido o avanço eslavo, a Liga Hanseática ataca a Dinamarca e esmaga-a em 1369. Mais a leste, perante as ameaças da Ásia, esse despedaçamento dos cristãos assume um caráter ainda mais ímpio na luta que a Polônia, nas mãos dos Jagelões desde 1386, é obrigada a travar contra os Cavaleiros Teutônicos — ex-cruzados que degeneraram e se converteram em agentes da expansão prussiana —, uma luta de que a Polônia sai vitoriosa ao inflingir-lhes uma severa derrota em Tannenberg (1410). Mas, no outro extremo da Europa, não serão igualmente ímpias essas guerras fratricidas, nascidas de querelas dinásticas e cujo teatro é a Península Ibérica, sob o olhar atento dos mouros que ainda ocupam a ponta meridional e que os cristãos parecem ter desistido de expulsar?

Não há, pois, região alguma do Ocidente que não revele desordem e violência durante este doloroso período. Se completarmos o quadro evocando a situação em que se encontra o Oriente, a braços com o terrível avanço dos turcos[4], teremos porventura avaliado quanto significou, para os homens deste tempo de sofrimentos e de angústias, a agonia da cristandade? Não, porque ainda será preciso acrescentar que o desequilíbrio resultante do debilitamento dos antigos ideais, tão profundo no plano político, não o foi menos no plano social, e num sentido mais inquietante. Os humildes — é preciso confessá-lo — tinham razões de sobra para se revoltarem, pois eram eles, em última análise, quem suportavam o maior peso das misérias desse tempo. Pregando diante da corte da França, Gerson anunciava com todo o desassombro que o pobre povo "gritaria raivosamente de fome", e o bispo Jean Jouvenel, o poeta Alain Chartier e o cronista Meschinot faziam-se eco das mesmas lamentações. Os movimentos de insurreição social justificam-se plenamente quando imperam o sofrimento e a miséria.

Mas, a essas forças instintivas, acrescenta-se ainda outra: a das ambições burguesas. A classe que enriquecera resigna-se cada vez menos a não desempenhar nenhum papel na administração do Estado e das finanças, e procura suplantar ou dominar a nobreza, não hesitando, para isso, em aliar-se ao próprio povo. Os cronistas da época aperceberam-se muito menos deste outro movimento do que da agitação dos pobres, tão obnubilados andavam com a velha concepção da sociedade baseada na nobreza[5]. Mas a verdade é que esse movimento seria muito mais importante para a história. Quando a burguesia tiver tomado plena consciência da sua força, quebrar-se-ão as hierarquias sociais tradicionais que davam sustentação à cristandade.

São inúmeros os sintomas dessa fermentação social. Nenhuma época anterior fornecera tantos demagogos, tribunos populares e agitadores revolucionários. Não se tratou, aliás, de um movimento articulado, dirigido por um partido e por uma doutrina: as crises iam surgindo, passageiras e dispersas. Na França, aproveitando-se da ausência de poder durante o cativeiro do rei João, *Jacques Bonhomme*, o camponês, desesperado com a miséria e a fome, louco de inquietação, dá origem a sublevações espontâneas aqui e acolá. Na Île-de-France, essa *jacquerie* encontra o seu cabecilha no belo Guilherme Karle, que a organiza militarmente, varre o Soissonnais, a Picardia e o Valois, e é inteiramente por acaso que alguns nobres o detêm diante de Meaux; depois disso, sangrentas represálias entregam ao suplício cerca de vinte mil camponeses. Na mesma ocasião (1358), Paris conhece uma verdadeira revolução política e social; Estêvão Marcel e os seus procuram impor uma fiscalização burguesa sobre os poderes públicos, mas a tentativa é afogada em sangue. Mais tarde, surge ainda em Paris a revolta popular dos Maillotins (1382) e, no Languedoc e em Auvergne, no meio de terríveis violências, a dos Tuchins, bandos de mendigos e esfomeados; trinta anos mais tarde, explode a dos Cabochiens (1413), conduzida pelos açougueiros parisienses.

A França não tem o monopólio desses tumultos, seguidos de sangrentas repressões. Na Flandres — onde a aventura de Jakob van Artevelde, no limiar da Guerra dos Cem Anos, já revelara uma situação social inquietante —, manifesta-se a cada passo o perigo da revolução: as grandes cidades são saqueadas várias vezes por verdadeiras brigadas de operários revoltosos; o episódio mais célebre foi a revolta comandada por Filipe van Artevelde, filho de Jakob, jovem fanático que fez reinar em Gand um clima de verdadeiro terror. Em 1382, em Roosebeke, a cavalaria francesa conseguirá esmagar a infantaria dos rebeldes, mas não poderá suprimir as ideias subversivas.

Vamos reencontrar as mesmas ideias na Inglaterra, misturadas com considerações de natureza religiosa, pois na mesma ocasião eclode nesse país uma terrível revolta de camponeses que devasta o Essex e o Kent, reclama uma espécie de comunismo antecipado e, sob a direção de Wat Tyler, se acha no dever de exterminar nobres, bispos e burgueses ricos, queimar castelos, abrir as prisões e saquear os burgos. Essa horrível maré, a que se encontra mais ou menos associada a seita herética dos *lollards*, chega até Londres e invade a Torre; a rainha-mãe é maltratada, a cabeça do arcebispo da Cantuária é passeada pelas ruas na ponta de uma lança e um vandalismo selvagem destrói objetos de arte, pergaminhos dos arquivos e joias. O gesto arrojado do lorde prefeito da cidade, trespassando Wat Tyler com a sua espada, põe felizmente fim ao drama, um dos mais dolorosos da época.

Mas quantos outros não houve! Na Alemanha, as crônicas das cidades relatam constantemente a destruição de castelos pelo fogo, a decapitação de nobres, pilhagens sem fim e, em represália, atrozes massacres e torturas. Em 1388, o conde palatino, depois de ter esmagado uma revolta desse gênero, manda cozer num forno de tijolos os prisioneiros que fizera! Para lutar contra a insegurança provocada por essas crises, é criada a Santa Vema, com os seus tribunais implacáveis, mas terá sido eficaz? Ao longo de todo o século XV, irão crescendo as revoltas camponesas em luta por reivindicações sociais: Worms em 1431, Salzburgo em 1462 e, em 1468, a Alsácia, onde nascerá o movimento do *Bundschuh*. Na Itália, a burguesia, em guerra contra a nobreza, utiliza-se com frequência da populaça, sem deixar de controlá-la, o que provoca múltiplos dramas.

Onde não se observam os mesmos sintomas? Na Boêmia, a agitação religiosa desencadeada por João Huss degenerará rapidamente em revolução social. E até na Sérvia, muito tempo depois da morte de Estêvão Duchan, hão de prosseguir as mesmas perturbações, esporádicas mas violentas. Mais ou menos de mistura com os sonhos místicos dos flagelantes e com as heresias que crescem, há portanto toda uma fermentação social que mina a cristandade moribunda. Neste plano, como no plano político, a antiga ordem, lógica e estável, afunda-se na violência e no sangue.

A nostalgia da cristandade

Alguns dos contemporâneos tiveram plena noção desse desmoronamento, desse extinguir-se de um mundo, e esse doloroso conhecimento explica, em certa medida, a angústia que se manifesta por numerosos indícios, obliterando não só a vida espiritual como também as formas da arte e da literatura[6]. Observa-se uma nostalgia do passado que não é apenas a saudade do *temporis acti*, dos "tempos idos", que, de geração em geração, os mais velhos repetem ao ouvido dos jovens.

Para aqueles que tinham refletido sobre as causas profundas dos múltiplos dramas da época, era evidente que a cristandade tinha constituído um sistema do mundo perfeitamente lógico e estável — mesmo que tivesse sido sempre mais um ideal do que uma realidade — e que ainda não se lhe encontrara um substituto. É impressionante observar que a obra artística que talvez expresse mais completa e profundamente o espírito da Idade Média — a dos "cães de Deus" em Santa Maria Novella de Florença[7] — foi pintada numa época em que já não correspondia à verdade dos fatos; Andrea da Firenze realizou-a depois de 1350, numa altura em que a majestosa harmonia que o pintor concebera já não passava de um sonho — a harmonia de uma sociedade cristã governada pelo Papa e pelo imperador, ordenada para o soberano domínio do Cordeiro e na qual todas as classes e todos os povos ocupariam o seu lugar providencial.

E já quando em 1321 se extinguira a grande voz da última testemunha, Dante[8], era notório que a ordem do mundo que ele reclamava e que, em estrofes de fogo, acusava os seus contemporâneos de terem traído, não era mais do que uma grande imagem prestes a desaparecer. Não tinha ele mesmo anunciado as sociedades laicas e as cisões — pode-se pedir aos poetas que sejam inteiramente lógicos? —, e sonhado com um sistema em que o Papa reinaria sobre o mundo da fé, o filósofo sobre o da moral e o imperador sobre as hierarquias sociais? Quando remetera Bonifácio VIII para o inferno, não expedira com ele "muitas esperanças cristãs e muito particularmente a mais bela de todas, a de uma terra em que a sociedade temporal se estruturaria como um dos fins sobrenaturais do homem"?[9]

Último arauto da Igreja das catedrais e das cruzadas, o grande inspirado entreviu a transição para o tempo que chegava e — talvez sem muita consciência disso — fez soar o dobre de finados da cristandade medieval. No entanto, a grandiosa imagem que Dante tinha contemplado permaneceria ainda por muito tempo no fundo das consciências, e viriam a encontrar-se os seus vestígios em muitas obras literárias, mesmo depois de o mundo moderno ter substituído a cristandade defunta.

No último quartel do século XIV, houve um homem que encarnou essa velha e generosa fidelidade. Chamava-se *Filipe de Mézières*. Dotado de uma imaginação inesgotável, de uma tenacidade incansável, de uma coragem indômita, consagrou toda a sua vida a perseguir um sonho, o de imitar os Cavaleiros da Távola Redonda tornando a lançar os batizados na libertação do Santo Sepulcro. Aos vinte anos, lutara em Esmirna, depois ligara-se a Pedro de Lusignan, tornando-se seu chanceler e, em seguida, seu embaixador na Europa; e fora bater-se novamente no Egito. Quando se tornou confidente do rei Carlos V, expôs-lhe em muitas conversas — das quais sairia o seu livro *Le songe du vieux pèlerin* — que a uma Igreja reformada por um concílio não se podia oferecer melhor razão de ser do que a reconquista de Jerusalém. Foi ele ainda quem fez o papa Gregório XI aceitar a festa oriental da Apresentação da Virgem, como prova de boa vontade tendo em vista a reconciliação. E a Ordem da Paixão, com que sonhava, deveria fornecer à cruzada cem mil combatentes, os quais constituiriam com as suas esposas — e todos submetidos a votos rigorosos — a nova raça de cristãos da Terra Santa. Infatigável, por volta de 1390 expôs os seus planos a Carlos VI da França, em quem ainda se depositavam tantas esperanças, e depois ao rei Ricardo da Inglaterra. Além disso, conversava também durante longas horas com o jovem Luís de Orléans.

Mas não era apenas a um sonhador imaginativo como Filipe de Mézières que estava reservado afagar tais quimeras. Vestígios da mesma nostalgia estão presentes num Froissart, num Monstrelet, num Chastellain e em muitos outros. E observam-se mesmo entre teólogos que defendem a causa dos concílios contra a Santa Sé, como um Pedro d'Ailly e um Gerson, por exemplo. Discute-se se a autoridade suprema deverá pertencer somente ao Papa ou à assembleia da Igreja, mas estabelece-se como princípio aquilo que Gerson chama "o primado monárquico instituído por Cristo tanto no que diz respeito às coisas imediatas como ao sobrenatural", e que deve ser exercido sobre toda a sociedade.

Um dos sinais mais impressionantes da sobrevivência da ideia de cristandade nos espíritos é o permanente desejo da cruzada. Nos bons tempos em que a cristandade estava no auge das suas forças, a cruzada fora a manifestação política mais evidente da sua grandeza. Os batizados, ao lançarem-se à reconquista do Santo Sepulcro, haviam tomado consciência da profunda unidade que existia entre eles, para além das inúteis querelas entre pecadores, e disso tinham dado a melhor prova. Mesmo agora que os fatos já não lhes permitiam retomar a sublime aventura, continuavam a ver nela a expressão plena dessa saudosa unidade.

Como realidade histórica, a cruzada terminara num dia sombrio de 1291, em que os muçulmanos tinham tomado o último baluarte franco da Palestina, São João d'Acre. Não houve depois disso mais do que tentativas admiráveis nos seus episódios, mas esporádicas e ineficazes. E no entanto, quantas almas santas, quantos pensadores e quantos doutrinadores não continuariam a acariciar essa grande ideia que agora a história mostrava ter caducado! E quantos homens de ação e da política não falariam, durante séculos, de voltar a pô-la em prática! Os cristãos, na verdade, experimentavam a necessidade de alguma coisa que lhes restituísse o sentido da sua unidade... Ao longo de toda a sua vida agitada, Santa Catarina de Sena esforçou-se sem cessar por promover "a grande passagem" para o país dos infiéis — *il doce mistero del santo passagio* —, na qual ela via não tanto um empreendimento de extermínio, mas um imenso crescimento da cristandade, pela entrada no seu seio de todos os muçulmanos reconduzidos à verdade. Para "erguer o pendão da Santa Cruz", como dizia a monja de Sena, viram-se várias vezes chegar a Avinhão multidões imensas, reforçadas pelos bandos de Pedro o Eremita, para pedirem ao papa que assumisse o comando da aventura sagrada. Em pleno drama do Grande Cisma, nenhum pontífice deixou de anunciar, vez por outra, que, depois de vitorioso, lançaria novamente os cristãos a caminho da Terra Santa; e, com efeito, uma dessas iniciativas, concebida num clima de extrema exaltação, sem os cálculos necessários e os devidos preparativos, desembocou na catástrofe de Nicópolis[10].

A ideia persistiria durante muito tempo por toda a parte e em todos os ambientes. Filipe de Mézières via na cruzada o meio de remediar todos os males do tempo, unificando na mesma ação heroica, não só todas as nações, mas também todas as classes sociais. Ao morrer em 1422, o jovem rei da Inglaterra, Henrique V, o conquistador de Rouen e de Paris, dizia aos que o rodeavam que, "se Deus, seu Criador, lhe tivesse permitido viver mais alguns anos", teria assumido o comando da cruzada tão logo fizesse a paz com a França. Muito mais tarde, o grande místico Dionísio o Cartuxo, recebido em 1451 em Bruxelas por Filipe o Bom, dir-lhe-á ter sabido por uma visão que o dever para o qual Deus chamava o grande duque da Borgonha era envergar o manto de cruzado e libertar o Santo Sepulcro.

Tal insistência parece-nos duplamente anacrônica, porque os fatos se opunham visivelmente a esses devaneios, e também porque a Igreja compreendera em parte que o futuro do cristianismo já não estava nas conquistas pela força, mas nas do apostolado e do sacrifício[11].

Mas a ideia estava tão enraizada nos espíritos que um Raimundo Lúlio, depois de ter passado a vida estudando o islã e de se ter sacrificado em heroicos empreendimentos missionários, também tinha acabado por elaborar um plano de reconquista da Terra Santa, e, no século seguinte, o cardeal Nicolau de Cusa, eminente conhecedor do Alcorão, acabaria igualmente por dizer que a cruzada era uma necessidade.

No entanto, embora anacrônica no seu enunciado, a ideia despertava novas realidades históricas nos espíritos mais lúcidos. Para nos convencermos disso, basta lermos o estranho livro que um notável publicista de começos do século XIV, Pierre Dubois, lançou sob o título de *De recuperatione Terrae Sanctae*, a recuperação da Terra Santa, com o característico subtítulo: *Tratado de política geral*. Portanto, para esse autor, a ideia da cruzada abrangia e comandava todos os elementos de uma filosofia política, e essa filosofia política, no meio de centenas de ideias, umas pitorescas e outras loucas, pareceu de uma rara clarividência para a época. Nacionalista e veemente partidário da autonomia dos reis (apoiava com todas as suas forças Filipe o Belo contra o papado), "esse Richelieu em miniatura e esse Robespierre em potência" propunha que todas as nações soberanas se associassem numa federação cristã, cujo selo seria a cruzada. O primeiro projeto de uma Sociedade das Nações ou, melhor, dos Estados Unidos da Europa, se não teve nenhuma influência imediata sobre a política "realista" dos Estados, nem por isso deixou de exercer uma incontestável ação subterrânea.

Em 1464, Jorge Podiebrad, rei da Boêmia — esse Napoleão tcheco — irá retomar o mesmo projeto, quase palavra por palavra, sob a influência de um curioso aventureiro francês refugiado em Praga, Antoine Marin, e proporá a todos os soberanos da Europa a formação de uma liga ou federação que seria governada por uma assembleia eleita e teria por primeiro objetivo deter o avanço dos turcos[12].

O projeto não vingou, mas permaneceu nos espíritos como um belo sonho. É interessante observar que, entre os conselheiros de Henrique IV, muito perto de Sully, que acariciará o seu famoso "grande projeto"[13], encontraremos o erudito calvinista Bongars que, muito antes de Renan, avaliará o lugar ocupado por Dubois, inserindo a *Recuperação da Terra Santa* nos seus *Gesta Dei per Francos*...

Pouco importa o malogro desses sonhos grandiosos: o seu interesse é mostrar que nessa época de transição, em que a cristandade moribunda começava a deixar um vazio cada vez mais evidente, havia homens inteligentes e lúcidos que, mesmo sem serem sonhadores, procuravam preenchê-lo. A questão que os preocupava era política: numa hora em que "as nações em formação ainda não se tinham esclerosado no conceito jurídico de soberania", seria possível uni-las de modo a que a sua livre associação pudesse substituir o grande mistério que estava prestes a desaparecer[14]?

Mais profundamente, porém, a questão era religiosa. Seria possível que a aparição dos patriotismos, esse grande fato da história, se colocasse numa perspectiva cristã, e que as jovens nações, sem perderem a plena consciência daquilo que as tornava únicas e insubstituíveis, fizessem parte também de um todo fraternal, de uma cristandade renovada? Muitas almas santas assim o quiseram, e trabalharam com todas as suas forças para realizar esse ideal. Patriota apaixonada, Santa Catarina de Sena nem por isso deixava de defender a grandiosa ideia de uma cristandade em que a sua pátria italiana e até a sua pequena região de Sena ocupariam um lugar num acordo de caridade com todas as outras. Mais tarde, *São Nicolau de Flue* (1417-1487), o estranho eremita suíço conhecido pelos seus prodigiosos jejuns, saindo da sua cela do Ranft para aconselhar os chefes políticos e impedir que a guerra dilacerasse os cantões, não separará, na sua solicitude, os seus compatriotas do conjunto dos seus irmãos em Cristo, e ensinará sem cessar aos primeiros que o seu dever é manter a unidade viva dos filhos da luz. E essa dupla exigência, aparentemente contraditória, de manter as aspirações nacionais e ao mesmo tempo preservar as fidelidades da cristandade encontrará a sua expressão mais perfeita na santa heroína para quem o serviço do rei e o de Deus serão inseparáveis, e cujo sangue jovem, ao batizar o nascente patriotismo francês, se derramará por um ideal que ultrapassa o de todas as pátrias: *Joana d'Arc*.

A vocação de Joana d'Arc

O reino da França causava grande dó no início de 1429. Havia cem anos, ou quase isso, que a guerra com os ingleses devastava o país, e essa provação parecia encaminhar-se para o seu termo do modo mais doloroso. Vencida uma vez mais, catorze anos antes, em Azincourt, a coroa legítima rolara por terra e fora apanhada pelos ingleses. Nas exéquias do infeliz demente Carlos VI, em 1422, apenas o duque de Bedford, regente da França em nome do rei de Londres, presidira ao funeral, como se o odioso tratado de Troyes e as manobras de Isabel da Baviera tivessem fundado o direito. Para defender a herança de São Luís, restara somente, perdido entre os caniços do Loire, aquele pequeno jovem de corpo esguio, tímido e melancólico, a quem os próprios partidários hesitavam em chamar de outra forma que não "Delfim" e que os seus inimigos denominavam "o rei de Bourges". E às angústias da guerra estrangeira acrescentava-se, para acabar de oprimir o pobre povo, o terrível *miserere* da guerra civil. Os borgonheses, esquecidos das suas raízes francesas, pareciam prestes a realizar o sonho do seu duque — tornar-se soberano, amputando o reino — e, para atingirem esse fim, haviam-se transformado em colaboradores do domínio estrangeiro. Tudo parecia perdido e, sem a graça de Deus, assim teria sido[15].

No entanto, no mais profundo daquele povo dilacerado e arquejante, nas camadas mais humildes e infelizes, havia um sentimento que permanecia vivo e até crescia com as provações — o sentimento dinástico, tão sólido como o sentimento religioso, ao qual, aliás, estava intimamente associado. A nobreza e a burguesia bem podiam amalgamar a sua intermitente fidelidade com muitas considerações de interesse e de política, que entre os camponeses da França essa fidelidade era como um instinto, uma paixão vibrante e pura, de uma ingênua e admirável simplicidade.

Não havia senão um rei legítimo, aquele que seria Carlos VII quando fosse sagrado, e era nele que se encarnava essa ideia, ainda recente mas já poderosa, de uma nação unida por uma tradição de glória, bem como por uma comunidade de almas e de destinos. Quantos camponeses obscuros não arriscavam por essa ideia a sua existência, lutando contra o inglês que, vitorioso, lhes incendiava as casas, enforcava os homens e enterrava as mulheres ainda vivas! Deus não despreza os instrumentos humanos e serve-se com frequência dos meios naturais para levar avante os seus desígnios. Numa pequena aldeia *Armagnac* do Barrois, atingida pela guerra como tantas outras, a vontade divina fazia surgir a heroína que levaria à prática, sem a explicar, essa ideia que a imensa corrente de fidelidades e de exigências preparava.

Joana, filha de Tiago d'Arc e de Isabel Romée, era uma autêntica filha do povo francês, uma camponesa amiga dos trabalhos pesados. Para ela, combater os ingleses seria um trabalho como outro qualquer, o mais necessário e o mais penoso. Desse povo ligado à terra, herdara o vigoroso bom senso, o sólido equilíbrio, a franqueza tranquila e também um jeito muito natural de amar as belas roupas, as ricas armaduras e também a sua espada, sempre pronta a distribuir *bonnes buffes et bons torchons*, "bons talhos e bons golpes". Mas tinha também — e acima de tudo — essa fé segura, essencialmente reta, que deixaria perplexos os espertalhões teólogos obstinados em embaraçá-la com os seus interrogatórios. Partilhara desde a infância das angústias e das penas desse povo francês — a sua aldeia natal de Domrémy fora muitas vezes vítima do terror dos bandoleiros e borgonheses —, mas nunca perdera a esperança. Nela, e por ela, o céu fazia-se eco da profunda aspiração de uma nação cristã.

"Salvar o reino da França". Em janeiro de 1429, parecia não restar nenhuma esperança. A sorte das armas parecia definida; em Cravant e em Verneuil, cinco anos antes, os dois últimos grandes exércitos a serviço do Delfim tinham-se deixado despedaçar e, quando caísse Orléans, que Talbot atacava desde o outono precedente, estaria aberto aos ingleses o caminho do sul e a ligação com as suas guarnições da Gasconha. Era inconcebível qualquer intervenção humana: o próprio papa nada fizera para salvar a coroa de São Luís, sem dúvida porque nada pudera fazer, ocupado como se achava — o corajoso Martinho V — em pôr um pouco de ordem na Igreja devastada pelo cisma, e também porque a sua morte estava próxima.

Contudo, não é somente no caso dos indivíduos, mas também dos povos, que o momento do pior desamparo é geralmente a hora que Deus reserva para Si. Nesse jardim ou nesse "Bois-Chenu", onde, pela primeira vez, o arcanjo São Miguel, escoltado por Santa Margarida e Santa Catarina, falara à pequena pastora lorena, nessa cidadela de Neufchâuteau, onde lhe havia repetido a sua ordem, fora a França inteira que recebera a intimação da esperança. Joana tinha apenas treze anos quando, pela primeira vez, as vozes misteriosas haviam retinido aos seus ouvidos, e dezessete ou dezoito[16] quando, apesar da sua humildade, se dispôs a obedecer-lhes e a tentar a incrível aventura. Para que se manifestasse na história — num impulso de heroísmo e de grandeza — a jovem consciência de uma nação que queria viver livre, a Providência servia-se de uma criança como instrumento.

"Deixa a tua aldeia, filha de Deus, e vai para a França! Toma o teu estandarte e levanta-o audazmente! Tu conduzirás o Delfim a Reims, para que receba a sua digna sagração! Tu libertarás a França dos ingleses!" O que mais surpreende não é que uma jovem inspirada, habituada desde a infância a viver no sobrenatural pela oração, tenha ouvido ressoar dentro dela essas ordens estranhas, nem mesmo que as tenha executado. O mais espantoso é que o seu poder de irradiação e a sua autoridade fossem tão grandes que ela tenha podido convencer; e que homens pouco inclinados a misturar o milagre com a política ou a estratégia se tenham rendido às suas misteriosas razões.

Mas não será tudo estranho nesta lenda que é história? A concordância do valoroso Baudricourt, capitão do rei em Vaucouleurs, que começara por rir da pastora, mas em seguida lhe deu cavalo, espada e escolta; a marcha da minúscula tropa, do Barrois a Chinon, através de regiões infestadas de inimigos, sem um incidente, sem um tumulto, no meio da crescente emoção de todo o povo; a entrevista da pequena camponesa com o príncipe, esse colóquio cujo segredo nunca foi desvendado, mas cujo resultado foi associar a coroa legítima ao empreendimento, na aparência insano, da jovem lorena; essa prodigiosa investida, enfim, que lançou para a libertação de Orléans tropas acostumadas à derrota e os próprios burgueses da cidade, já quase resignados ao pior — todos os episódios desta gesta deixam o historiador desconcertado, como se estivesse diante de uma aparição completamente sobrenatural no meio da trama da vida cotidiana.

Quando em 17 de julho de 1429, na embandeirada Basílica de Reims, o delfim Carlos recebeu a unção sagrada, tornando-se rei, cumpria-se a missão imediata de Joana d'Arc — missão que ela dizia obedecer ao "agrado a Deus". Perante o mundo, a jovem pastora afirmava que a França e a Inglaterra tinham de se reconhecer como nações diferentes; e proclamava o direito de todos os povos defenderem, com a sua liberdade, a sua própria alma. O sonho dos Lancaster era anacrônico; quem estava de acordo com a corrente da história era a camponesa de Domrémy, e é por isso que hoje os próprios ingleses a homenageiam, compreendendo que, ao fixá-los no seu destino insular, Joana d'Arc lhes prestava um benefício. Já alguns contemporâneos, porém, haviam compreendido o sentido profundo desse admirável empreendimento, como o cronista italiano que escrevia: "Por intermédio dessa jovem pura e sem mancha, Deus salvou a mais bela parte da cristandade, e esse foi o acontecimento mais solene que ocorreu nos últimos cinco séculos". Tinha razão.

No entanto, reduziríamos singularmente o significado de Joana d'Arc se limitássemos a sua vocação ao cumprimento dessa tarefa grandiosa e necessária. Foi-lhe ordenado que salvasse a França "em nome do Rei do céu", isto é, com intenções cristãs. Aos olhos da virgem guerreira, a pátria, o reino e o próprio rei eram sem dúvida realidades que possuíam mais valor que a sua própria vida, mas havia uma outra realidade que primava sobre todas, por ser a única de que todas procediam: Deus, Cristo, a Igreja. *Dieu premier servi*, "servir a Deus em primeiro lugar!" — a divisa da heroína deve ser compreendida até as suas últimas exigências. Para ela, tudo, absolutamente tudo, tinha em vista o cumprimento da justiça que é amor.

Tal é o sentido do patriotismo em Joana d'Arc. Era em Deus que ela amava a França, como os santos amam em

Deus os pobres e os pecadores; e amava-a justamente porque a via miserável, dilacerada e pecadora: amava-a com um amor de redenção. Nada havia de orgulhoso ou de agressivo nesse amor; ela jamais falou em conquistar a Inglaterra ou em impor o seu domínio a quem quer que fosse. Como também nunca pensou que, fazendo o que fazia, cobria a sua pátria de glória e que as suas proezas lhe dariam o direito de mandar nos outros.

Tudo o que reclamava para o seu país, para o seu rei e para si própria, era uma vida simples e humilde, na qual cada um recebesse segundo o seu direito. Batia-se por fazer reinar a justiça de Deus e por nenhuma outra causa: "Então Deus odeia os ingleses?", perguntaram-lhe para lhe armar uma cilada. De maneira nenhuma. Ele os ama como a qualquer outro povo, mas segundo a equidade e não quando atentam contra a liberdade dos outros. Joana não combatia os ingleses, mas a injustiça. Nunca heroína alguma dos campos de batalha se mostrou mais terna e mais fraternal para com os seus próprios inimigos.

Assim, para além do fim imediato pelo qual se batia — a libertação da França e a restauração do reino e da sua dignidade —, ela, a pequena camponesa que nada sabia de filosofia da história, e que simplesmente via tudo com os olhos da fé, tinha em vista outro objetivo mais essencial. Mencionou-o diversas vezes. Quando, por exemplo, escrevia aos ingleses de Bedford a sua famosa carta da Terça-feira Santa de 1429, convidando-os a deixar a França antes de serem expulsos; ou quando se dirigia ao duque de Borgonha em 17 de julho do mesmo ano, ou ainda — o que é mais espantoso — quando, numa veemente epístola, censurava os hussitas da Boêmia, por ter sabido que a sua guerra ímpia, nascida de um sentimento patriótico exacerbado, dilacerava a Igreja — a sua conclusão, em todas as circunstâncias, era sempre a mesma: era preciso pôr fim à luta entre batizados; era preciso unir todas as forças cristãs num só feixe e pô-lo a serviço de Cristo; era preciso que todos trabalhassem com o mesmo coração no mesmo empreendimento. A que empreendimento se referia? Para reconstituir essa unidade, Joana propunha como fim formal a cruzada, no que se mostrava perfeitamente situada no seu tempo. Mas, através do sonho da "grande passagem", o que ela concebia realmente era uma nova ordem da cristandade, em que cada nação teria a sua própria missão a cumprir, mas em que todas estariam associadas numa intenção superior — aquela a que o cristão aspira e pela qual reza diariamente: a vinda do reino de Deus.

O atroz empenho com que os ingleses se encarniçaram em ver-se livres da jovem adversária explica-se pela importância histórica da sua missão. Com ela, a guerra mudara definitivamente de rumo; já não se tratava de um desses conflitos feudais — como houvera tantos na antiga cristandade — em que importava pouco que este ou aquele povo encontrasse outro senhor, pois isso em nada modificava o sentido que ele pudesse ter do seu próprio destino. Agora tratava-se de uma luta em que uma nação achava que defendia a vida que Deus lhe dera, bem como a sua razão de ser, que a Providência lhe reconhecia. E nessas novas perspectivas de uma unidade cristã baseada na fraternidade e na justiça, os soldados de Henrique VI não eram mais do que agressores que atacavam um princípio sagrado.

Era necessário, portanto, desacreditar aquela que encarnava visivelmente o direito que a França tinha de não ser um feudo do reino da Inglaterra, e o único meio de arruinar o prestígio da jovem heroína era minar-lhe as bases sobrenaturais que, aos olhos do povo, alicerçavam a sua vocação sobre a própria vontade de Deus. Não era uma tarefa difícil, porque os eclesiásticos sempre começam por desconfiar das manifestações extraordinárias; e o mistério que rodeava a inspirada de Domrémy mostrava-se tão opaco que raros foram os teólogos — Gerson, Gelu, arcebispo de Embrun, e os mestres de Poitiers — que ousaram no seu tempo afirmar a autenticidade religiosa da sua missão. Numa situação tão complexa, alguns juízes eclesiásticos (nem todos indignos), manipulados talvez pelo bispo de Beauvais, Cauchon, e secundados por outros prelados políticos, puderam trabalhar, sem o saber, contra a fé cristã e contra as intenções divinas, ao longo de um horrível processo inquisitorial, na aparência escrupulosamente jurídico, mas na realidade conduzido com o único propósito de culminar numa condenação. Os homens são falíveis e nem a todos é dado discernir os caminhos pelos quais a Providência quer levar a cabo os seus desígnios[17].

Quando lemos as atas daqueles intermináveis interrogatórios do inverno de 1430 e da primavera de 1431, não demora a impor-se ao espírito uma certeza: a de que toda essa grandiosa aventura tinha um sentido que não derivava de qualquer determinismo histórico, e que nessa empresa se manifestava uma vontade que transcendia a dos homens. A jovem maravilhosamente delicada e simples, cuja fé se afirmava a todo o momento, que se mostrava tão pura e prudente, tão inteiramente de acordo com os ensinamentos da Igreja nos seus embates com os mais astutos teólogos, só podia ter agido assim porque um poder superior a guiava, porque Deus tinha feito dela o seu instrumento. E, na hora suprema, sobre a fogueira de iniquidade a que subirá em 30 de maio de 1431, na praça do Vieux-Marché em Rouen, fornecerá ainda a prova decisiva da sua missão autenticamente divina: recusar-se-á a confundir esses padres iníquos que a tinham condenado com a Igreja-mãe, sobrenaturalmente justa e infalível, proclamará até ao fim a sua fidelidade ao papa, a quem lança o último apelo, e morrerá num arroubo de fé tão sublime que alguns dos seus carrascos se sentirão arrasados.

Este é o sentido profundo da vocação de Joana d'Arc, santa da França e da cristandade. No entanto, o futuro próximo não aprenderá a lição da grandiosa imagem que ela transmite de si mesma. Os povos cristãos tornar-se-ão cada vez mais obstinados nos seus direitos e nos seus egoísmos, e, à unidade fraternal a que a jovem santa tanto aspirava, os antagonismos nacionais irão opor um equilíbrio de forças, isto é, o caos.

Pelo menos fizeram-lhe justiça? Joana d'Arc foi reabilitada em 1456, vinte e cinco anos após a sua morte, no decorrer de um processo conduzido com mais cuidado do que até então se apregoava, mas em que intervieram visivelmente tanto razões políticas como religiosas, no novo clima criado pela vitória de Carlos VII sobre a Inglaterra. Em 1920, a Igreja prestou-lhe uma homenagem mais incontestável, canonizando-a[18].

"Santa Joana d'Arc, virgem", diz a liturgia da festa; mas, embora teologicamente discutível, não nos virá aos lábios o título de "mártir" ao pensarmos nela? Não foram apenas os pecados da França que Joana a Donzela tomou sobre os seus ombros, mas também os da cristandade infiel e prestes a trair-se. Em última análise, o seu sangue jovem foi derramado para testemunhar a mais profunda das verdades cristãs: a de que, acima dos interesses legítimos dos povos, existe um interesse supremo ao qual todos se devem submeter; e que, mesmo em política, Deus deve ser "o primeiro [a ser] servido".

A maré turca ao assalto da cristandade

A ideia da cruzada que, para a jovem santa da França, ainda conservava o sentido de uma intenção sublime, de um empreendimento que viria a selar de novo a unidade dos batizados, assumira na sua época, havia já muito tempo, outros significados bem diferentes, mesmo sem falar daqueles para quem a ostensiva preparação da cruzada servia de pretexto para grandes negócios com armas ou coisa pior: no decorrer do processo contra os templários, por exemplo, dissera-se que era preciso abater os cavaleiros em benefício da Terra Santa...

Mais nobremente, o nome de cruzada passara a simbolizar uma das grandes ideias políticas que as circunstâncias haviam imposto aos líderes do Ocidente cristão: a luta contra o invasor asiático, cujos avanços angustiavam quem quer que os seguisse com atenção. Já não se tratava de organizar uma expedição de nobres para libertar o Santo Sepulcro, mas de defender os interesses mais vitais da Europa. Estranho contraste, característico dessa época de transição, entre a ideia certeira de uma indispensável operação político-militar e a fórmula arcaica, medieval, que a designava.

Com efeito, a "questão do Oriente" estava na ordem do dia, e nos mesmos termos em que estaria até o limiar do século XX. Desde que em fins do século XIII — no mosaico de emirados mais ou menos frágeis que haviam sucedido ao antigo império dos seldjúcidas, desmembrado pelos assaltos dos mongóis — surgira a nova potência de uma tribo de turcos unguzes, os otomanos, a Ásia pesava de novo, perigosamente, sobre a Europa. A Osman (ou Othman), o fundador que dera o nome ao seu povo, havia sucedido Orkhan I (1326-1360), guerreiro infatigável como o anterior, que organizara ininterruptas expedições contra os outros emires e contra as fortalezas bizantinas. Em 1326, havia tomado Brussa, a encantadora cidade rosa de que fizera a sua capital, e, em 1330, Nicomédia e Niceia. O seu exército de soldados de carreira, os janízaros, recrutados entre as crianças roubadas aos vencidos, parecia invencível; e a sua metódica política de "turquização" dos países conquistados assegurava-lhe bases sólidas para futuras ofensivas. Retomando o título de sultão, caído em desuso depois do fim do último seldjúcida, Orkhan, em meados do século XIV, dirigira-se para a Europa, a chamado do basileu usurpador, João VI Cantacuzeno (1341-1355), que lhe dera a própria filha em casamento, para lutar contra o verdadeiro imperador de Bizâncio, João V Paleólogo (1341-1396).

Desde então, não houve ano algum em que a Europa cristã não assistisse com angústia a um novo avanço dos turcos. Era como uma maré, infinitamente paciente, irresistível, que subia investindo contra o Ocidente, aproveitando-se de todas as brechas, fazendo ruir um a um todos os diques. Onde se deteria? Em 1356, Solimão, um dos filhos de Orkhan, passava os Dardanelos e ocupava Calípolis. Quatro anos mais tarde, *Murad I* (1360-1389), depois de ter subjugado definitivamente os pequenos emires da Ásia Menor, lançava-se sobre a Trácia, tomava Andrinopla (de que fez a sua capital) e capturava tal número de soldados inimigos que teve de vendê-los a preço vil para desembaraçar-se deles.

Quem poderia enfrentar esse temível assalto? A resposta da história deveria ter sido: Bizâncio. Não lhe coubera sempre, no decorrer dos séculos, o papel de erguer as suas inexpugnáveis muralhas contra a Ásia em ameaçadora carreira? Infelizmente, porém, Bizâncio estava em pleno declínio, minada por forças de morte que a destruíam cada vez mais rapidamente. Reinando há cem anos no castelo de Blachernas, a dinastia dos Paleólogos tinha tentado enfrentar o destino, mas só conseguira sustar um pouco a marcha para o abismo. A luta entre João o legítimo e João o usurpador não fazia mais do que favorecer a decomposição do grande corpo doente do Império.

O reinado de João V Paleólogo, que durou cinquenta anos, foi exatamente um período de cinquenta anos de guerra civil. Arruinada pelo desmantelamento do seu comércio marítimo, a braços com a concorrência de genoveses e venezianos, com as suas alfândegas sem movimento e os seus impostos inexistentes, Constantinopla já não passava de uma cidade cosmopolita pintalgada, irrequieta, de um luxo falso e uma animação equívoca. Mal sobrevivia ali uma autêntica vida intelectual, que se tornara paradoxalmente criadora nesse tempo catastrófico e cuja arte ainda hoje manifesta o seu vigor nos mosaicos de Kahrié-Djami, bem como nos afrescos de Mistra e do Monte Athos[19].

Rodeado do mesmo cerimonial dos seus predecessores, o basileu pretendia ainda desempenhar o papel de senhor do mundo, mas as pedrarias da sua coroa eram falsas. Quando João V veio ao Ocidente para suplicar aos católicos que o salvassem, os banqueiros venezianos mandaram prendê-lo e encarcerá-lo pelas dívidas contraídas...

À falta de Bizâncio, desfalecida, quem poderia opor-se à maré turca? Por acaso a "grande Sérvia", que o seu efêmero fundador Estêvão Duchan julgara erguer tão alto, como rival do Império? À sua morte, em 1355, o reino do Carlos Magno sérvio tinha voado em estilhaços, dilacerado entre o Norte e o Sul, a braços também com uma dessas crises sociais, confusas e esporádicas, como houve tantas na Europa de então.

Dos farrapos das conquistas francas no Oriente, que se podia esperar? Os belos golpes de espada de Pedro I de Lusignan, rei de Chipre, que em 1365 conseguira tomar

Alexandria, mas tivera de abandoná-la três dias depois, não faziam senão exasperar mais os turcos, que se entregavam a represálias contra os comerciantes italianos; aliás, este herói da última canção de gesta não tardaria a morrer sob o punhal de assassinos armados por seu irmão, arrastando na queda o seu reino. Os montanheses da "Pequena Armênia" faziam o possível para salvar uma liberdade cada vez mais precária: Leão VI, também um Lusignan, seria o seu último rei e enfrentaria os turcos apenas durante um ano (1374-1375).

Perante uma ameaça tão evidente, o Ocidente cristão estremeceu. Urbano V (1362-1370) convocou pela primeira vez a cristandade para a cruzada. Mas nem a Itália, em pleno caos, nem a França e a Inglaterra, em plena Guerra dos Cem Anos, nem o Império, que não tinha um verdadeiro chefe, responderam a esse apelo. Apenas um príncipe se apresentou: *Amadeu VI* da Savoia, o *Conde Verde*, que, tendo partido de Veneza em junho de 1366, lançou em agosto um ataque bem sucedido a Calípolis e retomou aos turcos a chave dos Dardanelos. Guarneceu com patrulhas o Mar Negro e bateu-se ainda outras vezes com os muçulmanos, regressando depois à sua pátria, com o voto cumprido, mas convencido de que a sua temeridade não era suficiente para deter a invasão otomana.

O exemplo do bravo saboiano, contudo, foi encorajador. Depois de Urbano V, Gregório XI (1370-1378) retomou a ideia da cruzada. Os soberanos da Europa oriental diretamente ameaçados agruparam-se em volta do rei angevino da Hungria e, todos unidos, príncipes da Sérvia, da Bósnia, da Bulgária e da Valáquia marcharam contra Murad. Num contra-ataque fulminante, o turco esmagou-os em Tchirmen, em 1371, e avançou até Nich e Sofia. Ninguém, portanto, conseguiria deter o conquistador da Ásia?

Dilacerada pelo cisma, a cristandade parecia incapaz de se unir num esforço supremo. No entanto, em 1389, ao apelo dos sérvios sublevados contra os muçulmanos, formou-se uma nova coalizão, que se lançou ao ataque comandada pelo czar da Sérvia do Norte, Lázaro. Murad regressou de Ancara apressadamente. Em *Kossovo*, no *Campo dos Melros*, cristãos e turcos se defrontaram numa batalha terrível, digna dos mais altos feitos das canções de gesta. Murad morreu, mas as suas tropas alcançaram uma vitória decisiva. Os Bálcãs inteiros estavam sob a bandeira do Crescente e a fronteira da Europa passava a ser a da Hungria. Quando as suas ovelhas búlgaras lhe perguntaram: "A quem nos deixas tu?", o patriarca Eutímio apenas pôde responder: "À Santíssima Trindade". Mas, durante séculos, na Sérvia como em todas as cristandades vencidas, cantar-se-á ao som da *guzla* a glória de Lázaro "coroa de ouro", morto como mártir, de Miloch, que matara o sultão, e de milhares de bravos caídos no Campo dos Melros. E as fidelidades cristãs desses povos oprimidos nutrir-se-ão até hoje dessas grandes recordações.

Para o Ocidente cristão, a situação tornava-se cada vez mais dramática. A Murad sucedia *Bajazet* (1389-1402), denominado o Relâmpago. Uma simples palavra sua bastou para aterrorizar o basileu João V, que concordou em pagar-lhe tributo, lhe entregou seus dois filhos como reféns e até se prontificou a ajudá-lo no cerco de Filadélfia, na Lídia, última praça da Ásia Menor onde se mantinha ainda uma guarnição cristã. A Bulgária foi subjugada, a Valáquia pagava tributo, e na própria Moreia o turco intervinha com toda a insolência. Constantinopla — onde o filho de João V, Manuel II (1391-1425), tentava uma meritória restauração depois de ter conseguido fugir da prisão turca — não passava de uma praça cercada, à espera do golpe mortal.

Quando se soube no Ocidente que Bajazet acabava de tomar Salônica (1394), o choque foi tão grande que se produziu uma reação. Encorajada pelos dois papas inimigos — o fato é bastante surpreendente —, a cruzada organizou-se ao apelo do rei Sigismundo da Hungria, com o acordo de Carlos VI, naquele momento em trégua com os ingleses. A maior parte dos cruzados veio da França e da Alemanha; João Sem-Medo trouxe um forte contingente, acompanhado pelo marechal Boucicault e o almirante João de Vienne. A vasta operação da cavalaria foi conduzida com toda a imprudência. Em vez de esperarem os turcos na fronteira húngara, os ardorosos franco-borgonheses lançaram-se ao seu encontro e, no momento em que cercavam *Nicópolis*, Bajazet apareceu com cem mil homens. A nobre cavalgada transformou-se numa terrível provação: viu-se outra Crécy, outra Azincourt. Loucamente intrépidos, atirando-se contra as estacas dos entricheiramentos turcos, os cavaleiros cristãos esgotaram-se rapidamente, e o contra-ataque dos janízaros veio encontrá-los fatigados e desorganizados. Não puderam senão deixar-se matar, coisa que fizeram com toda a galhardia. "Nunca javali algum espumante se entregou mais altivamente ao lobo raivoso", diz a crônica. João de Vienne, brandindo o estandarte da Virgem, caiu como um herói; Boucicault e João Sem-Medo foram aprisionados depois de mil façanhas; somente Sigismundo conseguiu embarcar no Danúbio. Bajazet, furioso, mandou chacinar todos os cativos, com exceção de uns quarenta grandes personagens, que negociou contra a entrega de 200.000 florins. O desastre fora completo.

O Ocidente parecia perdido. Por outro lado, internamente despedaçada, não seria a própria cristandade que se condenava à morte? Era o momento em que a eleição de Pedro de Luna (Bento XIII) tornava mais acerba a questão do cisma e em que os teólogos antipontifícios difundiam a ideia do primado do concílio sobre o Papa; era o momento em que o reino da França, devastado pela loucura do seu rei Carlos VI, via os príncipes das flores-de-lis disputarem entre si as posições de influência, e em que, na Inglaterra, o rei Ricardo ia sucumbir sob os golpes do seu primo Lancaster. Muitos espíritos retos interpretavam como um aviso do céu esse outro acontecimento funesto que acabava de aterrorizar a corte da França: o *Bal des Ardents*, em que muitas alegres incúrias tinham terminado numa morte horrível...

Perante uma fraqueza tão generalizada, poderia Bajazet deixar de explorar a sua vitória? Conquistou a Bósnia e os principados danubianos da Valáquia e da Moldávia, devastou a Estíria, lançou as suas tropas de vanguarda em direção à Alemanha, mas depois, mudando de ideia, voltou-se para leste com o propósito de tentar tomar Bizâncio de surpresa. Só, ou quase só, no meio dessa imensa confusão, o imperador Manuel dava provas de uma admirável força de alma e repelia os assaltos do sultão, sem desanimar, sempre ajudado pelo bravo Boucicault que, uma vez libertado, retomara a luta e, com uma pequena esquadra, viera provocar o turco.

Mas o mundo cristão foi salvo de uma forma absolutamente inesperada. O rei da Transoxiana, isto é, da região de Samarkand e de Bukara, Timur, denominado Leng, "o Coxo" — um turco e não um mongol, como se tem dito por erro —, tinha constituído um vasto domínio que ia do Afeganistão à Cilícia e que ele queria expandir ainda mais. Todos os pequenos emires vencidos por Orkhan e por Bajazet eram acolhidos por ele de braços abertos. Em 1398, tinha tomado a Mesopotâmia, a Geórgia, a Armênia e uma parte da Índia, não sem fazer seguir as suas conquistas de atrozes chacinas. Em 1401, resolveu ocupar a Ásia Menor. A batalha decisiva travou-se no planalto de Ancara, entre ele e Bajazet, que acudiu às pressas para salvar o seu império. Traído por uma parte dos seus, o sultão sofreu uma derrota irremediável. Foi feito prisioneiro e, embora tratado humanamente pelo seu vencedor, morreu de desgosto dez meses mais tarde. E todos os povos cristãos que ele tinha aterrorizado respiraram aliviados. O salvador da Europa, portanto, era um bárbaro da Ásia, aquele que a história conhece sob o nome de *Tamerlão*, corruptela de Timur Leng.

A situação melhorou? Assumindo o papel de árbitro do Levante, Tamerlão restituiu Salônica e a Jônia a Manuel II, mas impôs-lhe um tratado de quase-vassalagem e, ao mesmo tempo, tomou Esmirna aos Cavaleiros Hospitalários de Rodes. Com efeito, era ele o verdadeiro senhor de todo o Oriente, e os mercadores genoveses de Pera chegaram a içar o seu estandarte no mastro dos seus navios. Felizmente, o humor inconstante desse imperador das estepes fê-lo voltar de repente para a Ásia, e Bizâncio pôde respirar durante anos, enquanto não foi importunada pelo sucessor de Bajazet, Maomé I.

Surgiu então para os cristãos uma oportunidade única de agir. Com o império otomano presa da anarquia e os príncipes de sangue revoltados contra seu pai, os emires começaram a agitar-se. Uma sublevação simultânea dos sérvios e dos búlgaros, bem como um ataque húngaro combinado com uma ofensiva bizantina, teriam podido repelir os turcos de volta para a Ásia; aliás, Salônica fugia-lhes das mãos e eles perdiam o controle dos Dardanelos. Mas as inúteis querelas entre gregos e latinos não permitiram aproveitar essa ocasião e, quando Maomé I pôs a casa em ordem, a guerra recomeçou.

Uma vez mais, os turcos lançaram-se ao assalto de Constantinopla em 1422. Felizmente, as muralhas aguentaram-se bem e a população combateu com ardor. Uma aparição da Virgem Maria, observada ao mesmo tempo pelos dois adversários, acabou por inquietar o agressor. Mas o exército osmânico atirou-se sobre o Peloponeso, último baluarte da resistência cristã na Grécia, e devastou-o mortalmente. Quando, em 1425, João VIII (1425-1448) sucedeu a Manuel II, já não restava a esse infeliz basileu senão a sua capital e nada mais...

A cristandade deixaria Bizâncio cair nas mãos dos turcos? João VIII correu ao Ocidente e lançou-lhe um último apelo. Conseguiu o apoio do papa Eugênio IV, depois de aceitar pessoalmente a união das duas igrejas, mas a cruzada geral que solicitava nunca chegou a organizar-se. A França e a Inglaterra defrontavam-se então na última e decisiva fase da sua grande guerra; as lutas civis dos borgonheses contra os Armagnacs aumentavam ainda mais a desordem; a Itália continuava entregue à anarquia de sempre e a Alemanha saía muito a custo da crise hussita. Que podiam responder os reis e os príncipes aos apelos patéticos? Nada, a não ser que — como disse João Sem-Medo, aparentemente sem ironia — contribuiriam com gosto para as despesas do Batismo dos turcos que se quisessem "cristianizar"!

Por fraqueza, por leviandade e por ignorância, a Europa cristã suicidou-se, deixando perecer a sua parte oriental. Os únicos a pegar em armas foram os húngaros, que, diretamente ameaçados pelo avanço turco — Murad II cercara Belgrado em 1440 —, se lançaram ao ataque sob o comando de um rei de dezesseis anos, o polonês Ladislau III Jagelão, e sobretudo de um líder extraordinário, o voivoda da Transilvânia *João Hunyade*, "o cavaleiro branco". Golpe a golpe, os turcos sofreram por três vezes derrotas pesadas, a última das quais em Nich, em pleno coração dos Bálcãs. Sofia foi retomada, reabriu-se o caminho de Andrinopla e o sultão pediu a paz.

A leviandade de Ladislau transformou essas vitórias em derrotas. Rompendo a trégua sem qualquer aviso, o jovem rei avançou pela região ocupada pelos turcos e alcançou *Varna*. Mas, muito afastado das suas bases, recebeu pelas costas o terrível contra-ataque de um exército turco — transportado por navios genoveses (1444). Uma vez mais, a "cruzada" servia apenas para irritar o turco, que se vingou cometendo enormes chacinas. E Bizâncio não foi libertada...

Após esta grande investida — a última —, que agitou as almas cristãs na tentativa de salvar a metade oriental da cristandade, não se observariam senão algumas poucas sacudidas heroicas. João Hunyade, que escapara são e salvo de Varna, retomou as armas quatro anos mais tarde, lançou-se de novo ao ataque na Sérvia e chegou até ao campo de batalha de Kossovo, onde ocorrera o desastre de 1389, na esperança de tirar a desforra; uma vez mais, porém, veio a derrota (1448), tornando inúteis os prodígios de coragem dos húngaros. Ao mesmo tempo — infelizmente sem acordo prévio com Hunyade —, um chefe albanês, *Skanderbeg*, sublevava os cristãos nas montanhas e enfrentava com terrível energia todos os corpos turcos enviados para aprisioná-lo. Foram belos feitos de armas, mas sem alcance real. Os Bálcãs estavam completamente dominados e a queda de Constantinopla era apenas uma questão de dias ou de horas quando, em 1448, subiu ao ilustre trono aquele que seria o seu último ocupante.

Derradeiras tentativas de união

Não é preciso dizer que, nos bastidores dessa tragédia político-militar que se aproximava do seu desenlace, se representava outra peça — essa religiosa — cujo caráter dramático se misturava estranhamente com algo de um cômico bastante sórdido. No decurso desse período, evocou-se constantemente o problema da unificação entre as duas partes da Igreja, o problema do fim do cisma grego. Mas, como já acontecera frequentemente, não se conseguiu chegar a uma solução definitiva. Exatamente como nos dias em que Inocêncio III, antes de a cruzada ter perdido o seu caráter, lançara um patético apelo para a reconciliação, e como em 1274, por ocasião do Concílio de Lyon, também agora o clero grego não quis compreender que essa era a única solução que poderia salvar Bizâncio.

Por várias vezes os imperadores tinham batido às portas do Ocidente. João VI Cantacuzeno, no momento em que se instalara no trono (1342), bem como João V, quando se desembaraçara do seu adversário (1353), tinham entabulado negociações; o Paleólogo viera mesmo pessoalmente pedir aos católicos que interviessem em sua ajuda. Mais tarde, ante o perigo extremo que lhe ameaçava o trono, Manuel II percorrera toda a Europa numa viagem de propaganda em que a sua alta estatura, a sua majestade natural, o seu rosto belo e grave, bem como a suntuosidade do vestuário do seu séquito, tinham causado grande efeito tanto em Paris como em Londres, em Veneza como em Milão; fora na França que ele tomara conhecimento da derrota de Bajazet sob as investidas de Tamerlão. Vinte anos mais tarde, o seu filho viera também tentar comover o papa Martinho V; e os turcos de Maomé II preparavam-se já para lançar os últimos assaltos quando João VIII Paleólogo retomava o caminho do Ocidente para ver se ainda conseguia obter o apoio militar de que esperava a salvação.

Pode parecer pouco elegante que a todos esses homens súplices, que no entanto falavam em nome de uma causa que era simplesmente a da cristandade inteira, a igreja romana tenha respondido pondo sempre uma condição prévia: a união. Mas a desconfiança em relação aos bizantinos era tão grande que nenhum papa poderia proceder de outra maneira. "Que os gregos proclamem primeiro a união, e nós depois os auxiliaremos! Se começarmos por ajudá-los a vencer os turcos, depois de se consolidarem e enriquecerem, não quererão saber de mais nada e voltarão as costas à igreja romana!" Estas palavras de Bento XII foram pronunciadas quase do mesmo modo por todos os pontífices sucessivos, e certamente todos as pensaram.

Poderemos condenar essa aparente falta de generosidade, se nos lembrarmos daquilo que, por seu lado, diziam os imperadores de Bizâncio? No leito de morte, Manuel II dava ao seu filho estes conselhos: "Se te vires acossado pelos infiéis, volta-te para os latinos, fala de união, entabula negociações, mas prolonga-as indefinidamente. Evita a convocação de um concílio, porque isso não te servirá para nada. A vaidade dos latinos nunca poderá pôr-se de acordo com a teimosia dos gregos". As tentativas de aproximação entre as duas igrejas desenrolavam-se, portanto, muito mais em clima de jogo diplomático, cheio de mentiras, do que de uma intenção sincera de pôr fim ao escândalo da grande ruptura entre os batizados.

Isto não significa que não tenha havido em Bizâncio homens a quem o cisma deixava desolados e que estavam resolvidos a lutar para acabar com ele. Muitos deles eram discípulos do patriarca *Beccos* (ou Veccos) que, no fim do século XIII, depois de ter sido durante muito tempo adversário resoluto da unidade, se tornara seu apóstolo ardente, o que lhe valera ser deposto e passar dezesseis anos no exílio. E podemos citar ainda *Barlaão*, esse monge calabrês de origem grega que passou a vida a servir de intermediário entre Roma e Bizâncio. Alguns desses sinceros partidários da reconciliação eram homens de primeira plana: um *Demétrio Cydones* (1320-1400), antigo secretário de João VI Cantacuzeno que, estudando Santo Agostinho, Santo Anselmo e São Tomás de Aquino, descobriu a inanidade das acusações dirigidas a Roma pelos seus compatriotas e, traduzindo os mestres latinos, lutou em muitos opúsculos por fazer triunfar a verdade; e principalmente um *Bessarion* (1395-1472), monge de Trebizonda, orador notável, espécie de capelão da corte imperial, depois nomeado para a metrópole de Niceia, e que também encontrou no estudo dos Padres a certeza de que era necessário chegar à união; a sua firme posição acarretou-lhe muitos desgostos e obrigou-o a refugiar-se em Roma, onde, eleito cardeal, alcançou tão grande autoridade que, em 1455, esteve prestes a ser eleito papa.

Havia, portanto, uma pequena elite intelectual e espiritual que avaliava a situação com equidade e sofria com dor o escândalo do cisma. Essa elite frequentava os conventos latinos situados na fronteira com a Ásia, que eram verdadeiros focos de conversões, e lia a *Suma* de São Tomás, traduzida para o grego por Cydones. Mas não passava de um pequeno núcleo e pouco podia contra o fanatismo do clero grego, em geral ignorante, que repetia contra os latinos as piores acusações de heresia, sem mesmo lhes compreenderem o sentido. Para muitos honestos cristãos de Bizâncio, a simples circunstância de os padres do Ocidente fazerem a barba com frequência constituía um intolerável escândalo! Repetia-se no púlpito o argumento do *Filioque* e criticava-se a maneira como os ocidentais administravam a Sagrada Comunhão com pão ázimo.

Mais do que um desacordo teológico, o que estava na base do cisma eram as profundas diferenças de mentalidade. A grande disputa que eclodiu na Igreja grega entre os partidários da "via mística", preconizada por *Palamas*, e os partidários da "via lógica", à moda tomista, ensinada por Barlaão e seus alunos, mostra suficientemente até que ponto a maneira de raciocinar e de sentir separava as duas facções da Igreja. Que ocidental poderia acreditar que, para alcançar a união com Deus, o melhor meio era, como ensinava Palamas, permanecer horas inteiras com o queixo apoiado sobre o peito, de olhos fixos no umbigo[20], e repetindo incansavelmente: "Senhor, Jesus Cristo, tende piedade de mim!"? E, no entanto, foi essa a doutrina — se ousamos dizê-lo — que se espalhou pela igreja grega no decorrer do século XIV! Pouco faltou para que canonizassem Palamas, "trombeta da teologia, lira harmoniosa do Espírito Santo"!

Em tais condições, como poderiam chegar a bom termo as tentativas de aproximação? A decisão de abjurar o cisma, que João V tomou no decurso da sua viagem ao Ocidente, e a corajosa perseverança de que deu provas depois de tentar obter uma verdadeira união, não tiveram qualquer resultado decisivo; quando muito, a sua ação serviu para manter uma rede de relações entre Roma e Bizâncio. Mesmo certos gestos amigáveis, como o que teve a igreja ocidental ao adotar algumas festas em uso entre os orientais — a da Apresentação de Nossa Senhora no Templo, por exemplo —, não tiveram nenhuma repercussão na igreja grega, onde passaram quase despercebidos. Portanto, as razões que realmente militavam a favor da união eram unicamente políticas, e mesmo assim com segundas intenções confusas e ambíguas; para um Isidoro de Kiev ou para um Bessarion, que, desejando de todo o coração o apoio armado do Ocidente, viam na união algo bem diferente de uma simples manobra diplomática, havia muitos outros metropolitas e prelados gregos igualmente decididos a servir-se do apoio dos latinos, mas para iludi-los!

Foi nesse clima que, em fins de março de 1438, se abriu na Itália o concílio cuja iniciativa pertencera a Eugênio IV; o papa via nele uma das peças-chave da sua política[21] e João VIII Paleólogo aceitou a convocação, sabendo que esse era o seu último trunfo. Não é sem emoção que lemos os apelos patéticos que um dos delegados gregos dirigiu aos seus compatriotas, evocando a atroz situação de tantos cristãos orientais já submetidos ao jugo turco, muitos reduzidos à escravidão e à abjuração, e a angústia de todos aqueles que, ainda livres, esperavam o golpe mortal. Mas, perante essa situação dramática, os bizantinos continuavam a chicanear e a usar de todos os subterfúgios. Tanto em Ferrara como depois em Florença, as discussões versaram sobre temas que nos parecem bem fúteis. Tentaram-se inúmeras manobras, como a de Marco de Éfeso, que levantou esta questão prévia: "É permitido acrescentar ao Símbolo uma única palavra nova?" No caso de a resposta ser negativa, estariam rompidas todas as negociações por causa do famoso *Filioque* que os latinos tinham acrescentado à antiga redação. No entanto, os acontecimentos eram tão prementes que, apesar de tudo, se acabou por chegar a um entendimento e se deu início aos trabalhos.

Nomearam-se comissões que estudaram os pontos de atrito, e o dominicano João de Ragusa, prior da Lombardia, expôs com serena elevação a doutrina de Roma sobre o primado pontifício. Ao morrer, no meio do concílio, o patriarca de Bizâncio, José, deixou aos seus esta declaração explícita: "Reconheço o Santo Padre dos latinos e dos gregos, o Pontífice supremo, o representante de Jesus Cristo, o Papa da antiga Roma". Chegou-se a acordo sobre as quatro questões mais delicadas: a processão do Espírito Santo, o uso do pão ázimo, o estado das almas no purgatório e o primado romano. Por fim, em *6 de julho de 1439*, assinou-se o *Ato de união*, que foi publicado em latim e grego. Marco de Éfeso recusou a sua assinatura, e não foi ele o único, do lado dos gregos, que pensou que esse decreto era uma inadmissível capitulação, embora tivesse sido o único a proclamá-lo.

Com efeito, quando os delegados conciliares retornaram a Constantinopla, a multidão, fanatizada pelos monges, recebeu-os com apupos e insultos: "Latinos! Azimitas! Apóstatas! Hereges!": foi com essas gentilezas que os acolheram. Eram abordados nas ruas para responderem quanto ouro tinham recebido em paga da sua traição. Marco de Éfeso tornou-se um herói nacional, ao passo que Bessarion teve que exilar-se em Roma. Tendo o imperador nomeado para a sé de Bizâncio um patriarca favorável à causa da união, os das outras sés recusaram-se a reconhecê-lo. E quando Constantino XI sucedeu a João VIII, nem sequer se atreveu a publicar o decreto da união, embora tivesse plena consciência da urgente necessidade que tinha do Ocidente.

Assim, esta última e muito tardia tentativa de selar um acordo entre o Ocidente e o Oriente contra o turco malogrou lamentavelmente. Nessa Bizâncio cercada de infiéis por todos os lados, ameaçada por um terrível destino, a multidão só se interessava real e profundamente — a ponto de chegar aos tumultos de rua e aos motins sangrentos — por questões tão graves como a de saber se era legítimo comungar com pão não fermentado... Nunca o "bizantinismo" atingira tal grau de absurda loucura. Em dezembro de 1452, o imperador Constantino XI, para tentar obter o apoio das potências latinas, acabou por proclamar em Santa Sofia a fórmula da união, a *Henotikon*. Mas, no dia seguinte, altos dignitários da Igreja, como Jorge Scholarios e Lucas Notaras, exclamaram publicamente, sob os aplausos vibrantes da multidão: "É melhor que reine em Constantinopla o turbante dos turcos do que a mitra dos latinos".

A Providência não tardaria a atender esse desejo.

A morte de Bizâncio

Nos primeiros dias de fevereiro de 1451, morreu Murad II, o sultão que fizera a Europa tremer, mas cujo sucessor, *Maomé II* (1451-1481), se mostraria ainda mais temível. Era um rapaz de apenas vinte e um anos, franzino e pálido, de nariz aquilino, uma bela barba negra e uma expressão que tinha qualquer coisa de felino e de sonhador ao mesmo tempo. Sob essas aparências de esteta, de apreciador da arte europeia e de apaixonado pela pintura italiana, dissimulava-se, porém, um animal de ação extraordinariamente enérgico, o próprio tipo do homem nascido para as grandes conquistas. Para cúmulo, era uma criatura sem escrúpulos, sedutora mas naturalmente pérfida, e de uma crueldade lucidamente calculada.

Diante dele, *Constantino XI Dragases* (1448-1453) — que, com a dinastia dos Paleólogos, encerraria a gloriosa linhagem dos imperadores do Oriente — era tudo menos um soberano insignificante. Bom administrador, líder prudente, bravo guerreiro — como iria demonstrar — até ao mais sublime sacrifício, era bem o herdeiro desses homens que, havia mais de um século, graças à sua inteligência, seriedade, coragem e patriotismo, tinham retardado o desenlace fatal. Entre os da sua raça, teria talvez brilhado pelas altas qualidades de espírito e de caráter, caso tivesse tido nas mãos algo melhor do que esse instrumento irrisório, do que esse caroço apodrecido do Império. Praticamente, restava-lhe apenas dar a Bizâncio um fim honroso, digno de mil anos de glória. E foi o que fez.

Corria entre o povo turco uma velha profecia segundo a qual Bizâncio seria entregue ao islã por um conquistador de vinte anos, a quem se prometia uma glória igual à do Profeta. Uma vez no trono, Maomé II decidiu ser esse homem. O seu único pensamento foi tomar Constantinopla, e, para realizá-lo, levou ao extremo a implacável energia e a habilidade de um dos maiores conquistadores de que a história tem notícia.

A cidade continuava a ser uma presa difícil, com as suas poderosas muralhas, os seus 200.000 habitantes e o eventual apoio do Ocidente. Para isolá-la, foi necessário um duplo trabalho, estratégico e diplomático. Completando a obra do sultão Bajazet, que na fronteira com a Ásia construíra fortalezas para vigiar o Bósforo, Maomé edificou outras na costa da Europa, ao norte da grande cidade — ainda é possível vê-las, enormes, na planície de Istambul — para que nenhum auxílio pudesse vir do Norte. O primeiro capitão veneziano que tentou passar foi preso e empalado. Seguiu-se toda uma série de manobras e estratagemas para neutralizar quem quer que pudesse intervir: foram assinadas tréguas com Gênova, com Veneza, com os Cavaleiros de Rodes, com o próprio irmão de Constantino, Demétrio da Moreia, e ainda com Hunyade e Skanderbeg. Nenhum chefe do Ocidente respondeu de maneira eficaz aos apelos desesperados do basileu encurralado; apenas alguns marinheiros de Veneza e alguns corsários genoveses se uniram a Bizâncio para participar da luta. O resto do Ocidente manteve-se indiferente e estupidificado. Era uma cegueira inexplicável. Estaria morto o patriotismo cristão?

Nos primeiros dias de abril de 1453, teve início o cerco propriamente dito. Maomé II previra tudo. Pacientemente, minuciosamente, fizera rumar para o Bósforo centenas de navios de pequena tonelagem, mas tão numerosos que o mar estava completamente coalhado; a tal ponto que a frota cristã, amontoada na pequena angra do Corno de Ouro, ao abrigo das enormes correntes que barravam a entrada, não se sentia com coragem para sair dali. Também paciente e minuciosamente, deslocara imensos contingentes de tropas dos quatro cantos do seu império, e comentava-se na cidade cercada que os agressores eram cem contra um. Chegara até a transportar um gigantesco canhão de bronze, o maior da época, para o qual fora necessário abrir um caminho especial; tinham sido precisos nada menos que sessenta juntas de bois e duzentos homens para arrastá-lo ao longo desse caminho até ficar com as muralhas ao seu alcance. Perante tais forças, quantos eram os defensores armados da grande capital? Cinco mil homens no máximo e apenas uns trinta navios. Evidentemente, a sorte sempre pesa na balança do destino, mas nesse momento os cristãos de Bizâncio haviam-se sublevado porque um cardeal romano celebrara uma Missa em Santa Sofia, e o clero declarava que nunca mais voltaria a entrar na grande igreja, manchada pela abominável presença do legado...

No entanto — e é aqui que se pode falar de um suicídio da cristandade —, não há dúvida de que, mesmo nessa situação terrível, uma intervenção resoluta das frotas ocidentais teria podido salvar tudo. Foi o que se viu bem em 20 de abril, quando o capitão genovês Maurício Cattaneo, com uma pequena esquadra de quatro grandes navios, abriu através da frota turca uma passagem devastadora até o Corno de Ouro, cujas correntes protetoras se abaixaram diante das suas proas. As pobres embarcações do islã nada podiam contra os navios de grande calado do Ocidente. Além disso, Maomé II sofrera um outro tipo de desgosto:

depois de alguns tiros, o seu famoso canhão explodira, matando justamente o inventor...

Os verdadeiros chefes reconhecem-se pela soberania fulminante das decisões eficazes. O grão-vizir — mais ou menos comprado pelos bizantinos — aconselhava a levantar o cerco, mas Maomé II nada quis ouvir. Para submeter a cidade, tinha de neutralizar a frota inimiga e apoderar-se do Corno de Ouro. Tentou então uma operação que, à primeira vista, parecia insensata, mas que obteve um êxito extraordinário. Mobilizou milhares de homens logo acima de Pera, desde Dolmabagtcha até Tershana, e em apenas vinte e quatro horas levou a cabo o gigantesco trabalho de construir uma estrada de madeira, feito de rolos bem lubrificados, sobre o qual foi arrastada toda a armada turca. Na manhã de 23 de abril, os sitiados, cheios de terror, viram os barcos inimigos ancorados em frente do palácio de Blachernas.

Maomé II não se apressou a desferir o golpe decisivo contra a cidade. Uma estranha atmosfera de negociações e traições pesava sobre essa guerra em que um mundo jogava a vida. Os genoveses avisaram o sultão de que um ousado marinheiro italiano preparava um ataque com o fim de incendiar-lhe os navios. Por sua vez, o sitiante propunha ao sitiado que se retirasse para a Moreia, onde reinaria em paz sob a suserania otomana; Constantino recusou nobremente a proposta. Foi em fins de maio, ao saber que Paolo Loredano preparava um contra-ataque com cerca de trinta navios venezianos, que Maomé II decidiu iniciar o assalto final.

Os últimos dias de Bizâncio foram dignos do seu passado, de uma sombria e sangrenta grandeza. Em 28 de maio, enquanto no acampamento do islã se pregava a *jihad* — a guerra santa do Alcorão — numa atmosfera de fervor exacerbado, a população cristã amontoava-se gravemente em

Santa Sofia, onde, seguido por toda a sua corte e rodeado por todo o clero, tanto grego como latino, o imperador comungava a carne e o sangue de Cristo. Essa seria a última Missa celebrada sob aquela ilustre cúpula, e a última comunhão do último basileu.

O ataque começou às duas horas da manhã do dia 29. Uma primeira vaga fracassou; os combatentes gregos e ocidentais, galvanizados pela presença dos seus líderes — Constantino, Giustiniani e Trevisano — fizeram maravilhas. Uma segunda teve a mesma sorte, mas pouco depois o chefe genovês foi ferido mortalmente, o que era uma perda irreparável. Por fim, ao raiar da manhã, Maomé lançou os seus janízaros e assumiu pessoalmente o comando das operações. Durante vinte horas, a batalha foi atroz. Como grandes ondas, os turcos submergiam as muralhas em dez pontos; a porta do Circo foi tomada de surpresa, e os defensores da porta de Andrinopla foram apanhados pela retaguarda. Já as muralhas estavam tomadas, mas ainda se combatia nas ruas. E quando já tudo estava perdido, Constantino XI deu ao mundo a prova da grandeza que ainda subsistia nessa Bizâncio decaída. Apeou-se, despojou-se de todas as insígnias imperiais, com exceção do calçado, e atirou-se para o meio de toda aquela confusão como um simples soldado. Reconheceram-no no dia seguinte, sobre um monte de cadáveres, pelos seus borzeguins de púrpura com insígnias de ouro[22].

A pilhagem e a chacina foram o que era de esperar: Maomé II prometera aos seus entregar-lhes a cidade durante três dias e três noites. Poucos foram os vencidos que puderam embarcar e fugir em alguma galera genovesa. Em Santa Sofia, os milhares de cristãos que ali se haviam refugiado para rezar foram todos decapitados. Mais de cinquenta mil gregos de ambos os sexos e de todas as idades foram vendidos como escravos. Todas as altas personalidades da corte foram supliciadas, enquanto a cabeça de Constantino era cravada no alto do fuste principal do Augusteon. Inestimáveis tesouros da arte e da inteligência foram saqueados e estupidamente destruídos: estátuas, colunas raras, ornamentos religiosos, manuscritos e evangeliários; Platão foi vendido por um soldo. Por fim, em Santa Sofia, cujas paredes tinham sido caiadas com gesso para obliterar as figuras odiadas pelo Alcorão, o vencedor fez a sua entrada solene, recitou as preces muçulmanas e, com uma palavra, mandou pôr fim ao massacre. Encerravam-se mais de mil anos de grandeza cristã.

Os últimos sobressaltos

A queda de Constantinopla causou uma imensa comoção na cristandade inteira. Tendo escapado da catástrofe por milagre, o cardeal-legado Isidoro — o mesmo cuja presença em Santa Sofia provocara distúrbios religiosos — voltou para Roma e contou os horríveis acontecimentos de que fora testemunha. Os seus presságios quanto ao futuro do mundo cristão eram muito sombrios: os turcos, que já não tinham nenhuma barreira que os detivesse, continuariam o seu avanço para oeste e não demorariam a aparecer na Itália. O pregador Roberto de Lecce especializou-se em comentar o trágico episódio — sinal certo da ira divina — e, ao escutá-lo, os seus ouvintes rompiam em soluços. Dentro em breve, corria pelo Ocidente uma narrativa dos últimos dias de Bizâncio, escrita por Ducas, e uma profunda consternação se espalhava por toda a parte. No momento em que, por sua negligência, a cristandade acabava de permitir a queda da cidade que fora durante séculos a sua protetora e educadora, descobria, tarde demais, que a sua ingratidão lhe acarretava um terrível perigo.

Os espíritos sobressaltaram-se e surgiu como que uma vontade nova de recuperar-se e enfrentar esse perigo. O papa Nicolau V enviou legados a toda a parte a fim de convocar os cristãos para a guerra santa: Caprânica foi a Nápoles e Carvajal a Florença, Veneza e Milão. Dirigiram-se objurgações a Carlos VII e à corte de Londres. Em Lille, a 17 de fevereiro de 1454, o duque de Borgonha, Filipe o Bom, excitado com a ideia de se tornar o salvador do Ocidente, mandou organizar o famoso "voto do faisão", um banquete solene no decorrer do qual a "Santa Senhora Igreja" apareceu vestida de luto e montada sobre um elefante, e declamou um comovido lamento em verso, depois do que, sobre o faisão com colar de ouro, o príncipe e todos os assistentes juraram alistar-se na cruzada. Não eram senão palavras.

Perante um perigo tão evidente, coube ao papado a glória de desenvolver a mais tenaz e a mais lúcida energia para erguer contra o islã em marcha esse Ocidente cristão que não queria defender-se. Desde o dia do desastre, todos os papas sem exceção — esses papas do Renascimento, tidos quase sempre por homens que se preocuparam com assuntos bem diferentes — se empenharam a fundo em pregar a cruzada e em ajudar os que quisessem combater. Calisto III (1455-1458), o primeiro Bórgia, venderá joias e bens da Igreja para recrutar tropas, e Pio II (1458-1464) — o refinado, o erudito Sílvio Piccolomini — sonhará em converter o sultão ao cristianismo e escrever-lhe-á nesse sentido; depois, nada tendo conseguido, reunirá em Mântua um congresso da Europa cristã com o objetivo expresso de preparar a luta contra o islã, envergonhando esses cristãos que, sem qualquer reação, deixavam que os turcos os arrastassem para a ruína. Essa energia, em última análise, terá a sua recompensa: o avanço turco será amortecido e até parcialmente contido.

Em 1455, estando Belgrado cercada pelos turcos, o grande tribuno cristão, o franciscano *São João de Capistrano*, em combinação com o cardeal-legado Carvajal, irá à Hungria confortar os corações aterrorizados e, ao lado de João Hunyade, assumirá o comando de uma cruzada, constituída por burgueses, camponeses, estudantes e monges, apoiados por alguns esquadrões de nobres poloneses e de lansquenetes alemães. Com a sua entrada na cidade, os turcos viram-se obrigados a levantar o cerco (1456). No entanto, essa bela vitória, que o cardeal Nicolau de Cusa celebrou com um notável sermão, não será decisiva. A morte do herói búlgaro, logo seguida pela do santo, impedirá que a contra-ofensiva se desenvolva nos Bálcãs. Apenas na Albânia, o infatigável Skanderbeg, nomeado "Capitão-geral da Cúria contra os turcos", continuará a infligir-lhes derrotas pesadas, a tal ponto que, ao tomar conhecimento da sua morte em 1468, o sultão exclamará: "A cristandade perdeu a sua espada!" Mesmo pelo mar, uma frota pontifícia comandada pelo legado Scarampo baterá, em 1457, a esquadra otomana em Mitilene. Por fim, no Danúbio, os príncipes romenos Vlad e Estêvão o Grande enfrentarão também o inimigo na Valáquia e na Moldávia respectivamente. Estranhos cruzados esses, de costumes bárbaros, que empalarão os prisioneiros turcos!

Mas que podia fazer o papado, em última análise, se era o único, ou quase o único, no meio da indiferença das grandes nações do Ocidente, a conduzir essa pesada empreitada? Pio II não terá sucesso no seu projeto de cruzada. Maomé II, depois de reunir as suas forças, apoderar-se-á da Moreia, acabará de ocupar a Ática e baterá em 1470 a frota veneziana diante de Negroponto, o que lhe permitirá ocupar a ilha de Eubeia, "pérola da coroa da Sereníssima". A seguir, devastará Creta e as ilhas gregas; e — pior ainda — as vanguardas otomanas aparecerão na laguna para escarnecer do Doge, ao mesmo tempo que, na costa sul da Itália, depois da tomada de Otranto, o arcebispo e o governador serão serrados ao meio.

Era uma situação terrível, perante a qual a apatia dos cristãos nos deixa atônitos. Apenas as esquadras pontifícias singrarão para Nápoles com a intenção de deter o turco. E, aos sarcasmos de Maomé II, anunciando que daria de comer aveia ao seu cavalo sobre o altar de São Pedro, inutilmente o papa Sisto IV (1471-1484) responderá com derradeiras objurgações: "Se ainda quereis ser cristãos, combatei, italianos! É a última oportunidade!" Mas, no tempo de Maquiavel, que significado podia ainda ter a cruzada? Os negociantes de Veneza e de Gênova pensarão mais em ganhar dinheiro do que em defender a honra de Cristo. E, por volta de 1480, perguntar-se-á se todo o Ocidente não estará prestes a cair nas mãos do islã[23] — o que seria um resultado muito justo para a cegueira de que dera provas ao deixar perecer os cristãos do Oriente.

Que foi deles sob o domínio turco? Aqui é preciso assinalar, por uma questão de equidade, o que a atitude de Maomé II teve de inesperado e de satisfatório. Com efeito, o terrível conquistador, uma vez terminados os três dias de chacinas e pilhagens que já vimos, mostrou-se de uma extrema moderação para com os vencidos. Podemos mesmo dizer que usou de uma surpreendente tolerância, porque não procurou de forma alguma impor-lhes a fé, os costumes, a língua ou as leis da sua nação. Contentou-se com obrigá-los a pagar uma "capitação", um imposto por cabeça, em troca do que os deixou praticar a sua religião e viver segundo os princípios pelos quais se regiam há muito tempo.

Terá sido por pura generosidade? Podemos pô-lo em dúvida. Mais provavelmente, esse grande político pensou que, se tentasse "turquizar" pela força os povos vencidos, não faria mais do que exasperá-los e lançá-los nos braços de Roma e do Ocidente. Preferiu, pois, entender-se com o clero grego, e muito especialmente com os chefes do partido anti-unionista, aqueles que tinham preferido ver em Santa Sofia o turbante turco em lugar da mitra do legado. No dia 1º de junho de 1453, Jorge Scholarios, um dos defensores dessa opinião, foi eleito patriarca sob o nome de Ginnadios, e — escândalo incrível! — recebeu a investidura do próprio sultão, que lhe entregou o bastão pastoral de ouro. Que essa política, contrária a todas as tradições da *jihad*, no fim das contas foi desastrosa para os turcos, bem o mostra a história, pois permitiu nos séculos XVIII e XIX a grande insurreição dos povos submetidos. Mas isso é outro assunto. Naquela ocasião, entre os resultados da queda de Bizâncio, deve-se apontar um endurecimento do cisma e uma deliberada recusa de falar da união, que nunca mais será levada em conta nas regiões ocupadas pelos turcos. Espiritual e materialmente, a cristandade estava amputada para sempre.

A Rússia, herdeira de Bizâncio

Quem receberia a herança desse imenso tesouro de civilização que Bizâncio acumulara e que o terrível golpe de sabre de Maomé II acabava de dispersar? O Ocidente? Em parte, sem dúvida. Em primeiro lugar, porque numerosos refugiados ali se instalaram, levando consigo a sua cultura literária e artística, os seus conhecimentos de toda a espécie: no domínio das letras gregas, a Renascença ficará a dever muito a esses exilados que foram Bessarion, Lascaris,

Argyropoulos, Chrysoloras e Plethon, o mestre do platonismo em Florença. Mas depois, e mais profundamente, porque havia séculos que Bizâncio vinha ensinando ao Ocidente, e sobretudo à Itália, a arte de fazer cúpulas, mosaicos, vitrais, manuscritos e miniaturas, como lhe ensinara as regras do direito, do comércio e das finanças.

Por outro lado, no momento em que nascia, o capitalismo ocidental firmava-se sobre as bases do direito marítimo estabelecidas pelos fócios, que, por sua vez, tinham ido buscá-las aos babilônios! E no momento em que as monarquias centralizadas da França, da Inglaterra e da Espanha começavam a impor o seu domínio, iriam pedir os seus métodos não só ao direito público romano saído do Baixo Império, como à tradição faraônica conservada por Bizâncio. Em contrapartida, no plano religioso — o que era uma grande pena —, a influência bizantina sobre a igreja do Ocidente mostrava-se fraca, quase nula: a cisão provocada pelo cisma impedira todo o contato sério, e as vãs tentativas de união tinham impedido que a poderosa espiritualidade grega penetrasse no Ocidente.

Não seria o Ocidente o herdeiro espiritual de Bizâncio, mas sim esse imenso e misterioso país, ainda envolvido nas piores brumas da história, que, lá em baixo, nas florestas de bétulas e nas planícies de horizontes sem fim, começava a tomar consciência da sua alma: a Rússia. Foi para ela que, apesar das dificuldades e da lentidão das viagens, se orientou muito rapidamente a mais forte corrente de fugitivos da escravidão turca. Monges, padres, intelectuais, príncipes e comerciantes foram instalar-se nessas cidades de madeira, com igrejas de cúpulas em bulbo, num ambiente certamente muito distinto daquele que haviam conhecido, mas onde a identidade de religião lhes dava a impressão de viverem num clima familiar.

Desde as suas origens, não fora a Rússia profundamente penetrada por influências bizantinas?[24] Desde o início do ano mil, no tempo em que Kiev era a capital e o único verdadeiro centro do país, não fora de Constantinopla que os príncipes tinham mandado vir as suas esposas, os seus mestres espirituais, os seus arquitetos e os seus artistas? A sua Santa Sofia não era uma réplica da outra, da grande? Não tinham sido os missionários gregos que haviam levado o Evangelho aos russos — o Evangelho e também o alfabeto —, e a espiritualidade dos seus monges não devia tudo ou quase tudo ao *Studion* e à sua regra? E contra o Ocidente latino, representado pelos suecos, poloneses e Cavaleiros Teutônicos, cuja temível expansão fora detida no século XIII por *Alexandre Nevsky*, não fora a ortodoxia grega que constituíra a força espiritual de resistência e a armadura das almas? Depois, nos dias negros da *tatarchtchina*, da sujeição mongólica, não fora ainda essa igreja, filha de Bizâncio, que mantivera viva a consciência nacional e salvara a esperança?

Lembremo-nos[25] de que a prodigiosa aventura de Gêngis Khan e dos seus filhos assinalara o fim da grandeza de Kiev. Em 1236-1237, um dos herdeiros do conquistador da Ásia, Batu Khan, tomara e arruinara mortalmente a cidade santa dos eslavos, varrera a Volínia e a Galícia e instalara o domínio da *Horda de Ouro* dos Urais até o Danúbio. Apenas alguns principados do alto Volga, povoados por eslavos e também por alógenos turcos, búlgaros e finlandeses, tinham conservado a independência, em princípio, mas obrigando-se a pagar tributo ao poderoso Khan de Kiptchak, enquanto as regiões ocidentais, especialmente o alto Dniepr, tinham passado para o domínio dos duques da Polônia ou para o controle dos Cavaleiros Teutônicos. No entanto, mesmo nesse tempo de trágica escuridão, os contatos com Bizâncio não tinham sido totalmente interrompidos; principalmente Novgorod, centro de um dos pequenos principados "livres", continuara a manter relações comerciais e espirituais com a capital do Bósforo.

O domínio mongol duraria perto de dois séculos, embora se fosse atenuando à medida que os chefes da Horda, corroídos pela anarquia, deixavam enfraquecer a sua autoridade. Não há dúvida de que esse domínio exerceu uma profunda influência sobre os destinos da Rússia, sobre os métodos de ação, o modo de sentir e a própria alma do seu povo. Não eliminou, porém, a influência mais profunda da tradição bizantina, com a qual se associou. Quando da vivaz terra russa brotar a jovem potência que substituirá a Horda de Ouro nos dias da sua derrocada, irá mais uma vez apoiar-se na tradição religiosa grega e bizantina para vencer.

Em 1147, Moscou, mencionada pela primeira vez, não passava de uma residência de verão no coração da floresta. Em 1270, era uma pequena cidade nas mãos de um príncipe muito modesto: o filho de Alexandre Nevsky, Daniel (1260-1303), que começara por fazer de Vladimir a sua capital, dera a esse pequeno burgo de isbás, de choupanas de camponeses, um prestígio muito maior, a ponto de a história da sua dinastia ter passado a confundir-se com a de Moscou.

Não se pode dizer que tivesse sido uma bela história. Lisonjeando os vencedores, "rastejando diante da Horda", os *Grãos-Príncipes de Moscou*, que tinham recebido esse título pomposo dos mongóis, tinham-se feito coletores de impostos em nome destes. Esse zelo que, como se pode imaginar, nada tinha de desinteressado, havia-lhes permitido constituir um tesouro e uma espécie de exército que viriam a ser-lhes singularmente úteis quando o domínio dos khans começasse a desagregar-se e eles pudessem pôr as cartas na mesa.

No início do século XIV, Jorge Danilovitch (1319-1328) começou a reunir terras no alto Volga; também ele mantinha muitas relações com o Oriente. Seu filho Ivã Kalita (1328-1341), o "Ivã das mãos cheias", por uma hábil política de dinheiro, aumentou a sua influência, e os homens resolutos que desejavam sacudir o jugo mongol começaram a agrupar-se em Moscou. Depois de Jorge ter conseguido com um golpe de mestre, em 1326, que o metropolita Máximo — um grego — deixasse Kiev e viesse instalar a sua sé em Moscou, Ivã procurou dar à sua capital o aspecto de uma grande metrópole religiosa.

Teria chegado o momento de aniquilar a *tatarchtchina*? Dmitri (1363-1389) assim o pensou. Vendo os mongóis muito enfraquecidos pelos ataques de Tamerlão, o grão-príncipe lançou-se à aventura. Um primeiro exército mongol foi vencido em 1378, e os tártaros de Kazan foram obrigados — justa inversão das coisas — a pagar tributo. Por fim, em 1380, no *Campo das Galinholas*, em *Kulikovo*, perto do Don, Dmitri alcançou uma vitória tão brilhante que muitos viram nela um sinal de libertação.

Na verdade, a tentativa foi prematura. Surgiu um novo khan, que reuniu um poderoso exército composto de poloneses, alemães e até mercenários genoveses e navarros; Tamerlão também lhe cedeu tropas. Sentindo-se incapaz de resistir a tal maré, só restou a Dmitri ver Moscou em chamas. Pouco faltou para que o destino dos grãos-príncipes russos acabasse ali; mas os mongóis, muito fracos para submeterem todo o país, preferiram deixar vegetar o principado, e este, humilde e pacientemente, com Vassili I e os seus sucessores, foi refazendo as suas forças. No momento em que Bizâncio desabava, Moscou tinha-se recomposto do desastre e, em face da anarquia crescente que destruía a Horda de Ouro, preparava-se com Ivã III (1462-1505) para lhe dar o golpe de misericórdia. Estava para soar a hora dos grandes destinos russos.

Durante todo esse obscuro e dramático período, em que a Grande Rússia preparou o futuro da sua raça, a Igreja assumiu exatamente o mesmo papel que desempenhara no Ocidente perante o caos bárbaro: foi ela quem salvou o essencial dos valores da civilização. Ao lado dos príncipes, e por vezes melhor do que eles, foi ela quem encarnou a unidade nacional e lutou contra as forças da opressão. Inteiramente diferente da igreja de Kiev, a igreja russa dos tempos bárbaros teve os seus mártires supliciados pelos asiáticos. Teve também os seus missionários, que trabalharam as tribos pagãs, como esse *São Macário Jeltovodsky* e *Santo Estêvão de Perm* que, de crucifixo em punho, fizeram penetrar os rudimentos da civilização entre os mais rudes finlandeses. Graças a eles, em menos de três séculos, todo o norte da Rússia da parte europeia foi evangelizado até às margens do Oceano Ártico, onde o mosteiro de Solovetzk, no Mar Branco, foi a extrema guarda-avançada do cristianismo em direção ao norte. Páginas gloriosas, sem a menor dúvida, na história cristã da Rússia, embora tenha sido nesse país que a fé tomou o caráter de um cruel nacionalismo, verdadeiramente místico, que conservou até os nossos dias, até Dostoievski.

A Igreja associou-se, pois, de corpo e alma, ao esforço que os príncipes de Moscou fizeram para ressuscitar a Rússia. A noção de Estado tinha-se afundado no caos, se é que alguma vez tinha existido. E a precariedade das condições materiais era tal que faltava pouco para que o povo regressasse à vida selvagem. Foi a Igreja, com os seus ritos, quem salvou a língua russa e os rudimentos da arte. Foi ela quem manteve um mínimo de moral e de vida social. Foi ela quem forneceu quadros à sociedade e aos seus bispos. E foi ela ainda quem, designando publicamente Moscou como capital religiosa da Santa Rússia, convidou os patriotas a agrupar-se em torno do príncipe moscovita.

O povo russo conservou até aos nossos dias a memória desses grandes líderes da Igreja que tanto trabalharam para conservar a unidade nacional. Recordemos a figura de *Santo Aleixo*, o conselheiro dos príncipes, o taumaturgo, o amigo dos humildes, cujas relíquias eram veneradas no mosteiro de Tchudov (o Milagre), até que o bolchevismo profanou e destruiu o convento. Recordemos ainda *São Sérgio de Radonesc* († 1392), o restaurador da vida monástica, o grande eremita da floresta, a quem os grãos-príncipes vinham pedir conselho, e que, quando o exército se pôs em marcha contra os mongóis, numa ofensiva que terminaria com a vitória de Kulikovo, enviou dois dos seus monges para combaterem nas primeiras filas, como sinal de assistência celeste.

Essa igreja russa — não tenhamos a menor dúvida — devia muito a Bizâncio. Os seus ritos, as suas vestimentas, a sua arte, os seus ícones, e todo o monaquismo que o impulso dado por São Sérgio e pelo seu convento da Trindade tornara extremamente ativo e conquistador, tinha como regra a do *Studion*, isto é, a do célebre mosteiro de Bizâncio que, nos começos do século VIII, São Teodoro[26], "anjo terreno", havia detalhado e comentado. E nessa igreja, o ódio ao Ocidente, que fazia parte da tradição bizantina, possuía razões de sobra para se enraizar: por acaso não pertenciam ao Ocidente esses Cavaleiros Teutônicos, poloneses e suecos que apunhalavam pelas costas os russos ocupados em combater os mongóis? As próprias tentativas que os católicos haviam feito para penetrar na Rússia tinham, em última análise, trabalhado unicamente contra a sua fé. Os dominicanos de São Jacinto tinham deixado Kiev no momento em que ia rebentar a tempestade, e as embaixadas expedidas pelos papas junto dos khans mongóis não tinham agradado aos russos[27]. Assim, a igreja russa evoluiria num sentido cada vez mais anti-ocidental, misturado com uma desconfiança em relação à igreja romana e a tudo quanto ela representava aos seus olhos.

No entanto, quando João VIII Paleólogo e o papa Eugênio IV fizeram a derradeira tentativa de união entre o Oriente e o Ocidente, nas vésperas do drama em que Bizâncio iria sucumbir, houve na Rússia alguns espíritos suficientemente abertos e algumas almas profundamente cristãs que sentiram como era terrível e nocivo para os cristãos que se rasgasse ao meio a túnica inconsútil. O principal desses defensores russos da causa da unidade foi *Isidoro de Kiev*, grego de nascimento e metropolita da velha capital, que não somente assistiu ao Concílio de Florença mas dele participou ativamente. Por desgraça, quando voltou à Rússia foi recebido por um coro de protestos uivantes. Não se sabia muito bem o que se passara e o que fora dito lá em baixo; sabia-se apenas que alguma coisa se alterara na velha fé tradicional, e sobretudo que se havia posto a santa mão da igreja oriental na do papa romano. Tratado como um renegado, insultado, ameaçado, Isidoro de Kiev teve de fugir. E quando se soube da queda de Constantinopla, a alma simples do povo reagiu vendo nesse desastre uma evidente punição do céu.

Dali por diante, depois de ter recolhido de Bizâncio alguns excelentes germes espirituais e também os piores preconceitos, Moscou encerrou-se numa orgulhosa solidão. Era ela — e somente ela — que passava a constituir o centro luminoso da fé sem mancha; era ela que, depositária do passado glorioso, passava a trazer na fronte o autêntico sinal da fidelidade cristã. A sua concepção teocrática do Estado não seria senão a que o governo de Blachernas havia legado aos seus príncipes, e em breve estes se intitularão césares — *czares* — e serão igualmente não só reis como chefes religiosos. A herança imperial, que Bizâncio pretendia ter recebido da Roma decadente, será agora reivindicada por Moscou, e esse sonho de domínio universal que tantos basileus tinham acariciado — e que, devemos sublinhá-lo, fora igualmente um sonho dos grandes khans mongóis — será perfilhado pelos czares, de mistura com não se sabe que messianismo russo até hoje latente em todos os regimes e em todos os governos. Quando Ivã III tiver desposado a última princesa Sofia, poderá considerar-se sucessor de Bizâncio, com todos os aspectos da mais evidente legitimidade. Perante a Roma dos papas, levantar-se-á uma "Terceira Roma"[28].

1453, data fatídica

Uma tradição admitida pela maioria dos historiadores considera que a tomada de Constantinopla pelos turcos marca o fim da gloriosa época que se tem continuado a chamar "Idade Média". Como todas as "datas históricas", esta também reflete muito pouco a verdade; a evolução das sociedades humanas não conhece cortes bruscos e, do passado para o futuro, as mudanças se fazem mais por transformação do que por mutação repentina. Na civilização dos tempos modernos, encontrar-se-ão muitos elementos que já existiam potencialmente na época das catedrais e das cruzadas. Mas nem por isso é menos verdade que 1453 foi uma data fatídica, um desses momentos em que parece que a própria corrente da história muda de sentido — como acontecera nos anos 405-406, no limiar dos tempos bárbaros, e como acontecerá nos anos 1789 e

1917, os dois grandes momentos das revoluções francesa e russa. Nesse mesmo ano, Bizâncio desabava e, no Ocidente, terminava em Castillon[29] a guerra franco-inglesa, a chamada Guerra dos Cem Anos. No plano político, os dois fatos eram decisivos.

Na história da Igreja, essa data foi de uma importância capital. A cristandade saiu desse duplo drama desmembrada e amputada. A cisão que, desde havia séculos, a feria na sua unidade, mas que nunca se aceitara como definitiva, tornava-se agora irreparável, e o cristianismo oriental seguiria, tanto entre os súditos do império turco como na Rússia, um caminho que o afastaria cada vez mais do Ocidente. Nesse mesmo Ocidente, a completa desagregação das hierarquias sobre as quais assentara a cristandade medieval, o enfraquecimento da autoridade pontifícia, a laicização da ideia imperial e a aparição dos Estados modernos obrigariam a Igreja a conceber de outro modo o seu papel na terra. E, afinal de contas, ela não deixará de levar a cabo essa mudança: a concepção de um cristianismo associado de perto aos aspectos temporais da sociedade será substituída por uma concepção mais interior, mais espiritual, mais independente das servidões da política e da vida social. E como a grandiosa ideia da cruzada se revelava decididamente ultrapassada, a Igreja compreenderá — como lhe fora dito muito antes por um São Francisco de Assis e por um bem-aventurado Raimundo Lúlio — que o futuro da sua expansão não dependia da força das armas, mas do esforço paciente e heroico das missões. No entanto, essas múltiplas transformações, que darão à Igreja do Concílio de Trento a sua forma tão nova e tão bela, não surgirão instantaneamente, mas depois de uma longa e dolorosa provação, muito pior do que aquelas de que se poderia ter consciência em 1453.

Com efeito, não é apenas no plano dos acontecimentos e das instituições que se percebe uma reviravolta nos meados do século XV; é também no plano da inteligência e da consciência. Vive-se o momento exato em que a invenção da imprensa abre novos domínios à cultura; em que os sonhos criadores do Infante de Sagres, Henrique o Navegador, e os primeiros *raids* de João de Bethencourt, natural de Caux, orientam os espíritos para a descoberta do vasto mundo; em que a literatura e a arte mudam também de bases e de princípios; em que a primeira geração da Renascença italiana, a de Ghiberti, Donatello, Brunelleschi e Alberti, já enveredou por novos caminhos de criação estética; e em que, finalmente, as sementes depositadas por Wiclef e João Huss fermentam intensamente nas almas, prestes a fazer germinar ali estranhas e terríveis messes. Por volta de 1453, morrerá Fra Angélico (1455), mas Leonardo da Vinci e Savonarola acabam de nascer (1452). Abre-se uma nova era, em que se vai desenrolar a grande crise preparada por essa fermentação dos espíritos e das consciências de que, há mais de cem anos, a cristandade moribunda dava um espetáculo inquietante.

Notas

[1] Tradicionalmente, considera-se a data da tomada de Constantinopla pelos turcos como a que marca o fim da Idade Média e o princípio dos tempos modernos. O último parágrafo deste capítulo mostrará em que medida isso é verdade.

[2] Cf. *A Igreja das catedrais e das cruzadas*, cap. I, par. *Cristandade*.

[3] Cf. cap. III, os pars. *As primeiras heresias "protestantes": Wiclef* e *João Huss*.

[4] Cf. par. *A maré turca investe contra a cristandade*.

[5] No seu *Temple de Boccace*, Chastellain, o cronista de Filipe o Belo, não se refere ao homem de finanças Jacques Coeur, burguês de talento, mas coloca em seu lugar Gilles de Rais, que, apesar dos seus crimes, era de alta estirpe.

[6] Cf. cap. III, par. O *"manto irisado" da arte.*

[7] Sobre o significado deste afresco, cf. *A Igreja das catedrais e das cruzadas*, cap. I, primeiro par.

[8] Cf. *A Igreja das catedrais e das cruzadas*, cap. XIV.

[9] Sobre este aspecto de Dante, cf. Étienne Gilson, *Dante et la philosophie* e também os trabalhos de Renaudet, *Dante humaniste*, e de Renucci, *Dante témoin du monde gréco-latin.* É preciso notar que alguns contemporâneos se aperceberam perfeitamente do perigo que algumas das ideias de Dante podiam constituir para a antiga ordem; assim, Bertrand du Poujet, legado do papa João XXII, mandou queimar o *De Monarchia.*

[10] Cf. *A Igreja das catedrais e das cruzadas*, cap. XII, par. *O fim de um grande sonho.*

[11] Cf. *A Igreja das catedrais e das cruzadas*, cap. XII.

[12] É preciso notar que, no pensamento de Podiebrad, esses Estados Unidos da Europa deveriam ser independentes do papa; aliás, o rei da Boêmia era suspeito de heresia e veio a ser condenado pelo papa Paulo II em 1466. Dessa maneira, laicizava-se a ideia da cristandade, e foi por isso que os católicos da França fizeram fracassar o projeto quando os enviados da corte de Praga o levaram a Paris.

[13] Cf. no volume V, cap. III, par. *A situação do protestantismo no limiar do século XVII.*

[14] Sobre essas ideias e projetos, remetemos para o excelente opúsculo de Bernard Voyenne citado nas notas bibliográficas.

[15] Notemos uma coincidência significativa. A Ordem do Tosão de Ouro, símbolo dessa soberania borgonhesa, foi instituída pelo duque Filipe o Bom no mesmo ano em que começou o levantamento de Joana d'Arc.

[16] Notemos uma coincidência significativa. A Ordem do Tosão de Ouro, símbolo dessa soberania borgonhesa, foi instituída pelo duque Filipe o Bom no mesmo ano em que começou o levantamento de Joana d'Arc.

[17] Não queremos abordar aqui o problema da boa ou má fé dos juízes de Joana d'Arc (ou melhor, do juiz e dos peritos). Não falta quem invoque circunstâncias atenuantes em favor de Cauchon. Além de M. de Rigné, que se fez seu advogado e quase seu hagiógrafo, citaremos os sólidos trabalhos de Pierre Tisset, que é simultaneamente historiador e jurista (acumulação absolutamente indispensável para a compreensão total do caso): *Le Tribunal de Rouen était-il compétent?* e *Quelques remarques à propos de Pierre Cauchon* (relatório na *Revue d'Histoire de l'Église de France*, 1951, p. 100; e 1953, p. 277).

[18] Também aqui se adivinham segundas intenções políticas: o restabelecimento das relações diplomáticas da república francesa com o Vaticano. As duas razões que impediram Joana d'Arc de ser declarada mártir são, aliás, plenamente válidas; os juízes ingleses não a condenaram à morte *por ódio à fé*; e canonizar Joana como virgem era canonizar a sua vida inteira, não apenas a sua morte; era fazê-la entrar «armada e de capacete diante de São Pedro», no dizer do cardeal Perrocchi.

[19] Depois do verdadeiro desastre que fora a instalação dos latinos em 1204, Bizâncio recuperara-se e a arte conhecera um despertar tão belo que se pôde falar de uma "nova idade de ouro". Essa situação durou todo o século XIV. Construíram-se nessa época inúmeras igrejas e mosteiros, muitas vezes sob a influência dos senhores do Ocidente. Na própria capital, a mesquita de Kahrié-Djami, antiga igreja de São Salvador, ainda hoje mostra mosaicos de uma vivacidade de tons e de uma liberdade de movimentos inteiramente novas. A metrópole de

Arta, várias igrejas de Trebizonda — a pequena Bizâncio dos séculos XIII e XIV — e essas outras que, entre as ruínas de Mistra, nos fazem sentir a grandeza dos déspotas da Moreia, são belos testemunhos da vitalidade artística dessa época de declínio. Creta possuía uma escola de pintura muito original. No Monte Athos, aos grandes mosteiros construídos pelos imperadores macedônios, juntam-se mais seis ou sete, entre os quais Simopetra, Xeropótamo e São Gregório. A influência estética dessa Bizâncio politicamente tão diminuída estendeu-se por todos os Bálcãs; pela Sérvia, onde o século XIV é um grande século artístico, com as suas obras-primas de Detchani, de Markov e da escola da Morávia; pela Valáquia, onde se construíram então Curtea de Arges, Voditsa e Cozia; pela Bulgária, onde os numerosos monumentos de Mesêmbria e os do lago da Ócrida continuam a causar-nos tanta impressão. E, bem mais longe ainda, essa arte bizantina da última época influenciará profundamente a arte russa (cf. mais adiante a nota 28).

[20] Daí provém a expressão "ficar olhando o próprio umbigo".

[21] Veja-se, no cap. I, par. *Um pontificado movimentado: Eugênio IV.*

[22] Pelo menos, essa é a tradição. No entanto, Enéas Sílvio Piccolomini dá outra versão do acontecimento: "Em vez de combater, como era dever de um monarca, o imperador fugiu e, tendo caído, foi pisado; morreu esmagado pelos fugitivos". O mesmo Piccolomini, quando lhe deram a notícia do acontecimento, exclamou: "Homero e Platão acabam de morrer pela segunda vez!"

[23] Na verdade, o Ocidente foi salvo por simples obra do acaso. Para grande alívio de toda a cristandade, quando Maomé II morreu, em 1481, a sua herança foi disputada entre os seus filhos Bajazet II e Djem. Este último fugiu de Constantinopla e refugiou-se em Roma. Essas discórdias paralisaram o império turco e detiveram a sua expansão. Pôde então haver negociações entre o chefe da Igreja e o sultão (1490); pouco depois, a queda de Granada (1492), tomada por Fernando e Isabel, deu um golpe decisivo no prestígio do islã.

[24] Sobre as origens cristãs da Rússia, cf. caps. X e XII de *A Igreja das catedrais e das cruzadas.*

[25] Cf. *A Igreja das catedrais e das cruzadas*, cap. XI, par. *O terror mongol.*

[26] Cf. *A Igreja dos tempos bárbaros*, índice analítico.

[27] Cf. *A Igreja das catedrais e das cruzadas*, cap. XII, par. *Viagens e aventuras dos missionários na Ásia.*

[28] Muito enfraquecida no século XIII devido à invasão mongólica, a Rússia conheceu um notável despertar artístico a partir do século XIV. Novgorod, em particular, foi um centro de arte cristã, onde Teófano o Grego decorou com figuras vigorosas a catedral da Transfiguração. As igrejas de desenho quadrado foram cobertas com cúpulas bulbosas, em que a iconóstase ofereceu admiráveis superfícies à decoração. No Kreml ou Kremlin, acrópole de Moscou, o palácio dos príncipes e dos czares, o Terem, de aspecto ainda muito rústico, não demorou a ser reconstruído, escoltado por um feixe de catedrais e basílicas para as quais, por volta de 1475, se chamaram arquitetos italianos.

[29] Formalmente, o tratado de Picquigny, que consagrou a reconciliação franco-inglesa após uma nova guerra, data de 1475, mas na realidade a sorte das armas ficou decidida depois da batalha de Castillon (1453).

III. Uma crise do espírito: o abalo das bases cristãs

A verdadeira crise está no homem

As crises que abalam as sociedades humanas começam sempre por ser crises espirituais: os acontecimentos políticos e as convulsões sociais não fazem mais do que traduzir nos fatos um desequilíbrio cuja causa é mais profunda. É nas secretas regiões da consciência, por meio da obscura dialética dos ideais e das paixões, que se elabora o destino do mundo; e as forças novas que fazem ruir os impérios são as mesmas que todo o homem enfrenta nas trevas do seu coração cúmplice. As crises de autoridade e de unidade que a cristandade moribunda conheceu durante os anos de transição do século XIV para o século XV escapam ainda menos à regra: é inteiramente evidente que só se explicam e são comandadas por uma crise do espírito; é ela que dá a verdadeira explicação aos seus dramas.

A crise já se anunciava havia várias décadas; mesmo no mundo cristão tão vigoroso e tão sólido do século XIII, podiam-se observar sinais precursores desse declínio[1]. Mas, a partir de 1350, acelera-se, passando a afetar simultaneamente a consciência, a inteligência e a sensibilidade do homem. A força de gravidade que tantas vezes, ao longo dos séculos, puxara os batizados para baixo, volta a exercer-se e a provocar as suas habituais consequências. E a infelicidade é que já não há um Gregório VII, nem um São Bernardo, nem um São Domingos, nem um São Francisco de Assis que possam tomar pela mão a alma oprimida e forçá-la a elevar-se de novo para o ideal.

O espírito, acostumado há muito tempo a viver e a desenvolver-se no âmbito e no clima da Igreja, cansa-se dessa tutela — que, aliás, não soube adaptar-se às novas condições do tempo —, e pouco a pouco vemos desmantelarem-se os princípios sobre os quais os mestres da grande época tinham estabelecido as suas obras; surgem verdadeiros cismas filosóficos e teológicos que constituem um estímulo para as próximas rebeliões. E como se não bastasse, os acontecimentos contribuem singularmente para acentuar esse desequilíbrio: peste, guerras, ruínas e devastações, tudo o que é suficiente para abalar a sensibilidade, juntamente com a inteligência e a consciência. Nesse declive fatal por onde o homem das catedrais e das cruzadas vai deslizando, não existe nenhuma força que o possa deter.

Estranha época esta, em que se caminha para o abismo! O sinal mais claro do seu profundo desequilíbrio é a gritante falta de unidade interior que revela. Tudo nela é contraste e contradição. É o tempo dos grandes massacres e, simultaneamente, dos grandes arrebatamentos místicos: por toda a parte se respira o odor misturado de sangue e de rosas. É o tempo das danças macabras e das requintadas delicadezas das miniaturas, dos processos de feitiçaria e da *Imitação de Cristo*. A sede de prazer anda de mãos dadas com o gosto pelas penitências excessivas, e os mesmos homens que vemos entregues a violências selvagens são perfeitamente capazes de surpreendentes arranques em direção à santidade. É uma época febril, uma época mórbida, em que os mais belos impulsos espirituais degeneram facilmente em neurose, e em que, sob o golpe das emoções fortes conscientemente procuradas, o homem, mesmo cristão, parece vacilar. Em todos os domínios, tudo se modifica e tudo se desfaz; os sistemas opõem-se aos sistemas, os dogmatismos novos aos dogmatismos antigos; o rigor das fórmulas mal consegue esconder a incerteza e a angústia. A passos cada vez mais apressados, tudo se torna vítima de uma dolorosa fermentação.

É sobre o pano de fundo desses obscuros dramas dos espíritos e das almas que temos de ver desenrolarem-se as grandes cenas retidas pela história. Os mesmos atores que, nos dias do cisma, se colocavam a favor de um ou de outro papa, ou que se dilaceravam mutuamente nas primeiras guerras nacionais, são também os homens para quem o essencial está posto em causa e que se defrontam com forças tenebrosas. O processo de Joana d'Arc torna-se inexplicável se não se leva em conta a atmosfera de feitiçaria da época, e se se esquece que, muito próximo dessa luminosa figura, havia um Gilles de Rais cujas perversidades lhe valeram ser assimilado ao Barba-Azul do conto. E enganar-nos-emos sobre o sentido da grande ruptura que despedaçou a Igreja se não nos lembrarmos de que, ao tomar partido por uma ou outra obediência, pelo papa ou pelo Concílio, se estava de certo modo escolhendo uma ou outra concepção do catolicismo.

Mas precisamente porque nesses confusos debates está em causa algo mais essencial do que a política e as realidades contingentes, precisamente por isso, trata-se de um período que não é somente um tempo de declínio. Transição entre a Idade Média da grande época e a era da Renascença, o século que, por alto, vai de 1350 a 1450 não surge como um século de criação apenas no campo político; o que nele se prepara, até mesmo nos silenciosos mosteiros em que estão encerrados os místicos, é todo o futuro. E a Igreja, que sente debilitar-se a sua influência sobre a vida espiritual tanto como sobre a vida política e social, forja nele, aliás sem ter muita consciência disso, as armas da sua contraofensiva, depois de uma crise que não terá podido impedir. Secretamente, no meio da extrema confusão em que a cristandade medieval agoniza, a Igreja do Concílio de Trento esboça os seus primeiros traços.

Uma fé sempre viva

Nada seria mais falso do que imaginar as décadas entre 1350 e 1450 como um tempo de fé enfraquecida e de ateísmo em franco progresso. O nível espiritual é elevado, tão elevado como o da época precedente. As almas santas são sem dúvida numerosas, muito numerosas, em todos os países e em todos os ambientes. Esse século de lama e de sangue produz muitas figuras luminosas, cuja delicadeza, caridade e pureza sobre-humana contrastam singularmente com a atitude dos seus contemporâneos, e que a Igreja não demorará a elevar aos altares. Vimos já em ação uma Santa Catarina de Sena, uma Santa Brígida da Suécia, uma Santa Joana d'Arc, e a elas se acrescentarão uma Santa Colette de Corbie, corajosa reformadora da sua ordem, e uma Santa Francisca Romana, modelo de piedade. Entre os homens, podemos citar um São Vicente Ferrer, um São Bernardino de Sena e um São João Capistrano, que não são inferiores em virtudes ao seus êmulos da grande época. E mesmo entre as famílias coroadas, não deixa de haver quem dê ao céu alguns dos seus membros: na França, o Bem-aventurado Charles de Blois, perfeito cavaleiro e grande asceta; e no Luxemburgo, o patético e pequeno Bem-aventurado Pedro, campeão da expiação.

Sem dúvida alguma, a fé mantém-se viva nas almas e presente na vida dos homens: neste sentido, é bem a Idade Média que continua. As confrarias piedosas, que proliferam, nunca tiveram tantos membros. Os casos de impiedade são raros, e quase sempre se devem muito mais a uma reação imediata contra certas práticas, contra certas concepções impostas pela Igreja, do que a uma rejeição da doutrina: citam-se, por exemplo, os anticlericais que discutem a autenticidade das Escrituras ou a presença de Cristo no Sacramento do altar, ou até que rejeitam a Unção dos enfermos; mas esses homens nem por isso creem menos em Deus e em Jesus Cristo; nada têm a ver com o paganismo e com o epicurismo ateu da Renascença.

Em contrapartida, mesmo entre aqueles cuja conduta é tão pouco cristã quanto possível, é frequente encontrar provas e manifestações de uma fé autêntica. François Villon — do fundo do abismo em que os seus instintos brutais o lançaram, entre dois refrões obscenos em honra de Margot, a libertina — reza a Nossa Senhora com admirável delicadeza e, num grito de impressionante sinceridade, exclama:

Nosso Senhor, tal como é, tal o confesso:
Nesta fé quero viver e morrer.

Do mesmo modo, conduzido à fogueira por causa dos seus crimes horríveis, Gilles de Rais entrega-se às chamas com um grito de esperança sobrenatural tão sublime, com um desejo tão evidente de arrependimento e de expiação, que os espectadores do seu suplício, banhados em lágrimas, falarão da sua "santidade"[2].

Mas, de resto, não é apenas em casos tão excepcionais que se nota uma fé viva. A alma das massas não está menos impregnada dela. Toda a vida continua a ser literalmente modelada pelos costumes e observâncias religiosas; o calendário litúrgico impõe o seu ritmo ao ano e determina o tempo de trabalho e de repouso; mesmo as tarefas quotidianas mais humildes, como acender o forno ou ordenhar as vacas, são acompanhadas de preces e até de indulgências! A fé está também muito associada à alta política: um rei em guerra faz com que as suas armas contem com o apoio de preces públicas e procissões, e pede conselhos a almas santas como São Vicente Ferrer ou Dionísio o Cartuxo. Veem-se incluir cláusulas teológicas em tratados entre potências, como nesse de 1435 entre a França e a Borgonha, que começa com fórmulas expiatórias pelo assassinato do duque João em Montereau.

A piedade é incontestavelmente ardente — quase até ao excesso, como veremos, porque às vezes desliza para a superstição e a exaltação patológica —, mas também chega a ser admirável sob vários aspectos. Prova disso é a difusão dos livros de espiritualidade entre o grande público. Mal podemos imaginar o êxito que tiveram o *ABC da gente simples* e o *Tratado dos Dez Mandamentos da Lei*, de Gerson, a *Arte da contemplação*, de Raimundo Lúlio, o *Livro da santa meditação* de Robert Ciboule, os escritos de Tauler e de Henrique Suso, e mais tarde de Ruysbroeck, sem falar daquele que foi o *best-seller* da época: a *Imitação de Cristo*. Temos a impressão de que as almas deste tempo experimentam uma verdadeira sede de Deus e, como diz o chanceler Gerson, "não é necessária instrução — *clergie* — para amar a Deus e contemplar".

Acontece que essa devoção se desvirtua um pouco e, como sucedia na época precedente, concede menos a Deus do que aos santos. Mas não é um erro unânime, e algumas das formas de piedade que ainda hoje nos parecem das mais belas e significativas, ganham o seu verdadeiro impulso neste período. O culto à Eucaristia, que já existia no século XII como reação à heresia de Berengário[3], assume um papel cada vez mais importante; o seu arauto místico é a Bem-aventurada Doroteia da Prússia, que declara querer ver a hóstia "cem vezes por dia", sempre com o mesmo amor. Em conexão com o desenvolvimento da mística e também com certas tendências enfáticas da sensibilidade, espalha-se o culto ao Sagrado Coração e multiplicam-se as representações desse órgão sagrado, no qual se reconhece o símbolo do infinito amor de Cristo pelos homens. No fim do século XIV, o *Herz Jesu Büchlein*, o "Livrinho do Coração de Jesus", alcança um êxito enorme.

A devoção à Santíssima Virgem ocupa um lugar especial. Organizam-se inúmeras peregrinações em sua honra; louvam-lhe por toda a parte a pureza, a virgindade, a submissão e o espírito de fé; os franciscanos tornam-se ardorosos paladinos da doutrina teológica da Imaculada Conceição, e os dominicanos, com Alain de la Roche à frente, propagam o Santo Rosário, para cuja difusão se fundará a "Confraria universal do saltério de Nossa Senhora". Desde Petrarca — que, para qualificar Maria, foi buscar ao *Apocalipse* as maravilhosas palavras: "uma Mulher vestida de sol" —, desde Henrique Suso e São Bernardino até Tomás de Kempis e Arnould Gréban, quantos cantores não teve a Virgem-Mãe nesta época? Ainda hoje, por indicação de Leão XIII, uma das orações de ação de graças para depois da Comunhão é a que foi composta por São Bernardino, tão bela e tão simples.

Pode-se dizer que essa fé e essa piedade são realmente postas em prática? É difícil responder com precisão, pois faltam as estatísticas — as informações só se tornarão suficientemente pormenorizadas depois do Concílio de Trento —, e temos de ater-nos às indicações dos cronistas, dos sermonários — um pouco suspeitos — e sobretudo dos relatórios de inspeção dos bispos. Nicolau de Clamanges, professor universitário e um dos cabeças do clero francês durante o cisma, assegura que são poucos os que assistem à Missa; os fiéis, que aparecem com os seus cães e falcões, apenas entram, mergulham os dedos na água benta, fazem uma genuflexão diante de Nossa Senhora, beijam os pés da imagem de um santo e saem muito contentes consigo próprios. Os que permanecem na igreja até à elevação da Hóstia gloriam-se disso como de uma grande proeza. Parece que as únicas práticas a que todo o mundo se submete são o Batismo, o Matrimônio, a Unção dos enfermos — as três obrigatórias do ponto de vista do "estado civil" — e a comunhão pascal, que só é omitida por uma minoria. Fora disso, até meados do século XV, os devotos não comungam mais de quatro ou cinco vezes por ano.

Mas os cristãos não poderão desculpar-se com argumentos suficientemente fortes? Ir à igreja? Se muitos dos edifícios do culto se encontram em estado lastimável, com o telhado esburacado, as paredes a ponto de cair e as sacristias quase sem paramentos nem livros litúrgicos! Acima de tudo, a crise do clero, cuja importância veremos mais adiante[4], quase torna perdoável esse desinteresse pela prática religiosa. Na França, a guerra privou os campos do clero paroquial, arruinou os benefícios eclesiásticos e destruiu as sólidas raízes que os párocos e os vigários tinham lançado nas terras férteis do país. Por toda a parte, o absenteísmo dos sacerdotes e o seu desinteresse insolente pelas funções clericais — que muitos deles parecem encarar como simples pretexto para cobrar rendimentos — afastam os fiéis da Igreja. Na Alemanha e na Inglaterra, onde muitos benefícios são atribuídos a estrangeiros, a desconfiança em relação a esse clero traduz-se em atitudes de grande violência. Os fiéis que ainda conservam uma fé viva e exigente resolvem, para chegar até Deus, dispensar a intervenção desse clero desacreditado ou ausente[5].

Em contrapartida, se a prática decaiu, tudo aquilo que a religião tem de espetacular e que serve de distração conhece uma voga surpreendente. Surpreendente — é a palavra adequada —, se pensarmos que os sermões são uma espécie de representações em cena e que os pregadores alcançam uma glória análoga à dos astros do cinema de hoje. As igrejas não têm espaço suficiente para acolher as multidões que se comprimem para ouvir os oradores da moda; pregam-se também sermões ao ar livre, e não é raro que, nas praças públicas, o pregador interrompa o seu discurso para repreender as crianças por jogarem bola por ali ou os vendedores ambulantes por aproveitarem a oportunidade para anunciar em voz alta os seus produtos. Não são raros os auditórios de cinco mil pessoas. Diz uma crônica que, em Orléans, foram tantas as pessoas que subiram aos telhados para ouvir um pregador famoso, que os telhadores tiveram de trabalhar sessenta e quatro dias para substituir as telhas quebradas!

E que personalidade a desses arautos de Deus que atraem tanta gente! Um *São Vicente Ferrer* (1357-1419) é um verdadeiro tribuno, que percorre os campos montado num asno, com uma enorme escolta — a *bella brigata* —, e é protegido quando fala por guarda-costas armados de chuços e porretes. Um *São Bernardino de Sena* (1380-1444), num gênero mais suave, tem quase tanto êxito, e a sua popularidade é enorme. Ficamos perplexos ao sabermos que São João de Capistrano, falando apenas em latim, reunia na França auditórios de um milhar de fiéis. Esses são, digamos assim, os tenores, mas os irmãos Ricardo e Olivier Maillard, ambos franciscanos, são no seu tempo quase igualmente célebres. Quanto ao estilo dessas eloquências, é propositadamente brutal, quase vulgar, sempre carregado de acentos trágicos, muito apto para excitar a sensibilidade mostrando às ovelhas a podridão do túmulo, a angústia do dia do Juízo e o inferno que as espreita. Às vezes, num grande movimento de exaltação coletiva, ao apelo do orador sagrado, os ouvintes fazem uma fogueira e atiram às chamas objetos de luxo, sinais tangíveis dos seus pecados, destruindo-os pelo fogo purificador: é a "fogueira das vaidades", a mesma que Savonarola ateará em Florença no fim do século XV.

Não há dúvida de que, nesse clima extremamente receptivo da época, os pregadores exercem uma grande influência — tão grande que os poderes públicos se enfurecerão contra alguns mais inclinados a criticá-los — e de que essas santas vozes mantêm no caminho da moral, ou para lá reconduzem, muitas almas. E essa espécie há de subsistir em plena Renascença, durante muito tempo.

Todas as cerimônias religiosas que constituem formas de espetáculo despertam o mesmo entusiasmo. As Missas solenes, celebradas por ocasião das grandes festas, das datas patronais dos jurandos ou da sagração de um bispo — e muito mais de um rei — provocam tal afluência de povo que as pessoas se comprimem até no próprio presbitério, mal permitindo que os celebrantes se movimentem. Causa-nos grande assombro a decoração da nave com brocados e tapeçarias, no meio de luzes e densas nuvens de incenso. E maravilha-nos também essa música de inspiração inteiramente nova — *ars nova* — que Filipe de Vitry (1291-1361) acaba de codificar e que se reflete na célebre Missa composta por *Guilherme de Machaut* (1300-1377), uma obra-prima que pela primeira vez faz do ofício divino um todo harmônico.

Mas há algo muito melhor que as solenes liturgias na igreja: as procissões que se estendem ao longo das ruas e das praças com um fausto que deslumbra o povo. Deus sabe quantas havia! Cada festividade com descanso obrigatório tem a sua, e em Colônia, por volta de 1400, não havia menos de cem por ano! Em 1412, ordena-se que se realize em Paris uma procissão cotidiana de maio a julho, e nela desfilam várias corporações, ordens e relíquias, em demonstrações piedosas que justificam plenamente o entusiasmo de um cronista sobre "as mais devotas procissões que jamais foram vistas". De todas as procissões, a do *Corpus Christi* é a mais célebre e a que mais participantes atrai. O Santíssimo Sacramento desfila pelas ruas debaixo de um pálio, com a Hóstia encerrada num ostensório em forma de uma pequena torre vazada, com uma lúnula de cristal no centro[6].

Mas não se pode dizer que nessas grandes manifestações os homens deste tempo busquem unicamente o prazer dos olhos e a distração. Continuam em voga outras formas de devoção espetaculares que a Idade Média sempre amou e que, muitas vezes, exigem um esforço heroico: as *peregrinações*. Em Jerusalém, submetida aos califas do Egito, são numerosos os *paulmiers* — os peregrinos —, e é possível ir à Terra Santa com relativa facilidade depois que os franciscanos ali se instalaram como guardas e que a cobiça dos muçulmanos levou de vencida o seu fanatismo. São numerosos os casos de gente piedosa que sobe de joelhos a "via dolorosa". Santiago de Compostela continua a ser extremamente frequentada; Santa Brígida da Suécia e São Vicente Ferrer vão até esse santuário com o bordão e a concha dos *jacquots*. São ainda inumeráveis as peregrinações locais à Santa Gruta, ao Mont Saint-Michel (que os ingleses nunca puderam tomar), a Madeleine de Vézelay e, na Itália, a todos os lugares que a tradição franciscana pôs de moda, seguindo os passos do *poverello*.

Mas o lugar que mais atrai a grande massa é sempre Roma, a capital da cristandade, "cujas ruas estão pavimentadas com o ouro e a púrpura do sangue dos mártires", como disse Santa Brígida depois de um êxtase. Quantas almas não partilham dessa "embriaguez da cidade" experimentada pela mística sueca! Os jubileus atraem para lá multidões. Desde o decreto de Clemente VI (1343), realizam-se em princípio a cada cinquenta anos a partir de 1350, mas isso não parece suficiente e acrescentam-se outros, suplementares, a cada trinta e três anos e mesmo a cada cinco lustros. O costume das indulgências[7], que se espalha cada vez mais, contribui para o êxito da peregrinação romana, pois o Jubileu oferece uma notável ocasião de ganhá-las. Ao longo dos meses dos "anos santos", é quase impossível encontrar alojamento na cidade, com as hospedarias completamente ocupadas. As cerimônias e festas desenrolam-se todos os dias, perante imensas massas humanas vindas de todos os países.

De todas as manifestações de piedade características da transição do século XIV para o século XV, a mais admirável é o *Mistério*. Originariamente, consistia numa representação litúrgica em que alguns oficiantes, situados no limiar do coro, liam os textos sagrados e faziam acompanhar a leitura de gestos rituais. A partir do século XIII, acentuou-se o lado teatral e, por volta de 1350, a representação saiu da igreja, passou a desenrolar-se diante da fachada, na praça pública, e, ao mesmo tempo, assumiu um novo caráter.

Quando se representa um "mistério" na cidade, todas as lojas se fecham, todas as casas ficam vazias, pois não há quem não queira assistir, desde os mais jovens até os velhos paralíticos. Durante horas — mas quê, dias inteiros! —, multidões de cinco a dez mil pessoas ali permanecem, imóveis, escutando essas intermináveis lengalengas de versos que narram a história da humanidade inteira e a vida de Cristo, sem falar de muitos outros entreatos. As cenas sucedem-se sobre o longo estrado, segundo o princípio de uma encenação simultânea: aqui estamos no paraíso, acolá no inferno; aqui está o templo de Salomão e mais além o paço do bispo. É claro que todos esses lugares são devidamente assinalados por meio de cartazes. As decorações são suntuosas e a maquinaria, hábil: a vara de Aarão floresce, a água transforma-se em vinho, o demônio voa até o pináculo do Templo para ali tentar Cristo, e muitas outras maravilhas.

Esse enorme e prodigioso espetáculo está admiravelmente adaptado à psicologia do tempo: é ingênuo e violento, cruel e terno. Cristo é flagelado até o sangue correr e os carrascos torturam os mártires com impressionante realismo — embora se trate de atores "fingidos", de bonecos —; mas também se ouve a Virgem e os anjos declamarem versos de notável lirismo. Aqui e acolá afloram a vulgaridade e mesmo a obscenidade, como também não faltam as alegres comezainas, sem as quais não se conceberia uma festa popular.

Diante dessas cenas que fazem vibrar a sua sensibilidade, em que reconhece todos os temas familiares da sua fé e — entre os protagonistas do drama sacro — os seus amigos e parentes, o povo experimenta uma emoção religiosa que não é talvez de grande qualidade, mas que é sem dúvida sincera e profunda. O *Mistério da Paixão*, que o antigo organista de Notre-Dame de Paris, o cônego Arnould Gréban, escreverá em 1450, será a obra-prima dessa forma literária, tão característica da religião contraditória, excessiva, quase doentia, que é a desta época desequilibrada[8].

Uma religião sem equilíbrio

Angústia, exaltação, desregramento: se quisermos resumir os traços dominantes da fé nas últimas décadas da Idade Média, são estas as palavras que nos acodem obrigatoriamente à pena. No meio de uma multiforme agitação religiosa, de uma intensa efervescência mística — ortodoxa e heterodoxa —, poderemos reconhecer a crença estável e calma do século XII ou do século XIII, em que os mais belos impulsos tinham qualquer coisa de tranquilo e de moderado, em que a própria superstição conservava uma espécie de bom senso e de saúde? O estado "teopático", de que falou William James, define em grande medida essa sociedade em declínio, na qual se decompõem os elementos da grandeza passada. O quadro não deixa de ser pitoresco, mas é inquietante.

A alma cristã reflete a angústia do tempo. Com efeito, é uma época em que, à excessiva inclinação pelo prazer, se alia uma espécie de *taedium vitae*, de *mal du siècle*, que a grande Idade Média desconhecera totalmente.

Tempo de dor e de tentação,
idade de choro, de inveja e de tormento,
tempo de langor e de danação,
idade que leva quase ao definhamento,
tempo cheio de horror, que tudo faz falsamente,
idade mentirosa, cheia de orgulho e de inveja,
tempo sem honra e sem critério,
idade de tristeza que abrevia a vida.

Quantos homens desta época não repetiram a balada de Eustache Deschamps! Quantos não confessaram que a vida era para eles uma carga que lhes parecia angustiante e terrível! Quantos retratos não nos impressionam pelo seu aspecto tristonho e pela melancolia quase romântica dos seus traços! Setenta anos depois de Deschamps, o cronista Chastellain apresenta-se nestes termos amargos no frontispício do seu livro: "Eu, homem de dores, nascido em eclipse de trevas e em espessas brumas de lamentação".

É verdade que, para muitos, esse sentimento não tem outras causas a não ser os sofrimentos e os dissabores que a época infligia aos vivos: "grandes guerras, mortalidades e fomes". Sofre-se de frio, de calor, de fome e de sede, sem falar de outras misérias que Meschinot menciona ingenuamente: "pulgas, ácaros e outros vermes". Mas, para outros, trata-se de uma angústia mais profunda, de um sentimento trágico da vida.

O homem vive numa estranha proximidade com a morte; sofre-lhe a fascinação e, ao mesmo tempo, mantém com ela uma espantosa familiaridade. No púlpito, os pregadores falam dela abundantemente, não para anunciar a vida eterna, a Ressurreição, mas para fazer penetrar bem no espírito dos seus ouvintes o *Memento quia pulvis es* da sabedoria eterna. Este tema que, na célebre *Ballade des dames du temps jadis* de Villon, desperta somente um eco de doce melancolia, adquire acentos de horror na eloquência eclesiástica: descreve-se a carne que apodrece, os vermes que pululam no ventre da bela mulher de ontem, o hediondo esqueleto que se despega do seu invólucro vivo. O público fica muito impressionado? Sem dúvida, mas o cemitério dos Inocentes em Paris é o lugar da moda, onde se conversa, onde as crianças brincam, onde as mulheres de vida fácil exercem a sua profissão a dois passos das celas onde as "reclusas" passam a vida dedicadas a orar. Caminha-se sobre tíbias e entre crânios amontoados, e ao longo dos muros os ossários ao ar livre expõem esqueletos em grandes pilhas.

A arte participa ativamente de semelhante evocação de horror. O tema do cadáver em decomposição já não choca os artistas; ao contrário, dir-se-ia que estes experimentam um prazer sádico em multiplicar os mais horríveis pormenores: pintam os vermes em ação, mostram os sapos a saciar-se de carne humana e, quando se limitam a evocar ossos descarnados — como, mais tarde, o famoso esqueleto com o coração erguido ao alto na extremidade do braço, do escultor Ligier Richier —, pelo menos se mantêm dentro das medidas de uma estética discreta, em comparação com tudo o que a época se deliciava em representar. A morte ora é um dos cavaleiros do Apocalipse, ora um monstruoso morcego ou, cada vez mais, um esqueleto com a foice. Multiplicam-se as *danças macabras*; talvez a expressão provenha — a etimologia é muito discutida — de um certo Macabré, herdeiro longínquo dos "macabeus" bíblicos, que teria sido o primeiro a explorar o tema, certamente patético, de uns homens vivos arrastados por defuntos para uma roda louca, irresistível, a roda do destino humano..., a não ser que venha do siríaco *Maqabry*, que quer dizer coveiro.

O célebre afresco do Campo Santo de Pisa reproduz o tema pela primeira vez, mas bem cedo encontra imitadores na Chaise-Dieu, em Dôle, em Basileia e em Estrasburgo, e, a partir de 1380, mais ou menos, banaliza-se e espalha-se profusamente em gravuras sobre madeira que os impressores põem de moda, apoiados no espírito de sátira social: não há dúvida de que é bem consolador para os humildes e pobres saberem que os poderosos e bem nutridos também hão de apodrecer. Isso não impede, porém, que os grandes deste mundo se deleitem com essa mesma imagem: em 1449, em Bruges, diante do duque Filipe o Bom, e em 1453, em Besançon, perante o capítulo provincial dos franciscanos, executa-se uma dança macabra cujos atores, disfarçados de esqueletos, são muito aplaudidos pelo público.

O homem morre — repete-se de mil formas —, mas o mundo também morre. A angústia apocalíptica que, a bem dizer, é de todos os tempos, mas que sempre se torna mais aflitiva nas épocas de provações, pesa esmagadoramente sobre estas décadas dolorosas. Continuam a circular as velhas ideias à Joaquim de Fiore, propagadas pelos *fraticelli*, que só foram eliminados teoricamente; altos místicos dão-lhes novas formulações, mais interiores. É o momento em que a Igreja adota na sua liturgia a célebre sequência de Tomás de Celano, o *Dies irae*; a um mundo que desaba, não será mau lembrar que esse mesmo mundo terá um fim e há de ser julgado por Deus. Entre o povo humilde, dá-se uma enorme importância a todos os fenômenos da natureza, estranhos ou inesperados, tais como a passagem de um cometa, uma queda de pedras, chuvas excessivas ou o despertar de um vulcão[9].

Aguilhoada pela angústia, a religião participa, em todas as suas manifestações, da paixão que anima a vida do tempo, e, em outros planos, extravasa-se em avidez e violência. Sacudida pelas emoções brutais que os acontecimentos lhe infligem, a alma cristã reage por uma exaltação muitas vezes suspeita. A piedade torna-se estridente, nervosa e hipersensível.

De todas as cenas da vida de Cristo, as que mais obsessionam os espíritos — e com que interesse emotivo! — são as da Paixão. Fala-se delas o tempo todo, tanto nos sermões como em casa. Cita-se um pregador que costuma interromper a sua alocução durante quinze minutos e manter-se imóvel, em silêncio, com os braços em cruz, numa imagem viva de Jesus moribundo. Gerson, quando criança, vê seu pai encostar-se numa parede para lhe mostrar como Cristo estava na Cruz, e Santa Colette, aos quatro anos de idade, ouve todos os dias a sua mãe lamentar os sofrimentos e a morte do Salvador. O culto das cinco chagas e a cerimônia da Via-Sacra, uma espécie de "peregrinação espiritual", têm as suas raízes nesta época, bem como a imagem de Nossa Senhora das Dores, com sete espadas cravadas no coração. Henrique Suso, verdadeiramente louco pela Paixão, representa as suas principais cenas todas as noites, e traz sempre sobre os ombros, junto à carne, uma cruz de couro guarnecida de pregos.

Inumeráveis homens e mulheres reconhecem e adoram o sangue de Cristo que Santa Catarina de Sena lembrou ao mundo. Ângela de Foligno e a devota de Diepenveen sentem-se inundadas por ele, e São Boaventura, numa das suas mais conhecidas orações, afirma que esse sangue é a bebida com que nos devemos dessedentar e nutrir. Esta devoção aos padecimentos de Jesus é acompanhada frequentemente de abundantes lágrimas — as lágrimas, esse "batismo cotidiano" —, que aliás são um costume do tempo: os ouvintes de um belo sermão soluçam como se assistissem a um enterro. Para vermos até que extremos pode levar semelhante exaltação sentimental, basta recordarmo-nos de que Henrique Suso mandou tatuar no peito, junto do coração, o nome de Cristo!

Misticismo desregrado e simbolismo exacerbado misturam-se com um realismo que está também no espírito do tempo: o sublime toca o ridículo. Certa personagem piedosa, ao comer uma maçã, divide-a em quatro partes; traga as três primeiras em honra da Santíssima Trindade, e a última em memória do alimento que Maria deu ao Menino Deus; come este último quarto com a casca, pois é evidente que, sendo Jesus uma criança, não descascava as maçãs! Outra, ao beber um copo de vinho, fá-lo em cinco goles, em memória das cinco chagas de Cristo, misturando-lhe antes um pouco de água em recordação daquela que saiu do flanco sagrado aberto pela lança! E que dizer das representações plásticas que se oferecem à devoção das multidões? Na Alemanha, fazem-se estatuetas de Cristo pregado à Cruz e, dentro delas, coloca-se uma bexiga cheia de sangue que se pode fazer fluir pelas chagas. Muitas imagens da Virgem Maria têm no ventre uma espécie de postigo que se abre para ver o Menino no seu seio. Em Chilly, mostra-se uma *virgo parturiens*, e Gerson fala-nos de uma outra que contém no seu interior... a Santíssima Trindade completa!

A mesma exaltação e o mesmo desregramento se observam no pulular de seitas dedicadas a práticas místicas tresloucadas. Logo depois da peste negra surgem os *flagelantes*, que percorrem o Ocidente em bandos consideráveis e se exibem por toda a parte nos seus piedosos exercícios de autoflagelação praticados até ao sangue; a condenação imposta pelo papa Clemente VI não consegue pôr fim a essas demonstrações que se prolongam até fins do século XV[10]. Embora sejam uns neuróticos, os flagelantes não são criticáveis do ponto de vista dogmático; já os múltiplos movimentos que se agrupam sob o nome de *Irmãos do Livre Espírito* são nitidamente heréticos. Há entre eles herdeiros dos *fraticelli* e dos "apostólicos" do século precedente, bem como uma parte de begardos[11], esses semileigos e semirreligiosos que enxameiam às margens do Reno, na Alemanha e em Flandres. Os Irmãos afirmam que todo aquele que se confie ao espírito do Senhor e deposite nEle a sua vontade pode ter a certeza de que não pecará e de que todos os atos que venha a praticar serão indiferentes. Devemos reconhecer que semelhante teoria facilita muitas coisas... Além disso, são todos contra a Igreja estabelecida, contra o clero corrupto e a favor do regresso aos bons costumes primitivos[12]. Condenados já por João XXII, esses movimentos anarquizantes, aliás complexos e muito mal conhecidos, nem por isso deixam de prosperar, e a dura perseguição movida contra eles pelo imperador Carlos IV, a partir de 1368, não os fará desaparecer totalmente: encontramos vestígios seus até em pleno século XVI[13].

A grosseria anda a par da exaltação fanática. As mesmas pessoas que, pela manhã, choram em altos soluços, ao ouvirem um pregador evocar as torturas sofridas por Cristo, passam o resto do dia de preceito em pândegas, jogos de cartas e devassidões. É comum que se dance nas igrejas e nos cemitérios, ao som de cantigas nada convenientes. Estão em voga as célebres "festas dos loucos" e "festas dos asnos", e até as missas satíricas em honra de Baco e as "missas dos púcaros e jogos". Gerson afirma ter visto um indivíduo sustentar que a "festa dos loucos" — celebrada em dezembro, verdadeira caricatura da liturgia — era tão sagrada como a festa do Natal! O próprio clero participa desses divertimentos e chega a encorajar certos gracejos picantes que hoje nos pareceriam inadmissíveis. O espaldar das cadeiras de muitas igrejas e até alguns pórticos de catedrais contêm pormenores verdadeiramente escabrosos. E não é sem surpresa que, nas grandes procissões, descobrimos personagens vivas representarem adequadamente desvestidas as cenas bíblicas do paraíso terrestre, e inserirem-se por vezes episódios da mitologia, com figurantes também praticamente despidos. Mas isso não impede — a tal ponto a contradição faz parte do clima da época — que os pregadores alcancem grande êxito quando trovejam contra a depravação e a luxúria, chegando alguns deles ao extremo de condenar as relações sexuais entre os esposos e de reclamar o antigo castigo da lapidação para a mulher adúltera.

Num clima dessa natureza, é normal que prolifere a mais aberrante superstição. Na verdade, ela brota por toda a parte. Insinua-se na devoção mais legítima e mais bem fundamentada. Diante de alguns abusos, a Igreja será obrigada a regulamentar a exposição da Hóstia e a limitar os casos em que se poderá passear o Santíssimo em procissão. Ao concluir os seus sermões, São Bernardino de Sena apresenta ao povo, entre dois círios, um cartaz com cerca de um metro que tem o monograma de Jesus (IHS — *Iesus Hominum Salvator*, Jesus Salvador dos Homens) bordado sobre um fundo azul, e logo a assistência rompe em soluços; o costume espalha-se por toda a parte e provoca tais exageros que o papa Martinho V o suprime. Para persuadirem os fiéis a não faltar à Missa, os oradores sacros não hesitam em afirmar que não se envelhece durante o tempo do Santo Sacrifício — o que é um ganho evidente — e que, além disso, quem assiste a uma Missa não ficará cego naquele dia nem sofrerá um ataque de apoplexia.

Nem é preciso dizer que o culto dos santos, que desde há séculos está rodeado de superstições, as vê aumentar em número infinito. O bom povo cristão é doido pelos santos; conhece as suas proezas, os seus milagres, os seus terríveis suplícios, e tudo isso o apaixona. Venera-os, mas também, com senso prático, lhes pede insistentemente que intervenham, aliás a conselho da própria Igreja. O missal de Bamberg e o de Utrecht asseguram formalmente que é indispensável a intercessão dos santos junto de Deus; os famosos "catorze santos auxiliadores" fazem carreira nesta época, e só o Concílio de Trento virá a abolir o ofício que lhes fora concedido. Em todas as situações da vida — as sérias e as outras —, requisita-se a ajuda de um santo. Contra a dor de dentes, chama-se Santa Apolônia, a quem, no seu martírio, os carrascos arrancaram todos os dentes; contra a peste,

São Roque é o único eficaz; já para as simples pústulas, basta São Fiacre; os coxos e os paralíticos invocam São Pio, e os que sofrem de gota valem-se de Santo Antonino; por fim, com todo o respeito, nem a dificuldade de reter a urina deixa de ter o seu mediador celeste: São Damião! Temos de reconhecer que, ao atacar o excesso no culto dos santos, a Reforma protestante não deixará de ter alguma razão[14].

O culto das relíquias continua a oferecer inúmeros pontos de apoio a essas devoções mal orientadas. Está tão florescente como nos belos tempos da Idade Média, e, até à sua queda, Constantinopla terá uma numerosa clientela. Vendem-se, compram-se e roubam-se ossos de santos e outros piedosos *souvenirs*. Um copo que se diz ser o mesmo que Jesus deu à samaritana ou um pedaço de pão da Última Ceia encontrarão facilmente quem os compre. O cúmulo desse gênero de negócios parece ter sido atingido por um astuto que conseguiu vender... o esqueleto de um dos Santos Inocentes!

Devemos incluir nesta categoria de relíquias duvidosas o famoso Sudário de Turim? A discussão continua em aberto e é impossível responder; seja como for, é preciso notar que, em 1390, o antipapa Clemente VII envia aos detentores da relíquia, os cônegos de Lirey na Champagne, uma bula em que diz formalmente: "Cada vez que mostrarem o Sudário à multidão, terão o cuidado de dizer em voz alta e compreensível que não se trata da verdadeira mortalha do Senhor, mas de uma tela pintada que representa Cristo"[15].

Mas temos de ir ainda mais longe, até ao extremo do desequilíbrio psíquico, para compreendermos o clima espiritual desta época estranha: as crenças mais aberrantes conhecem agora um êxito surpreendente. Veja-se a astrologia! Nesses tempos perturbados, há um medo tão grande do futuro que todos querem esclarecer-se sobre ele, estudando a conjunção dos astros e outros sinais do céu; não há nenhum grande da terra que não tenha muitos ou poucos astrólogos à sua volta, e o mesmo fazem alguns papas, como Clemente VI, que consultava uma dessas doutas pessoas sobre a oportunidade de empreender uma cruzada. Veja-se também a alquimia, que o Bem-aventurado Raimundo Lúlio praticou em busca da "pedra filosofal", e contra a qual os papas se insurgem, repetindo os avisos de João XXII.

Mas o pior são a demonologia e a bruxaria, que multiplicam os seus estragos. A crença no demônio é tão unânime, tão forte, que as pessoas o veem agir por toda a parte e não hesitam em relacionar-se com ele e até mesmo em pedir-lhe certos serviços. A prática dos feitiços aumenta, e os duques da Borgonha, por exemplo, estão plenamente convencidos de que todos os seus inimigos possuem estatuetas de cera feitas à sua imagem, que espetam com compridos alfinetes. Quanto à bruxaria, está tão difundida que um inquisidor confessa que um terço da cristandade é suspeito de praticá-la! Alguns decretos conciliares proíbem formalmente às mulheres "que voem de noite sentadas sobre um pedaço de pau para irem celebrar as festas do demônio". O inquisidor dominicano Jacquier publicará em meados do século XV um volumoso tratado sobre essas práticas, provando doutamente a realidade do voo noturno dos feiticeiros e das cerimônias infernais do *Sabbat*. É uma verdadeira loucura que se espalha por todo o Ocidente, e o crime de *vauderie*, como se diz (por confusão com a heresia valdense, aliás bem alheia a semelhantes aberrações), é passível de ser punido com a fogueira; assim o declaram formalmente o *Miroir de Saxe* e o *Miroir de Souabe*. De tempos a tempos, apodera-se do povo um assomo de cólera pânica, e vemo-lo precipitar-se sobre os feiticeiros e feiticeiras, verdadeiros ou falsos, para queimá-los; em Louèche (no Valais), em 1428, matam duzentos de uma só vez, e em Briançon movem-lhes uma terrível perseguição durante os dez anos seguintes.

A oposição a essas loucuras é extremamente fraca. A Inquisição trata a feitiçaria com severidade, mas acredita nela e isso acaba por dar-lhe credibilidade. A própria Bula com que Eugênio IV, em 1440, fulmina o crime de *vauderie* contribui para consagrá-lo oficialmente[16]. Como é que o povo não havia de acreditar nessas coisas se lhe diziam que o grão-inquisidor de Paris, Jacques Dubois, tinha endoidecido por causa de todos os horrores que presenciara? Raros são os homens de bom senso que tentam reconduzir as coisas ao seu verdadeiro lugar e que tratam adequadamente esses perigosos desregramentos do espírito. O mais célebre é Gerson, que escreve um tratado contra todas as superstições e, insurgindo-se contra as aberrações do espírito místico, escarnece dos begardos e dos *turlupins*, declara desconfiar até das visões de Santa Catarina de Sena e de Santa Brígida da Suécia[17], e se recusa a acreditar nos poderes dos mágicos, feiticeiros, astrólogos e outros fabricantes de maravilhas. Mas o seu caso é uma exceção.

"*O áspero sabor da vida*"

É evidente que, nesse clima, a moral cristã atua cada vez menos sobre a sociedade. Entendamo-nos: nunca, nem mesmo na mais bela época da cristandade medieval, os princípios do Evangelho se tinham imposto totalmente aos homens; embora sempre admitidos, nunca esses princípios tinham sido unanimemente aplicados; no sentido mais exigente do termo, nunca a humanidade chegara a ser verdadeiramente cristã. Mas, a partir do século XIV, a desagregação moral anda de mãos dadas com o declínio sócio-político. Nem bem conseguiu escapar das provações e das inúmeras desgraças do tempo, já o homem se deixa arrebatar por uma exasperada febre de prazeres, aliada a uma fúria passional que as circunstâncias favorecem. E a vida adquire assim esse "áspero sabor" a que se referiu o mais profundo historiador deste período[18]. Por outro lado, a lei da contradição faz ressaltar neste domínio, como em todos os outros, a ausência de unidade interior: "Formam-se na consciência duas concepções de vida, uma ao lado da outra por assim dizer: a da piedade e da ascese, que concentra em si todos os sentimentos morais, e a da sensualidade, que, abandonada ao demônio, se vinga terrivelmente. Se uma dessas inclinações predomina sobre a outra, temos o santo ou o pecador; mas, em geral, elas se mantêm em equilíbrio instável, com enormes oscilações da balança". Um mesmo homem escreverá poemas de devoção quase mística e peças de inqualificável obscenidade, e tudo isso com uma espécie de ingenuidade. São contrastes que contribuem muito para dar à época as suas características singulares.

Será cristã uma sociedade em que a violência se desencadeia por toda a parte e de todas as formas? As guerras assumem um caráter selvagem. Onde está a paz de Cristo? Na França, dilacerada entre franceses e ingleses, armagnacs e borgonheses? Nos Países Baixos, onde nobres e democratas, e depois Hoeck decadentes e ricos Kabeljau se matam mutuamente? Na Alemanha, onde a anarquia de um feudalismo devastador provoca a terrível reação dos tribunais da Santa Vema? O assassinato político está na ordem do dia. O da rua Barbette e o da ponte de Montereau deixam marcas na história da França; mas quantos outros não se contam na Itália, na Borgonha, na Inglaterra e em muitas outras partes! As "classes perigosas" crescem assustadoramente: estudantes desocupados, antigos *écorcheurs*, falsos peregrinos ou *coquillards*, bandoleiros ou *caimans*, bem como mendigos dos mais perversos, cometem mil horrores e torpezas que um deles, o genial François Villon, imortalizará.

Acontece o mesmo no plano privado. "Hoje — exclama um pregador[19] — manifesta-se por toda a parte uma crueldade malfazeja e crescente. E eu vos pergunto: onde reinarão a piedade, a misericórdia, a clemência e a bondade? Que vedes vós senão um pai que persegue cruelmente e sem razão o seu filho, este que persegue o pai, o irmão que persegue o irmão, o próximo que persegue o próximo, e o cristão que persegue o cristão?" Não se trata de mera retórica eclesiástica. Quando entramos nos pormenores da vida corrente, como fez Pierre Champion, ficamos estupefatos com a quantidade de crimes, de violências, de processos judiciais e de querelas que se observam. Em vez da caridade de Cristo, prevalece por toda a parte uma espécie de evidente sadismo; o testemunho mais terrífico de que se tem notícia é esse costume tão difundido, apesar das advertências dos papas e dos reis, de se recusar a comunhão aos condenados à morte, para que morram na mais atroz angústia da condenação eterna.

O desregramento dos sentidos anda de mãos dadas com a violência, e é em vão que os pregadores se insurgem contra ele. Os abusos à mesa, que indignam o excelente bispo Jean de Cardaillac — "Fartais-vos de comer", diz ele nobremente às suas ovelhas, "e procurais bebidas requintadas" —, nada são perto de outros que afligem muito justamente os moralistas. A liberdade sexual atinge um nível muito semelhante ao do século XX. O adultério é moeda corrente e as moças desfrutam de uma independência fora do comum, a acreditarmos no *Le voir dit* do cônego Machaut, que afirma falar baseado na experiência. O casamento está desvinculado do amor. Para educar as suas filhas, La Tour-Landry conta-lhes histórias que não estariam deslocadas nas *Cent nouvelles nouvelles*. O gênero epitalâmico, que alcança um êxito enorme, está saturado de detalhes eróticos que correspondem, por ocasião das festas nupciais, a costumes pelo menos igualmente espantosos, como a consumação pública da união dos esposos. A moda feminina segue o mesmo diapasão, a tal ponto que um sínodo de Salzburgo, em 1418, proíbe os sacerdotes de darem a Comunhão a mulheres que se apresentem com os vestidos muito decotados. Gerson e outros já se haviam insurgido contra as divagações amorais do livro *Roman de la rose*, mas o livro continua a ter sucesso.

A arte envereda por idêntico caminho. Embora desconheçamos quase toda a pintura profana deste tempo, da qual pouco se conservou — ignoramos, por exemplo, como era o *Banho das mulheres* de Van Eyck —, a nudez das suas Evas (como as de Cranach) tem um caráter erótico muito diferente da tranquila impudência dos artistas medievais. A crer nas palavras de São Bernardino de Sena, aumentam os casos de sodomia, especialmente na Itália, pois o célebre pregador chega a dizer que um cristão não deveria enviar os seus filhos a certas escolas da Toscana se não queria que os corrompessem!

A esse desmoronamento moral, que prosseguirá ainda por muito tempo, ao longo de toda a época da Renascença, une-se uma outra forma de rejeição da moral cristã: o descaso pela moral social. Poucos períodos conheceram um contraste tão escandaloso entre a insolente pompa dos ricos e a miséria dos pobres. As cortes da França e da Borgonha fazem gala de um luxo inimaginável, extravagante. É a época dos *hennins*, chapéus femininos alteados em forma de quilha e sustentados por fios de ferro. É também a época dos sapatos *à la poulaine*, tão compridos que mal se pode andar com eles, a tal ponto que os cavaleiros do Ocidente, após a batalha de Nicópolis, terão de cortá-los pelas pontas para fugirem mais facilmente. Quanto aos vestidos, não se limitam a aplicar-lhes suntuosos bordados: cosem-lhes pedrarias, peças de ouro e até campainhas. No que diz respeito ao luxo das refeições, ultrapassam-se as fronteiras do absurdo: travessas carregadas por dúzias de criados trazem alimentos com formato de orquestras, navios aparelhados, animais fantásticos, moças pouco vestidas; este tipo de festim arrebata a corte da Borgonha e dá que falar ao mundo. Ao mesmo tempo, porém, os camponeses estão na miséria, alimentam-se cada vez pior, vivem de favas e raízes, alojam-se como podem nas choças que soldados licenciados e bandidos pilham quando bem entendem. E mesmo nas cidades, mesmo nas residências da pequena nobreza arruinada, são frequentes o sofrimento e a angústia pelo dia de amanhã. Semelhante contraste não tem nada de cristão.

Baixa grave no clero

Para combater todos esses poderes nocivos que trabalham a alma cristã, seriam necessárias todas as forças unidas de uma Igreja profundamente respeitada. Infelizmente, porém, não somente a Igreja está desunida e dividida, como muitíssimos dos seus membros participam da desagregação moral da época. É este, sem nenhuma dúvida, um dos elementos mais graves da múltipla crise que a sociedade ocidental enfrenta neste tempo: a decadência do clero.

Essa decadência é conhecida dos fiéis; é até um dos temas mais usuais das suas conversas e gracejos. Respeita-se profundamente o sacerdócio, mas despreza-se um grande número dos que o exercem. Afora o deboche sem malícia e as piadas anticlericais, que Rabelais reunirá em grande número, às vezes temos a impressão de existir um ódio latente, esse que procede de um amor decepcionado, de uma confiança traída.

Um pregador quer despertar o seu auditório e alegrá-lo? Basta-lhe introduzir nos seus sermões uma boa diatribe contra os costumes do clero: o efeito está assegurado. Tanto faz que sejam sacerdotes seculares ou regulares: uns e outros são igualmente visados pelas mesmas farpas. Paris recreia-se até à saciedade com a divertida oração de Molinet:

Supliquemos a Deus que os dominicanos
possam comer os agostinianos,
e que os carmelitas sejam pendurados
nas cordas dos franciscanos!

Mas tudo isso não passa de chalaças populares. São inúmeros os papas, os bispos, os teólogos e os santos que julgam com uma terrível severidade o clero desse tempo. Álvarez Pelayo faz um dito espirituoso quando declara que "os leigos são santos em comparação com os padres e os monges", mas tem razão quando afirma que a Igreja deve ser "reformada desde a ponta da cabeça até à extremidade dos seus membros". Conhecemos a veemência com que Santa Catarina de Sena denunciou a má conduta dos clérigos. Santa Brígida da Suécia foi mais longe e acusou a Igreja de se ter tornado um "lupanar". Na sua cela de reclusa, em Corbie, Santa Colette passa noites de terrível angústia, ao contemplar nas suas visões a Esposa mística de Cristo enodoada por horríveis culpas. Mais tarde, Dionísio o Cartuxo, saindo de um êxtase, declarará ter visto "a Igreja totalmente desfigurada; do alto da cabeça até à planta dos pés, já não se pode encontrar nela nenhum traço de pureza".

Quais são os vícios de que podemos acusar o clero neste fim da Idade Média? Parece que o mais frequente e também o que mais escandaliza os fiéis é o espírito de lucro. O exemplo vem de cima, da própria Cúria pontifícia, que multiplica as taxas e as rendas que os "coletores" procuram cobrar rudemente, e que nem sempre servem para administrar a Igreja, para pagar os exércitos de uma eventual cruzada[20] ou para financiar as missões, pois são absorvidas em boa parte pelo luxo e pelo ócio. Os cardeais, os altos prelados e os bispos andam à caça de benefícios, e é frequente que acumulem seis ou oito, e o recorde chega a vinte e três! Mesmo os que clamam em altos brados por uma reforma não deixam de entregar-se a essas práticas desastrosas: Pedro d'Ailly não tem menos de catorze benefícios! Num nível menos elevado, os canonicatos são muito disputados pelos filhos das "boas famílias"; alguns, aos vinte anos de idade, têm seis ou sete. Abaixo desses beneficiários pouco respeitáveis, a imensa maioria do clero vive com muita frequência numa verdadeira miséria. Em volta de um altar dado em feudo, fervilham miseráveis "altaristas", cuja quota não tem de "côngrua" senão a palavra, e que partilham entre si o rendimento das Missas; em algumas paróquias, há mais de cem "altaristas", todos necessitados, que, como é fácil imaginar, acalentam apenas uma ideia: conseguir que os fiéis lhes paguem o menos mal possível. É evidente que a dignidade do clero nada ganha com essa situação.

Pelo menos do ponto de vista moral, esse clero será respeitável? Neste ponto, convém sermos prudentes. Nem todos os padres estão, certamente, acima de qualquer suspeita. Quando Santa Catarina de Sena ou Dionísio o Cartuxo falam de clérigos que passam o tempo em jogatinas, bebedeiras e distraindo-se com mulheres, podemos acreditar que sabem o que dizem. Não há dúvida de que há monges lascivos e párocos que sustentam concubinas. Serão a maioria? Um padre que se comporta mal provoca muito mais falatório do que mil que se comportam bem. Uma cuidadosa pesquisa levada a cabo na diocese de Rouen no fim do século XIII mostrou que, entre 700 clérigos, 80 tinham sido acusados de incontinência e apenas 23 tinham sido punidos. Em meados do século XV, os registros do arcediago de Josas mencionam, para 200 paróquias, somente 10 padres acusados de má conduta. O registro da Oficialidade de Cerizy, na Normandia, contém 15 acusações de imoralidade contra padres entre 1315 e 1406. Em relação a Grenoble, mencionam-se 17 casos entre 1340 e 1419[21].

Muito mais grave do que a conduta irregular é o absenteísmo, mal que se encontra espalhado por toda a parte. Seria longa a lista dos clérigos, desde os mais poderosos prelados até os últimos dos párocos, que se interessam por tudo menos pelas suas funções sagradas. Apesar das decisões conciliares e das instruções pontifícias, muitos bispos residem fora das suas dioceses. Os cônegos desertam do coro: em York, apenas um sexto desses piedosos dignitários se dispõe a cantar o ofício divino, e o arcebispo de Auch, de passagem por Lectoure, encontra somente dois entre os doze. Os párocos abandonam as suas paróquias, de onde, aliás, muitas vezes são expulsos pela guerra. Na diocese de Rouen, por volta de 1400, um de cada três está ausente, e na Alta Normandia as paróquias ficam a cargo de simples camponeses, que — é evidente — não podem celebrar qualquer ofício! Ficamos estupefatos quando verificamos que os concílios são frequentemente obrigados a intimar os padres — e até os bispos — a celebrar Missa pelo menos quatro vezes por ano!

Há, enfim, outro defeito, que o povo não censura ao clero, mas que é grave quanto às suas consequências: a ignorância. Todos os esforços empreendidos no século XIII, principalmente pelo IV Concílio de Latrão[22], foram-se afrouxando pouco a pouco. Recrutados não importa como e formados precipitadamente, muitos padres têm conhecimentos teológicos tão rudimentares que, na prática, é como se não os tivessem. Nesta época não há seminários, embora Gerson — predecessor, neste ponto, de São Vicente Ferrer e de M. Olier — tenha pensado em criar casas destinadas a formar o clero. Como é que os padres poderiam desempenhar as suas funções pastorais, principalmente a pregação? Quando aparecerem os pregadores da Reforma, cheios de zelo e familiarizados com a Escritura, encontrarão um oportuno aliado na ignorância do clero católico. Um observador da época comentará: "Como podem os padres lutar contra as más doutrinas? Nem sequer sabem quais são as boas e quais as heréticas!"

O pior, finalmente, é que as ordens religiosas, que na grande época tinham constituído as muralhas da Igreja, atravessam também uma grave crise. O número de candidatos diminuiu muito e os enormes conventos dão muitas vezes a impressão de gaiolas vazias. Exceto entre os mendicantes, as diversas casas consideram-se independentes umas das outras: já não há unidade nem autoridade. No plano moral, são raros os abusos verdadeiramente escandalosos, mas como se podia fazer respeitar a Regra em conventos despovoados, onde viviam meia dúzia de monges, ou nessas comunidades de jovens mulheres da nobreza que entravam para o mosteiro por não terem encontrado marido? Sobretudo as ordens mendicantes parecem muito afetadas por essa crise: estão bem longe da heroica pobreza de São Francisco e de Santa Clara. Cita-se o caso de muitos "guardiães" franciscanos que vivem em alojamentos suntuosos, comem do melhor e "têm as portas abertas" aos convidados. Entre as clarissas, a Regra, suavizada desde 1263, acaba num extremo relaxamento: jantares faustosos, visitas demoradas e animadas conversas no locutório. O prestígio dos regrantes baixou enormemente. Em 1442, quando o humanista Lourenço Valla atacar o próprio princípio do monaquismo, encontrará ouvidos complacentes em toda a Igreja. Lutero e Calvino explorarão habilmente esse descrédito das freiras e dos religiosos.

A que devemos atribuir tão desoladora situação? Em primeiro lugar, como é evidente, a essa lei da natureza que a história da Igreja é pródiga em confirmar: abandonada a si mesma, a alma cristã degrada-se, o sal da terra torna-se insípido e o fermento deixa de levedar a massa. A imbricação entre os interesses temporais e os espirituais paralisa as melhores intenções. "Mesmo que tivesses um papa tão santo como desejas", exclama São Bernardino de Sena num sermão, "ele não poderia expulsar os maus padres e prelados. Teria de conservar um para agradar ao rei ou a um barão, outro para agradar a outros poderosos senhores... Será impossível reformar a Igreja enquanto a cabeça viver em guerra com os seus membros". Está muito bem observado.

Nada revela melhor o perigo denunciado por São Bernardino do que o crescimento do desastroso regime da *comenda*. A prática era muito antiga: podemos encontrar vestígios dela em Santo Ambrósio e São Gregório Magno. De acordo com a ideia inicial, dar um mosteiro em comenda era confiar (*commendare*) provisoriamente a sua administração a um leigo na ausência do titular. Mas, com a constituição progressiva do regime dos benefícios eclesiásticos, a comenda tornou-se uma frutuosa operação para o titular, que ficava autorizado a receber os rendimentos correspondentes à função que exercia temporariamente. De um dia para o outro, os leigos passaram a interessar-se pelo negócio: a partir de Carlos Martel, viram-se abades militares que se apropriavam dos rendimentos de um mosteiro sob o pretexto de assumirem a sua proteção. De temporária, a comenda passou depois a ser definitiva: o "comendatário" recebia os benefícios durante toda a vida, fazendo com que os poderes eclesiásticos fossem exercidos por um prior ou um substituto canonicamente habilitado para isso. No decurso do século XIII, esta funesta prática já ganhara muito terreno, e sobretudo os benefícios regulares, abadias e priorados, eram altamente disputados.

É fácil imaginar como a crise do Grande Cisma, com os sobressaltos que determinou nos dois campos, tornou essa prática quase universal. Em troca do juramento de obediência, os príncipes leigos conseguem arrancar de um ou de outro papa tudo o que podem em matéria de benefícios, abadias, mosteiros, rendimentos episcopais e até paroquiais. Nada escapa a um apetite cada vez mais devorador. Os benefícios em comenda fazem parte dos recursos oficiais dos grandes: figuram no dote das filhas ou são dados a garotos de doze anos. O mais espantoso é que nem todos esses abades comendatários são maus e alguns chegam a lutar corajosamente pela reforma da sua comunidade. Mas, ordinariamente, não pensam senão em tirar dos seus bens religiosos o maior rendimento possível; não se importam nada com os bens espirituais e deixam periclitar as almas. Na Alemanha, onde a confusão entre o comendatário e o titular é total, os leigos declaram-se príncipes-bispos ou condes-abades, mas de forma alguma pensam em ordenar-se: cita-se o caso de um bispo de Paderborn, em 1400, que, com toda a tranquilidade, se casou! Em tais condições, não admira que o clero, de cima a baixo, perca muito da sua autoridade.

No entanto, seria injusto que retivéssemos deste quadro sombrio apenas os traços que revelam essa decadência do clero. Um historiador positivamente laico[23] reconhece que "as queixas contra os vícios crescentes do clero daquele tempo muitas vezes procediam mais da preocupação de edificar, ou da cólera e da inveja, do que de uma apreciação imparcial dos fatos". A Igreja não teria podido sobreviver, e do seu seio não teria saído o grande impulso reformador do Concílio de Trento, se não tivesse havido, ao lado de numerosos pastores infiéis, uma imensa multidão de sacerdotes honestos e sérios, que se esforçavam o melhor que sabiam por educar as suas ovelhas e manter viva a fé entre elas. No momento em que a Reforma protestante sacudir duramente a Igreja, o humanista alsaciano Wimpfeling prestará uma legítima homenagem a essas obscuras testemunhas do Evangelho; falará com fervor "desses párocos das cidades e aldeias que cuidam da alma dos seus paroquianos" e não deixará de acrescentar que "graças a Deus, o seu número não é pequeno" e que o mesmo se pode dizer "desses conventos que se conservaram fiéis à regra da sua ordem e não têm grandes riquezas". É sobre esses elementos sadios que a Igreja se apoiará para reerguer-se. Mas é preciso confessar que, ao lado deles, são muitos os que a corrompem e perdem.

A Igreja será reformada?

A Igreja reagirá a essa inquietante situação? Fará surgir do seio das suas fidelidades os homens e os meios que a reconduzirão ao bom caminho, como tantas vezes lhe aconteceu no decorrer da sua história? De qualquer modo, esse é o seu desejo. Muitos dos seus filhos — e os melhores — sabem e dizem que é preciso lançar mão de remédios enérgicos. Já no limiar do século XIV, Guillaume le Maire, de Angers, bradava: "A Igreja tem de ser inteiramente reformada, tanto na cabeça como nos membros", e o bispo Guilherme Durand, de Mende: "Se não se fizer a reforma com urgência, as coisas irão de mal a pior".

Ao longo de todo o período que vimos considerando, grandes vozes se erguem incansavelmente e gritam as mesmas advertências. A de Santa Catarina de Sena é a mais violenta; num estilo cuja acrimônia é preciso respeitar, escreve a Urbano VI que, se não pode restaurar a Igreja em toda a sua beleza, pelo menos "lhe lave o ventre". Mais moderadamente, São Bernardino de Sena diz a mesma coisa e, atrás dele, uma inumerável multidão de pregadores como João de Capistrano, Tiago de la Marche e Bernardino de Feltre. E é também para trabalhar na grande tarefa da reforma que Santa Colette, a contemplativa, acaba por abandonar a sua cela de reclusa e lançar-se através do vasto mundo.

Ouvem-se esses apelos na cúpula? Certamente. Muitos pontífices, mesmo os papas do cisma, pensam a sério na questão. É provável que nenhum deles tenha deixado de incluir esse problema, em todos os seus aspectos, no seu programa: Martinho V, logo depois de eleito, anuncia o propósito de estabelecer um categórico plano de reforma, e Eugênio IV declara-se "angustiado até o fundo da alma com a situação moral da Igreja". Neste ponto, os concílios estão plenamente de acordo com os papas: em Pisa, em Constança e em Basileia, a reforma figura na ordem do dia.

No plano local, há a mesma aspiração e os próprios fiéis incitam a uma reação. É nesta época que se fundam aqui e ali os primeiros "conselhos de fábrica", que associam os simples leigos à condução dos negócios da sua igreja. As confrarias, pelo apostolado e pela caridade que praticam, podem muito bem ser considerados um longínquo prenúncio da Ação Católica. Sintomas reveladores.

Resta transformar em atos essas excelentes intenções. Há almas santas que se empenham nisso com o maior zelo; vamos encontrá-las sobretudo nos meios monásticos, onde, a partir de 1350, se observa um nítido esforço de reabilitação. Mas, salvo raras exceções, essas tentativas partem de baixo, isto é, de algum mosteiro reformado por um superior de ideias sãs, mas que nem sempre possui autoridade suficiente para arrastar consigo toda a ordem. Para uma Santa Colette, cujo ardor se impõe a muitas casas franciscanas, quantos não são os reformadores cuja ação se esteriliza em lutas, polêmicas e rivalidades! Interessante como sintoma, a reforma monástica terá, portanto, um caráter limitado.

Atinge primeiro as velhas ordens, e a mais venerável de todas: a de São Bento. Já em 1336, pela "Bula beneditina", Bento XII procurara reorganizá-la, criando trinta e cinco províncias e fortalecendo a instituição dos Capítulos. O método das "congregações", que centralizava as casas onde se seguiam os mesmos costumes, trouxera bons resultados. Personalidades vigorosas reanimam muitos mosteiros com as suas iniciativas e exercem uma influência cada vez mais vasta. Em Santa Justina de Pádua, é Paulo de Stra quem assume a direção de uma dessas "congregações", fortemente centralizada, à qual se agregam vários conventos e em que Ludovico Barbo introduz em breve tempo o hábito da oração metódica. Na Espanha, sob a ação do próprio rei de Castela, João I, é a congregação de Valladolid, a que se une o célebre mosteiro de Montserrat. Partindo do convento de Subíaco — onde se conserva viva a memória do patriarca dos monges do Ocidente, São Bento —, a reforma estende-se à Germânia, para o Sul com os costumes de Melk, e para o Norte com os de Bursfeld. Johann Rode, Johann Dederoth e Johann Hagen são as grandes figuras deste movimento de renovação. Na França, abalada pela guerra, a reforma beneditina demorará mais tempo a chegar.

Entre os carmelitas, a influência do simpático *Santo André Corsini* (1301-1373) — esse "jovem rico" que respondeu positivamente ao chamamento do Mestre e abraçou a vida de penitência e de oração — exerce-se no melhor sentido, e, sob a sua direção, as casas da Toscana, que ele acompanha mesmo depois de se ter tornado bispo de Fiesole, lutam firmemente contra os desvios.

Os próprios dominicanos se beneficiam do prestígio do seu ilustre orador, São Vicente Ferrer, e de Santa Catarina de Sena. O confessor desta, Raimundo de Cápua, depois de eleito Mestre-Geral, revela-se um obstinado paladino da reforma. Compreendendo a inviabilidade das grandes medidas de conjunto, restaura alguns conventos que sejam modelos: em Colmar, com o Bem-aventurado Conrado; e em Veneza, com Giovanni Dominici. Este, por sua vez, funda o convento de Cortona e o de Fiesole, que se notabilizará com Fra Angelico e Santo Antonino. Este último, por seu turno, funda o de São Marcos em Florença, que virá a ser o de Savonarola. É agora que nasce na França, na Provença, o célebre priorado de São Maximino. Nada disso se faz sem riscos, porque a oposição entre "reformados" e "relaxados" é com frequência muito viva. O mestre-geral nem sempre é obedecido nas diversas congregações onde, em princípio, é representado pelo vigário geral. Certos gerais, como Bartolomeu Tixier e Auribelli, empreendem meritórias tentativas de trazer para o bom caminho a maior parte das comunidades da ordem.

O mesmo problema se apresenta de modo ainda mais agudo com relação aos franciscanos. Já por volta de 1330, almas fiéis à mensagem do *poverello* — João de Valle e, sobretudo, o Bem-aventurado Paoluccio de Trinci — tinham procurado realizar o ideal dos "espirituais" sem caírem nos seus erros. O pequeno convento de Brullino continuara a ser o centro desses movimentos da *Observância*, que muitas outras casas criticavam asperamente. Com João de Stroncone, e principalmente com São Bernardino de Sena, cuja personalidade domina a ordem, o movimento ganha muito terreno, apesar das inumeráveis resistências e atritos.

Os franciscanos observantes franceses, enfurecidos com as tendências da ordem na Itália, reclamam o direito de se dirigirem a si próprios, sob o governo de um vigário geral. Os observantes espanhóis imitam-nos imediatamente e obtêm o mesmo privilégio. São Bernardino de Sena e São João de Capistrano, angustiados com a desunião que ameaça a ordem, obtêm de Martinho V as "Constituições martinianas", visando refazer a unidade; mas foi um fracasso. Entre os observantes e os não-observantes há muitas vezes algo mais do que simples rivalidade: como os primeiros adquiriram o direito de elegerem sozinhos o ministro-geral, os conventuais estabelecem praticamente uma cisão sob o governo de um mestre-geral. No grupo dos próprios observantes, produzem-se rupturas entre "cismontanos" e "transmontanos", entre "observantes da família" e "observantes da comunidade". À margem da grande ordem, os claretianos, os amadeístas e, mais tarde, os descalços espanhóis dirigem os seus assuntos como bem lhes apetece. O grande movimento da Observância, como dirá mais tarde Leão X, "revivificou uma ordem que estava quase morta", mas não conseguiu reerguer a ordem de São Francisco como ela era.

Ao mesmo tempo que as ordens antigas procuram arduamente transformar-se, fundam-se outras novas: os *aleixianos* dos Países Baixos, instituídos em 1348, os *jesuatos* da Itália, criados em 1360, os *jerônimos* da Espanha e de Portugal, fundados em 1390. Há três fundações especialmente ativas:

a *Ordem de São Salvador*, instituída em 1346 por Santa Brígida da Suécia, que lembra Cister pelo rigor da sua Regra, mas que não deixa de recordar Fontevrault pelos seus mosteiros "duplos" de homens e de mulheres; as *Oblatas de Santa Maria*, ou ainda de Tor de Specchi, que se agrupam em 1436 à volta da piedosa viúva *Santa Francisca Romana* e se dedicam a obras de caridade, aos pobres, aos doentes e aos abandonados; e por último — muito curiosos —, os *mínimos*, herdeiros legítimos dos antigos eremitas, nascidos de São Francisco de Paula[24], anacoreta na Calábria, cujo exemplo é contagiante.

O êxito destas criações não se pode comparar ao de Cluny no século XI, ao de Cister no século XII ou ao dos frades menores no século XIII; já existem muitos conventos e a população — lembremo-nos disso — deixou de crescer. No entanto, menos de cem anos depois, as brígidas terão 80 casas e os mínimos 450, com 14 mil religiosos.

Dentre todas as figuras de reformadores que lutam contra as forças de decadência e que, se não conseguem desviar totalmente a Igreja do seu declive, salvam pelo menos o Espírito, há uma que se nos mostra mais brilhante e mais patética: a dessa virgem da França que, embora inteiramente vergada sob a angústia da traição universal, se recusa a duvidar da sobrenatural esperança e, heroicamente, luta durante toda a vida para reconduzir a alma cristã às suas fidelidades. *Santa Colette de Corbie*, contemporânea, ou quase, de Joana d'Arc, não é, sob muitos aspectos, sua parenta, sua companheira e filha do mesmo torrão? O lúcido bom senso e a ardente sabedoria que a pequena lorena emprega para restaurar um trono e refazer uma cristandade, emprega-os também a monja da Picardia para despertar as consciências e restituir aos princípios a sua força. Uma e outra são restauradoras e é por meio de pessoas dessa têmpera que esta época obscura e dolorosa conserva a sua grandeza.

Tudo começa, para ela como para a Donzela, à maneira da *Lenda dourada*. Não será por milagre — ou, em qualquer caso, por vontade expressa de Deus — que Dame Moyon, esposa de Roberto de Boëllet, carpinteiro de Corbie, dá à luz uma filha aos sessenta anos? Foi em 13 de janeiro de 1381. E temos de acreditar que a Providência se meteu de permeio para que uma criança tão franzina e tão pequena como um gnomo pudesse chegar sem problemas à adolescência. Tanto é assim que, mal atinge a idade da razão, pratica a mais severa ascese, "alimenta-se o menos possível", traz "sobre a tenra carne cordas ásperas, cheias de nós" e passa inúmeras horas ajoelhada no chão! É verdade que o próprio Senhor a visita, a aconselha, a educa. É o que adivinham os mais doutos teólogos, distinguindo nessa menina tão pequena "uma espécie de conhecimento de Deus". Já aos nove anos, por um dom sobrenatural, conhece a situação da Igreja e sabe que lhe será pedido que lhe ponha remédio. E Corbie inteira fala dessa Nicolette — chamam-na *Colette* — que à noite foge para o ofício dos monges e de dia visita os pobres e os deserdados.

Colette sabe que Deus a requisita para altas e difíceis tarefas. Mas de que modo? A princípio tateia, hesita sobre o caminho a seguir, muda de direção várias vezes, tenta ser beneditina, ou clarissa, ou beguina, mas sem encontrar o ambiente que procura. Entrega-se então a uma experiência terrível: encerra-se como "reclusa" num cubículo encravado no flanco da igreja de Nossa Senhora em Sainte-Étienne, e comunica-se com o mundo unicamente por uma estreita abertura por onde algumas boas almas lhe passam os alimentos. Estranho noviciado! Um "cilício áspero e desumano" rasga-lhe o peito e "três cruéis correntes de ferro" martirizam-lhe os rins. Mas esses sofrimentos nada são ao lado das provações espirituais que padece: assaltos do demônio, visões da Paixão em que Cristo lhe aparece gotejando sangue, e essa ideia que nunca a deixa — a da traição dos batizados, da ingratidão e da apostasia daqueles e daquelas a quem Cristo confiou o depósito da fé.

É então para essa tarefa que ela é chamada, para a reforma da Igreja e, sobretudo, da família franciscana, da qual se sente filha? Deve portanto abandonar a sua reclusão? Sim, é isso o que Deus quer e lhe dá a conhecer. Se hesitar, abater-se-á sobre ela a noite do castigo! Por fim, vem até ela um mensageiro de Cristo, o sábio franciscano Henri de la Balme que também, na outra extremidade da França, foi sobrenaturalmente avisado. A partir desse momento, Colette está convicta: a voz que a manda abandonar o seu cubículo e meter ombros ao grande empreendimento não é a do espírito das trevas. E ela obedece.

Pode agora formular o sentido que julga ser-lhe indicado por Deus: aos vinte e cinco anos, a sua vida inteira encontrou o rumo, a razão de ser. De mitigação em mitigação, as filhas de Santa Clara seguem agora apenas uma regra suavizada, quando a seguem. O que Colette tem a fazer é reconduzi-las às exigências originais, à pureza de vida dos dias de São Damião. Poderia contentar-se com fundar um convento onde viriam juntar-se a ela as que partilhassem do seu modo de ver. Mas não! Logo de saída, almeja o mais alto: é sobre a ordem inteira que ela quer agir. Para isso, terá de ir procurar o papa.

Mas qual dos papas? Estamos em pleno cisma, e há dois. A França, depois de o ter abandonado durante quatro anos, acaba de voltar a prestar obediência a Bento XIII, pontífice de Avinhão que, aos olhos de uma grande parte da cristandade, figura como o antipapa perante Gregório XII e os pontífices de Roma. Bento XIII é o famoso aragonês Pedro de Luna[25]. Embora muito orgulhoso e muito teimoso, é, no entanto, um homem de fé profunda e tem o sentido das almas. Em Nice, onde reside, recebe em audiência a jovem mística, precedida já de uma grande reputação. Franzina, com um traje modesto e de olhos baixos, Colette apresenta-se diante dele tão simples e tão aureolada por uma luz invisível que, ao vê-la — diz a crônica —, o antipapa "cai por terra", de joelhos. Tinha compreendido, tinha compreendido maravilhosamente. A peste que devasta o país é um aviso do céu, e essa jovem é a mensageira que Deus envia para as grandes tarefas de misericórdia. Em 14 de outubro de 1406, concede-lhe tudo o que ela pede: o privilégio da pobreza integral — o mesmo que Santa Clara havia reclamado —, o direito de usar o hábito das clarissas; e, decisão prodigiosa, nomeia-a "abadessa perpétua de toda a ação reformadora". Colette tem então vinte e cinco anos...

Dali por diante, e ao longo de quarenta anos, Colette consagrar-se-á sem reservas, sem repouso, à sua tarefa de reformadora. Sob a alçada desse punho de ferro, a Ordem Segunda de Menores de São Francisco irá desembaraçar-se, custe o que custar, de tudo o que a corrompe e estorva. E, simultaneamente, acontecerá que muitas comunidades de homens — sobre as quais o papa lhe deu poderes de inspeção — serão objeto das suas repreensões e escutarão as suas advertências. No entanto, nada há de novo ou de excepcional no que ela diz: as verdadeiras reformas na Igreja são simplesmente um retorno às fontes, e a maior audácia deve andar sempre unida à total submissão.

Vemos, portanto, Colette lançar-se por montes e vales e percorrer a França e a Europa, hoje no Jura, amanhã na Baviera, deixando depois o Languedoc para correr a Flandres. Montada na sua mula, com uma humilde bagagem, percorre centenas de léguas através das províncias que a guerra e os bandoleiros dizimaram, passando sem cessar da zona armagnac para a zona borgonhesa. A quantas portas de mosteiros não bate para gritar a sua palavra de ordem, a mesma do próprio Cristo: "— Convertei-vos!" Quantas casas novas não nascem unicamente da sua vontade! Altas e poderosas amizades se põem a seu serviço: Branca de Genebra ajuda-a a fundar La Baume e Besançon; Margarida da Baviera, piedosa mulher do terrível João Sem-Medo, Auxonne e Poligny; Bonne d'Artois, Decize. Depois, no reino da França, a duquesa de Bourbon estimula-a a criar Moulins e Aigueperse, e Claudine de Châtillon, a casa do Puy. Um dos seus biógrafos assegura — a cifra talvez seja um pouco exagerada — que ela reformou nada menos de trezentas e oitenta "igrejas de mulheres em clausura".

É óbvio que nada disso se fez sem resistências, porque as repreensões não agradam a todos. Chega a ser repelida e certa vez tentam envenená-la. Mas a proteção do Senhor está sobre ela. A sua santidade é o seu passaporte para circular pelo mundo. E, aproveitando-se das suas inúmeras viagens, esforça-se, como boa francesa que é — e como Joana d'Arc, com quem por certo se encontrou uma vez em Moulins —, por reconciliar os inimigos da guerra civil e refazer a unidade nacional. Como diz de modo tão belo Paul Claudel[26]:

> *Sempre a caminho, como uma agulha diligente,*
> *através da França dilacerada,*
> *Colette vai-lhe costurando os pedaços com a*
> *linha da caridade.*

Para assegurar o futuro da sua reforma, obtém em 1434 a aprovação das *Constituições* que estabelecera em todos os mosteiros. Da ordem de Santa Clara destaca-se, pois, um ramo de observância estrita, aquele que até hoje se denominará *clarissas coletinas*. Infatigável, continua a dirigir as suas irmãs de religião com pulso firme, embora a sua saúde, que nunca fora das melhores e que estava enfraquecida pelas mil macerações e asceses que não interrompera, declinasse irremediavelmente. Clarividente, quando o Concílio de Basileia se separa de Eugênio IV e oferece a tiara ao velho conde da Savoia, Amadeu VIII[27], recusa-se a reconhecer o antipapa embora fosse seu amigo. Nascem continuamente novas fundações por toda a parte, e muitas casas se reformam e se colocam sob a sua direção: Heidelberg, Pont-à-Mousson, Hesdin, Gaud e Amiens. Mas ela está no fim: aproxima-se a hora da "última pousada".

É em Gand que chega ao termo da sua incessante caminhada. Os seus grandes amigos — Henri de la Balme e João de Capistrano, que tanto a tinham ajudado — já morreram. Uma vez mais, Aquele que sempre estivera próximo da sua *ancilla* durante toda a sua existência, vem visitá-la, aconselhá-la e ajudá-la a atravessar as portas. E em 6 de março de 1447, no mosteiro de Orbe, por ela fundado, uma piedosa irmã em oração vê subitamente aparecer um anjo que lhe sussurra: "A vossa venerável irmã Colette acaba de emigrar para Deus"[28].

Diz-se que, pouco antes de morrer, Santa Colette pronunciou estas amargas palavras: "Ai de mim! Tanto sofrimento e tanto trabalho pela religião, para que ela em breve definhe..." Essa confissão desiludida, com valor de profecia, não lhe terá sido ditada por uma visão exata da situação? A corajosa moça que percorrera a cristandade inteira em todas as direções e que convivera com cardeais e altos prelados, assim como com obscuros frades, não terá percebido, melhor do que ninguém, até que ponto as tentativas de reforma eram limitadas, insuficientes e — mesmo as suas — incapazes de salvar a Igreja? Mesmo em Corbie, sua cidade natal, não conseguira fundar uma comunidade à medida do seu coração...

Com efeito, em última análise, essa reforma fragmentária e esporádica no final da Idade Média revela-se ineficaz. Sente-se cruelmente a falta de personalidades revestidas de um prestígio universal. Nessa época, não há um Gregório VII, um São Bernardo, um São Francisco ou um São Domingos. E, sobretudo — a experiência do passado prova-o suficientemente —, não se pode realizar plenamente uma reforma na Igreja se o papado não toma a iniciativa, formula as decisões e as faz aplicar. Ora, entre 1350 e 1450, o papado é por demais contestado e está por demais enfraquecido para poder desempenhar esse papel. E os próprios concílios que o combatem estão tão ocupados em afirmar a sua discutível autoridade, em resolver os seus assuntos internos e em entender-se com os príncipes, que os decretos de reforma passam forçosamente para segundo plano.

Não é que não se fale dela, da famosa reforma. Aliás, fala-se dela a toda a hora. No decurso deste século, não é menos de dez ou quinze vezes que se põem em discussão questões como a reorganização do Sacro Colégio, a nomeação dos bispos, a formação do clero, o absenteísmo e os costumes dos clérigos. A boa vontade é incontestável. Mas são os meios que faltam ou é o modo de agir que é discutível. Quando Urbano VI, logo depois de eleito papa, declara guerra a todos os abusos — à simonia, ao comportamento desregrado e ao luxo — o que faz, sob o pretexto de cauterizar a ferida, é tratar a maioria dos cardeais e dos homens da Cúria como loucos e lascivos, indispô-los contra ele e acabar por desencadear o cisma. Já quando os papas da época do cisma, num e noutro campo, formulam judiciosos preceitos reformadores — como é o caso, por exemplo, de Pedro de Luna, Bento XIII —, bem se sabe que não estão em condições de fazê-los aplicar e que, para sobreviverem, necessitam do apoio de todos aqueles que lhes prestam obediência, mesmo dos notoriamente simoníacos ou escandalosos.

É talvez no Concílio de Constança que se estudam mais seriamente as condições e os meios para a reforma da Igreja. Mas se a terceira sessão toma algumas medidas, a quarta separa as cláusulas reformadoras das outras que se referem ao primado conciliar, evidentemente para que ninguém se sinta desobrigado... Como verdadeiro mestre de doutrina, Martinho V promulga em 1418 grandes e excelentes decretos reformadores sobre os costumes do clero, a residência dos bispos e a colação dos benefícios, mas a prova de que não conseguiu que se executassem está no fato de se ter visto obrigado a publicar outros três, mais ou menos idênticos, em 1425. Quanto a Eugênio IV, o seu papel reformador será dos menos expressivos, mas é de justiça não censurá-lo por isso, já que, nas circunstâncias em que se encontrava, teria chegado inevitavelmente ao fracasso se tentasse abarcar tudo de uma só vez. Pela pureza da sua vida, limita-se a pregar com o exemplo.

Portanto, a questão da reforma continua de pé. E assim continuará por muito tempo. Mal chegue ao trono pontifício, Nicolau V enviará legados a toda a parte com a missão de regenerar a Igreja. Na França, o cardeal-legado Guilherme d'Estouteville, encarregado de reformar os Capítulos, as escolas e as universidades (mas pai de vários filhos naturais!) mostrar-se-á tão interessado no fausto e na riqueza que ninguém o levará a sério. Na Alemanha, o próprio cardeal Nicolau de Cusa (1401-1464), esse homem de bem tanto como de ciência e de critério, essa alma heroica que vimos sucessivamente lutar contra os hussitas, presidir ao Concílio de Basileia e lutar contra os turcos ao lado de João Hunyade, conseguirá ao longo da sua "grande missão" que diversos sínodos provinciais reconheçam a necessidade de pôr fim às desordens, de suprimir certos abusos flagrantes e de ajudar as ordens, principalmente os beneditinos, a encetar esforços meritórios de reforma. Mas, no final das contas, os resultados do seu vasto empreendimento serão dos mais modestos. Ele mesmo acabará por esgotar as suas forças numa querela que, como bispo de Brixen, sustentará com o duque de Tirol a propósito dos seus direitos e propriedades.

Esses malogros têm o valor de sinais. Todas as tentativas de reforma serão tão ineficazes como numerosas, enquanto se atacarem os efeitos da crise e não as suas causas: o estado da sociedade, a intromissão da Igreja nas estruturas temporais e o aviltamento do ideal cristão pela pressão dos apetites e dos interesses.

A mística desenvolve-se, mas isola-se

Diante de uma situação sob tantos aspectos desoladora, a alma cristã, no entanto, experimenta uma reação de outra natureza. Se tudo desfalece, se o homem parece resvalar irresistivelmente encosta abaixo, resta-lhe apenas um recurso: Deus. Entregar-se inteiramente ao Único, viver exclusivamente nEle e para Ele — essa é a única saída para o fiel. Somente ali se encontra a *Internelle consolation*[29].

Na segunda metade do século XIV e na primeira do século XV, assiste-se a um desenvolvimento da mística tão vigoroso e tão admirável que por si só constitui a mais bela característica desse tempo. Mas essa atividade mística muda de feição: dir-se-ia que regressa às suas origens, a esses dias dos tempos bárbaros em que as almas devotadas a Deus se encerravam no fundo dos claustros, isolando-se do mundo. Na grande época da Idade Média, a mística integrava-se na vida e no pensamento: São Bernardo, embora mantivesse um contato diário com o divino inefável, tinha-se lançado a uma prodigiosa existência de homem de ação, como sabemos; nas escolas e nas universidades, por outro lado, tinha-se procurado fundir num todo a teologia ávida de conhecer a Deus e o desejo de amá-lo, de contemplá-lo e de possuí-lo; e as ordens mendicantes — franciscanos e dominicanos —, a partir do momento em que tinham tido acesso às cátedras de ensino, haviam-se empenhado gloriosamente em alcançar essa síntese, expressa à perfeição nas obras de São Boaventura e de São Tomás de Aquino.

No século XIV, a mística continua a ser de caráter teológico e ainda conserva a visão do universo oferecida ao espírito pela *Suma*; jamais diz que é inútil querer conhecer e que basta contemplar e amar. No entanto, à medida que vai tomando certo impulso, separa-se cada vez mais da atividade propriamente intelectual. Este impulso partira, no início do século, de Estrasburgo e dos seus sete conventos de dominicanos, para os quais *Mestre Eckhart* (1260-1327) desenvolvera uma doutrina cálida e comovente, que no entanto o arcebispo de Colônia acusara de panteísmo e de quietismo, e castigara com uma condenação depois confirmada pelo papa João XXII.

Com efeito, o grande místico oferecera o flanco à crítica, parecendo ensinar, por exemplo, que o homem pode realmente fazer-se Deus, que o justo é identicamente um Cristo, que uma parcela da alma é incriada e, além disso — o que era grave no plano moral —, que Deus está presente em tudo, mesmo no pecado. Mas os seus entusiastas — inumeráveis, pois era um pregador inspirado, um escritor de talento e uma personalidade radiante — tinham sido mais sensíveis à exaltação que lhes despertava no íntimo, ao "faiscar da alma", como ele gostava de dizer. Ao longo de todo o Reno, de Colônia a Constança, a sua influência fora considerável e transformara aquela região num verdadeiro "vale místico".

É na linha de Eckhart que se situam os grandes místicos teológicos renanos da época: *Johann Tauler*, alsaciano de Estrasburgo, e *Henrique Suso*, originário da Suábia e residente em Constança. Ambos são dominicanos e, ainda que se mostrem prudentes em seguir o "mestre muito amado", caminham na mesma direção.

Admirável pregador, cujos *Sermões* ainda hoje têm o condão de comover-nos, insigne diretor de almas, Tauler (1290-1361) insiste, como Eckhart, no "faiscar da alma" — que, para além das faculdades da inteligência, permite alcançar Deus — e no *Gemüt*, o "querer essencial", faculdade em que se unem a vontade e a razão, cuja ação está acima de todas as outras, e que é um dom misterioso que permite igualmente atingir o Divino.

Quanto a Henrique Suso (1295-1365), que a Igreja beatificaria, alma singular e toda habitada por Deus, exalta com tais delícias a divina Sabedoria — tanto no seu *Livro da sabedoria eterna* como nos seus sermões e cartas —, e fala dela com um amor tão semelhante àquele que o *Poverello* votava ao próprio Cristo, que vê na *Sophia* uma hipóstase que assume a plenitude divina, a do Verbo. Em todo o caso, estamos longe daquelas vias pelas quais São Tomás ensinara os homens a ir para Deus.

Como é óbvio, esta desintelectualização da mística deve-se à corrente do tempo. A tendência para uma religião que afaga a sensibilidade e depende dela conjuga-se facilmente com a alegria e a inclinação para Deus. Já que o essencial é unir-se a Cristo, como se poderá alcançar melhor esse resultado do que associando-se aos seus sofrimentos, à sua Paixão e ao seu sangue derramado por nós? Tauler tira surpreendentes efeitos dessa ideia. É certamente de Estrasburgo, centro da irradiação de Eckhart e de Tauler, que provêm o *Herz Jesu Büchlein* (o primeiro tratado de devoção ao Sagrado Coração de Jesus) e as primeiras representações de Maria Mãe de Dores: tudo isso faz parte do mesmo quadro. Espalhando-se entre o povo, essas doutrinas tendem também a tornar-se mais sentimentais e a acentuar a ruptura com o conhecimento teológico[30].

Ao mesmo tempo, a mística tende também a separar-se da vida. Para um Raimundo Lúlio (1235-1316), o primeiro dos grandes missionários da África e o autor do *Livro do amigo e do amado*, e, mais tarde, para um São Bernardino e um São Vicente Ferrer — dois altos místicos que, no entanto, se envolveram totalmente nas lutas do seu tempo e percorreram o mundo —, quantas almas místicas não existem que se contentam com um destino infinitamente menos comprometido! Tauler e Henrique Suso limitam-se a ser pregadores e diretores espirituais.

Mas há mais: a vida eremítica volta surpreendentemente a estar de moda. Na Irlanda e na Inglaterra, pululam reclusos e eremitas, e é para eles que Richard Rolle estabelece uma Regra em que exalta "o fogo do amor"; foi com certeza um deles, anônimo, quem escreveu o misterioso tratado intitulado *A nuvem do não saber*, em que aconselha a concentrar todas as forças espirituais no desejo de aderir a Deus, mas estendendo entre a pessoa e o mundo uma nuvem protetora de esquecimento. Os eremitas edificam em grande número as suas cabanas até mesmo às portas de Paris. Semelhante recusa e abandono do mundo são significativos.

Nessa nova concepção da vida espiritual, que lugar pode ainda ocupar a teologia objetiva? Não estará condenada a desaparecer? É contra esse perigo que *Jean Gerson* (1362-1428) reage com todas as forças. Seu desejo é que a contemplação se apoie sobre as faculdades da inteligência, e a mística que aconselha é prática, fortemente alicerçada na moral e na ascese, pouco indulgente com as expansões do coração; há quem diga, por isso, que foi um precursor de Santo Inácio de Loyola. Mas esse grande homem espiritual e essa bela inteligência não conseguirão reconstituir a unidade do passado. Cada vez mais hostis à vida, que lhes parece irremediavelmente manchada, e desconfiados de uma teologia que perdeu muito da sua substância, os místicos vão-se isolando de dia para dia. É assim que surge a *devotio moderna*.

Que devemos entender por essa expressão? Um modo vivo, ardente e profundamente humano de procurar a perfeição; uma técnica espiritual que se baseia inteiramente na formação interior do ser; uma mística discreta, sem ostentações nem fenômenos excepcionais, mas que submete o homem inteiro à imitação do único modelo: Cristo. Nova, "moderna", não o é totalmente, pois vamos encontrar nela elementos e até fórmulas que vêm de longe — de São Boaventura, de São Francisco, de São Bernardo, dos vitorinos, do Pseudo-Dionísio Areopagita e mesmo de Santo Agostinho. Mas o tom e a orientação são novos.

Basta abrir uma das obras dessa escola para avaliar o que a separa das suas predecessoras; essas máximas simples, incisivas e fáceis de reter, que quase não se encadeiam umas nas outras — anunciando antecipadamente La Rochefoucauld e Vauvenargues —, não se assemelham em nada às piedosas e sábias exposições dos espirituais da véspera. E se a *devotio moderna* permite que a consciência faça imensos progressos na análise do coração, no conhecimento psicológico e na depuração dos sentimentos, é também em detrimento do trabalho intelectual, da curiosidade científica e da própria teologia. Rezar, chorar, meditar e implorar — eis o que conta, eis o que toca a infinita misericórdia divina; para que serve inquirir, aprender, estudar?

É uma escola espiritual que se constitui nos Países Baixos em meados do século XIV, num clima que os begardos e beguinas contribuíram sem dúvida para criar[31]. A França pouco participou dela: em vez de constituírem círculos à parte, as almas piedosas preferem procurar refúgio nas ordens existentes, ou então permanecem no mundo, misturadas com a massa dos fiéis; em Flandres, pelo contrário, continua a desenvolver-se uma vida de piedade regulamentada e convencional. Entre os leigos, reconhecem-se os novos devotos pela sua atitude curvada, andar cadenciado e roupas escuras; é-lhes particularmente concedido um dom bastante comum nesse tempo: o dom de lágrimas. Os melhores dentre eles, os mais zelosos, retiram-se do mundo; reúnem-se em comunidades, onde se ajudam e se encorajam mutuamente a percorrer unidos a árdua estrada que leva ao céu.

O primeiro mestre dessa escola é o Bem-aventurado *João van Ruysbroeck* (1293-1381), apelidado de "Ruysbroek o Admirável". Que alma pura e simples a deste antigo capelão de Santa Gúdula! Aos cinquenta anos, retira-se para o eremitério de Groenendael — o *Vau-Vert* da floresta de Soignes —, onde não demora a ver-se rodeado de um núcleo de eremitas e leva até uma idade muito avançada a vida mais santa e mais entregue a Deus. As suas obras — *Ornamento das núpcias eternas*, *O espelho da eterna salvação*, *O Tabernáculo* e *O reino dos que amam a Deus* — ainda se ligam sob certos aspectos à mística especulativa de um Eckhart (o que o torna um pouco suspeito aos olhos de alguns), e esse profundo metafísico continua a tentar compreender e mesmo analisar a natureza dos estados místicos. Mas existem nessa consciência reta e inteiramente ordenada para Deus as grandes intenções que serão as da "devoção moderna": identificar a vontade própria com a de Deus, conhecer a infinita baixeza da criatura humana em comparação com a grandeza de Deus, abnegar-se e confiar-se a Ele. Quando Gerardo de Groote, misturado com os inúmeros peregrinos que iam pedir conselho ao prior de Vau-Vert[32] — Tauler também foi lá —, se apresentou a Ruysbroek, não se deixou ofuscar pelas altas especulações do eremita, mas sentiu-se abalado com a sua simplicidade, a sua fé transparente, a sua infinita bondade, e com tudo aquilo que, à sua volta, fazia resplandecer visivelmente a caridade de Cristo. E era tudo isso o que ele e os seus amigos queriam imitar.

É, pois, na Holanda que se constituem os grupos religiosos que vão tomar as rédeas dessas novas tendências e dar-lhes todo o seu significado. Em Deventer, ao redor de *Gerardo de Groote* (1340-1384), e, após a sua morte prematura, ao redor do seu amigo Florêncio Radewijns, agrupam-se os *Irmãos da vida comum*, padres e leigos unidos, que, sem fazerem votos, consagram ao Senhor uma vida de pobreza, de oração e de caridade. O movimento ganha terreno rapidamente, multiplica as suas casas e recruta milhares de almas, sobretudo mulheres. Em 1387, perto de Zwolle, o convento de *Windesheim*, fundado por seis discípulos de Gerardo de Groote, constitui-se em comunidade de cônegos regrantes que adota, em princípio, a *Regra de Santo Agostinho*, mas, de fato, segue os métodos espirituais de Ruysbroek e ainda os aperfeiçoa. E surge em toda a Flandres, na vizinha Renânia e um pouco ao norte da França uma floração mística deste novo estilo, em que abundam frutos admiráveis: Geraldo de Zutphen, autor das *Ascensões espirituais*, Gerlac Peters, autor do surpreendente *Solilóquio* — rival da *Imitação* —, Henrique Mande, João de Schoonhoven, discípulo e amigo de Ruysbroek, e sobretudo *Tomás de Kempis* (1380-1471). Este, talvez um alemão de Kempen, próximo de Düsseldorf, tornaria célebre o convento do Monte de Santa Inês, perto de Zwolle, onde passou a vida; é o autor do *Solilóquio da alma*, do *Livro dos três tabernáculos* e, em neerlandês, das *Boas palavras para ouvir e ler*.

Todos estes homens de fé têm em comum a mesma desconfiança em relação a uma mística especulativa excessivamente gratuita e árida, e a uma ascese demasiado rigorosa, e o mesmo desejo de uma vida humilde, simples, estabelecida sobre as sólidas bases da disciplina e dos bons hábitos, uma vida em Deus cuja regra foi formulada, para edificação e admiração dos séculos, num pequeno livro inesgotável, a *Imitação de Cristo*[33].

E assim se atingiu um cume, não apenas um dos cumes da época que viu nascer essa obra-prima, mas um dos cumes de toda a história cristã, um desses pináculos do espírito que, se a terra inteira fosse envolvida pelas trevas, continuaria a emergir para dar testemunho da grandeza humana por entre os resplendores da luz incriada. A *Imitação de Cristo* não é somente a expressão perfeita dessa corrente que a banha, dessa "devoção moderna" que ela, pelo seu êxito, impôs à piedade cristã — "revolução espiritual", diz Michelet —, mas um dos grandes momentos da curva espiritual que parte do Evangelho e não terá fim senão no dia da Parusia. É também uma das maiores obras de toda a literatura, uma das peças-mestras do tesouro comum da humanidade.

No entanto, há à sua volta um mistério que uma biblioteca inteira de comentários ainda não permitiu decifrar.

Não se sabe quem é o seu autor, e o mais provável é que nunca se venha a sabê-lo, o que, aliás, está absolutamente de acordo com o seu preceito: "Compraz-te em ser ignorado e tido por nada". Durante muito tempo, o livro foi atribuído a Tomás de Kempis. Mas o prior do Monte de Santa Inês nunca o incluiu no elenco das suas obras, que ele próprio manteve atualizado. Santo Inácio, São Francisco de Sales, Pedro Corneille e muitos outros foram da opinião de que poderia ter sido escrito por Gerson, mas não se reconhece nessa obra o estilo do sábio chanceler, nem ela é mencionada na bibliografia coligida pelo seu irmão. A discussão continua assim em aberto e, de Walter Hilton a Conrado Oberperg, de Gottingen a Luís du Mont, e até a São Bernardo, a erudição multiplicou e multiplicará sem dúvida as hipóteses. Como solução mais verossímil, parece dever atribuir-se o livro a um desses círculos monásticos de Windesheim ou dos arredores, onde as máximas que ainda hoje continuamos a ler podem ter servido de tema de meditação para uma comunidade inteira, vindo depois a ser recolhidas por um dos membros, sem outro propósito que o de conservar para os demais irmãos todas as pérolas desse tesouro posto em dia por todos.

Mas então, como já dizia Chateaubriand, "como se compreende que um monge, encerrado no seu convento, encontrasse tal medida de expressão e adquirisse esse fino conhecimento do homem?" É outro mistério. Mal abrimos esse pequeno livro, temos imediatamente a impressão, ao mesmo tempo dolorosa e exaltante, de sermos totalmente conhecidos, compreendidos, penetrados até os últimos refolhos, e de não podermos nem querermos escapar à luz calma que a eterna Sabedoria lança a prumo sobre cada um de nós através dessas páginas. A vida interior, no que tem de mais profundo e de mais autêntico, como também no que comporta de mais feliz e delicado, está inteiramente ali, analisada com uma precisão de toque que os nossos maiores moralistas, mesmo Descartes e Pascal, não têm tão continuamente. Tudo o que é do homem se encontra perscrutado e elucidado — sem qualquer alusão às misérias e às contingências do tempo, mas sob a luz da eternidade —, tal como esse homem é na realidade da sua natureza, criada à imagem de Deus, mas pecadora e também resgatada. Depois, quando já o fez sentir bem a sua baixeza, o seu nada, o abismo de abandono em que se encontra, o autor anônimo toma-lhe o rosto nas suas mãos, volta-o para a luz e fala-lhe de esperança. Não o faz, porém, em termos didáticos, com demonstrações de teólogos, mas simplesmente evocando a divina Presença: "Eis que venho a vós — diz Cristo — porque me invocastes: as vossas lágrimas, os anseios da vossa alma e o despedaçamento do vosso coração humilhado enterneceram-me e trouxeram-me até vós". Depois disso, nada mais há a dizer; resta apenas abrir os braços, orar e amar.

Toda a lição da *Imitação* se resume assim numa mística prática, que pede ao homem o esforço de reformar-se a si próprio, procurando assemelhar-se o melhor que puder ao modelo inefável; mas, ao mesmo tempo, garante-lhe que esses seus esforços não serão inúteis, que Cristo é misericórdia, e que será salvo se a Ele se entregar. Numa perspectiva desta natureza, que papel podem desempenhar a inteligência e o saber? "De que te serve raciocinar sobre a Trindade, se te falta humildade e por isso desagradas à Trindade? Na verdade, os raciocínios elevados não tornam o homem santo nem justo; o que o torna querido de Deus é uma vida de virtudes". A única ciência válida é cumprir a vontade de Deus e renunciar à própria. Será a fórmula do "embrutecei-vos"? Não, porque a alma que queira seguir esse método e consagrar-se plenamente ao "único necessário" possuirá o único conhecimento que vale a pena, aquele em que se incluem todos os outros. "Feliz o homem que é ensinado pela própria Verdade, não por meio de palavras e figuras passageiras, mas segundo o que ela é..."

A influência da *Imitação*, desde a sua publicação por volta de 1400, foi imensa. O pequeno livro abalou a cristandade inteira, e bastou um punhado das suas considerações para desmontar todo o andaime de embustes em que a época se comprazia e para reconduzir o mundo ao sentido do "único necessário".

Fizeram-se traduções em todas as línguas. Não foram só os humanistas e outros profetas do futuro que — vendo o homem transformado em centro de interesse — se deixaram cativar pelas reflexões do livro, mas também os seguidores da tradição, que ouviam nele o eco do mais fiel passado. A obra espalha-se por todo o universo cristão e para além dos seus limites. Pela sua ação direta, ou ainda por intermédio de João Mombaer, que sistematizará metodicamente as suas máximas, a *Imitação* contribuirá para formar os homens que, um século mais tarde, serão os cabeças da reforma católica, entre eles o maior de todos: Santo Inácio de Loyola. É por intermédio de Santo Inácio, e graças a ele, que a corrente da *devotio moderna* preparará o fiel dos tempos de amanhã, menos comunitário que o da Idade Média, mas mais interior, ou seja, o homem de fé que surgirá em decorrência do Concílio de Trento.

Será verdade, como pensaram muitas vezes os protestantes[34], que "aprofundando a piedade, sem conservar um contato suficiente com a fé verdadeiramente evangélica, esses místicos alimentaram a angústia que se apoderou de muitas almas no fim do século XV, principalmente da de Lutero"? Talvez seja ir longe demais. Mas não há dúvida de que, acabando de cavar um fosso entre a teologia e a devoção[35], esses homens consumaram a queda do velho edifício que fizera a glória da Idade Média, e em certo sentido chegaram até a contribuir para preparar o divórcio entre a religião e a razão que tanto afetaria o mundo moderno. No plano pessoal, comove-nos até o fundo da alma o admirável clamor que sobe até Deus das páginas que escreveram; no entanto, já não estamos diante do clamor de uma sociedade inteira que adere à fé com todas as suas fibras.

As rupturas da inteligência

Há um outro sinal da profunda mudança que se operava. O desenvolvimento e o isolamento da mística têm como fato simultâneo — parcialmente também como explicação — uma evolução intelectual que não deixa de oferecer riscos. A Idade Média, neste domínio, caracterizava-se pela íntima união da fé e do pensamento: a literatura, a filosofia, as ciências, tudo tinha bases religiosas. A partir da segunda metade do século XIV, consuma-se a ruptura. A inteligência passa a querer-se autônoma, e começa a estabelecer para si mesma um novo clima, que será o do pensamento "moderno".

Não há dúvida de que o instrumento permanece no seu lugar: é a grande instituição da universidade, que outrora permitia à Igreja ter nas mãos os estudos e a criação intelectual. Mas se essa universidade conserva o seu prestígio e detém até um certo poder político, perdeu no entanto muito da sua seiva. A mais importante de todas, a de Paris, cujas decisões se dizia muitas vezes terem força de lei, entra em declínio, seguindo nisso a própria sorte do país. Ainda é frequentada por numerosos estudantes estrangeiros —

como Eckhart —, mas já não desempenha o papel de facho do pensamento que lhe coube no passado. No tempo do cisma e dos concílios, procura impor a sua autoridade, mas em vão, e o mesmo se passa com Oxford, a sua rival. Paralelamente, fundam-se por toda a parte outras universidades concorrentes: Praga em 1348, Viena em 1365, Heidelberg em 1386, Colônia em 1389, Erfurt em 1392; depois, no século XV, Caen (1401), Leipzig (1409), Rostock (1419), Lovaina (1425) e Friburgo no Breisgau (1453). Mesmo a Polônia funda em 1364 a sua, muito ativa, na cidade de Cracóvia.

Todas essas jovens universidades assumem um caráter nacional que limita a sua influência. Por outro lado, decai o nível dos estudos e introduzem-se costumes deploráveis. Em Paris, a duração dos cursos de filosofia é reduzida de seis para três anos, e os catorze anos de teologia requeridos para o doutoramento são muito abreviados na prática.

A corrupção geral não poupa a colação dos graus universitários. Nas cidades que não têm universidade, compra-se uma licenciatura por bom dinheiro, mesmo com a permissão dos papas. Os mestres, que antigamente eram todos clérigos, passam a ser leigos em proporção cada vez maior. Depois que Jean Buridan, que não é padre nem mesmo letrado, conseguiu tornar-se reitor de Paris, o seu exemplo gera ambições em muitos outros. Os leigos cultos começam a escrever e a ler livros que já não procedem da Igreja docente. No limiar do século XV, nascem na Itália núcleos intelectuais inteiramente novos, sem qualquer relação com as universidades: são as *academias*, que terão uma grande projeção e influência.

As personalidades de primeiro plano são raras, muito menos numerosas do que nos dias gloriosos da triunfante, e mesmo aquelas que se podem considerar como tais estão longe de igualar um São Tomás de Aquino, um São Boaventura ou sequer um Duns Scoto ou um Guilherme de Ockham. Há muitos homens e mulheres de grande prestígio no campo religioso, mas são místicos e, precisamente por isso, desconfiam de todo o pensamento especulativo.

Quem vemos emergir da elite intelectual? Um *Pedro d'Ailly* (1350-1420) — brilhante doutor da Sorbonne, chanceler da universidade, arcebispo de Cambrai e membro influente dos concílios de Pisa e de Constança, que João XXIII fará cardeal — não tem nada de criador; o seu grande tratado *Sobre a reforma da Igreja* é uma honesta exposição do problema, acompanhada de conclusões judiciosas, mas nada mais.

Muito mais importante é *Jean Gerson* (1362-1428), discípulo de d'Ailly e seu sucessor na chancelaria de Paris. Espírito lúcido, denota ao mesmo tempo uma consciência de admirável retidão. A sua grande preocupação é salvaguardar a antiga harmonia da vida intelectual e submeter à fé os progressos do espírito; vimo-lo sonhar com uma "teologia mística" que satisfizesse tanto as almas como as inteligências. Mas a sua obra, muito extensa, é de mera ocasião: tratados sobre a reforma, opúsculos de moral, obras de pedagogia, comentários bíblicos, poemas e inúmeros sermões (em francês e em latim). O seu único livro que merece sobreviver é um diálogo místico sobre a *Consolação pela teologia*, embora escrito à custa de Boécio.

Personalidade igualmente notável, espírito igualmente penetrante, o cardeal Nicolau de Cusa, ao mesmo tempo que desempenha na Igreja o papel ativo de grande relevância que já vimos[36], medita também sobre os grandes problemas que se põem à inteligência. O essencial do seu esforço desemboca numa teoria do conhecimento que ele formula na obra *A douta ignorância*. Mas esse mesmo tratado serve para mostrar quão longe se está, com tais homens, das estáveis certezas tomistas. "Apenas sei uma coisa: que nada sei"; essa é a conclusão. A verdade não é atingida pela operação racional do espírito, mas pela intuição, pelo impulso místico. É fácil notar aqui a influência da *devotio moderna*.

Vemos, por conseguinte, que mesmo homens de mérito, encarregados de altas funções e de altos ensinamentos dentro da Igreja, surgem muito menos como arautos das certezas eternas do que como personalidades de transição, que exprimem as dúvidas do seu tempo. Não sem uma ponta de dúvida, acolhem as novas tendências, as mesmas que, trazidas pelo Humanismo e pela Renascença — que Nicolau de Cusa introduzirá na Alemanha —, irão separar cada vez mais a vida intelectual da religião[37].

Na grande época da Idade Média, era a teologia que assegurava firmemente a ligação entre as duas, mas agora está em plena decadência. É certo que os antigos sistemas continuam a ocupar um lugar importante no ensino: tomistas, boaventurianos e escotistas esforçam-se por dar continuidade à obra dos mestres do passado. Mas já não têm qualquer originalidade: perdem-se em pormenores, em questões ociosas, em discussões brilhantes mas inúteis, e o gênero mais cultivado é o *quodlibet*, isto é, o debate acadêmico. O próprio estilo se deteriora: o latim da Sorbonne enche-se de barbarismos. Nenhuma personalidade de primeira fila se destaca dessa multidão de esforçados pedagogos e raciocinadores: Jean Capreolus e João de Torquemada (tio do célebre inquisidor) entre os tomistas, e Pedro de Áquila entre os escotistas limitam-se a repetir os seus predecessores. Continuam-se a estudar as grandes sumas de sabedoria e até se escrevem algumas novas, como a *Summa de Ecclesia*, de João de Torquemada; mas todas elas são cada vez mais atacadas, apesar dos desesperados esforços empreendidos pelas grandes ordens para defendê-las. Cada uma dessas ordens tem um corpo de doutrina no seu patrimônio, mas como é que essa teologia, depauperada e esclerosada, poderia continuar a ser a ciência-chave, a ciência suprema que fora anteriormente? É compreensível que os místicos lhe façam pouco caso. Outrora, todos os conhecimentos convergiam para ela: a filosofia, a retórica, a gramática, a história, a Sagrada Escritura e as ciências; agora, tendem à autonomia e chegam até a atacar a velha mãe que os incubou. Simultaneamente, vão pouco a pouco introduzindo métodos novos na experiência intelectual e propondo novas soluções para o problema das relações entre a razão e a fé.

Mas haverá ainda relações entre elas? Temos sérias dúvidas, principalmente quando lemos os escritos de Guilherme de Ockham[38], o mestre franciscano de Paris e Oxford, falecido em 1349, mas cuja vigorosa personalidade domina o universo do pensamento durante cento e cinquenta anos. Nele culminou toda uma corrente intelectual que remonta a Abelardo, e que Pierre Auriol († em 1322) e Durand de Saint-Pourçain († em 1334) representaram antes dele: a da "via moderna", que se chama agora *ockhamismo*, ou ainda *nominalismo* ou *terminismo*, porque afirma que todas as ideias gerais não têm a menor realidade, são simplesmente palavras, nomes e termos. Que é, portanto, o real? Unicamente aquilo que se pode apreender pela experiência: os seres individuais. Quanto ao resto, não passa de *flatus vocis*[39]. O homem é real? Sim, mas somente como indivíduo existente: é um existencialismo *avant la lettre*.

E Deus? É preciso que nos entendamos. Ockham recusa categoricamente à razão o poder de provar a existência de Deus e de apreendê-lo. Mas, confessando-se cristão, encontra um paliativo para o seu agnosticismo numa teologia sobrenatural radical, em que a fé é suficiente para tudo. É pela fé — somente pela fé — que nos são acessíveis as grandes verdades sobre Deus e os seus atributos, sobre a espiritualidade e a imortalidade da alma; mas esse ato de fé, essa submissão total à vontade de Deus, não tem nada que ver com as operações da inteligência, esclarecidas pela razão. De um lado, portanto, temos um verdadeiro racionalismo e, do outro, um fideísmo, exemplo frisante dessa ruptura da unidade interior que caracteriza os homens deste tempo.

Nessa perspectiva, que resta do cristianismo tradicional? Não resta grande coisa: a metafísica, que tem por objeto próprio o universal, está destronada, os dogmas já não têm nenhuma base no real e a fé é uma operação da alma totalmente gratuita. Quanto à moral, vê igualmente ruírem os seus princípios. Tudo o que se faz sobre a terra é querido por Deus; não há qualquer distinção entre o bem e o mal; o roubo, o crime, o adultério e mesmo o ódio a Deus entram no plano divino; como se compreende sem dificuldade, é uma tese que facilmente encontra adeptos. Muito tempo antes de Maquiavel, Ockham pensa que "o fim justifica os meios"...

O ockhamismo, que tivera já grande êxito em vida do seu protagonista, ganhou imenso terreno após a sua morte. Jean Buridan, reitor de Paris, faz de tudo para implantá-lo na universidade e o seu discípulo Marsílio de Inghen continua esse esforço. Pedro d'Ailly está inteiramente imbuído dessa doutrina e Gerson sofre a sua influência. *Gabriel Biel* (1425-1495), que gosta de se denominar "o último dos escolásticos" e até "o rei dos teólogos", autor de um *Comentário sobre as Sentenças* célebre no seu tempo, lança do alto da sua cátedra de Tubinga as sementes do sistema — moderando-lhe embora os excessos —, na esperança de fazer do nominalismo a filosofia da Igreja. É sobretudo por seu intermédio que Lutero conhecerá o ockhamismo e o citará entre os antecedentes do seu pensamento, vangloriando-se de saber de cor páginas inteiras de Biel.

A Igreja oficial reage, condenando várias vezes as teses e os homens, frequentemente auxiliada pelos poderes públicos, inquietos com o ceticismo de Ockham. Mas todos esses esforços são pouco frutíferos. Em 1474, Luís XI ainda promulga um edito de rara violência contra os discípulos do ex-oxfordiano, mas estes são bastante poderosos para anulá-lo no ano seguinte. No limiar do século XVI, a Escolástica terá ainda um mestre famoso, o escocês João Major (1478-1540), doutor parisiense que será alvo de algumas das farpas mais cruéis de Rabelais. Somente o humanismo e o calvinismo lançarão no esquecimento Ockham e as suas teorias, não sem uma ponta de ingratidão porque, em certo sentido, foi ele quem lhes preparou o caminho[40].

No entanto, não se pode dizer que o complexo movimento intelectual dos últimos tempos da Idade Média tenha marcado uma regressão em todos os setores da vida e do espírito. Se depreciou principalmente a especulação metafísica e teológica, contribuiu para o progresso da lógica e, sobretudo, suscitou um entusiasmo pelo conhecimento experimental que se traduziu numa extraordinária fermentação intelectual de grande importância para o futuro. Na verdade, veem-se afirmar tendências novas em todas as disciplinas do espírito, mesmo nas ciências sagradas da Escritura, em que se procede à revisão do texto inspirado e se chega à famosa *Bíblia poliglota* (impressa de 1514 a 1517, publicada em 1520), anunciando-se assim — com Nicolau de Lyre, Gerson e o sábio Afonso Tostat — a exegese moderna. O interesse crescente pelo homem como indivíduo explica o desenvolvimento da história, que tem como principais representantes Froissart († em 1404) na França e Gobelin Persona e Thierry de Nieheim — autor de uma *História do Grande Cisma* — na Alemanha.

Mas são sobretudo as ciências exatas — matemáticas, física, astronomia e outras —, bem como as ciências da observação e do homem, que experimentam um enorme desenvolvimento. Com o bispo de Lisieux, Nicolau de Oresme, anunciador da geometria analítica antes de Descartes, com Nicolau de Cusa e Jorge de Peurbach, as matemáticas conhecem as suas bases modernas. O mesmo Nicolau de Oresme afirma que é a terra que gira e não o sol; Jean Buridan, seguindo Ockham, introduz a aceleração na teoria da gravidade; Alberto da Saxônia e Marsílio de Inghen estabelecem os princípios da física e da mecânica; Jean de Linière calcula a inclinação da eclíptica terrestre com tanta precisão que Le Verrier não retificará esse cálculo senão em sete segundos; e, muito antes de Tycho Brahe e de Kepler, Jorge de Peurbach e Johann Müller de Könisberg (denominado *Regiomontanus*) constroem uma teoria dos planetas. É nesta mesma época que Thierry de Freiberg explica o arco-íris e aperfeiçoa a teoria das marés, e que Alberto da Saxônia descobre o papel da erosão na formação e na destruição dos continentes. E será ao ler o *Imago mundi* de Pedro d'Ailly, livro aparecido em 1410, que Cristóvão Colombo e Américo Vespúcio se familiarizarão com a ideia da esfericidade da terra e resolverão chegar ao Oriente por mar e pelo Oeste... Em medicina, fazem-se também grandes progressos com Guy de Chauliac, mestre de Montpellier e autor da primeira grande *Cirurgia*. Mesmo no domínio das ciências econômicas e sociais, trabalha-se e avança-se com afinco, mas também se dá uma separação com respeito aos princípios do Evangelho. Francisco de Mayronis encontra muitos discípulos quando afirma que as relações econômicas não estão submetidas a princípios morais, mas à lei do interesse.

Há uma fermentação intelectual, admirável sob muitos aspectos, mas também inquietante: desagrega-se a antiga ordem intelectual cristã. Por isso se compreende que espíritos profundamente cristãos, como um Gerson, um Pedro d'Ailly e um Nicolau de Cusa, tenham confessado a sua angústia. Para onde ia o mundo? Para onde ia o espírito?

As primeiras heresias "protestantes": Wiclef

Seria possível que essa intensa fermentação que trabalhava as almas e as inteligências não eclodisse em maiores violências, em verdadeiras revoltas? O clima era demasiado favorável à heresia para que ela não surgisse, qual planta venenosa, dessa terra em decomposição. Ela aparece, portanto, e traz a marca da época, diferente na sua própria essência das dos séculos anteriores.

O catarismo tinha sido uma espécie de monstro ideológico aberrante, oriundo do mais longínquo Oriente, cuja dogmática dualista, apesar das palavras de que se servia, não tinha quase nada de cristão. Entre os valdenses, cujos últimos núcleos se escondiam nos vales dos Alpes, a exigência intelectual não se fazia acompanhar de exigência moral, e a teologia desses homens honestos era tão rudimentar que só muito a custo compreendiam os seus próprios erros. Quanto a todos os *fraticelli* e Irmãos do Livre Espírito que tanto barulho tinham feito, eram na sua grande maioria uns exaltados, e a sincera vontade de pureza que demonstravam andava de mistura com as mais excêntricas especulações.

As novas heresias vão assumir um caráter completamente diferente; por um lado, procuram explorar, mas desvirtuando-o, de forma muito análoga à dos valdenses e dos *fraticelli*, o desejo de reforma que lateja na alma do fiel; por outro, acrescentam-lhe noções dogmáticas que vão buscar às correntes do tempo e que se opõem claramente à doutrina tradicional da Igreja. Não haverão de ser estes os dois traços característicos do luteranismo e do calvinismo? Já neste fim da Idade Média, os hereges apelam para a Palavra de Deus, todo-poderosa, e só para ela, como farão mais tarde os líderes da Reforma. O único ponto em que parecem menos avançados do que os seus sucessores é o da exclusividade da fé na obra da salvação e da inutilidade das obras. Mas Voltaire estava com a razão quando escrevia a propósito de um deles: "O que os valdenses ensinavam em segredo, ensinava-o ele em público e, com ligeiras diferenças, a sua doutrina era a dos protestantes que só apareceriam mais de um século depois dele".

Tratava-se de *John Wiclef*, cuja ação agitou a Inglaterra no final do século XIV e que ainda hoje é reivindicado pelos protestantes como um dos seus antecessores. Nascido por volta de 1328, em Yorkshire, aluno brilhante de Oxford, filósofo e teólogo, conhecera Ockham e Thomas Bradwardine na universidade; o agostinianismo apaixonado deste último exercera sobre ele uma forte influência.

Era muito mais um intelectual puro, um manipulador de ideias, do que um condutor de homens, mas havia nele uma violência fria que impressionava. A sua eloquência, cujos dons ninguém lhe negava, estava povoada de imagens inspiradas nos devaneios apocalípticos de Joaquim de Fiore. Ockhamista em muitos aspectos do seu pensamento, principalmente pelas suas tendências racionalistas e realistas, opunha-se com o seu mestre Bradwardine às teorias voluntaristas do célebre franciscano; negava a existência do livre-arbítrio e afirmava que o homem está integralmente submetido à vontade gratuita de Deus.

No ambiente de Oxford, onde as ideias fervilhavam, Wiclef, ainda jovem, conheceu o sucesso e a sua reputação não demorou a ultrapassar o âmbito da escola. Muito habilmente, jogava com dois trunfos. Por um lado, insurgia-se violentamente contra os abusos da Igreja e a depravação do clero que, segundo ele, estava muito aferrado aos bens da terra (o que não o impedia de, pessoalmente, receber os rendimentos de duas paróquias, um reitorado e algumas outras prebendas); sabemos que era suficiente tocar essa ária para se conseguir facilmente um auditório. Por outro lado, explorava sagazmente a corrente nacionalista que animava então o seu país e o tornava mais ou menos hostil ao governo pontifício, sobretudo depois de os papas se terem instalado em Avinhão. Urbano V, por exemplo, deu-lhe uma excelente oportunidade de criticar o papado quando cometeu o estranho erro de reclamar do rei da Inglaterra os trinta e três anos de pagamentos atrasados que lhe devia, em princípio, a título de "vassalo" da Santa Sé, como herdeiro de João Sem-Terra. Wiclef refutou essa pretensão num memorial que, evidentemente, agradou a Eduardo III.

Assim projetado, encarregado da cátedra de filosofia de Oxford, utilizado pelo governo em missões diplomáticas, Wiclef sentiu-se encorajado a prosseguir as suas diatribes contra a Igreja e a apresentar-se como feroz partidário da reforma. O fisco pontifício, o tráfico dos benefícios, os bens temporais, a conduta escandalosa de padres e de monges — as ordens mendicantes eram a sua "besta negra" — forneceram-lhe inesgotáveis temas para sermões e palestras. A hierarquia inglesa, sentindo-se visada, reagiu energicamente, e Guilherme de Courtenay, bispo de Londres, intimou-o a comparecer perante o arcebispo da Cantuária (1377), cujo tribunal lhe impôs silêncio sobre vários pontos. Mas o oxfordiano contava com muitos protetores bem-situados e o veredito não serviu de nada.

É preciso reconhecer que o Grande Cisma, deflagrado no ano seguinte, pareceu dar razão ao temível professor. Quando se pôs a escarnecer em público desses dois papas que disputavam a tiara "como dois cães atrás de um osso", viu-se como era difícil condená-lo. As suas críticas tornaram-se então mais radicais, e não somente quanto à expressão. "Que é a Igreja?", perguntava no seu tratado *De Ecclesia*, em 1378. "Prelados e abades, monges, cônegos e religiosos mendicantes, todos os tonsurados, mesmo que se comportem mal?" Não, a Igreja é a assembleia dos eleitos, dos homens que Deus salva, e só deles. À Igreja estabelecida, nas suas instituições, na sua hierarquia, Wiclef opõe uma sociedade invisível, transcendente. Do papa ao último padre, como ninguém está seguro da sua salvação, ninguém está também seguro da sua autoridade. Os predestinados, pelo contrário, gozam de um sacerdócio sobrenatural: estão em contato imediato com Deus.

Em nome desses princípios, o oxfordiano atinge os padres com todo o seu desprezo, denuncia as indulgências como patranhas diabólicas, passa pelo crivo os santos, cuja canonização não lhe parece de modo algum uma garantia de virtude. Tudo isso acompanhado de violências quase inimagináveis: os epítetos mais moderados com que qualifica o papa são "o homem do pecado", "Gog, chefe do clero cesariano" e "o membro de Lúcifer".

Embora ferisse muitas consciências, essa propaganda pôde desenvolver-se sem restrições durante cerca de três anos, em grande parte porque Wiclef, no seu *De officio regis*, estabelecera, muito teologicamente, uma teoria do direito divino dos reis independente da soberania eclesiástica, o que certamente não desagradava ao seu governo. Mas uma peripécia inesperada deteve em seco a sua ação.

Tinha ele constituído uma espécie de ordem ou de milícia — os *poor preachers* —, esses "pregadores pobres" que, vestidos de burel vermelho[41] e de cajado na mão, se propunham ensinar o Evangelho e espalhar as ideias do mestre. Dois dos seus discípulos, Hereford e Purvey, tinham feito uma tradução inglesa da Bíblia e os pregadores empenhavam-se em difundi-la, pois Deus era o único guia que os eleitos deveriam escutar. Os seus partidários, sem constituírem verdadeiramente uma seita organizada, formaram núcleos mais ou menos compactos que os católicos designaram por *lollards*[42].

A esses grupos, porém, agregaram-se logo elementos suspeitos de tendências anarquistas, abundantes naquela época, como vimos. Esses agitadores viram nas teorias wiclefianas uma confirmação das suas ideias extremistas. Se nenhum pecador tinha o direito de possuir os bens dados por Deus — como sustentava o professor de Oxford —, que proprietário estava autorizado a conservar a sua casa e os seus campos? Quando eclodiu em 1381 a tenebrosa e sangrenta rebelião de Wat Tyler e seus bandos[43], no decorrer da qual massacraram o arcebispo de Cantuária e Londres foi assolada por um atroz motim, Wiclef encontrou-se gravemente implicado: assegurou-se, por exemplo, que teria gritado diante dos bandos de assassinos: "A minha revolução está em marcha". De um momento para o outro, muitos dos seus partidários o abandonaram.

Compreendeu-se então que as suas teses eram claramente repreensíveis, mesmo no plano estritamente teológico. Com efeito, o tratado que publicara em 1380 sobre a

Eucaristia continha um ataque violento, bem ao seu estilo, contra a transubstanciação[44]; desde então, a Universidade de Oxford deixara de solidarizar-se com as suas teses. No rescaldo do motim, o arcebispo Guilherme de Courtenay resolveu destruir essas teses; o concílio de Londres de maio de 1382, sem nomear Wiclef — que ainda contava com amigos influentes — condenou dez proposições extraídas dos seus escritos, e o jovem rei Ricardo II proibiu que os seus pregadores continuassem a sua missão. Um após outro, os principais chefes do movimento submeteram-se, e um deles — Hereford — fez-se cartuxo. Quanto a Wiclef, retirou-se para o seu bom curato de Lutterworth, onde escreveu a sua última obra, o *Trialogus*, exposição cautelosa, mas completa, do seu sistema, em que não deixa de declarar-se em comunhão com a Igreja... Passados menos de dois anos, morreu (em 31 de dezembro de 1384), de morte inteiramente natural, depois de ter corrido tantas vezes o risco de subir à fogueira.

As suas ideias sobreviveram-lhe, sem, no entanto, terem provocado o extraordinário movimento que as de Lutero haveriam de desencadear depois de terem sido condenadas por Roma. Os *lollards* continuaram a manter uma violenta propaganda anticlerical, chegando a afixar cartazes injuriosos contra a Igreja nas portas de Westminster e de Saint-Paul. Quando, em 1399, Henrique IV alcançou o poder, perseguiu violentamente os herdeiros de Wiclef, tanto mais que havia entre eles partidários do seu adversário Ricardo II. Um decreto do Parlamento originou uma violenta perseguição, durante a qual morreram nas chamas alguns notórios *lollards*. Mas o movimento não foi destruído e, no reinado de Henrique V, lorde Cobham chegou a dar-lhe uma coesão e uma organização que nunca tivera, antes de ser julgado e executado em 1417. Um "lollardismo" esporádico sobreviveria a essa repressão, como humilde corrente que se iria perder no grande rio da Reforma protestante.

Entretanto, pouco antes, em 1415, o Concílio de Constança tinha examinado e condenado quarenta e oito proposições de Wiclef, e ordenado que se desenterrassem e se queimassem os seus restos mortais, o que foi feito em 1424. Por que essa ferocidade tardia? Porque só então se aperceberam melhor da importância desse homem e das suas ideias. As teses do mestre de Oxford tinham-se espalhado fora da Inglaterra e haviam criado outro foco de heresia, muito mais perigoso: aquele que João Huss acendera na Boêmia. Começava-se a suspeitar que as convulsões dessa natureza eram as temíveis manifestações de um espírito novo.

João Huss

Desde que a princesa Ana da Boêmia desposara o jovem rei Ricardo II em 1382, tinham-se estabelecido numerosas relações entre os tchecos e a Inglaterra, e muitos estudantes de Praga tinham adquirido o hábito de graduar-se em Oxford. Na célebre universidade, alguns deles deixaram-se seduzir pelas teses de Wiclef e levaram-nas para o seu país, onde essas ideias encontraram um clima singularmente favorável.

A igreja da Boêmia era, sem dúvida, uma das mais atingidas pelos males do tempo. Excessivamente rica (pertencia-lhe metade do território), tinha entre o seu clero não poucos casos de graves escândalos: caça aos benefícios, acúmulos abusivos, absenteísmo endêmico e crescente imoralidade. Por isso, haviam surgido no país vários reformadores com ar de profetas, que denunciavam todas essas misérias e infâmias: João Milicz, Conrado de Waldhausen e sobretudo Matias de Ianov, contra os quais as autoridades de Avinhão tinham tentado usar de severidade.

Por outro lado, como o reino da Boêmia fazia parte do Sacro Império Romano-Germânico, muitos alemães ocupavam nele posições de destaque, tanto eclesiásticas como civis, de onde resultava que, para os tchecos, criticar o alto clero era o mesmo que investir contra o poder dos odiados alemães. À exigência da reforma religiosa misturava-se, pois, uma vontade política nacionalista. "A Boêmia é para os boêmios como a França é para os franceses!" Esse era o lema que podia suscitar o entusiasmo do povo e permitir que hábeis condutores de massas fizessem triunfar as suas ideias.

Houve um homem que o compreendeu: João de Hussinecz, que a história conhece sob o nome abreviado de *João Huss*. Nascido em 1369, e cedo órfão de pai, mostrara-se sério e brilhante nos estudos que fizera graças à dedicação da sua mãe. Como o estado eclesiástico lhe pareceu o único que, segundo as suas próprias palavras, lhe permitiria "comer bem, vestir-se com elegância e alcançar a estima do povo", resolveu adotá-lo. Filósofo e teólogo na Universidade de Praga, foi nomeado professor em 1398, antes mesmo de se ter ordenado. A sua ciência e a sua eloquência, como também a sua piedade e a sua vida irrepreensível, conquistaram-lhe em breve tempo uma sólida reputação. Em 1402, era reitor da universidade, confessor da rainha Sofia e o pregador mais em voga nessa espécie de universidade popular que era a capela de Belém, onde se aglomeravam multidões enormes para ouvi-lo falar em tcheco.

Não era um espírito muito original: as suas ideias provinham do fundo comum dos valdenses (houvera-os na Boêmia, onde catorze tinham sido queimados), dos reformadores inspirados em Ianov, e sobretudo de Wiclef, cujas teses e livros os seus estudantes lhe haviam trazido de Oxford. Tinha como livro de cabeceira o *Trialogus*, que traduziu. Mas era um admirável orador popular, com um verbo inflamado e exposições precisas que magnetizavam vastos auditórios. Dotado de um caráter com algo de excessivo e desmedido, denotava uma energia que podia arrastá-lo até ao sacrifício, como realmente veio a acontecer. O abalo decisivo que o acadêmico Wiclef não pudera provocar na Inglaterra, provocou-o João Huss na Boêmia.

Entre os ouvintes que acorriam à capela de Belém, intercalando as suas homilias com belos e antigos cantos tchecos entoados pela multidão, Huss pôs-se, portanto, a espalhar as ideias de Wiclef. Ao mesmo tempo, insurgiu-se contra as riquezas escandalosas do clero, denunciou o fisco pontifício e foi ao extremo de proclamar que os príncipes tinham o direito de secularizar os bens de que o clero fizesse mau uso. Depois, animado pelo seu êxito, ensinou que o cristão devia basear a sua fé apenas na Palavra de Deus, na Sagrada Escritura, que a Tradição era somente um conjunto de lendas e o primado romano um embuste do Anticristo — o Grande Cisma não parecia dar-lhe razão? —, e que todos os bispos e clérigos, desde os cardeais até aos últimos monges, não passavam de instrumentos de Satanás. No plano dogmático, rejeitava a Confissão, a Confirmação e a Unção dos Enfermos, condenava o culto dos santos, não admitia as indulgências e ensinava a predestinação. O único ponto em que ficou um passo atrás de Wiclef foi o dogma da Presença real, de que duvidava, mas que não reduzia ao sentido puramente simbólico do mestre de Oxford.

Uma pregação dessa natureza não podia deixar de atrair os raios da Igreja. Como a Universidade de Praga, em 1403, tinha homologado a condenação das proposições de Wiclef, e nem por isso João Huss tinha deixado de ensiná-las, Inocêncio VII ordenou ao arcebispo de Praga que o demitisse das funções de pregador sinodal (1407). Mas, cerca de quinze meses mais tarde, este teve ocasião de vingar-se. O rei Venceslau, de mal com os alemães, que lhe haviam tirado o título de imperador, e de relações frias com o papa Gregório XII, lançou-se numa política de nacionalismo tcheco a fim de ter o povo do seu lado.

O reitor Huss aderiu plenamente a essa política, que era também a sua. Na universidade, os estudantes estavam repartidos entre quatro "nações" — a Boêmia, a Saxônia, a Baviera e a Polônia — e assim, nos escrutínios, os tchecos ficavam sempre em minoria. O rei decretou que, de futuro, a nação tcheca teria três votos, e as outras apenas um, o que fazia da universidade um centro estritamente nacional tcheco. Furiosos, os alemães abandonaram a cidade e fundaram a Universidade de Leipzig.

Para Huss, foi um triunfo pessoal — ou pelo menos assim lhe pareceu —, e ele não tardou a aproveitar-se da situação para retomar com todo o ardor as suas pregações heréticas. Na realidade, porém, os seus excessos começavam a inquietar o alto clero, mesmo o da Boêmia, bem como a burguesia. Os seus colegas da universidade afastavam-se dele. Alexandre V lançou uma bula contra as suas teses e proibiu todas as pregações populares, sem excetuar as de Belém de Praga. Huss protestou e apelou para o sucessor de Alexandre, o antipapa João XXIII. Mas, intimado a comparecer perante a Cúria, não se apresentou e foi excomungado em 1411.

Desencadeou-se então toda a sua violência. Resolvido a atacar o próprio papa, aproveitou a primeira ocasião que se lhe deparou: o anúncio das indulgências que João XXIII concedia a todos os que participassem da "cruzada" contra o seu rival Gregório XII. Com o seu amigo Jerônimo de Praga, sublevou os estudantes e depois a populaça. Eclodiram violentas manifestações e queimaram-se as bulas pontifícias nas praças públicas. Quando três jovens interromperam um orador que convidava o povo a ganhar as indulgências e gritaram: "Tudo isso são mentiras! Mestre Huss no-lo disse!", foram imediatamente presos, julgados e executados, o que originou uma enorme manifestação por ocasião dos seus funerais; a capela de Belém tomou o nome de "capela dos Três Santos". Estava-se em pleno motim.

No momento em que a universidade se preparava para desligar-se do seu terrível reitor, o antipapa João XXIII, avisado por um concílio que se realizava em Praga, interditou a capital pelo tempo em que Huss ali permanecesse. Este retirou-se então (1412) para castelos de amigos — como mais tarde o faria Lutero — e escreveu o seu *Tratado da Igreja*, sem deixar de pregar aos camponeses nas vilas e aldeias, ao mesmo tempo que os seus partidários, apoiados pelo rei Venceslau, mantinham a agitação em todo o país[45].

Foi então que Huss tentou uma manobra que deixa o historiador perplexo. Nessa ocasião, como nos lembramos, o imperador Sigismundo acabava de convocar o Concílio de Constança que, aberto em 1º de novembro de 1414, devia tentar pôr fim ao cisma. Ora, o exilado apelou para o concílio, interpondo recurso das punições que o atingiam. Esperaria ele convencer a magna assembleia da verdade das suas teses? Ou pensaria que, mesmo com risco da própria vida, devia utilizar a brilhante tribuna que os purpurados e demais participantes lhe podiam oferecer para difundir as suas ideias? O homem era perfeitamente capaz de fazer esse cálculo e aceitar o sacrifício. Fosse como fosse, partiu para Constança, não sem antes ter remetido uma espécie de profissão de fé desafiadora, em que se prontificava a refutar qualquer adversário que se lhe apresentasse. O imperador Sigismundo, irmão de Venceslau e seu herdeiro, desejoso de restabelecer a ordem na Boêmia, tinha-o encorajado a dar esse passo e concedera-lhe um salvo-conduto.

Ocorreu então o célebre episódio, penoso — temos de confessá-lo — para a honra do imperador e da Igreja. Três semanas depois de ter chegado a Constança, por ordem de Pedro d'Ailly e da comissão de cardeais encarregada de instruir o seu processo, João Huss, apesar da garantia imperial, foi detido, encerrado num convento e depois encarcerado. Motivo: continuava a celebrar a Missa, apesar da proibição que João XXIII lhe fizera. Os cardeais estavam totalmente resolvidos a mostrar-se rigorosos sobre temas de doutrina, tanto mais que o concílio — abandonado pelo antipapa João XXIII — se perguntava a si mesmo que sentido tinha ainda a assembleia no plano da disciplina. (Foi nessa ocasião que as proposições de Wiclef voltaram a ser condenadas e que se resolveu exumar os seus restos mortais para serem queimados na fogueira infamante). Depois de seis meses de detenção, o próprio Huss foi levado à presença dos juízes. Afirmou que a maior parte das ideias de que o acusavam não eram dele, mas confessou-se responsável pelas mais importantes e acrescentou que estava preparado para provar que tinham o seu fundamento legítimo no Evangelho. Evidentemente, todas essas ideias eram heréticas, e o concílio, orientado por Pedro d'Ailly, talvez com mais firmeza do que mansidão, acabou por condená-lo à fogueira.

A atitude de João Huss perante a morte foi uma admirável demonstração de coragem e de fé. Da prisão, escreveu aos seus amigos cartas de grande elevação, em que se comparava aos mártires dos primeiros tempos e se oferecia em holocausto por aquilo que pensava ser a verdade de Deus. Teria salvo a vida, sem dúvida, se se tivesse retratado, mas recusou-se a fazê-lo. No dia 6 de julho de 1415, depois de ter sido solenemente despojado das suas vestes talares, subiu à fogueira entoando o *Miserere*[46]. Uns meses mais tarde, o seu amigo Jerônimo de Praga, que fora a Constança defender a sua causa, sofria a mesma sorte.

Mas o que a condenação de Wiclef não conseguira na Inglaterra, a de Huss conseguiu-o na Boêmia: desencadeou a paixão popular. Uma vez morto, o grande tribuno surgiu como a grande vítima tanto do concílio — isto é, da igreja romana — como de Sigismundo, o imperador germânico, e todos os elementos de oposição, quer nacional, quer religiosa, entraram em ebulição. Mais de quatrocentos e cinquenta senhores tchecos enviaram um indignado protesto contra a execução do heresiarca "ortodoxo e santo". O arcebispo de Praga foi cercado no seu palácio e obrigado a fugir. O Palácio do Conselho foi igualmente invadido e sete conselheiros católicos atirados pela janela. Esta famosa *defenestração de Praga* de 1419[47] foi o começo de uma guerra selvagem, atroz, a *guerra hussita*, em que o imperador Sigismundo, que sucedera a seu irmão, teve de lançar contra as massas populares revoltadas verdadeiras expedições ou "cruzadas", como ele dizia. A Boêmia foi posta a ferro e fogo, não só pelas tropas imperiais, como pelos bandos fanáticos, quase anárquicos, que em nome do "hussismo" se entregavam aos piores excessos.

Com efeito, enquanto os partidários de João Huss se limitavam a seguir as suas doutrinas e os seus costumes — principalmente no que se referia à comunhão sob as duas espécies, que ele instituíra e que lhes valeu o cognome de *utraquistas* (do latim *utraque*, "uma e outra") — outros, exaltados, levavam as suas teorias ao extremo, suprimiam as igrejas, os altares, as cerimônias litúrgicas e os paramentos, e não praticavam senão uma espécie de culto muito simples, reduzido à pregação e à Eucaristia. Como o seu centro de reunião era "a cidade santa do Tabor", onde Huss vivera os seus últimos meses, eram conhecidos por *taboritas*.

Durante algum tempo, essa revolução religiosa, nacionalista e profética, pareceu triunfar. Senhores de uma grande parte do país, os taboritas julgaram-se no dever de estabelecer uma constituição patriarcal, inspirada no Antigo Testamento. A isso misturava-se uma revolução moral que pregava a partilha dos bens e a supressão dos ricos e dos nobres. De toda a parte, iam chegando à Boêmia muitos místicos exaltados, de tantos que a época abrigava. Os *adamitas*, por exemplo, que já o século XIII conhecera, e que agora estavam agrupados numa ilha da Nezarka, pretendiam regressar aos costumes do paraíso terrestre, sobretudo quanto ao modo de vestir-se...

Mas, ao fim de algum tempo, os hussitas moderados, os utraquistas, separaram-se dos outros, e o Concílio de Basileia, em 1433, autorizou-os a comungar sob as duas espécies. Quanto aos taboritas, que, durante mais de quinze anos, haviam enfrentado com as suas foices e enxadas as lanças dos soldados imperiais e mesmo os "cruzados" do cardeal Nicolau de Cusa, não puderam resistir à terrível ofensiva que uma coligação de todos os seus adversários, incluindo nobres "utraquistas", dirigiu contra eles em 1434, e sofreram uma espantosa derrota em *Lipan*.

Foi imposta a Praga uma paz religiosa, bastante precária, com base nas cláusulas chamadas *Compacta* de Gihlava, estabelecidas pelo papa Eugênio IV, e São João de Capistrano recebeu a missão de procurar reconduzir os taboritas ao bom caminho. Mas o país, ensanguentado e dolorido, continuou a ser trabalhado por uma estranha fermentação, a que não foi alheio o próprio rei Jorge Podiebrad. Os mais fanáticos constituíram as seitas dos "Irmãos morávios" ou

"Irmãos boêmios" e, cheios de zelo missionário — eram uma espécie de "quakers" antecipados —, prosseguiram a luta. Perseguidos, acabaram por refugiar-se na Alemanha, na região de Lausitz; ainda hoje existem na América cerca de cem mil dos seus herdeiros.

Desta dupla crise provocada por dois heresiarcas de importância, a Igreja Católica saía aparentemente vitoriosa. Mas era uma vitória total? Por volta de 1450, restavam ainda *lollards* e hussitas, como também valdenses, Irmãos do Livre Espírito e muitos outros resquícios das seitas que ela quisera destruir. Esses focos de heresia estavam prestes a reacender-se na primeira oportunidade. No frontispício de um livro de cantos hussita, por ocasião da Reforma protestante, ver-se-á uma gravura simbólica: Wiclef ateia o fogo, João Huss traz o combustível, mas é Lutero quem brande o archote. Nada mais verdadeiro.

O "*manto irisado*" da arte

No entanto, sobre as tristezas e os horrores desta época incerta, "a arte — e só ela — lança o seu manto irisado"[48]. Há um surpreendente contraste entre o espetáculo de uma sociedade toda ensanguentada e arquejante, e essa arte refinada, faustosa, de arquiteturas exuberantes e de quadros rutilantes sob o fulgor das joias e das gemas. Marcará essa arte um declínio, uma regressão? Sem dúvida, se nos reportarmos à da grande época medieval. Aliás, é bastante normal que, a um tempo de prodigiosa fecundidade, suceda outro em que a seiva criadora se torna menos vigorosa. Sob muitos aspectos, as artes desta época, como a literatura, dão testemunho de um excesso de pesquisa, de uma gratuidade e de uma falta de firmeza que por vezes não deixam de ter o seu encanto, mas que são sinais de decadência. Contudo, ao mesmo tempo, embora com sortes diversas, germinam modos de expressão que virão a ser os do futuro. Talvez mais do que em qualquer outro domínio, o período de cem anos que começa em meados do século XIV surge como uma época de transição.

Será ainda cristã essa arte que ocupa um lugar tão grande na vida? Não como o era a dos mestres-de-obras e dos estatuários da véspera. Muitos sintomas denotam que se deu aqui o mesmo fenômeno de laicização que já se observara na política e nas letras. Ainda se constroem igrejas — sobretudo igrejas rurais de pequenas dimensões —, mas é bem visível quanto há de humano, de demasiado humano, na intenção com que são levantadas. Será somente para Deus que as naves e os coros se sobrecarregam de enfeites?, que os cadeirais se tornam acolhedores e, ao mesmo tempo, são pitorescamente decorados?, que os púlpitos, os batistérios..., enfim, tudo é motivo e ocasião para tornar a casa de Deus mais requintada?

Na Alemanha, o estilo dessas igrejas-salão — *Hallenkirchen* —, mais confortáveis do que estéticas, é imposto pelo espírito prático da burguesia. Os admiráveis painéis pintados e dourados, que se erguem por cima dos altares — os *retábulos* —, não deixam de mencionar num lugar de destaque os nomes dos doadores e, entre os grandes temas cristãos, insinuam-se motivos de inspiração profana. Os príncipes, que com frequência são amigos das artes e dos estetas requintados, e que reúnem à sua volta numerosos pintores e escultores — os grão-duques de Borgonha estavam à cabeça desse mecenato —, certamente não se esquecem de Deus nas suas liberalidades, e mandam os seus protegidos trabalhar para as igrejas, mas entendem que isso reverte em benefício da sua glória.

Um fato tão característico como surpreendente: a França, assolada pela Guerra dos Cem Anos, constrói menos para Deus, mas edifica suntuosas mansões para os grandes deste mundo. Desapareceram muitas dessas construções laicas, como o Louvre de Carlos V, o palácio de Saint-Pol e o castelo de Mehun-sur-Yèvre, que uma célebre miniatura das *Très riches heures* do duque de Berry nos mostra como um palácio encantado, uma residência para um conto de fadas ou para um romance de amor. Mas o palácio Jacques Coeur em Bourges, o Palácio da Justiça em Rouen, bem como as ruínas do castelo de Jean de Berry em Poitiers, permitem-nos fazer uma ideia da beleza dessas casas erigidas apenas para a terra, e não para o céu.

Todas as artes são convidadas a embelezar a vida e a imortalizar o homem. Desenvolve-se o quadro de cavalete, destinado a salas e salões luxuosos; o retrato torna-se uma moda que lisonjeia os seus modelos na sua orgulhosa consciência de serem únicos. O florescimento da escultura funerária, fecunda em obras-primas, mostra que, mesmo perante a morte niveladora, os poderosos e os ricos pretendem eternizar a sua vaidade. Em suma, estamos em presença de "toda uma arte criada para o indivíduo, para a personagem, que só com muita dificuldade se recorda de ter sido a arte de todos, da comunidade nacional e cristã"[49].

Nota-se uma evolução semelhante entre os próprios artistas. Os da grande Idade Média não tinham outro fim senão louvar a Deus e, na obra coletiva que era a catedral, os mestres-de-obras e os entalhadores de pedra eram tão totalmente esquecidos que mal chegam a uma dezena os nomes que se conhecem; se procuravam criar beleza, era unicamente para que o Senhor fosse glorificado. Agora as perspectivas mudam. Os artistas procuram cada vez mais realizar a obra-prima que consagre o seu talento pessoal.

Cria-se o costume de assinar o quadro, a estátua. Por volta de 1385, torna-se célebre em toda a França o arquiteto e escultor Guy de Dammartin, que trabalha para o duque de Berry, e, depois dele, os elencos de artistas transbordam de nomes. Em 1391, constitui-se em Dijon a primeira Academia, um agrupamento quase sindical fundado por vinte e cinco pintores e cinco escultores, que tem por fim "impedir que a arte se rebaixe, orientar as preferências do público e, em suma, legislar sobre o belo"[50]; as oficinas do passado estavam longe dessas intenções.

Que sucede com a arquitetura religiosa nessas novas perspectivas? Em primeiro lugar, é preciso notar que a sua atividade decai em muitos lugares. Na França, sobretudo nos séculos XIV e XV, já não se abrem canteiros de obras para a construção de catedrais, a não ser para a de Bordeaux: a desgraça dos tempos, bem como a abundância de construções na época precedente, explicam um pouco essa queda de ritmo. O que se faz é concluir, restaurar, completar e ampliar (aliás, amplia-se muito). Por vezes, renuncia-se a realizar o plano concebido pelos antecessores, como em Chartres, onde se abandonam as torres do transepto, ou como em Beauvais, onde se cancela o plano primitivo e se decide aproveitar como catedral o seu coro prodigioso, depois de consertado porque ameaça desabar. Nos países que não foram atingidos pelas devastações da guerra, a atividade é maior; chega a ser considerável na Inglaterra, na Alemanha, na Espanha, em Portugal e nos Países Baixos, e não é pequena mesmo na Hungria e na Polônia. Mas trata-se sobretudo de continuações e acabamentos. As cidades germânicas, ricas e orgulhosas, sobressaem pelo luxo que dão às suas igrejas, como Ulm, que faz questão de ter o mais alto campanário do mundo. Mas em Colônia as obras foram abandonadas. Na Itália, a catedral de Milão, que pretende tornar-se nada menos do que a obra-prima do gótico, eleva-se com lentidão, aos arrancos, por entre as contradições, os arrependimentos e as mudanças de arquiteto, e só virá a concluir-se no século XIX.

O estilo arquitetônico também evolui: os mestres-de--obras, de posse de uma técnica perfeita (da qual, aliás, tendem a abusar), procuram levar ao extremo as possibilidades e os preconceitos do gótico. Cada vez mais, o sonho são "as plantas arquitetônicas revestidas de beleza". As guarnições de madeira tornam-se cada vez mais delgadas e os imensos fenestrais substituem totalmente as paredes, descendo até ao piso, como, por exemplo, em Saint-Urbain de Troyes ou em Saint-Nazaire de Carcassone. O verticalismo acentua--se até à magreza e à secura pela supressão das linhas horizontais; os pilares adelgaçam-se e os capitéis reduzem--se a um simples anel, enquanto as nervuras das abóbadas se espraiam como ramalhetes fascinantes. A obra-prima deste gótico do século XIV é, na França, a abadia de Saint--Ouen de Rouen, onde a impressão de leveza e de vitória sobre a gravidade é triunfal, mas onde também se descobre não se sabe que tentação do abstrato e do teórico, a que outros arquitetos menos dotados sucumbiram. Saint-Urbain de Troyes é quase tão perfeita, e, no Sul, Carcassone, Albi e Narbonne oferecem também interessantes exemplos dessa arte de um acabamento extremo.

O gótico, aliás, não perdeu nada do seu atrativo; inspira os arquitetos dos Países Baixos — em São Pedro de Lille ou em São Salvador de Bruges —, os da Alsácia e do mundo germânico, que misturam livremente o tijolo com a pedra — como acontece em Luebeck e em Dantzig —, e também os da Itália, porque, quando a Renascença desencadeia a sua ofensiva, ainda se constrói o gótico em toda a Península, não só em Milão e Veneza, como em Florença, em Pistoia e

Como, em Nápoles e Palermo. Na Inglaterra, onde o estilo sempre evoluiu de um modo original, o "perpendicular" — a palavra é pouco adequada — impõe-se e torna-se o estilo inglês por excelência, com as suas linhas que se cruzam em grelha, e com os seus arcos abatidos cuja curva se aproxima da horizontal. É o estilo indefinidamente imitado de Gloucester, da abadia de Sherborne, de Peterborough.

Mas todas essas formas estão na lógica interna do gótico tradicional. No limiar do século XV, surge, em condições que continuam bastante misteriosas, um fogo de artifício, o perfume requintado da grande arte medieval, tão estranho e original que mal podemos relacioná-lo com o que o precede.

É o *flamejante*. Dir-se-ia que os arquitetos e mestres-de-obras, tomados de uma espécie de delírio estético, querem esgotar agora todos os recursos da sua técnica numa singular e exuberante virtuosidade. A planta não sofre a menor modificação, mas as naves mudam de aspecto; o tradicional cruzamento de ogivas complica-se com nervuras cruzadas e arcos que nascem dos ângulos da abóbada, e esse emaranhado forma a mais curiosa das redes; por vezes, a própria ogiva fundamental desaparece por inteiro... As nervuras brotam das colunas como pequenos ramos de um tronco de árvore, sem capitéis. As janelas, os tímpanos e as fachadas apresentam-se adornados com inúmeros motivos — chamas, crochês, curvas, contracurvas, foles e vincos. Tem-se a impressão de que a pedra germinou, deu rebentos, proliferou, e a escultura é convidada como nunca a colaborar nesse espetáculo faustoso. Saint-Maclou de Rouen, Notre-Dame de Caudebec, Sainte-Foy de Conques, o coro do Monte Saint-Michel, Saint-Fiacre de Faouet, Notre-Dame de Folgoët, Saint-Wilfram d'Abbeville, São Salvador de Aix, São Nicolau do Porto na Lorena e muitas outras construções menores oferecem, nas suas múltiplas diferenças, exemplos dessa arte que irrita e fascina ao mesmo tempo, desse barroco do gótico que é para Chartres e para Amiens o que Bernini é para Michelangelo; a obra-prima é, sem dúvida, essa delicada Notre-Dame de l'Épine, que se ergue, tão comovente e frágil, entre as solidões da Champagne, como um cântico de esperança num deserto espiritual.

O êxito do flamejante é imenso: na França, retardará por cem anos a vitória da arquitetura da Renascença, e espalha-se por toda a parte, exercendo a sua influência na Alemanha, na Boêmia e até na Itália. Na Península ibérica — em Sevilha, por exemplo —, mistura-se com estranhos elementos árabes. E o último rebento dessa árvore misteriosa brotará em Portugal, em pleno século XV, nessa arte *manuelina* que misturará de mil maneiras colunas torsas e arcadas, decoração marítima e flores exóticas, com essa prodigalidade onírica que se vê no Mosteiro da Batalha, no Convento dos Jerônimos e sobretudo em Tomar.

A escultura, que conquistou um lugar de tanto destaque graças à arquitetura, só em parte se lhe mostrou reconhecida. Tende, cada vez mais, a tornar-se autônoma e a separar-se daquela que outrora fora o seu guia e o seu sustentáculo. Trata-se, aliás, do fim de uma evolução que se pôde observar de Chartres a Reims: a antiga estátua-coluna quer separar-se do seu apoio. Na catedral de Rouen, as estátuas já não se encostam às paredes e aos fustes; são em pleno relevo e colocadas em nichos. Por outro lado, utilizam-nas para atenuar a excessiva verticalidade dos monumentos ou para integrá-las na decoração flamejante, colocando-as sobre um pilar ou um consolo. A moda espalha-se rapidamente — e dura até hoje —, povoando de estátuas isoladas as capelas em que as confrarias querem representar os seus santos padroeiros. A Virgem Maria oferece os temas mais frequentes a essa nova arte, e as suas estátuas multiplicam-se a ponto de, na segunda metade do século XIV, só na França se contarem mais de oitocentas!

A arte funerária, fruto do orgulho dos grandes, oferece também aos escultores muitas oportunidades de enveredarem por um estilo que se mantém — se assim o quisermos — cristão, mas que, de fato, se separou do espírito da Igreja. Todos os pavimentos se cobrem de inumeráveis túmulos rasos, que trazem gravada em traços profundos, incrustados no chumbo, a efígie de quem ali dorme o último sono. Mais majestosos, erguem-se ao longo das naves laterais os monumentos dos reis, dos príncipes e dos ricos, abrigados na penumbra das capelas. O defunto é representado estendido sobre o sarcófago, na paz da morte, rodeado de anjos e "enlutados"; cenas da sua vida ou da Sagrada Escritura completam a ornamentação do prestigioso conjunto. Desde os túmulos de Saint-Denis até o de Filipe o Ousado e de outros duques da Borgonha, esta arte funerária produz obras-primas, das quais a mais notável é, no Louvre, aquela em que Filipe Pot repousa sobre uma simples laje conduzida ao ombro por oito oficiais, pateticamente envolvidos no seu manto de "enlutados"; muitas destas figuras tumulares são, sem dúvida, retratos. O gênero difunde-se e a técnica aperfeiçoa-se; os doadores fazem-se também muitas vezes representar sob a aparência de santos, e alguns desses retratos são de uma veracidade admirável, como o famoso busto do rei Carlos V, hoje no Louvre, e outrora no *Hôpital des Quinze-Vingts* (albergue para trezentos cegos fundado por São Luís).

Um nome domina os de todos os escultores desta época, o de um homem cujo gênio inegável caracteriza bem as tendências do seu tempo: *Claus Sluter* (1360-1406). Este mestre holandês de Haarlem, chamado pelo poderoso duque da Borgonha para a sua corte de Dijon, tornou-se o cabeça das equipes internacionais de escultores lá reunidas. É a ele que devemos os admiráveis "enlutados" do túmulo de Filipe o Ousado, e a sua obra-prima é o famoso Calvário da Cartuxa de Champmol, impropriamente chamado "Poço de Moisés", que, embora mutilado, ainda hoje nos causa uma forte impressão de grandeza, com os seus seis profetas, nenhum dos quais nos deixa indiferentes.

Mas podemos dizer que Claus Sluter é ainda, totalmente, um escultor medieval? O seu São João Batista lembra, sem dúvida, o do contraforte La Grange em Amiens, e descobrimos no seu trabalho muito daquela tranquila sabedoria dos velhos mestres borgonheses; mas a grandeza épica das suas figuras, dos seus corpos e das pregas das suas vestes fazem já pressentir os mestres da Renascença italiana, quase o próprio Michelangelo. Na corte cosmopolita de Dijon, começam a exercer-se muitas influências, vindas da Itália e de outras partes, as quais, pouco a pouco, haverão de substituir em toda a França as tradições góticas. Enquanto Michel Colombe e Ligier Richier (nascido em 1500) continuam a ser, sob muitos aspectos, artistas da Idade Média, a arte renascentista começa a impor as suas regras estritas. Quanto à escultura flamejante, levada pelo impulso adquirido, desembocará nesses encantadores e leves figurinos — um pouco mundanos... — que veremos na basílica borgonhesa de Brou.

No entanto, de todas as artes, a que esta época de transição mais vê afirmar-se, desenvolver-se e triunfar é a pintura. Na verdade, é agora que se inicia a primazia da obra pintada, tão característica da Renascença e, depois, dos tempos modernos e mesmo dos nossos dias. Uma história da arte medieval coloca em primeiro plano a catedral, a obra arquitetônica, à qual todas as outras disciplinas se submetem; uma história da arte moderna parte obrigatoriamente da pintura. É no século XIV que se afirma este predomínio da pintura sobre a arquitetura e a escultura: não há dúvida de que Claus Sluter e os outros escultores devem muito aos pintores flamengos, seus contemporâneos. E esta substituição de uma técnica por outra na hierarquia das artes corresponde ao mesmo processo que já se observou em outros domínios: a pintura tende também a afastar-se do espírito da Igreja, a considerar-se desligada do plano de conjunto — que sempre se ordenava para a glória de Deus — e a tornar-se autônoma.

Um sinal disso é que a pintura mural, a pintura das grandes superfícies, diminui quase por toda a parte. Ainda encontra no palácio dos papas em Avinhão uma ocasião — a derradeira — de se realizar magnanimamente, com uma dignidade e um encanto que até hoje podemos recordar quando contemplamos a decoração da famosa "câmara do cervo" e de vários oratórios. Fora daí, está em declínio. Será somente porque a arquitetura já não lhe deixa espaço, toda entregue aos jogos de luz nos vitrais que, por esta época, se multiplicam sem realizar progressos? Não, porque os exemplos do Petit-Quévilly e do palácio de Jacques Coeur em Bourges mostram que os jovens ainda podiam encontrar grandes possibilidades nos segmentos das abóbadas. Mas o gosto toma outro rumo, embora não deixe de haver alguns grandes conjuntos, como as cenas da vida de São Luís nos carmelitas da praça Maubert e a Sainte Chapelle, infelizmente desaparecidos. Os de Brancion, Tournus, Saint-Geniès e dos dominicanos de Tolouse são os únicos que conservam a recordação dessa arte medieval, a arte cristã por excelência, que os edifícios laicos utilizam agora muito mais do que as igrejas.

Praticamente expulsa das paredes, a pintura vinga-se buscando outros campos: as miniaturas, os retábulos e os quadros. E que vingança! Começa por exercê-la nas pequenas, mas admiráveis superfícies das páginas dos manuscritos. Este gênero de pintura conhece uma voga extraordinária no século XIV: o rei João, quando foi aprisionado pelos ingleses em Poitiers, trazia com ele um desses manuscritos preciosos. O livro ornamentado abandona cada vez mais as abadias e as salas dos capítulos para fazer o orgulho das coleções principescas: também ele se laiciza. Os temas continuam a ser religiosos: Livros de horas (manuais de devoção privada), Evangeliários e Lendas dos santos; mas muitas vezes as folhas do calendário, os panos de fundo dos castelos ou das cenas de caça ultrapassam em beleza os temas sagrados. Desde o *Breviaire de Belleville* (1342) até às *Très riches heures* e aos outros dezoito manuscritos que o duque de Berry mandou fazer entre 1400 e 1420, quantas maravilhas não há nessas composições minúsculas e minuciosas, em que os artistas dão livre curso aos seus dons de observação, à sua imaginação, ao seu amor pela cor delicada e pela forma elegante, e ao seu gosto por um mundo quase irreal, poético, aéreo e, em última análise, tão pouco cristão! O herdeiro e o triunfador desse esforço gigantesco será Jean Fouquet.

É com o retábulo — o decorativo painel por trás do altar — que a pintura de grandes dimensões encontra o seu campo. As miniaturas tinham-lhe mostrado o caminho, e os primeiros retábulos, como os primeiros quadros, estão evidentemente na sua linha; mas foi dado um passo cuja importância não se pode subestimar, porque não basta ampliar uma miniatura para realizar uma composição em formato grande. Os trípticos e os polípticos oferecem ao pintor novas oportunidades de mostrar o seu talento, e essas vastas composições bem ordenadas afagam a sensibilidade das multidões, intensificam a piedade dos fiéis, mas também satisfazem a vaidade dos doadores. É por isso que se multiplicam: não há igreja de certa importância que não os tenha. Flandres está repleta deles; o célebre retábulo do *Cordeiro Místico*, pintado por Hubert e Jan van Eyck para Saint-Bavon de Gante é a obra-prima do gênero, mas os do seu compatriota Rogério van der Weyden, os de Enguerrand Quarton, nascido em Laon, autor da sublime *Pietà* de Avinhão, os de Nicolau Froment ou do provençal Bréa contam-se também entre as mais belas criações da arte do tempo.

Do retábulo destaca-se uma parte: o artista consagra-se a um tema isolado. Começa a glória do quadro de cavalete, que trata de uma única cena e se contenta com superfícies mais restritas. Dali por diante, a arte encontra um destino novo: o quadro poderá ser colocado na parede de uma igreja, mas não se integrará nela e conservará sempre um ar mais ou menos insólito; pelo contrário, está perfeitamente no seu lugar quando colocado no oratório particular dos grandes e dos ricos ou, melhor ainda, nas suas salas luxuosas. A intenção religiosa é substituída pela da pura decoração, do embelezamento da vida. Daí a sua aceitação e, quando os flamengos tiverem encontrado para ele, de uma forma ainda rudimentar mas sedutora, a técnica do óleo, atrairá a si a maior parte dos artistas. Mestres de gênio entram em cheio nessa evolução, que é também uma evolução "laica" da arte.

Jan van Eyck (1386-1440), por exemplo, e o desconhecido a quem se chama o "Mestre de Flemalle", pintam maravilhosas Anunciações e outras cenas evangélicas (onde, aliás, o ambiente e os pormenores profanos ocupam muitas vezes mais espaço do que o tema religioso), mas representam também burgueses e cenas familiares. O triunfo do quadro consagra, afinal, a separação entre a pintura e a Igreja que a abrigou ao nascer.

Assim, nos seus elementos mais profundos, a arte está em plena sintonia com a época e é a sua mais agradável expressão. Deixa a sua marca em qualquer parte e de mil maneiras. Ama a magnificência — a das igrejas flamejantes como a dos rutilantes retábulos, a dos monumentos ornados como a dos túmulos mais belos. E podemos acrescentar que todas as artes menores, mas muito decorativas — esculturas em madeira, mobiliário, ourivesaria, marfins finamente burilados e admiráveis tapeçarias —, conhecem uma grande voga. A arte torna-se cada vez mais realista, precisa; é a arte do individual e do singular, como o ockhamismo é também uma filosofia do real: para representar um homem, um animal ou uma planta, preocupa-se, muito mais do que os seus predecessores, com a verdade das aparências. Mas apresenta também o caráter patético do seu tempo, levado ao extremo nas inúmeras danças macabras que exprimem essa obsessão com a morte que já vimos pesar tanto nas consciências, e que se torna a encontrar nas evocações, igualmente muito numerosas, da Paixão de Cristo ou das Dores de sua Mãe, e nas *Pietàs*.

A síntese perfeita, terrivelmente perfeita, desses dois elementos — o trágico humano e o trágico cristão — será alcançada no fim do século XV por um artista germânico de gênio: *Matthias Nithard* (1460?-1528?), mais conhecido pelo nome tradicional de *Grünewald*, cujo célebre retábulo de Colmar parece resumir toda a angústia e toda a fé dessa cristandade moribunda. Mas essa síntese será realizada com meios inteiramente modernos: a obra do pintor alemão já não pertence ao passado.

Expressão de uma sociedade em plena mutação, esta arte que põe fim à do grande período medieval é, em grande medida, uma arte terminal, de declínio, apesar das obras-primas que ainda produz. É essa arte, no entanto, mais do que as letras, mais do que o pensamento religioso e mais do que a política, que dá a impressão de uma civilização em plena marcha rumo ao futuro. Visivelmente, uma outra arte vai nascer, ou melhor, já nasceu.

Com efeito, na Itália — que, sob este aspecto, sempre determinou os seus destinos à margem do resto do Ocidente —, nessa península aparentemente votada ao esfacelamento e à anarquia[51], há muito tempo que certos mestres fizeram mais do que preparar o caminho: encontraram novas fontes.

Contemporâneos dos escultores de Reims, os pisanos imprimiram à pedra um movimento e um acento que já nada têm de românico nem de gótico. E, enquanto Pedro Cavallini e os seus seguidores hesitam ainda entre o hieratismo herdado de Bizâncio e o sentido do real que pressentem, o genial *Giotto* — medieval segundo as datas (1267-1337) e sob muitos aspectos — ensinou já ao mundo, muito antes de Michelangelo, que a pintura podia criar um poema dramático tão sólido como o da escultura e fazer viver nas formas os símbolos mais profundos[52]. Os Brunelleschi, os Ghiberti, os Donatello, e mesmo o puro e simples Fra Angelico, num certo sentido o último dos góticos[53], já não pertencem ao passado, mas voltam as mãos criadoras para o futuro. Das lições desse passado, pouco subsistirá quando a nova arte tiver atingido a sua maturidade e a sua plenitude. Mas essa arte será ainda cristã? Esse é o problema, e não são somente os artistas que têm de enfrentá-lo[54].

Enfrentar o futuro

Em 1448, escrevendo ao papa Nicolau V, o cardeal Enéas Sílvio, cuja inteligência parece mais uma vez merecedora de elogios, exprimia-se nestes termos: "Esperam-nos tempos perigosos; as tempestades ameaçam por toda a parte, e, dentro em breve, os marinheiros terão ocasião de mostrar a sua habilidade no meio da procela". Palavras proféticas e cheias de significado. Diante dos fatos de que era testemunha nesses meados do século XV, um espírito lúcido como o de Piccolomini podia sentir-se muito mais inquieto com o futuro do que contristado com o espetáculo do passado imediato. E a questão subentendida nas suas palavras não podia deixar de acudir a qualquer espírito clarividente: os marinheiros — aqueles que tinham de dirigir a barca de São Pedro — saberiam mostrar-se hábeis no meio da borrasca?

A estrutura medieval do mundo, tal como a atitude cultural e espiritual que constituía as suas bases, vinha-se desagregando. A Igreja já não podia pretender identificar-se com o Ocidente; o ideal da cristandade estava ultrapassado; o próprio princípio que assegurava à existência humana a sua unidade revelava fendas profundas, e a autoridade espiritual apresentava-se cada vez mais como um entrave de que era preciso livrar-se. Afundava-se, portanto, tudo aquilo que durante três séculos de glória tinha permitido ao homem do Ocidente sentir-se seguro dos seus destinos, e, simultaneamente, afundava-se tudo aquilo que fizera desse homem um ser criador.

Mas o cristianismo não se restringe à civilização medieval, à cristandade. Não foi com ela que começou a história da Igreja. Antes de essa forma de civilização ter nascido e produzido aquilo que, efetivamente, foi a mais rica messe que se gerou no húmus cristão, tinham existido outras formas — a latina, a germânica e a celta — a que o espírito de Cristo insuflara uma vida intensa. Por inúmeros sinais, notava-se claramente que as forças criadoras estavam em plena atividade, e que outra forma de civilização se preparava para nascer dos nimbos da história. Seria cristã? Essa era a verdadeira questão.

Os marinheiros saberiam mostrar a sua habilidade no meio da tormenta?, perguntava o cardeal humanista. Isso equivalia a dizer: saberia a Igreja enfrentar o futuro? Teria inteligências capazes de pensar esse mundo que nascia e operar uma nova síntese entre os valores permanentes do cristianismo e os novos componentes da época? Teria ela homens suficientemente fortes, suficientemente puros, para dominar as forças anárquicas e submetê-las à lei de Cristo, como acontecera quatro ou cinco séculos antes, quando assumira as rédeas do mundo feudal em pleno caos e o moldara segundo os seus princípios?

Eram numerosos os sintomas que podiam justificar o pessimismo e a angústia. Embora tivesse saído vitorioso da crise conciliar, o papado estava enfraquecido na sua autoridade. Desaparecera quase por completo o sentimento de uma responsabilidade comum dos cristãos para com o bem geral da sua Igreja, e em seu lugar tinham surgido penosos debates entre a Cúria romana e esses Estados-Nações cada vez mais convencidos dos seus direitos e da sua força. O pensamento propriamente religioso parecia ter-se anquilosado, e a alma fiel, isolando-se num esforço exclusivamente místico, perdia simultaneamente a sua ação sobre o mundo. E, enfim, o comportamento moral daqueles que tinham a seu cargo governar o rebanho cristão já não lhes permitia apresentar-se como guias indiscutíveis.

Unicamente um esforço enérgico, em que a Igreja reunisse todas as suas forças, uma *reforma* no sentido mais exigente do termo — ao mesmo tempo intelectual e moral, política e administrativa e, em última análise, espiritual —, permitiria ao cristianismo desempenhar no mundo em gestação o papel que exercera no passado. A reforma acontecerá — mais tarde... — somente após uma crise terrível, de que a Igreja sairá enfraquecida, dolente, amputada (irremediavelmente?, quem o sabe?) de alguns dos seus membros mais queridos.

Porque, na hora decisiva, não estará presente. Em vez de ir buscar ao núcleo mais vivo das suas fidelidades a seiva inesgotável da Palavra, deixar-se-á durante muito tempo desviar pelas múltiplas tentações do mundo: essas tentações que a história lhe propunha revestidas de tanta grandeza e premência, num momento em que a Renascença acabava de receber o seu primeiro impulso na Itália.

Notas

[1] Cf. *A Igreja das catedrais e das cruzadas*, cap. XIV.

[2] Esta fé exprime-se também de muitas maneiras, entre os melhores logicamente. Não é único o caso de um Boucicault, o cavaleiro de Nicópolis, que trazia um cilício debaixo da couraça e fazia três horas de oração por dia.

[3] Cf. *A Igreja das catedrais e das cruzadas*, índice analítico.

[4] Cf. o par. *Baixa grave no clero*.

[5] É interessante verificar que a piedade do século XV, cujas características veremos mais adiante, principalmente a *devotio moderna*, não exige por assim dizer a intervenção do sacerdote entre a alma e Deus. Não é necessário acrescentar que esta crise irá preparar o terreno para a Reforma protestante.

[6] O ostensório em forma de sol radiante, que se vê pela primeira vez na abadia de Conques no século XIV, espalha-se no século XV por influência italiana.

[7] As indulgências serão estudadas detalhadamente no cap. V, par. *O caso das indulgências*.

[8] A essas diversas manifestações de uma religião muito aparatosa, podemos acrescentar o fervilhar das Ordens de Cavalaria. Pretendendo imitar as antigas ordens religiosas criadas no tempo das cruzadas e que tinham ruído depois, como a dos Templários, ou caído em declínio, criam-se sem cessar outras novas, que na maior parte do tempo, sob a aparência religiosa, estão unicamente a serviço da ambição dos príncipes: Ordem da Fivela de Ouro, Ordem da Trança, Ordem da Salamandra, Ordem da Estrela, todas na França, bem como a Ordem da Jarreteira na Inglaterra. Poderíamos citar umas cinquenta. O objeto ou a insígnia que os cavaleiros ostentam é a marca tangível da sua dedicação ao príncipe que lhes concedeu a ordem. Algumas destas têm um caráter religioso muito acentuado: a Ordem da Espada, por exemplo, fundada em Chipre pelos Lusignan, exige verdadeiros votos. A mais célebre de todas, a Ordem do Tosão de Ouro, fundada em 1420 por Filipe o Bom, duque

da Borgonha, reserva uma grande parte dos seus postos hierárquicos aos altos prelados e príncipes da Igreja, e prescreve estritas observâncias cristãs aos cavaleiros. Filipe de Mézières sonha com fundar a Ordem da Paixão. Todas elas têm costumes faustosos, de um simbolismo complicado, e fazem uso de cores berrantes e de insígnias luxuosas de ouro e pedrarias. No colar do Tosão de Ouro, tilinta sobre o peito dos duques da Borgonha um pequeno cordeiro de metal precioso; mas será ainda, verdadeiramente, o Cordeiro de Deus, o símbolo de Cristo crucificado?

[9] Veem-se homens muito sérios dedicados a calcular o fim dos tempos: assim o fizeram, por exemplo, Nicolau de Cusa e Pedro d'Ailly. Numa curiosa aproximação, este último prediz na sua *Concordia astronomiae cum historica veritate*, para o ano de 1789, "um grande número de prodigiosos dilaceramentos do mundo e de mudanças que atingem o futuro, principalmente no que diz respeito às leis e aos partidos". Não está tão mal dito...

[10] Cf. *A Igreja das catedrais e das cruzadas*, cap. XIV, par. *Mudanças profundas na alma cristã.*

[11] Cf. *A Igreja das catedrais e das cruzadas*, cap. XIV, nota 3.

[12] Os dançarinos ou *turlupins* declaram-se contra toda a autoridade. Seminus e coroados de flores, entregam-se a danças desenfreadas, entrecortadas com uivos que pretendem ser ladainhas.

[13] É preciso notar que, entre os begardos, muitos ficaram livres de censuras e não foram condenados. Mas os elementos suspeitos fizeram mal a todos.

[14] Um dos exemplos mais espantosos do fetichismo dos santos é o do *Sankt Helper*. No dialeto alemão, essa palavra — *Hilfer* (ou *Helper*, ou *Hulper*), "aquele que ajuda ou socorre" — era usada para designar Cristo nas imagens em que aparecia vestido conforme os costumes do tempo, socorrendo os doentes. Pouco a pouco, juntou-se-lhe o qualificativo de "santo". Isso levou a imaginar um *Sanctus Helperus* ou *Helpericus*, que foi venerado em Plön (Eslévico-Holsácia), em Bremen e em Luebeck (onde até se contava o martírio desse santo!). Paralelamente, o *Volto Santo* de Luca na Itália, a "Santa Face", tão venerada pelos peregrinos, fez nascer um *Saint Viaire* ou *Vicaire*, que se venerou em Tournai, tendo chegado a haver "a Confraria de *Monsieur Saint Vicaire*"...

[15] O verdadeiro papa Clemente VII reinou de 1523 a 1534. A bula não tem, portanto, nenhum valor aos olhos da fé.

[16] Isso demonstra que a crença no diabo, na sua ação neste mundo e na realidade da feitiçaria faz verdadeiramente parte da fé cristã, apesar de todos os exageros e loucuras que com ela andam misturados.

[17] O que dá todo o seu valor às célebres declarações que fez, quando Joana d'Arc ainda vivia, a favor das suas "vozes" e da sua vocação.

[18] J. Huizinga, livro citado nas notas bibliográficas.

[19] Jean de Cardaillac, estudado por G. Mollat na *Revue d'histoire ecclésiastique*, nºs. 1 e 2, de 1953.

[20] Muitos fiéis indignam-se com o fato de os recursos pedidos à Igreja servirem para pagar expedições militares na Itália. Desde os começos do século XIV, Marsílio de Pádua denuncia com acerba violência uma política ao mesmo tempo ruinosa e iníqua, que faz os cristãos viverem com o ódio no coração e a invectiva nos lábios.

[21] Há também sacerdotes culpados de violências, e até de crimes, sobretudo na Alemanha, onde os "falcões do altar" conservaram costumes muito feudais. Esta raça aumentará no

século XV. Mas o cura de Mesvres, na Borgonha, que recrutou uma tropa de bandoleiros, não era uma exceção! E o papa Gregório XI, que conheceu esse estranho padre, não conseguiu que se emendasse...

[22] Cf. *A Igreja das catedrais e das cruzadas*, índice analítico.

[23] Félix Sartiaux, em *Foi et science au Moyen Âge*, Paris, 1926, um livrinho superficial e sectário.

[24] Sobre São Francisco de Paula, cf. o cap. IV, par. *As forças intactas: a angústia da reforma.*

[25] Cf. cap. I, par. *O Grande Cisma do Ocidente.*

[26] *Feuilles de Saints*, Santa Colette.

[27] Cf. cap. I, par. *Um pontificado movimentado: Eugênio IV.*

[28] Colette foi beatificada em 1623 e canonizada em 1807. O quinto centenário da sua morte, em 1947, foi celebrado com festas grandiosas.

[29] Foi com esse título que surgiu a primeira tradução francesa da *Imitação de Cristo.*

[30] É claro que se incluem nessas tendências as demais manifestações exteriores que tivemos ocasião de comentar, como os êxtases e os fenômenos de misticismo vidente. Em Colmar, em Toss, em Medingen e em Adelhausen, há comunidades inteiras de religiosas que possuem carismas coletivos. Não é por acaso que esta época tem tantos videntes, quer se trate de Santa Brígida, de Santa Catarina de Sena, de Santa Juliana de Norwich — que recebeu do céu estranhas revelações no mesmo ano em que morreu a grande santa de Sena —, ou ainda de Santa Catarina de Bolonha que, depois de ter sustentado tantos combates contra o diabo, foi recompensada por Deus com inúmeros êxtases. A linguagem destas videntes, principalmente a de Santa Juliana, é extraordinariamente semelhante à de Eckhart e de Tauler.

[31] Sobre este movimento, bastante mal conhecido, cf. *A Igreja das catedrais e das cruzadas*, cap. XIV, n. 3.

[32] Daí provém talvez a expressão proverbial francesa "ir ao diabo *vau-vert*"; na origem, "ir ao *vau-vert*" significava "ir procurar longe uma luz, uma certeza", mas o uso popular, que introduziu a alusão ao diabo, deu-lhe um sentido irônico.

[33] É preciso notar que, sem ter havido nenhuma influência direta, outros centros religiosos foram levados a uma concepção da vida devota bastante análoga. A corrente de Windesheim não está distante da velha e sábia mística beneditina, que, entre as ordens antigas, é seguida unicamente pelos cartuxos: o flamengo *Dionísio Ryckel*, conhecido como Dionísio o Cartuxo (1402-1471), por muito filósofo, teólogo e exegeta que seja (e conselheiro de reis), tem fórmulas muito próximas das de Ruysbroek ou de Tomás de Kempis nos seus tratados sobre a *Fonte da luz e da semente da vida* e sobre a *Discrição do espírito*. Na Inglaterra, o cônego regrante Walter Hilton († em 1396), na sua *Escada da perfeição*, revela tantas afinidades com a *Imitação de Cristo* que chegaram a atribuir-lhe a autoria desta.

[34] Citamos aqui J. Courvoisier, na sua *Brève Histoire du Protestantisme.*

[35] Foi talvez por isso que a Igreja canonizou poucos de todo esse conjunto.

[36] Sobre a ação de Nicolau de Cusa, cf. cap. I.

[37] No campo literário, há alguns nomes que mereceram sobreviver. *François Villon* (1431--146?), truculento mas comovente autor do *Pequeno* e do *Grande Testamento*, é o mais célebre. Mas *Cristina de Pisan* (1363-1430), veneziana que se mudou com a família para

a França aos cinco anos, cronologicamente a primeira das mulheres de letras, e *Carlos de Orléans* (1391-1465), filho do infeliz Luís de Orléans, a vítima de João Sem-Medo, e ele mesmo cativo dos ingleses durante vinte e cinco anos, têm um grande encanto: *O tempo deixou o seu manto / de vento, de frio e de chuva*... Também *Alain Chartier* (1390-1450) é um poeta prolífico e eloquente. Mas serão escritores cristãos? Em Villon, transparece por vezes a fé misturada com remorsos; Alain Chartier falou muito de Joana d'Arc e Cristina de Pisan deixou duas obras místicas: a *Epístola da prisão da vida humana* e as *Horas de contemplação sobre a Paixão de Nosso Senhor*. Pode-se dizer, no entanto, que nenhum dos quatro prolonga validamente o esforço do pensamento cristão no que tem de criador.

[38] Cf. *A Igreja das catedrais e das cruzadas*, índice analítico.

[39] A expressão tornou-se proverbial.

[40] Este movimento é acompanhado por uma desvalorização de Aristóteles, que reinara como mestre sobre o pensamento medieval. A sua física é atacada por todos os sábios; a sua lógica parece uma tagarelice (e, realmente, foi no que se tornou muitas vezes), e a sua metafísica é rejeitada pelos ockhamistas como absurda. O seu velho adversário, Platão, recupera terreno com o desenvolvimento de todas as doutrinas intuicionistas e místicas; é o momento em que a Itália renascente o traz para o primeiro plano (cf. capítulo seguinte), e em que, pouco antes da queda de Bizâncio, em 1438, chega de lá ao Ocidente o primeiro manuscrito completo das suas obras.

[41] Daí o nome de "ruivos" que o povo lhes deu.

[42] Discute-se a origem da palavra. Na Alemanha, um certo holandês chamado Lollard Walter tinha fundado por volta de 1322 uma pequena seita que passou a ter o seu nome; terá sido a mesma palavra que chegou à Inglaterra e foi aplicada aos wiclefianos? Outros se perguntam se não proveio das confrarias que cantavam ao acompanharem os mortos à sua última morada, já que *lullen* significa cantar. Ou, ainda se não significaria "semeadores de joio", de *lolium*, que em latim quer dizer joio.

[43] Cf. cap. II, par. *Um século de caos*.

[44] Wiclef não negava abertamente a Presença real, mas apenas a transubstanciação. Para ele, eram duas coisas diferentes. Mas em que consiste essa doutrina do "realismo"? Não me parece que possa haver outro realismo a não ser o "realismo metafísico", que é o de São Tomás, e que é o oposto do nominalismo de Ockham. Wiclef pensava que, depois da consagração, o pão e o vinho conservam a sua substância e os seus acidentes, e que, na comunhão, o fiel recebe o corpo do seu Salvador apenas em sentido figurado e sacramental, por uma via espiritual. Por conseguinte, interpretava as palavras de Cristo na Última Ceia unicamente em sentido simbólico, e era nesse sentido simbólico que declarava admitir a presença de Cristo na Eucaristia. Para nos expressarmos com exatidão, rejeitava a Presença real *identice et realiter* (de maneira idêntica e real), o que supõe que admitia a presença real *analogice et modo incorporeo* (analogamente e de modo incorpóreo).

[45] É evidente que Venceslau apoiou João Huss unicamente por motivos políticos. A reforma dos costumes não fazia parte das preocupações desse devasso bebedor e desse criminoso que mandou assar o seu cozinheiro para puni-lo de uma falta sem importância, e de quem se contava que, não tendo podido arrancar de São João Nepomuceno, confessor da sua primeira mulher, Joana, o segredo da confissão da rainha, o mandara lançar, de pés e mãos amarrados, no Moldau, onde viram o seu corpo flutuar, luminoso, e deslizar à superfície das águas. ("Contava-se", dizemos, porque um sábio artigo, muito recente, da *Revue d'histoire ecclésiastique*, de Lovaina, parece ter provado que São João de Pomuk, chamado por nós João Nepomuceno, não foi confessor da rainha e que, se realmente o lançaram no Moldava, foi por qualquer motivo não relacionado com a confissão).

[46] Conta-se que uma mulher já idosa levara um feixe de lenha para a fogueira, pois ouvira dizer que desse modo ganharia indulgências. Ao saber disso, Huss murmurou: "*Sancta simplicitas!*"

[47] É preciso não confundi-la com a de 1618, que foi o sinal da Guerra dos Trinta Anos.

[48] A expressão é de Mme. Lefrançois-Pillion, no seu excelente livro *L'art en France au XIVe. siècle*, Paris, 1954.

[49] Lefrançois-Pillion, *op. cit.*, p. 12.

[50] *Idem*, p. 114.

[51] Essa dissociação entre a primazia política e a primazia artística é, aliás, mais um sinal da desagregação das estruturas da cristandade. Nos grandes séculos da Idade Média, o carro-chefe no domínio da arte era a França, potência dominante. Agora esse papel será desempenhado pela Itália, uma península sem nenhuma consistência política.

[52] Sobre Giotto e os seus contemporâneos, cf. *A Igreja das catedrais e das cruzadas*, cap. IX, par. *A exceção italiana e a glória de Giotto*.

[53] Cf. cap. IV, par. *Alvorada de glória sobre a terra italiana*.

[54] A música sofreu uma evolução inteiramente análoga à das artes plásticas. Com Filipe de Vitry (1291-1361), escapa à tirania dos moldes eclesiásticos; a escala moderna é seduzida pelas harmonias que dela se desprendem. Submete-se à cadência perfeita e à disciplina do compasso. Tudo a afasta, portanto, do cantochão da Igreja. Guilherme de Machaut (1300-1377), na sua célebre *Missa*, utiliza a fundo as novas aquisições e notabiliza-se pela ousadia da sua polifonia. Pela primeira vez, uma Missa é concebida como um todo musical, como um gênero que virá a rivalizar com a sinfonia, o concerto e a sonata. Por meio desse compositor, a *Ars nova* influencia grande parte da Europa, antes de sofrer a concorrência da *Ars italiana*.

IV. Os papas da Renascença

Renascença

A Renascença! Basta pronunciarmos as sílabas desta palavra para que nos afluam à memória imagens múltiplas, contrastantes, mas todas igualmente dotadas de um brilho singular.

No alto do andaime erguido na Capela Sistina, Michelangelo, trabalhando deitado de costas durante o dia todo, faz surgir da sua angústia um mundo; e quando o pincel se detém na sua mão cansada, logo um papa imperioso o intima a continuar. Nos jardins da sua *villa* de Careggi, Lourenço o Magnífico, príncipe dos mecenas, escuta os sábios diálogos que a Academia fundada por seu pai mantém sobre Platão, e, depois, ao longo das suas solitárias caminhadas noturnas, recita versos de Angelo Poliziano. Enquanto isso, noutra parte, depois de ter pintado como que por divertimento belas mulheres de sorriso enigmático, Leonardo da Vinci enfrenta outros segredos, procura surpreender o sentido matemático do mundo, sonha com fazer o homem voar à semelhança dos pássaros e substituir o trabalhador pela máquina. Por toda a parte, o espírito humano crepita de inteligência e de gênio; por toda a parte, nos menores burgos e até em obscuros povoados, o imenso talento de três gerações de artistas prepara para o futuro um tesouro inesgotável. Pelas estradas desfilam as cintilantes cavalgadas cuja magnificência será evocada por Benozzo Gozzoli. Um sonho dourado envolve a Itália, sonho feito de luxo e de glória, de paixão criadora e de beleza.

Mas isso será tudo? Esse quadro de luz comporta amplas regiões de sombra, tão profundas que quase ninguém ousa penetrar nelas. Não é sem razão que, numa Florença aterrorizada, a voz de Savonarola, herdeira das vozes inspiradas da Bíblia, anuncia o inevitável castigo: pelos seus pecados abjetos, pelas suas iniquidades e pelas suas violências, essa sociedade satisfeita consigo mesma só faz por merecê-lo, pois o vício está por toda a parte, assim como o sangue e o crime. Uma cruel política — cujo jogo Maquiavel analisa com olhar frio — é levada à prática com a mesma perfeição tanto por um papado armado como pelos tiranos. O punhal fere os Médicis no auge do seu poderio, como fere tantos outros de quem a história não reterá nem os nomes. O horror mistura-se tão intimamente ao belo que acabará por parecer natural. Os mesmos príncipes que se arruínam para ornamentar igrejas são os que mandam cortar em pedaços um adversário vencido, prolongam durante um mês uma execução capital, enterram vivos os seus prisioneiros e chegam a pôr-lhes a cabeça de conserva numa urna com sal. Até sobre os degraus da Sé Apostólica, a voz popular, sem se afastar muito da verdade, denuncia a intriga, o estupro, o veneno e o incesto. Paciência! No horizonte alpino, como se tinha predito, surgem os cavaleiros do Apocalipse enquanto, na praça della Signoria, Florença queima o seu profeta, e já se veem tremular os estandartes franceses na planície de Melegnano, por entre grandes ruídos de lanças.

Imagens contraditórias e, no entanto, indissociáveis. Foi por ter sido simultaneamente voluptuosa e ascética, delicada e terrível, sábia e bárbara, que esta época se revelou, afinal, tão fecunda. O drama que eclode em guerras e em carnificinas traduz um outro drama que se desenrola no fundo das almas; ou melhor, o primeiro ajuda a tomar consciência do segundo. Como não ir até ao extremo de si mesmo quando a vida, ameaçada por todos os lados, é tão curta, quando o veneno do traidor ou o machado do carrasco podem a qualquer momento precipitar o homem no abismo? Se o século é rico em personalidades fora do comum, que em nada se mostram medíocres — nem nas virtudes, nem nos talentos, nem nos vícios —, é porque se trata de um século de prodigiosa fermentação, em que uma nova concepção do homem e do mundo se esforça por nascer, e em que tudo é novamente questionado. Nenhum momento da história ocidental conheceu talvez uma animação criadora tão fantástica, porque nenhum conheceu tal intensidade de vida e um frêmito tão patético. E não deveria ser assim, se toda a grandeza humana nasce sempre na contradição e no combate?

Seria, pois, reduzir singularmente o conteúdo histórico da Renascença tentar defini-la como um simples retorno ao estudo da literatura antiga e como uma redescoberta da arte greco-romana. É certo que a onda que impeliu tantos espíritos a apaixonar-se pelo patrimônio herdado dos antigos influenciou a conduta dos homens e os elementos da civilização; as lições da Antiguidade — ou pelo menos o que então se compreendia como tal — marcaram a vida moral tanto como a criação artística. Mas é preciso reconhecer que a curiosidade pela herança clássica não estava ausente da idade medieval; os mestres da Escolástica tinham sido uns exaltados admiradores dos filósofos gregos, a propósito dos quais tinham até entrado em confronto; e, se a Renascença não devesse ser senão um movimento de curiosidade erudita, seria necessário fazê-la remontar aos sábios professores do palácio de Carlos Magno. No entanto, na época precedente, o estudo do passado pagão não acarretara as consequências que a nova moda devia provocar no século XV. Com efeito, o novo entusiasmo pelas letras e pelas artes antigas não foi senão um elemento, certamente importante, mas não o único, do complexo histórico — simultaneamente social, moral, estético e filosófico — constituído pelo fenômeno que denominamos Renascença.

Pode-se dizer que esse fenômeno marcou um progresso tão decisivo que consagrou uma ruptura com o passado? Etimologicamente, a palavra Renascença assim o supõe, e foi nessa acepção que a tomaram os turiferários dessa época prestigiosa[1]. Para um Michelet — que foi o primeiro, na sua *Histoire de France* de 1855, a empregar o termo para designar um capítulo da história da civilização —, sobretudo para um Burckhardt, e mesmo para um Taine, houve uma quebra no fluir do tempo, uma brusca determinação da humanidade de mudar de rota. Associando-se a uma visão inteiramente injusta da civilização anterior, essa ideia gerou um mito, que muitos espíritos ainda hoje consideram uma verdade: depois da noite sepulcral da Idade Média, a humanidade arranca-se do túmulo e ressuscita. É uma imagem lisonjeadora, que não se destrói facilmente...

No entanto, há mais de cinquenta anos, muitos historiadores têm trabalhado para mostrar como esse esquema é artificial e falso. Um Nordström, por exemplo, discutindo o próprio conceito de Renascença, sustenta que foi o saber adquirido na Idade Média — não o rejuvenescimento do antigo — que fecundou os espíritos. Neste terreno, todo o juízo de valor se revela subjetivo e gratuito. A época em que Michelangelo, Leonardo da Vinci, Rafael e tantos outros multiplicaram as obras-primas eternas é grande, mas a legítima admiração que se experimenta por ela não autoriza a desprezar aquela que a precedeu e que, em grande medida, a explica — a época de Chartres e de Reims, de Dante e de São Tomás de Aquino.

Queremos então dizer que não houve um alargamento do horizonte humano? Nas escolas, é comum relacionar a Renascença com um certo número de invenções e de descobertas que se realizaram nessa época. No dia em que Gutenberg concebeu a ideia de representar cada letra num pequeno pedaço de madeira — e depois de metal — gravada em relevo, o que permitia ao pensamento escrito reproduzir-se num considerável número de exemplares, conseguiu sem dúvida que o espírito humano desse um notável passo à frente. E quando, na mesma ocasião, do seu laboratório de Sagres, Henrique o Navegador lançou os seus marinheiros à conquista de um mundo a partir de então ilimitado, também é verdade que ele e os seus sucessores, os Cristóvão Colombo, os Bartolomeu Dias e os Vasco da Gama, abriram à inteligência novas perspectivas[2].

No entanto, seria exagerado atribuir exclusivamente às invenções e descobertas a responsabilidade da evolução psicológica que se observa. Em primeiro lugar, porque a sua influência imediata foi muito menos rápida do que comumente se imagina. A imprensa — inventada por volta de 1450, isto é, numa data em que a Renascença já se tinha iniciado na Itália — não se espalhou como um rastilho de pólvora; se foi usada em Veneza quase ao mesmo tempo que em Estrasburgo, já Bolonha e Florença só a adotaram em 1471, e Palermo pouco antes de 1490. Durante muito tempo, esse processo foi apanágio dos ricos, porque os primeiros livros impressos custavam caro: a Bíblia que Mentel imprimiu em Estrasburgo, em 1466, valia o equivalente a três bois[3]. Por outro lado, muitos espíritos notáveis desconfiaram da nova técnica, preferindo os belos manuscritos: o humanista alsaciano Wimpfeling era um deles ainda em 1507...

Quanto aos descobrimentos geográficos, foram olhados durante muito tempo com uma espécie de desdém. No momento em que Cristóvão Colombo punha o pé na América, a Florença de Savonarola zombava da hipótese de que a terra fosse redonda, e, em 1539, nem a *Descrição do mundo* de Tiago Signot, nem a *Compilação das diversas histórias das três partes do mundo*, de Boemus, aludiam ao novo continente. E, sobretudo, que razão essencial haveria para que os aperfeiçoamentos técnicos e os novos conhecimentos modificassem como modificaram a estrutura moral da civilização? Havia muito tempo que o livro, mesmo manuscrito, levava o pensamento para longes terras e, por outro lado, a madeira esculpida, meio de reprodução mecânica, era de uso corrente. Contrariamente às ideias que se sustentam, a Idade Média não viveu curvada sobre si mesma: leu muitos relatos de viagens com aventuras prodigiosas, como a de Marco Polo.

Para que a Renascença adquirisse as características que lhe conhecemos, foi necessário que houvesse outra coisa, que a renovação dos dados da inteligência e da arte se produzisse num meio muito particular e que sucedesse a uma evolução já longa, durante a qual a humanidade preparou pouco a pouco uma mudança de bases. No que tem de verdadeiramente importante para a história espiritual do Ocidente, a Renascença nasceu do encontro entre um clima e um estado de espírito.

Esse clima foi o da Itália. É preciso enfatizá-lo: a Renascença, tanto substancial como cronologicamente, foi um fenômeno italiano. O movimento nasceu na Península e foi dela que recebeu o seu mais forte impulso. Enquanto todo o resto do Ocidente era ainda teatro da agonia da civilização medieval, em Florença, em Siena, em Veneza e em Roma operava-se já um novo nascimento. Observa-se um impressionante intervalo de tempo entre a Renascença italiana e os fenômenos que se designam pelo mesmo nome na França ou na Alemanha; construía-se o gótico a oeste dos Alpes no momento em que Brunelleschi edificava a cúpula de Santa Maria della Fiore, e nas margens do Loire e do Sena os artistas e os escritores começarão a duras penas a elaborar o seu próprio classicismo quando, nas margens do Arno e do Tibre, já se estará no barroco.

Por que motivo essa Itália, relegada durante longos séculos a um segundo plano, assumiu a liderança da civilização ocidental? Não se compreendeu muita coisa quando se evocaram como causas a presença no seu solo de numerosos mármores antigos, a beleza da sua luz e das suas paisagens, e a propensão dos seus tiranos para se tornarem mecenas. A verdade é que, durante dois séculos, se produziu nessa terra afortunada um desses jorros de seiva criadora, uma dessas proliferações de gênios e de talentos — como se verificou na Grécia de Péricles, na França do século XII ou na de Luís XIV —, que escapam a toda a explicação determinista e que dão ao homem a certeza da sua grandeza. Mas, produzindo-se na Itália, esse maravilhoso fenômeno surgiu também com a marca de um país que fora moldado por séculos de anarquia e de violência. A total ausência de unidade, o constante estado de rivalidade entre os príncipes e entre as cidades, a enorme importância assumida pelo dinheiro, enfim, toda a situação sócio-política condicionava um clima psicológico e moral em que, certamente, se poderiam afirmar personalidades vigorosas, mas em que também seriam explicáveis os piores desvios.

Esse clima era, portanto, singularmente favorável a que explodissem até ao paroxismo as forças que há muito tempo vinham trabalhando o mundo ocidental. É aqui que devemos lembrar-nos de todos os sintomas de decomposição e de declínio que se manifestaram durante os últimos cento e cinquenta anos da Idade Média. Como vimos, esboçara-se pouco a pouco um novo estado de espírito: o pensamento tendia para a emancipação; a personalidade, irritada com as dependências morais e sociais que lhe eram impostas, fizera abalar as disciplinas básicas, e o próprio sentido da vida parecia prestes a ser questionado.

Ao penetrar na Itália, esse estado de espírito encontrou nela as circunstâncias mais propícias que se possam imaginar para o seu pleno desenvolvimento. Se alguma terra no mundo conhecia o "acre sabor da vida", era com certeza a Península. O sentido do destino pessoal, que quinze séculos de cristianismo haviam formado, mas que só o cristianismo permitira pôr a serviço dos objetivos da comunidade, não conheceria medida alguma nesse universo de lutas e dilaceramentos, e teria como resultado não só a eclosão do gênio — que tenderia a tornar-se a norma de valor —, mas também a afirmação brutal da personalidade, guiada apenas pelos seus interesses, pelo amor à glória ou pelas paixões. Os laços sociais, afrouxados ou rompidos no meio da anarquia, não podiam deter o indivíduo nesse declive a que era conduzido pelo seu egoísmo. A mutação das ideias, dos princípios e dos costumes não seria, portanto, como muitas vezes se tem repetido, consequência da renovação da cultura antiga; a moda "pagã" nada mais fez do que dar a esse fenômeno alguns traços pitorescos e um verniz de justificação. Mas não há dúvida de que a Itália, pátria eleita dessa "renascença", era realmente a terra mais bem preparada para que esse processo atingisse o seu auge.

Perante esse fenômeno, que causaria a mais grave revolução conhecida até então pela história das ideias, que faria a Igreja? Saberia, em primeiro lugar, que caminho seguir nesse mundo ambíguo onde eram possíveis todas as contradições? Procuraria opor-se a essa corrente de pensamento, a essa irrupção de seiva, ou, ao contrário, tentaria imprimir a marca de Cristo nessa civilização nascente? Entre as verdades imutáveis — de que fora a guardiã — e os novos dados do mundo, consagraria uma ruptura ou operaria uma síntese? E, para que a evolução não se operasse contra ela, contra os seus dogmas, chegaria a conservar o necessário domínio sobre os espíritos e a necessária autoridade sobre as almas, quando ela própria — a começar pelos seus chefes, os papas — estava envolvida, penetrada, contaminada talvez, pela atmosfera inebriante e perniciosa do lugar e da época? Será preciso muito tempo, serão precisas muitas crises e sofrimentos, antes que a Esposa de Cristo esteja em condições de responder a essas perguntas.

Um pontificado de transição: Nicolau V

O ano de 1450 foi digno de ser destacado nas crônicas romanas como um ano glorioso. O Jubileu, que durante doze meses desenrolou uma após outra as suas cerimônias, ficaria na lembrança de todos como o mais brilhante que se vira desde há muito tempo. Para encontrar outro tão memorável, seria preciso remontar a um século e meio atrás, ao Jubileu de 1300, que, louvado por Dante, um dos peregrinos[4], fora celebrado pelo infeliz papa Bonifácio VIII, pouco tempo antes de Filipe o Belo ter lançado contra ele o seu terrível ataque. Muitos outros ataques, também sacrílegos, tinham sido lançados contra a Sé Apostólica durante esses cento e cinquenta anos, mas, louvado seja Deus!, todos tinham degenerado em fracasso e o sucessor do apóstolo tornara-se o chefe único e legítimo do povo fiel. Por isso, agora todos se comprimiam para o ver e aclamar.

Embora se tivesse improvisado um milhar de hospedarias, e os particulares cedessem — por bom dinheiro, é claro — até o menor dos compartimentos das suas casas, houve tantos peregrinos sem alojamento que foi necessário abrir-lhes as igrejas. A própria peste, que se deu por convidada, não conseguiu esfriar o zelo desses milhares de almas piedosas. A canonização de São Bernardino de Sena, proclamada nesse ano, arrastou multidões; o bom pregador era muito popular e toda a ordem franciscana se esforçou por aquecer a opinião pública, a fim de imprimir o desejado esplendor à glorificação de um dos seus membros. O número de peregrinos era tão grande que um dia, na ponte de Sant'Ângelo, os empurrões fizeram cair ao Tibre duzentos ou trezentos deles; evidentemente, não se podia imaginar prova mais categórica de êxito.

O papa que presidiu às cerimônias foi *Nicolau V* (1447-1455), um desses italianos franzinos, ou melhor, desproporcionados, mas cujos olhos faíscam de inteligência e cuja língua está sempre pronta para as réplicas mais sutis. Oriundo da média burguesia — era filho de um médico de Sarzana, na costa da Ligúria —, devera a sua carreira apenas ao seu espírito. Começara por fazer-se cartuxo, depois fora estudante em Bolonha, mas, por falta de dinheiro, empregara-se como preceptor em casa de uns ricos e, dessa experiência, conservara durante toda a vida uma grande simpatia pelos intelectuais pobres.

Já sacerdote, entrara para o serviço do piedoso cardeal Nicolau Albergati, cujo nome usaria por gratidão depois de eleito papa. Atraíra as atenções durante o Concílio de Florença, pois a sua ciência em teologia, exegese e história sagrada habilitara-o a enfrentar os gregos em longas discussões. Grande letrado, contara com o apoio de influentes grupos de escritores, cujo papel começava a não ser medíocre.

Por isso, quando, com a morte de Eugênio IV, ficara patente que nem os Colonna nem os Orsini conseguiriam impor um dos seus ao Sacro Colégio, facilmente se chegara a acordo em torno do nome de Tommaso Parentucelli.

A situação em que encontrou a Sé Apostólica era incontestavelmente boa, como não se via há muito tempo. A autoridade pontifícia, abalada pela crise do Grande Cisma, discutida pelos teóricos do primado conciliar, estava agora consolidada. Martinho V e Eugênio IV tinham trabalhado bem para que os seus sucessores fossem poderosos, e o próprio Nicolau V, com a sua flexibilidade, não contribuiu pouco, já desde os começos do seu pontificado, para pôr fim à provação da Igreja. Seduzidos por hábeis concessões, os principais chefes do Concílio de Basileia[5] tinham acabado por submeter-se; o próprio antipapa Félix V tivera o mesmo gesto quando estava para morrer, como também estava o único cardeal que teria prolongado a resistência: o de Arles, Luís Aleman. A França do rei Carlos VII reentrara solenemente no seio da igreja romana, no meio de um aparato de procissões e de explosões de alegria. As tendências conciliares só se manifestavam nos escritos de alguns obscuros foliculários, sobre os quais os teóricos do poder absoluto — João de Torquemada, Pedro del Monte, Santo Antonino e Rodrigo Sánchez de Arévalo — alcançavam retumbantes vitórias com os seus tratados. A "grande legação" de Nicolau de Cusa na Alemanha, a de São João de Capistrano na Europa central e a do cardeal Estouteville na França, embora com resultados desiguais, difundiam em longes terras as instruções pontifícias.

Portanto, a partida estava ganha, e Nicolau V, na glória do ano jubilar, bem podia julgar que se regressara ao tempo de Gregório VII ou de Inocêncio III. Apenas quinze meses depois de todo o fausto ter terminado (em março de 1452),

Frederico III deslocava-se a Roma para celebrar, com festas de grande esplendor, não só o seu casamento com Leonor de Portugal, mas também a sua coroação. "Outrora", notou o sempre lúcido Sílvio Piccolomini, "outrora era o imperador quem elegia o papa; hoje, é o papa quem o domina". Colocando a coroa sobre a cabeça de um imperador alemão, Nicolau V dava ao mundo cristão a prova visível da vitória do papado.

Essa vitória era real, mas teria o alcance que o bom povo embasbacado se inclinava a atribuir-lhe quando aclamava pelas ruas da cidade o cortejo dos dois líderes do Ocidente? Talvez não. A ideia medieval de uma cristandade reconstituída, harmoniosamente governada pela autoridade das duas espadas, que a visão de uma harmonia tão tocante entre o imperador e o papa sugeria, era anacrônica, estava ultrapassada para todo o sempre. Cada vez mais os grandes países da Europa iriam comandar o seu próprio destino, sem se preocuparem com o que não favorecesse os seus interesses.

Na Alemanha, onde ainda não existia o sentimento nacional, o medíocre *Frederico III* (1435-1493), um Habsburgo sem prestígio, ia, no entanto, preparar o poder e a glória da sua família ao acertar em 1477 o casamento do seu filho *Maximiliano* com a rica Maria de Borgonha, única herdeira dos vastos domínios de Carlos o Temerário.

A França, que saíra alquebrada de uma guerra centenária, refazia rapidamente as suas forças graças à firme sabedoria de *Carlos VII* (1422-1461); no período seguinte, com *Luís XI* (1465-1483), abateria a ambição dos grãos-duques de Borgonha e acabaria de reunir as suas terras em volta da coroa capetíngia, que parecia cada vez mais nacional, absoluta e indiscutida.

Na Inglaterra, atingir-se-ia idêntico resultado, embora por um processo diferente: a dureza amarga de uma guerra ruinosa e sem proveito, aliada à fraqueza de Henrique VI e dos seus sucessores, provocaria uma crise cujo pior episódio seria a atroz *Guerra das Duas Rosas* (1455-1485), que, durante muito tempo, obrigaria esse país a ocupar-se apenas de si, do seu drama, até o momento em que, com *Henrique Tudor* (1485-1509), se instalasse no trono o absolutismo.

Quanto à Espanha, dividida em quatro reinos — sem falar no reino mouro de Granada — muitas vezes em guerra uns com os outros e muitas vezes também a braços com uma verdadeira anarquia, com as suas classes dirigentes divididas entre "castelhanos e aragoneses" (como tinham estado as da França entre "armagnacs e borgonheses") encontrava-se ainda entregue a um destino obscuro e solitário, do qual a arrancaria, em 1469, o casamento de amor de dois jovens predestinados.

Nicolau V era extremamente arguto para não se aperceber exatamente da situação. Indiscutido agora como papa, não podia no entanto pretender arvorar-se em senhor superior dos Estados e impor-lhes a sua lei, como o tinham feito os seus predecessores dos séculos XII e XIII. O ideal teocrático já prescrevera; só se voltaria a falar dele por motivos diplomáticos, aliás sem que lhe dessem muito crédito. Era preferível chegar a um entendimento com as novas forças. Na França, fechar-se-iam os olhos à estranha maneira como os reis tinham proclamado unilateralmente a *Pragmática Sanção de Bourges*[6] para fazer do clero um instrumento do absolutismo. Na Alemanha, a *Concordata de Viena*, assinada em 1448, podia servir de modelo aos acordos que a Santa Sé procuraria estabelecer com os Estados daí por diante; era-lhe reconhecido o direito às anatas e reservas, mas, como se permitia que os bispos fossem eleitos, só lhe assistia o direito de confirmar a escolha.

Assim, devido às circunstâncias, Nicolau V era um papa italiano pelo menos tanto quanto pontífice universal. O Sacro Colégio, que no tempo de Avinhão tivera uma esmagadora maioria francesa, fora substituído por outro em que, ao lado de alemães e espanhóis, eram numerosos os cardeais italianos. Quanto ao papel cada vez mais distante de chefe da cristandade e de árbitro do Ocidente, Nicolau V — e os seus sucessores seguir-lhe-iam o exemplo — resolveu assumi-lo no quadro mais restrito da Península, onde, aliás, estavam em jogo os interesses imediatos da Sé Apostólica e dos seus Estados.

A Itália era então, mais do que nunca, um mosaico de reinos, ducados, cidades e repúblicas, onde cada um desses elementos se preocupava exclusivamente com os seus interesses. Ao norte, encontravam-se a poderosa e sereníssima Veneza, o ducado de Milão, Gênova na costa da Ligúria e, a cavalo sobre os Alpes, estendendo-se para oeste até o Saône, o ducado da Savoia; ao sul, o reino de Nápoles, mais extenso do que poderoso, e o da Sicília que, com a Sardenha, dependia dos espanhóis; entre os dois, na Itália central, alongados obliquamente de Mântua a Gaeta, desconexos, os territórios pontifícios achavam-se numa situação bastante perigosa, que em nada melhorava com a presença, no seu flanco, de Florença e das suas ambições. Indispensável numa conjuntura em que, sem terras e sem armas, o papado teria sido um brinquedo nas mãos dos políticos, a posse de tais domínios não seria um grilhão muito pesado para ser arrastado pelo Vigário de Cristo?

Havia mais de um século que, depois das inúteis tentativas de Roberto de Anjou e, mais tarde, de Carlos IV da Boêmia, ninguém voltara a pensar em unificar a Itália. Isso parecia inconcebível. A rivalidade entre esses pequenos Estados, que seria tão beneficiosa no plano artístico, já no plano político dava lugar a uma situação permanente de anarquia, de guerras e de revoluções. Um jogo perpétuo de alianças assinadas, depois traídas, e mais adiante refeitas em novas combinações, alimentava uma febre que parecia incurável. Os *condottieri*, esses empreiteiros de guerras sempre prontos a seguir quem melhor lhes pagasse — e também a trair toda a causa que deixasse de ser rendosa —, contribuíam para manter uma desordem que era a sua razão de viver. No interior de cada um dos Estados, a anarquia, como de costume, engendrara a tirania — dinástica em Nápoles; nobiliária em Mântua com os Gonzaga, em Ferrara com os Este, em Verona com os della Scala; e militar em Milão, onde os Sforza se instalaram em 1450 —, falsamente democrática, mas na realidade plutocrática em Veneza e em Gênova, e bizarramente burguesa em Florença que, desde 1434, estava nas mãos dos banqueiros Médicis. Numa situação tão inquietante, explicava-se, pois, que um papa clarividente considerasse como um dos seus primeiros deveres salvaguardar a independência da sua cidade e dos seus Estados. Daí a sua estratégia.

Parece ter sido Nicolau V quem concebeu a ideia de que o papado poderia constituir o elemento ordenador de que a Península carecia tão cruelmente. E foi ele também quem se apercebeu de que o esfacelamento e a desordem poderiam fornecer muitos pretextos aos estrangeiros, principalmente aos franceses e aos imperiais, para intervirem na Itália. Com a mediação de um religioso agostiniano, Simonetto de Camerino, empreenderam-se negociações secretas para estabelecer uma aliança entre Veneza e Milão; depois, Florença foi convidada a juntar-se a esse bloco, e a paz de Lodi (1454) selou então, sob a égide do papa, essa "Liga itálica" que seria a primeira tentativa de confederar numa nação um mosaico de Estados. À iniciativa pontifícia seguiu-se um período de relativa tranquilidade durante cerca de trinta anos: Alexandre VI e, mais tarde, Júlio II retomariam essa política por outros meios.

A ideia era certamente judiciosa e fecunda, mas não punha o papado em perigo? Soberano temporal como senhor dos "Estados pontifícios" e, por esse motivo, a braços com todas as dificuldades que os governos italianos enfrentavam, sempre em conflito com os pequenos tiranos que usurpavam os seus direitos em Perugia, em Urbino, em Rimini e em Bolonha, continuamente ameaçado pelos motins populares, pelos conluios dos barões e pelas conspirações dos burgueses, o papa, deliberadamente envolvido na política italiana, não corria o risco de tornar-se cada vez mais um soberano temporal, tendo interesses a defender, tal como os seus parceiros, e utilizando para isso os mesmos meios — pouco edificantes — de que eles dispunham? Não podia deixar de ser assim, e o sábio Nicolau V, muito inconscientemente, preparou o caminho para as intrigas de Alexandre VI e para a política militar de Júlio II.

Mas foi ainda e sobretudo de outra maneira que o pontificado deste homem de bem assinalou uma transição. Em Florença, onde tinha vivido, estivera em contato com a elite do movimento literário e artístico, e apaixonara-se por ele. Muitas vezes, nos dias da sua juventude, tinham-no ouvido dizer que, se fosse rico, se arruinaria comprando livros e objetos de arte. Uma vez papa, pôde realizar o seu sonho. Elaborou-se no seu espírito um projeto grandioso: Roma, capital da fé esclarecida pelo Espírito Santo, devia ser também a capital do espírito que guiaria a arte e a inteligência. Essa cidade que ele encontrara em ruínas tinha de tornar-se a mais bela do mundo e o mais ativo centro de cultura da época!

Julgou-se, portanto, no dever de convocar os artistas, e estes, encantados, acorreram em massa não só de todas as regiões da Itália, mas também da França, da Alemanha e da Espanha. Arquitetos, escultores, pintores, ourives e bordadores, todos começaram a trabalhar intensamente. A Cidade Eterna mudou de aspecto e conceberam-se planos grandiosos que encheram de admiração os contemporâneos. Reformaram-se as quarenta igrejas onde, nos dias indicados pelo missal, se celebrava a Missa do Papa. Também não se desprezou o lado prático — muralhas, aquedutos e fontes. Mas, sobretudo com a ajuda do genial *Leo Battista Alberti*, cujos dez livros sobre *A arte de construir* o haviam maravilhado, Nicolau V pensou em fazer do Vaticano, de Città Leonina e de São Pedro um conjunto arquitetônico que não tivesse rival em parte alguma.

Cercada de muralhas inexpugnáveis, a cidade pontifícia converteu-se simultaneamente numa praça fortificada e num palácio. Os melhores pintores, com Fra Angelico à frente, cobriram com obras-primas todas as superfícies aproveitáveis. Quanto à basílica sob a qual dormia o Príncipe dos Apóstolos, ultrapassou em magnificência tudo o que se podia ver à face da terra; para lhe dar espaço, não se hesitou em derrubar a venerável construção constantiniana — essa testemunha das fidelidades antigas —, numa espécie de sacrilégio que viria a ser muito criticado.

Tão amigo das letras como das artes, Nicolau V não deixou de chamar intelectuais para junto de si, como chamara pintores ou arquitetos. Depositava tanta confiança neles que se chegou a ver à sua volta certos escrevinhadores muito pouco dignos de respeito. Mandou que traduzissem Homero, Estrabão, Heródoto, Tucídides, Xenofonte, Diodoro e, naturalmente, Platão e Aristóteles. E sobretudo — este é, sem dúvida, o seu maior título de glória — tomou a peito reunir os manuscritos preciosos e os livros raros que iriam constituir a *Biblioteca do Vaticano*. As esmolas recolhidas por ocasião do Jubileu de 1450 foram amplamente utilizadas para esse fim. Daquilo que outrora fora colecionado pelos papas letrados, desde os tempos de Pepino o Breve e de Carlos Magno, pouco ou nada restava: o melhor ficara em Avinhão ou fora levado para Paris. Pacientemente, como um bibliófilo experiente, Nicolau V mandou sair à caça de bons exemplares, e para isso mobilizou numerosos emissários, enviando-os a toda a parte. Quando morreu, a "Vaticana" contava perto de mil e quinhentos volumes, dos quais oitocentos e vinte e quatro eram manuscritos latinos.

Assim, Nicolau V foi o primeiro "papa da Renascença", o primeiro sucessor de Pedro que teve a ideia de pôr a serviço da glória de Deus e da sua Igreja o impulso criador que agitava então a Itália. Essa ideia era bela e grande, mas seria também sem perigo? Introduzir na corte pontifícia, e até nos mais altos conselhos da Igreja, homens cuja moralidade estava muitas vezes sob suspeita, não seria abrir a porta às piores influências? Preocupar-se tanto com a erudição e com a arquitetura não seria correr o risco de desprezar interesses mais sérios? Quanto ao ponto essencial em que teria sido indispensável que a Igreja agisse vigorosamente, isto é, quanto à sua própria regeneração, não parece que Nicolau V tenha feito mais do que pronunciar belas palavras, o que não é de estranhar, porque não havia naquele momento ninguém que não tivesse a palavra "reforma" na boca. Não seria este brilhante pontificado que entraria no campo das realizações...

No entanto, no decurso do ano de 1453, a Providência fez a Nicolau V duas advertências, ambas trágicas, como para lembrar-lhe que a política italiana e o desenvolvimento das artes e das letras não deveriam ser os únicos assuntos com que um papa tinha de preocupar-se. Um desses intelectuais que ele apreciava tanto e nos quais depositava tanta confiança, Estêvão Porcaro, perigosamente exaltado pela leitura dos historiadores antigos, pretendeu restabelecer a república romana e julgou-se um novo Graco. Tramou uma conspiração perfeitamente armada, que visava nada menos do que incendiar o Vaticano durante uma Missa cantada e prender o papa! A conjuração foi descoberta e Porcaro enforcado, mas era um péssimo sinal. Alguns meses mais tarde, a tomada de Constantinopla pelos turcos foi outro aviso, ainda mais dramático.

Quando morreu, dois anos mais tarde, após longos sofrimentos corajosamente suportados, teria Nicolau V compreendido essa dupla advertência do céu? Os romanos choraram-no, mostrando-se agradecidos àquele que tinha "embelezado com todos os recursos da arte, enriquecido com livros e tapeçarias e ornamentado magnificamente" a sua cidade. Assim o diz, em termos harmoniosos, o epitáfio que se pode ler sobre o seu túmulo em São Pedro, tal como o redigiu em suprema homenagem outro notável letrado: o futuro papa Enéas Sílvio Piccolomini.

Alvorada de glória sobre a terra italiana

Havia muitos anos que era possível observar esse poderoso movimento, voltado para as obras da inteligência e da beleza, com que Nicolau V quisera beneficiar a Igreja. Era como uma primavera sobre a terra italiana, brotando por toda a parte em maravilhosas florações, uma alvorada de glória que iluminava essa região afortunada e que, dentro em breve, se transformaria na luz plena de um fulgurante meio-dia.

Quando é que começara esse fenômeno, graças ao qual a Península, até então relativamente pouco fecunda e criadora, iria colocar-se acima de todos os países do Ocidente?

Para encontrarmos a sua origem, teremos de remontar muito longe. Em pleno século XIII[7], já os arquitetos que construíam a dupla basílica franciscana de Assis ou as catedrais de Siena e de Orvieto tinham combinado muitos elementos pessoais com as lições dos seus mestres góticos; os escultores pisanos, afastando-se dos estatuários de Chartres ou de Reims, e inspirando-se nos túmulos antigos e nos marfins, tinham dado à arte da modelagem um ímpeto e uma profusão desconhecidos; o romano Cavallini e o florentino Cimabue tinham procurado arrancar a pintura às servidões hieráticas que os *bizantineggianti* lhe haviam imposto durante muito tempo; Duccio e Simone Martini tinham-lhe imprimido uma suavidade que nunca seria esquecida em Siena; e, por fim, um prodigioso gênio, tanto pelo seu impulso interior como pela sua técnica, abrira à arte do pincel novas perspectivas: Giotto. Por volta de 1350, dois conjuntos — em Florença, a sala do capítulo de Santa Maria Novella, obra do misterioso Andrea de Firenze[8], e em Pisa o alinhamento de horrores do Campo Santo, em que haviam rivalizado Orcagna e Traini — ofereciam o exemplo de uma arte ainda longe da sua plenitude, mas cujas realizações ultrapassavam o estágio das promessas.

Pouco a pouco, mas em breve com uma força irresistível, esse movimento que pretendia renovar todas as artes manifestara-se na sua amplitude. Tinham intervindo muitos elementos, correntes e influências, o que aliás é mais fácil de observar do que de interpretar. As grandiosas ruínas espalhadas pelo solo italiano tinham sido arrancadas a um sono que se assemelhava ao da morte e encaradas — por quê? — com novos olhos. Tratara-se, verdadeiramente, de uma "renascença".

Subitamente, tentara-se compreender a linguagem plástica de que se tinham servido os mestres da Grécia e de

Roma; na perfeição dos capitéis e das colunas, haviam-se descoberto as leis que regem os corpos humanos, e, manuseando o tratado de Vitrúvio, tinham-se voltado a encontrar princípios esquecidos na arte de construir. Esse regresso ao passado mais antigo, constituíra, pois, um rejuvenescimento, provocando uma profunda mudança de intenções e de meios que julgava nada mais dever aos ensinamentos mais próximos.

Tinham intervindo ainda outros elementos, que não estavam em relação direta com o retorno ao antigo, mas que caminhavam no mesmo sentido. O amor pela natureza e um gosto cada vez mais acentuado pelo real e pelo verdadeiro, que eram, aliás, uma herança da moribunda Idade Média, tinham contribuído para emancipar as artes, pelo menos tanto como a imitação das ruínas e das estátuas antigas. Paisagens, árvores em flor, animais e sobretudo homens — os principais objetos da arte dali por diante — tinham passado a ser estudados minuciosamente, e essa atenção apaixonada abria ilimitados campos de experiência aos criadores.

Certos aperfeiçoamentos técnicos tinham também contribuído para essa renovação, principalmente no que diz respeito aos pintores, pois esses não recebiam quaisquer lições dos antigos. Flandres transmitira-lhes o óleo, que em breve a Itália aperfeiçoaria ao máximo. Sobre as vastas superfícies que o arquiteto lhes reservava, os autores de afrescos tinham, em duas gerações, dominado esse processo, que requer um golpe de vista fulgurante e mão prodigiosamente segura. E Giotto, o primeiro mestre da perspectiva, ensinara-os a fugir à tirania das rasas suntuosidades bizantinas, a vazar decididamente as paredes e a criar sobre elas um mundo.

No limiar do *Quattrocento* — o nosso século XV —, todas essas aquisições estavam firmadas e todos esses elementos em condições de tornar-se medula e sangue. E deu-se então, graças a uma coincidência providencial, esse fenômeno ao qual é necessário sempre retornar e que constitui a chave, misteriosa e soberana, da Renascença italiana: a eclosão, a proliferação, a acumulação de gênios e de talentos. Durante cerca de duzentos anos, a Península fará surgir tantos artistas de primeira plana que nunca, em qualquer outra parte, se verá tão grande multidão. Gênios multiformes, quase todos capazes de exprimir-se em todas as artes plásticas — e alguns deles, como um Alberti ou um Leonardo da Vinci, capazes de ultrapassar todos os limites —, talentos sem número, prontos a captar todos os matizes da inesgotável corrente que atravessava a época, esses homens marcarão tão profundamente a sua sociedade que é através deles que ainda hoje a consideramos magnificente.

Livres das preocupações cotidianas pelo apoio de todos esses príncipes e tiranos que viam no mecenato um modo de darem ao seu poder um prestígio que não obtinham das suas origens nem do seu comportamento — os Médicis de Florença, os Sforza de Milão, os Malatesta de Rimini, os Gonzaga de Mântua, os Este de Ferrara... e os papas! —, seis gerações de artistas terão mais de dois séculos para transmitir a sua mensagem. A história da sua obra criadora constitui uma das páginas mais grandiosas da civilização do Ocidente[9].

Tem-se concordado em dividir essa história em três períodos. No momento em que morria Nicolau V, terminava o primeiro, aquele em que, como vimos, os primitivos do *Trecento* tinham forjado pouco a pouco uma concepção e um método que a primeira geração do século XV levaria a resultados admiráveis. Em breve será o tempo dos êxitos sem par, a idade do pleno esplendor, em que brilharão os nomes de uma tríade única — Leonardo da Vinci, Michelangelo e Rafael. Depois, mais tarde (no século XVI), após a morte do velho solitário da Sistina e de Ticiano, os gênios darão lugar aos talentos, ainda grandes e capazes de servir de mestres ao resto do mundo, mas não iguais aos seus predecessores do século de ouro.

Quem poderá descrever a beleza dessa primeira Renascença italiana que, por volta de 1450, se encaminhava para a sua culminância, com o seu encanto aveludado, o seu frescor e a sua inesgotável variedade? Ainda se observa nela qualquer coisa de desajeitado e de inacabado, que dá às suas obras-primas um ar patético, ausente das obras de êxito impecável. Trata-se sem dúvida de uma alvorada, da hora das requintadas delicadezas, de uma primavera em que a infinita riqueza dos possíveis permanece cativa de um botão de rosa, sempre mais comovente que a flor em pleno desabrochar.

Houve uma cidade que esteve incontestavelmente à frente de todas durante esse período de primeira florescência, a mesma cidade onde, junto de um palácio com aspecto de fortaleza, Tommaso Parentucelli, o futuro papa Nicolau V, se iniciara na vida do espírito: *Florença*. Enquanto Veneza, sentada sobre as suas sacas de ouro, procurava ainda o modo de exprimir o seu mistério, feito de cupidez e de febre, de sonho e de sensualidade; enquanto Roma, recentemente reocupada pelos pontífices, curava as suas chagas; enquanto Nápoles dormia tranquilamente sobre a sua pitoresca imundície, a cidade do lírio vermelho, o orgulho dos Médicis, a terra natal de Giotto e de Dante, fizera já surgir das suas estreitas praças tantos homens e tantas obras que o nosso espírito se detém perplexo diante de tal fecundidade.

Não era uma arte sem obras-primas, nem uma arte cujo futuro parecesse indeterminado. Em Veneza, em Bérgamo e em Milão, a arquitetura procurava o seu caminho no gótico eriçado da catedral lombarda, no gótico paradoxal do Palácio dos Doges, na sobrecarga e na heterogeneidade da Cartuxa de Pavia. Mas, em Florença, *Brunelleschi* (1377-1446) retomava o sonho de Arnolfo di Cambio e, plasmando-o num bater de asas, coroava Santa Maria della Fiore com essa cúpula de um duplo octógono esférico perfeito que, solidamente assentada sobre as suas bases de mármore branco e negro, elevava a Cruz de Cristo a cento e quinze metros de altura sobre a cidade; uma cúpula considerada imediatamente tão exemplar que, por sua causa, a própria palavra *duomo* — domo ou cúpula — passou a designar em italiano todas as catedrais.

A seguir, não contente com ter erigido esse pistilo na fulva corola das colinas florentinas, e mostrado assim à sua época toda a majestade que essas massas aéreas acrescentavam aos edifícios da igreja, o inesgotável mestre desvendava-lhe em San Lorenzo e em Santo Spirito a beleza das colunas em substituição dos pilares e o arco românico em lugar da ogiva, e desse modo reconduzia a nave cristã às suas mais antigas tradições, ou seja, à sobriedade das basílicas. De um momento para outro, quantos não se lançaram na sua esteira! Depois dele, já não se construiria como até então. O calmo Michelozzo seguiria o mesmo caminho no convento florentino de São Marcos e na capela milanesa dos Portinari, e entretanto surgiria um homem de gênio, espírito universal, *Leo Battista Alberti* (1402-1472), que formularia num tratado célebre os princípios desse imenso contributo.

Mais ainda, a escultura foi a grande arte florentina, aquela em que os inumeráveis gênios que a cidade produzia souberam descobrir como ninguém a fórmula e a expressão de uma prodigiosa expectativa. Rivalizando sem cessar em concursos que visavam suscitar obras-primas, confundidas todas as idades, aplicados todos os temperamentos aos mesmos temas, os artistas da pedra e do bronze viveram durante anos e anos numa estranha febre criadora, como se todo o gênio da raça tivesse esperado desde sempre por esse instante único para se imortalizar em formas que se chamariam o São João Batista, o Colleone e o Portone di Bronzo, que identificariam Florença para todo o sempre.

Todo o saber do passado foi retomado e se dulcificou como o mel. As lições dos velhos mestres de Orvieto e, para além deles, as menos conhecidas lições dos estatuários franceses, as dos mármores que a terra materna oferecia em abundância, as dos pisanos e do másculo gênio Jacobo della Quercia — reinventor da perspectiva esculpida, autor desse baixo-relevo de São Petrônio em Bolonha diante do qual o pequeno Michelangelo passava horas —, todas essas lições foram meditadas e aprofundadas. Mas foi-lhes acrescentado algo de fulgurante, algo que, rompendo subitamente o curso de uma evolução estética, fazia surgir, como coisa nova apesar de todas as influências, a obra-prima que se impõe ao tempo.

Assim, vencedor de Brunelleschi no concurso aberto para uma porta de bronze para o batistério de Florença, *Lorenzo Ghiberti* (1378-1455) mostrou que o baixo-relevo esculpido tinha os mesmos recursos que a pintura para evocar a vida e dar às cenas de personagens a sua profundidade e o seu espaço.

Afastando-se duramente dessa maravilhosa arte das imagens — que, no entanto, Michelangelo declararia digna do Paraíso —, *Donatello* (1386-1466) exprimiu irrecusavelmente nas suas figuras de santos e de profetas, bem como nos seus nus crispados, visíveis por entre as leves pregas das roupas, esse drama humano que o autor dos

"Escravos" havia de elevar até ao cume do trágico. Este mestre da forma estava animado de tal audácia que ousou lançar um desafio a toda a Antiguidade e erigir, mais perfeito ainda que o de Marco Aurélio de Roma, o bronze equestre de Gattamelata, o que já não se fazia havia séculos.

Por volta de 1450, na praça da cidade onde se via a estátua do *Condottiere*, sonhava um rapaz de quinze anos, que, meio século depois, viria a ser o aluno por excelência do mestre e faria vibrar um acento ainda mais épico noutro cavaleiro de bronze, o Colleone de Veneza: era *Andrea de Verrocchio* (1435-1488), o futuro escultor das intenções psicológicas, da menor ruga do corpo e da intersecção de planos apenas esboçados que deixam ver a alma.

Era tão rico o gênio criador desta época e dessa cidade, que, na mesma ocasião, *Lucca della Robbia* (1399-1482) se apresentava como rival de Donatello na decoração da tribuna da catedral. Seguido imediatamente por uma dinastia, utilizou essa mesma arte, não para expressar o patético da vida, mas para transmitir a graça de um rosto de criança, a pureza das almas intactas, a paradisíaca inocência dos pequenos cantores de Deus.

Quanto à pintura — em que, ao contrário do que sucedeu em outros campos, Florença não deteve o monopólio —, começou a impor nessa época a sua primazia, exatamente como em Flandres e na França, o que constituiu, como já vimos, o fato dominante na história da arte moderna. Os seus mestres lançavam-se ao trabalho por toda a parte, apoderavam-se das paredes, erguiam sobre os altares o esplendor dos retábulos e multiplicavam sobretudo os quadros de cavalete autônomos. Indo buscar à escultura a precisão do traço e o sentido do volume, à arquitetura e às matemáticas o uso da perspectiva linear (a partir de então constante), à natureza e à sociedade que a cercava o amor à cor, essa pintura da primeira Renascença, ao mesmo tempo erudita e ingênua, realista e poética, produziu já uma multiplicidade de obras-primas tão diferentes entre si que a poderíamos julgar desconexa se não manifestasse uma misteriosa unidade interior.

Nas paredes das celas do convento de São Marcos, em Florença, nos quadros de devoção e painéis dos retábulos, o transparente *Fra Angelico* (1378-1455) historiou, um pouco à maneira das páginas de um missal, cenas muito simples, com tintas intencionalmente monótonas, mas de um significado sobrenatural e pungente.

Mais diretamente fiel às lições de Giotto, trinta anos mais jovem do que ele e seu amigo, gênio fulgurante que morreu subitamente aos vinte e sete anos, *Masaccio* (1401-1428) revelou-se, nos afrescos da capela Brancacci, o iniciador dessa arte decorativa e psicológica que Michelangelo levaria à perfeição. Entretanto, em Florença, em Viterbo, em Orvieto e em Montefalco, *Benozzo Gozzoli* (1420-1477) multiplicava as vastas páginas de iluminura mural, em que se reconhecia com alegria todo o fausto da época. E *Filippo Lippi* (1406-1469), religioso medíocre mas tão bom pintor que, à força de arte e de ofício, chegava a reencontrar a inocência, ensinava aos seus discípulos — e eles não se esqueceriam disso — que a beleza humana de uma *Madonna* podia combinar perfeitamente com o significado místico.

A arte do pincel e da broxa multiplicava em todas as direções os seus achados; as batalhas de Paolo Uccello, de uma rigidez quase metálica, revelavam prodigiosos estudos sobre a simplificação dos volumes; as poderosas figuras de Andrea del Castagno mostravam quanta pesquisa especulativa podia haver na simples representação de um rosto de homem; na Umbria, *Piero della Francesca* (1416-1493), sábio e prestigioso decorador da Santa Cruz de Arezzo, ensinava aos seus compatriotas maravilhados como a grande pintura mural podia dar a sensação de céu claro e de ar livre. E no momento em que terminava o pontificado de Nicolau V, na Itália do Norte, dois jovens de vinte anos preparavam-se para assumir todo esse múltiplo conjunto de ensinamentos dos seus predecessores e suscitar uma arte ainda mais perfeita, se não mais sensível. Chamavam-se *Andrea Mantegna* e *Giovanni Bellini.*

O que ganhou a Igreja com toda essa maravilhosa floração? E em que medida era aceitável a ideia de pô-la a serviço da glória de Deus, como queria o papa amigo das artes? Certamente, depois de ter sido dado o grande impulso, trabalhou-se muito para a casa de Deus: construíram-se e ainda se construíam numerosas igrejas, catedrais, conventos e basílicas, ornamentadas, mais que antes, com todos os luxuosos recursos que a escultura e a pintura podiam oferecer. Seguindo a corrente da devoção pessoal do tempo, multiplicavam-se os quadros piedosos, as imagens para oratórios particulares e sobretudo as suaves *Madonnas* de traços tão delicados, produzidas com facilidade nas oficinas que trabalhavam em série. A Igreja não se podia queixar de nada disso. No entanto, não se observavam outros elementos menos favoráveis à causa cristã?

O processo que havia muitos anos afastava a arte das suas antigas raízes cristãs em todo o Ocidente, distinguia-se agora por muitos sintomas na Itália renascentista. Construía-se muito para Deus, mas não apenas para Ele, como outrora. Os faustosos oratórios que os príncipes, os tiranos e os papas mandavam enriquecer com obras-primas nas suas nobres residências, seriam verdadeiramente lugares de oração ou meros pretextos para ricas decorações? Construíam-se palácios em número igual ou maior que o das igrejas, nesse belo estilo florentino que se tornaria menos pesado no decorrer do século XV — os palácios Pitti, Riccardi, Rucellai, Strozzi, e tantos outros de que a Itália ainda hoje se orgulha legitimamente? Seria como manifestação do espírito de fé, ou antes para exaltar a vaidade das vaidades humanas para além da morte, que se impunha cada vez mais o hábito dos túmulos enormes, muito ricos, que enchiam as paredes laterais das igrejas ou se erguiam sobre as praças públicas, como os que Donatello esculpiu para João XXII e para Martinho V, ou aqueles (a moda espalhou-se por toda a parte) que Camaiano construiu em Nápoles para os príncipes de Anjou e que os altivos Campionesi levantaram aos Scaligeri em Verona?

A enorme voga dos quadros de cavalete destinados a decorar os salões e as galerias não é menos característica desta evolução, e mais ainda a do retrato, que nos valeu, com tantas obras-primas, a rara felicidade de penetrar no conhecimento profundo das almas da época, mas cujo sentido não nos oferece qualquer dúvida: a arte, pelo menos tanto quanto louvar a Deus, procurava lisonjear o homem no seu individualismo e no seu orgulho.

Mas a sua inspiração continuaria a ser cristã? Não há dúvida de que, tanto na prática como nas suas convicções, todos os artistas, ou quase todos, se mantinham fiéis; a incredulidade era ainda rara entre esses homens! Mesmo aqueles que mal obedeciam aos dez mandamentos consideravam-se evidentemente cristãos. Cita-se sempre o caso de Filippo Lippi que, por muito monge que fosse, tinha uma conduta bem pouco exemplar; a única regra que conhecia era satisfazer o seu prazer e, sem se lembrar de que beirava o sacrilégio, escolhia a sua amante como modelo de uma *Madonna*. Em contrapartida, é necessário mencionar também o exemplo dado por outro religioso, perfeitamente puro e casto, humilde e luminoso, que a Igreja beatificou, e cujo cognome, Fra

Angelico, nos mostra a delicadeza da sua alma. Entre esses dois extremos, havia a grande quantidade de cristãos honestamente fiéis, pecadores como todos os homens, e que praticavam a religião à moda do seu tempo, diferente da nossa. Entre eles, um Donatello ou um Masaccio dão a impressão de terem compreendido profundamente a experiência cristã e de terem querido exprimir o seu lado trágico.

Mas, mesmo pessoalmente religiosos, os artistas deste período, em tantos aspectos admirável, sê-lo-iam no sentido dos seus predecessores da Idade Média cristã? A obra coletiva, o objeto da fé de um povo inteiro, para a qual centenas de homens trabalhavam anonimamente, sem outra esperança de recompensa que não a silenciosa aprovação do Senhor, seria ainda a finalidade visada por essa geração de artistas fortemente conscientes dos seus méritos, cujos nomes corriam de cidade em cidade, e até para além dos limites da Itália, e que, muitas vezes sem dúvida, ao realizarem uma obra-prima, pensavam mais na sua própria glória do que na de Deus? Individualista como toda a época, a arte da Renascença romperia cada vez mais com o sentido profundo da comunidade cristã, e um dos sofrimentos de Michelangelo será sentir essa ruptura.

A contradição — a principal lei de todo esse século — desempenhava o seu papel neste domínio como em todos os outros. Se todos esses mestres que trabalhavam para as igrejas e para os conventos hauriam na Escritura tantos temas admiráveis, tratados com evidente respeito, por que motivo, ao mesmo tempo, consagravam uma parte da sua vida e dos seus talentos — uma parte muitas vezes considerável — a abordar assuntos alheios ao cristianismo, como cenas mitológicas ou temas pagãos?

Com exceção de Fra Angelico — cuja obra se inscreve inteiramente no marco do cristianismo, e cujo gênio está tão visivelmente unido às inspirações celestes que não o podemos conceber debruçado sobre os corpos nus do Olimpo —, não há talvez um artista desta época que, ao lado de cenas evangélicas, não tenha nas suas obras muitas outras de sentido oposto. Donatello, ao esculpir um Cupido com o mesmo cinzel com que talhara os admiráveis profetas, não teria escandalizado os velhos mestres de Reims ou de Chartres? E o seu caso era um entre mil.

A influência dessa contradição fazia-se sentir até nas obras de estilo religioso. Notava-se nesse campo uma certa ambiguidade, que se ia acentuando à medida que, seguros dos seus meios técnicos, os artistas procuravam mais realizar obras-primas capazes de seduzir o público do que de traduzir sentimentos religiosos profundos. Nos grandes conjuntos dos Benozzo Gozzoli ou dos Piero della Francesca, a importância concedida aos pormenores pitorescos e suntuosos não será excessiva com relação ao assunto propriamente religioso que lhes fornece o tema? O desfile dos Reis Magos teria outro desígnio mais profundo que o de exaltar a glória dos Médicis, e o cortejo da rainha de Sabá outro propósito além do de mostrar a beleza das jovens que pertenciam à nobreza da Umbria? Estava aberto o caminho para que os venezianos, com Bellini à frente, trocassem os temas ligados à santidade pelas grandes cenas oficiais, e para que Carpaccio, sob o pretexto de exaltar o martírio de Santa Úrsula, só se concentrasse em pintar cortejos aparatosos.

No fim do primeiro período da Renascença, esse perigo era já visível, mas não ameaçador. No seu conjunto, as preocupações profanas não tinham ainda causado muito mal à inspiração religiosa. Escultores e pintores conservavam-se tão profusamente fiéis aos velhos temas cristãos — embora os tratassem em outra linguagem —, que um homem de fé sincera e, ao mesmo tempo, amigo esclarecido das artes, como era Nicolau V, podia perfeitamente julgar possível a utilização desse maravilhoso impulso em benefício da Igreja.

Que aconteceria, porém, se a corrente pagã superasse em inspiração a corrente cristã, ou ainda se, impelida pelo orgulho, a arte se deixasse desviar das suas fidelidades e pretendesse tornar-se a sua própria justificação, a sua razão de ser? Não haveria aí um risco de contaminação para o próprio cristianismo?

Das "humanidades" ao "humanismo"

A questão surgia de modo ainda mais premente no plano do movimento das ideias, porque, por mais admirável que fosse o florescimento artístico, por si só não constituía a Renascença; na ordem intelectual, produzira-se outra explosão de seiva criadora cujos resultados seriam muito mais decisivos para o futuro da civilização.

Puseram-lhe o nome de *humanismo*, um termo que nunca deixou de ser discutido. Podemos encontrar o seu claro ponto de partida na paixão pela literatura antiga, paralela à dos artistas pelas obras-primas greco-romanas. As suas origens remontam ao século XIV, quando Dante, no seu misterioso périplo, escolhia como guia Virgílio, apresentado como arquétipo da razão; quando *Francesco Petrarca* (1304-1374) declarava dar mais importância à descoberta de um manuscrito antigo do que à tomada de uma cidade, e redigia em latim — um latim a bem dizer bastante desagradável — a sua epopeia *África* e os seus tratados sobre o desprezo do mundo; ou quando *Boccaccio* (1313-1375), não contente com ser o fundador da moderna prosa italiana com o seu sedutor e escabroso *Decamerone*, copiava com mão erudita muitos clássicos latinos, orgulhando-se também de ser o primeiro italiano a ler Homero de ponta a ponta.

No limiar do *Quattrocento*, esse interesse pelas letras antigas tornou-se uma paixão irresistível. Não havia espírito desejoso de cultura que lhe escapasse. Em 1438, o cardeal Nicolau de Cusa falava desse interesse como de uma revolução. O mesmo fervor que impelia os artistas para as escavações, que considerava um tesouro o menor pedaço de uma escultura antiga, lançava os eruditos à caça de manuscritos. Que aventura apaixonante!

Quando acompanhou o papa ao Concílio de Constança, Poggio aproveitou a ocasião para explorar castelos e conventos alemães, e das suas pesquisas trouxe para Roma manuscritos até então desconhecidos de Cícero, de Plauto e de Tácito. Um astucioso siciliano — alguns até o acusavam de ladrão —, de nome Auríspio, fazia fortuna surrupiando em Bizâncio a preciosa mercadoria e vendendo-a depois em Veneza; quando trouxe para o Ocidente, em 1438, o primeiro Platão completo, foi considerado um grande homem. Bessarion, futuro cardeal, ao deixar o Oriente para se instalar na Itália, trouxe na sua bagagem seiscentos manuscritos, o que despertou uma doce alegria nos meios intelectuais. E não era apenas a Roma de Nicolau V que se orgulhava da sua preciosa Biblioteca Vaticana; tanto em Florença como em Veneza, príncipes, governos e até simples cidadãos gastavam somas fabulosas na aquisição desses tesouros do espírito[10].

Havia, portanto, uma paixão pela língua de Virgílio e pela de Homero. Escrever em belo latim, puro, desembaraçado das escórias com que a Escolástica o havia manchado, tornou-se sinal evidente do espírito de qualidade. A poesia latina atingiu uma perfeição digna do século de Augusto. O grego teve uma voga incrível, muito superior à do latim: onde estava o tempo em que essa maravilhosa língua dormia, quase morta, nos rolos abandonados aos ratos? Em Florença, para quem estivesse ao redor de Marsílio Ficino, fixara-se um dia em que era proibido usar qualquer idioma que não fosse o de Platão, e mais tarde, em Veneza, aconteceria o mesmo em torno de Aldo Manuzio, mas durante toda a semana! As próprias mulheres participavam dessa moda erudita: Cecília de Gonzaga, aos oito anos, conjugava todos os verbos gregos, e Beatriz de Este, aos quinze, notabilizava-se na poesia latina e grega. Esse conhecimento das letras clássicas seria dali por diante a norma de toda a cultura humana. Cícero, falando da herança helênica, chamara-lhe *humanitas*; Leonardo Bruni aplicou o termo tanto ao acervo de Roma como ao da Grécia[11]. Assim, o qualificativo *humanus*, que em latim significa ao mesmo tempo "culto", "polido" e muitas outras coisas, veio a designar o próprio conjunto do movimento que esse regresso às línguas antigas parecia ter desencadeado.

Com efeito, essa paixão pelo latim e pelo grego era somente um dos muitos sinais de uma febre que invadia os meios intelectuais, febre de conhecimento, amor ardente pelas ideias. À imitação do que outrora se tinha visto nas margens do Ilisso, constituíram-se *academias* onde, sem aprovações oficiais nem estatutos, homens de cultura e de gosto apurado se reuniam para discutir arte e literatura. A eles se juntavam príncipes e grandes senhores, numa estranha familiaridade: aliás, não participavam todos do mesmo estado de alma e não estavam unidos pelo culto mais fervoroso de quantos existiam, o culto ao "divino Platão"?

Hoje, que a prática das coisas do espírito anda frequentemente ligada a um certo pedantismo, temos dificuldade em compreender o que havia de embriagante e de alegre nessas assembleias, em que, num clima de viril amizade, de admiração e de crítica, tudo o que então contava, em matéria de talento, de ciência e até de gênio, debatia os mais elevados problemas. A primeira foi a Academia Platônica, criada em Florença por instigação de Cosme de Médicis, mas em breve surgiam outras, em Roma, mesmo em Nápoles e, mais tarde, em Veneza, onde a Academia Aldina seria transformada pelo seu sábio mestre impressor num conservatório de grego. Havia uma incessante e fecunda troca de informações entre esses centros. De resto, todas as ocasiões de pôr em prática o belo jogo das ideias eram boas. Nos Concílios de Constança e de Basileia, por exemplo, os secretários apostólicos encarregados de acompanhar os cardeais tinham discutido Plauto e Terêncio pelo menos tanto quanto a teologia e o direito canônico.

Como a arte, o humanismo tinha a seu serviço plêiades de homens notáveis por diversos títulos. Eram de todos os meios e de todas as condições; papas como Nicolau V, Pio II e, mais tarde, Leão X; cardeais como Bessarion, Bembo, Caprânica e Bibbiena; clérigos, monges e até superiores de ordens como Traversari, Spagnoli, Canísio de Viterbo e Jerônimo Aleandro; e também leigos: grandes senhores como Pico della Mirandola, políticos como Salutati, diplomatas como *Lourenço Valla* e Maquiavel, e mesmo banqueiros, como esse Giovanni Manetti, que abandonou os seus negócios para se dedicar ao estudo, sem falar de muitos professores e homens de letras mais modestos. É uma multidão impressionante, que vemos em ação por todas as alamedas do espírito!

No limiar do *Quatroccento*, vamos encontrar: *Salutati*, chanceler de Florença, que mandava redigir os atos oficiais no estilo de Sêneca, e o seu sucessor, *Leonardo Bruni*, o primeiro a escrever a história da sua cidade; *Giovanni*

Poggio (1380-1459), erudito descobridor de manuscritos, filósofo cético e mestre epistolar; e *Leo Battista Alberti*, que era apreciado no seu tempo não só como arquiteto, mas como humanista. Contavam-se também gregos emigrados de Bizâncio — com o cardeal Bessarion à frente —, como Chrysoloras, Láscaris, Argyrópoulos, e esse gemista que, para ter um nome semelhante ao do seu ídolo, escolhera o de *Plethon*, mais ou menos sinônimo. Na esteira dessas figuras, temos *Marsílio Ficino* (1433-1499), médico favorito de Lourenço o Magnífico, que fazia de Platão o mestre oficial da escola, e ainda dois príncipes encantadores, inteligências agudas, cérebros cintilantes de ideias: *Enéas Sílvio Piccolomini*, futuro papa, e esse maravilhoso *Pico della Mirandola* (1463-1494) que, como um relâmpago, atravessaria o seu tempo aureolado de beleza, de gênio e do prestígio de um saber universal. Com Lourenço Valla, o humanismo tornava-se dialético, crítico, quase antecipadamente voltairiano, mas, com Ângelo Poliziano e Sannazaro, apaixonava-se pelo jogo das cadências poéticas. Em Roma, outra academia, que se fizera rival da de Florença, erguia até às nuvens Pomponius Leto, Perotti e *Platina* (1421-1481). Levava-se tão longe esse amor à Antiguidade que as pessoas se designavam com nomes latinos ou gregos, vestiam-se à antiga e celebravam as festas segundo o calendário de Roma e não segundo o da Igreja. É claro que, numa multidão tão numerosa, havia o excelente e o duvidoso, o admirável e o discutível, e até — como veremos — o francamente escandaloso.

Mas que sairia de toda essa enorme amálgama de teses, de trabalhos e de ideias em conflito? Sairia muito, sem dúvida. Bem podemos, com Marsílio Ficino, proclamar "século de ouro" esse em que foram tão apreciadas a gramática, a eloquência, a poesia e a história, em que as línguas antigas foram tão bem praticadas, em que as velhas obras-primas literárias se viram desembaraçadas das crostas com que gerações de copistas as tinham coberto. A febre de conhecimento que lavrava nesses meios encontrava no humanismo dos antigos o melhor dos encorajamentos. O famoso preceito de Terêncio era um deles e tinha agora um alcance singular: "Sou homem, e nada de humano me é estranho". Penetrar no coração do mistério que é o homem, mas também no daquele que é o mundo, que é a vida, eram tarefas igualmente necessárias, igualmente excelentes. Quantos desses intelectuais e artistas não se apaixonaram pelas ciências, como Leonardo da Vinci, que seria autorizado a dissecar cadáveres; como Maurolycus de Messina que, criando a ótica, reproduzia o arco-íris com um prisma e demonstrava que o cristalino do olho é uma lente; ou como Giambattista della Porta, napolitano, que, após emaranhados estudos, havia de aperceber-se dos primeiros princípios das ciências naturais! Em Bréscia, Nicolau Tartaglia, matemático de gênio, chegaria a resolver equações de terceiro grau, e Jerônimo Cardan, seu aluno, iria ainda mais longe. Em todos os domínios, o progresso foi evidente.

Mas esses mesmos progressos não fariam surgir sérios problemas? Não girariam em torno de eixos que não eram os da véspera? A mudança dos estudos provocava cada vez mais uma mudança de métodos. Dali em diante, o que contava, aquilo em que se confiava, eram a observação, a experiência e o estudo da natureza. O espírito crítico assumia uma importância crescente. Lourenço Valla aplicava aos textos sagrados métodos de exame filológico que os despojavam da sua aura. Segundo uma maiêutica socrática, buscava-se a verdade no livre embate das ideias. De um momento para o outro, não se veria já ultrapassada a velha Escolástica, que tinha por base a Revelação e recorria constantemente aos argumentos da Escritura e da Tradição? E não seria ela injustamente desterrada para as poeirentas ruínas de um passado de que a jovem sociedade queria desfazer-se? Essa ruptura far-se-ia sem perigo para a Igreja e para o cristianismo?

Quanto aos métodos críticos em voga, podiam sem dúvida ser aplicados com proveito aos textos sagrados e aos escritos da tradição: assim se limpavam muitas escórias e se afastavam muitas lendas (Lourenço Valla tornara-se um especialista no assunto); mas, com esses métodos, não se corria também o risco de atingir as verdades da fé? Era muito compreensível que se zombasse dos evangelhos apócrifos, tão caros aos homens da Idade Média, e que se demonstrasse nunca ter existido a famosíssima *doação de Constantino*; mas, por esse caminho, não se acabaria por discutir também a autenticidade dos Evangelhos ou a autoridade do Papa? A experiência da Academia romana mostrava claramente que o perigo era real.

Havia outra coisa talvez mais grave. O humanismo antigo, além dos elementos de cultura e dos meios de expressão, além das "humanidades", trazia embutida uma certa concepção do mundo e uma certa atitude perante a vida. "Ó Asclepíades, que grande milagre é o homem!" Estas palavras de Hermes Trimegisto andavam na boca de todos; por assim dizer, todos se embriagavam com elas. Objeto de estudos — "conhece-te a ti mesmo!", dissera Sócrates —, o homem tendia a tornar-se cada vez mais o único centro de interesse, a norma de tudo, a medida do mundo. Quanto mais o século avançava, tanto mais o humanismo tendia a tornar-se uma doutrina fundada sobre o homem, sobre o seu "milagre", sobre os seus poderes ilimitados.

Era evidente o risco de uma total subversão. Segundo a ótica cristã, não é o homem que está em primeiro lugar, mas Deus. É verdade que, num sentido profundo, o cristianismo é um humanismo, pois reconhece o caráter único do homem e faz dele o destinatário da Revelação. Bem entendida, a máxima de Terêncio é cristã: define a caridade de Cristo. O cristianismo podia reconhecer-se mesmo nos elementos que esse humanismo proclamava como essenciais ao homem. Por quê? Porque a Igreja nunca lhe recusara o seu lugar, muito pelo contrário; basta abrir São Tomás para nos convencermos disso. Os livros sagrados sempre tinham exaltado a natureza, e a Igreja sempre rejeitara como hereges aqueles que, do docetismo e da gnose até aos cátaros, tinham pretendido condená-la. Mas, se o cristianismo louva a natureza, submete-a à graça; se emprega a razão, ordena-a para a fé; se exalta o homem, é na medida em que vê nele uma semelhança divina. O perigo era que viesse a prevalecer o orgulho e que o homem, sozinho, natural e entregue unicamente à razão, decidisse passar sem Deus.

Entre os humanistas da Renascença italiana, alguns pressentiam o perigo e esforçavam-se, como cristãos, por manter a aliança entre as novas doutrinas e a fé cristã a que permaneciam fiéis. Marsílio Ficino, autor de um tratado sobre a *verdadeira religião*, procurava indicar as profundas correspondências entre o cristianismo e a alma humana, conferir aos textos antigos uma significação cristã, reconhecer no amor platônico da beleza dispersa pelo mundo uma espécie de prefiguração da Revelação, esboçar uma apologética em que mostrasse a correspondência do cristianismo com os melhores apelos do coração. Ainda às apalpadelas, vislumbrava uma espiritualidade humanista cristã.

No meio de muitas divagações, em que a cabala e o paganismo se misturavam estranhamente com os dogmas — o que lhe valeu alguns aborrecimentos com as autoridades religiosas —, *Pico della Mirandola* concebia, mais firmemente ainda, um humanismo em que a natureza, se bem que exaltada na sua beleza, inteligência e gênio, só encontrava a sua plena realização na graça. Muito sabiamente, punha os homens em guarda contra os excessos a que essa mesma natureza podia levá-los, e recomendava a ascese. Chegava mesmo a irritar-se com o culto excessivo das letras, que quereria orientar para Deus.

Se esses espíritos tivessem podido fazer prevalecer o seu ponto de vista, teriam operado, sem dúvida, uma síntese entre o humanismo e a religião cristã, análoga à que se faria mais tarde, nos dias de São Francisco de Sales. Mas eram pouco numerosos, e o seu sonho — partilhado, aliás, por um Lefèvre d'Étaples, um Erasmo e um Thomas More — não se transformou em realidade.

Não é que, na sua grande maioria, os humanistas estivessem afastados do cristianismo; a maioria deles tinha fé ou, de qualquer modo, respeitava os dogmas e os costumes. Petrarca, o chefe de fila de todos eles, lançou um dia este grito admirável: "Quanto mais ouço falar contra a religião, mais amo Cristo e me sinto firme na minha fé". As ironias bastante cruéis que muitos deles — até mesmo clérigos — disparavam contra os monges e contra o alto clero não devem ser tomadas muito a sério; essas ironias faziam parte do folclore da época e não queriam dizer nada acerca das convicções profundas.

Se — como veremos — entre os inúmeros entusiastas do humanismo surgiriam em breve homens ímpios e agnósticos, muitos, pelo contrário, eram almas piedosas que nem sequer suspeitavam de que, apaixonando-se por Platão ou Virgílio, podiam pôr em risco a sua fé! Mencionemos o bom camaldulense Traversari, editor de São João Crisóstomo; o seu discípulo Manetti, que passou toda a vida a coligir o texto da Bíblia; Matteo Vegio, biógrafo de São Bernardino[12]; e esse admirável *Vittorino de Feltre*, fundador da *casa giocosa*, onde eram educados os jovens nobres de Mântua, e que foi o precursor da moderna pedagogia cristã. Seria longa a lista dessas almas fiéis, sobretudo no início do período, mas, ainda no fim do *Quatroccento*, Savonarola, falando em Florença, provocava muitas conversões retumbantes entre os platônicos e outros intelectuais da cidade.

O verdadeiro perigo provinha somente de que a maior parte dos humanistas, cristãos sinceros, deixavam coexistir um certo paganismo no centro dos seus pensamentos, sem tomarem consciência de que era algo inconciliável com a sua fé. Contraditórios como toda a sua época, achavam normal ir à Missa e ter em casa — como Marsílio Ficino — uma lâmpada acesa diante do busto de Platão. Não avaliavam até que ponto o amor da natureza que ensinavam podia ser inquietante, se não lhe fossem impostas estritas barreiras morais. E quanto a essa exaltação do homem que professavam — e que, no clima do tempo, encontrava muitos ouvidos complacentes —, não se apercebiam de que, em última instância, acabava por elevar o homem à condição de rival de Deus.

Perante essas circunstâncias, qual devia ser a atitude da Igreja? Temos de reconhecer que lhe era singularmente difícil diagnosticar com clareza o que se passava e desviar o perigo. Não era por meio dos seus próprios homens que ela lançava a nova moda e os belos estudos? Todos se apaixonavam pelo latim, mas não era essa a sua língua sagrada, a da sua liturgia e a dos Padres? Santo Agostinho, São Jerônimo e os próprios gregos São João Crisóstomo e São Gregório Nazianzeno não se beneficiavam dessa corrente que impelia os eruditos para os tesouros do passado? Se agora o ensino era rejuvenescido e revivificado por novos métodos, não fora ela — a *Ecclesia Mater* — a protetora de toda a pedagogia, naqueles dias sombrios em que apenas os seus mosteiros e as suas catedrais podiam abrigar mestres e alunos?

Por outro lado, o ensino superior continuava nas mãos dos eclesiásticos, em Pavia, em Milão, em Pádua e em Roma, onde o Colégio da Sapiência recuperava toda a sua importância, e onde, em 1460, o cardeal Caprânica fundava um colégio de estudos teológicos que não demorou a notabilizar-se. Aliás, a Igreja podia ainda reconhecer a sua benéfica influência mesmo nas posições doutrinais dos humanistas. O platonismo triunfava? Mas essa corrente não circulara sempre dentro do cristianismo, por intermédio de Santo Agostinho e dos outros Padres, e sobretudo do Pseudo-Dionísio Areopagita, sem falar de Boécio, "o pai da Escolástica"? Platão proclamava a existência de Deus, criador de todas as coisas e expressão da suprema beleza que o homem reconhece na criação; seria talvez um exagero chamar-lhe "o Moisés grego", mas esse excesso não parecia muito culposo. Pondo de parte Aristóteles — e São Tomás, seu discípulo —, o que se fazia era apenas substituir a sua lógica racional por uma outra via, mística e sensível, para atingir a verdade única. Nada disso parecia perigoso.

Os historiadores que têm examinado nos nossos dias o comportamento da Igreja perante o humanismo, estão divididos em duas opiniões. Uns, como por exemplo Baudrillart, embora admitam que os papas e os cardeais manifestaram uma "indulgência excessiva", julgam que a Igreja fez bem em "associar-se ao movimento que encantava o espírito humano" e que, aliás, era irresistível; os outros — como Jean Guiraud —, sem negarem que a Renascença e o humanismo deram, afinal, uma grande contribuição ao cristianismo, observam que o papel da Igreja não era associar-se pura e simplesmente às correntes do tempo, por mais irresistíveis que fossem, e que devia ter lutado com mais vigor contra as temíveis tendências que se podiam discernir. O mais sábio teria sido, evidentemente, que a Igreja aceitasse do humanismo o que podia servir para o seu rejuvenescimento, mas incutindo-lhe os seus princípios. Assim o fizera — ou procurara fazer — noutro plano, em face do Império Romano, do caos bárbaro e da violência feudal. Mas nesse jogo sempre foi difícil preservar a sociedade cristã das contaminações, porque é uma sociedade composta de homens que nem sempre têm o olhar lúcido e são feitos de carne e de sangue. Para resolver o grave problema que se lhe deparava nesse brilhante e complexo *Quattrocento*, teria sido necessário um gênio capaz de abarcar de um só golpe de vista todos os dados do tempo e coordená-los com a Revelação cristã. Mas faltou esse outro Tomás de Aquino, e a Igreja avançou nesse terreno movediço no meio da confusão e da incerteza.

Três papas, o humanismo e os turcos

O pontificado de Nicolau V foi uma idade de ouro para os humanistas. Já antes dele tinha havido pontífices amigos das letras: Inocêncio VII, que, em plena crise do Grande Cisma, se preocupara com a reconstituição da universidade romana; Martinho V, que, ajudado por Caprânica, povoara de intelectuais o colégio dos secretários apostólicos; e Eugênio IV, a quem a Sapiência ficara devendo o seu brilho e que tivera o mérito de descobrir e proteger o grande humanista cristão Traversari. Mas, com Nicolau V, foi outra coisa!

Entre os humanistas, o jovem Tommaso Parentucelli só contava amigos. Ao ser eleito papa, atraiu sem demora a Roma tantos quantos pôde. Mas a pena foi que não fez uma boa escolha. Francisco Filelfo, que era apenas um vaidoso, ainda podia passar, mas, do ponto de vista moral, Poggio e Panormita não eram nada recomendáveis. E talvez também não tivesse sido muito oportuno lisonjear tanto Lourenço Valla, pois o anticlericalismo do napolitano causava escândalo num tempo em que era difícil escandalizar quem quer que fosse por esse motivo. Mas, indulgente, o pontífice humanista quisera considerar apenas o brilho que, em sua opinião, tantos e tão belos espíritos davam ao trono pontifício.

Os seus sucessores segui-lo-iam nesse caminho? Para falar a verdade, acontecimentos de outra natureza os preocuparam a tal ponto que pareciam absorver-lhes a atenção e o melhor das suas atividades. Foi então, com efeito, que o Ocidente tomou finalmente consciência do perigo turco. A queda de Constantinopla não marcara o fim da investida muçulmana, muito pelo contrário; não era nada descabido perguntar se não acalentariam o plano de anexar toda a Europa. Mal venceu Bizâncio, como devemos lembrar-nos[13], Maomé II lançou as suas tropas ao assalto da Valáquia, da Sérvia, da Hungria... Apesar da resistência heroica de João Hunyade e de Skanderbeg, o avanço do Crescente parecia irresistível; cada ano marcava um novo triunfo do invasor; em 1458, caiu a Moreia e a bandeira do Profeta tremulou sobre a Acrópole de Atenas; em 1459, foi tomada a Sérvia, logo seguida pela Bósnia e a Herzegovina; uma após outra, sucumbiram as ilhas do Mar Egeu; em 1470, Veneza deixou que lhe arrebatassem Negroponto, última cidadela da Eubeia. Dez anos mais tarde, a terrível maré atingia a Itália; em 1480, Otranto sucumbiu às mãos de um comando turco, e em toda a Península retiniu um grito de horror e desespero.

Compreende-se que, em semelhante situação, o sucessor de Nicolau V tivesse considerado como seu primeiro, como seu único dever, enfrentar o islã. Era um homem já idoso, de costumes dignos, um tanto apagado, cujos principais títulos para a tiara tinham sido precisamente a sua idade avançada — setenta e sete anos —, isto é, a esperança que dava de não ocupar por muito tempo a cátedra de São Pedro, e também a facilidade que oferecia aos Orsini e aos Colonna de se porem de acordo sobre um estrangeiro. Com efeito, tratava-se de um espanhol, e além disso obscuro, e o seu nome jamais teria alcançado grande brilho se, mais tarde, a sua família não se tivesse encarregado de o tornar estranhamente célebre. Chamava-se *Alonso Borja* (os italianos dirão *Borgia*). No entanto, durante os três anos que passou no Vaticano (1455-1458), *Calisto III* esteve longe de se mostrar inativo: correspondendo ao seu apelo, João Hunyade e São João de Capistrano lançaram contra os turcos a contraofensiva que salvou Belgrado em 1456 e, no ano seguinte, a armada que ele preparara apoderou-se de vinte e cinco navios turcos. Quis empreender uma verdadeira cruzada, mandou consultar os grandes reis, sondou o da França (foi nessa ocasião que Joana d'Arc foi reabilitada), empenhou-se em preparar o empreendimento, mas foi tudo em vão. A hora tinha passado.

Um papa tão absorvido pela tarefa política não tinha tempo, evidentemente, para se consagrar aos prazeres do espírito. Os humanistas não encontraram nele *um pai*, como fora Nicolau V. Pelo menos não os afastou, e até manteve Valla ao seu lado, porque, continuando a ser um espanhol da Idade Média, não percebeu que o humanismo poderia representar um problema para a Igreja. No entanto, esse homem de bem, esse verdadeiro cristão, pode ser considerado um dos maiores responsáveis pela degradação que o clima da Renascença deveria infligir à Igreja.

Os espanhóis têm fama de terem o espírito de família muito desenvolvido, e esse sentimento tão natural viu-se reforçado no espírito de Calisto III por sérias considerações políticas. Em Roma, sentia-se "o estrangeiro". Por outro lado, sabia perfeitamente que o Sacro Colégio alimentava propósitos de controlar em maior ou menor grau o trono pontifício: não era verdade que, antes de cada eleição, os cardeais tentavam impor ao futuro eleito um estatuto que limitasse a sua autoridade? Para estar menos só e sentir-se menos fraco, o papa chamou para junto de si outros Bórgias. Aos que eram leigos, concedeu-lhes uma *condotta*, isto é, uma autorização para recrutarem mercenários para a defesa do patrimônio pontifício, e o gonfaloneiro da Igreja foi um deles. Mas, mais grave ainda, confiou também a Cúria e as secretarias do Vaticano a outros Bórgias, clérigos ou feitos clérigos na ocasião. O *nepotismo*, que aliás não era uma inovação — Eugênio IV dotara generosamente os seus sobrinhos Condulmieri —, e que as circunstâncias do momento explicavam, tornar-se-ia uma das piores causas da decadência da Igreja. Dos três jovens sobrinhos a quem Calisto III concedeu a púrpura, o menos que se pode dizer é que nenhum a merecia pelas suas virtudes; um deles era mesmo um debochado cínico, *"il più carnal uomo"*, diriam os romanos: brilhante, corajoso, dotado de pendores artísticos, mas moralmente pouco estimável. Chamava-se Rodrigo Bórgia e seria o futuro papa Alexandre VI.

Após a morte do papa, a maioria dos cardeais pôs-se imediatamente de acordo para eleger um italiano, o cardeal Caprânica, que teria sido certamente um grande papa se, alguns dias depois, não tivesse seguido o pontífice no túmulo. Havia no Sacro Colégio outra personalidade que, se não era indiscutível, pelo menos chamava a atenção, e foi essa a escolhida, apesar das resistências, principalmente do cardeal Estouteville. Não era senão esse surpreendente Enéas Sílvio Piccolomini, que vimos insinuar-se através de todas as malhas da história mais recente com um garbo insolente e uma sorte excepcional. Sucessivamente a serviço de diversos eclesiásticos altamente colocados, desde Caprânica ao antipapa Félix V, sempre pronto a abandonar o barco antes que fizesse água, conciliarista nos dias em que o conciliarismo parecia triunfar em Basileia, mas mais papista que o papa quando Eugênio IV retomara o leme da barca, era um homem hábil. De natureza complexa, típica do seu tempo, mudando de humor e de comportamento como de convicções, começara por ser um homem fogoso, desordeiro, de costumes bastante livres, e fora autor de romances que já se disse estarem na origem da nossa moderna literatura sentimental. Depois, tendo recebido o sacramento da Ordem, aliás sem grande entusiasmo — "*timeo continentiam*", confessava ele —, e dominando o seu caráter, tornara-se piedoso, severo e devoto, a ponto de fazer uma peregrinação descalço. Além disso, possuía uma inteligência viva, um espírito bem dotado, e o mais agudo juízo sobre os homens e as coisas. Tinha cinquenta e três anos quando se tornou *Pio II*.

Infelizmente, a Providência não lhe deu a oportunidade de mostrar o que valia. Em seis anos de pontificado (1458-1464), teve tempo apenas para dar início àquilo que poderia vir a ser uma grande política. Ele próprio um humanista, bem relacionado com a elite intelectual do seu tempo, instalou no Vaticano numerosos humanistas, mas não o fez com o excesso de confiança de que Nicolau V dera provas. Gostava dos artistas e encorajou-os; os admiráveis afrescos de Pinturicchio que decoram a Biblioteca de Siena, encomendados por seu sobrinho, o futuro e efêmero Pio III, prestam uma legítima homenagem ao seu bom gosto, assim como essa preciosa cidadezinha que ele fez surgir no lugar do seu povoado natal, e que ainda tem o seu nome de batismo, Pienza. A Academia romana de Leto e Platina recebeu dele muitos estímulos, embora lhe parecesse excessivo o entusiasmo que esses intelectuais nutriam pelo paganismo. Quanto a ele pessoalmente, continuando a escrever, redigia esses inesquecíveis *Comentários* que são uma mina de ouro para o historiador, e sonhava em voltar a fazer, à maneira de Dante, uma viagem aos infernos, tendo como guia São Bernardino de Sena. Quando certos panfletários lhe lembravam que a sua literatura não tinha sido sempre tão exemplar, respondia com muita coragem que repudiava os pecados da sua juventude: *"Aeneam rejicite, Pium accipite!"*

Efetivamente, esse intelectual feito papa assumiu, com toda a força e inteligência de que era capaz, o pesado ônus de governar a Igreja. Nenhum dos grandes problemas do seu tempo o deixou indiferente: impedir que Nápoles, onde Fernando de Aragão sucedia aos Anjou, ateasse fogo ao Sul da Itália; manter a ordem em Roma, onde um certo Tibúrcio tentava inutilmente armar uma conspiração; subjugar a ambição de Sigismundo Malatesta; vigiar a Alemanha e procurar restabelecer a paz na Boêmia, onde a guerra hussita abrira muitas chagas; negociar com Luís XI até ao extremo, a fim de que a Pragmática Sanção deixasse de fazer do rei da França o chefe quase absoluto de todo o clero francês. Todas essas inúmeras teclas, Pio II tocou-as da melhor maneira possível.

Mas havia uma ideia que o consumia, uma ideia singular que revela nesta personagem característica da Renascença um medieval retardatário: quis retomar a ideia da cruzada e unir toda a cristandade contra os turcos. O congresso de Mântua, onde tentou reunir o imperador, os reis e os príncipes, fê-lo tocar com as próprias mãos a sua ilusão, compreender que a cristandade estava morta e que a Europa ainda não nascera. Só, ou quase só, resolveu apesar de tudo organizar a luta, como se se tratasse de salvar a honra própria[14]. Conseguiu reunir em Ancona uma armada a que Veneza juntou algumas velas insignificantes. Mas a peste quis meter-se de permeio, e dela veio a morrer, lúcido, inquieto e talvez desesperado.

Depois de um papa apaixonado pelo humanismo, de outro que quase o ignorou totalmente e, a seguir, de outro que lhe dispensou a sua proteção, porventura entraria em ação a lei assaz constante da alternância, que faz suceder a um pontífice outro de tendências e temperamento diferentes? O mérito inesperado de *Paulo II* (1464-1471) foi ver que o mais grave problema que se punha à Igreja era efetivamente a influência insinuante e cada vez mais profunda que se exercia sobre a sociedade e que punha em risco a fé cristã. Foi realmente um mérito inesperado, porque esse homem sedutor não primava pelos dotes de inteligência; além disso, esse veneziano amigo do luxo, como o demonstrara nas margens do Grande Canal, embora se gabasse de ter recusado por ocasião da sua eleição os ricos presentes dos embaixadores estrangeiros, nada tinha de asceta. Mandou construir o palácio de Veneza, o mesmo que Mussolini viria a ocupar e que ainda hoje dá um belo testemunho do seu gosto decorativo; e foi sob o seu pontificado que as festas romanas, o Carnaval e os Triunfos, tomaram a feição, pouco edificante mas faustosa, que tiveram a partir de então.

Interessou-se menos ativamente que o seu predecessor pelas grandes questões da Igreja. A luta contra os turcos limitou-se a algumas palavras, que não impediram a queda de Negroponto; as suas discussões com Luís XI não levaram a nada e, ao conceder o chapéu cardinalício a Jean de la Balue, certamente não enriqueceu o Sacro Colégio. Se procurou, apenas com essa exceção, confiar as dignidades eclesiásticas a homens de mérito, não impediu todavia que certos cardeais, do estilo de Rodrigo Bórgia, tivessem uma vida muito pouco exemplar.

Este grande senhor, fraco e frívolo, foi, no entanto, o primeiro a entender o nó do problema. Não foi um bárbaro, como dele disseram — depois da sua morte, porque eram prudentes — os humanistas de Roma. Amava as artes, encorajou os sábios e as escolas, mandou restaurar os monumentos antigos, como os arcos de Tito e de Septímio Severo ou a estátua equestre de Marco Aurélio, e, ajudado pelo cardeal João de Torquemada, bem como pelo "revisor" Bussi, editor dos clássicos, incitou os impressores a vir instalar-se em Roma. Mas as tendências que observava em certos humanistas inquietavam-no. Começou por afastar os intelectuais muito avançados do "colégio dos brevistas", espécie de secretariado-geral do Vaticano, e, como Platina tivesse protestado em termos insolentes, mandou prendê-lo imediatamente. Depois, como a Academia romana, aquela de que Leto se proclamava *Pontifex Maximus*, tivesse maquinado uma conspiração de intelectuais à maneira de Porcaro — à Graco ou à Catilina! —, cujas reuniões secretas se realizavam nas catacumbas, ele e os seus amigos foram encerrados no Castelo de Sant'Ângelo; não saíram de lá senão depois de terem confessado a sua culpa, numa atitude que em nada se assemelhou à heroica altivez dos primeiros mártires cristãos...

"Se Deus me der vida", exclamou o papa depois de descobrir a conspiração, "hei de proibir o estudo das histórias absurdas, das poesias tolas, cheias de heresias e de malefícios". Sábios propósitos. Já era tempo de a Igreja opor um dique a certas correntes do grande rio da Renascença e do humanismo. O mérito de Paulo II foi tê-lo pensado.

A era de Maquiavel

À medida que o humanismo se desenvolvia, viam-se acentuar cada vez mais os indícios de uma ameaça à fé, e, entre os seus principais chefes de fila, surgiam homens para quem o cristianismo significava cada vez menos. A coexistência entre as tendências pagãs e as certezas tradicionais, que se observava em maior ou menor grau em todos os humanistas, derivava em alguns deles para uma evidente predominância das primeiras sobre as segundas. Ao lado dos eruditos cristãos que viam honestamente na cultura greco-romana um meio de ampliarem as bases da sua fé e, no ideal antigo, um aliado da moral evangélica, ganhava importância um outro tipo de pessoas, que contava sem dúvida com espíritos eminentes, mas em que pululava também o escrevinhador sem fé nem lei, servil e pretensioso, subserviente perante os tiranos e pronto a lisonjear os piores instintos. Ao humanismo cristão opunha-se, portanto, cada vez mais um humanismo pagão, agora resoluto. Num Poggio, num Valla, num Panormita e num Filelfo, a quem a indulgência de alguns papas permitira adquirir demasiada influência, a Igreja, agora mais lúcida, passaria a reconhecer verdadeiros inimigos.

Muito antes, porém, certos espíritos avisados — e o próprio Petrarca — tinham percebido o perigo. Assim sucedera com o santo e sábio dominicano *Giovanni Dominici*, que já em 1404, num pequeno opúsculo, *Lucula noctis* ("Pequena luz na noite"), tinha chamado a atenção do chanceler florentino Salutati para os crescentes desvios pagãos da corrente intelectualista. "É mais útil para os cristãos", bradara ele, "trabalharem a terra do que entregarem-se à leitura de livros pagãos". Nessa obra, contudo, viu-se apenas uma manifestação de eloquência eclesiástica. Mas nem por isso era menos real o perigo de que os letrados e os artistas fossem tentados a buscar no paganismo antigo uma justificação para uma concepção de vida radicalmente oposta à do cristianismo. Quanto mais transcorriam os anos do *Quattrocento*, mais o perigo se tornava evidente.

A princípio, foi uma campanha muito bem orquestrada contra a Igreja e a sua autoridade. Não era difícil, porque a Igreja oferecia tantos flancos à crítica! Nada foi respeitado. Para Poggio, precursor de Voltaire, os padres não passavam de velhacos e preguiçosos que, "sob o véu da fé, procuram apenas ficar ricos sem trabalhar". Aliás, não era do conhecimento público o escandaloso comportamento do clero? O exemplo vinha de cima, da Cúria, onde "os vícios do universo afluem de tal forma que ela é o seu espelho". Lopo de Castiglionchio enumerava esses vícios com muita felicidade: "orgulho, avareza, mentira, jactância, gula, luxúria, perfídia e covardia..." Os regrantes não eram tratados com mais respeito, muito pelo contrário: o que era a sua pretensa vocação monástica? Uma tabuleta mentirosa para enganar o freguês! Os monges eram o tema predileto dos panfletos de Poggio, de Leonardo Bruni e de Filelfo. Quanto às religiosas, "as prostitutas são mais úteis à humanidade do que elas", assegurava Lourenço Valla. Não podemos deixar de pensar que estranhos funcionários pontifícios deviam ser os homens que professavam essas doutrinas! E Poggio foi um deles durante cinquenta anos!

Não é preciso dizer que os métodos da Igreja serviam de alvo tanto quanto os seus homens. A velha Escolástica, em particular, era objeto de todos os sarcasmos: palavreado inútil, discussões ociosas, jogos de espírito feitos de vento! Na verdade, não era apenas o método que se atacava, mas também o conteúdo. Peça por peça, toda a teologia católica era lançada por terra. Começou então a surgir uma atitude intelectual que a Idade Média desconhecera totalmente: o ceticismo em matéria religiosa. E este é um fato capital, talvez o mais importante de toda a história espiritual do Ocidente cristão, porque assinala o nascimento do "mundo moderno", o início dos seus erros e das suas traições.

É uma atitude que vai ganhando terreno lentamente, apoderando-se de certos espíritos de um modo mais ou menos consciente, mais ou menos declarado. Passemos por alto o ceticismo de Boccaccio, que guardava as aparências e denotava certo respeito pela Igreja, embora desse a entender, na sua famosa novela dos *Três anéis*, que para ele todas as religiões se equivaliam! Passemos também por alto o ceticismo de Bembo, que declarava não querer ler o breviário com medo de estragar o seu bom gosto ao contato com o miserável latim desse livro — embora tais palavras, nos lábios de um cardeal, fossem no mínimo estranhas! Passemos, enfim, por alto o próprio ceticismo de Angelo Poliziano, que confessava preferir as odes de Píndaro aos salmos de Davi e que dizia ter aberto o Evangelho uma só vez na vida; todos sabiam que o poeta só tinha de cônego o título... e os rendimentos! Mas, quanto a outros, tratava-se de uma atitude bem mais decidida e fundamentada, de uma recusa dos dogmas e de uma rejeição mais ou menos completa da fé.

Lourenço Valla minava sistematicamente todas as bases da moral cristã, afirmando que a de Epicuro valia muito mais, e Marsuppini, o sucessor de Bruni na chancelaria de Florença, recusava os sacramentos na hora da morte (o que não impediu a sua cidade de lhe erigir um magnífico túmulo em Santa Cruz...). Os homens da Academia romana, Platina e Leto, comportavam-se — se nos atrevermos a empregar um termo anacrônico — como verdadeiros livres-pensadores dignos do *Monsieur* Homais de Voltaire;

Pomponazzi negava a imortalidade da alma e, ao soltar o último suspiro, reafirmava a sua crença na morte total e definitiva; quanto ao poeta napolitano Pontana, fundador da Academia "pontaniana", rival da de Roma, não havia dogma cristão que não crivasse de sarcasmos, num estilo à Luciano de Samosata, sob pretexto de pôr fim às antigas superstições! E quantos outros tipos não havia desse gênero de espíritos irreligiosos, cuja espécie se multiplicaria no decorrer dos tempos modernos! O que não os impedia de serem prudentes nas suas atitudes e estarem prontos a proclamar a sua submissão à Santa Madre Igreja ao menor sinal de que a Inquisição arrebitava as orelhas. Mas o Santo Ofício, pelo menos na Itália, parecia estar surdo a esse gênero de blasfêmias e possuir tesouros de indulgência para os humanistas de todas as cores.

No lugar da fé cristã — que não era para esses homens mais do que uma noz oca —, que punham eles? Um ideal pagão, que afirmavam ter tomado dos seus modelos antigos e que nada tinha de comum com as verdades da religião e com as normas da moral tradicional. A concepção cristã da vida baseia-se na certeza de que a natureza humana, corrompida pelo pecado, tem necessidade do auxílio de Deus para reencontrar a sua integridade; e acrescenta ainda que, sobrenaturalmente, o homem participa da vida divina se a merece pelos seus atos e se recebe a graça de Deus; era essa a concepção a que estavam ligados os humanistas cristãos Marsílio Ficino e Pico della Mirandola. O paganismo, porém, assenta numa concepção radicalmente diferente: é a própria natureza que é a condição única de tudo o que há sobre a face da terra, a finalidade do conhecimento e da ação, o conceito de valor que permite apreciar o que é justo, são e perfeito. O humanismo pagão instalava-se solidamente sobre essas bases.

Sequere naturam tornou-se, portanto, o axioma, a regra de comportamento. Rabelais, na França, viria a formular o comentário mais completo a essa regra ao imaginar a sua abadia de Thélème, cuja norma de vida seria: "Faz o que quiseres, porque as pessoas livres, bem nascidas e bem instruídas, têm por natureza um instinto e um aguilhão que sempre as impele para atos virtuosos!" Os mestres dessa abadia teriam realmente tantas ilusões? Seguir a natureza não seria para eles obedecer aos instintos, sem procurar conhecer o seu valor moral? Que teria a fazer aí a Revelação cristã, se a verdadeira revelação é a do homem que realiza toda a sua natureza, que vai até ao fim de si próprio, que "vive a sua vida"? Não passaria de um entrave.

Estamos aqui no âmago dessa nova civilização e na sua explicação decisiva. O ideal proclamado é o da *virtù*, palavra quase intraduzível, que significa a qualidade da alma do homem totalmente seguro de si, resolvido a obter unicamente de si próprio e dos seus esforços o seu fim último e a sua perfeição. Pouco importa que esse homem, no meio das qualidades individuais que procura desenvolver ao máximo, tenha também aquilo que a moral chama defeitos e vícios! A *virtù*, a verdadeira grandeza, manifesta-se com tanta perfeição no crime como na obra de arte. Os magníficos e terríveis animais de ação que são os tiranos da época e que, lançando mão da crueldade e da perfídia, realizam plenamente todas as suas "virtualidades", são modelos de *virtù*; como também o são os grandes homens de finanças que triunfam a golpes de florins. A importância que assumiu então o conceito de "gênio", totalmente desconhecido na Idade Média, é característica desta época. O homem que se torna soberano do seu próprio destino, que constrói a sua existência como obra sua — tal é o ideal em vista: à letra, um "super-homem"[15]; Nietzsche não fará mais do que formular o sonho da Renascença quando escrever: "O homem é qualquer coisa que quer ser ultrapassada".

Nessa concepção, há ainda uma espécie de grandeza luciferina: aquela que se reconhece nos anjos da grande rebelião. Mas, para homens de um nível inferior e menos preocupados com a *virtù*, seguir a natureza era muito simplesmente ceder aos instintos menos nobres, aqueles com que o homem se degrada julgando que se realiza. Daí o aspecto de sensualidade, e até de baixa devassidão, que assinala esta época.

A literatura dos humanistas pagãos compraz-se em descrevê-la e justificá-la. Boccaccio abrira o caminho com os seus contos de um erotismo relativamente discreto; Lourenço Valla escreve um tratado completo sobre *A volúpia*, que declara ser "o verdadeiro bem"; Poggio, Filelfo, Platina e muitos outros pensam do mesmo modo. Desnorteia o caráter literalmente pornográfico de tantos romances, poemas e comédias deste tempo, quer o seu autor seja um príncipe como Lourenço o Magnífico ou um futuro papa como Sílvio Piccolomini. O auge foi atingido por Antonio Beccadelli, chamado o Panormita, que fala do vício grego com uma crueza de expressão e um entusiasmo que poucos escritores do século XX puderam igualar.

Semelhante sensualização da literatura, que acompanha a da arte, embora de forma mais contida, corresponde exatamente ao que se observa no comportamento da vida. É inútil citar exemplos da devassidão de que estão cheias as crônicas do tempo. De mistura com vinganças atrozes, com assassinatos em série, com envenenamentos perfidamente preparados, os resultados do preceito "seguir a natureza", quando nenhum freio impede de lhe obedecer, são fáceis de adivinhar. Basta, sem dúvida, acreditar em

Maquiavel, quando escreve como a coisa mais simples do mundo: "Nós, italianos, somos profundamente irreligiosos e depravados".

Maquiavel! O nome desta lúcida testemunha tem o valor de um sinal. Esse homem calmo e frio que, no momento em que o *Quattrocento* acabava de tomar o seu aspecto decisivo (1469-1527), passeava pelas praças e repartições públicas de Florença o sorriso dos seus lábios finos e, entre as suas pálpebras pregueadas, um olhar a que nada escapava, foi, exatamente, um observador — e nada mais —, mas talvez o mais clarividente que qualquer época já conheceu. Dessa sociedade que ele via viver, assim como outros observam as aves ou os insetos, ele analisava o comportamento e as intenções com o rigor de um entomologista; formulava-lhe as leis, no sentido em que se fala de leis matemáticas ou de leis sociológicas, sem sequer lhe ocorrer a ideia de associar-lhes princípios de moral. Para ele, o vício e a virtude eram — já — produtos naturais e nada mais. Depravados e irreligiosos, os seus compatriotas? Sim, era uma realidade: por que indignar-se?

Dessa amoralidade radical — que, aliás, por prudência e por cálculo, procurava não romper ostensivamente com os usos e princípios oficiais —, Maquiavel fez a teoria. E fê-la superiormente. O seu tratado político, *O príncipe*, foi a sua expressão perfeita e, se o termo *maquiavelismo* é injusto quando parece atribuir ao autor intenções reservadas e métodos oblíquos, não há dúvida de que caracteriza com toda a equidade uma política desprovida de todos os princípios, a mesma que Nicolau Maquiavel tinha diante dos olhos. A técnica do poder, nessa Itália instável e dilacerada, não exigiria o emprego da astúcia combinada com a força e da intriga associada à crueldade? O fim justifica os meios e, em nome da *virtù*, tudo é legítimo. Contra tais exigências, que pode o cristianismo, com os seus preceitos de mansidão, de humildade e de bondade, verdadeiros absurdos em política?[16] Nos termos das frias observações desse homem terrível, era absoluto o divórcio entre a religião que tinha servido de base à sociedade ocidental durante séculos e o mundo que se preparava para nascer. A ruptura estava consumada.

O papa Paulo II teria pressentido todas as consequências que as tendências pagãs da Renascença e do humanismo continham em germe, quando reagira contra elas? Talvez não completamente, mas não era ilusório o perigo de ver a sociedade cristã gangrenada pelo neopaganismo, e o próprio papado não se interessar senão pelas artes e deixar-se envolver pelo jogo de uma política "maquiavélica" ou, pior ainda, ceder à "natureza" no que ela tem de mais degradante. A história dos papas que sucederiam ao antigo Patriarca de Veneza seria a de um crescente abandono a essa tríplice tentação.

O primeiro passo em falso: Sisto IV e Inocêncio VIII

"O historiador terá tanto mais autoridade para fazer sobressair a origem divina da Igreja, superior a todo o conceito de ordem puramente terrena e natural, quanto mais leal tiver sido para nada dissimular das provações que a Esposa de Cristo tenha sofrido no decorrer dos séculos pelos erros dos seus filhos e, por vezes, dos seus ministros". Estas palavras de Leão XIII[17] acodem irresistivelmente ao espírito quando se trata de abordar o mais penoso e triste período que o cristianismo já atravessou desde as suas origens: são um encorajamento e uma consolação.

Com efeito, o espetáculo que a Esposa de Cristo deu durante cinquenta anos foi tão pungente que, por respeito filial, seria preferível não descrevê-lo ou virar sem demora uma página tão manchada. É possível que esses papas que veremos surgir muitas vezes, indignos do tesouro de santidade de que eram depositários, tenham algumas desculpas. É necessário situá-los no clima da época, em que os costumes não eram os nossos e em que principalmente reinava uma liberdade sexual difícil de imaginar. É preciso também pensar que, após o malogro da última tentativa, empreendida por Pio II, de alcançar o universalismo da cristandade, e perante todos os perigos que iriam ameaçar a Itália e o trono pontifício, talvez os papas tivessem o direito de considerar como seu primeiro dever levar a cabo uma ação política que, segundo as nossas concepções, está deslocada num sucessor de Pedro. Mas isso não importa: pontificados como o de um Sisto IV, de um Inocêncio VIII e de um Alexandre VI não podem ser evocados por um católico sem que o rubor lhe queime o rosto. E, por muito equitativos que queiramos ser nos nossos juízos de valor, seria de detestável apologética deixar de usar de uma justa severidade.

Não era, no entanto, um mau homem esse Francesco della Rovere que, por morte de Paulo II, depois de descartado o austero cardeal Bessarion, foi eleito papa pela ação combinada do cardeal Bórgia e do clã Orsini, e tomou o nome de *Sisto IV* (1471-1484). Filho de uma família patrícia da Ligúria, mas de um ramo caído na pobreza, ficara devendo aos franciscanos os brilhantes estudos que fizera em Pádua, e o seu talento elevara-o até ao generalato da ordem. Era um monge simples, virtuoso, cujos costumes nunca tinham sido criticados e que, no sólio pontifício, teve certamente uma boa conduta; se não fosse assim, o seu confessor, o severo Bem-aventurado Amadeu de Portugal, não teria permanecido a seu lado. Mas, como é lógico, a pobreza da origem e a formação franciscana não o prepararam para administrar criteriosamente as enormes somas de que passou a dispor. E alguns souberam aproveitar-se disso.

Com Sisto IV, pôde-se observar em Roma que, em matéria de espírito de família, os italianos eram capazes de ultrapassar de longe os espanhóis do tempo de Calisto III. O novo pontífice tinha nada menos que quinze sobrinhos ou sobrinhas dos seus dois irmãos e quatro irmãs; e amava-os tão ternamente que não soube recusar-lhes nada. Violando os compromissos que assumira antes da eleição, apressou-se a elevar dois deles a cardeais e, se um — Juliano, o futuro Júlio II — tinha talentos que, em certa medida, podiam justificar a escolha, o outro, Pedro Riario, um jovem louco de vinte e nove anos, entregou-se a tantos esbanjamentos suntuosos que Roma se chocou — o que era raro —, e a uma devassidão tão grande que, passados três anos, morreu; o Vaticano enlameou-se com os seus escândalos. Quanto aos demais parentes, um foi prefeito de Roma, outro governador em cidades pontifícias, e as sobrinhas arranjaram maridos ricos. Um príncipe italiano desse tempo não teria agido de outra maneira.

Sisto IV, no entanto, não deixava de ter boas intenções, e em justiça não se pode concordar com os que dizem que nele o Papa foi apagado pelo Príncipe. Não é exato que tenha desprezado os interesses da Igreja. Quando os turcos, nas suas incursões cada vez mais audaciosas, chegaram até à Itália e se apoderaram de Otranto, onde multiplicaram as suas crueldades, Sisto recusou-se a fugir para Avinhão e conseguiu organizar uma armada que, com a morte de Maomé II nesse meio tempo, pôde recuperar as regiões conquistadas pelos muçulmanos. Com Luís XI da França, tentou continuar a política do seu predecessor e viu na efêmera Concordata de 1472 um novo meio de o papado pôr fim aos abusos provocados pela Pragmática Sanção. Incitou os soberanos da Espanha a empreender a última etapa da *Reconquista* e procurou melhorar as relações com a Rússia[18]. A própria questão da reforma da Igreja não o deixou indiferente; viu lucidamente que era preciso começar por constituir tropas de elite para esse grande combate, e a bula *Mare Magnum*, verdadeira carta-magna que reorganizava as ordens mendicantes, foi muito útil sob esse aspecto. Mas a mesma fraqueza que mostrava nas suas relações com os sobrinhos impediu-o de prosseguir com firmeza os objetivos de uma grande política da Igreja. Após a retomada de Otranto, abandonou a partida; perante Luís XI, faltou-lhe energia, e a raposa riu-se dele; por fim, embora falasse em reformar a Igreja, nomeou para o Sacro Colégio muitos homens sem qualquer valor moral.

Naturalmente, com um tal papa, os humanistas poucos esforços tiveram de fazer para reocupar os lugares de onde Paulo II os expulsara; regressou-se às tradições de Nicolau V. No entanto, nem tudo foi mau nos grupos que foram convocados a Roma: destacavam-se o sábio grego Argyrópoulos, o grande astrônomo alemão Regiomontanus e o simpático e piedoso Sigismundo del Conti, autor de uma grande *História contemporânea* em dezessete volumes. Mas a corja da Academia romana não tardou a assumir de novo a supremacia. À frente da Biblioteca Vaticana, enriquecida com mil manuscritos, foi colocado Platina, que começou a escrever nessa altura a sua *História dos papas*, obviamente cheia de louvores ao papa Sisto, a quem a obra foi dedicada, e de insultos a Paulo II. Quando o bibliotecário morreu, Roma viu, não sem espanto, um notório pagão, Pomponius Leto, subir ao púlpito de Santa Maria Maior para proferir o elogio fúnebre do seu amigo! A desforra era total. Assim, plenamente e no mau sentido da palavra, Sisto IV foi literalmente um "papa da

Renascença". No próprio Vaticano, a sala da Biblioteca e a ilustre capela que tem o seu nome — a Sistina — lembram ainda que esse arguto amador da arte soube chamar para junto de si Botticelli, Ghirlandaio, o Perugino, Signorelli e muitos outros. Mas a glória do mecenas terá compensado a incontestável decadência que a Igreja conheceu durante o seu reinado, o primeiro do grande resvalo?

Em 1478, um terrível drama agitou a Itália. Em plena Missa, na catedral de Santa Maria della Fiore, Juliano de Médicis foi assassinado. Seu irmão Lourenço escapou por um triz ao punhal e, depois vitorioso, levou a cabo uma verdadeira carnificina entre os conjurados que pôde prender e os respectivos amigos. Soube-se em breve que a conjura fora organizada por um sobrinho do papa, casado com uma Sforza, que um outro Rovere, um cardeal de dezoito anos, estava também envolvido no caso, e que o próprio papa, posto ao corrente do que se passava, se limitara a aconselhar frouxamente que se evitasse toda a efusão de sangue... Eis ao que levava a intromissão da Santa Sé na política da Itália renascentista. Durante a guerra que se seguiu ao crime, Sisto IV bem quis lançar na balança o peso do seu poder espiritual, apoiado pela excomunhão. Mas que autoridade podia ter aos olhos das multidões um papa que se prestava às costumeiras manobras dos tiranos do tempo?

A desgraça foi que a lei da alternância não entrou em ação por morte de Sisto IV, e que o pontificado de *Inocêncio VIII* (1484-1492) não se mostrou melhor que o anterior. Como poderia sê-lo? O novo eleito, um rico genovês, deveu a tiara unicamente às combinações de Juliano della Rovere, de quem era e continuou a ser criatura, e à pressa com que os conclavistas quiseram libertar-se da pressão da multidão que uivava na cidade e saqueava o palácio do prefeito Riario, sobrinho do falecido. Para maior segurança, o astucioso candidato prometeu por escrito aos seus futuros eleitores que concederia a cada um tudo quanto pedisse, o que constituía, evidentemente, crime de simonia. Era um homem afável e bom, mas de uma compleição doentia e de uma insigne fraqueza: ao pé dele, Sisto parecia uma rocha. Conheciam-lhe dois filhos naturais. Sob o reinado de tal pontífice, a queda da Igreja só podia acelerar-se.

As contas dos oito anos de pontificado de Inocêncio encerram-se, portanto, com um passivo pesado. Que poderemos creditar-lhe? O ter defendido a integridade da fé contra as aventurosas teorias de Pico della Mirandola; o ter promulgado a bula *Summis desiderantes* contra as loucuras a que levava a feitiçaria (era ainda uma arma de dois gumes, e a repressão, por sua vez, conduzia a loucuras bem piores!); o ter ele também apoiado a obra dos soberanos da Espanha e, se assim o quisermos, o ter continuado a fazer de Roma a capital das artes e da poesia, atraindo para lá Ângelo Poliziano, Mantegna, Filippo Lippi e outros...

Mas o débito excedia extraordinariamente esse medíocre ativo. Muitos Estados, desde Veneza até à França e desde Portugal até à Hungria, zombavam abertamente dos direitos pontifícios e distribuíam os benefícios a seu bel-prazer. A luta contra os turcos foi totalmente abandonada[19] e, dada a venalidade dos cargos, a administração do Vaticano passou cada vez mais para as mãos de pessoas indignas e viu-se abalada pelo escândalo das bulas falsas, que eram fabricadas numa oficina e autorizavam tudo, mesmo o concubinato dos padres! O Sacro Colégio estava povoado de cardeais mundanos, grandes amadores de palácios suntuosos e festas licenciosas; entre eles, figurava um sobrinho do papa, um menino de treze anos, João de Médicis, revestido da púrpura para agradecer a seu pai, o grande Lourenço, o fato de ter casado a sua filha com o filho bastardo do papa; este casamento foi celebrado pessoalmente por Inocêncio VIII e no seu próprio palácio...[20] Compreende-se bem que, perante tais espetáculos, se levantassem na Igreja vozes indignadas, como aquela que ressoava entre as torres de San Gimignano e nas praças de Florença, anunciando com acentos terríveis o castigo iminente. Mas se as palavras de um dominicano desconhecido chegavam ao Vaticano, era porque não se viam nelas senão frases de retórica e palavreado injurioso[21].

A tentação da carne: Alexandre VI

Entretanto, dois anos depois de Inocêncio VIII ter entregue a alma ao Criador, eclodia o drama predito pelo dominicano Savonarola. Os exércitos desses novos Gog e Magog, instrumentos da justiça celeste, não foram outros senão os do rei da França. Ao prudente Luís XI sucedera o medíocre Carlos VIII (1491-1498), um magricela nervoso, de grossos lábios entreabertos, digno descendente de uma raça malsã que já produzira um louco e muitos doentes. Este rei de vinte e dois anos, cuja cabeça estava entulhada de romances de cavalaria, dotado, aliás, de uma força de alma fora de proporção com a sua fraqueza física, sonhava com unificar a Itália e fazer dela um trampolim para uma nova cruzada, que lhe permitiria retomar Constantinopla aos turcos e cingir a santa Coroa de Jerusalém!

Os direitos, bastante discutíveis, que esse rei foi buscar aos Anjou — seus parentes em vigésimo grau — serviram-lhe de motivo para reivindicar Nápoles, nesse momento nas mãos da coroa de Aragão; quem o lançou nesse caminho foi Ludovico o Mouro, o Sforza de Milão, que estava em luta com Fernando de Nápoles. Sacrificando com três desastrosos tratados boas províncias francesas àquilo que

Commines chamava com razão "fumaças", Carlos VIII lançou os seus exércitos na aventura. Enquanto o duque de Orléans ocupava Gênova, ele próprio desceu à planície do Pó, cujos habitantes tremeram diante da sua artilharia, a melhor da época. As cidades que resistiram — Lucca, por exemplo — foram severamente castigadas. Florença, onde a revolução acabara de expulsar os Médicis, viu entrar o vencedor, à luz de archotes, debaixo de um suntuoso dossel, coberto por um manto de ouro, entre o cintilar de espadas nuas, colares e couraças (novembro de 1494). Não se tratava apenas de uma dessas inumeráveis guerras intestinas a que a Península já se habituara: era a invasão estrangeira, talvez o prenúncio da servidão...

Para o papado, a situação era grave. O exército francês bloqueava Roma. Que iria fazer o vencedor? Corriam os mais alarmantes boatos sobre as suas intenções: não falara ele de expulsar o papa, que considerava simoníaco, e de reunir um concílio que o substituísse? Durante algumas semanas, o sucessor de Inocêncio VIII encerrou-se no seu castelo de Sant'Ângelo; mas quando, em 31 de dezembro, viu diante de si o franzino rei de Paris, ganhou coragem imediatamente. Antes mesmo de se dar o ataque a Nápoles, preparara já a aliança dos seus domínios com Veneza, Ferrara e Mântua; uma vez afastado o francês rumo ao sul, seria fácil coligar contra ele todos aqueles a quem a sua presença inquietava. Diante do triunfador do momento, mostrou-se, pois, mais do que amável, admirador e bastante humilde. Passagem pelas terras da Igreja? Naturalmente! Reféns? Teria os que quisesse! Os desejos do rei eram ordens. Muito contente, Carlos VIII reconheceu solenemente como papa legítimo esse homem de tão boas maneiras. Depois disso, quando os belos cavaleiros, quase sem desferirem um golpe, fizeram a sua gloriosa entrada em Nápoles, o pontífice, sob o pretexto da cruzada, associou à sua Liga o imperador Maximiliano, o rei da Espanha e mesmo Ludovico o Mouro — todos aqueles a quem as ambições francesas irritavam. Isolado, longe das suas bases, Carlos VIII não teve outra saída senão voltar para a França, e em Fornoue foi-lhe necessário empregar toda a *furia francese* para abrir caminho entre os Apeninos. O papa que realizara essa manobra não era um político digno dos maiores elogios? Sim, mas, infelizmente, apenas isso...

O astucioso vencedor dos franceses não era outro senão esse Rodrigo Bórgia cuja carreira, cerca de trinta e cinco anos antes, havia começado tão bem graças ao seu tio Calisto III. Criado cardeal-diácono aos vinte e cinco anos, depois vice-chanceler da Igreja, conseguira prosseguir a sua brilhante ascensão sob todos os pontificados sucessivos: Sisto IV dera-lhe até o muito respeitado título episcopal de Porto. Mas isso não quer dizer que a sua conduta merecesse semelhantes honras, visto que, desde que era homem, nunca deixara de levar uma vida escandalosa. No tempo de Pio II, certo baile que se realizara num jardim fechado de Siena atraíra-lhe uma reprimenda, na verdade excessivamente indulgente, do soberano pontífice. Pouco tempo depois, tornara notória uma ligação com uma bela romana, Vanozza Cattanei — uma Vênus de Ticiano —, da qual tivera quatro filhos que tinham vindo juntar-se aos dois que já tinha não se sabe de quem. Excelente pai, aliás, sempre se preocupara de assegurar o futuro de toda essa prole, devidamente legitimada por ele. Para o seu filho predileto, o pequeno César de sete anos de idade, obtivera do fraco Inocêncio VIII o bispado de Pamplona. Na Roma desse tempo, uma tal ostentação de imoralidade não era coisa que causasse grande espanto e, de qualquer modo, não comprometia a sua carreira.

Muito hábil, soube preparar a sua última elevação, deixando que os Rovere elegessem a sua criatura de Gênova — Sisto IV — e ajudando-a a cingir a tiara. Entretanto, ia espreitando a sua hora. A enorme fortuna que havia acumulado permitia-lhe tornar benévolas muitas consciências cardinalícias. Distribuindo, segundo as conveniências, títulos, prebendas e cargos pelos eleitores mais influentes, esperou com tranquilidade o resultado de um conclave em que o Espírito Santo não parece ter tido muito que fazer. Para reinar, escolheu o nome de Alexandre, em recordação do conquistador do mundo, como deu a entender. Este pontificado de onze anos (1492-1503) seria o mais deplorável de toda a história; com *Alexandre VI*, a Igreja caía no seu nível mais baixo.

Bórgia... Basta o nome desta família para despertar nas memórias um eco tão escandaloso que é difícil falar dela com a devida moderação. Uma lenda, criada pela literatura, vem acrescentar ainda uma boa porção de crimes aos já numerosos que lhe devem ser atribuídos. O famoso "veneno dos Bórgia", graças ao qual, segundo se afirma, o papa se desembaraçava dos cardeais e de outros senhores menores que o incomodavam, não foi talvez por inteiro uma invenção de cronistas malévolos; nessa época, envenenar cartas, lenços, camisas, anéis e punhos de espadas era de uso corrente, mas a verdade é que não se conhece nenhum caso provado em que Alexandre VI tenha recorrido a esse meio de governo. Quanto à famosa acusação de incesto com a sua filha Lucrécia, é uma pura e simples calúnia; acreditar nisso seria o mesmo que escrever a história com base em jornais sensacionalistas destinados ao baixo público ou em panfletos de circulação clandestina.

A verdade exige que matizemos os retratos do trio diabólico, unido no crime, que a literatura romântica popularizou:

Alexandre, o papa indigno, o seu terrível filho César e a sua impudica e astuciosa filha Lucrécia.

Comecemos pelo papa. Era um belo homem, alto, de nobre aspecto e de um raro poder de sedução; moralmente, dotado de reais qualidades, altaneiro com os grandes, acolhedor com os pequenos, hábil nos negócios, diplomata sutil, espírito muito culto, mas de um temperamento incapaz de resistir às tentações, fossem elas da carne ou da mesa, um desses impetuosos sensuais que antepõem o próprio prazer a tudo, mas que, uma vez satisfeitos os seus impulsos, são de agradável convivência e afáveis. Não são estes, evidentemente, os traços de caráter que mais se admiram num papa, tanto mais que, cético acerca dos homens, Alexandre VI também o era em relação à moral, e os seus pecados não pareciam acabrunhar-lhe a consciência com remorsos. Quanto aos seus dois filhos preferidos, eram — um e outro — muito diferentes dele.

César, um rapaz magro devorado pelo fogo, tinha uma dessas naturezas tumultuosas e complexas em que a febre de viver e a vontade de triunfar se misturavam com a angústia e com um secreto tremor; altivo, prestigioso, de uma lucidez e uma energia tão notáveis que Maquiavel o escolherá para modelo do *Príncipe*, não era nem mais nem menos feroz, nem mais nem menos iníquo do que esse tipo de animal de ação bem conhecido no seu tempo. Mas era demasiado feroz e iníquo para um chefe que comandava em nome do papa, e, colocado à frente do "exército das chaves", sucumbiu à tentação de utilizar a força de que dispunha mais no seu interesse pessoal do que para a glória da Igreja.

Por fim, Lucrécia, noiva e depois ex-noiva, casada e depois separada, ao sabor das combinações diplomáticas, foi, segundo parece, mais uma vítima do que uma responsável; nenhum relatório de embaixador ou mesmo crônica alguma contém indícios de mau comportamento da sua parte. Frágil, mas enérgica, inteligente e culta, foi uma peça — consciente, sem dúvida — do sistema montado pelo irmão, de cujas ambições partilhou. Mais tarde, quando ficou sozinha à frente do ducado de Ferrara, mostrou-se uma soberana perfeita. Estamos, pois, muito longe da Lucrécia Bórgia pintada por Vítor Hugo. Mas também não há dúvida de que a influência desses dois seres sobre Alexandre VI contribuiu para envolvê-lo numa política extremamente temporal e para afastá-lo dos seus deveres de estado.

Pode-se, porém, dizer que o papa Bórgia foi total e absolutamente um mau papa? É indubitável que teve em grau elevado o sentido da autoridade que todo o chefe da Igreja deve possuir, e, se o seu maior erro foi esquecer que essa autoridade deve basear-se acima de tudo no prestígio espiritual, pelo menos conseguiu fazê-la respeitar no plano temporal. A reorganização das finanças do Vaticano, seriamente comprometidas pelas prodigalidades de Sisto IV, o restabelecimento de uma justiça mais severa nos Estados pontifícios, a luta contra os tiranos, grandes e pequenos, que se comportavam como bem entendiam, foram tarefas altamente meritórias. Os interesses materiais do papado foram defendidos por ele melhor do que por qualquer dos seus predecessores desde Eugênio IV.

Também não se pode dizer que lhe tenha faltado por inteiro o sentido da Igreja. Em matéria puramente religiosa, não deu nenhum passo, não publicou nenhum documento que mereça censura; se agia mal, pensava bem. Quando os turcos retomaram as suas incursões na Hungria e na Polônia, e chegaram a apoderar-se de Navarino e de outras bases cristãs no Mediterrâneo, empenhou-se tenazmente em organizar uma expedição de contra-ataque, e a armada reunida por ele começava a ameaçar as costas turcas quando a diplomacia de Veneza, realista, preferiu entender-se com os infiéis sobre bases solidamente comerciais, manobra contra a qual o papa protestou. A expansão da cristandade, de que as grandes viagens dos espanhóis e dos portugueses davam esperanças nessa mesma ocasião, não deixou indiferente este espírito clarividente. Já a partir da segunda expedição de Cristóvão Colombo, aconselhou o embarque de missionários, e assim partiram Bernard Boyl e os seus companheiros, e, mais tarde, diversos grupos de franciscanos. E sabemos que foi ele quem, em 1493, para evitar um sério conflito colonial entre os dois grandes povos lançados então a descobrir o mundo, sabiamente traçou a famosa linha de partilha de terras entre espanhóis e portugueses[22].

É, portanto, no plano moral que temos de julgar severamente Alexandre VI. Em primeiro lugar, sob o aspecto da moral privada, porque, mesmo depois de eleito papa, e com mais de sessenta anos, não moderou de forma alguma os seus costumes, e chegou a trocar Vanozza pela mais jovem Júlia Farnesio, que lhe deu ainda dois filhos, o que não o impediu de a enganar com muitas outras mulheres. Por mais indulgentes que fossem os costumes do tempo para este gênero de fraquezas, nem por isso deixava de constituir um escândalo a presença, em volta do sucessor de Pedro, dessa numerosa família nascida dos seus amores culposos. Tanto mais que, em vez de procurar fazê-la esquecer, dava-lhe toda a notoriedade, prodigalizando honras e cargos aos seus filhos e casando pessoalmente a sua filha Lucrécia no Vaticano, no meio de um luxo inaudito. Foi também um escândalo o divórcio dessa mesma Lucrécia uns dois anos depois do casamento, como foi outro escândalo a renúncia do seu filho César à capa vermelha de cardeal para retomar a espada, que era mais do seu agrado. Escandalosos eram também os banquetes e as festas, cujos sons retiniam frequentemente nas salas do palácio pontifício, bem como essas cavalariças repletas de belos cavalos e esses haras onde o papa — segundo dizem as más línguas — gostava de ver o trabalho dos garanhões.

A contrapartida de um amor tão inconveniente pelo luxo e pelo fausto foi, sem dúvida, o interesse que manifestou pelas coisas da arte e do espírito. Grande mecenas, embelezou Roma, transformou a Città Leonina e fez do Castelo de Sant'Ângelo a fortaleza que ainda é hoje; nos seus aposentos particulares, Pinturicchio realizou admiráveis afrescos. Todos os trabalhos iniciados pelos seus predecessores foram continuados com uma grande energia, e o dinheiro deixado em abundância pelos peregrinos vindos a Roma para o Jubileu de 1500 serviu em grande parte para as obras de São Pedro. Mas esse ardente amor pelas artes e o seu desejo de fazer de Roma a capital do espírito não teriam ido demasiadamente longe? A famosa, a extremamente famosa bula de 1499, que permitia aos fiéis ganharem indulgências plenárias para si próprios e para as almas do purgatório, dando uma esmola destinada às obras de restauração de São Pedro, esmola cujo montante seria estabelecido pelo penitenciário, embora pudesse ter uma certa defesa canônica, não oferecia o risco de prestar-se a muitos abusos e de degenerar em escândalo? Sabe-se o que veio a acontecer na Alemanha e como um certo monge agostiniano se opôs a essa bula, provocando uma revolução...[23]

No entanto, uma vez, no decurso de uma vida tão pouco edificante, Alexandre VI sentiu talvez despertar dentro de si aquilo que bem podia ser a sua consciência. Uma manhã, trouxeram-lhe a notícia de que um dos seus filhos, o mais velho, João, duque de Gandia, acabava de ser assassinado. Por quem? A guarda espanhola que ele tinha ao seu serviço nada lhe pôde dizer: pelo cunhado, Giovanni Sforza, pelo clã Orsini, por qualquer marido ultrajado? O corpo retirado do Tibre, trespassado por nove golpes de adaga, guardou o seu trágico segredo. O público murmurou que o criminoso podia muito bem ser o próprio irmão da vítima, o gonfaloneiro da Igreja, César. Fosse como fosse, Alexandre VI viu durante um instante nesse drama um aviso do céu.

Anunciou que iria mudar de vida, acabar com a simonia e com a devassidão do clero, reformar a Igreja. Chegou mesmo a estabelecer um plano, devidamente redigido em forma de bula, que regulamentava desde a escolha dos cardeais até a fiscalização das taxas pontifícias. Se alguma vez as boas intenções pavimentaram o inferno, foi com certeza por ocasião deste aparatoso decreto de reforma. César, tido momentaneamente por suspeito, aproveitou a maré baixa para ir viver na França e ali seduzir a corte, casar-se com Charlotte d'Albret e obter o ducado do Valentinois; depois, captou de novo as boas graças do pai e reassumiu junto dele as funções que exercera. Nada mudou, portanto, e até se notou uma recrudescência de escândalos. Os que estavam sempre ao redor do papa — cardeais ou simplesmente homens cuja fortuna era invejável — conduziam-se com inquietante complacência. Começava-se a murmurar aqui e ali, mas a maior parte dos italianos pensava que, desde o momento em que defendiam os interesses da Igreja, Alexandre VI e o filho não eram tão culpados, e que bem se podiam fechar os olhos quanto ao seu comportamento. O punhal e o veneno eram justificados pelos fatos.

A política voltou a estar acima de qualquer outra consideração. A Carlos VIII, o último dos Valois diretos, sucedera seu primo d'Orléans. *Luís XII* (1498-1515) herdara da sua avó Visconti direitos sobre o ducado de Milão, e resolveu fazê-los valer contra Ludovico o Mouro, o Sforza usurpador.

Alexandre começava a inquietar-se com a política de Maximiliano, senhor da Germânia, que parecia querer tornar-se um novo Barba-Roxa. Pensou, pois, em aproveitar as ambições do rei da França, que ele esperava poder manipular. Por uma decisão, aliás canonicamente fundamentada, mas que causou escândalo, anulou o casamento do rei com a pobre Joana, filha de Luís XI[24], para que ele pudesse desposar a viúva de Carlos VIII, Ana de Bretanha, e incitou-o a reivindicar o reino de Nápoles. Começou, portanto, a segunda guerra da Itália, a que Luís XII se deixou arrastar, embora fosse mais sensato e mais frio que o seu primo.

Vencedor de Ludovico o Mouro em Novara, onde o Sforza foi preso, o rei da França avançou sobre Nápoles, de comum acordo com um exército espanhol: Fernando e ele deviam partilhar a conquista. Mas, enquanto esses aliados, que cedo se tornaram inimigos, disputavam a presa nos confusos combates em que o cavaleiro Bayard se cobriu de glória, Alexandre VI jogava habilmente a sua partida. Que pretendia ele? Talvez nada menos que a unidade da Itália sob o domínio do papado, um objetivo sonhado por Nicolau V e que Júlio II perseguiria com todas as forças. César varreu a Romagna, esmagou todos os senhores que podiam causar embaraços — Colonna, Savelli, Gaetani e outros — e fez respeitar por toda a parte o pendão da Igreja. Pouco importava dali por diante que o aliado francês se deixasse expulsar da Península. O astuto papa dera o seu golpe.

Mas Alexandre VI não comemorou por muito tempo a sua vitória. Em meados de agosto de 1503, numa dessas tardes de calor fétido como havia muitas em Roma — pelos pântanos da campina romana pululavam mosquitos portadores de malária —, o papa e o seu querido filho César foram jantar sob as latadas no jardim do cardeal de Corneto. No dia seguinte, ambos foram atacados por uma febre violenta. César, mais novo, viria a curar-se, mas o velho papa não resistiu. Não demorou a correr, evidentemente, o boato de que teriam sido envenenados, mas depois espalhou-se uma versão mais estranha: os Bórgia teriam sido vítimas do veneno que eles mesmos teriam mandado preparar para o seu hospedeiro, e que um criado, distraído ou infiel, lhes teria servido. Até esse ponto estava enraizada a lenda criada pelos escândalos de um e outro! "O espírito do glorioso Alexandre foi então levado para o meio do coro das almas bem-aventuradas. Tinha junto de si as suas três fiéis e preferidas seguidoras: a Crueldade, a Simonia e a Luxúria", declarou o sarcástico Maquiavel. Infelizmente, essa oração fúnebre não deixava de refletir a realidade...

O grito do santo furor: Savonarola

Entretanto, contra todas essas infâmias, do fundo dessa Igreja que estava longe de merecer tal papa, não se levantara nenhuma voz? Sim, e mais violenta e mais patética do que as outras, mas, infelizmente, patética e violenta em excesso.

"Aproxima-te, Igreja infame, e escuta o que o Senhor te diz: — Dei-te belos vestuários, e com eles cobriste ídolos e vasos preciosos, e com eles exaltaste o teu orgulho! Profanaste os meus sacramentos com a tua simonia, e a luxúria fez de ti uma mulher pública, desfigurada! E nem sequer te ruborizas com os teus pecados! Ah! Prostituta! Sentada sobre o trono de Salomão, fazes sinal a todos os que passam. Os que têm dinheiro entram na tua casa e servem-se dela a seu bel-prazer; mas os que desejam o bem são lançados fora!"

Tão atrozes palavras tinham ressoado na nave de Santa Maria della Fiore, no decurso da Quaresma de 1497, e tinham sido escutadas pelo numeroso auditório que se comprimia no templo. Aquele que as havia proferido do alto do púlpito era um homem baixo, magro e seco, de traços cavados, com lábios espessos de profeta, que pareciam desenhados para a invectiva e a imprecação. Enquanto falava, um estranho rubor invadia-lhe o rosto de cor baça; os olhos verdes lançavam chamas e, à sua volta, semelhantes às asas de alguma ave noturna, esvoaçavam as mangas do seu hábito branco e o manto negro dos filhos de São Domingos. Por si só, esse franzino irmão pregador enchia a imensa catedral, atraía a si todas essas almas e fundia essa massa numa consciência única, cuja viva voz era ele próprio. E, ao escutar tais libelos, ninguém duvidava de que o invectivador tinha razão.

A sua palavra era tão persuasiva! Ora doce, trêmula, permeada de um amor pungente como as notas de uma flauta ou de um violino; ora — com muito mais frequência — brutal como um toque de alarme, ruidosa como o ribombar de um trovão. No púlpito, parecia um homem completamente diferente daquele frade que se podia ver todos os dias no claustro e que dava a impressão de uma extrema insipidez.

Mal subia os degraus da tribuna sagrada, era como se um sopro novo o animasse: caía num misterioso transe. Dir-se-ia que tinha chamado a si o fogo e as fórmulas desses grandes inspirados bíblicos — os Isaías, os Amós, os Jeremias — cuja mensagem tanto gostava de comentar. Todos os que estavam ali, a seus pés, arquejando com ele, gemendo, compreendiam-no perfeitamente, fossem grandes ou pequenos, ricos ou pobres, intelectuais apaixonados pelos prazeres do espírito ou humildes operários de fábrica. Perdidos na multidão e subjugados como ela, alguns que o escutavam chamavam-se Botticelli, Lucca della Robbia, Michelangelo, ou ainda Pico della Mirandola, Guichardin,

Maquiavel, John Colet, Commines. Muito poucos escapavam à atração desse homem terrível, em quem parecia arder a chama do Espírito Santo. E o fenômeno durava havia já sete anos.

Esse frade chamava-se Girolamo ou *Jerônimo Savonarola* e nascera em 1452. Era de Ferrara, filho de honestos burgueses, e, a princípio, nada fazia prever essa vocação de arauto do Senhor que Florença o veria assumir. Adolescente tímido, apaixonado pela música, aos vinte anos não parecia ainda que pudesse vir a conhecer um destino excepcional. Mas Deus o tinha chamado, ou pelo menos ele assim o julgou. Certas visões — teve-as durante toda a vida — haviam-no persuadido de que lhe fora confiada uma tarefa precisa, aquela cuja exigência um dos seus poemas juvenis formulara toscamente: apregoar *a ruína da Igreja* e procurar remediá-la. Aos vinte e três anos, entrara para a ordem dominicana em Bolonha e mostrara-se um noviço exemplar, o primeiro nos ofícios, o primeiro nos estudos e o primeiro no jejum e nas práticas ascéticas. Mas mesmo nessa família espiritual, onde esperava encontrar o antigo fervor e a antiga disciplina, a contaminação do século fizera também os seus estragos. Era então necessário refazer tudo na casa do Pai? Não parecia haver dúvida, e ele se encarregaria disso.

As suas primeiras tentativas foram assinaladas por um pungente fracasso. Enquanto se limitara a comentar a Bíblia aos estudantes do convento de São Marcos, como simples leitor, tinha sido escutado; mas quando quis pregar do alto do púlpito a grandes auditórios, a sua palavra contundente e os seus arrazoados muito pesados e doutamente construídos fizeram o vácuo à sua volta. Florença, a Florença de Cosme e de Lourenço, estava demasiado habituada à bela eloquência para se deixar impressionar por esse tomismo de segunda categoria.

Frei Jerônimo, porém, duvidava menos que nunca de que o próprio Cristo lhe confiara a guarda da sua mensagem. Num êxtase, teve a certeza disso. É certo que não encontrara ainda o meio de forçar o limiar dessas almas que frequentavam o paganismo e os seus monstros, mas Deus havia de lho mostrar qualquer dia; São Paulo, em Atenas, não conhecera uma derrota inteiramente análoga? Depois, em San Gimignano, deixando de repente que a inspiração lhe ditasse as palavras, descobriu que assim abalava as consciências. O seu triplo grito fatídico, ao pé das altas torres que eriçavam a pequena cidade, ressoou com uma força tão estranha que toda a Toscana o ouviu: "A Igreja será reformada! — Mas antes disso a Itália será flagelada! — Os acontecimentos estão já em marcha!" Em Bréscia e em Gênova, o seu apelo despertou tantos ecos quantos temores e cóleras. Quando regressou a Florença, sabia que não é pela razão que a verdade quebra as almas fechadas, mas sim pela santa loucura, pela loucura da Cruz.

Dali em diante, formou-se à sua volta um desses movimentos passionais que se observam por vezes nas massas e que, de um dia para o outro, elevam um homem ao cume da fama e logo depois podem precipitá-lo no abismo. Savonarola tornou-se célebre. Os seus sermões, ontem escarnecidos, agora atraíam as multidões. Um após outro, todos os seus adversários se afundaram. As vocações afluíram a tal ponto ao convento de São Marcos — do qual fora eleito prior —, que não se sabia onde alojar os mais de duzentos irmãos. Com grande espanto de todos, as imprecações com que flagelava publicamente o luxo dos Médicis e a sua conduta foram suportadas por Lourenço o Magnífico sem que este se enfurecesse; mais ainda, quem Savonarola quis ter junto de si na sua hora suprema foi Jerônimo, o irmão de Lourenço; e diz-se que o implacável monge aproveitou esse momento para intimá-lo a restituir a Florença as suas antigas liberdades.

Que força magnética havia nesse homenzinho mirrado e de aspecto desagradável para se impor assim? Ele mesmo respondia: uma força sobrenatural. Estava persuadido de que Deus lhe dera o carisma profético que havia prometido às melhores das suas testemunhas. E, se falava em nome do Todo-Poderoso, quem teria o direito de fazê-lo calar-se? Iluminavam-no prodigiosos clarões interiores, que lhe permitiam incontestavelmente predizer muitas vezes acontecimentos que efetivamente se verificavam, e esses sucessos impressionavam as multidões, muito mais do que os erros que cometeu e que deixam o historiador cético quanto aos seus dons. Parecia arrebatado pelas asas dos grandes inspirados quando evocava nos seus voos o que tinha visto durante os seus êxtases: sobre a terra, estava prestes a abater-se a espada de fogo que o Arcanjo brandira no limiar do Paraíso perdido; no céu de Roma a pecadora, planava uma cruz negra, a cruz da cólera divina, que um dia seria substituída pela cruz de ouro da Jerusalém celeste; certa vez, aparecera-lhe a própria Virgem Maria, para dizer-lhe do desgosto que lhe causava a Igreja infiel e para anunciar-lhe que a mão do Senhor a feriria em breve.

Era esse o *leitmotiv* de todos os seus sermões. A Esposa de Cristo estava manchada; era preciso que se purificasse, que se tornasse fiel! Nunca a reforma tivera advogado mais veemente, mais firmemente resolvido a mostrar todas as misérias e a denunciar todas as traições. O comportamento de Alexandre VI acabou de exasperar esse santo furor: se já um Inocêncio III e um Sisto IV lhe pareciam pouco dignos de admiração, com a sua corja de sobrinhos vorazes e de cortesãos purpurados, o Bórgia na cátedra de São Pedro era para ele essa "abominação da desolação" predita pela

Sagrada Escritura. Como é que um papa simoníaco e devasso, que fazia gala das suas amantes e dos seus bastardos, podia continuar a ser o chefe legítimo da Igreja, o sucessor do apóstolo a quem tinham sido confiadas as chaves? Ah, o castigo não tardaria! As tropas da ira celeste estavam já a caminho. Um novo Nabucodonosor, um novo Ciro ia intervir na história. Com o braço estendido para o horizonte dos Alpes, o irmão Jerônimo parecia chamá-lo.

Foi então que se armou o drama e que começou o erro de Savonarola. Se se tivesse limitado a querer fazer de Florença, "localizada no centro da Itália como o coração no centro do homem", uma cidade cristã modelo, de onde a reforma se projetasse sobre toda a Península, teria permanecido no seu terreno. Mas a sua influência crescera tanto que, quer ele quisesse ou não, ganhou um significado político. E a verdade é que ele assim o quis. Por uma singular aberração do espírito profético, julgou reconhecer no mesquinho Carlos VIII o enviado de Deus e, dali por diante, ligando a sua causa à dos franceses, encontrou-se pessoalmente enredado nas complexas intrigas em que os diplomatas romanos procuravam, com êxito, envolver os invasores. Depois que a revolução expulsou de Florença Pedro de Médicis, filho de Lourenço, estabeleceu-se por ação direta do frade uma nova constituição, democrática, que atribuía o poder a um grande conselho eleito pelos homens da cidade e tornava obrigatório o serviço militar. Mas que tinha tudo isso a ver com a Palavra de Deus e a mensagem de salvação?

De etapa em etapa, confundindo insolitamente a cidade de Deus com a cidade dos homens, a política com a apologética, os regulamentos administrativos com os mandamentos, Savonarola conseguiu impor a Florença uma estranha ditadura, que ele tomou pela Parusia. Durante anos, fez pesar sobre toda a cidade um temor tão grande da cólera divina que essa população, amável e acostumada às alegrias da vida, entrou com um fervor pânico pelo caminho da renúncia e da penitência. Se outras cidades eram governadas por tiranos, o tirano de Florença seria o próprio Jesus Cristo, que reinaria por intermédio de Savonarola, seu profeta; quem lhe resistisse seria considerado herético. Nunca em parte alguma — a não ser na Genebra de Calvino — a teocracia atingiria tais dimensões.

Foram bem estranhos esses anos que Florença passou a viver! Viram-se as mulheres rejeitarem joias e belos vestidos, os devassos renunciarem às prostitutas e às tabernas, os banqueiros restituírem o dinheiro mal adquirido, devedores e credores abraçarem-se como irmãos. Na praça da Senhoria, acendeu-se a "fogueira das vaidades", onde cada um correu a lançar tudo aquilo que lhe lembrava um passado vergonhoso, e houve artistas que para lá atiraram verdadeiras obras-primas, só porque o tema era pagão.

Mas semelhante regresso idílico aos santos princípios foi acompanhado de outros aspectos menos felizes. Arrastado pela paixão, Savonarola consentiu que os seus partidários cometessem excessos de zelo. Tudo devia ser sacrificado àquilo que se afirmava ser a vontade de Deus. Era perfeitamente legítimo que uma mulher casada entrasse num convento contra a vontade do marido; se um filho denunciava o pai como blasfemo, era felicitado; castigavam-se implacavelmente faltas pouco graves, como jogar dados. E organizaram-se grupos de adolescentes para dar caça aos pecadores públicos e para espancar na rua mulheres pintadas ou burgueses que se vestissem luxuosamente. A palavra de ordem era "fazer loucuras por amor de Cristo". "Reina o terror em Florença", escrevia um embaixador de Mântua. Mas o bom Deus estaria de acordo com tudo aquilo?

Do trono de São Pedro, Alexandre VI seguia os acontecimentos com atenção. Havia duas razões para não ver com bons olhos o dominicano: a primeira era que a política francófila deste traía os interesses da Itália, que se confundiam com os da Sé Apostólica; a segunda, menos fácil de ser explicitamente formulada, mas mais decisiva, era que, distinguindo cada vez menos entre o homem privado e o Sumo Pontífice nos seus inúmeros ataques a Roma, Savonarola, ao visar o Bórgia, atacava o próprio Vigário de Cristo. No entanto, Alexandre VI mostrou-se de uma admirável mansidão para com o profeta. Seria apenas para não romper com um aliado tão turbulento do rei da França? Seria porque a sua consciência, apesar de tudo, lhe devia murmurar que o frade tinha razão? Foi contemporizando durante meses e meses, e se Savonarola se tivesse disposto a vender o seu silêncio por uma capa de púrpura, o papa teria estado de acordo. Mas, "quando Deus fala, quem pode calar-se?", dizia a Bíblia, e frei Jerônimo só se calaria depois de morto.

Convidado a ir a Roma, em 1495, para provar a origem divina das suas profecias, recusou-se. Alexandre VI proibiu-o de pregar, mas ele continuou e, durante a Quaresma de 1496, declarou do púlpito que um cristão não era obrigado a obedecer a uma ordem que lesava a justiça ou a caridade. Seguiram-se furiosas diatribes contra Roma, a nova Babilônia, e contra os vícios que ali campeavam à solta: infelizmente, eram acusações inteiramente fundadas! Alexandre VI só respondeu seis meses mais tarde, convocando embaixadores florentinos para protestar junto deles contra o seu terrível pregador. A resposta deste não se fez esperar: foram os requisitórios proclamados na Quaresma de 1497, dos quais lemos atrás algumas linhas, entre as mais moderadas.

A estrela de Savonarola começava a empalidecer. Os franceses, expulsos de Nápoles, pareciam ter deixado cair o gládio da justiça de Deus. Em Florença, cidade de luxo, os negócios corriam mal e o desemprego era cada vez maior. As penitências e os intermináveis sermões começavam a ser julgados excessivamente austeros, e essas festas públicas, em que os frades cantavam e dançavam em roda, coroados de rosas, já não divertiam ninguém. Onde estava o Carnaval de outrora? Formavam-se clãs contra os *piagnoni*, os "choramingões" de Savonarola, e, em plena catedral, um motim interrompeu um dos seus sermões.

O papa aproveitou a ocasião para desferir o golpe. Excomungado e intimado a comparecer em Roma, que iria fazer o frade? Proclamando mais firmemente do que nunca o caráter divino da sua missão, insurgiu-se contra a decisão pontifícia em termos de inaudita violência: "Simoníaco, herege e infiel", Alexandre VI não era verdadeiramente papa, era uma "lança quebrada" cujos golpes ninguém devia aceitar. "Num dia próximo, darei a volta à Chave!", exclamava o pregador, naquele tom misterioso de que tanto gostava. E, em plena praça pública, do alto de um púlpito levantado em frente de Santa Maria e erguendo para o céu o Santíssimo Sacramento, gritava: "Senhor, se as minhas palavras não vêm de Vós, esmagai-me neste instante!" O seu exaspero, justificável em certo sentido, se pensarmos na indignidade do seu adversário, levava-o aos piores extremos: o Concílio!, a assembleia que deporia o papa ímpio! Chegou a reclamar a sua convocação imediata. Era querer reabrir a crise do Grande Cisma. Que cristão ousaria segui-lo nesse terreno?

A sua queda foi tão rápida quanto fora a sua ascensão. Em fevereiro de 1498, Alexandre VI avisou os florentinos de que, se não lhe entregassem o seu pregador, lançaria o interdito sobre a cidade. Eles souberam avaliar o perigo: o interdito significaria não só o bloqueio e a ruína, mas, provavelmente, a irrupção de todos os adversários, muito felizes de obedecerem à voz do papa. Assim, os partidários dos Médicis, os adeptos da unidade italiana, os livres-pensadores e todos os boas-vidas se puseram de acordo para desembaraçar-se do indesejável, e os frades de São Francisco, que evidentemente não o traziam no coração, proporcionaram o meio. Savonarola falara muitas vezes em sujeitar-se à prova do fogo para atestar a origem divina da sua missão. Um franciscano pegou-lhe na palavra e intimou-o a submeter-se ao ordálio. Ele esquivou-se, o que desferiu um golpe mortal no seu prestígio. Um dos seus irmãos de religião dispôs-se a substituí-lo, mas levantaram-se intermináveis discussões para averiguar se o herói espontâneo tinha ou não o direito de levar o crucifixo ou a Eucaristia para as chamas; por fim, antes que a prova começasse, a chuva dispersou a multidão, desiludida e furiosa. No dia seguinte, Domingo de Ramos, 8 de abril, o convento de São Marcos foi invadido por sucessivas hordas. Savonarola foi preso e lançado na prisão com dois dos seus companheiros, e todos os outros o renegaram com uma pressa que diz muito sobre os profundos sentimentos que nutriam por ele.

Começou o processo, que a própria *Signoria* quis conduzir, recusando-se a extraditar o frade, como queria o papa, e autorizando apenas a presença de dois juízes romanos. No interrogatório, o "profeta desarmado", como diz Maquiavel, declarou não ser nem enviado de Deus nem inspirado; mas que valor se devia atribuir a tais palavras arrancadas a um homem torturado? O essencial era que o povo cristão o tinha abandonado, incapaz de se manter no nível a que ele pretendia elevá-lo, e talvez confusamente impressionado com a exorbitância que viciava o movimento. Em 23 de maio, na mesma praça della Signoria onde tantas vezes fora aclamado, Savonarola subiu à fogueira com os seus dois companheiros de infortúnio. E o Arno levou as suas cinzas, para que os seus últimos fiéis não as convertessem em relíquias.

Como avaliar essa estranha e dramática aventura? Esse frade de costumes austeros e verbo vingador manifesta um contraste tão grande com o papa que o excomungou que nos sentimos tentados a dar-lhe razão e a ver nele uma autêntica testemunha da Palavra. Assim o pensaram alguns santos e fiéis: São Francisco de Paula, São Filipe Néri, Santa Maria Madalena de Pazzi, Santa Catarina de Ricci e Philippe de Commines[25]. Mas, ainda que reto nos seus princípios e justo nas suas intenções, porventura não cometeu ele erros tão graves que acabaram por impedir de acolher a sua mensagem sem reservas? Santa Catarina de Sena já o dissera: por mais indigno que um papa possa ser pessoalmente, um cristão deve, apesar de todos os pesares, reconhecer e venerar nele o Vigário do Verbo encarnado.

E pelos excessos com que marcou a sua tirania religiosa e pelos preconceitos políticos com que deixou contaminar o seu ideal, Savonarola comprometeu uma causa que a sua virtude e a sua palavra deveriam ter servido de modo exclusivo. Personagem da Renascença, como os outros, exemplo perfeito da *virtù* que impele os homens a ir até às últimas consequências na realização do seu destino, Savonarola mostra-nos até que arrebatamentos passionais podia levar a angústia de reforma que trabalhava então a alma cristã. Mas dessa reforma que, cinquenta anos mais tarde, haveria de realizar-se dentro da calma e da moderação tradicionais da Igreja, ele não soube ser senão um arauto dissonante[26].

O baluarte espanhol: a tomada de Granada

Abandonemos por um instante tantas tristezas e misérias, e voltemos os olhos para uma parte da cristandade onde a recordação das antigas fidelidades se mantinha ainda viva. Numa impressionante contradição, o mesmo país que havia gerado os deploráveis Bórgia dava, simultaneamente, um admirável testemunho dessas fidelidades. Com efeito, a Espanha, que, no decurso dos grandes séculos da Idade Média[27], tinha escrito uma das mais belas páginas da história cristã, abria agora um novo capítulo do seu destino.

Em 1469, entre os muitos pretendentes à sua mão, *Isabel*, herdeira de Castela, escolhera *Fernando*, a quem estava reservada a herança de Aragão. Dez anos mais tarde, as duas coroas encontravam-se reunidas, e os dois esposos decidiam reinar conjuntamente sobre todos os seus domínios, tanto os da Espanha como os das ilhas: Sicília, Sardenha e as Baleares. Este idílio entre uma princesa loura, de belos olhos azuis, e um *caballero* de tez bronzeada, digno dos episódios de um romance cortês, ia ter imensas consequências. Dali em diante, cessavam as rivalidades sangrentas que dilaceravam a Península hispânica havia dois séculos, paralisando o seu desenvolvimento. Ia nascer uma Espanha consciente da sua grandeza, e uma nova glória ia estender a esse jovem amor uma outra coroa de ouro.

Assim que tomaram posse dos seus reinos, Fernando V e Isabel resolveram reiniciar a tarefa espanhola por excelência, aquela que todos os seus antepassados, desde há oito séculos, tinham considerado de importância capital: expulsar das terras cristãs o invasor muçulmano. A obra da *Reconquista* parara depois da tomada de Sevilha (1248), que fora a derradeira investida de Fernando III o Santo, e as lutas intestinas tinham ocupado por demais os príncipes dos pequenos reinos para que eles tivessem tempo de desembainhar a espada contra os infiéis.

A bem dizer, não era muito incômodo esse pequeno reino de Granada, que se situava no extremo da província, sobre o flanco da Sierra Nevada, e constituía o último reduto do domínio mouro. Era como um recanto de sonho, "um pedaço de céu caído sobre a terra", diziam os poetas, onde, sob o duro céu azul, as *huertas* estendiam as suas vinhas, os seus pomares cheios de figueiras e amendoeiras, e os seus campos de alfazema e de roseiras. Ali, entre os esplendores do Alhambra e do Generalife, os últimos reis muçulmanos pareciam viver um conto de *As mil e uma noites*, mas o certo era que inúmeras intrigas agitavam o ar do seu palácio paradisíaco. A situação, por volta de 1480, era favorável aos cristãos: uma crise dinástica, agravada por uma querela de mulheres, viera abalar profundamente o pequeno reino. Aícha, soberana repudiada, retomara Granada à ponta de espada e instalara sobre o trono dos grandes Abencerrages o seu débil filho Boabdil, que seria o último.

O ataque foi desencadeado em 1481 e viria a exigir mais de dez anos de esforços. Cem mil homens se lançaram para além da Sierra, numa verdadeira cruzada constituída por homens de fé resoluta, persuadidos de que realizavam uma obra pia, como dissera o papa Sisto IV pela voz do seu núncio. Uma a uma, as cidades periféricas caíram nas mãos dos cristãos: Málaga, Almería e Cádis; mas Granada resistiu. Os que antes eram inimigos uniram as suas forças contra os agressores: Abencerrages e Zengris reconciliaram-se. Em 1491, começou o cerco. Isabel acompanhava o marido, partilhando com ele a vida no campo de batalha e os perigos, e animando o exército com a sua indomável energia. O célebre arcebispo de Toledo, Ximénez de Cisneros, era o seu capelão, e não saía do seu lado mesmo no mais aceso dos combates. Um incêndio destruíra as tendas do acampamento? A rainha mandava construir imediatamente uma verdadeira cidade, para mostrar que não abandonaria a praça em hipótese alguma. E essa cidade guerreira, que ela batizou com o nome de "Santa Fé", estava tão próxima do recinto inimigo que mouros e cavaleiros cristãos podiam insultar-se de uma muralha para a outra.

Muitas vezes, em plena planície, ocorriam combates singulares, em que lanças e cimitarras se entrechocavam violentamente. Proezas dignas do tempo de Godofredo de Bulhões enchiam de entusiasmo os combatentes da Cruz, como a de Pérez del Pulgar que, no meio da noite, foi afixar com o seu punhal, na porta de uma mesquita, um texto da *Ave-Maria*. Mas esses belos feitos de armas não eram os únicos que se levavam a cabo; secretamente, os generais cristãos entraram em contato com o vizir de Granada, que sabia não haver saída para a situação. Estabeleceu-se um tratado de capitulação, em que Fernando e Isabel se mostraram de uma mansidão verdadeiramente cristã: os vencidos não somente teriam a vida a salvo, como receberiam garantias em relação à sua fé, às suas mesquitas e aos seus bens; os que desejassem emigrar para a África seriam ajudados a fazê-lo, e aceitar-se-ia também a conversão dos que quisessem tornar-se católicos.

Na manhã de 2 de janeiro de 1492, teve lugar o último ato, sob a glória de um céu puro, batido pelos ventos, ao mesmo tempo que, nas dobras das bandeiras, se deixavam ver as flechas e o nó górdio que eram as armas dos soberanos. Boabdil saiu ao encontro do casal vencedor, apeou-se e entregou a chave do Alcácer. Depois partiu para o exílio com o seu minúsculo séquito, escoltado pelos sarcasmos da sua terrível mãe: "Por que chorar como mulher esse reino que não soubeste defender como homem?" No alto da torre de Vela, o arauto gritava a plenos pulmões: "Granada para os Reis Católicos!" "Reis Católicos" era o título que Alexandre VI acabava de conceder aos dois jovens príncipes que tão bem serviam a cristandade. A tomada de Granada não compensava, de certo modo, a queda de Constantinopla? De um momento para o outro, a Espanha ascendia à dignidade de nação de primeira categoria.

Fernando e Isabel compreenderam que essa obra de unificação territorial, que haviam realizado magistralmente, devia ser acompanhada por outra no plano interno, tanto administrativo e político como étnico e espiritual. E essa foi a outra face do seu empreendimento, talvez ainda mais decisiva. Duzentos anos de fraqueza e de desordem tinham lançado a Espanha numa espantosa anarquia. Nobres, cidades e clero faziam tudo ao seu modo, e pululavam celerados de todos os gêneros e espécies. Pôr fim a tudo isso foi o imediato objetivo dos vencedores.

Uma polícia real, a *Santa Hermandad*, com procedimentos expeditivos e penalidades terríveis, refreou rapidamente os díscolos. Os *ricos hombres* tiveram de entrar na ordem e abandonar todos os despojos que haviam roubado. As grandes ordens religiosas militares, outrora tão poderosas, como Alcântara, Calatrava e São Tiago, passaram a ter o rei como Grão-Mestre. As cidades perderam grande parte dos seus *fueros*, sacrossantos privilégios, e começaram a ser fiscalizadas pelos *corregidores* reais. Os Conselhos do Governo, recrutados em parte entre legistas totalmente devotados ao poder, substituíram pelos seus os métodos da velha monarquia feudal. O exército foi reorganizado segundo princípios tão notáveis que toda a Europa passou a adotar o termo espanhol *infantería*, de *infante*, menino. Quanto ao clero, a coroa obteve de Alexandre VI o direito de "suplicação" e com isso assegurou o controle dos bispos, que começou a designar dali em diante. Como Luís XI da França e Henrique VII da Inglaterra, Fernando e Isabel anunciavam o absolutismo real do futuro.

Mas, para eles, o problema não era unicamente político, institucional. Existia uma questão mais delicada, que punha em causa a própria contextura do seu povo: nada menos que a famosa questão das minorias étnicas, que muitos países de hoje vêm enfrentando dramaticamente. Com efeito, a Espanha abrigava certo número de elementos que não combinavam bem com o seu verdadeiro povo. Em primeiro lugar, os judeus, que eram muitos: "um terço dos citadinos e mercadores de Castela", escreveu Vincenzo Quirini, embaixador veneziano. Eram ricos, auferiam grandes lucros mediante empréstimos a taxas usurárias que iam até 40%, e viviam no meio de um luxo insolente. Muitos tinham-se convertido, sobretudo por ocasião das grandes missões apostólicas de São Vicente Ferrer, e em alguns casos isso constituíra uma fonte de enriquecimento[28]. Mas seriam todos eles sinceros? Não eram poucos os que tinham pedido o Batismo por medo e astúcia, continuando a manter a fé judaica e, com frequência, algumas práticas secretas; o povo chamava-lhes "marranos", por um jogo de palavras que lembrava ao mesmo tempo o hebreu *Maran atha* ("O Senhor vem") e o castelhano-português *marrano*, que quer dizer porquinho. A infiltração dos marranos nas fileiras cristãs originava as mais estranhas contaminações, mesmo entre o alto clero, onde dificilmente passavam desapercebidas. Contava-se a história (poder-se-ia acreditar nela?) de um bispo que, tendo ido a Roma, comia carne às sextas-feiras, orava em hebreu segundo o rito judaico, reclamava carne "kosher", recusava-se a pronunciar o nome de Cristo e castigava os seus padres, se estes ousavam dirigir-lhe a menor advertência! Havia, pois, uma ameaça contra a fé, que podia deixar-se penetrar por algum estranho sincretismo judaico-cristão.

Mas, além do perigo israelita, havia ainda outro: o que podia advir da presença das massas de origem árabe. Depois de cada etapa da Reconquista, sempre permanecia um bom número de muçulmanos na região reconquistada, como se verificou à volta de Barcelona e nas Baleares, que o Bem-aventurado Raimundo Lúlio procurara tão corajosamente converter. A última etapa, a conquista de Granada, aumentaria essa presença. E, entre esses resíduos da antiga ocupação, ao lado dos que conservavam oficialmente a sua crença, havia também todos aqueles que, convertidos com mais ou menos convicção, se proclamavam cristãos, mas, secretamente, se mantinham fiéis ao Alcorão de seus pais. Chamavam-lhes os "mouriscos". Poderiam os Reis Católicos deixar que se prolongasse uma situação tão equívoca?

Quando lhes foi necessário empreender a luta nesse terreno, Fernando e Isabel voltaram-se para a Igreja, a fim de que ela os ajudasse. A arma já existia. Tinha sido forjada na Idade Média para a luta contra todas as forças inimigas da fé e, principalmente, contra um perigo bastante análogo — as contaminações cátaras que outrora tinham ameaçado o cristianismo. Essa arma era a *Inquisição*. Estava mais ou menos adormecida, mas, durante a Semana Santa de 1478, foi descoberta em Sevilha uma conspiração de "marranos", cujas intenções anticristãs exasperaram a opinião pública. Fernando aproveitou o ensejo para pedir ao papa que reativasse a velha instituição e que, para torná-la mais eficaz, a confiasse a ele, o rei. Sisto IV teve a fraqueza de consentir, por meio da *bula de 1º de novembro de 1478*. Era um erro, que consagrava a confusão entre o poder espiritual e o poder político, e que depois a Santa Sé tentou reparar.

Depois de encerrada a luta decisiva contra Granada, desejosos sem dúvida de não deixar pelas costas elementos suspeitos, os dois soberanos reforçaram a sua autoridade sobre a instituição e criaram o Conselho Supremo da Inquisição, presidido pelo inquisidor-mor. As *Instruções* enviadas a todos os tribunais locais constituíram uma espécie de código da Inquisição, que se tornava um verdadeiro organismo de Estado.

Do que foi verdadeiramente a obra da Inquisição espanhola só se deve falar com extrema prudência, visto ser outro dos pontos em que a imaginação popular fantasiou quanto quis. O primeiro inquisidor-mor, *Tomás de Torquemada*, tem sido representado como um torturador sádico, que tinha as mãos cheias de sangue e fazia reinar o terror em toda a Espanha. Era, com efeito, um religioso muito austero, convicto da utilidade do seu papel, mas desprovido de crueldade, a ponto de ter intervindo muitas vezes para moderar os excessos de certos juízes eclesiásticos. Além disso, todos os dominicanos que forneceram à Inquisição os seus quadros estavam longe de ser "Torquemadas", e muitos procuravam converter os pecadores, mais do que castigá-los. Quanto aos métodos do célebre tribunal, o "edito de ferro", que obrigava os próprios parentes dos suspeitos a denunciá-los, e às torturas do interrogatório aplicadas aos acusados, eram coisas — não devemos esquecê-lo — que faziam parte dos costumes da época e, se pensarmos bem, o século XX não tem muito que censurar ao século XV.

Resta o problema do número de vítimas, condenadas à prisão perpétua, estranguladas ou queimadas vivas, depois dos célebres "autos-de-fé" em que a sentença era proclamada publicamente. A história vê-se em dificuldades para apresentar cifras, tão variáveis são as informações, que vão de algumas centenas a dezenas de milhares! Proporcionalmente ao número de ações intentadas perante todos os tribunais, as condenações graves foram sem dúvida pouco numerosas. Foram muitas, com certeza, para quem pensa que a religião do amor não pode ser instaurada pela força, mas esse é outro assunto. A verdade é que a Inquisição fez pesar sobre toda a Espanha uma atmosfera de medo e de severidade — quase de terror — muito semelhante àquela que, obedecendo a outras exigências, o Tribunal Revolucionário faria pesar sobre a França de 1793. E o que não é menos certo é que o povo espanhol não somente a aceitou, mas também a quis e louvou[29], como uma manifestação dessa fé ardente até ao heroísmo que lhe permitira forjar o seu destino.

A dupla máquina do Estado e da Inquisição entrou, pois, em ação, desde que se tomou consciência dos perigos de contaminação que a presença de elementos estranhos podia causar à fé e à unidade da Espanha. Os primeiros visados foram os judeus. Uma decisão radical, em 1492, expulsou do reino todos aqueles que não se tinham convertido, e houve naquele verão escaldante, ao longo de todas as estradas que conduziam às fronteiras, o doloroso êxodo de cerca de 200 mil proscritos, com os rabinos à frente, rumo a Portugal (onde a sua presença fez surgir sérios problemas), ao sul da França, aos Bálcãs e à África do Norte.

A seguir, considerou-se o caso dos muçulmanos. Alguns sacerdotes piedosos, como o novo arcebispo de Granada, Hernando de Talavera, tentaram resolvê-lo pela doçura, mas o resultado foi pequeno. Uma ação mais brutal, levada a cabo por Ximénez de Cisneros, feito cardeal e inquisidor-mor, provocou algumas centenas de conversões, mas, em contrapartida, originou uma rebelião, cujos elementos se refugiaram em Alpujarras e nas colinas de Albaicín e iniciaram uma guerra de guerrilhas. Foram então tomadas medidas rigorosas. Violando o pacto de capitulação, começou-se a perseguir os muçulmanos, a retirar-lhes os livros santos e a transformar em igreja a grande mesquita de Granada. Muitos fugiram e se dirigiram para a África.

Quanto aos antigos judeus ou fiéis de Maomé que se tinham batizado, mas pareciam cristãos relapsos — principalmente quanto aos "marranos" —, a Inquisição encarniçou-se contra eles com tal dureza que a Santa Sé se comoveu e recomendou aos inquisidores mais moderação. Em suma, ocorriam violências que uma consciência cristã não pode aprovar, mas que pareciam necessárias aos contemporâneos[30].

E, se for precisa uma prova de que essa obra chegou a ser útil, encontrar-se-ia na seguinte constatação: nesse reino austero, severamente protegido, nenhuma das tendências perniciosas do tempo pôde infiltrar-se a ponto de constituir uma ameaça. O humanismo, que ali devia contar um mestre, o professor de Lovaina *Luís Vives* (1491-1540), sábio comentador de Santo Agostinho e um dos incentivadores da célebre Bíblia poliglota, não se afastaria das suas bases cristãs. O protestantismo malograria quase por completo na Península. E a arte espanhola, apesar das influências italianas deixadas entrever por Ferrer Bassa, ou das flamengas tão sensíveis em Borrassá ou Dalmau, conservou entre os seus expoentes — um Bago, um Jaume Huguet, o catalão Bartolomé Bermejo e o andaluz Hispalensis[31] — uma originalidade impressionante, visivelmente relacionada com o fervor religioso de que todos eles davam testemunho. Se a Espanha devia atingir no decorrer do século seguinte o apogeu da sua história, era porque — no exato momento em que Cristóvão Colombo e os conquistadores lhe davam um mundo — a coragem e a fé dos seus soberanos tinham feito dela um baluarte cristão.

A tentação da política: Júlio II

A morte de Alexandre VI assinalaria uma nova era na vida da Igreja? O papado iria realizar a necessária restauração moral e espiritual? Assim se julgou por um momento, porque, para lhe suceder, o Sacro Colégio elegeu um homem muito santo, o cardeal Francesco Piccolomini, sobrinho de Pio II, que, em memória do seu glorioso tio, tomou o nome de Pio III. O candidato dos Bórgia foi vencido, e Juliano della Rovere, regressando de um exílio de dez anos e muito popular como inimigo dos Bórgia, apoiava com a sua autoridade o novo pontífice. "Eu serei o papa da paz e reformarei a Igreja", anunciou publicamente Pio III, e era homem capaz de levar a cabo os seus planos. Mas, menos de um mês depois da eleição, o reumatismo de que sofria cruelmente causou-lhe a morte. "Foi uma grande desgraça para Roma e para todos nós", diz um cronista de Siena, "mas os nossos pecados são tão graves que talvez não merecêssemos coisa melhor".

O pontificado que se iniciou a seguir não foi, nem de longe, tão escandaloso como o de Alexandre VI. Se o novo papa, antes de ser eleito, não tinha vivido uma existência muito irrepreensível, soube pelo menos ocupar a cátedra de São Pedro com dignidade e guardar os bons costumes, mostrando-se sempre severo nos seus juízos sobre Alexandre VI, que considerava "judeu" e "renegado". Por outro lado, estava muito ocupado com a paixão política para perder o tempo com prazeres frívolos. Com efeito, a sua preocupação quase exclusiva seria a política, uma política que as circunstâncias tornariam singularmente agitada e complexa. Para o papado, havia muitas maneiras de ceder ao clima da época e de trair a sua vocação divina. Uma era deixar-se conquistar pelo paganismo hedonista, de que muitos humanistas se tinham feito doutrinários, e essa fora a atitude de Alexandre VI; a outra era embrenhar-se tão totalmente nas questões temporais que se transformasse numa potência italiana como as outras, defendendo os seus interesses pelos meios cujas regras eram então formuladas por Maquiavel. E esse foi o comportamento de Júlio II (1503-1513).

Júlio II! O célebre e admirável retrato que Rafael fez deste papa, esse retrato tão vivo que — diz Vasari —, ao vê-lo, se sentia tanto medo como na presença do próprio modelo, revelará por inteiro o poder excepcional dessa personalidade, uma das mais notáveis de uma época que possuiu tantas? Por inteiro, talvez não. Diante da imagem desse ancião de barba grisalha, olhos cavos e lábios cerrados, cuja expressão, meditativa e triste, denuncia em todos os seus traços uma vontade implacável, logo pensamos nesse qualificativo de *uomo terribile* que os contemporâneos lhe deram, como ele próprio o deu a Michelangelo, e que se aplicava igualmente a ambos. Com as mãos apoiadas sobre os braços da cadeira, dá a impressão de que vai levantar-se, pegar naquela bengala de que nunca se separava, percorrer os corredores do Vaticano — onde o bem conhecido ressoar da bengala contra o chão fazia empalidecer os secretários —, entrar numa sala de trabalho, bater na mesa com o bordão ou mesmo "acariciar" as costas ou a batata da perna de algum protonotário ou guarda menos diligente..., a não ser que se dirija para a Capela Sistina, onde trabalha o Buonarotti, e, insatisfeito com o andamento da obra, mimoseie o outro gigante da época com injúrias dignas do Trastevere.

Contudo, para completar o retrato, seria preciso ainda representá-lo, aos seus mais de sessenta e cinco anos de idade, com o elmo na cabeça e a couraça cingida, conduzindo pessoalmente os exércitos em perseguição dos "bárbaros"; ou vê-lo, maleável e cauteloso, maquiavélico no pior sentido do termo, fingindo-se modesto, amável e conciliador, para capturar na teia dos seus planos um Luís XII da França ou um Fernando de Espanha. Era, em última análise, um homem excepcional, a quem se deve uma real admiração, embora não seja aquela que gostaríamos de prestar a um Vigário de Cristo.

A sua eleição foi uma obra-prima; numa única sessão, por trinta e sete votos em trinta e oito, foi chamado a suceder a Pio III. Todo o Sacro Colégio sabia que a Igreja precisava de um homem forte e que o cardeal Juliano della Rovere, que caíra em desgraça com Alexandre VI, parecia prometer uma mudança radical. Os que poderiam pregar uma peça ao sobrinho de Sisto IV foram habilmente neutralizados com promessas: César Bórgia, em troca da promessa de continuar à frente do exército das Chaves, conseguiu que os seus amigos votassem no cardeal Rovere, coisa de que em breve viria a arrepender-se. Sem ser literalmente simoníaca, essa eleição era, pois, bastante suspeita; por isso, o primeiro ato do novo papa foi promulgar uma bula que condenava a simonia, em qualquer nível da hierarquia eclesiástica em que se manifestasse, e a sujeitava aos castigos mais severos. Era dar a si mesmo uma absolvição por baixo preço.

Logo que se instalou no Vaticano, Júlio II deu a entender que tinha planos bem concretos e que os levaria adiante apesar de todas as resistências. A primeira etapa era a restauração do poder temporal da Santa Sé, e ele venceu-a prontamente. Aproveitando-se da fraqueza dos seus predecessores, muitos adversários vorazes tinham tragado terras e bens pontifícios. Júlio II procedeu ordenadamente: em primeiro lugar, acertou as contas com os salteadores menos graúdos, guardando para mais tarde os maiores, principalmente Veneza. "Desfraldando as bandeiras sagradas", diz Maquiavel, "e cheio daquela fúria que lhe era natural, lançou de início o seu veneno sobre todos aqueles que se haviam apoderado das cidades do seu domínio". Em boa justiça, não há aqui nada a censurar-lhe. Os pequenos senhores mais ou menos bandoleiros foram chamados à ordem; os clãs romanos que transformavam as ruas da cidade em antros de assassinos foram dominados, e até os Orsini e os Colonna se reconciliaram. As finanças, rigorosamente administradas, passaram a estar sob controle.

O episódio mais impressionante desta retomada das rédeas foi a queda de César Bórgia. Intimado a restituir as praças que ocupava indevidamente, o também duque da Romagna tentou resistir, mas o terrível papa não hesitou em mandá-lo prender e encarcerou-o no castelo de Sant'Ângelo, para abalar mais fortemente o seu prestígio. Quando o jovem *condottiere* conseguiu por fim evadir-se, nada mais tinha a fazer na Itália; foi tentar a sorte na Espanha e ali o mataram, o que permitiu ao papa reivindicar a sua herança. "Em suma", diz Maquiavel, sempre irônico, "César serviu bem a grandeza da Igreja".

Mas isso era apenas um primeiro degrau na ascensão de proporções imensas que Júlio II ambicionava e que não escondia. "Na Itália, nossa mãe comum", dizia ele, "eu quereria ver um só senhor, um senhor perpétuo, o pontífice romano. O que me desgosta é o pensamento de que os anos me impedirão talvez de levar a cabo este desígnio. Não! Eu não poderei fazer pela glória da Itália tudo o que a minha coragem desejaria! Ah! Se eu tivesse vinte anos menos!..." Esse sonho, que Nicolau V entrevira e Alexandre VI acalentara — de uma Itália inteiramente unificada sob a autoridade do papa, e com a cidade de Roma por capital ao mesmo tempo política, artística, intelectual e espiritual —, era a maior aspiração que Júlio II, com toda a energia e espírito de iniciativa de que era capaz, e também com toda a sabedoria de uma velha raposa da política, se empenharia em realizar a toda a pressa, porque o tempo urgia.

O principal obstáculo a vencer era Veneza, cuja política empreendedora tinha em vista nada menos do que fazer da Itália do Norte uma espécie de vasto protetorado, e que, nessa ocasião, acabava de subtrair Ravena aos Estados pontifícios. Júlio II não podia pensar em abater sozinho a poderosa república da laguna: precisava de aliados. Apelaria, portanto, para aqueles que denominava "os bárbaros" — franceses e espanhóis —, mas bem decidido a desembaraçar-se deles logo em seguida. Não era uma empresa difícil de realizar, porque os venezianos, "insaciáveis de sangue humano, de senhorios e de riquezas", no dizer de um cronista francês, eram profundamente odiados. A diplomacia pontifícia entrou em jogo com uma perícia consumada.

A Luís XII, o papa fez saber que, para compensá-lo da perda definitiva de Nápoles, poderia retomar aos venezianos tudo o que eles haviam roubado ao seu feudo milanês: Bréscia, Cremona, Bérgamo e o resto; e ao imperador Maximiliano, que Pádua, Treviso, Vicenza e Friuli eram terras germânicas. Também os reis da Inglaterra e da Espanha entraram no jogo, e a Liga de Cambrai, formada em 1508, passou a representar uma temível coligação contra Veneza, mais temível ainda do que a excomunhão com que, para maior garantia, Júlio II a fulminou. As cidades italianas que hesitaram em unir-se à Liga, como Perugia e Bolonha, viram-se atacadas pelo terrível pontífice em pessoa. Na primavera de 1509, convencido de que assim tiraria uma brilhante desforra dos dissabores que Nápoles lhe causara, Luís XII lançava as suas tropas ao ataque e derrotava as tropas venezianas em Agnadello. Júlio II ganhara a primeira partida do jogo.

Mas o rei da França não tardou a compreender que tinha sido ludibriado. Em breve se tornou evidente que o maquiavélico Júlio II o queria expulsar do território milanês, cuja investidura imperial o tentara a ponto de tê-lo levado a abandonar a Borgonha, a Bretanha e o Blésois. *Fuori barbari!* Essa era a palavra de ordem que corria por toda a Itália. Os "bárbaros" eram, naquele instante, esses franceses que acabavam de se bater para que Ravena fosse restituída ao papa, mas que, senhores ainda de Milão e de Gênova, aliados de Florença e de Ferrara, constituíam a maior de todas as potências. Foi assinada uma paz em separado com Veneza. Habilmente seduzidos com a promessa do reino de Nápoles, Fernando e as suas tropas espanholas mudaram de campo. A Henrique VIII da Inglaterra, foi-lhe oferecida a Guyenne. E os suíços, que achavam mesquinho o soldo de Luís XII, deixaram-se comprar. "Eu não sou o capelão do rei da França!", dizia o papa em tom de escárnio, e, de elmo na cabeça, tomava a um dos aliados dos "bárbaros" a praça de Mirandola. Sob o seu comando, a *Santa Liga* varreria da Itália até o último francês.

Na realidade, a coisa não foi tão simples como parece. Mesmo enfrentando uma coligação quase europeia, os franceses resistiram bem. Os prodígios realizados por esse anjo da guerra que se chamava Gaston de Foix, sobrinho de Luís XII, um Napoleão de vinte e dois anos, neutralizaram os ataques dos suíços, dos espanhóis e das tropas pontifícias. Que havia que pudesse deter esse terrível rapaz? Preparava-se para avançar sobre Roma, com a intenção de expulsar de lá o papa e eleger outro, quando, diante de Ravena, caiu retalhado por vinte golpes de espada. Caiu vitorioso, mas a sua morte tornava a vitória mais nefasta do que uma derrota. Júlio II que, emparedado no seu palácio, cerrava os dentes, prestes a enfrentar os "bárbaros", respirou aliviado.

Luís XII tinha cometido um grave erro tático, pois julgara que poderia levar o caso para o plano religioso e abalar assim a própria autoridade pontifícia. Em Tours, uma assembleia — parcial — do clero francês declarou escandaloso e anatematizado um país que entrara em guerra com um rei cristão. Depois, apoiado por alguns cardeais que não simpatizavam com Júlio II, entre eles um Bórgia, o rei convocou para *Pisa* (1511) um concílio que se dizia ecumênico, com o fim de reformar a Igreja e, em primeiro lugar, o papado. Estava acionada a velha máquina de guerra de Constança e de Basileia. "Não é um concílio, é um conciliábulo!", exclamou Júlio II, ao ver o reduzido número de participantes que compareceram; acusação e decreto de suspensão, tudo isso não passava de uma comédia. Os Padres do concílio, escorraçados de Pisa pela população, concentraram-se em Milão, depois abandonaram essa cidade em direção a Asti e por fim refugiaram-se em Lyon, cobertos de ridículo perante o mundo inteiro. Luís XII perdera o prestígio, e a própria Sorbonne recusava-se a segui-lo na luta contra o papa.

Paralelamente, mudava a sorte das armas. La Palisse, medíocre sucessor de Gaston de Foix, evacuava a região de Milão e, no ano seguinte, La Trémouille deixava-se bater em Novara pelos suíços, cujos bandos se lançavam sobre a Borgonha a caminho de Dijon. O terrível aríete posto em ação pelo papa armado de capacete parecia mostrar-se capaz de quebrar irresistivelmente a França. O imperador preparava-se para atacar o reino pelo norte e pelo leste, e os ingleses estavam prontos para desembarcar nas suas costas. Talvez fosse uma vitória excessiva, uma vitória de Pirro, pensava Júlio II. E perguntava a si mesmo se seria uma prova de habilidade afastar os franceses da Itália para entregá-la à Espanha.

Com efeito, o duplo casamento de D. João de Espanha, filho dos Reis Católicos, com Margarida da Áustria, e de Filipe o Belo, filho de Maximiliano, com Joana de Castela — Joana a Louca —, unindo as coroas hispânicas e as dos Habsburgo, tornava o perigo mais evidente. A política de *balance of powers*, que a Inglaterra começava a formular, foi assim vista como a mais prudente por Júlio II. "Se Deus me der ainda alguns anos de vida", dizia ele, "libertarei também Nápoles do jugo dos espanhóis". Mas o Senhor não lhe permitiu realizar as suas intenções últimas e, em fevereiro de 1513, forçou esse incansável guerreiro a uma paz mais definitiva.

"Houve um tempo", observava Maquiavel, "em que o menor barão se julgava no direito de desprezar o poder do papa; hoje, esse poder impõe respeito a um rei da França". O prestígio da Sé Apostólica saiu imensamente engrandecido deste pontificado armado. Além disso, não foi apenas no terreno militar e político que Júlio II, incontestavelmente dotado do sentido da grandeza, trabalhou pela glória da Igreja, mas também — é preciso reconhecê-lo — no da defesa da fé. Compreendendo a importância das conquistas espanholas e portuguesas em terras longínquas, para lá mandou muitos missionários. Foi ele, por exemplo, quem nomeou um arcebispo e dois bispos para o Haiti. Tomou medidas inteligentes para facilitar a conversão dos hussitas da Boêmia, outras para lutar contra os marranos da Espanha, e outras ainda para ajudar monges que trabalhavam por uma reforma, como, por exemplo, os beneditinos de Valombrosa e de Monte Oliveto. Tais medidas mostram que, embora muito envolvido na política, Júlio II era capaz de não se deixar absorver totalmente por ela.

Teria podido pôr o fecho da abóbada na sua glória e dar-lhe um sentido verdadeiramente cristão, empreendendo a reforma — a verdadeira, geral e decisiva —, aquela que tanto se proclamava indispensável? Pensou nisso seriamente? Não se pode afirmá-lo com certeza. Pouco meses antes de morrer, decidiu reunir um concílio ecumênico, o XVIII — V de Latrão (1512-1517) —, em cuja ordem do dia fez inscrever a reforma, além da cruzada contra os turcos e a extirpação do cisma francês. Mas, na realidade, as primeiras sessões dessa assembleia não foram senão vibrantes manifestações de louvor e apoio ao sumo pontífice, cuja autoridade, mais uma vez, foi solenemente proclamada. De medidas necessárias, pouco se tratou.

Sem dúvida, o papa político considerava que a sua verdadeira tarefa fora restituir à Sé de São Pedro a sua autoridade e a sua independência perante os poderes laicos. Sob este aspecto, o seu êxito fora grande. Mas, retardando ainda mais a hora da reforma, e permitindo que a venalidade e a corrupção prosperassem à sua volta, assim como em muitos setores da Igreja, não terá ele agravado a crise interna que dentro em pouco eclodiria violentamente? Ter obrigado os reis a reconhecer a força do papado, ter coberto Roma de uma glória rejuvenescida e empreendido essas grandiosas realizações em que o gênio de Michelangelo, de Rafael e de Bramante desabrocharam em obras-primas, não era tudo. Os maravilhosos fragmentos do que deveria ser o mais gigantesco dos túmulos, tal como Michelangelo o sonhara para Júlio II — o *Moisés* e os *Escravos* — têm por si próprios um sentido sintético inequívoco: são pedaços de uma obra-prima incompleta, que correspondem bem ao homem cuja memória guardam, a uma obra que foi grande, mas fragmentária e inacabada.

A tentação da arte: Leão X

Para Júlio II, a arte tinha sido um meio de aumentar o esplendor de Roma, como outrora havia desejado Nicolau V, e de manifestar a glória da Sé Apostólica. Para o seu sucessor, foi algo bem diferente: uma paixão, uma atividade que devia sobrepujar qualquer outra, uma espécie de razão de viver. O novo papa não cederia à tentação da carne, como Alexandre VI, nem à da política, como Júlio II, mas o seu pontificado mostraria claramente que o culto da inteligência e da beleza, quando não está colocado no seu verdadeiro lugar e faz das obras do espírito um fim em si, constitui também para a alma uma terrível tentação. Construir sobre o túmulo do apóstolo a maior basílica do mundo, mas deixar perder um quarto do rebanho fiel, não é para um papa um jogo ilusório e, até, uma traição?

Leão X (1513-1521) era um Médicis, João, o filho mais novo de Lourenço o Magnífico, possivelmente o único a herdar do seu pai os raros talentos. Jovem ainda — tinha apenas trinta e oito anos, mas, gordo e corado, com os olhos salientes, parecia mais velho —, vira-se cumulado de benefícios desde a mais tenra idade: já aos catorze anos era cardeal. Espírito muito distinto, formado pelos melhores mestres da época — Ângelo Poliziano e Marsílio Ficino contavam-se entre os seus preceptores —, tinha respirado desde a infância esse ar de mundanismo brilhante e requinte intelectual que dava a Florença um clima tão embriagante. Talvez não fosse esse o gênero de educação que se devesse desejar para um futuro pontífice.

Quando foi eleito — muito facilmente, pois distribuíram-se presentes e promessas a rodo —, tiveram de conferir-lhe a toda a pressa o sacerdócio e o episcopado, pois era ainda apenas diácono. Depois, quando se procedeu à sagração nos degraus exteriores da Basílica de São Pedro, semidemolida para dar lugar à nova, a pompa excepcional da "Cavalgada" que o mostrou aos romanos pareceu a todos o anúncio de um reinado cheio de fausto: cortejos intermináveis, distribuição gratuita de alimentos, desfiles de carros com alegorias pagãs, iluminação feérica, fogos de artifício, nada faltou à festa. Os Médicis podiam permitir-se tais prodigalidades para assinalar a sagração do primeiro dentre eles que se tornava papa!

Leão X só desejava a paz, em primeiro lugar por temperamento, mas também porque jamais guerra alguma foi propícia ao desenvolvimento das artes e das letras. Entregou-se, pois, com ardor à política de tréguas que o seu belicoso predecessor quisera nos seus últimos dias, e ajudou a negociar o casamento entre o viúvo Luís XII e a jovem irmã de Henrique VIII, o que poria fim ao conflito entre França e Inglaterra. Ao mesmo tempo, conseguiu que o rei da França aderisse ao Concílio de Latrão, o que parecia consumar a reconciliação geral.

Infelizmente, Luís XII morreu pouco depois, e quem lhe sucedeu foi o seu genro e primo, um belo rapaz de vinte anos, grande amigo de cavalgadas brilhantes, apaixonado pelas coisas italianas: *Francisco I* (1515-1547), bisneto de Valentina de Visconti. Mal se instalou no trono, reivindicou a herança milanesa e sentiu-se no dever de reconquistá-la. Comprou por elevado preço a neutralidade benevolente do imperador, aliou-se a Veneza e entrou em ação. Os suíços, que guardavam os desfiladeiros dos Alpes, deixaram-se surpreender, retiraram-se e foram-se recolher sob as muralhas de Milão, onde, em *Melegnano* (1515), depois de dois dias de um combate encarniçado, a carga dos cavaleiros franceses lhes quebrou a resistência.

Quando recebeu a notícia, Leão X ficou consternado. Estariam de volta os dias em que os exércitos de Carlos VIII passeavam pela Itália como por um couto fechado? Os suíços negociavam a famosa *Paz Perpétua* (1516) com o rei da França. Maximiliano estava à beira do túmulo. Iria o vencedor invadir os Estados pontifícios e obrigar a resistir-lhe pelas armas? Mas não é à toa que se nasce florentino. Muito habilmente, lisonjeando o orgulho do jovem príncipe e fingindo torná-lo protetor da Santa Sé e até dos Médicis, o papa estabeleceu com ele as mais cordiais relações. Que coisa mais legítima do que um ducado de Milão francês..., desde que a república de Florença ficasse para a família do papa? Parma e Placência foram cedidas como magnânima doação. Mas não era preciso um titular para esses principados independentes? O irmão do pontífice, Juliano, estava naturalmente indicado.

Leão X teve então a ideia de aproveitar as felizes disposições do rei para resolver uma questão que continuava pendente entre a Santa Sé e a França: a da Pragmática Sanção. Roma nunca admitira essa decisão unilateral que pretendera regular a sorte da Igreja na França. Sucessivamente sob Luís XI, Carlos VIII e Luís XII, essa concordata (puramente verbal) dera origem a numerosos conflitos. O clero partidário da Pragmática tinha chegado a ser repreendido por Roma e, na realidade, nem os reis nem os papas estavam satisfeitos com o seu funcionamento. Não seria vantajoso substituí-la por uma concordata em boa e devida forma, do gênero daquela que existia entre o papado e o Império?

O rei e o papa encontraram-se em Bolonha, no fim do ano de 1515, no meio daquele fausto que um e outro tanto amavam. Um ano mais tarde, a *Concordata* (1516) era assinada e promulgada, não obstante as resistências que o Parlamento e o clero franceses lhe opuseram. O rei ficava com o direito de nomear os titulares de benefícios superiores — que incluíam dez arcebispados, oitenta e três bispados e quinhentas e vinte e sete abadias —, mas essas nomeações deviam obedecer a condições de idade e competência, e unicamente o papa tinha o direito de conferir a investidura canônica. O Tribunal da Santa Sé via confirmado o seu papel de tribunal de apelação e o papado obtinha o restabelecimento das anatas. O rei continuava, pois, a ser o protetor e o fiscalizador da Igreja na França, mas a autoridade do soberano pontífice era nitidamente afirmada e a França renunciava oficialmente a todas as teorias conciliares.

Essa Concordata, que perdurou até 1790, ia ter consequências profundas na história religiosa da França. Acusam-na de ter preparado o clima do futuro galicanismo e de ter contribuído para dividir o clero em duas partes: o alto clero, rico e bem nascido, escolhido entre os que rodeavam o rei, e o baixo clero, plebeu e magramente pago. Mas deve-se-lhe outro resultado bem mais feliz: o de ter tornado oficialmente o rei "cristianíssimo" chefe adotivo da Igreja, levando-o a nutrir daí por diante um interesse muito maior em preservar os seus laços com o papa e em não deixar que se duvidasse da sua ortodoxia. Este fato seria de uma importância capital nos conturbados dias da Reforma, e é à Concordata que se deve, em certa medida, a conversão de Henrique IV.

Assim, a habilidade diplomática do papa Médicis e o seu desejo de estabelecer solidamente a paz na Itália — o tratado de Noyon pareceu assegurá-la, garantindo Milão a Francisco I e Nápoles a Carlos da Espanha — prestaram um bom serviço à Igreja. Infelizmente, em outras questões mais graves, Leão X mostrou-se muito menos feliz. Ao contrário de Júlio II, que trabalhara apenas pela grandeza dos Estados da Igreja, e não em benefício da sua família, recaiu no nepotismo que Calisto III, Sisto IV e Alexandre VI tinham posto em prática, como se o papado fosse um bem pessoal de que ele pudesse dispor por direito próprio. Separou das terras pontifícias o ducado de Urbino e deu-o em feudo a um dos seus parentes. Era retomar um hábito imperdoável, apesar dos ilustres antecedentes.

E é preciso ainda apontar a leviandade do seu comportamento, o amor pelos prazeres — sobretudo da mesa, porque, quanto ao resto, Leão X foi correto —, a prodigalidade irrefletida, causa de venalidade e de corrupção, e a manifesta incapacidade de tomar consciência da gravidade dos perigos do seu tempo. "Aproveitemo-nos do papado, já que Deus no-lo deu!", dissera ele por ocasião da sua eleição; pelo menos, é o que assegura o veneziano Giorgi, e não há dúvida de que o papa aplicou esse princípio muito diligentemente! Sem ter provocado escândalos como os de Alexandre VI, este pontificado deixou que a Igreja se degradasse, numa ocasião em que mais do que nunca era necessário que se refizesse.

E a reforma? Que era feito dela? No momento em que Leão X subia à cátedra de São Pedro, o Concílio de Latrão estava em pleno período de trabalho e a reforma continuava na ordem do dia. Mas pensava-se nela sinceramente? Eminentes personalidades da magna assembleia lançavam gritos de alarme. O Concílio, porém, não ousou chegar ao fundo do problema e a pôr o dedo na chaga. Tomaram-se decisões e votaram-se regras que condenavam certos abusos em matéria de nomeações eclesiásticas e de acumulação de benefícios, que disciplinavam a vida dos cardeais e dos bispos, que ordenavam a castidade aos padres e que censuravam os simoníacos e espoliadores da Igreja; depois de muitas discussões, chegou-se até a submeter as ordens religiosas à autoridade dos bispos quanto ao exercício do ministério e a fixar princípios para a pregação. Eram decisões que revelavam uma verdadeira boa vontade, mas faltava a firmeza necessária para ir até ao fim da reforma e, sobretudo, para aplicá-la. Quem estava em condições de impor à Igreja essas meias medidas? "Falsos devotos, beatos, hipócritas!" — gritava o satírico Pedro Gringoire no seu panfleto *Loucos empreendimentos* — "que pretendeis corrigir abusos nos outros e sois os primeiros a dar mau exemplo!" E tinha razão de sobra.

"Os tempos atuais reclamam resoluções audaciosas, inusitadas, extraordinárias...", observava Maquiavel, mas não seria Leão X quem as tomaria. Em 1517, mandou encerrar o Concílio, sem se preocupar com a execução dos seus decretos. O que lhe interessava realmente era essa vida do espírito e da sensibilidade, que o atraía muito mais do que as rudes batalhas a travar no terreno da fé e dos costumes. "Os grandes escritores são a regra da vida, a consolação na desgraça", escrevia ele, entusiasmado, no documento em que autorizava a imprimir as obras de Tácito. Acrescentava que proteger os sábios e adquirir livros lhe pareciam ser as mais elevadas tarefas de um chefe, e agradecia a Deus por lhe ter permitido consagrar-se a elas.

Juntavam-se, pois, à sua volta intelectuais e artistas de todas as espécies. Bembo, Sadolet e Dovizi eram seus amigos e dois deles foram nomeados cardeais. No palácio, no teatro e até na própria igreja, assediavam-no escrevinhadores de todas as categorias e, para lhes agradecer os elogios e ditirambos, Leão X metia a mão na bolsa de veludo vermelho que nunca o abandonava e, sem se preocupar com as dificuldades que a sua prodigalidade causava aos seus tesoureiros, atirava-lhes punhados de moedas de ouro.

As festas e comédias menos edificantes não tinham melhor espectador do que o papa; as artes, todas as artes, encontravam nele um profundo conhecedor e uma inesgotável generosidade. Viam-no passar pelos corredores do Vaticano sempre escoltado por uma orquestra de câmara e entoando estribilhos que as violas acompanhavam. Rafael, o seu pintor preferido, era tratado por ele com tanta liberalidade que podia manter à sua volta uma corte particular de amigos e alunos. A nova Basílica de São Pedro elevava-se pouco a pouco do solo, e o canteiro de obras era um formigueiro de operários, arquitetos e talentos chamados de toda a parte. Assim era a glória que Leão X ambicionava, aquela — devemos dizê-lo — com que ele nimbou Roma. Tudo isso custava muito dinheiro? Sem dúvida, mas a administração pontifícia esforçava-se por inventar recursos. Para financiar os trabalhos da basílica, concederam-se novas indulgências, que zelosos propagandistas exploravam como se se tratasse de uma operação comercial. Era necessário que o dinheiro aparecesse...

Mas o faustoso pontífice apercebia-se do perigo que a sua despreocupação fazia correr à Igreja? Sobretudo, compreendia ele, na embriaguez de beleza em que tinha vivido e em que ia morrer (1521), a importância do incidente que, quatro anos antes, um obscuro monge alemão provocara precisamente a propósito da questão das indulgências? Ter-se-á dado ao trabalho de ler a carta que esse homem violento lhe escreveu para lhe recordar, inspirando-se no *De Consideratione* de São Bernardo, os deveres do seu cargo? Num certo dia de primavera, em 1520, quando caçava cervos em Magliana acompanhado por um séquito pomposo, trouxeram-lhe uma bula que fulminava com a excomunhão o agostiniano de Wittenberg. Assinou-a e continuou a perseguir os animais. Terá medido o alcance desse gesto irreparável? O pontificado de Leão X assinalará, como ele o desejara, o apogeu glorioso da Renascença, mas permanecerá, perante o tribunal de Deus e perante o julgamento da história, como o do grande despedaçamento...

Roma, capital das artes

Seria injusto, no entanto, menosprezar o esplendor e a projeção que o amor esclarecido das artes, tal como Leão X o praticou, conferiu a Roma, capital da Igreja. Não que ele tenha sido o primeiro, nem o único, como vimos, a visar esse objetivo que Nicolau V já indicara claramente e que, mais ou menos conscientemente, todos os seus antecessores haviam procurado alcançar. A expressão clássica "o século de Leão X", que aureola o nome do pontífice Médicis com o prestígio do mais brilhante período de criação artística até então, é, evidentemente, exagerada: um Júlio II e um Alexandre VI foram, nesse plano, tão ativos e tão importantes como ele. Mas fazendo do mecenato um dos próprios princípios do seu pontificado, o papa mecenas associou o trono de São Pedro à glória que dão as obras-primas imortais e, dessa maneira, perfilou um dos traços da nova fisionomia da Igreja. Neste sentido, a sua ação — tanto para bem como para mal — foi decisiva.

O grande acontecimento, por conseguinte, dos três quartos de século que se estendem de Nicolau V a Leão X foi que Roma se tornou verdadeiramente a capital da beleza, o ponto de convergência de todas as energias criadoras, como também o sol de onde irradiou o calor fecundante da inspiração[32]. Na ideia desses papas da alta Renascença, tudo o que contava no plano artístico devia reunir-se em torno do Vigário de Cristo e contribuir para o seu prestígio. Não havia mármore antigo arrancado à terra que não se destinasse a aumentar as coleções pontifícias, como, por exemplo, o Apolo, o Laocoonte e o Nilo, notáveis ornamentos do célebre *Belvedere* dos palácios vaticanos. Não havia, sobretudo, artista vivo que, tendo já dado provas do seu gênio, não fosse convocado por Roma, atraído, comprado. Mal o florentino Michelangelo se notabilizou pela sua *Pietà*, Júlio II encomendou-lhe um túmulo digno dos antigos imperadores. Quando *Bramante* (1444-1514), nascido perto de Urbino, se revelou um arquiteto de visão ampla, logo lhe foi dada a oportunidade de aspirar a uma posição mais alta e de mostrar todo o seu valor.

Principalmente a partir de 1499, data capital em que o criador da Basílica de São Pedro foi chamado para dirigir as obras, uma prodigiosa animação tomou conta da cidade, que parecia inteiramente entregue à picareta e ao enxadão, à trolha e ao pincel. Conceberam-se planos tão grandiosos que seriam necessários séculos para os realizar. Muitos mestres foram intimados a executar em quatro anos obras que pareciam reclamar vidas inteiras. E o milagre foi que essa sublime improvisação não resultou em algo tosco ou frágil, mas em obras que o tempo respeitaria. Foram décadas admiráveis e apaixonantes — seis anos depois da morte de Leão X, o saque de Roma pelo exército do Império quebraria esse impulso —, durante as quais mil operários talhavam no mármore a maior basílica do mundo e Michelangelo, estendido sobre uma prancha e a olhar para o teto, pintava doze horas por dia as prodigiosas superfícies da Sistina, e Rafael adornava as Câmaras e as Galerias... Os papas que haviam desejado tudo isso tinham razão de sobra para sentir-se orgulhosos!

Esse súbito apogeu de Roma foi tanto mais impressionante quanto coincidiu com um relativo eclipse das suas rivais. Florença declinou, depois de concluir esplendidamente a sua tarefa de iniciadora, ou talvez porque, sendo muito inteligente e muito dada aos problemas, não podia chegar a resolvê-los todos. É certo que continuaram a existir outros centros nos quatro cantos da afortunada Península, e alguns deles produziram obras-primas, mas de projeção limitada. Mesmo Veneza, que era a única que teria podido concorrer com Roma, não o fez senão incompletamente; o seu gênio sensual só se exprimiu na pintura, negligenciando as técnicas do monumento e da plástica.

Em Roma, cultivaram-se todas as artes sem exceção. As ambições dos pontífices, o seu "patriotismo romano", haurido do antigo, o seu gosto pelo fausto e até a sensualidade de alguns, tudo isso serviu para vestir a capital da Igreja de uma gala que ainda hoje faz o seu legítimo orgulho. E quem poderá exprimir a vasta gama de oportunidades que essa implantação do gênio no coração das sete colinas — nesse lugar tão repleto de história, no centro dessa planície onde austeros horizontes rodeavam o esplendor nostálgico das ruínas — ofereceu à plena realização de todas as virtualidades formuladas pelas gerações precedentes? E quem poderá dizer que não foi a ordem romana que permitiu à arte da Renascença operar essa prodigiosa síntese da doçura com a violência, da volúpia com a ascese, da liberdade com a disciplina, uma síntese que fez das obras dessa época insuperáveis perfeições?

A glória da Roma pontifícia, a de Júlio II e de Leão X, correspondeu ao momento exato em que todas as descobertas, todos os contributos de um século prodigiosamente criador se fundiram e se estabilizaram num grande estilo poderoso e majestoso, que ficará a ser o estilo clássico por antonomásia. Por volta de 1450, terminara o primeiro período da Renascença[33] e abrira-se o segundo, no qual plêiades mais abundantes de brilhantes talentos pareciam — pelo menos quase todos — trabalhar com vistas a uma suprema realização.

De uma para outra etapa, a passagem foi evidentemente insensível; houve mestres do primeiro tempo — como Verrocchio, Piero della Francesca, os della Robbia — que avançaram pelo segundo adentro, sem dele possuírem ainda o espírito. Um *Giovanni Bellini* (1430-1516), veneziano cheio de flexibilidade, no decorrer da sua longa vida, evoluiu de uma arte ainda "primitiva" para uma inspiração e uma técnica "modernas", e o seu cunhado *Andrea Mantegna* (1431-1506), tão sábio e tão sóbrio, aprendeu na escola da Antiguidade o segredo das formas exatas, das anatomias minuciosamente observadas, do pormenor realista elevado a categoria, de que Michelangelo se há de lembrar. Mesmo as personalidades excepcionais que prosseguiram as suas pesquisas em direções a que a posteridade não daria continuidade, balizaram uma etapa: é o caso de *Botticelli* (1444-1510), alma atormentada e talento precioso, oscilante entre a evocação de um paraíso ambíguo e a ilustração do *Inferno* de Dante, espécie de discípulo errático de Fra Angelico — um Angelico que se teria encantado com o sorriso dos seus anjos maus —, e que faz sentir como, desde o piedoso pintor de São Marcos até Rafael, persiste a linha das fidelidades.

De todas as escolas, de todos os centros que pululavam na Itália antes de Roma os ter esvaziado em seu proveito, surgiram ao mesmo tempo mestres cujo papel providencial parece ter sido o de preparar a arte para dar o passo decisivo, para além do qual se abriria a terra dos gênios.

Pietro Vanucci, chamado o *Perugino* (1445-1523), que se depreciaria muito com a sua abundante produção de Madonnas, nem por isso deixou de legar ao seu aluno Rafael o sentido das cores encobertas, das atmosferas nacaradas, como também composições de perfeito equilíbrio, pois a sua *Crucifixão* de Florença não é indigna de um canto da Sistina. A Michelangelo serviu de mestre *Signorelli* (1441-1523), outro filho da Úmbria que, indo beber em Piero della Francesca a sua força e o seu amor pelos grandes espaços, e juntando-lhes o movimento, realizou em Orvieto páginas admiráveis — como o *Juízo Final* —, povoadas de corpos nus e de esfolados vivos, em que a selvagem musculatura anuncia já as terríveis personagens dos afrescos "buonarrotianos". De *Ghirlandaio* (1449-1494), os herdeiros viriam a conservar a paixão pelo desenho exato, levado até ao máximo rigor, que Leonardo estudará e saberá temperar com notável leveza. E o próprio *Pinturicchio* (1454-1513), "pintor de cores garridas", cujo prolixo talento, na Biblioteca Piccolomini de Sena e nos aposentos Bórgia do Vaticano, tem qualquer coisa de muito fácil, tanto como de encantador, legou aos seus sucessores o seu amor pelas decorações sabiamente historiadas, em que fundia com extremo à vontade o seu gosto de narrador com o de colorista.

Na hora em que Júlio II chamava Bramante para junto de si — terminava o *Quattrocento* —, encerrava-se a era dos grandes talentos e abria-se a dos gênios de primeira plana; findava a era da pesquisa e da conquista, para se iniciar a da soberana desenvoltura e da incomparável amplidão. Os melhores mestres do século XV tinham ainda conservado, na maneira de explorar as suas aquisições, qualquer coisa de duro, de seco, quase de embaraçado, e as suas ambições tinham limites. Dali em diante, os grandes visaram o ilimitado, e a sua arte foi tão perfeita que tudo o que empreenderam — por mais arriscado e árduo que fosse — se tornou nas suas mãos natural e simples.

Três nomes assinalam esse ponto de inigualável apogeu: *Leonardo da Vinci*, *Michelangelo*, *Rafael*. Têm sido muito comparados, mas, na realidade, são incomparáveis, visto que cada um mergulha as suas profundas raízes em terras que lhe pertencem exclusivamente. Não são exatamente contemporâneos pela idade, embora o sejam pela maturidade do talento e pelo lugar que ocupam na evolução histórica da arte. Um quarto de século separa o autor da *Gioconda* (1452-1519) do autor do *Moisés* (1475-1564), e, se Rafael (1483-1520) era apenas oito anos mais novo do que Michelangelo, a brevidade da sua vida parece antepô-lo no tempo ao seu terrível rival, que lhe sobreviveu quarenta e quatro anos. Mas, no luminoso limiar desse século XVI, em que cada um escreveria uma página sublime do grandioso livro, os três estavam na plena posse dos seus dons e em pleno impulso criador.

Leonardo da Vinci era um homem isolado, à margem de tudo, do seu tempo, dos seus compatriotas (sabe-se que morreu na França), e mesmo de Roma, que ele foi quase o único a desprezar e onde figura apenas com o seu admirável *São Jerônimo*. Era um gênio universal, uma inteligência devorada pela sede de tudo conhecer, de tudo compreender, por essa sede, enfim, que consumia os melhores do seu tempo. Para ele, pintar e esculpir eram apenas ocupações entre muitas outras, e não mais apaixonantes do que estudar os mistérios da física e da mecânica, ou imaginar homens voadores ou pontes ainda não realizadas. A essa arte, que ele serviu como que por passatempo e com não se sabe que régia negligência, imprimiu, no entanto, progressos decisivos.

O desenho, que praticou com a segurança de um discípulo de Verrocchio, aprendeu dele a exprimir sentimentos humanos, e a pintura deve-lhe o emprego do claro-escuro, do *sfumato*, das transparentes manchas de sombra e, digamos assim, todos os segredos de que ela nem sempre viria a fazer bom uso.

No entanto, para Leonardo da Vinci, os progressos técnicos não eram senão meios de apreender melhor o mistério sensível dos seres e das coisas. Diante dos seus retratos de fascinante encanto, diante das suas composições — infelizmente raras! — em que ele arrancava das imagens os temas tradicionais para os converter em explicações espirituais, diante da *Ceia*, do *São João Batista*, da *Santa Ana com a Virgem*, sentimo-nos paralisados, como se estivéssemos no limiar de um segredo inefável. Nenhum pintor, sem dúvida, foi tão longe como ele no esforço por mergulhar nesse conhecimento que, se fosse possível levá-lo a cabo, faria da arte uma conquista do divino.

Essa mesma intenção — sabe Deus com que trágicos conflitos da alma! —, trazia-a em si *Michelangelo Buonarrotti*, mas de maneira diferente, pois parece visar esse fim pelo elemento demiúrgico do seu gênio. Todos os elementos que permitem ao homem exprimir-se foram implantados, desde o seu nascimento, entre as suas mãos infatigáveis, no seu cérebro que nunca se cansava de criar. Menos apaixonado pela ciência do que Leonardo, nem por isso é menos universal — engenheiro, comovente poeta e, ao mesmo tempo, escultor, pintor e arquiteto. Arranca do mármore essas formas perfeitas e perturbadoras que são o *Davi*, o *Moisés*, os *Escravos* e as misteriosas figuras dos túmulos dos Médicis. Improvisado pintor de afrescos, devido ao extravagante capricho de um papa, reinventa sozinho esse ofício que ignora e que lhe permite cobrir grandiosamente a mais vasta superfície decorativa do mundo, o teto da Capela Sistina.

Nele se realiza toda a aquisição do passado; nele se realizam todas as lições dos seus compatriotas florentinos, artistas do mármore, e todas aquelas que, de Giotto a Signorelli e de Ghirlandaio a Piero della Francesca, tantos pintores aprenderam aos poucos. Mas Michelangelo transcende essa aquisição e transfigura-a, devido a um sentido da forma, a um gênio da composição e a um poder de verdade incomparáveis. O que ele pretende tornar sensível é o homem intemporal, mais belo e mais perfeito do que poderia ser depois da queda. E, como é profundamente cristão, brame no seu íntimo uma luta dilacerante entre o que o leva a exaltar a beleza das formas e o que lhe lembra quanto é trágico o drama do ser.

Solitário durante toda a vida e inconformado com o mundo de baixezas que o cerca e com o qual prefere jamais comunicar-se, volta a face para Deus, e a sua alma de gigante, encerrada num corpo frágil, parece muitas vezes prestes a mergulhar no abismo. Mas não. Sobrevivendo a todos os do seu tempo, vendo morrer seis papas, aceitará até ao último suspiro o sublime desafio em que o artista criador parece ultrapassar os limites da natureza. Lançará sobre as paredes da Sistina o terrível desmoronamento do *Juízo Final* e, aos setenta e dois anos, como arquiteto improvisado, decidirá projetar no céu de Roma, para glória de Cristo e da sua Igreja, o mais solene dos hosanas[34].

Em *Rafael*, confluem e fundem-se também todas as correntes, mas não sob o signo do tormento e do drama. Nessa vida breve mas densa, parece que as honras, a glória e a riqueza correspondem à facilidade genial do mais receptivo dos temperamentos. Aluno do Perugino, sensível a todas as influências, florentino em Florença, romano em Roma, quando tem de rivalizar com Michelangelo, excede-se, transforma-se e, de ano para ano, mantém o ritmo de uma constante aprendizagem. Partindo dos pequenos quadros de iluminura, termina nas composições enormes, sabiamente calculadas, da *Escola de Atenas* e da *Disputa do Santo Sacramento*. É o pintor-tipo da Renascença, o auge do extremo acabamento, para além do qual não haverá senão tendências para a facilidade oca e para a cópia. Desenhista perfeito, colorista fascinante, estruturador prodigioso dos grandes conjuntos — a *Missa de Bolsena* e o *Heliodoro* são inexcedíveis —, psicólogo de olhar infalível nos seus retratos de Júlio II, de Leão X ou do Baltasar Castiglione cinza e negro, criador enfim da iconografia moderna, tanto histórica como religiosa, que lhe faltará para que a sua obra toque a alma no seu centro verdadeiramente vital? Os pequenos quadros, que têm sido por vezes chamados a sua "Bíblia", bem como as suas lindíssimas

Madonnas, respondem: falta-lhe o selo do sofrimento, o secreto tremor.

Parece que toda a alta Renascença se resume nesta admirável tríade. Mas a observação não é inteiramente exata. Embora em âmbitos mais circunscritos, havia nessa fecunda Itália outros centros que produziam também talentos de considerável valor, próximos da genialidade. Já não se localizavam em Florença, onde, no entanto, Andrea del Sarto continuava a tradição dos grandes artistas de afrescos, e Bronzino, apesar da frieza das suas cores, era um penetrante retratista. Mas havia-os em Parma, onde o versátil *Corregio* (1489-1534), embora bastante fraco como desenhista, conseguia, pela habilidade do seu claro-escuro, tornar extremamente tocantes as suas figuras de mulheres, a ponto de toda a arte do século XVIII se ter deixado comover por elas, ao mesmo tempo que, pela audácia dos seus vastos tetos — superfícies muitas vezes confusas e verdadeiros "fricassês de anjos" —, anunciava Tiepolo. E havia-os sobretudo em Veneza, a sensual e realista Veneza, ainda por mais algum tempo rainha do mar e do Oriente, onde *Carpaccio* (1455-1526) se divertia a observar os jogos da luz sobre espetáculos com ar de lendas, onde *Giorgione* (1478-1510) suavizava o amor pela exatidão com uma poesia tão nacarada, e onde sobretudo *Ticiano* (1477-1576) estava em pleno vigor de uma existência que seria surpreendentemente longa e rica: dotando definitivamente o óleo com os recursos que depois se saberia utilizar, renovando as leis da composição dos grandes conjuntos, multiplicando retratos, quadros de altares e cenas mitológicas de salões, o mestre da encantadora *Apresentação de Maria no Templo* e do *Homem com a Luva*, se não atingia a acuidade de Leonardo ou a sublimidade de Michelangelo, unia numa milagrosa aliança o gosto extremamente livre pela cor e o sentido da mais exata verdade.

Esta época é, portanto, um apogeu, um cume inexcedível, em que todos em conjunto — Bramante, Leonardo, Michelangelo, Rafael e Ticiano — criavam e arrancavam de si próprios verdadeiros mundos! Mas uma época que não devia durar: as realizações humanas não se mantêm por muito tempo em tais alturas. Cada um dos grandes deixaria um sulco no território da arte, mas não pelo que tinha de melhor. De Michelangelo, um autêntico javali no seu covil, que não chegou propriamente a ter discípulos, os imitadores hão de conservar apenas o menos bom, o excesso da gesticulação e da musculatura, e afundar-se-ão rapidamente no empolado. A Leonardo, os seus discípulos irão buscar o gosto pelo *sfumato*, mais do que a austera disciplina do desenho; os melhores serão ainda belos talentos, mas de forma alguma gênios: é o caso de *Sodoma* (1477-1549), que chegará a salvaguardar o seu acento pessoal, voluptuoso, ao lado das obras-primas de Rafael, e de *Luini* (1480-1530), cujo sentido de distribuição das figuras e cujo encanto fazem perdoar a afetação. Quanto a Rafael, do numeroso grupo dos seus ajudantes saíram artistas hábeis, excelentes desenhistas, mas nenhum bom pintor; o melhor será *Julio Romano* (1499-1540), cujos temas felizes farão desculpar o mau gosto. Sabe-se de quantas insípidas Madonnas e de quantos objetos de uma piedade edulcorada será responsável — ajudado nisso por Corregio — o autor da admirável *Virgem do Grão-Duque*; o seu herdeiro será Tomás Guidi!

Esta arte italiana da Alta Época, saída da Renascença, não ficaria encerrada nos limites da Península. Bem cedo os transpôs e se projetou. As duas guerras da Itália, que coincidiram com o aparecimento da primeira e, depois, da segunda época da Renascença, deram a conhecer aos franceses realizações inteiramente diferentes daquelas que se executavam entre eles. Da Itália levaram obras de arte, antigas ou recentes, lembranças e experiências, e aconteceu até que chegaram a levar artistas, como Leonardo da Vinci. Esta influência iria fazer-se sentir, em maior ou menor grau, por toda a parte, mesmo na remota Moscou, onde Fioravanti e Solario trabalharam na reconstrução do Kremlin incendiado, e onde os Friazine erigiram a igreja da Dormição e a da Anunciação. Foi uma influência que, de círculo em círculo, veio a mostrar-se fecundante em toda a Europa e mesmo fora dela. Ainda hoje não se acabou de sentir o seu impulso.

Não há dúvida de que a grande participação dos papas da Renascença nesse movimento admirável constitui para eles um título de glória. Estabelecendo-se como protetora das artes e das letras, a Igreja, incontestavelmente, permanecia fiel à sua mais autêntica tradição, a uma tradição que remontava a esses tempos bárbaros em que, num mundo a braços com um caos sangrento, ela e só ela tinha salvo a cultura e o espírito. Fazendo trabalhar os artistas para si, a Igreja cumpria o seu papel. Além disso, aproveitou-se grandemente da febre criadora do tempo. As obras continuaram a multiplicar-se por toda a Itália; cada vez se edificavam mais igrejas ou se refaziam as antigas. O novo tipo de basílica, grande, com rigorosas filas de colunas de mármore e teto suntuoso, impôs-se em Santa Maria Maior e em São Paulo extramuros. Uma multidão de estátuas veio ocupar as fachadas, as frontarias, os altares e as capelas, e ornamentar o interior e o exterior; e os pincéis dos pintores trabalharam furiosamente sobre as vastas superfícies murais, sobre o teto, sobre as abóbadas e as cúpulas. O retábulo, em declínio, foi substituído pelo grande quadro de altar, que se tornou objeto da melhor solicitude dos artistas e ocasião de verdadeiras obras-primas. Não houve um arquiteto, um escultor ou um pintor deste período que não tivesse posto o seu talento a serviço de temas religiosos.

Mas não foi somente a serviço desses temas. Os sintomas que víramos incubar-se com tanta nitidez desde o princípio da Renascença acentuavam-se agora: era para os homens, tanto ou mais do que para Deus, que os artistas trabalhavam. Os palácios saem do chão com maior rapidez do que as igrejas: em Roma, o Farnesio e a *villa* Médicis rivalizarão em esplendor com o Vaticano. A arte dos jardins, que é talvez a que mais afaga a sensibilidade humana, conhece êxitos notáveis. É característico que, enquanto o gótico se espalhou fora da França por intermédio da Igreja, a arte italiana da Renascença tenha começado por projetar-se fora do seu país de origem por meio de obras profanas, muito antes de modificar a estética cristã. As dimensões literalmente colossais com que os arquitetos construíam os túmulos são igualmente significativas de um estado de espírito que não era novo, mas que o orgulho de um Júlio II elevara ao seu apogeu. E, enfim, o que imortaliza os verídicos pintores de retratos, desde o feroz Antonello de Messina até o calmo e intransigente Ticiano, desde o lúcido Rafael até o áspero Bronzino, são a violência, o cinismo, o orgulho, a sensualidade e todas as piores paixões do homem.

Na verdade, vive-se em plena contradição. O paganismo propõe os seus temas cada vez com mais insistência, e os mesmos pincéis e cinzéis que servem para evocar Cristo, a Virgem e os santos consagram-se tranquilamente à nudez mitológica. Foi com um *Amor Adormecido* que Michelangelo iniciou a sua carreira de escultor, para depois fazer um Baco, um Apolo e muitos outros. Rafael dividiu-se sem quaisquer escrúpulos de consciência entre as cenas da história sagrada no Vaticano e as evocações voluptuosas da Farnesina. Onde está o verdadeiro Botticelli: nas suas Anunciações, tão piedosas, ou no seu *Nascimento de Vênus* e na sua *Primavera*, perfeitas exaltações da alegria pagã? Em contrapartida, o mais profano dos pintores, aquele que melhor soube abrir aos corpos embriagados a alegria dionisíaca dos grandes espaços — Ticiano —, foi também o evocador do pior sofrimento cristão no seu terrível *Cristo coroado de espinhos* e na sua assombrosa *Pietà*.

Mas também é verdade que a mesma contradição existiu nas almas dos criadores, que se viam cada vez mais puxados por forças antagônicas. Muito poucos resolveram essa contradição recorrendo ao ceticismo elegante de Leonardo, à descrença de Vasari ou ao amável hedonismo de Rafael; e quanto à outra solução — a da obra totalmente ordenada para a fé —, já não havia um Fra Angelico que desse o exemplo. Para muitos, era na arte e pela arte que se devia resolver a disjuntiva: à força de talento — ou de gênio —, chegar a redescobrir as fontes da emoção religiosa em toda a sua vivacidade, a fim de torná-la verdadeira[35]. Em outros, o que havia era a angústia, uma angústia que, num Botticelli, se traduzia apenas em soluços aos pés de Savonarola ou na destruição de algumas das suas obras pagãs, mas que, no maior de todos — outro convertido do profeta de Florença —, se manifestava por uma pesquisa pascaliana da verdade, por uma angústia trágica de formas e de figuras — a angústia criadora de Michelangelo.

A grande arte clássica da alta Renascença italiana deixa na alma do fiel um certo constrangimento. Não se lhe pode negar um evidente caráter de fidelidade cristã, e não é admissível declará-la a-religiosa por reação contra as gerações que consideraram as Virgens de Rafael como o máximo de perfeição das obras próprias para excitar a piedade.

A arte, para levar a Deus, não tem necessariamente de ser mal feita. As grandes lições bíblicas da Sistina, bem como tantos Cristos comoventes e tantas Virgens místicas, aí estão para provar que a época dos gênios foi também uma época de fidelidade cristã. Mas, no testemunho de fé que essa arte nos dá, não haverá alguma coisa de inquietante? Além disso, ao profundo sentimento religioso, não terão alguns pintores excessivamente hábeis associado cada vez mais outros sentimentos? Diante de uma Madonna de Leonardo, de Rafael ou de Luini, é apenas a piedade que comove o coração, ou não haverá outras emoções cujas conivências os artistas sabem explorar tão bem? Nas câmaras e sobretudo nas galerias do Vaticano, apesar dos temas cristãos, não dá a impressão de que a arte de Rafael cede a uma ingenuidade bastante ambígua, notória principalmente na sua *Criação da Mulher* e na sua *Expulsão do Paraíso*? Mesmo numa obra-prima cuja inspiração cristã não oferece nenhuma dúvida, como é o teto da Capela Sistina, não é o esplendor do homem que é exaltado, e não unicamente o do Único? E quando Michelangelo evoca o sofrimento, não é muito mais o sofrimento do ser mortal — com um destino limitado, que o torturava por ele mesmo o trazer dentro de si — do que o do Filho de Deus vindo à terra para a redimir?

A transferência do interesse por Deus para o interesse pelo homem é decididamente a característica da época. O lugar ocupado pelo artista na sociedade e o prestígio que o cerca — Rafael, durante a sua breve vida em Roma, foi um verdadeiro príncipe, adulado e incensado, a tal ponto que Leão X pensou em fazê-lo cardeal — marcam o fim da evolução que o afastara cada vez mais do anonimato dos mestres-de-obras medievais para terminar na exaltação do gênio. Deus ocupa materialmente menos espaço na obra de arte porque o artista, cedendo à corrente do tempo, se autoafirma diante dEle no seu orgulho; espontaneamente, não é ao Criador que ele presta homenagem pelo seu êxito, mas sim aos seus próprios dons. Ao passo que, nos séculos de fé total, a beleza procedia somente de Deus e refletia a sua imagem inefável, já entre os homens da alta Renascença, mesmo entre os mais cristãos, é a beleza que leva a Deus e permite conhecê-lo[36]. Trata-se de uma noção — platônica na sua origem — que não é inconciliável com o cristianismo, mas cuja afirmação estabelece uma singular distância em relação à fé tradicional.

O admirável período de criação artística a que os papas mecenas presidiram surge, portanto, como um período cristão, mas incompletamente, sob reservas, e nuns moldes que já não são os do passado. O que os artistas exaltam é o poder dos pontífices, a majestade da Igreja, imagem temporal da do Altíssimo. Cristo sofredor e moribundo não está ausente das preocupações, mas a sua imagem encontra-se de algum modo afogada sob o brilho do esplendor e do poder. Assim, nas solenes basílicas, e na mais majestosa de todas, em São Pedro, pensa-se mais numa teologia da glória do que numa participação no suplício do Calvário.

Esta nova perspectiva não teria contribuído para afastar de Roma muitas almas profundamente cristãs? Mais nitidamente ainda, essa aura de prestígio de que o Vigário de Cristo se rodeava não teria impedido que se vissem as chagas que se abriam no flanco da Igreja, cada vez mais ameaçadoras? A longa queixa que há muito tempo se elevava do fundo da consciência cristã, clamando pela reforma, tornava-se cada vez mais imperiosa. Mas poderia ser realmente ouvida no meio desse beatífico ruído de artistas entregues ao trabalho, no meio das festas e das músicas?

A outra face do esplendor

Mas Roma não era a Igreja nem a Itália era todo o mundo cristão; que atitude tomaria, pois, perante esse papado glorioso e discutível, o rebanho comum dos fiéis? A sua consciência não se sentiria perturbada por esses exemplos? As faltas dos chefes não exerceriam uma influência nefasta sobre o seu comportamento?

Não há dúvida de que esses pontificados pouco edificantes lançaram um sério descrédito sobre a cátedra de São Pedro e o círculo que a rodeava. Os próprios italianos, sobretudo aqueles que viviam nas proximidades da Cúria, criticavam-na violentamente com toda a sem-cerimônia. O historiador Guichardin, que não tinha nada de inocente, confessava que, durante todo o tempo em que estivera a serviço dos papas, "ninguém mais do que ele ficara desanimado com a ambição, a cupidez e a devassidão dos homens da Igreja", e acrescentava cinicamente que, se não fosse a noção exata que tinha dos seus interesses pessoais, "teria amado Martinho Lutero por haver chamado à ordem esse bando de celerados". Quando o cardeal Giovanni Dominici bradava: "Aqui, hoje, tudo é esterco!", quereria ele dizer outra coisa? Podem julgar-se exageradas as invectivas de Savonarola, ao anunciar que "o caixão seria aberto em breve e dele se exalaria tal fedor que toda a cristandade teria de tapar o nariz", mas Michelangelo não era menos terrível no famoso soneto em que dizia: "Aqui se fazem elmos e espadas com cálices, e o sangue de Cristo se vende às mãos cheias", para depois intimar o Salvador a não voltar à sua cidade, onde tudo o traía.

Podemos, pois, imaginar as reações que experimentariam os visitantes e os peregrinos ao ouvirem contar, nos dias em que permaneciam na capital da cristandade, escândalos que a malícia popular exagerava ainda mais. A distância acima assinalada entre a Renascença italiana e as outras "Renascenças" devia tornar ainda mais espantoso e chocante o caráter desses papas, muito amigos das artes, do humanismo e da vida fácil, aos olhos de um alemão ou de um francês acostumados a ver o cristianismo num clima completamente diferente. Crotus Rubianus, que viria a ser um dos primeiros seguidores de Lutero, escrevia-lhe em 1519: "Em Roma, vi duas coisas: os monumentos antigos e a pestilenta cátedra de São Pedro; a primeira, que maravilha!; a segunda, que vergonha!" Mas muitos outros, que não corriam o perigo de cair na heresia, emitiam juízos igualmente severos, como o piedoso cônego Morung, de Bamberg, ou o cavaleiro Arnold von Hartt: "Passei vários meses em Roma, escrevia o primeiro, e vi prelados e grandes personagens viverem ali de tal modo que, se tivesse permanecido mais tempo na cidade, receio que viesse a perder a fé".

É óbvio que, em termos de estrita equidade, se deve estabelecer a distinção entre a função do Vigário de Cristo, digna de um respeito absoluto, e a insuficiência daqueles que dela estão investidos momentaneamente. Essa distinção, porém, é singularmente difícil de se fazer. Savonarola não a fizera e Lutero também não a fará. Com as críticas formuladas contra os papas e os seus colaboradores mais íntimos, não era o próprio papado — e, em certo sentido, a Igreja — que se atingia?

Sobre que matérias recaíam as críticas? Os versos de Michelangelo dizem-no bem. Mais do que pelo comportamento moral, que a época encarava com indulgência, os cristãos conscientes indignavam-se por verem os arautos do Evangelho comportarem-se como chefes de guerra e os discípulos do grande Pobre revelarem-se tão cobiçosos. Já Marsílio Ficino gritara a Sisto IV: "Foi um reino divino que

Cristo te deu: o das almas, não o das armas. Confiou-te as Chaves, não o capacete ou a espada". Que não diria ele a um Júlio II?

Mas o que irritava ainda mais era o espírito de lucro. Devemos estar lembrados[37] de que a rapacidade de que há muito tempo se acusava o clero era um dos piores motivos de cólera. Se a centralização da administração pontifícia tinha posto fim a muitas intrigas locais, acabara também por fazer depender das secretarias romanas muitas nomeações e concessões de benefícios que, oficialmente, eram acompanhadas de taxas e, oficiosamente, de um tráfico descarado. O fisco, aperfeiçoado pelos papas de Avinhão, não parava de aumentar as suas exigências. A venalidade dos cargos, sobretudo depois de Sisto IV, fora erigida em sistema: solicitadores apostólicos, secretários apostólicos, "plumbatores"... Que títulos não se inventariam para depois vendê-los? "O Senhor não quer a morte do pecador", dizia zombeteiro o camerlengo de Inocêncio VIII, "mas que ele viva e pague!" Naturalmente, os que haviam adquirido os cargos por bons ducados sonantes achavam que deviam tirar proveito deles, e eram os fiéis, os penitentes, os peregrinos e os que estavam nas mãos da justiça que acabavam por ser as vítimas.

O declínio moral do papado e o descrédito que o atingira teriam repercussões graves sobre o conjunto da catolicidade? Talvez menos do que seríamos tentados a crer, porque, nas perspectivas do tempo, o prestígio político adquirido por um Alexandre VI ou um Júlio II compensava em certa medida as suas desordens. Maquiavel, evidentemente, exagera quando afirma que "os culposos exemplos da corte de Roma extinguiram neste país toda a devoção e toda a religião". Mas o que é certo é que em toda a Igreja — e não somente na Itália — a crise, cujos sintomas se observavam já desde há muito tempo[38], se acentuou e tomou um caráter muito inquietante.

"Nunca pude descobrir", dizia ironicamente Erasmo, "se certos bispos alemães tomaram como modelo os papas ou ao contrário"... A verdade é que o comportamento de numerosos membros do alto clero se assemelhava singularmente ao dos hóspedes do Vaticano! Nem todos, é claro, porque seria injusto generalizar e atribuir a todo o episcopado os vícios imputáveis apenas a alguns. Mas se, como é regra, falássemos mais dos prelados criticáveis do que daqueles de quem não há nada a dizer, nem por isso o número dos primeiros seria muito menos elevado.

No fim do século XV, espalhara-se muito o tipo dos "prelados inchados de orgulho" que Johann Butzbach retratava nestes termos: "Vestem-se com o melhor tecido inglês; a mão, carregada de anéis preciosos, pousa arrogantemente sobre a cintura. Pavoneiam-se sobre cavalos de luxo, seguidos por numerosa criadagem com berrantes librés. Os seus aposentos são espetaculares, e dentro deles, no meio de festins suntuosos, entregam-se a desenfreadas orgias. Eis em que se transformam as oferendas dos piedosos doadores: em banhos, cavalos, cães e falcões de caça". E os bispos germânicos, que eram os que esse crítico visava no seu libelo, tinham numerosos rivais tanto na Itália como na França!

A corrida aos benefícios estava tão espalhada que já nem sequer causava indignação. A alta nobreza entregava-se a essa prática com a maior sem-cerimônia. "Nós queremos as dignidades episcopais como dotes para os nossos filhos", dizia um duque da Saxônia. Certo duque da Baviera e conde palatino era, ao mesmo tempo, deão do Cabido de Mogúncia, cônego de Colônia e de Tréveris, preboste da colegiada de São Donaciano em Bruges, pároco de Lorsch e de Mochlein, e, por fim, bispo de Espira. Que podia dizer a Cúria romana, se ela mesma dava o exemplo? Mais do que isso, com as suas exigências fiscais, obrigava os prelados a estranhas operações financeiras: quando Alberto de Brandenburgo se fez eleger arcebispo de Mogúncia, prometendo pagar a Roma os 24 mil ducados que, em princípio, devia entregar, o cabido foi obrigado a pedir emprestada essa grande soma ao célebre banco Fugger e, para liquidá-la, teve de traficar com as indulgências de um modo absolutamente impróprio.

O que se passava na Alemanha não era menos corrente em outras partes, pois é sabido que, na França, se realizaram estranhas e ilícitas barganhas de cargos eclesiásticos que Roma anulou. O regime da comenda[39] dava lugar a situações cada vez mais desastrosas. Os bispos titulares residiam cada vez menos nas suas dioceses, alguns nem sequer se davam ao trabalho de receber as ordens sagradas, e muitos desconheciam o latim a ponto de serem incapazes de traduzir os artigos do Credo. Da piedade de tal gênero de personagens nem é bom falar. Citava-se o caso, entre muitos outros, de Ruppert von Simmern que, tendo sido bispo de Estrasburgo durante trinta e oito anos, nunca celebrara uma Missa!

O nepotismo romano, com os seus cardeais nomeados aos catorze anos, era imitado por toda a parte, e viam-se prover com títulos episcopais adolescentes incapazes e até meninos de seis anos! Como se poderia querer que o episcopado fosse exemplar, se era escolhido dessa maneira? O espantoso é que, apesar de tudo, se encontrava nas suas fileiras um bom número de almas honestas. Por outro lado, porém, não nos devemos surpreender de que muitos continuassem a ser, mesmo como bispos, os homens dissipadores, cúpidos e violentos que eram na realidade. Um Diether d'Isemberg, arcebispo de Mogúncia, perpetuamente em guerra com os seus vizinhos e até com os enviados do papa encarregados de exigir dele taxas atrasadas, um Tristão de Salazar, arcebispo de Sens, que se apresentava a Luís XII partindo para a guerra armado dos pés à cabeça e empunhando uma gigantesca lança, não eram os únicos da sua espécie. E os inumeráveis bispos de que os reis se serviam em toda a cristandade, nomeando-os para postos onde podiam revelar muita competência diplomática ou administrativa, não eram de maneira nenhuma pastores de almas.

Esses erros deploráveis encontravam-se em toda a hierarquia, de alto a baixo. Se os bispos andavam à caça de benefícios, os seus cônegos andavam assiduamente à pesca de pingues paróquias e de confortáveis prebendas, e, dentro do seu nível, viviam da mesma forma que eles. Quanto ao baixo clero, cada vez mais isolado dos seus superiores por um abismo social difícil de transpor, não cessava de baixar. Designados muitas vezes por "patrões" laicos, os párocos não ofereciam garantias de comportamento, de zelo ou de conhecimentos teológicos. Quase todos viviam numa situação próxima da miséria. Na Itália, na França e na Alemanha, são unânimes os testemunhos que nos mostram esses desgraçados vigários "puxando o diabo pelo rabo", segundo a expressão popular que uma cantiga tornou usual. Os patrões laicos eram os cobradores de dízimos da paróquia, e os "altaristas", reduzidos à côngrua, levavam uma existência de fazer dó. A rispidez com que tratavam de extrair alguns recursos das suas funções religiosas tinha, portanto, bastantes desculpas, mas nem por isso deixava de ser triste ver homens de Deus passarem o tempo a reclamar uns tostões pelos batismos, enterros, missas de defuntos, casamentos, festas solenes e até pelas confissões[40]...

O comportamento moral desse clero estava também em declínio. Se, em Roma, os bastardos do papa gozavam de grande consideração, como se podia impedir que os simples párocos tivessem mulheres? Já por volta de 1460 o pregador Olivier Maillard, num saboroso franco-latim, atacava violentamente "*sacerdotes fornicarii tenentes concubinas à pain et pot*". Os gritos de indignação de um Santo Antonino, de um São Lourenço Giustiniani, do castelhano Tostat e do alsaciano Wimpfeling mostram até que ponto o mal estava disseminado. Conheciam-se párocos que viviam publicamente como pais de família e pôde-se verificar por dados estatísticos que na Borgonha, durante o século XV, metade dos filhos naturais cuja legitimação se solicitava eram filhos de padres[41]. E mesmo os padres que não ofendiam abertamente a moral pertenciam quase todos àquele tipo de padre boa-vida, aliás amado pelo seu povo, que vive em comes e bebes com os seus paroquianos e assiste às representações menos edificantes. Naturalmente, um clero desse calibre era quase sempre de uma ignorância insigne, como se vê pelos registros paroquiais e pelos relatórios das visitas pastorais. Em princípio, era preciso ter feito três anos de teologia para receber a ordenação sacerdotal, mas, na prática, essa obrigação era puramente formal. Quando surgiram os pregadores da Reforma protestante, tornou-se evidente a falta de formação da maioria do clero católico.

Quanto às ordens religiosas, ia-se agravando a crise que atravessavam desde o século XIV, apesar das resistências parcialmente eficazes. Neste ponto, mais do que em qualquer outro, é necessário, sem dúvida, desconfiar dos exageros. Pregadores como Maillard e Johann Geiler de Kaisersberg descreveram os conventos como receptáculo de todos os vícios, e sabe-se que, de Lourenço Valla a Rabelais, os frades foram frequentemente as vítimas preferidas da mordacidade dos intelectuais. No entanto, não deixa de ser verdade que muitas dessas críticas eram justificadas. O estado de decadência em que se encontrava o clero regrante causava indignação, tanto mais que se estava no direito de exigir dele maior austeridade, fervor e ciência.

Em muitos casos, abraçava-se a vida conventual para garantir uma existência sem problemas, mas as almas verdadeiramente fervorosas não se sentiam bem entre companheiros preocupados apenas com comer e beber, quando não com coisas piores. O regime da comenda foi uma catástrofe para os conventos, pois o prior perdeu toda a autoridade, e muitas vezes, por falta dos rendimentos desviados pelo comendatário, era preciso lançar mão de todo o tipo de expedientes.

O comportamento moral, nessas comunidades mal vigiadas, era semelhante ao dos párocos. Mesmo as ordens mendicantes tinham perdido muito do seu vigor, da sua integridade. Em conflitos permanentes uns com os outros — franciscanos contra dominicanos —, ou no interior da mesma família — conventuais contra observantes —, mas sempre todos de acordo em zombar do clero secular, muitos deles davam os exemplos mais deploráveis. Em 1472, os frades menores conseguiram que lhes fosse reconhecido o direito de aceitar heranças, e em 1502 os franciscanos de Paris exigiram que lhes pusessem à disposição um pecúlio. As veementes críticas que Lutero dirigiu contra os dominicanos a propósito do negócio das indulgências são talvez injustas, mas eram tantas as aparências a persuadir o povo da venalidade e da rapacidade dos monges que as piores acusações encontravam sempre ouvidos complacentes. Assim, pois, o escândalo cujo exemplo vinha de Roma repercutia nos lugares mais longínquos, agravava a crise da Igreja e expunha-a irremissivelmente aos ataques dos seus inimigos.

As forças intactas: a angústia da reforma

Uma situação dessas parecia grave, mas seria desesperadora? Não, porque, como sempre acontecera nas horas mais trágicas da história cristã, havia uma contrapartida. Essa Igreja degradada, criticada, que apresentava ao mundo a face manchada de uns papas muito aquém da sua missão, nem por isso deixava de ser a Santa Igreja, herdeira da promessa, contra a qual as portas do inferno jamais prevaleceriam.

Antes de mais nada, impõe-se ao espírito uma realidade incontestável: as bases doutrinais mantinham-se sólidas e os princípios não haviam sido atingidos. É significativo que, durante toda a época da Renascença, até a aparição de Lutero, não se tenha manifestado nenhuma heresia, e também que a Itália, onde nem tudo era edificante, tenha sido uma das regiões do mundo cristão onde o protestantismo teve maior dificuldade em infiltrar-se. De todos esses papas cujo comportamento podemos questionar, não há nenhum cujas bulas sejam dogmaticamente discutíveis. O próprio Alexandre VI, se procedia mal, pensava bem. Quando, em 1485 e em 1493, os bispos da França elaboraram planos de reforma, Sisto IV e depois Alexandre VI encorajaram-nos com um sincero vigor. Pio II, Calisto III e Paulo II tentaram uma reação contra as potências que ameaçavam a alma fiel. E Leão X, que parece encarnar a época no que ela tem de mais alheio ao cristianismo, fez votar no Concílio de Latrão decisões muito firmes, que condenavam teses de certos humanistas sobre a alma e a sua imortalidade. No conjunto, o que faltou aos papas não foi clarividência, mas energia.

Essa integridade doutrinal constituía, pois, um elemento sobre o qual se poderia reconstruir o futuro. Mas havia outra realidade ainda mais animadora: na própria massa dos cristãos, no imenso rebanho dos obscuros, dos anônimos, existiam forças intactas, poderosas, que esperavam apenas uma ocasião oportuna para intervir[42].

Antes, porém, é preciso ter bem presente o seguinte: o primeiro plano da cena podia ser ocupado por bispos dados à boa vida, por cardeais negocistas ou por terríveis animais de ação, à maneira de Sigismundo Malatesta ou de César Bórgia; mas, por trás, muito menos visíveis, havia todos aqueles de quem parecia nada se poder falar, porque não provocavam escândalos, e que eram os verdadeiros guardiães do depósito sagrado. Nem todos os cardeais eram Riarios, Bórgias ou Bembos. E, entre os bispos, nem todos se entregavam à caça a cavalo ou a fazer dinheiro; eram numerosos os que se mostravam corajosos protagonistas da reforma, procurando realizá-la no plano local, no meio de inextricáveis dificuldades[43]. No baixo clero, que deixava tanto a desejar, os livros de contabilidade, os diários íntimos e as crônicas da época revelam-nos muitos bons padres que, com os limitados meios intelectuais de que dispunham, se esforçavam por manter a fé no seu pequeno rebanho. Os próprios conventos, de que se falava tão mal, estavam longe de ser todos eles abadias de Thélème, e a prova mais forte disso são os elogios feitos pelo próprio Lutero aos cartuxos de Erfurt, que ele viu entregues a uma vida de completa renúncia, e à comunidade dos agostinianos da qual fazia parte. Muitas almas elevadas e puras continuavam a encontrar nos claustros o asilo onde a sua vida interior podia expandir-se. E, se a corrente da "devoção moderna"[44] já não tinha talvez, no limiar do século XVI, o vigor e o impulso que apresentara nos dias da *Imitação de Cristo*, nem por isso deixava de continuar a irrigar profundamente as terras vivazes da piedade, e dispunha ainda de uma testemunha eminente, *Jean Mombaer* de Bruxelas, religioso do Monte Santa Inês, que morreu em 1501 como abade de Livry e cujo *Rosal dos exercícios espirituais*, espécie de sistematização dos elementos contidos na *Imitação*, ensinaria a muitas gerações a prática do exame de consciência, da oração mental e da comunhão frutuosa.

Mas o que veio a tornar menos desastrosa a crise da Renascença e do Humanismo foi sobretudo o fato de ela se ter desenrolado, por assim dizer, à superfície de uma sociedade que permanecia substancialmente cristã e que não fora ainda desagregada por séculos de racionalismo e de materialismo. A fé continuava a ser uma armadura. A descrença fizera progressos? Sem dúvida, mas esses progressos eram extremamente fracos fora dos meios humanistas. É preciso não tomar ao pé da letra as asserções, muitas vezes citadas, mas desmentidas por inúmeros episódios e testemunhos, do cronista italiano Benivieni: "O país perdeu a fé em Cristo. Em geral, pensa-se que tudo neste mundo, e principalmente nos negócios dos homens, é devido ao simples acaso ou, segundo outros, à influência dos astros. Nega-se a vida futura e a religião é escarnecida. A Itália, e sobretudo Florença, são totalmente incrédulas". Uma tal descrição não se aplica às multidões que se comprimiam em Santa Maria della Fiore para ouvir Savonarola e que soluçavam quando o dominicano clamava contra o pecado do mundo. Além disso, dentre os próprios humanistas que zombavam das coisas da religião e da credulidade das massas — "Vamos conformar-nos com o erro popular!", dizia um deles ao dirigir-se à igreja —, bem poucos eram ateus até à impenitência final. Maquiavel morreu com os sacramentos.

É certo que essa fé popular assumia formas bem discutíveis e, sob certos aspectos, deteriorava-se. Todos os sintomas de uma religião desequilibrada observados na época precedente tinham-se ido agravando. A superstição estava tão espalhada como no fim da Idade Média, ou talvez mais. O culto dos santos tendia a ocupar um lugar tão grande na piedade cristã que beirava por vezes a idolatria, quando não o escândalo. Nada se fazia sem os santos e todos tinham medo dos castigos que eles podiam infligir, por menor que fosse a falta de respeito. E não podemos escrever aqui a razão pela qual, na Itália, se pintava um Santo Antônio com uma lança de fogo nos muros que se queria preservar de certos ultrajes! A caça às relíquias assumia dimensões de uma loucura coletiva, pois atribuíam-lhes todos os poderes, por mais inverossímeis que parecessem. O Eleitor da Saxônia, como se verá, possuía nove mil, entre as quais quarenta e dois corpos inteiros, sem faltar uma gota de leite da Santíssima Virgem! A crença na feitiçaria causava os maiores estragos; os processos multiplicavam-se e viam-se feiticeiros por toda a parte. Na família de Lutero, por exemplo, quando uma das suas irmãs morreu ainda jovem, atribuíram essa desgraça a malefícios. É nesse clima tão peculiar que temos de situar a concessão das indulgências para compreender que, realmente, elas podiam constituir um perigo: essa reparação obtida com tanta facilidade podia incitar a reincidir nas mesmas faltas...

Mas, por muito criticável que pudesse ser em alguns dos seus aspectos, e por muito pouco eficaz que fosse para impor o respeito pelas leis morais, nem por isso essa fé deixava de existir, sólida e profundamente enraizada nas almas. Era cristão esse povo cuja existência inteira se regia pelo calendário litúrgico e pelos mandamentos da Igreja. Era cristão esse povo que, nos anos do grande Jubileu — em 1475 e 1500, por exemplo —, inundava Roma de um fervor sempre renovado, ou que se comprimia em multidões nos lugares de peregrinação — antigos e novos — como esse santuário de Loreto, para onde se dizia, conforme o papa admitiu em 1507, que fora transportada pelos anjos a casa de Nazaré. Era cristão esse povo que, para escutar um pregador famoso, ia de noite — homens, mulheres e crianças —, com uma candeia na mão, encher completamente a nave das catedrais.

Quantos testemunhos da sua fé profunda não dava esse povo? A violenta Itália do *Quattrocento* era também a Itália das grandes fundações hospitalares, das inumeráveis obras de caridade, a que se consagravam homens e mulheres de uma dedicação incansável, da qual é modelo Santa Catarina de Gênova, "reitora" do hospital da cidade. O que sabemos também das penitências que, numa época cheia de prazeres, cristãos e cristãs se impunham livremente dá uma grande ideia da exigência interior que as inspirava. Se as mortificações que a santa genovesa escolhia — dormir sobre um colchão de cardos e silvas, misturar absinto e aloés com os alimentos e jejuar até dois meses seguidos — parecem excepcionais, já o uso diário do cilício e das disciplinas estava muito difundido.

Em todos os ambientes, eram inumeráveis as almas que procuravam viver honestamente em Deus, como essas duas princesas Tornabuoni, rainhas da moda em Florença, para as quais Santo Antonino, seu arcebispo, escreveu antecipadamente uma espécie de "Introdução à vida devota". Em fins do século XV, fundaram-se por toda a parte — principalmente em Vicenza, Veneza e Gênova — "Fraternidades do Amor Divino", associações de leigos cuja finalidade era nada menos do que enraizar nas almas o verdadeiro cristianismo. E no mesmo ano em que Lutero iniciava a sua luta contra Roma, em 1517, na cidade de Leão X, Gaetano de Thiène e João Pedro Caraffa fundavam um "oratório", que foi um dos principais focos da reforma na Itália. Não, a fé não estava morta num povo que, em muitos países, consagrava a sua cidade à Santíssima Virgem ou ao próprio Cristo! Logo que o Concílio de Trento a desembaraçasse das suas verrugas, ver-se-ia reaparecer a carne viva e sã, o sangue mais puro.

E, sem dúvida alguma, o sinal mais evidente dessa vitalidade religiosa que ainda hoje nos impressiona é, nesse tempo como em todos os tempos, a presença da santidade. A história da Igreja é, em primeiro lugar, a história dos santos, e são as figuras exemplares que lhe dão o seu verdadeiro sentido; por eles, a alma é elevada acima de si mesma, e a fé impelida à sua total significação. Ora, esta época registra a presença de muitos santos. Limitando-nos — provisoriamente — à Itália, terra da Renascença, do humanismo pagão e das guerras civis, é espantoso o contraste entre o mundo de tiranos e *condottieri* que se veem em ação e a plêiade de santos que também se podem enumerar. Encontram-se em todos os ambientes e em todas as províncias. Há, entre eles, gente do povo, burgueses, intelectuais e artistas, monges e bispos, clérigos e soldados. E há igualmente — pormenor ainda mais notável — filhos e filhas dessas mesmas famílias nobres cujos crimes e desvarios enchiam as crônicas, como se essas almas puras quisessem expiar as faltas da sua raça. Santa Catarina de Bolonha é filha de um embaixador; São Lourenço Giustiniani — bispo tão perfeito de Veneza que o papa criará para ele o título de Patriarca — pertence ao mais alto patriciado da Sereníssima, como a outra Catarina pertence ao de Gênova; o Bem-aventurado Battista da Varano tem como mãe uma Malatesta, sobrinha do terrível Sigismundo e também do Bem-aventurado Roberto Galeas, marido de Margarida de Este; a Bem-aventurada Sueva é a esposa, terrivelmente infeliz, do bandoleiro senhor de Montefeltre. Cristo é a opção escolhida pelas almas até nas casas reinantes, como na família ducal da Savoia, com o caridoso Bem-aventurado Amadeu IX (1435-1472) e com a sua filha, a Bem-aventurada Luísa (1462-1503), que, depois de viúva, se tornou uma das cabeças das clarissas.

Prescindindo dos reformadores das ordens antigas, os fundadores das novas ordens, que veremos[45] preparar na Igreja as tropas da contraofensiva vitoriosa — São Gaétan, Santo Antônio Maria Zaccaria, Santa Ângela de Mérici, São Jerônimo Emiliano e São Filipe Néri —, são tão numerosos que a época da Renascença pode ser chamada a era dos santos, tanto como a dos gênios da arte. E muitos deles deixaram uma marca tão profunda no seu tempo que se viram rodeados por um halo de glória, como dá testemunho a arte, que muitas vezes os tomou por modelos.

O nome de *São João de Capistrano* (1393-1456) já apareceu no decorrer destas páginas. Vimo-lo dirigir a cruzada contra os turcos ou presidir a grandes legações em nome do papa. Toda a sua existência foi exemplar, desde a hora em que, quando estudava em Perugia — mais ou menos como um agente político utilizado na luta da cidade contra os Malatesta —, o *Poverello* lhe apareceu para conduzi-lo a uma vida nova, até essas prodigiosas pregações de terra em terra, em que, jovial ou ameaçador, despertava as almas em toda a Itália e fazia aclamar por toda a parte o Santo Nome de Jesus[46].

De *Santa Catarina de Gênova* (1447-1510), já vimos as obras de caridade e as prodigiosas asceses a que se dedicou. Tudo nela é surpreendente e admirável, desde a alegre resignação com que acolhia um marido intolerável até essa vida mística cultivada simultaneamente com a existência mais ativa, e essa experiência do inefável de que ainda hoje nos dá testemunho o misterioso e tão consolador *Tratado do Purgatório*.

Com *Santo Antonino* (1389-1459), o "pequeno Antônio" — era de baixa estatura —, foram resgatados todos os pecados de Florença. Este sábio dominicano, prior de numerosos conventos, autor de uma *Suma moral* e de preciosas *Crônicas*, fundador do convento de São Marcos que Fra Angelico e depois Savonarola haveriam de celebrizar sucessivamente e de modos tão diferentes, fez-se tudo para todos a partir do momento em que se tornou arcebispo da sua cidade. Cheio de luminosa bondade e delicada gentileza, não só visitava os pobres, modestamente montado no seu asno pardo, como dirigia espiritualmente as senhoras da alta sociedade e instituía essa admirável e sempre viva "Confraria de São Martinho", uma espécie de prefiguração do "Socorro Católico"; e se se mostrava impávido à cabeceira das vítimas da peste, acompanhava também solicitamente os derradeiros instantes do papa Eugênio IV, que só quis receber a Extrema-Unção das suas mãos.

De todos, talvez o mais célebre no seu tempo tenha sido *São Francisco de Paula* (1416-1507), esse "santo homem da Calábria" que Luís XI, sentindo aproximar-se a morte e extremamente assustado, convenceu a deslocar-se a Plessis-lez-Tours para confortá-lo e talvez — quem sabe? — prolongar os seus dias, pois era grande a sua reputação como taumaturgo; como Cristo, seu modelo, andava sobre as águas, curava os doentes e ressuscitava os mortos! A figura desse antigo eremita que, durante anos, habitara uma caverna e se alimentara apenas de legumes e frutas, desse homem mortificado e maravilhosamente pobre entre os pobres, contrastava prodigiosamente com a desse outro filho de São Francisco então sobre o trono de São Pedro: o ambicioso Sisto IV. Entre o humilde frade menor e o orgulhoso conventual, os cristãos sabiam estabelecer a diferença, e a glória do apóstolo ultrapassava a do pontífice.

Todas essas nobres figuras, pelo seu porte, compensavam bem as dos papas da época. No entanto, nenhuma delas, como aconteceu com os seus antecessores do século XIV, esteve à altura dos acontecimentos nem foi capaz de tomar sobre os ombros o fardo tão pesado da reforma. Nenhum desses santos foi um Gregório VII, um Bernardo de Claraval ou um Francisco de Assis. A Providência assim o quis, sem dúvida alguma, nos seus insondáveis decretos: foi preciso esperar muito tempo para que ela fizesse surgir um Santo Inácio de Loyola e um São Pio V, talvez porque certas faltas reclamam necessariamente um castigo. Mas, para a Igreja, foi um grande mal...

De qualquer modo, eram essas santas figuras que encarnavam o verdadeiro cristianismo; eram elas os seus fiéis depositários. Perante o desolador espetáculo de que a Igreja oficial dava tantos exemplos, poderiam as almas retas deixar de reagir? Poderiam elas deixar de reclamar, com uma voz cada vez mais imperiosa, a realização dessa reforma de que se falava havia já dois séculos e que ninguém ousava seriamente empreender? Por certo, nenhum desses santos e santas, de um modo ou de outro, deixou de suplicar aos papas ou deles exigir que compreendessem a situação e agissem. O que não faltou foram advertências! Desde o princípio do século XIV, ressoaram centenas delas. No decorrer de uma sessão do Concílio de Latrão, Giovanni Francesco Pico della Mirandola, sobrinho do humanista, alma generosa e santa (foi o primeiro biógrafo de Savonarola), colocara Leão X, com uma terrível franqueza, perante as suas responsabilidades: "Se tu, pastor supremo, soltas as rédeas que seguras com tão pouca firmeza, receio que, sob o teu pontificado, a cristandade se afunde, que a volúpia vença o pudor, que a insolência esmague o temor, que a loucura prevaleça sobre a razão. Temo que sejas surpreendido pelo ataque dos inimigos da nossa fé, antes mesmo que disso possas aperceber-te". E essa previsão era justa.

No começo do século XVI, o desejo de reforma tornara-se uma verdadeira angústia para muitas almas profundamente cristãs. Algumas, desanimadas e desencorajadas, já nem ousavam acreditar nela. O pregador Johann Geiler, depois de anos de esforços e discursos, concluía melancolicamente: "O que de melhor temos a fazer é ficar no nosso canto, com a cabeça entre as mãos, e praticar a virtude de olhos postos na salvação eterna". E conhecem-se os admiráveis e desesperados versos de Michelangelo: "É-me doce dormir, e mais ainda ser de pedra, enquanto persistem a desgraça e a vergonha. Nada ver, nada saber, que felicidade! Não me despertes! Ah, fala baixo!"

Outros, porém, muito mais numerosos, erguiam vozes ardorosas e indignadas. A reforma que os verdadeiros cristãos reclamavam era dupla. Devia, em primeiro lugar, renovar o fervor, a caridade, a ascese e a disciplina pessoais, e assim incidir sobre esse ponto secretamente ameaçado que cada qual conhece bem e em que todo o ser vivo, neste mundo, tem de lutar contra o seu próprio coração de pecador. *Metanoeite!* Convertei-vos! O preceito evangélico estava na base de todo o ensinamento que, desde os místicos da *devotio moderna* até Savonarola e, mais tarde, até Filipe Néri, os profetas dessa época ministravam: sermos transformados é sempre a primeira obrigação e a mais decisiva.

Mas naquela conjuntura não bastava essa obrigação, e os santos assim o diziam também. Era preciso pôr fim a escândalos que manchavam a face inefável da Igreja, que a desfiguravam. E era isso o que os pregadores exprimiam com a voz mais veemente, tão violentamente que podemos perguntar-nos se, por vezes, à força de estigmatizarem o mal que viam à sua volta, os mais ardentes não contribuiriam para desacreditar a Igreja. Tomava-se cada vez maior consciência de que, para ser eficaz, a reforma devia ser também institucional, de que era preciso remediar vícios de estrutura que impediam a Igreja de realizar a sua verdadeira tarefa. Assim, o cardeal Aleandro, legado na Alemanha, resumia o pensamento de muitos quando escrevia a Leão X estas frases repassadas de sabedoria: "Pelo amor de Deus, eu te peço — e comigo todos os católicos — que se ponha fim a todas essas reservas, anatas, dispensas, provisões e expectativas! Aqui não há nenhuma vontade de renegar Deus, mas o que se quer é que esses enormes abusos sejam castigados". Mas essa reforma de estrutura — ao mesmo tempo reforma moral e espiritual —, quem a poderia levar a cabo à falta dos papas?

Em 3 de maio do ano de 1491, pela primeira vez no limiar dos tempos modernos, e também no limiar desse mundo germânico onde, vinte e cinco anos mais tarde, eclodiria o drama, a Santíssima Virgem apareceu aos homens, num lugar alto dos Vosges que viria ser chamado "as Três Espigas". Vinha transmitir uma pesada advertência: anunciava a cólera de Deus, prestes a abater-se com toda a violência, e predizia a destruição próxima das antigas messes germinadas da semente cristã. E, ainda hoje, nesse monte da Alsácia, se venera uma Virgem das Dores, cujas lágrimas lhe correm pelo rosto, mais talvez por causa dos pecados do mundo do que por causa do Filho pousado sobre os seus joelhos. Alguns anos mais tarde, o papa consagrava por uma bula a autenticidade da aparição e instituía como centro de peregrinação esse lugar onde a Virgem "começara a refulgir por meio de sinais e milagres". Mas teria ele compreendido a significação do milagre? Esse pontífice era Alexandre VI.

O cristianismo sairia de tão inquietante situação. À imagem que ofereciam um papado tão pouco edificante, uma hierarquia tão discutida e uma fé tão ameaçada pelas piores taras, haveria de suceder outra imagem, a de uma Igreja renovada, disposta a enfrentar novas tarefas. Aquilo que, por volta de 1500, parecia quase inconcebível, estaria realizado menos de meio século depois. Mas, antes que se operasse esse movimento redentor, desenrolar-se-ia um drama cujo prólogo acabava de ser encenado numa pequena cidade do Império germânico. Essa revolução religiosa, que a Igreja Católica e Romana não soubera empreender, seria levada a cabo segundo iniciativas pessoais à margem do seu controle, fora dela, a despeito dela e contra ela. E essa seria — diz Bossuet — "a sua visível punição".

Notas

[1] Os contemporâneos tardaram muito a ter essa ideia. O primeiro a empregar a palavra Renascença, no limiar do século XVI, foi Vasari, na sua *Vida dos excelsos pintores*. E aplicava-a unicamente ao regresso às formas e às ideias da Antiguidade greco-romana. Muito acertadamente, como veremos, via nisso um fenômeno especificamente italiano.

[2] Sobre as grandes descobertas, cf. vol. V desta coleção, cap. IV, par. *O mundo ampliado e os novos impérios*.

[3] É preciso sublinhar também que as primeiras obras impressas foram bíblias e livros de piedade. A invenção era capaz de transmitir a sua força às ideias tradicionais, pelo menos tanto quanto à difusão de ideias novas...

[4] Cf. *A Igreja das catedrais e das cruzadas*, pp. 118 e 952.

[5] Cf. cap. I deste volume.

[6] Cf. cap. I, par. *Non placet Spiritui Sancto*.

[7] Cf. *A Igreja das catedrais e das cruzadas*, par. *A exceção italiana e a glória de Giotto* e, no presente volume, cap. II, par. *A nostalgia da cristandade*.

[8] Ou Andrea Bonaiutti; cf. *A Igreja das catedrais e das cruzadas*, cap. I.

[9] A única arte em que, ainda durante muito tempo, a Itália ficou numa certa dependência da França foi a música. Os compositores italianos do século XIV seguiram as lições dos mestres franceses, particularmente de Guilherme de Machaut, mas fizeram-no de harmonia

com os instintos mais profundos da sua raça, principalmente com a sua predisposição para a arte vocal. O organista cego *Francesco Landino* (1320-1397) brilha na primeira fila dos músicos italianos da época. As suas qualidades de inventor melódico foram notáveis, mas os herdeiros do grande artista resvalaram muitas vezes para composições intelectuais privadas de sentimento. Será preciso esperar pelo século XVI para que Palestrina volte a dar à música o seu poder emotivo e, ao mesmo tempo, faça dela um admirável meio de expressão do sagrado.

[10] Desde que foi inventada, a imprensa serviu de veículo para difundir os mestres venerados. Os primeiros editores italianos consagraram-se à publicação de Virgílio, César, Tácito e Tito Lívio. O mais célebre viria a ser Aldo Manuzio (1449-1515), impressor veneziano e notável erudito, cujas edições gregas, de texto perfeito e impressas em ótimas tipografias, ganhariam em toda a Europa uma fama que perdura até hoje.

[11] É neste sentido que se fala de "humanidades clássicas" e de "estudar humanidades".

[12] A ele devemos também uma descrição da Basílica de São Pedro que nos permite fazer uma ideia do que era a antiga basílica constantiniana.

[13] Cf. cap. II, par. *Os últimos sobressaltos.*

[14] Foi então que tomou uma estranha medida: escreveu a Maomé II uma carta pormenorizada e calorosa para persuadi-lo a converter-se ao cristianismo e a tornar-se assim imperador do Oriente! Mas o sultão conquistador não sentia a vocação de um Clóvis...

[15] Um semideus antigo, exatamente. Poggio escrevia: "O céu pertence por direito aos homens enérgicos, que travaram grandes lutas e empreenderam belos trabalhos na terra". O arquétipo humano já não é o santo; é Hércules.

[16] Maquiavel tinha razão quando criticava duramente a política temporal dos papas, incapaz de promover a unidade da Itália e boa apenas para manter a divisão e favorecer a intervenção do estrangeiro. A única vez na vida em que esse observador das apetências políticas se sentiu verdadeiramente de acordo com a Igreja, foi quando o papado militarizado, com Júlio II, empunhou a espada para expulsar os franceses da Itália, isto é, precisamente no momento em que a Igreja desempenhava um papel que nada tinha de cristão.

[17] *Carta ao clero da França*, 8 de setembro de 1899.

[18] Cf. cap. IV do próximo volume.

[19] Foi por acaso que Inocêncio VIII marcou um ponto contra Bajazet II. O irmão do sultão, Djem, enfurecido com ele, refugiou-se em Roma, onde foi recebido com as maiores honras.

[20] Mais tarde, celebrou-se da mesma maneira o casamento de uma neta do papa com um príncipe de Aragão de Nápoles.

[21] Cf. o fim deste cap.

[22] Cf. vol. V, *A Reforma católica*, cap. IV, par. *O mundo dilatado e os novos impérios.*

[23] Cf. capítulo V.

[24] É *Santa Joana da França*, canonizada em 1950. Depois da anulação do casamento, viveu, como religiosa, uma existência de piedade exemplar, à frente da Ordem da Anunciada que ela mesma fundou.

[25] Mas é preciso notar que também houve santos que não partilharam desses sentimentos. Em 1583, o futuro papa Leão XI escrevia: "Estou certo de que Pio V, de santa memória, teria corrigido todos aqueles que sentem devoção por Savonarola, pois tinha horror por ele e até nutria algumas dúvidas sobre a sua fé".

[26] O que de forma alguma quer dizer que tenha sido um arauto da reforma protestante, contrariamente ao que pensaram certos historiadores que o colocaram na companhia de Huss, de Lutero e de Calvino. A sua doutrina nunca foi contestada e o seu tratado, *O Triunfo da Cruz*, esteve muito tempo em voga nos seminários, mesmo depois do Concílio de Trento. "Renegar a Igreja, escrevia ele, é renegar Cristo". Mas renegar o Papa — o "doce Cristo na terra", como dizia Santa Catarina de Sena — não será também renegar Cristo e a sua Igreja?

[27] Cf. *A Igreja das catedrais e das cruzadas*, cap. XII, par. a *Reconquista.*

[28] Essas numerosas conversões de judeus tinham proporcionado à igreja da Espanha um avanço no conhecimento da Sagrada Escritura. A primeira edição católica do texto hebraico da Bíblia, que surgiu em 1522, fora revista por três sábios judeus convertidos. Eminentes rabinos que se haviam feito cristãos no século XV tinham trazido o contributo de uma longa tradição judaica de familiaridade com o Antigo Testamento. Salomão Halevi, rabino convertido, tornara-se bispo de Burgos entre 1415 e 1435, sob o nome de Pablo de Santa Maria; fora membro do Conselho Real e legado do papa. Seu filho Afonso sucedera-lhe na sé de Burgos (1435-1436); personalidade notável, escrevera a favor dos judeus convertidos (cf. Guy Sauvard, *St. Jean de la Croix et la Bible*, em *Cahiers Sioniens*, 1952, p. 133).

[29] O mesmo aconteceu com estrangeiros imparciais, como o embaixador veneziano Quirini, que escrevia: "Só pela Inquisição, o rei Fernando e a rainha Isabel mereceram um eterno louvor junto de Deus e dos homens".

[30] Sobre a Inquisição, é de leitura muito útil *A Inquisição em seu mundo*, de João Bernardino Gonzaga, Saraiva, São Paulo, 1994 (N. do T.).

[31] É preciso notar que o primeiro pintor da Península Ibérica foi então o português Nuno Gonçalves, que era também profundamente cristão.

[32] É curioso observar que não aconteceu o mesmo no plano propriamente intelectual. O humanismo, sem dúvida, não desapareceu da Cidade Eterna, onde a Biblioteca Vaticana continuou a enriquecer-se com manuscritos, onde homens como o cardeal Bembo prolongaram a tradição da Academia romana, abrilhantando-a também com esse outro "Virgílio cristão", rival de Sannazaro, *Marcos Vita*, autor da ambiciosa *Cristíada.* Mas foi em Florença que permaneceram fiéis os mestres da filosofia política e da história: *Maquiavel* (1469-1527), *Guichardin* (1483-1540), *Baltasar Castiglione* (1478-1529) e *Ariosto* (1474-1533), que, quando se dispôs a escrever a sua grande obra, *Orlando o furioso*, estabeleceu também o seu fecundo retiro nas margens do Arno.

[33] Sobre a divisão em três períodos, cf., neste cap., parágrafo *Alvorada de glória na terra italiana.*

[34] A Basílica de São Pedro e a sua célebre cúpula, que foram terminadas muito mais tarde, serão estudadas no capítulo V do segundo tomo, primeiro parágrafo.

[35] É o início do divórcio entre a obra e as convicções profundas do artista, um divórcio consagrado pela nossa época, em que vemos ateus notórios convidados para fazer Virgens e Cristos. Onde está então a emoção religiosa?

[36] "O resplendor de um belo rosto eleva-me até ao céu", dizia Michelangelo. Ou ainda, numa carta a Vittoria Colonna: "Nada é mais nobre, mais piedoso do que uma boa pintura, porque nada suscita mais piedade nos espíritos esclarecidos". E o próprio Savonarola exclamara um

dia: "As obras-primas da pintura seduzem a tal ponto o espírito que, ao contemplá-las, se experimenta como que uma vertigem; julgamo-nos por vezes em êxtase e esquecemo-nos de nós mesmos. É a mesma impressão que produz na alma o amor de Jesus Cristo".

[37] Cf. cap. III, par. *Baixa grave no clero.*

[38] Cf. cap. III, par. *Baixa grave no clero.*

[39] Cf. cap. III, par. *Baixa grave no clero.*

[40] Muitos clérigos entregaram-se a operações financeiras extremamente suspeitas. Banqueiros italianos e alemães entendiam-se bem com certos tonsurados. Para contornar a proibição, sempre em vigor, do empréstimo a juros, um teólogo, Ângelo de Clavario, inventou um sistema sutil em que os juros eram considerados como uma compensação pelos riscos e uma simples participação nos lucros. Foi para lutar contra a usura clerical que o piedoso franciscano *Barnabé de Terni* fundou, em 1462, em Perugia, e depois em Orvieto, a instituição do empréstimo sobre penhores, que viria a tornar-se célebre sob o nome de *montepio* e que o Bem-aventurado Bernardino de Feltre divulgou.

[41] Por isso houve alguns — como o cardeal Zabarella de Florença e Guilherme de Saignet — que, não vendo qualquer meio de deter esse mal, propuseram que se autorizasse o casamento dos padres.

[42] Cf. cap. I do vol. V.

[43] Sobre os bispos anunciadores da reforma católica, cf. vol. V, cap. I, par. *Bispos reformadores.*

[44] Cf. cap. III, par. *A mística desenvolve-se, mas isola-se.*

[45] Veja-se o vol. V, cap. I, *A Reforma católica.*

[46] É também em nome de Jesus que o amigo e companheiro de São João de Capistrano, São Tiago de la Marche (1394-1476), multiplica os milagres. Filho de família pobre, franciscano aos vinte anos, discípulo entusiasta de São Bernardino de Sena, é enviado pelos papas à Hungria, e depois aos hussitas, e desempenha um papel importante na resistência às tendências dos *fraticelli.* Grande voz do seu século, é também um dos precursores dos Bem-aventurados Barnabé e Bernardino de Feltre na criação dos "montepios" (cf. nota acima).

V. O drama de Martinho Lutero

O caso das indulgências

Estava-se no dia 31 de outubro de 1517. Na pequena cidade de Wittenberg, domínio do Eleitor da Saxônia, eram extraordinárias a afluência e a animação. Como sucedia todos os anos, a festa de Todos os Santos atraía para lá milhares de pessoas piedosas, desejosas de ver, saídas dos cofres da *Schlosskirche*, as preciosas relíquias que Sua Alteza Frederico o Sábio conseguira reunir à custa de muito dinheiro. Eram muitas — alguns milhares — e todas elas de primeira grandeza: não só corpos inteiros de santos, cravos da Paixão, látegos da flagelação, mas também faixas que tinham envolvido o Menino Jesus, palha da manjedoura onde nascera e até gotas de leite da sua Santíssima Mãe! À veneração desses insignes tesouros estavam ligadas numerosas — e rendosas — indulgências.

Ora, na manhã desse mesmo dia, no portão da capela do castelo, apareceu afixado um prospecto, redigido num latim elementar, em que se expunham noventa e cinco teses que um monge agostiniano, muito conhecido na cidade, se propunha defender contra qualquer contraditor que o quisesse enfrentar. Tratava-se, precisamente, dessas indulgências que o bom povo se apressava tanto a vir ganhar, rezando diante das relíquias e introduzindo os seus *gulden* nas caixas das esmolas. Reunidos diante da capela, os peregrinos escutavam os mais instruídos traduzir: "Os pregadores das indulgências erram quando dizem que elas livram o homem e o salvam. — Aquele que dá aos pobres faz melhor do que se comprar indulgências". Havia trezentas linhas desse teor e com coisas ainda mais acerbas. E os honestos fiéis perguntavam a si mesmos aonde queria chegar esse monge que assim abalava uma das colunas da Igreja.

Com efeito, parecia que as indulgências se tinham tornado um pilar da fé. Não ensinava o Mestre de Erfurt, Palz, que essa era "a forma moderna de pregar o Evangelho"? E, em si, que tinham elas de repreensível? Relendo o tratado que lhe consagrara o sábio Johann Pfeffer, um quarto de século antes, nessa mesma cidade de Wittenberg, ou os sermões de célebre Johann Geiler, de Kaisersberg, não havia motivo para dúvidas. O que a Igreja entendia por *indulgência* era a remissão total ou parcial das penas que cada um devia sofrer, na terra ou no purgatório, depois de ter obtido no sacramento da penitência a absolvição dos seus pecados e a remissão do castigo eterno.

Mas a verdade é que, para se obter a remissão dessas outras penas, era e é indispensável o estado de graça, e as obras pias — orações, jejuns, peregrinações, visitas a igrejas e esmolas — são apenas ocasião ou, por assim dizer, complemento: se não há um firme propósito de emenda e um impulso interior, não há remissão! Dentro da verdadeira doutrina, a indulgência não é, portanto, um meio automático de o pecador se desembaraçar sem esforço das penas devidas em justiça. Depois de uma bula de Sisto IV, em 1476, admitia-se que ela podia ser aplicada por intenção da alma de um defunto querido, que assim via aliviados os seus sofrimentos no outro mundo. A afirmação deste princípio contribuíra para o êxito do Jubileu do ano de 1500.

Tudo isso não datava de ontem. Já no século XI se concedia indulgência plenária aos que se alistavam nas cruzadas. Depois, generalizara-se a prática de concedê-la em ocasiões menos heroicas, mas sempre com os mais felizes resultados. Quantas obras religiosas ou socialmente úteis tinham sido financiadas com o dinheiro assim recolhido: igrejas, hospitais, montepios e até diques e pontes! A igreja da França, logo após a guerra dos Cem Anos, tinha-se reerguido materialmente graças às indulgências. Os resultados espirituais também não eram de menor alcance: anunciada por pregadores especiais, a concessão de novas indulgências provocava um choque, um pouco à maneira das "missões" modernas, e encaminhava para a confissão numerosos arrependidos.

Seria só por essas excelentes razões que a instituição se havia difundido extraordinariamente, sobretudo a partir do século XIV? Havia perto de duzentos anos que a menor visita a uma igreja, a peregrinação menos meritória ocasionava a concessão de "anos" de indulgência, com uma liberalidade sem limites: em doze meses, o piedoso Eleitor Frederico o Sábio capitalizara exatamente 127.799 "anos", o suficiente para esvaziar uma boa parte do purgatório e conseguir para si próprio mais de um céu! É fácil imaginar a quantidade de abusos que se haviam introduzido nesta prática, a tal ponto que já em 1312 tinham sido estigmatizados pela decretal *Abusionibus*.

A simonia encontrava neste terreno um amplo campo de ação. O que é que pretendiam os pregadores, que eram ao mesmo tempo cobradores instalados junto do púlpito? Salvar almas ou colecionar ducados? O lançamento de cada indulgência fazia-se acompanhar com frequência de tráficos muito estranhos, e chegava-se a adjudicar em leilão o direito de receber as esmolas. O próprio papa Leão X concedera o direito de pregar as indulgências aos famosos banqueiros Fugger, de Augsburgo, como penhor de um empréstimo que lhe tinham feito. O clima do tempo era totalmente favorável a semelhantes procedimentos. Quando, em 1514, o *Hohenzoller* Alberto de Brandenburgo se fizera eleger arcebispo de Mogúncia, os direitos de chancelaria, muito pesados — 14 mil ducados —, acrescidos de uma "contribuição voluntária" de mais dez mil, destinados a acalmar os escrúpulos da Cúria, tinham também sido financiados pelos Fugger, contra a promessa de lhes ser entregue um terço das receitas da grande indulgência pontifícia.

Este desvirtuamento não era o único que ameaçava a instituição: havia outro pior, que afetava a própria doutrina. Muitos pregadores ensinavam que a indulgência possuía de per si uma virtude de certo modo mágica, pois a esmola era uma hipoteca que se ganhava sobre o céu. Era como dizia o ditado:

Sobald das Geld im Kasten klingt
Die Seele aus dem Fegfeuer springt![1]

A Alemanha não era, porém, o único país onde se ensinavam essas tolices: em 1482, a Sorbonne condenara um pregador que as proclamava do púlpito, e em 1486, em Besançon, um franciscano afirmara que bastava uma pessoa usar o hábito da sua ordem — era um convite a fazer-se irmão terceiro — para que São Francisco viesse em pessoa retirá-la do purgatório! Era natural que, perante tais enormidades, se produzissem reações enérgicas aqui e acolá. Em 1484, um padre chamado Lallier negara ao papa o direito de perdoar as penas do outro mundo a quem lucrasse uma indulgência, e, apesar da Sorbonne, esse sacerdote fora absolvido pelo bispo de Paris. Em 1498, o franciscano Vitrier fora delatado a essa mesma Sorbonne por ter afirmado que "não se deve dar dinheiro para comprar o perdão". E Erasmo, seu discípulo, acabara de escrever: "Um comerciante desonesto, um velho mercenário ou um juiz lançam na caixa uma simples moeda, tirada das suas rapinas, e pensam que assim purificam todo o pântano de Lerna da sua vida!" Eram coisas desse gênero que se ensinavam em Wittenberg, nessa universidade que pretendia rivalizar com as de Leipzig e de Erfurt, e as suas posições peremptórias contribuíam para o renome de que gozava. No decorrer do ano de 1516, disseram-se ali coisas como esta: "Pregar que as almas do purgatório são resgatadas pelas indulgências é um completo absurdo!"

Em 1517, a mais importante indulgência pregada na Alemanha foi a que os papas haviam concedido por duas vezes aos cristãos generosos que contribuíssem com dinheiro para a nova basílica de São Pedro: em 1506, por Júlio II, para empreender as obras, e em 1514, por Leão X, para lhes dar continuidade. Foi o produto desta indulgência que se tornou objeto da estranha partilha que já mencionamos, por ocasião da eleição de Mogúncia. O arcebispo confiou aos dominicanos o encargo de pregar a indulgência, o que não se fez sem provocar entre os agostinianos uma fraternal mas bastante amarga inveja.

À frente dos pregadores encontrava-se um certo Irmão Johann Tetzel, de ombros largos e palavra fácil, que defendia a causa com extremo ardor. Homem honrado, de bons costumes, não merecia as calúnias com que os adversários o atacavam, embora os seus conhecimentos teológicos deixassem a desejar. Mas o modo como procedia só serviu para reforçar nos espíritos a ideia de que a indulgência era apenas uma questão de dinheiro. Chegava com uma numerosa equipe a um ponto qualquer do território dependente de Mogúncia, precedido da bula exposta sobre um pano de veludo bordado a ouro, e, ao toque dos sinos e com todas as bandeiras desfraldadas, o povo vinha em procissão ao seu encontro. Do púlpito ou nas praças públicas, propunha aos ouvintes os "passaportes para atravessar o oceano em fúria e chegar diretamente ao paraíso". Que grande oportunidade de evitar os sete anos de sofrimento que — como se sabia — se exigiam no além por qualquer falta perdoada! Que grande ocasião de ganhar a indulgência plenária concedida por um confessor à escolha de cada qual e — melhor ainda! — de poder arrancar ao fogo do purgatório um parente ou um amigo! E por que preço se obtinha tudo isso? Depois de se ter confessado, o fiel visitava sete igrejas, recitava cinco Pai-Nossos e cinco Ave-Marias e lançava na caixa das indulgências a sua oferta. Oh, uma oferta modesta e adequada às posses de cada um: para os mais humildes, um quarto de florim bastava.

Era contra semelhantes práticas e doutrina que reagia vivamente o prospecto afixado na porta da *Schlosskirche*. Tetzel não fora pregar a Wittenberg, terra da Saxônia, mas todos compreenderam que era ele o alvo visado. Por mais que o autor do libelo se tivesse precavido e aconselhado a acolher "com respeito os comissários apostólicos", o certo é que todas as suas teses se insurgiam não só contra a interpretação da indulgência oferecida pelo dominicano, mas contra a própria instituição. Denunciavam o seu lado mercantil: "As indulgências cujos méritos o pregador apregoa não têm senão um: o de obter dinheiro". Ou então: "Por que motivo o papa, cuja bolsa é hoje mais opulenta do que a dos ricos mais opulentos, não edifica essa basílica à sua custa, em vez de tirar dinheiro dos pobres fiéis?" Eram argumentos pesados, que impressionavam as camadas populares.

O libelo criticava também as bases teológicas: a indulgência não faria os fiéis perderem o sentido da penitência? "A verdadeira contrição ama e procura as penas: a indulgência perdoa-as e inspira-nos aversão por elas. Quando um cristão está verdadeiramente contrito, tem direito à remissão plenária, mesmo sem bula de indulgência. É a graça de Cristo que concede a remissão das penas, não o papa. E é pelo ódio contra si mesmo e contra o pecado que o homem pode esperar receber essa graça, não pela realização de quaisquer gestos ou pelo sacrifício de algumas moedas". Aceitáveis em muitos pontos, em que se reafirmava a autêntica doutrina católica, essas teses desviavam-se da ortodoxia na medida em que rejeitavam o poder pontifício de perdoar as penas e se referiam implicitamente a uma teoria da graça segundo a qual os méritos do homem eram quase inúteis.

Que motivo levara realmente o autor desse texto a desafiar assim a Igreja oficial? A indignação contra os traficantes das coisas santas? Sem dúvida. O ódio ao papa e o desprezo pela Cúria romana, simoníaca? Não, mas algo de mais interior e decisivo, que a última palavra das noventa e cinco teses dava a entender. Tetzel queria persuadir os fiéis de que a salvação se opera, facilmente, através das obras; impedia os infelizes de compreender que é preciso "entrar no céu por meio de muitas tribulações", como se diz no livro dos *Atos dos Apóstolos*, e incitava-os "a descansar na segurança de uma falsa paz". A palavra estava dita. Era contra "esse espantoso erro" que o professor de Wittenberg entrava em luta. E entrava nela com a violência de um homem para quem essa discussão teológica representara um drama em que se tinha jogado a sua vida, e a quem a falsa segurança estivera prestes a levar ao total desespero.

Um jovem religioso muito brilhante

Chamava-se *Martinho Lutero*. Era então um homem alto, magro, ossudo, e com mãos fortes de extrema mobilidade, sempre em movimento para dominar o adversário ou enfatizar um argumento. Tudo nele indicava paixão, uma vontade inquieta e uma violência prestes a tudo despedaçar. No seu rosto rude, de maçãs salientes, queixo quadrado e faces encovadas, cintilavam uns olhos frequentemente repassados de cólera e de inteligência, mas que não menos frequentemente deixavam entrever uma irreprimível angústia. Era difícil escapar à fascinação que esse monge, muito simples no seu hábito de eremita agostiniano, exercia sobre quem quer que estivesse na sua presença. Tinha então trinta e quatro anos.

Como fora a sua vida até àquele momento? Que acontecimentos, que raciocínios o tinham levado a romper com o conformismo oficial e a tomar essa atitude que, trazendo-o ao primeiro plano do cenário do mundo, faria dele um vivo sinal de contradição? O *Rückblick* — o olhar retrospectivo que, rápida e superficialmente, lançou sobre a sua juventude antes de morrer, em 1545 — não nos permite responder à pergunta: é frequente que os velhos, ao evocarem as suas recordações, alterem a realidade e a falseiem. Do relato tradicional, embora amplamente conhecido, parece que não se deve reter senão o esqueleto dos acontecimentos, não a substância.

Não é na agitada juventude de Martinho Lutero, não é nas crises de um monge em luta com as tentações carnais, como querem os psicanalistas[2], nem é na indignação escandalizada que se diz ter experimentado em Roma numa curta viagem, que se deve procurar a explicação da sua atitude. Onde se deve procurá-la é num conflito interior, bastante análogo aos que perseguiram São Paulo, Santo Agostinho e Pascal, um conflito que ele viveu no tremor e na angústia mais trágica, e de que saiu, infelizmente, por uma via que não era a que ensinava a *Ecclesia Mater*. Lucien Febvre, no início da sua notável obra (citada nas notas bibliográficas deste volume), mostrou, com tanta finura de espírito como exatidão, a insuficiência do esquema tradicional.

Nascido em 10 de novembro de 1483, em Eisleben, na Saxônia, segundo de oito filhos, Martinho fora educado em Mansfeld, para onde seu pai Hans se mudara seis meses depois do seu nascimento. A sua primeira infância não foi nem mais nem menos feliz do que a dos outros meninos da sua condição, num meio em que a vida difícil endurecia os caracteres e numa família numerosa em que não havia tempo para afinar os sentimentos. Seu pai era um homem piedoso, severo, de costumes irrepreensíveis, mas propenso à cólera; tendo passado de simples mineiro a contramestre e depois a encarregado de fundição, queria que em sua casa tudo andasse na linha. E a sua esposa, a robusta e laboriosa Margarida, da família Ziegler da Francônia, partilhava com facilidade o modo de ver do marido e dirigia o seu pequeno mundo com uma mão firme que os filhos, por vezes, julgavam excessivamente pesada.

Na escola de Mansfeld, para onde os seus pais o mandaram aos seis anos, Martinho recebeu a costumeira educação da época, isto é, a do *trivium*, bem como a do catecismo, conforme os métodos pedagógicos então em uso, que incluíam com frequência a linguagem do chicote. Como o rapaz se mostrou de uma inteligência muito viva, o pai resolveu fazê-lo continuar os estudos com vistas ao direito. Em Magdeburgo, frequentou durante um ano a escola da catedral, que estava a cargo dos excelentes Irmãos da Vida Comum, e lá fez a experiência, bem curta infelizmente, de uma autêntica espiritualidade; foi lá por certo que teve o seu primeiro contato com a Bíblia. Depois, em Eisenach, para onde o havia levado a presença do seu tio-avô, sacristão de São Nicolau, desenvolveu os seus dons inatos para a música. Por fim, aos dezoito anos, chegou à Universidade de Erfurt — seu pai melhorara de situação econômica e já podia pagar-lhe os livros — e ali obteve brilhantemente o diploma de professor de filosofia e letras, ao mesmo tempo que fazia grandes progressos na arte de escrever e de filosofar. Os seus mestres, os padres Usingen e Palz, formaram-no segundo os seus métodos, que eram os da escolástica de Ockham, e os seus condiscípulos consideravam-no um rapaz honesto, piedoso, e também um alegre companheiro. Em tudo isso não havia nada de anormal, até que um dia, mal acabara de encetar os seus estudos de direito, um acontecimento inesperado mudou repentinamente o seu destino.

Em 2 de julho de 1505, quando voltava sozinho de Mansfeld para Erfurt, foi surpreendido por uma tempestade de uma violência incomum. Um raio caiu tão perto dele que se julgou morto. No meio daquele perigo, invocou Santa Ana, segundo o costume, e murmurou: "Se me ajudares, far-me-ei monge". Voto irrefletido, talvez, mas certamente nem um pouco espontâneo. Outros incidentes haviam precedido esse movimento de alma, incidentes cujos detalhes conhecemos mal porque foram deformados por muitas lendas, mas cujo sentido não oferece qualquer dúvida: uma grave doença durante a adolescência, a morte súbita de um amigo, um ferimento que fizera ao manejar a sua espada de estudante e que sangrara durante muito tempo, tudo isso o pusera perante uma evidência que a juventude ignora — a realidade da morte. O episódio da tempestade veio selar essa revelação. A sua natureza impressionável e a sua viva sensibilidade deixaram-se dominar por esse medo cósmico que os trovões provocavam nele. Lembrou-se então dos bons Irmãos da Vida Comum, desse príncipe de Anhalt que conhecera em Magdeburgo sob o hábito franciscano, desses jovens cartuxos que via em Erfurt entregues a uma vida de total renúncia, de todos aqueles que pareciam ter encontrado sob a cogula e o burel a paz do coração e a resposta à terrível interrogação. Foi um voto extorquido pelo terror? Sim, mas não apenas pelo terror que lhe causara a tempestade. Ninguém — nem família, nem amigos — pôde dissuadi-lo de ser fiel à sua promessa. Quinze dias depois do incidente da estrada, batia à porta do convento dos eremitas de Santo Agostinho.

Era monge, portanto — e monge bem considerado na sua ordem —, quando afixou em 1517 as suas teses na porta da *Schlosskirche* de Wittenberg; um monge que não pensava de forma alguma em renegar os seus votos: "Durante vinte anos", viria ele a dizer, "fui um monge piedoso; celebrei Missa diariamente e esgotei-me em jejuns e orações". Um bom monge, portanto, "não, certamente, sem pecado, mas sem grave censura". Assim se descreveu e assim disseram dele os que o conheceram. Ordenado em 1507, subira ao altar pela primeira vez com um fervor repassado de temor, como convém a quem vai ter o Deus vivo nas mãos. A teologia apaixonara-o cada vez mais. Duns Scoto e São Tomás, Pedro d'Ailly e Gerson, e sobretudo Guilherme de Ockham e os da sua escola, principalmente Gabriel Biel, todos tinham sido objeto das suas vorazes leituras, juntamente com a Bíblia, Santo Agostinho e os místicos, de São Bernardo ao Mestre Eckhart. Em 1508, por ordem do vigário-geral dos agostinianos na Alemanha, o sábio Johann Staupitz, que se interessou por esse brilhante súdito, foi transferido para Wittenberg, a fim de ali ensinar filosofia e adquirir o grau de bacharel em letras. Gozava então de grande crédito na sua ordem.

No inverno de 1510-1511, foi designado para ir a Roma submeter aos superiores a questão que surgira entre os seus confrades de observância estrita e os de observância mitigada. Quer a lenda que o espetáculo da Cidade Eterna tenha provocado na consciência do jovem monge tal escândalo que ele teria voltado de lá decidido a empreender a reforma. Trata-se de uma tese cômoda, mas invalidada por todos os testemunhos. Durante as quatro breves semanas que passou em Roma, Lutero portou-se como um piedoso peregrino, vivamente desejoso de visitar o maior número de igrejas, de ganhar as indulgências ligadas a essas visitas e de subir de joelhos a *Scala sancta*; em suma, como "um homem de bem imbuído de uma santa loucura", como ele próprio disse. Da corte pontifícia, viu com os seus olhos apenas o que podia observar um obscuro frade alemão que se encontrava ali de passagem. Escutou evidentemente muitas bisbilhotices, mas sem que isso o abalasse. Foi só mais tarde, depois de condenado pela Igreja Católica, que, evocando as suas recordações romanas, encontrou nelas justificação para a sua atitude: na capital da cristandade, não pôde descobrir um único confessor, tão grande era a ignorância entre o clero; em São Sebastião, viu celebrarem-se atabalhoadamente sete Missas seguidas no espaço de uma hora e no mesmo altar, e observou o desavergonhado comportamento das mulheres na igreja. No entanto, foi só vinte e cinco anos mais tarde — muito *a posteriori* — que veio a emitir o seu severo julgamento.

De volta à Alemanha, foi novamente destinado ao convento de Wittenberg e, no ano seguinte, já doutorado em teologia, confiaram-lhe a regência da cadeira de Sagrada Escritura na universidade. Os seus cursos sobre os *Salmos* e sobre as Epístolas de São Paulo conheceram um êxito notável. Como orador, foi também muito apreciado por quantos o escutavam. O seu superior Staupitz tinha-o na mais alta conta e nomeou-o "vigário de distrito", isto é, provincial, com jurisdição sobre onze casas da ordem; chegou mesmo a dizer-lhe: "Cristo fala pela tua boca".

Ora bem, a importância desse monge cercado de prestígio tornava ainda mais grave a atitude que acabava de tomar na véspera da festa de Todos os Santos de 1517, insurgindo-se contra os pregadores de indulgências. Mas por que motivo o fez?

O drama de uma alma

Para compreender o que se passou, é preciso tentar penetrar nessa alma e atingir essas zonas obscuras, cheias de ameaças, onde cada homem digno desse nome procura dar, no meio da contradição e do sofrimento, um sentido ao seu próprio destino.

A circunstância de o testemunho que ele mesmo deu sobre o drama da sua juventude ter sido muito posterior, levou alguns estudiosos[3] a não o considerar confiável: para dar à sua rebelião origens profundamente nobres e místicas, Lutero, já envelhecido, teria inventado o cenário de um conflito à maneira de Pascal. Mas basta ler honestamente os textos dos anos decisivos, o seu comentário, por exemplo, à *Epístola aos Romanos*, para concluir que certas posições não puderam ser tomadas pelo autor senão como conclusão de um esforço, doloroso e secreto, por responder a problemas da maior gravidade. É trair a verdade histórica e psicológica recusar-se a admitir que Lutero foi, profundamente, um desses homens para quem viver e crer são coisas sérias, um combatente das grandes lutas espirituais. No mais recôndito de si mesmo, o monge agostiniano, que parecia fazer uma carreira tão brilhante, sentia-se torturado por essa inquietação substancialmente religiosa, que é mais fácil de sentir do que de definir.

No convento, onde entrara com a esperança de ali ganhar segurança, não a encontrou. Era bem um filho do seu tempo, da sua terra, dessa Alemanha onde a luta do homem contra as potências noturnas se traduzia em lendas infernais ou sublimes, e desse cristianismo em crise cujos sermões e danças macabras impunham à consciência a obsessão dos derradeiros fins do homem. Não lhe bastara envergar o hábito dos monges para se ver livre desses fantasmas. "Conheço um homem", escrevia ele em 1518, "que afirma ter passado por transes tão intensos que nenhuma língua poderia descrevê-los: quem não passou por essa experiência não acreditará neles. E isso a tal ponto que, se alguém tivesse de suportá-los até ao fim, durante uma meia hora ou mesmo a décima parte de uma hora, morreria por inteiro, e os seus próprios ossos seriam reduzidos a cinzas". Uma angústia terrível, tal era o seu destino, e o seu amigo Melanchthon diz que ele jamais pôde desfazer-se dela ao longo de toda a sua vida monástica. "O meu coração sangrava ao rezar o Cânon da Missa", confessa Lutero, falando dos seus anos de jovem padre. São palavras que não se podem ler sem emoção.

De onde lhe vinha essa angústia? Alguns[4] atribuíram-na à neurose, uma pesada hereditariedade sobre a qual, aliás, faltam documentos. Mas o que se põe de manifesto a quem lê tantas das suas próprias confissões é que, bem mais do que um doente, Lutero era um ser intensamente dominado pelo sentimento trágico do pecado. Que pecado? Seria bastante mesquinho reduzi-lo ao da carne. Lutero, monge a braços com secretas luxúrias, familiar da *delectatio morosa*, incapaz de vencer em si o animal e revoltado com a disciplina eclesiástica para, por fim, ceder à sua propensão... — se esta imagem fosse verdadeira[5], a sua ação, fundada em motivos tão deploráveis, teria sido tão grande e teria causado tanto sofrimento à Igreja? Ele mesmo, aliás, sublinhou muitas vezes, em termos categóricos, que as piores tentações não são as carnais: "Os pensamentos hediondos, o ódio a Deus, a blasfêmia, o desespero, eis as grandes tentações". A concupiscência que tinha de vencer não era aquela que empurra o homem para a mulher, mas esse apetite irresistível que, tanto pelo espírito como pela carne, impele o homem para o que é terreno e palpável — numa palavra, humano —, e o desvia do invisível e do divino.

Esperava que o convento o libertaria dos seus monstros. Alma mística sob muitos aspectos, sonhava com uma presença cálida e consoladora, que o protegeria não só do mal como de si próprio. Mas as práticas a que se dedicara não lhe tinham trazido o conforto que desejava. Por quê? Teria sido por falta de verdadeira humildade? Por insuficiência do espírito de oração? Só Deus, que julgou essa alma, poderá dizê-lo. De qualquer modo, havia um obstáculo que o impedia de lançar-se nos braços do Pai, como o filho pródigo. Todas as vezes que o menor pensamento de impureza, de violência ou de dúvida o assaltava, julgava-se condenado. Nenhuma oração, nenhuma ascese, nem mesmo a confissão cotidiana conseguiam arrancá-lo a essa obsessão do inferno que o acompanhava e ameaçava asfixiá-lo. "Fazia penitência", diz ele, "mas o desespero não me largava".

O obstáculo que lhe barrava o caminho da paz e do amor era a ideia que fazia de Deus, a imagem que — segundo afirma — lhe fora mostrada nos conventos. "Bastava-nos ouvir o nome de Cristo para que empalidecêssemos, porque Ele nos era apresentado sempre como um juiz severo, irritado contra nós". Era então por medo a esse senhor armado de um bastão, desse carrasco, que ele tinha de se extenuar em jejuns, em mortificações e preces? Por quê? Para mesmo assim não ter a certeza de acalmar-lhe a cólera? "Quando farás tu o bastante para conseguir que Deus seja clemente?", perguntava-se com angústia. Nesse século de miséria, a mensagem de amor do Filho do homem parecia estéril; não restava senão uma doutrina atroz — a do castigo inevitável infligido por um inexorável justiceiro.

Tem sido fácil para os críticos católicos mostrar que essa doutrina nunca foi a da Igreja. Denifle, num livro que não tem menos de 378 páginas, provou peremptoriamente que a "justiça de Deus", que Lutero encontrou como suprema realidade espiritual numa célebre passagem da *Epístola aos Romanos* (1, 17), nunca significou apenas a *justitia puniens*, a cólera divina que castiga as faltas do homem, mas, bem mais do que isso, a graça que torna o homem justo, a misericórdia onipotente que Deus prodigaliza a todos os que creem nEle e se submetem aos seus mandamentos. Causou espanto a incompreensão revelada por Lutero ao interpretar o verdadeiro pensamento de autores que certamente lera muitas vezes, como Santo Agostinho, por exemplo, ou São Bernardo. Mas, para explicar o drama da alma do jovem monge agostiniano, basta admitir que essa doutrina, embora errônea, foi considerada por ele como válida e como a que tinha aprendido dos seus mestres.

Bem podia ser esse o resultado de uma formação teológica medíocre, ministrada na escola desses decadentes escolásticos que ocupavam as cátedras universitárias. Além disso, havia no ensino em voga os elementos suficientes para empurrar uma alma inquieta ladeira abaixo. Para Lutero, obcecado pelo desejo de apaziguar o Deus terrível e que não experimentava o menor alívio com as suas preces e mortificações, havia uma doutrina que lhe oferecia uma espécie de resposta: o nominalismo de Ockham[6], em que, como já vimos, havia sido formado. Nos livros dessa tendência, lera ele que o homem só pode vencer o pecado pela vontade, mas lera também que todo o ato humano só se torna meritório se Deus o aceitar e o quiser como tal. E se a vontade do homem desfalece? Nesse caso, não há nada que possa ajudá-lo a reerguer-se, pois a razão é ineficaz e a graça não é concebida como um princípio sobrenatural que eleve as forças espirituais do homem até o plano da justiça divina.

Restavam, portanto, um Deus caprichoso, que dava ou recusava a sua graça e o seu perdão por motivos alheios a toda a lógica, e, diante dEle, um homem desarmado, inerte e passivo na obra da salvação. O destino apresentava-se regido pela mecânica glacial de um déspota, aos olhos de quem não há nada que tenha mérito.

Estas teses, cuja confirmação Lutero se obstinava em encontrar em certas passagens de São Paulo e de Santo Agostinho, não correspondiam senão ao sentir da sua consciência, no mais profundo da qual experimentava tão intensamente a esterilidade de todos os méritos! Em muitos pontos, continuaria a ser durante toda a vida um ockhamista, recusando porém o voluntarismo ensinado pela escola, bem como a noção de liberdade humana dessa doutrina, que ele dotava de uma ressonância predestinacionista inexistente no pensamento do mestre. Nada disso podia trazer-lhe a paz ao coração.

No entanto, exerceram-se sobre ele influências mais pacificadoras. Leu os místicos, especialmente os alemães do fim da Idade Média, sobretudo Tauler[7]. Encontrou também elementos que tendiam a negar a importância das obras exteriores e a negar o livre-arbítrio do homem, além de outros que exaltavam o papel da fé em Cristo Redentor. Uma das ideias-chave da *theologia germanica* era que o homem deve abrir-se à ação de Deus, sofrê-la, e não fazer nada para lhe resistir. Staupitz, que queria curar aquela alma desolada, seguiu essa orientação e revelou-lhe a doçura do amor de Deus e o soberano abandono nas mãos da Providência. A vida divina a que Lutero aspirava não lhe seria dada por meio das sutilezas de uma escola ou de práticas rituais, mas apenas pelo impulso da alma fiel e pela piedade que brota do mais secreto do coração. "O verdadeiro arrependimento começa pelo amor à justiça e a Deus". Quando se compenetrou bem do sentido dessa fórmula do seu vigário-geral, o jovem monge sentiu-se como que libertado de uma parte do seu fardo e a caminho de uma nova luz. Foi como se, de todos os lados, lhe acorressem ideias, argumentos e citações bíblicas a confirmar essa doutrina e a "dançar em círculo ao redor dela".

Produziu-se então aquilo a que ele chamou "a descoberta da misericórdia", acontecimento totalmente interior ao qual os seus discípulos haviam de fazer remontar a origem da Reforma. Não se conhecem ao certo a data e o lugar. Teria essa primeira percepção ocorrido em Roma, quando, como um piedoso peregrino, subia de joelhos a *Scala sancta?* Ou devemos situá-la em 1518 ou 1519 e, nesse caso, considerar que, no dia em que afixou o prospecto das indulgências, tinha apenas uma espécie de pressentimento da sua doutrina?[8] No entanto, já nos seus cursos ministrados entre 1514 e 1517 se podem distinguir os primeiros esboços. O mais provável é que "a descoberta" se tenha formado no seu espírito gradualmente, antes de se impor com uma violência que anularia todos os raciocínios, todas as aproximações, sob o fulgurante clarão daquilo que lhe pareceu a evidência.

No prefácio à edição das suas obras, em 1545, expôs aquilo em que consistiu a "súbita iluminação do Espírito Santo": concentrara-se mais uma vez em perscrutar o alcance do terrível versículo 1, 17 da *Epístola aos Romanos*, que tantas vezes o enchera de angústia, quando se lhe impôs ao espírito o verdadeiro sentido do pensamento paulino, isto é, aquilo que a partir daquele momento ele considerou como tal. "Enquanto na minha meditação examinava dia e noite o encadeamento destas palavras: *Porque nele* [no Evangelho] *se revela a justiça de Deus, que se obtém pela fé e conduz à fé, como está escrito: 'O justo vive da fé'*, comecei a compreender que a justiça de Deus significa aquela que faz o justo viver pelo dom de Deus, isto é, pela fé. O sentido da frase é, portanto, este: o Evangelho revela-nos a justiça de Deus, mas trata-se da justiça passiva, pela qual, por meio da fé, o Deus cheio de misericórdia nos justifica". Era uma descoberta prodigiosa aos olhos do jovem monge, torturado pelo temor e pela angústia! O Deus carrasco, armado de um bastão, recuava, dando lugar Àquele para quem a alma podia voltar-se, cheia de confiança...

Subitamente, como acontece com as grandes inteligências, em torno dessa única ideia, tão simples na aparência, cristalizava-se todo o tipo de reflexões e argumentos. Surgia a base de um sistema. De um sistema? A palavra não está empregada em sentido próprio, pois não se tratava, para Lutero, de uma doutrina seca, de uma tese, mas de uma experiência vital, da resposta aos seus atrozes problemas. Mas essa resposta apresentava-se tão claramente ao seu espírito que a podia formular em princípios imperiosos.

O homem é pecador, incapaz de se tornar justo, pois está condenado à impotência pelo inimigo que traz em si. Mesmo que se conforme externamente com a lei, permanece no seu pecado. Mesmo que tente comportar-se bem e espere adquirir méritos, não o pode conseguir, porque traz na raiz de todo o seu ser um germe mortal. É preciso, portanto, que exista — como efetivamente existe — uma justiça exterior ao homem que o salve — ela apenas. Pela graça de Cristo, todas as manchas da alma são como que cobertas por um manto de luz. Portanto, o único meio — e a única oportunidade — de que o homem dispõe para ser salvo é confiar-se a Cristo, agarrar-se a Ele de qualquer maneira. "A fé que justifica é aquela que alcança e retém Jesus Cristo". Ao lado desta realidade salvadora, que importam os miseráveis esforços do homem por fazer penitência, emendar-se e elevar-se? Tudo isso é irrisório! "O justo vive da fé!"

Esta doutrina, que — devemos reconhecê-lo — era perfeitamente apta para apaziguar uma alma angustiada, em que pontos se afastava da ortodoxia? A Igreja ensina que Deus é "justo" no sentido mais simples do termo, isto é, distribui equitativamente as graças por todos, e não arrastado por uma espécie de capricho incompreensível. Ensina que a salvação e a felicidade eterna se merecem na terra, por meio de esforços e obras. Afirma a importância do pecado, mas não admite que o homem nada possa fazer para combatê-lo. Proclama que o amor de Deus e a união com Cristo são verdadeiramente indispensáveis, mas reclamam do homem que se eleve a uma sobrenatural semelhança. A fé não é senão o começo da justificação, que se completa mediante a recepção do sacramento, o ato de contrição ou o ato de caridade. Não basta crer para sermos salvos!

Mas Lutero estava excessivamente embriagado com a sua descoberta, excessivamente exaltado com a alegria de se libertar enfim daquele torniquete que o oprimia, para que fosse possível abalá-lo com qualquer argumento. "Senti-me renascer imediatamente", diz ele, "e pareceu-me ter entrado no próprio paraíso, pelos portões abertos de par em par". Estava livre! Sabia-se pecador, mas Cristo tomara sobre si todos os pecados do mundo. Ter-se-á desgostado ao concluir pela ineficácia dos seus exercícios de piedade e dos raciocínios teológicos a que tinha recorrido? Mas, sob a prodigiosa claridade da Redenção, todas as coisas humanas não eram senão poeira. A dialética do pecado e da graça continha a resposta a todos os problemas. E, feliz, mesmo antes de ter rematado o seu pensamento, mesmo antes de ter encontrado o fecho da abóboda — que não formulará senão depois de 1518 — e segundo o qual bastará possuir a certeza da salvação pela fé para se alcançar a salvação, o professor de Wittenberg gritou a sua descoberta aos seus ouvintes.

Na Páscoa de 1517, ao começar um curso sobre a *Epístola aos Hebreus*, expôs a sua tese: "O homem é incapaz de se reabilitar por si só de qualquer pecado. — Todas as virtudes humanas são pecado aos olhos de Deus". E obrigou o seu aluno Bernhardi a defender uma tese de doutoramento sobre a graça e o livre-arbítrio, inteiramente de acordo com os seus princípios. Chegou a dizer-lhe que se sentia "possuído por Deus".

Que admirável ocasião lhe oferecia agora a pregação das indulgências para fazer brilhar a verdade! Esse cômputo de pretensos méritos para evitar os justos castigos — e que méritos tão pobremente adquiridos! — era o que mais o horrorizava. A segurança, sim, encontrara-a ele nessa prodigiosa "aposta em Cristo" que fizera e que agora queria manter a todo o custo; de maneira nenhuma residia nessa outra — tão falsa e deplorável — que a pobre gente julgava adquirir ajoelhando-se diante de umas relíquias e lançando uma moeda na caixa de esmolas de um Tetzel qualquer! Quanto à autoridade do papa, que garantia o valor dessa prática, lembrava-se, como ockhamista que era, do que os mestres da escola ensinavam a esse respeito, das reservas que formulavam sobre a sua infalibilidade e sobre o seu próprio magistério, e recordava-se de que Gabriel Biel dissera que todo o fiel era competente para reformar a Igreja.

Suspeitaria ele de que, ao assumir tal posição, desencadeava uma crise como nunca o cristianismo tinha atravessado? Com certeza que não. Naquela ocasião, segundo os seus próprios termos, não passava de "um pangaré cego que partia sem saber para onde". Verdadeiramente, não se interessava senão pelo conflito espiritual, e o que queria fazer ouvir ao mundo era a resposta que o céu dera ao grito que soltara do fundo do seu abismo. Mas a esse grito ia responder instantaneamente "a voz de uma Alemanha inquieta, surdamente agitada por mal contidas paixões"[9]. E esse drama de uma alma desencadearia uma revolução.

A Alemanha nos dias de Lutero

O mundo germânico estava então repleto de contradições. Graças às suas terras férteis, às suas cidades bem situadas nas encruzilhadas da Europa e às virtudes de trabalho que caracterizam o seu povo, era a própria imagem da prosperidade. Mas oferecia também o espetáculo de uma anarquia talvez ainda mais grave que a da Península italiana. Quatrocentos Estados!, grandes e pequenos, embaralhados como as peças de um quebra-cabeças: um conglomerado político sem qualquer coesão. Havia certamente alemães — numerosos, sólidos, ativos, que falavam dialetos análogos e que viviam e sentiam quase da mesma forma —, mas uma Alemanha, de modo algum.

No meio dessa anarquia, erguiam-se como rivais dois elementos: os príncipes e as cidades. A alta nobreza tinha conseguido em terra germânica aquilo que não conseguira realizar na França: tinha-se libertado praticamente de toda a autoridade central. Uma dezena de famílias, deixando os imperadores entregues à aventura no Sul dos Alpes, esforçara-se, cada uma de per si, por aumentar as suas forças e os seus bens. A Saxônia, o Palatinato, Hesse, Würtemberg, a Baviera, Brandenburgo e o Mecklemburgo eram regiões em que os chefes locais faziam de conta que eram reis, controlando em maior ou menor grau uma massa de nobres de todos os perfis, mas sempre turbulentos e perigosos.

Esse tecido feudal tinha os seus rasgões: as cidades. Cada vez mais poderosas e numerosas, eram cada vez menos submissas aos seus teóricos suseranos. Possuíam uma riqueza enorme; ao lado do comércio e dos bancos, tinham desenvolvido a indústria da madeira e do ferro e a exploração de minas. Se as cidades marítimas da Liga Hanseática já declinavam, as do interior estavam em pleno crescimento: Colônia, uma das maiores cidades do Ocidente, Augsburgo, Ulm, Nuremberg, Basileia, Frankfurt, Estrasburgo e vinte outras. Ali nascia o capitalismo moderno, a golpes de orgulho e de audácia, desferidos pelos Fugger de Augsburgo e seus êmulos. Não havia entre essas cidades faustosas nenhum elo de ligação, nenhum sentido do interesse comum; cada uma cerrava fileiras em torno das suas autoridades municipais, pronta a defender-se não só dos rapineiros, mas também dos concorrentes. Quantos ducados perdidos em muralhas, em exércitos e em embaixadas! "Nervo do Império", como dizia Maquiavel, o movimento urbano agravava ainda mais a anarquia do mundo alemão.

O Império? Sim, continuava a existir, mas já não era senão uma moldura, e o imperador um nome: depois da *Bula de Ouro* (1356), quando este morria, reuniam-se em Frankfurt as "colunas e fachos", os sete *Eleitores*: três arcebispos — os de Mogúncia, Tréveris e Colônia — e quatro senhores leigos — o rei da Boêmia, o Conde Palatino do Reno, o duque da Saxônia-Wittenberg e o margrave de Brandenburgo. O sistema eletivo entregava a coroa aos jogos complicados dos príncipes, pouco desejosos de escolher alguém que efetivamente mandasse neles. Incapaz de tirar da Alemanha os recursos que uma organização governamental teria exigido — "não mais que uma avelã", dizia o cardeal Granvelle —, que poderia essa ilustre e pesada coroa contra as tropas dos príncipes e os milhões dos bancos? A Dieta, com os seus três colégios — de eleitores, de nobres e de burgueses — limitava ainda mais as suas prerrogativas, sem no entanto ser capaz de contribuir para a unidade, pois ela mesma se encontrava dilacerada por muitas invejas.

O poder real do imperador dependia, portanto, da sua autoridade pessoal e da sua inteligência. No momento em que Lutero surgia no cenário da história, reinava ainda — e continuaria a reinar por mais uns dois anos — o imperador *Maximiliano* (1493-1519), príncipe amável e cortês, instruído e músico, com ideias um tanto loucas (em 1512 pensara em fazer eleger-se papa), mas que tinha o mérito de, em vez de se interessar unicamente pelos seus Estados hereditários da Áustria, ter tentado organizar o Império por meio de um começo de centralização. A criação dos círculos, do Conselho do Império e da Câmara imperial de Justiça mostrara que as suas intenções eram boas, mas, infelizmente, a maior parte delas não passou do papel. Onde foi mais bem-sucedido foi na sua política matrimonial. Tendo desposado Maria da Borgonha e, juntamente com ela, a maior parte da herança de Carlos o Temerário, unira seu filho Filipe o Belo a Joana a Louca, herdeira dos Reis Católicos da Espanha. Depois de enviuvar, casara-se em segundas núpcias com Branca Sforza e assim adquirira direitos sobre o território milanês; enfim, em 1515 desposara o seu segundo neto, Fernando da Áustria, com Ana Jagellão que, onze anos mais tarde, havia de herdar a Boêmia e a Hungria. Foi, em última análise, uma bela operação de concentração.

O mais velho dos seus netos, que ele destinava à sucessão imperial, chamava-se Carlos; era o homem a quem a história dá o nome de *Carlos V*. Nascido em 1500, rei da Espanha depois da morte de seu avô Fernando de Aragão, em 1516, era então um adolescente robusto e vivo que, com um rosto comprido de acentuado prognatismo, parecia mais sisudo do que afável. Tinha, à falta de gênio, sólidas qualidades de aplicação e um juízo lento, mas minucioso. Grande comedor e impávido bebedor, hábil nos exercícios corporais, inclinado aos prazeres do sexo, mas sabendo conservá-los discretos e não se deixar dominar por eles, ao mesmo tempo piedoso até à beatice e místico até à angústia, era uma personagem bastante contraditória. Quando sucedesse a Maximiliano, esse jovem de dezenove anos pareceria — e de longe — o mais poderoso soberano da época, pois possuiria os domínios austríacos dos Habsburgo, o que restava das ambições borgonhesas, a Espanha reunificada pelos Reis Católicos e os seus anexos italianos, e finalmente os prodigiosos países que os conquistadores acabavam de ocupar na América. "Sobre as minhas terras", chegaria ele a dizer, "o sol nunca se põe".

Era uma vastidão de uma bela aparência, mas corresponderia à realidade? Nesse mosaico de reinos, de principados, de cidades, poderia exercer-se por igual a autoridade do jovem Carlos? Onde seria o centro de gravidade desse enorme conjunto? E a própria imensidade dessa fortuna, que obrigaria o seu senhor a constantes viagens, não seria uma causa de fraqueza? Soberano nacional na Borgonha, que seria ele na Espanha — onde só a mão firme de Isabel e de Fernando pudera salvar a unidade —, senão o filho de Joana a Louca, um príncipe quase estrangeiro? Na Alemanha, por outro lado, seria obrigado a tratar com cuidado os príncipes seus eleitores e os grandes capitalistas, fornecedores de fundos para a sua elevação ao trono. Depois, teria de enfrentar, nas fronteiras húngaras, o ímpeto dos turcos e, em todas as direções, as reações de uma França ordenada e sólida, que não estava disposta a deixar-se encurralar por ele. Não, não seria Carlos V quem arrancaria o mundo germânico à sua anarquia e quem lhe daria uma alma e um coração.

É claro que os alemães sofriam com essa falta de unidade a que não punham remédio. Perante reinos que se ordenavam numa crescente centralização — a França e a Inglaterra sobretudo —, sabiam muito bem que o seu esfacelamento era fraqueza. "Pobre país alemão!", exclamara o imperador Maximiliano. E Lutero devia dizer um dia: "Não há nação mais desprezada do que a alemã! A Itália chama-nos *bestias*; somos o escárnio da França e da Inglaterra, e os outros povos também se riem de nós!" Humilhada por se ver explorada, dividida e posta sob tutela, a Germânia esperava confusamente que uma voz a despertasse e a fizesse tomar consciência de si mesma.

Outras causas — causas sociais — faziam ainda fermentar cóleras surdas. No fundo, com exceção da pequena classe dos grandes feudatários, todas as demais, com razão ou sem ela, sonhavam com mudanças. A burguesia, desde o artista até o grande argentário, detestava os príncipes e os padres, tudo o que pudesse causar embaraços à sua autonomia. Mas havia outras categorias que podiam queixar-se mais legitimamente. A pequena nobreza, arruinada pela fragmentação da propriedade hereditária, pela depreciação dos bens de raiz e também pelos seus hábitos de luxo e de prazeres, odiava os seus senhores — duques, Eleitores, condes e bispos —, cuja fortuna zombava das suas dificuldades. Constituíra-se um proletariado nobiliário, uma "cavalaria com luvas de ferro", da qual ficaram como tipos Götz von Berlichingen e Franz von Sickingen. Era uma massa de revoltados, sempre com o elmo na cabeça e a balestra na mão, sempre em luta com os príncipes, com as cidades e com os padres, para a qual o *Faustrecht*, o direito da força, era a *ultima ratio*, em volta da qual se agrupavam com alegria todos os gladiadores de ofício, todos os veteranos de guerra, e cuja divisa era: "Hoje fortes, amanhã mortos".

Quanto ao povo, era muito infeliz. Trabalhadores mal pagos, pequenos comerciantes arruinados pelas grandes sociedades, camponeses esmagados pelos impostos e saqueados pelos rapineiros, todos sofriam. Para pagarem os foros, os dízimos e as rendas, recorriam aos judeus usurários, e a que taxas! Muitos recaíam na servidão. Como é que esse miserável proletariado não havia de suspirar por uma mudança? Lembravam-se dos apelos de João Huss e das lutas sustentadas pelos taboritas. Aclamavam um pregador como Geiler, quando convidava os pobres a "sair à caça dos açambarcadores como se fossem lobos". Evocavam a coragem dos suíços que tinham triunfado do opressor austríaco: "Nós também queremos ser suíços!", gritava-se em todo o ocidente da Alemanha. Desde o início do século XV, as revoltas sociais vinham-se sucedendo umas à outras pelos quatro cantos do mundo germânico; as de 1461, de 1470, de 1476 e de 1492 tinham sido rudes advertências, prenúncios da revolução anabatista. Já Nicolau de Cusa tinha profetizado: "Os príncipes alemães devoram o povo, mas um dia o povo os devorará a eles". Por volta de 1517, o apetite do povo alemão aumentara notavelmente.

Nesse mundo germânico, sob tantos aspectos ainda medieval, também atuavam as forças da era moderna, agravando a perturbação. A Renascença e o Humanismo penetravam à vontade, ajudados pela imprensa, que se espalharia pelo país mais depressa do que em qualquer outra parte: em 1500, o Império contava mais de mil oficinas de tipógrafos! Mas, ao desenvolver-se no clima dos países germânicos, o movimento intelectual e artístico tomara características bastante particulares. Não se estudava a Antiguidade com o amor filial que caracterizava os italianos. Os costumes prestavam-se menos àquele surto de individualismo, muitas vezes brutal, mas criador, que se observara na Península. Havia menos gênios e também menos mecenas. O passado conservava uma influência mais forte sobre o mundo que queria nascer: era o que se observava particularmente na arte, em que um *Martin Schöngauer* (1430-1491), contemporâneo de Giovanni Bellini, e um *Matthias Grünewald* (1460?-1528?), oito anos mais novo do que Leonardo da Vinci, mantinham muitas características ainda quase góticas em obras terríveis ou ingênuas, mas igualmente místicas. O caráter alemão fazia por preservar-se no desenvolvimento das tendências novas, provocando reações violentas, como aquela de que foi vítima Reuchlin, ou suscitando por vezes personalidades estranhas, como a de *Paracelso* (1493-1541), médico talvez genial, mas também feiticeiro e fanático do esoterismo, a quem no entanto Basileia confiou uma cadeira de física e de cirurgia.

A vida intelectual, apoiada em esplêndidas universidades, era mais intensa do que a da arte. Os humanistas e letrados — conhecidos então por "poetas" — eram numerosos e ativos: dentre eles, destacavam-se Rodolfo Agrícola (1442-1495), herdeiro espiritual de Nicolau de Cusa; Jacob Wimpfeling (1450-1528), excelente pedagogo, que ensinou sobretudo em Estrasburgo; Johann de Dalberg, o bispo pouco edificante de Worms; Johann Trithemius (1462-1516), cuja ciência passava por universal, e *Johann*

Reuchlin (1455-1522), o mestre de estudos hebraicos, professor na Universidade de Tubinga, que quis subtrair à ortodoxia cega dos doutores os livros do Antigo Testamento, fonte dos do Novo, o que desencadeou uma verdadeira tempestade[10].

De todos, o mais célebre e o mais influente foi *Erasmo* (1466-1536), esse "príncipe do humanismo", holandês nascido em Rotterdam, cidade do Império, mas sucessivamente estudante em Paris e em Oxford, viajante incansável que percorrera, curioso de tudo, a Itália, a França, a Alemanha e a Inglaterra, para por fim se estabelecer em Friburgo no Breisgau. Dono de um espírito maravilhosamente claro, passava com igual facilidade da exegese para a filosofia, da análise psicológica para a crítica política. Por volta de 1517, a Alemanha culta — e, aliás, todo o Ocidente intelectual — continuava a rir com os dardos que disparara contra muitos alvos no seu *Elogio da loucura*, mas também meditava gravemente sobre o seu *Novo Testamento* (1516). Fazendo tábua rasa da escolástica e mesmo da mística medieval, Erasmo lançava os fundamentos do que podia ser um cristianismo de um novo tipo[11].

Na realidade, no seu conjunto, e bem mais do que na Itália, o humanismo mantinha-se cristão. Com raras exceções — como a de Muciano, cônego pouco edificante e notório epicurista —, não se encontrava na Alemanha a corrente cética cujas infiltrações se observavam em grande número na Itália. Rodolfo Agrícola declarava que "o estudo dos antigos deve, sobretudo, ajudar a compreender melhor as Sagradas Escrituras", e Trithemius afirmava que, "longe de nos entregarmos a esses estudos 'com um espírito mundano', convém, a exemplo dos santos Padres, colher neles frutos maduros para melhorarmos os nossos conhecimentos cristãos". Mas todos esses humanistas eram ardentes partidários de uma reforma da Igreja, pois estavam desanimados com tantos erros, com tanto obscurantismo e tantas imposturas de que eram testemunhas. As suas críticas incidiam, com um vigor que nem sempre calculava os golpes, sobre as práticas que consideravam supersticiosas e sobre os costumes eclesiásticos que julgavam desregrados. Fariam sempre a distinção exata entre o que era condenável e o que se devia manter intangível? O seu amor ao pensamento livre não abriria caminho ao livre-pensamento e até ao livre-exame? Chamando a Igreja à reforma, não iriam favorecer, inconscientemente, os mais perigosos desvios?

A igreja na Alemanha precisava então ser reformada? Nem mais nem menos do que em todas as outras partes da cristandade. A fé era ali extremamente viva. "O meu país", escrevia um burguês no seu diário em 1494, "está repleto de Bíblias, de obras sobre a salvação, de edições dos santos Padres e livros semelhantes". As peregrinações eram frequentes, e a assistência aos sermões numerosa. A influência dos Irmãos da Vida Comum, que se exercia quase por toda a parte, fizera crescer a piedade e a prática religiosa. Evidentemente, era uma fé eivada dos mesmos defeitos que se conheciam em outros lugares. O baixo povo revelava uma ignorância assustadora acerca das verdades cristãs mais elementares; as superstições pululavam, enraizadas no húmus profundo do velho paganismo germânico; o culto dos santos confinava muitas vezes com a idolatria e, quanto às relíquias, basta pensarmos nas coleções organizadas pelo Eleitor da Saxônia para ficarmos edificados com a atração que elas exerciam sobre as massas. Quanto aos feiticeiros, encontravam-se a cada passo! É preciso acrescentar que na Alemanha, como em outras nações, mas muito mais nesse país onde o capitalismo começava a ganhar força, as profundas tendências de uma burguesia mercantil se afastavam cada vez mais do ideal evangélico. Se ninguém ousava atacar a religião, havia quem se deliciasse em atacar os seus representantes.

Estes, certamente, ofereciam o flanco à crítica. A igreja alemã apresentava o mesmo quadro que a italiana e a francesa: sobre as águas, sem dúvida ainda impolutas, de uma grande quantidade de almas honestas e piedosas, sobrenadava, mais visível e desagradável ao olfato, a espuma pútrida de um alto clero folgazão e simoníaco, e de um baixo clero reivindicador. Não é necessário recordar aqui o espetáculo profundamente triste que davam muitos bispos dissolutos, rodeados de bobos da corte e homens armados, ou esses jovens que já aos treze anos entravam na posse de benefícios e que passavam o resto da vida a aumentar o número das suas comendas; basta recordar como exemplo o escândalo que foi a carreira de Alberto de Brandenburgo, arcebispo de Mogúncia. As enormes riquezas em terras que a Igreja detinha no Império — um terço do solo alemão — não podiam deixar de despertar a cobiça dos pequenos fidalgotes arruinados, dos veteranos de guerra de dentes afiados, bem como do povo infeliz a quem essas riquezas pareciam insultar. O próprio baixo clero, pletórico — em Colônia, "a Roma alemã", assegurava-se que, para uma população que não chegava a 50 mil habitantes, havia cinco mil clérigos! —, mal pago, muitas vezes obrigado a ganhar a vida em ofícios pouco eclesiásticos, constituía um proletariado invejoso dos nobres bispos e ansioso por uma mudança do estado de coisas. Lutero, Bucer, Karlstadt, Münzer e Ecolampádio, todas as grandes figuras que se encontram à cabeça da Reforma, sairão das classes baixas do povo: fizeram-se padres, mas continuaram a ser uns indigentes.

Há ainda outro aspecto que se deve acentuar: o catolicismo alemão era muito diferente do catolicismo italiano. Este, entregue a um culto exterior, com demonstrações gozosamente exuberantes; aquele, inclinado a uma religião mais íntima, mais idealista, cheia de sonhos. O ódio de raças, que datava do tempo das lutas entre o sacerdócio e o Império, alimentava-se das diferenças de temperamentos. “Animais tedescos!”, diziam os italianos. “Pagãos viciosos, mentirosos e pérfidos!”, ripostavam os germânicos. Na revolução religiosa de Lutero, haverá um fundo de gibelinismo, facilmente atiçado por aqueles que pretendiam mostrar ao povo alemão como a Cúria romana e os seus coletores de impostos o devoravam, exploravam e pilhavam. O grito de Lutero: “Acorda, Germânia!”, não podia deixar de encontrar ouvidos complacentes. E realmente os encontrou.

No momento, portanto, em que entrava em ação, o monge de Wittenberg — embora muito longe de se aperceber disso! — achava-se perante uma situação surpreendentemente favorável a um movimento ao pé da letra revolucionário. Uma nação sem unidade, trabalhada por forças obscuras e a braços com a anarquia. Potentados locais ciosos dos seus privilégios e dispostos a tudo para não os perder. Um imperador incapaz de impor ao país uma unidade de comando e, *a fortiori*, de doutrina. Um estado social instável, onde certas ideias de liberdade, sobretudo se fossem mal interpretadas, podiam desencadear o furacão das ambições mais primárias. Um movimento intelectual em plena expansão que, sem muita consciência disso, minava as bases do edifício tradicional. E, por fim, uma latente paixão nacionalista que, no seu ódio a Roma, aparentemente justificado por tantos excessos, podia sem maiores dificuldades encontrar ocasião de materializar-se. O terreno de Lutero estava bem preparado.

Mas seria falso concluir que existia uma relação de causa e efeito, e não reconhecer a influência capital do homem que viria a cristalizar essa confusa expectativa, que só se beneficiaria das circunstâncias à custa de muitos equívocos, que por várias vezes tentaria corajosamente romper com compromissos — que, no entanto, o ajudariam a triunfar —, e que, em última análise, tornando-se o arauto de uma Alemanha contraditória, se deixaria desviar do seu verdadeiro caminho.

Não é a situação política, social e religiosa da Alemanha que explica Lutero, mas o próprio Lutero. Não foi para unir o mundo germânico e fazê-lo ganhar consciência de si próprio que ele se levantou, de boa fé, contra as instituições da Igreja. Não foi também para reformar os costumes eclesiásticos[12]. Ele mesmo declarou enfaticamente que nunca tinha sido esse o seu objetivo: "Alguém me dirá: que crimes e que escândalos essas fornicações, essas bebedeiras, essa paixão desenfreada pelo jogo, todos esses vícios do clero! Grandes escândalos, confesso, que é preciso denunciar e que é preciso corrigir. Mas esses vícios estão à vista de todos, são grosseiramente materiais, entram pelos sentidos de cada um e, portanto, agitam as consciências. Infelizmente, o verdadeiro mal, a peste incomparavelmente mais nociva e cruel, é o silêncio organizado em torno da palavra da Verdade ou da sua adulteração. E quem se horroriza com isso?" Frases como estas mostram suficientemente até que ponto o problema da reforma, no sentido que lhe davam tantas almas desse tempo, era secundário para Lutero. As invectivas que haveria de lançar mais tarde contra o clero dissoluto, ser-lhe-iam ditadas por intenções polêmicas. A revolução que ele queria empreender não era nem social, nem política, nem eclesiástica, mas teológica, contra a tirania do erro e do pecado, em benefício daquilo que ele entendia por "a Verdade". Mas a conjunção de forças iria fazer dela algo diferente e dar à sua palavra um poder de ruptura que ele nunca tinha imaginado.

Lutero contra Roma

Ao afixar as suas teses na porta da *Schlosskirche*, Martinho Lutero, segundo os usos acadêmicos do tempo, oferecera-se para discuti-las publicamente. Ninguém se apresentou para lhe fazer frente. Teria a sua mensagem caído no vazio? Não, porque, depois de impresso, o prospecto espalhara-se por toda a Alemanha e mesmo fora dela, provocando vivas reações a favor ou contra. Nessa ocasião, as asserções do agostiniano, que hoje nos parecem tão nitidamente eivadas de "protestantismo", davam a impressão de simplesmente criticar os excessos dos pregadores de indulgências e fixar os limites de um dogma ainda mal definido. Foi assim que Staupitz as apresentou ao Eleitor da Saxônia. Mas o eco que elas encontraram firmou Lutero na convicção de que possuía a verdade ou, como viria a dizer mais tarde, de que "detinha o Evangelho, não dos homens, mas do céu, unicamente pelos cuidados de Jesus Cristo". Em outubro de 1517, os estudantes de Wittenberg, por entre aclamações ao nome do seu mestre, queimavam com explosões de alegria os exemplares das *Antíteses* que Tetzel acabava de publicar contra ele.

Entretanto, o caso já tinha saído do âmbito de uma simples querela de monges, e mesmo de uma discussão entre teólogos. O arcebispo de Mogúncia, profundamente ofendido, enviara a Roma as teses luteranas. Toda a ordem dominicana ia entrar em ação. Leão X, a princípio, não tomou as coisas a sério, e aliás há motivos para perguntar se alguma vez chegou a compreender toda a gravidade do caso. Mas, a partir de dezembro, o cardeal Tomás de Vio, de Caeta — denominado Caetanus, *Caietano* —, estudou o dossiê e, com notável lucidez, descobriu nele o que se viria a chamar "o princípio material e o princípio formal da Reforma": por um lado, a doutrina da justificação pela fé e o ataque à noção de mérito; por outro, a contestação ao magistério infalível da Igreja.

Pensando que resolvia tudo, Roma mandou dizer a Staupitz que obrigasse o seu subordinado a retratar-se, e, com efeito, Lutero teve de explicar a sua posição no capítulo da sua ordem em fevereiro de 1518. Mas não recuou um milímetro. Ao invés disso, dirigiu a Roma o seu último memorial: *Resolução sobre a virtude das indulgências*, que era o mais contrário a qualquer submissão. O Sacro Palácio reagiu. O seu mestre, o dominicano Prieras, foi encarregado de redigir o ato de acusação que intimava Lutero a submeter-se ou a comparecer perante a Câmara romana. Mas fê-lo com absoluta falta de tato: acentuou unicamente a revolta contra a Igreja, deixando em segundo plano o erro doutrinal, e exaltou desmedidamente a onipotência pontifícia, em termos que Lutero não teria nenhuma dificuldade em refutar. Enfim, desceu a injúrias das quais a menos ofensiva era tratar o agostiniano por "filho de cão".

O Eleitor da Saxônia foi avisado do perigo que corria um dos mestres da sua universidade. Conseguiu então de Roma que, em vez de chamá-lo à Cidade Eterna, o intimasse a depor perante o cardeal Caetano, que estava nessa ocasião em Augsburgo, onde a Dieta estudava o perigo turco. Houve, portanto, um encontro entre o príncipe da Igreja e o frade; foi um encontro cortês, mas que não teve qualquer resultado. Paternalmente, Caetano pediu ao jovem agostiniano que se retratasse dos seus erros e não os ensinasse. A resposta foi um memorial ou *Esclarecimentos*, em que as teses luteranas eram novamente expostas e com mais precisão ainda. Caetano não pôde deixar de constatar a rebelião. Tendo regressado a Wittenberg, de onde o Príncipe Eleitor se recusava a extraditá-lo, como Roma desejava, Lutero, em 21 de outubro, lançou um apelo "ao papa mais bem informado contra o papa mal informado". Cinco semanas mais tarde, depois de ter lido a bula que acabava de aparecer sobre as indulgências, fez um novo apelo, mas desta vez para um concílio que corrigisse os erros pontifícios.

Seria a ruptura? Lutero não a queria. Considerava-se inteiramente católico e até multiplicava os protestos de respeito, se não de submissão. Já ao enviar as suas *Resoluções* a Leão X, tinha escrito: "Aprovai ou desaprovai: a vossa voz será para mim a de Cristo e, se mereci a morte, não hesitarei em morrer". Ainda no ano seguinte, em março de 1519, afirmava "diante de Deus e dos homens: nunca desejei, e muito menos desejo hoje, atacar a Igreja romana nem Vossa Santidade". Mas já se aglutinavam em torno do jovem profeta elementos dispostos a utilizá-lo. Um homem, sobretudo, tinha vislumbrado a manobra a fazer: o estranho e misterioso *Ulrich von Hutten*, ao mesmo tempo humanista e cavaleiro mais ou menos celerado, expressão viva desse nacionalismo alemão que reunia numa confusa esperança letrados, burgueses, veteranos de guerra e nobres, e cujo ódio se voltava naturalmente contra Roma. Apoiado por essa opinião pública e por ela protegido contra as condenações romanas, Lutero podia prosseguir o seu caminho, desenvolver e difundir o seu pensamento, e atrever-se a novas ousadias. Segundo uma lei profunda, a heresia avança cada vez mais no seu caminho e endurece as suas posições à medida que a contradição as ameaça, e acaba por proclamar antagonismos onde, a princípio, talvez não houvesse senão erros verbais ou secretas intenções.

A Igreja, no entanto, não se apressou a atacar impiedosamente o frade. Talvez porque o papa, mal informado, julgasse que o caso poderia ser resolvido amigavelmente, ou ainda porque os protestos respeitosos de Lutero produzissem os seus efeitos. Nessa época, muitos e bons espíritos não achavam que houvesse perigo de ruptura. Erasmo escrevia que, doutrinalmente, Lutero não se separava da Igreja e que o seu único erro grave era dar às suas ideias uma forma tão agressiva. Por outro lado, sérias razões políticas mantinham Roma numa atitude contemporizadora.

Para abater o rebelde, teria sido preciso recorrer à autoridade. Mas qual? A de Frederico da Saxônia? Enviaram-lhe de Roma um amável camareiro, Carlos de Miltitz, sob o pretexto de lhe entregar a alta condecoração da Rosa de Ouro, mas o Eleitor eludiu habilmente qualquer resposta quando se abordou a questão de prender Lutero. O improvisado diplomata julgou que poderia convencer o culpado a ir a Roma ou a retratar-se, mas fracassou totalmente. Quem poderia, portanto, fazer executar a sentença? Talvez o imperador Maximiliano, mas estava moribundo e, com efeito, morreu em 12 de janeiro de 1519. A sua sucessão deu lugar a uma louca batalha diplomática, em que Francisco I, rei da França, e Carlos, o neto do defunto *Weisskönig*, se enfrentaram a golpes de desavergonhados sobrelanços. Durante seis meses, foi uma verdadeira feira de votos: houve um Eleitor que se vendeu seis vezes — três a cada concorrente! O banco Fugger, cuja fortuna se apoiava em parte sobre as importações de minério da Estíria pelo porto de Antuérpia, pôs o seu crédito ilimitado a serviço da candidatura do senhor da Áustria e de Flandres. O momento não era propício para Roma desencadear uma questão religiosa, tanto mais que, hostil ao mesmo tempo ao Habsburgo e ao Valois, o papa considerava Frederico da Saxônia como um bom trunfo na manga. Mas enganava-se; em 28 de junho, o ouro de Augsburgo triunfava sobre as prodigalidades francesas e Carlos era eleito.

O caso Lutero voltou a aparecer após um compasso de espera. Na realidade, continuara nas universidades, onde as posições do monge de Wittenberg eram apaixonadamente discutidas. Nas suas entrevistas com o cardeal Caetano, Lutero declarara que se conformaria com o ditame "dos insignes doutores das universidades imperiais de Basileia, Friburgo e Lovaina ou, se não bastasse, de Paris". Mas precisamente os mestres de Lovaina tinham criticado as suas teses durante o inverno de 1518-1519, e os de Colônia, avisados, preparavam-se para tomar medidas idênticas. Quase por toda a parte surgiam teólogos católicos decididos à réplica: Emser, Cochloeus, o satírico Thomas Murne, o próprio colega de Lutero em Wittenberg, o franciscano Alfeld, e, naturalmente, numerosos filhos de São Domingos. O mais ardente era *Johann Eck*, vice-chanceler da Universidade de Ingolstadt e autor de um panfleto que se espalhou por toda a Alemanha em 1518; tinha-o intitulado *Obelisci*, do termo que designava os sinais tipográficos com que se marcavam nas margens de um livro as passagens suspeitas de heresia.

Era grande o perigo para Lutero. Se Frederico o Sábio, a pedido de Erasmo, não o tivesse protegido da fúria dos teólogos, não teria o rebelde sofrido a mesma sorte de João Huss? Mas ele não se importava com isso. A contradição esporeava-o. Ao ler os argumentos dos seus adversários, não só se sentia reforçado nas suas posições, como também se tornava mais ríspido. Se agora era chefe de escola — contava com o apoio dos seus amigos Karlstadt e Melanchthon —, como podia fugir ao debate com os seus opositores?

Decidiu-se, portanto, que, segundo o costume, se realizasse uma disputa pública na qual se defrontariam luteranos e antiluteranos. Teve lugar em Leipzig, em fins de junho de 1519, perante uma numerosa assembleia de professores, estudantes, representantes de universidades alemãs e estrangeiras, reunida no grande salão do edifício da Prefeitura, pois as salas da universidade eram muito pequenas.

Lutero não ficou satisfeito com o rumo tomado pelo debate. *Eck*, notável dialético, orador fluente e dotado de uma memória prodigiosa, submeteu-o a assaltos a que ele resistiu com dificuldade. Forçado a sucessivas retiradas, foi levado pelo adversário a formular ideias que talvez estivessem mais matizadas no fundo da sua consciência. Principalmente quanto ao ponto decisivo do primado pontifício, tomou uma posição categórica: a Igreja não tem senão um verdadeiro chefe, que é Cristo. "Eu não sei", acrescentou, "se a fé cristã pode tolerar outro sobre a terra". A propósito do valor doutrinário das decisões conciliares, chegou a dizer que, entre as proposições condenadas em Constança, havia algumas "muito cristãs e muito evangélicas". Então, se nem o Papa nem o Concílio eram infalíveis, que significavam os seus apelos? Sobre as questões do livre-arbítrio e da justificação pela fé, foi muito mais longe do que o fizera até àquele momento. A disputa de Leipzig marcava, pois, um grave endurecimento na evolução do seu modo de pensar.

Dali em diante, já não podia recuar. A Alemanha dividia-se em dois campos: por ele ou contra ele. Os humanistas, a princípio irônicos na apreciação dessa querela entre frades, apresentavam agora o rebelde como uma vítima dos prelados cúpidos e dos teólogos ignaros, e Melanchthon, que se tornara seu amigo, entregava-se de corpo e alma à sua causa. Hutten escrevia-lhe que, se ele se levantasse contra Roma, poderia contar com a ajuda dos pequenos fidalgos, com Franz von Sickingen à cabeça; e Silvestre de Schaumburg oferecia-lhe cem experientes soldados para o protegerem. Várias cidades entraram no movimento, como principalmente Nuremberg, onde os padres foram espezinhados. Lutero compreendeu a importância dos aliados que se lhe ofereciam. "Os dados estão lançados", escrevia ele, "e não quero nenhuma reconciliação com Roma para todo o sempre".

O ano de 1520 foi decisivo. Apareceram três livros, todos revolucionários: *Manifesto à nobreza cristã da nação alemã*, *De captivitate babylonica* e *A liberdade do cristão*. Se o último era sobretudo um tratado de teologia, em que o reformador desenvolvia os seus pontos de vista sobre a primazia da fé sobre as obras, os outros dois eram libelos contra Roma, que em seu entender mantinha a Igreja em exílio, e uma espécie de ordem do dia para um futuro concílio, que proclamaria o sacerdócio universal de todos os cristãos, a liberdade de interpretar as Escrituras segundo o que o Espírito Santo ditasse a cada qual (livre-exame), o fim de certas regras disciplinares da Igreja, como o celibato dos padres, e de certas práticas de piedade, como as peregrinações, e, por fim — o que era hábil —, o direito de o poder civil proibir toda a remessa de dinheiro para Roma e de controlar o episcopado. Os próprios sacramentos não escaparam às críticas do monge; afirmava que, baseando-se no Evangelho, apenas reconhecia a validade de três.

Mas o ano de 1520 foi também decisivo por outro motivo. Depois da sua vitória em Leipzig, Eck partira para Roma, disposto a fazer condenar o seu adversário[13]. Miltitz, considerado pouco expeditivo, foi afastado do caso. Uma comissão, presidida por Caetano, examinou quarenta e uma proposições extraídas dos escritos do monge e declarou-as heréticas. Submeteu-se à aprovação do papa uma bula, publicada em 15 de junho de 1520, cujas primeiras palavras eram: *Exsurge Domine*, "Levantai-vos, ó Senhor, defendei a vossa causa!" (Sl 73, 22). Os escritos do heresiarca deviam ser destruídos; era-lhe proibido pregar e ensinar teologia, e tinha de se retratar no prazo de dois meses, sob pena de excomunhão.

A notícia da sua condenação despertou em Lutero sentimentos violentos, mas contraditórios. Experimentou, sem dúvida, uma dor profunda: "Estou amargurado", disse ele, "como uma criança que foi abandonada pela mãe". Mas, ao mesmo tempo, revoltava-se contra o golpe que o feria, e a cólera ditava-lhe invectivas: "Agora sei que o papa é o Anticristo". Esta foi a mais moderada das injúrias que lhe vieram aos lábios. Lamentaria ele a carta que, por conselho de Miltitz, acabava de escrever ao pontífice, digna e num tom respeitoso, repleta de reminiscências do *De consideratione* de São Bernardo, na qual, embora atacando violentamente Roma e a Cúria, assegurava: "O meu coração não se desviou de Vossa Santidade"? Pouco depois, lançava um panfleto terrível, verdadeira declaração de guerra: *Contra a bula do Anticristo*.

Ao mesmo tempo, em toda a Alemanha, os legados *Caracciolo* e *Aleandro*, acompanhados por Eck, depararam com inúmeras resistências. Houve desordens em Leipzig, em Erfurt e em Magdeburgo. Em Viena, foi preciso que uma ordem do imperador obrigasse o reitor a receber os enviados do papa. Finalmente, em 10 de dezembro, tendo sabido que Aleandro vinha a Colônia para queimar os seus livros, Lutero reuniu os seus amigos numa das portas de Wittenberg e lançou às chamas um texto da bula e um exemplar do Direito canônico. "Já que corrompeste a verdade divina", exclamou ele, "que o fogo te consuma!" E no dia seguinte, no seu curso, declarou que aquilo não fora senão um símbolo, pois, na realidade, era o próprio papa quem devia ser queimado.

Estava consumada a ruptura. Em 3 de janeiro de 1521, uma nova bula, *Decet Romanum Pontificem*, declarava Lutero excomungado e interditas as cidades que lhe dessem abrigo. Terminava assim o primeiro ato dessa tragédia. Que reservaria o futuro? "Vejo que a severidade", escreveu Erasmo, "é, na opinião de muitos, o primeiro remédio para este mal, mas temo que a sequência dos acontecimentos venha a mostrar um dia que tal remédio foi inconsiderado. Receio que, algum dia, este caso acabe numa atroz carnificina". Arrastado pela fatalidade interna de todas as heresias, e impelido também pelas forças políticas cujos motivos lhe escapavam em parte, Lutero, quer pelas suas afirmações doutrinais, quer pela violência da sua linguagem, não podia deixar de atrair sobre si as iras.

Mas a Igreja não merece censuras? "Ligeireza de um Leão X por ocasião das primeiras manifestações de Lutero", escreve Vicaire[14], "e depois severidade súbita, quando teria sido de desejar que a pressa em condenar não tivesse sido fruto senão do amor ardente pela verdade católica". Decisões discutíveis de um Caetano, cheio de boa vontade, mas muito pouco indicado para compreender a complexa psicologia do monge germânico; de um Prieras, categórico e insultante; e de um Miltitz bastante superficial. E, sobretudo, desconhecimento grave, em tantos meios eclesiásticos, das exigências cristãs mais elementares. A real piedade de Lutero não bastava para fazer dele um católico, porque não garantia a sua ortodoxia, mas, nos seus adversários, à retidão da fé aliava-se muitas vezes uma total indiferença pelas necessidades da vida espiritual. A "atroz carnificina", prevista por Erasmo, não deixaria de acontecer, e toda a descendência de Cristo teria de suportar a prova, como se a Providência quisesse impor a uns e outros uma dolorosa expiação.

Worms, Wartburg, a Bíblia

Tinha agora a palavra o imperador que, precisamente, acabava de ser sagrado em Aix-la-Chapelle (em 23 de outubro de 1520). Poria ele a sua espada a serviço da Igreja?

Aleandro esperava poder manobrar esse adolescente, e chegou-se até a preparar em Roma o edito imperial executório da bula. Carlos V era, sem dúvida, profundamente católico. Rei de Espanha, como não havia ele de arvorar-se em defensor da fé? Mandou executar as ordens pontifícias nos Países Baixos, em Lovaina e em Liège, bem como no Reno, em Colônia e em Mogúncia. Mas nem tudo era tão simples como o legado escrevera a Roma. Carlos recebera da Espanha notícias desagradáveis: tinham eclodido revoltas, fomentadas pelo clero, que o Vaticano se recusava a chamar à ordem. Percorrendo o Império, tomou consciência de que a situação se apresentava terrivelmente tensa, e de que quaisquer medidas rigorosas poderiam lançar fogo sobre toneladas de pólvora. Não era o momento propício para se indispor com metade da nobreza alemã: o conflito com Francisco I parecia fatal; no *Camp du Drap d'Or*, o rei faustoso procurava ganhar a aliança dos ingleses[15], e o imperador suspeitava de que Roma queria fazer causa comum com os franceses na Itália. Resolveu, portanto, não precipitar as coisas e confiar à Dieta que se ia abrir em Worms o cuidado de solucionar o caso de Lutero.

Entre muitas outras questões, e sem ser, de longe, a mais importante — a reorganização administrativa do Império despertava mais paixões —, a do monge de Wittenberg foi, portanto, estudada pelos representantes. Durante três horas, ouviu-se o legado Aleandro reclamar a aplicação da bula e o exílio do herege. Carlos ia intervir, quando o Eleitor da Saxônia se insurgiu e, apesar do protesto dos núncios, indignados por se querer rediscutir uma decisão de Roma, o imperador consentiu em fazer comparecer o monge para que se explicasse. E o seu arauto-de-armas foi levar um salvo-conduto ao "honrado, caro e devotado Martinho Lutero".

Lutero concordou em ir a Worms. Sabia bem o risco que corria, pois estava ainda na memória de todos o caso de João Huss, que também tivera um salvo-conduto. "Não fugirei", escreveu ele, "não abandonarei a Palavra. Estou certo de que esses homens sanguinários não se deterão enquanto não me tirarem a vida, mas desejo que os papistas sejam os únicos culpados da minha morte!" Sentia-se impelido por uma febre de júbilo e por uma exaltação quase mórbida, que levaram ao ápice as manifestações triunfais de que o cercaram na viagem de Wittenberg até Worms. Aclamavam-no por toda a parte, e em Erfurt, depois de o ter ouvido, a multidão saqueou a casa dos cônegos. Quase à entrada de Worms, deparou com um enorme cortejo que viera esperar por ele e vitoriá-lo.

Interrogado pelo oficial de Tréveris Johann von Ecke[16], teve três oportunidades de se explicar. No primeiro dia, perturbado talvez pela presença do imperador e de tantos altos dignitários, mostrou-se medíocre e quase hesitante. "Não será este fradinho quem me tornará herege!", exclamou, rindo-se, Carlos V. Mas, no dia seguinte, já senhor de si, Lutero afirmou que a sua doutrina estava de acordo com as Escrituras, repetiu os seus ataques contra o poder pontifício e, audaciosamente, exigiu que, em vez de o condenarem sem discutir as suas teses, lhe mostrassem em que é que elas eram perniciosas. "Nada de discussões", interrompeu o oficial, "retratas-te ou não?" E Lutero respondeu: "Enquanto não me tiveres convencido com provas da Escritura ou qualquer razão evidente — porque eu não creio no Papa nem nos concílios, que têm errado tantas vezes —, estou preso aos meus próprios textos. A minha consciência está cativa da Palavra divina. Não posso nem quero retratar-me seja do que for. Que Deus me ajude!" Pela última vez, numa reunião menos concorrida, o oficial tentou convencê-lo: "A tua consciência, irmão Martinho? Esquece-a. A única coisa segura é submeter-se à autoridade constituída"[17]. O caso estava julgado. O imperador mandou-o sair de Worms o mais depressa possível. O salvo-conduto ainda era válido por vinte dias.

Banido do Império! Tal era a sua situação legal. Mas quem executaria o decreto? Devia ser o seu príncipe, Frederico o Sábio, que não tinha grande vontade de fazê-lo. Era preciso encontrar um estratagema. Em 4 de maio, na estrada de Gotha, quando Lutero regressava a Wittenberg com o seu colega Amsdorf da universidade e um monge agostiniano, uma patrulha de cavaleiros precipitou-se sobre a carruagem, fê-la sair do caminho e arrastou-a para a floresta próxima. A nobreza da Turíngia, de acordo com o Eleitor da Saxônia, acabava de salvar o reformador. À noite, por cautelosos atalhos, os sequestradores conduziram-no à *Wartburg*, um ninho de águias ao norte de Eisenach. Ali viveria durante dez meses, vestido de *junker*, com uma espada à cintura e o colar de ouro ao pescoço, sob o nome de "cavaleiro Jorge". Para não ser reconhecido, deixou crescer a barba e o cabelo.

A Alemanha — uma Alemanha cada vez mais a braços com a fermentação, onde os textos do reformador e os do seu aliado Hutten continuavam a difundir-se — julgou-o morto. "Vive ainda? Assassinaram-no? Ignoro-o. Mas, se foi morto, sofreu pela verdade cristã", escrevia no seu diário o grande pintor Dürer. Não, não estava morto, mas obrigado à clandestinidade por aqueles que tinham interesse na sua vida. O seu adversário, Leão X, acabava de morrer, mas do difícil Conclave sairia um papa mais rigoroso, o antigo preceptor de Carlos V, o holandês Adriano de Utrecht — Adriano VI —, severo e, aliás, totalmente devotado à política imperial.

O período de clausura salvaria o heresiarca, mas foi-lhe muito pesado. Foram para ele dez meses atrozes. A sua saúde era má, devido a indisposições intestinais que o torturavam. Mas bem piores ainda eram os sofrimentos morais. Expulso da Igreja, sentia-se atenazado por remorsos e dúvidas. "O meu coração tremia", confessava ele. "Dizia a mim próprio: — És tu o único que tem razão? Todos os outros se enganam? E se fores tu quem está errado? E se arrastares tantas almas para o erro e para a condenação?" Depois, num impulso súbito, insurgia-se contra si próprio, censurava-se por não ter sido ousado nem ter dito o bastante: "Em Worms, deixei enfraquecer em mim o Espírito, em vez de me erguer, qual novo Elias, contra os ídolos. Ah, se eu aparecesse de novo diante deles, ouviriam poucas e boas!" Esse conflito de consciência atingia níveis patológicos. A sua solidão povoava-se de alucinações; no silêncio daquelas imensas salas e da escuridão noturna, voltavam as velhas tentações, bem como as interrogações espirituais e "o fogo devorador da carne indomada". Viria a dizer que fora obrigado a defender-se dos ataques furiosos do Adversário com os pés e as mãos. Segundo a lenda, chegou até a atirar contra ele o seu tinteiro!

No entanto, no meio dessa crise, encontrou força moral suficiente para escrever. Um tratado sobre a *Confissão auricular* e outro sobre a *Abrogação da Missa privada* foram escritos na Wartburg. E foi lá, sobretudo, que iniciou a grande obra cuja realização parece localizar-se no castelo da Turíngia: *a tradução alemã da Bíblia*. Concluiu em três meses a do Novo Testamento, com a ajuda de amigos humanistas, como Melanchthon, Muciano e Espalatino[18], para algumas passagens difíceis. Começou depois a trabalhar no Antigo, que lhe exigiu esforços muito maiores, e que, apesar da colaboração de hebraístas como Aurogallus, não ficou pronto senão em 1534.

Para ele, essa tradução era fundamental: na Bíblia, fala o próprio Deus. Na sua opinião, o livro sagrado, "que se devia encontrar noite e dia nas mãos dos homens piedosos, jazia sepultado nos bancos das igrejas, debaixo dos assentos e coberto de pó, relegado a um esquecimento universal". Isso era falso. Entre a invenção da imprensa e o ano de 1520, tinham aparecido cento e cinquenta e seis edições latinas e dezessete traduções alemãs da Escritura, sem falar dos manuscritos, cujo número se elevava a mais de cem. Mas o que é verdade é que, graças à qualidade literária do seu estilo, claro e vigoroso — que a língua alemã considera um dos seus modelos —, Lutero fez penetrar o livro sagrado em toda a parte. "Na minha tradução", dizia ele, "pus todo o meu zelo em empregar um alemão puro e claro. A mulher no seu lar, as crianças nos seus jogos e os burgueses nas praças públicas, esses foram os meus mestres. Quis aprender deles como se fala e como se explica".

De um modo geral, a tradução é fiel, embora muitas vezes force o texto no sentido que adivinhamos: substituindo "justo" por "piedoso", "igreja" por "comunidade", acrescentando a pequena palavra "só" na frase da *Epístola aos Romanos*: "Proclamamos que o homem é justificado pela fé" (3, 28). Faz também comentários discutíveis, como, por exemplo, quando declara que o gesto de Maria, ao ungir Jesus com perfume, prova que "só a fé torna boa uma obra". De qualquer modo, o êxito da iniciativa foi notável: ilustrada por Cranach, a primeira edição do *Novo Testamento*, de três mil exemplares, esgotou-se em três meses. Enquanto Lutero foi vivo, publicaram-se mais de trezentas edições da sua tradução[19]. Graças a ele, o *Hochdeutsch* impôs-se em toda a Alemanha. Sob muitos aspectos, o livro desempenhou um papel decisivo.

Possibilidades e riscos de uma revolução

Bruscamente, Lutero pôs fim a essa penosa e fecunda cura de solidão. Em 1º de março de 1522, deixou o seu refúgio, depois de ter escrito ao Eleitor da Saxônia uma longa carta, bastante altiva, em que lhe comunicava a sua decisão. Não era sob a proteção de um príncipe que achava dever colocar-se, mas sob a de um Senhor mais alto. Eram muito cômodos essa covardia e esse abrigo! "Ser cristão com perigo para outros: não foi isso que Cristo me ensinou!"

Esse era o impulso profundo que o empurrava para as estradas alemãs nesse duro fim de inverno, sempre vestido de cavaleiro, com um gibão cor de borra de vinho, barrete cor de cereja e espada à cintura. Assim o viram uma noite dois jovens suíços na taverna do *Urso Negro* de Iena, a caminho de Wittenberg. Seriam grandes os riscos que corria? Vendo as coisas objetivamente, tudo leva a pensar que não, e de qualquer modo nem de longe se poderiam comparar aos que doze anos mais tarde correria o jovem Calvino.

A situação era-lhe extremamente favorável e, durante dez anos, assim continuaria a ser. As circunstâncias afastavam da Alemanha o imperador Carlos V, que não reapareceria por lá senão em 1530. Acabava de eclodir a guerra com Francisco I; durante muito tempo, travaram-se combates na França e na Itália; mesmo Pavia (1525) e o cativeiro de Madri não impediam o fogoso Valois de resistir, obrigando o Habsburgo a desinteressar-se dos assuntos alemães. Ao perigo francês vinha juntar-se o perigo turco; dois anos atrás, *Solimão o Magnífico* (1520-1566) tomara as rédeas dos destinos otomanos e, abandonando o seu palácio de suntuosos vestíbulos, que guardavam dezoito panteras e doze leões, voltara a lançar os seus povos na guerra santa; em 1521, Belgrado foi tomada de assalto. Quanto à Igreja, que podia ela fazer? O papa Adriano VI, que diziam estar resolvido a encetar a luta e a tirar o tapete de debaixo dos pés dos luteranos realizando a reforma, encontrava-se num estado de saúde precário. Morreu um ano mais tarde, em setembro de 1523, deixando a Sé Apostólica ao indeciso Clemente VII, um Médicis mais preocupado com os assuntos italianos e dinásticos do que com a heresia de Wittenberg.

Esses eram os trunfos negativos; os positivos não eram menos certos. O movimento de opinião iniciado dois anos antes e que, afinal, permitira a Lutero zombar dos poderes, não cessava de crescer. Os humanistas apoiavam-no, alguns com um fervor sincero, como Melanchthon e Justus Jonas; outros, como Johann Faber, futuro bispo de Viena, sem perceberem bem que essa aliança se baseava num equívoco e de que Lutero, no fundo, nada tinha de comum com eles. O próprio Erasmo era ainda seu companheiro de estrada, no fundo bastante inquieto, mas resolvido a fazer-lhe companhia enquanto fosse possível; e o próprio Lutero, talvez por cálculo ou talvez por ainda não a ter compreendido inteiramente, estava disposto a beneficiar-se dessa ambiguidade.

Quanto aos cavaleiros, a situação era mais clara. Todos eles viam em Lutero o seu homem. Porta-voz da pequena nobreza, Hutten propagava muitas ideias do monge nos seus veementes panfletos, mas misturava-lhes coisas da sua lavra. O nacionalismo alemão reconhecia-se nesse alemão típico, nessa misteriosa amálgama de rudeza grosseira e de sentimentalidade mística, nesses apetites violentos e nessa religião íntima, e sobretudo nesse ódio furioso contra Roma, que Lutero espalhava agora aos quatro ventos. O próprio frade agostiniano era visceralmente filho da terra germânica, demasiado visceralmente para não se comover quando recebia apelos como o que lhe dirigia Crotus Rubianus: "Martinho, costumo chamar-te Pai da Pátria. És digno de que te levantem uma estátua de ouro, pois foste o primeiro que ousou tornar-se o vingador de um povo já saturado de tantos erros criminosos!" E, lá do fundo de si próprio, aflorava aos lábios do monge a resposta: "Nasci para os meus alemães e é a eles que quero servir". Mas essa aliança não iria mudar seriamente o sentido da sua trajetória? Não era na reforma interior e pessoal que esses fidalgotes e nacionalistas pensavam, mas na ereção de uma igreja alemã, livre da tutela romana. Semelhante ajuda era preciosa, mas não iria comprometer perigosamente o futuro?

As ideias de Lutero tinham, portanto, o apoio conjunto dos intelectuais e dos políticos; mas beneficiavam ainda de muitos outros meios de irradiação, mais obscuros. Espalhavam-se de mil maneiras, uma vez que eram semeadas num terreno extremamente apto para as receber. Aqui, era um vendedor ambulante que, ao acaso de uma conversa, percebia a inquietação religiosa do seu interlocutor e lhe deixava sobre a mesa uma brochura luterana. Acolá, era um orador, talvez um frade mendicante, que, sem ser contraditado, pregava a justificação pela fé e a exclusiva autoridade da Bíblia. Noutro lugar, numa escola, era um mestre que, tendo lido algum escrito procedente de Wittenberg, ensinava aos seus alunos que todo o cristão é o seu único padre. No fundo das suas lojas, os livreiros vendiam as obras proibidas e a imprensa multiplicava os sarcasmos e vulgarizava os argumentos.

A autoridade eclesiástica, nem sempre bem informada, mostrava-se muitas vezes extremamente débil em reagir; a demarcação entre o que era lícito e o que estava condenado era tão pouco clara! E, além disso, era tão intenso o zelo que animava os pregadores desse "livre-cristianismo"! De que desejo de mudança estavam possuídos esses homens do século XVI, para que a velha Igreja romana já não parecesse capaz de lhes satisfazer as aspirações e os sonhos! "Lutero tornou-se o homem mais célebre de toda a Alemanha", escrevia, em 1518, um tabelião de Nuremberg. "Os seus amigos celebram-no, adoram-no, combatem por ele, e por ele estão dispostos a sofrer. Beijam os seus menores escritos, chamam-lhe o arauto da Verdade e a luminária do Evangelho; a prestar-lhes ouvidos, São Paulo fala pela boca desse homem". Myconius, um dos primeiros luteranos, chegava a afirmar que as teses de Nuremberg tinham sido conhecidas por toda a cristandade em quatro semanas!

Por toda a cristandade, talvez não. Mas certamente, e com grande rapidez, por toda a Alemanha e imediações. As novas ideias tinham adeptos tanto em Weimar como em Ulm, em Hamburgo como em Estrasburgo, em Bremen como em Breslau e até em Antuérpia e em Riga! Todos os ambientes estavam contagiados por elas, desde a alta nobreza até à arraia-miúda, e sobretudo o proletariado clerical, revoltado com o seu destino. Houve agostinianos que abandonaram o hábito, no que foram acompanhados por beneditinos, por dominicanos como Bucer, por franciscanos como Capito, Osiander, Justus Jonas, Amsdorf. Muitos se casaram. O exemplo foi dado por um aluno muito querido de Lutero, o das teses de 1517, Bernhardi, que se tornara pároco de Kempen. Logo a seguir casou-se o antigo arcediago Andreas Karlstadt, "a fim de libertar do cativeiro do diabo tantos padres infelizes", como disse. Esses casamentos de clérigos desgostaram o reformador[20], quando deles teve conhecimento. Mas não eram a natural consequência da atitude que ele próprio tomara a respeito dos votos monásticos? Efetivamente, mais tarde acabaria por justificá-los.

Aliás, esses incidentes matrimoniais não eram os mais graves. Enquanto o monge meditava e traduzia a Bíblia na Wartburg, outros se haviam produzido, bem próprios para lhe mostrarem que a especulação pura, quando encontra eco, esbarra com as exigências e as dificuldades da ação prática. A razão imediata do seu reaparecimento precipitado foram os numerosos focos de agitação que surgiram por toda a Alemanha suscitados pela sua doutrina. Incitada por ex-padres e por religiosas que acabavam de quebrar os votos, a multidão parecia iniciar uma revolta contra os ministros da Igreja. Em Erfurt, alguns bandos invadiam e saqueavam as residências eclesiásticas. Na própria Wittenberg, Karlstadt dava o primeiro empurrão nesse sentido: no Natal de 1521, celebrou na *Schlosskirche* uma estranha Missa em alemão, sem as vestes litúrgicas, na qual omitiu cerimônias essenciais e ministrou a comunhão sob as duas espécies a quem a quis receber mesmo sem se ter confessado nem guardado o jejum. Transformado num ídolo da populaça, passou a organizar expedições contra as igrejas, no decorrer das quais se abatiam cruzes e se mutilavam imagens de santos. Surgia assim um grave problema para Lutero: seria necessário aceitar essa violência? Esses motins serviam ou traíam a revolução espiritual que ele queria? Como sempre acontece com os iniciadores de revoluções, via-se na iminência de ser ultrapassado pelos extremistas e fanáticos. Tal foi o verdadeiro risco que, ao descer da Wartburg, o agostiniano quis evitar.

A semente que lançara germinava bem, mas por vezes de uma forma estranha. Na Suíça, ia surgir um novo profeta, mais categórico do que ele e ao mesmo tempo com uma doutrina que não lhe era possível admitir: *Zwinglio*. Por sua vez, desde o mês de maio de 1520, na pequena cidade de Zwickau, na Saxônia, um franciscano iluminado, *Thomas Münzer* herdeiro dos *fraticelli* e dos hussitas, tinha proclamado "o reino de Cristo", de que ele era o maestro. Ajudado por doze apóstolos e setenta e dois discípulos, como Jesus, multiplicara os sermões nas praças públicas, reforçados por numerosos anátemas e profecias, e anunciava a destruição da Igreja romana, o direito de cada fiel falar em nome do Espírito, a fraternidade universal, a comunidade de bens, a expropriação dos ricos. Como os seus zeladores declaravam nulo o Batismo das crianças e exigiam um segundo batismo na idade adulta, foi-lhes dado o nome de *anabatistas*; eles mesmos se denominavam os *regenerados* ou os *santos*.

A seita fizera progressos bastante rápidos. Enxameava na Suíça, na Itália oriental e na Saxônia. Expulsos de Zwickau pelo burgomestre da cidade, Münzer e dois dos seus foram refugiar-se em Wittenberg, onde a sua linguagem impressionou alguns dos fiéis de Lutero: Amsdorf, o próprio Melanchthon e sobretudo Karlstadt. Foi sob essa influência que o antigo professor organizou as expedições de vandalismo contra as igrejas, sob o pretexto de que a Bíblia proibia que se esculpissem imagens. Como podia Lutero concordar em reconhecer-se nesse espelho infiel, e dar a impressão por um só instante sequer de que aprovava esses fanáticos e esses excessos?

O caso anabatista foi contido num abrir e fechar de olhos, pelo menos provisoriamente; o ascendente de Lutero era tal que, ao fim de oito dias de sermões, moderados mas terminantes, lançou por terra as doutrinas da seita. As multidões, subjugadas por ele, submeteram-se à sua palavra, não só em Wittenberg, mas em Erfurt, em Weimar e mesmo em Zwickau. A maior parte dos antigos ritos da Missa foram restabelecidos, tais como a elevação da hóstia, o uso dos paramentos litúrgicos e a hóstia da comunhão depositada diretamente na boca, e não na palma da mão. O profeta da fraternidade universal foi obrigado a fugir para a Suábia, depois para a Turíngia, e finalmente para a Alsácia. Karlstadt estabeleceu-se como pároco em Orlemonde, onde continuou a pregar o seu terrível ascetismo social, andando de cabeça descoberta, recusando o título de *Herr Doktor* e chamando-se modestamente "o conterrâneo André". O anabatismo estava vencido, mas não destruído, e em breve recomeçaria a sua carreira. Que grande aviso para Lutero!

Mas foi-lhe dado outro, algum tempo depois; outra planta perigosa pareceu germinar da sua semente. Também os seus amigos cavaleiros interpretaram à maneira deles os apelos contra os altos prelados simoníacos. Um exército comandado por Franz von Sickingen e Ulrich von Hutten invadiu os domínios do arcebispo de Tréveris e sitiou a cidade. Os grandes feudatários viram o perigo; o Eleitor Palatino e o Landgrave de Hesse correram em auxílio do arcebispo. Cercado no seu castelo, Sickingen foi preso; quanto a Hutten, foi procurar refúgio em Basileia, junto de Erasmo, que, muito aborrecido, se apressou a instalá-lo numa pequena ilha do lago de Zurique, onde morreu. Por ordem dos príncipes, mais de vinte "burgos" de senhores bandoleiros foram arrasados. Lutero absteve-se de participar dessa aventura que, aliás, tinha desaprovado formalmente. Perdeu aliados, mas o seu prestígio não sofreu outros danos.

Por ocasião das duas Dietas sucessivas de Nuremberg, em 1522 e 1524, pôde verificar como era grande a sua autoridade. Os enviados pontifícios reclamaram a execução das decisões de Worms, mas a maioria da assembleia esquivou-se. Em vão Carlos V escreveu uma carta de censura; apenas o arquiduque Fernando da Áustria, o duque da Baviera, o arcebispo de Salzburgo e o bispo de Trento assinaram em Ratisbona uma aliança para manter a fidelidade ao Papa. Em 2 de outubro de 1524, Lutero realizou o último ato de ruptura: abandonou o hábito de agostiniano que tinha vestido com tanta piedade dezenove anos antes.

A guerra dos camponeses e o recurso aos príncipes

Alguns meses mais tarde, um drama defrontava-o mais duramente com as suas responsabilidades. Eclodiu a revolta dos camponeses, desses miseráveis da Alemanha "sem pão, nem sal, nem banha", cuja sorte era deplorável. Considerado em si, o fato não era novo: havia perto de dois séculos que as revoltas de camponeses eram coisa corrente. Em 1476, tinha havido a de Hans Böheim, em 1493 a de Hans Ullmann na Alsácia, em 1515 a da Estíria, em 1517 a de Josse Fritz em todo o vale do Reno. Mas a de 1524 veio a ser mais grave, tanto pela sua amplidão como pelos aspectos ideológicos que pôs em causa. Aquela pobre gente que pegou em armas para obter mais um pouco de justiça social só conhecia muito por alto, evidentemente, as teses de Lutero; mas ouvira dizer que ele proclamava a liberdade, que denunciava as exações dos ricos e que queria pôr em prática os princípios do Evangelho. Isso bastava para que apelassem para ele. No entanto, tudo devia ser confuso neste episódio, em que o que restava do exército de Sickingen e até um duque de Wurtemberg expulso do seu trono tiveram ocasião de intervir, sem falar dos anabatistas, que tomaram parte muito ativa no episódio. Sob o pavilhão do *Bundschuh* — o "sapato grosso" —, agruparam-se todas as espécies de fúrias, na sua maior parte legítimas, mas que fizeram tremer quando se desencadearam.

O caso começou em Stühlingen, perto de Schaffhaus, onde os camponeses se insurgiram contra a condessa, que pretendia obrigá-los a apanhar cogumelos na época das sementeiras e caracóis no tempo das ceifas. O movimento ganhou a Suábia, onde um pregador convidou os ouvintes a recusar-se ao pagamento de dízimos e impostos. Depois, foi a vez dos ribeirinhos do lago de Constança, que se revoltaram aos gritos de "Queremos trabalhar valentemente com a espada!"; os seus cabecilhas chegaram a redigir, nos *Doze artigos*, um programa de reformas simultaneamente políticas, sociais e religiosas. O incêndio alastrou-se rapidamente pelo Tirol, pela Francônia, pelo Hesse e pela Saxônia. Começaram as violências, saquearam-se conventos e, na Alsácia, incendiou-se a biblioteca de Marmoutier. Götz von Berlichingen, o cavaleiro de punho de ferro, pôs-se à frente dos bandos de revoltados. No dia da Páscoa, em Weinsberg, todos os nobres e todos os padres foram chacinados. Era já uma verdadeira revolução, que revivia o espírito violento dos taboritas e dos *lollards*. Münzer, o papa dos anabatistas, entrou no jogo com imensa satisfação: "Para a frente, para a frente, sem piedade!", gritava ele. "Que a vossa espada não cesse de mergulhar em sangue quente!"

A resposta dos poderosos foi rápida, e tão terrível quanto o temor que se tinha apoderado deles. O movimento terminou numa catástrofe medonha para os camponeses. Todas as forças que representavam a ordem ameaçada se juntaram. Münzer, batido em Frankenhausen, foi aprisionado e decapitado. Götz também foi vencido. Em Zabern, o duque de Lorena esmagou no mês de maio os últimos bandos e, quando 20 mil infelizes se renderam, mandou que os degolassem.

Qual foi a atitude de Lutero diante desse horror? Uma atitude que tem sido muito criticada, visto que usou de expressões de uma severidade atroz para condenar os infelizes revoltados, e de odiosos incitamentos para exortar os príncipes ao massacre. "Libertai-vos, caros senhores, e salvai-nos! Exterminai, decapitai, que todo aquele que puder trate de agir! Vivemos em tempos tão extraordinários que um príncipe pode merecer mais facilmente o céu derramando sangue do que outros rezando!" Aliás, Münzer não passava de um "cão danado", e os do *Bundschuh* eram "sequazes do demônio". Viu-se a fúria de um homem exasperado pelas farpas daqueles que o acusavam de ser o verdadeiro responsável por essa demência, e, sobretudo, a cólera de um doutrinador cujos princípios eram desvirtuados. Em resposta aos *Doze artigos* dos camponeses, publicou a sua *Exortação à paz*, em que precisava a sua posição doutrinal. Condenava com toda a alma a pretensão que os revolucionários tinham de lutar em nome do Evangelho, pondo a força a serviço da justiça. A liberdade que ele pregava era a liberdade interior, cujo outro nome é a servidão em Deus. "A autoridade foi instituída por Deus e só Ele a pode destruir".

Mas essa teologia era excessivamente elevada para aquela multidão de miseráveis enlouquecidos, estupefatos por não lhes darem razão em nome da Sagrada Escritura. Julgando-se traídos por Lutero, muitos caíram numa dolorosa indiferença, que explica suficientemente a facilidade com que poderá ser aplicado o princípio *Cujus regio, ejus religio*: os príncipes decidem da fé do seu povo. Durante toda a sua vida, Lutero sofreu o pesadelo deste terrível drama. "Quantas vezes", diz ele, "o diabo me assaltou, sufocando-me quase até à morte e repetindo-me que a revolta dos camponeses fora consequência da minha pregação!" Nunca mais esqueceria as palavras de Erasmo: "Não quiseste reconhecer os amotinados, mas eles reconheceram-te a ti!"

A guerra dos camponeses traria consequências muito importantes para o futuro do movimento luterano. Quer quisesse ou não, o reformador achou-se ligado aos príncipes. É certo que não se furtou ao dever de criticar os excessos da repressão desses "tiranos furiosos e insensatos que, mesmo depois da batalha, não puderam saciar a sua sede de sangue". Mas viu-se obrigado a pôr-se do lado deles: "O meu sentimento é claro" — escrevia ele a Amsdorf —; "mais vale a morte de todos os camponeses do que a dos príncipes". "A revolta é pior que o assassinato!", gritava. A célebre frase de Goethe, ao declarar preferível "uma injustiça a uma desordem", estará na linha da boa tradição luterana. Mas, com isso, o movimento religioso tornava-se subitamente político e nacional, e certos chefes de Estado poriam a força a serviço de princípios que, em última análise, serviam os seus interesses.

Interesses muito terrenos... Com efeito, ao aderirem ao luteranismo, os grandes senhores apoiavam-se na sua doutrina para confiscar os bens da Igreja, que lhes despertavam grande inveja. O primeiro impulso foi dado por *Alberto de Brandenburgo*, grão-mestre dos Cavaleiros Teutônicos, que, tendo consultado Lutero sobre os seus conflitos de consciência, recebeu dele o conselho de quebrar os seus votos e secularizar em proveito próprio os bens da ordem; não lhe custou muito seguir um conselho tão judicioso e, em 1526, casou-se, fundando ao mesmo tempo a dinastia dos Hohenzollern e o ducado da Prússia. Os bispos da Pomerânia e de Samland imitaram-no. No mesmo ano, *Filipe de Hesse* aderia à Reforma e punha a serviço da causa uma vontade de ferro e grandes talentos políticos desprovidos de escrúpulos. Assim lançado, o movimento acelerou-se. Os domínios eclesiásticos foram confiscados em inúmeros pontos da Alemanha; alguns bispos secularizaram as suas dioceses; o duque e o Eleitor da Saxônia não demoraram muito a seguir esses exemplos. Não é possível subestimar a importância deste fenômeno: que tinha ele a ver com as primitivas intenções de Lutero?[21]

Uma segunda consequência do drama de 1525 foi orientar definitivamente Lutero para uma concepção *alemã* da sua missão. Uma vez que se tornara aliado dos príncipes, que nesse sentido substituíam Hutten, Sickingen e os pequenos fidalgos nacionalistas, e uma vez que, para lutar contra o sectarismo anabatista, tinha ao mesmo tempo de se fazer compreender por *Herr Omnes* — o "senhor Todos" —, pela massa, foi levado a pensar alemão, a falar alemão e a agir alemão. Ele que, até então, redigira três quartos da sua obra em latim, língua universal, passaria a publicar os seus livros em alemão: prova de que já não era à cristandade que se dirigia. "Ninguém se admire de ver o luteranismo marcar passo na Europa e mesmo recuar depois de 1530"[22]. O drama dos camponeses, em suma, preparou o êxito do universalismo de Calvino.

Por fim — e sobretudo — este drama levou Lutero a modificar profundamente a sua concepção acerca da própria igreja. Até então, fiel aos seus princípios[23], definira-a como uma realidade espiritual, a realidade espiritual cristã. Invisível na sua essência, ela se formava a partir do interior pela fé; só se pertencia a ela quando a Palavra depositava na alma a revelação. Como se podia então reconhecer no mundo, visivelmente, os membros dessa igreja invisível? Por dois sinais: o Batismo e o Evangelho; mas esses sinais, por si próprios, não bastavam para determinar a verdadeira realidade espiritual, porque sempre haverá, entre os batizados e os que invocam o Evangelho, homens sem fé alguma que, evidentemente, não pertencem ao Corpo místico de Cristo. Essa concepção levava Lutero a rejeitar toda a Igreja estabelecida, institucionalizada, hierarquizada, sem compreender o sentido autenticamente espiritual do organismo visível da Igreja, que é instrumento da graça, guardiã do depósito sagrado. A sua doutrina era literalmente um anarquismo, que pretendia basear-se no exemplo das primeiras comunidades cristãs. O reformador chegou mesmo a escrever: "Seria contrário à essência e à natureza da Igreja que houvesse superiores".

O drama de 1525 levou-o a mudar as suas posições. Sem jamais renunciar, no seu íntimo, à sua primeira concepção da Igreja — a "Igreja-tenda", errante como o povo de Israel no deserto —, foi constrangido a aceitar uma outra, uma "Igreja-residência", uma igreja estabelecida, organizada, hierarquizada. "Governar segundo o Evangelho não seria deixar à solta as feras e dar-lhes carta branca para esfolarem e morderem?" Impunha-se, pois, o recurso ao Estado. Para impedir os excessos e educar o povo, "é preciso impor-lhes a piedade exterior pela lei e pelo gládio". Se *Herr Omnes* se agitar, recorra-se às "vergastas e ao Mestre João", o carrasco! O dever daqueles que a Providência colocou sobre os tronos é claro: "O príncipe não deve consentir nem divisões nem desordens; tem de impor a pregação de uma só doutrina". São eles os ministros da vontade divina, os garantes da verdade.

O primeiro a compreender essa lição foi o Eleitor João Frederico, irmão e sucessor de Frederico o Sábio, que a partir de outubro de 1525 tomou medidas para impor o luteranismo nos seus Estados. Em 1527, a *Instituição pastoral*, prefaciada por Lutero, organizou a igreja saxônica. Dentro em breve, o exemplo seria seguido em todas as terras cujos senhores haviam adotado a fé luterana. A autoridade do Papa era substituída pela dos soberanos laicos, a Igreja dos santos pela dos príncipes, e a Igreja invisível pela Igreja do Estado. "A Reforma", disse Harnack, "acabou numa contradição"[24].

Os "protestantes"

Foi nessa situação anárquica, mas favorável aos príncipes, que se reuniu a *Dieta de Espira* (1526). Carlos V, na ocasião em que a convocou, parecia encontrar-se no apogeu do seu poder: acabava de arrancar a Francisco I, feito prisioneiro, o desastroso tratado que lhe dava a Borgonha, a suserania sobre Flandres e o Artois, e todos os direitos franceses na Itália. Iria ele pôr a sua autoridade na balança, para fazer pender o fiel para o lado da fé de seus pais? No próprio dia em que se iniciava a Dieta, em 22 de maio, uma notícia correu a Alemanha: denunciando o tratado, o rei da França, mal se vira livre, calcara aos pés a "Santa Liga de Cognac", à qual tinham aderido todos os Estados que se inquietavam com o poder do Habsburgo, incluído o papa. A Inglaterra apoiava moralmente o rei francês e os turcos estavam em negociações com ele.

Os partidários de Lutero sentiram-se subitamente reanimados. Fernando da Áustria, que presidia à Liga, não tinha a garra necessária para pôr em prática as instruções enviadas de Madri por seu irmão, nas quais exigia a aplicação das decisões de Worms. Além disso, via-se na necessidade de implorar a ajuda dos príncipes e das cidades contra os turcos, cuja ofensiva estava no auge. Concedeu, portanto, que, até à reunião de um concílio, cada um regularia os assuntos religiosos nos seus domínios "de forma que pudesse responder, perante Deus e perante Sua Majestade Imperial, por tudo quanto fosse feito".

O campo estava praticamente livre para o luteranismo, e os acontecimentos favoreceram a sua expansão. Mal a Dieta fechou as portas, soube-se do terrível desastre de Móhacs (29 de agosto de 1526), onde, sob os golpes de Solimão II, a Hungria era vencida e morria o seu rei Luís II, o derradeiro Jagelão. Chamado a suceder ao seu cunhado como rei da Boêmia e rei da Hungria, Fernando da Áustria pensou mais em conquistar os seus tronos do que em vencer a heresia. Para cúmulo, toda a Europa cristã assistiu no mês de maio de 1527 a um crime horrível e sacrílego: o neto dos Reis Católicos, exasperado com Clemente VII, permitiu que os seus lansquenetes saqueassem Roma, a Cidade Santa![25]

O próprio papa foi preso. Com Filipe de Hesse à cabeça, os luteranos aproveitaram-se dessas circunstâncias para impor as suas doutrinas e firmar as suas instituições. Mas, quando já tinham concluído em Torgau uma Liga de defesa contra os seus adversários, a situação voltou a alterar-se.

O imperador, momentaneamente ameaçado pelas brilhantes vitórias de Lautrec na Itália e pela arremetida dos turcos, conseguiu desfazer o perigo: pelo tratado de Cambrai, reconciliou-se com o rei da França, e, pelo de Barcelona, fez as pazes com o papa que, inquieto mas resignado, se dispôs a colocar-lhe sobre a cabeça a coroa do Sacro Império Romano-Germânico. A segunda Dieta de Espira (1529), portanto, teria sido temível para os sequazes de Lutero, se Carlos estivesse resolvido a restabelecer a unidade religiosa na Alemanha. Mas ele hesitava. Muitos dos seus conselheiros, e em primeiro lugar o seu confessor, o cardeal de Osma, eram da opinião de que não se deviam precipitar as coisas; convinha "conceder uma caridosa audiência às opiniões e pensamentos de cada um". E, já que se falava cada vez mais de reunir um concílio, não seria aconselhável aguardar as suas decisões?

Limitaram-se, pois, a decidir que o edito de Worms seria aplicado nos Estados católicos e que o luteranismo não poderia ser introduzido onde ainda não se tivesse estabelecido. Por outro lado, seria tolerado em toda a parte onde existisse, mas com a condição de que não pregasse contra a Eucaristia e de que os católicos pudessem celebrar a Missa à sua maneira, sem serem incomodados. Era, portanto, uma decisão de *statu quo* perfeitamente aceitável. Mas — e por aqui se avalia a autoridade de que já se haviam investido os partidários da nova doutrina — esse compromisso foi recusado. Tolerar entre eles a Missa papista, essa idolatria? Restringir o direito de os seus pregadores exporem a sua teologia? Os luteranos não podiam aceitá-lo. João da Saxônia, Filipe de Hesse e outros altos senhores, apoiados por catorze cidades, dirigiram ao imperador um veemente *protesto* (19 de abril de 1529). Foi a partir desse momento que os partidários da Reforma passaram a ser designados por *protestantes*[26].

Casamento e maturidade

Nesse momento, ao chegar ao ponto a que Dante chama "o meio caminho da vida", Lutero estava na sua plena maturidade. O monge magro e febril dos primeiros tempos desaparecera. Em seu lugar existia agora — tal como no-lo mostra o pintor Cranach em Brunswick ou em Florença — um homem forte, com torso de lutador, tez viçosa de bebedor de cerveja, mãos flácidas e cabelos grisalhos que lhe saíam em caracóis do boné negro, e que parecia ter qualquer coisa de cônego e de tabelião. Daqueles traços agudos do jovem profeta não restavam senão as frontes sempre cavadas e — apesar da papada — a maxila forte e quase carnívora. Mas o olhar continuava misteriosamente longínquo e triste, como se a angústia da obscura juventude se aliasse à amarga sabedoria da idade adulta.

Para essa prostração contribuíra o seu casamento. Porque Lutero se casara uns anos atrás, em abril de 1525. Cinco meses antes, ainda declarava ao seu amigo Espalatino que "o seu espírito não se inclinava de forma alguma para a união conjugal", mas, no antigo convento agostiniano secularizado onde residia, dera hospitalidade a um grupo de freiras que tinham abandonado o hábito, e essa coabitação fizera-o mudar de opinião.

Escolhera para esposa uma das ex-cistercienses, *Catarina von Bora*, filha da pequena nobreza. Por quê? Por paixão? Com certeza que não. "Não estou enamorado nem apaixonado", confessava ele. Para encontrar nessas relações conjugais de que falava com tanto gosto — "Isso refresca-me o sangue" — o apaziguamento das suas tempestades interiores? Talvez levado também pela necessidade de ir até ao fim de si mesmo, de ser totalmente coerente com os seus princípios, de destruir uma regra eclesiástica que considerava invenção humana, de libertar a vocação sacerdotal do jugo do celibato, ou ainda pela certeza de provocar escândalo e sentir a orgulhosa alegria de fazê-lo.

Mas, se deu esse passo, foi sobretudo "para zombar do diabo e das suas armadilhas", porque, para ele, a obra da carne continuava a ser um pecado, que Deus perdoa por pura bondade; contudo, não escrevera ele um dia este profundo paradoxo que resumia a sua doutrina: "Sê pecador e peca fortemente, mas crê mais fortemente ainda e regozija-te em Cristo"? Ao aceitar totalmente o seu pecado, não encontraria ele a graça? Esta e as demais razões, todas juntas, teriam podido decidi-lo a dar esse passo, como também a angústia simplesmente humana da grande solidão que o homem experimenta quando vê adensar-se a noite da vida. Esse casamento de um padre apóstata..., que confissão![27] Mas, para um protestante, Lutero não se traiu a si mesmo nem traiu a sua espiritualidade quando se casou. Pelo contrário, completou essa espiritualidade por meio de uma experiência essencial e realizou-se!

Mas encontrou a paz nesse casamento? Aparentemente, sim. Vivia agora burguesmente, entre gritos de crianças e fraldas estendidas no varal, apertando entre os braços, sem qualquer discrição, a sua "querida costela", cuidando do jardim, torneando peças de madeira e consertando relógios, rodeado por um grupo de discípulos de muito segunda categoria que lhe pagavam uma pensão e diante dos quais se espraiava incansavelmente nessas espantosas *Conversas à mesa* em que o misticismo se misturava com o mexerico e o sublime com a vulgaridade. Somente o trabalho a que se atirava encarniçadamente para escrever os seus livros e despachar a sua monumental correspondência o restituía a si próprio. O resto era tudo superficial: o fundo mantinha-se turvo e violento.

Essa união com a ex-freira, que ele quisera, mantê-lo-ia atormentado durante toda a vida. Umas vezes, exaltava-a, com palavras profundas e sagazes sobre a união do homem e da mulher. Outras, tentava justificá-la: o casamento é a base da sociedade, da economia e da religião; mas acrescentava também cruamente: "É uma necessidade natural do homem, como comer, beber, escarrar..." e o resto. Outras ainda, explodia numa súbita irritação contra os mil laços do matrimônio e comentava em tom de escárnio que "a lei cria a revolta" e que é por isso que os homens "amam as prostitutas e não as suas esposas"; certa vez, num sermão, chegou a proferir esta frase de mau gosto, demasiado cruel para ter algum sentido: "Se a tua mulher não for complacente, toma a tua serva!" Tudo isso denunciava o drama secreto, o desassossego, talvez o remorso, mas um remorso distorcido, que fazia alarde de certeza. Quanto se enganava o irônico Erasmo ao gracejar a propósito do casamento de Lutero: "uma tragédia que terminou em farsa"! Compreende-se melhor o ex-frade que se tornara marido da *tüchtige Ketha*, da "laboriosa Catarina", se se lê esta confissão sincera: "Com este casamento, rebaixei-me e envileci-me a tal ponto que os anjos devem rir, pelo menos assim o espero, e todos os demônios chorar"[28].

O seu caráter foi-se acentuando. Continuava espantosamente complexo, talvez muito mais do que na época dos seus trinta anos. Místico, impelido às alturas por admiráveis arroubos de fé, e singularmente terra-a-terra sob tantos outros aspectos. Natureza fogosa, arrebatada, sem lógica no redemoinho de ideias que o solicitavam e, ao mesmo tempo, na posse de uma razão tenaz, capaz de desenvolver passo a passo os seus princípios. Era orgulhoso? Sim, mas, de certa forma, de um orgulho bastante grosseiro e quase ingênuo, em contradição profunda com a necessidade de se humilhar diante de Deus. Uma espécie de laço polifônico associava nele, ao longo dos acontecimentos da existência, os temas da audácia e da meditação, da ação e do sonho, e é por isso que todos os que tentaram pintá-lo o fizeram de formas tão diferentes.

No entanto, há três pontos que são constantes em todos esses retratos. Em primeiro lugar, a autoridade que dele dimanava, essa espécie de magnetismo que curvava as multidões quando lhes falava, com os olhos chamejantes, os punhos crispados a martelar no peito, ou quando, discutindo com homens da sua envergadura, parecia crepitar em argumentos. Em segundo lugar, esse dom que os alemães chamam, com uma palavra intraduzível, a *Gemütlichkeit*, um dom composto de radiação interior, de generosidade humana, de sensibilidade e até de sentimentalismo, que nele se traduzia em fidelidade às amizades, em ternuras familiares — a morte da sua filha Madalena mergulhou-o na maior aflição —, em atenções delicadas para com os animais e as flores. Mas também, como a contradição não perdia os seus direitos, o que todas as testemunhas concordam em reconhecer nele era uma terrível propensão para a violência, que o levava a incríveis grosserias. Não houve adversário nenhum cuja morte não tivesse desejado aos brados, e que não tivesse coberto de injúrias, como aconteceu com Karlstadt, Münzer, Zwinglio, Henrique VIII[29], "o pior dos porcos e dos asnos", ou com o papa. Para este último, expressões como "sequaz do diabo", Anticristo e "goela de mentiras" eram, aos seus olhos, bastante moderadas. É neste tríplice caráter — autoridade, encanto sensível e violência — que temos de procurar as profundas razões da sua influência. Pelos seus melhores como pelos seus piores lados, encontrava-se nele a alma alemã[30].

Essa "força no gênio", que Bossuet viria a reconhecer nele, exprimia-se tão bem pela palavra como pela pena. Autêntico orador, era daqueles que se inflamam em contato com o auditório, encontrando espontaneamente as imagens que se gravam nas mentes, as fórmulas que mergulham fundo nos corações. Dominado mais que nunca pela convicção de que "o que pregava não vinha dele, mas de Cristo", arrastava os ouvintes como se fosse uma torrente impetuosa. Como escritor, era infatigável; apesar das vicissitudes da sua vida, encontrou tempo para escrever mais de cem obras, sem falar dos seis tomos de *Correspondência* e das *Conversas à mesa* recolhidas dos seus lábios[31]. Os seus dons eram grandes; havia nele muito de poeta — nenhum dos seus trinta e sete cânticos nos deixa indiferentes — e os seus voos literários eram por vezes magníficos; mas, a par disso, sabia mostrar-se erudito, dialético e filósofo, sempre que fosse necessário. Poucos homens tiveram à sua disposição meios tão ricos de persuadir os seus semelhantes; mas por que motivo foram eles postos a serviço do erro?

O luteranismo — a Confissão de Augsburgo

Assim era o Lutero da maturidade, aquele que uma parte da Alemanha considerava um símbolo, e o resto um sinal de contradição. Nesse momento, a sua doutrina fixava-se pela força das circunstâncias; fixava-se, isto é, estabelecia-se em fórmulas, e com isso perdia esse caráter de constante debate interior, de resposta às perguntas contraditórias da alma, que tinha nos começos e que conservaria para o seu articulador, em larga medida, até à morte. E mais grave ainda — como se viu a propósito da concepção da Igreja — era que essa doutrina, ao triunfar, se afastava das profundas intenções primitivas. Entre o luteranismo e Lutero, a distância tornava-se sensível, e aumentaria ainda mais quando ele desaparecesse.

No início de 1530, Carlos V regressou à Alemanha após nove anos de ausência, e foi encontrar lá uma situação muito diferente da que deixara. Era impossível recuar das concessões feitas aos príncipes luteranos; a Alemanha era o baluarte e a reserva contra a ameaça turca, e, assim, tornava-se indispensável restabelecer a paz religiosa, mas de modo algum pela força. Combinou-se, pois, que os "protestantes" exporiam as suas razões na *Dieta* que se reuniria em *Augsburgo*, a fim de serem discutidas.

Foi nessas condições que Melanchthon redigiu o texto conhecido pelo nome de *Confissão de Augsburgo* e que passaria a ser o formulário exato da reforma luterana. As circunstâncias aconselhavam o redator a suavizar as arestas, além de que o seu temperamento era infinitamente mais moderado do que o do seu mestre e amigo. Chegou até a escrever ao cardeal Campeggio, legado enviado à Dieta: "Na doutrina, estamos de acordo com a Igreja romana. Hoje, continuamos a respeitar o papado". Várias das teses essenciais de Lutero — sobre a transubstanciação, o poder pontifício, o purgatório e o culto dos santos — foram atenuadas ou — como as relativas à predestinação — silenciadas. E quando, agrupados em volta de Eck, os teólogos católicos replicaram à *Confissão* com uma enérgica *Refutação*, Melanchthon teria querido ir ainda mais longe nas concessões; mas Lutero, que do alto do castelo de Koburg acompanhava a discussão, opôs-se a isso imperiosamente.

Não é, portanto, nos vinte e oito artigos da *Confissão de Augsburgo* que se deve procurar o pensamento total de Lutero e a essência do luteranismo; é preciso completar essa declaração oficial, em certo sentido tão política como teológica, com os dados que se colhem dos seus tratados sobre o *Servo arbítrio*, a *Missa* e os *Votos monásticos*, bem como dos dois *Catecismos* que redigiu em 1529, um pequeno para o povo e outro grande para o clero e os fiéis instruídos. Sem esquecer que, debruçando-nos sobre textos que são a expressão direta de um pensamento singularmente movediço, devemos ter presente toda a margem de incerteza e de aproximação revelada por cada posição.

Em que se resume, portanto, o essencial do credo luterano? E em que se afasta ele do da Igreja Católica? Sobre Deus e sobre Cristo, a fé luterana não tem nada de herético; de acordo com o Concílio de Niceia, afirma a unidade de substância e a trindade de pessoas; de acordo com o Símbolo dos Apóstolos e o Concílio de Calcedônia, sustenta a unidade de pessoa e a dualidade de naturezas em Jesus. Mas, no momento em que aborda o problema do destino do homem e da sua relação com Deus, a ruptura é evidente. Foi neste ponto, com efeito, que Lutero, ao procurar resolver o seu problema interior, se afastou da Igreja Católica, e o rigor lógico com que — apesar de muitas mudanças e contradições — era capaz de levar as suas ideias até ao fim fê-lo extrair do seu princípio, em todos os terrenos, conclusões em que se encontrou cada vez mais afastado dos dogmas romanos.

Depois da queda de Adão, todos os homens nascem no pecado, isto é, ao mesmo tempo sem temor de Deus e sem confiança nEle, com a concupiscência enraizada no íntimo de si mesmos. Esse pecado original bastaria para lhes merecer a morte eterna se não lhes tivesse sido dada a graça do Batismo pelo Espírito Santo. Mas o homem está de tal forma corrompido pelo pecado, de tal forma viciado nas suas faculdades, que a sua razão já não sabe reconhecer o que o salvaria, e, mesmo que distinga a verdade, a sua vontade é radicalmente incapaz de praticar por si própria o bem. Lutero recusa, por conseguinte, o *livre-arbítrio* do homem[32]. Mesmo que, como admite a Confissão de Augsburgo, a vontade tenha alguma liberdade para realizar a "justiça civil" e determinar-se "racionalmente" no sentido banal do termo, é radicalmente incapaz de realizar a "justiça segundo o Espírito", isto é, de levar à salvação. Como, portanto, poderá o homem ser salvo?

Também o catolicismo afirma a incapacidade de o homem viver sem pecar e de se dirigir por suas próprias forças para Deus, mas acrescenta que lhe assiste a liberdade de obedecer ou de se subtrair à graça e que, pelos seus esforços nesta vida, pelas suas *obras*, adquire méritos que, unidos aos de Cristo, lhe permitem ser salvo. É sobre o problema das obras que o luteranismo e o catolicismo começam por divergir mais nitidamente. Não é que devamos ater-nos à célebre fórmula: "a salvação pela fé sem as obras", na qual se tem pretendido muitas vezes resumir a doutrina luterana. Ela é falsa. O pensamento do reformador neste ponto nem sempre foi o mesmo. Ora apresentou as boas obras como uma base da fé, ora afirmou que elas eram a sua consequência ("se todos tivessem uma fé perfeita, a moral seria supérflua"), posição adotada pela Confissão de Augsburgo; com mais frequência, porém, ensinou que, em si, um ato não é bom nem mau, e que o seu único valor depende da fé de quem o realiza (tal é o sentido do famoso "peca fortemente"), doutrina que, interpretada por uma consciência um pouco laxa, termina, evidentemente, numa imoralidade certa. O fundo do seu pensamento é que, comparados com o peso do pecado, os pequenos méritos humanos são irrisórios; é necessária outra coisa para que o poder da morte seja vencido. Que coisa?

Evidentemente, a graça. Apenas ela pode levar o homem ao bem e, aliás, é o que faz de forma irresistível, pois o justo não é mais livre do que o pecador: ambos são igualmente prisioneiros do "servo arbítrio". Se a heresia pelagiana[33] menosprezava o papel fundamental da graça, os luteranos tendem a ampliar a sua ação. Mas como se pode obtê-la, se é inútil tudo o que o homem faça para a "merecer"? No sentido estrito das palavras, não se *obtém* a graça, não se *obtém* a salvação. Do mais profundo dos tempos e dos mistérios, Deus concede-a ou recusa-a, conforme razões que escapam radicalmente ao homem: é a doutrina da *predestinação*, à qual Lutero estava preso, embora não fizesse dela tanto como o faria Calvino a base quase única do seu sistema de pensamento. Aliás dolorosamente, porque, dizia ele, "o pensamento da predestinação é um fogo inextinguível; quanto mais o viramos e reviramos, mais nos desespera!"

Está dita a palavra. Ela nos conduz a essa crise de alma durante a qual o monge julgara desesperar e na qual havia descoberto o fundamento da sua doutrina. Já não há qualquer esperança? Há, sim. "O Deus perfeitamente santo envolve com o seu amor uma humanidade irreparavelmente submetida ao estado de pecado e incapaz de adquirir, mesmo com a ajuda da graça, um mérito suficiente para fazê-lo valer diante de Deus"[34]. É, portanto, para esse amor, unicamente para ele, que se deve apelar, para esse amor livre e gratuitamente concedido por Deus. O homem é *justificado*, não porque se transforma interiormente, mas porque Deus o cobre como que com uma capa de perdão, em nome dos infinitos méritos de Cristo. Todo o esforço religioso do homem deverá orientar-se para que lhe sejam imputados os méritos do Filho de Deus. E como o conseguirá? Pela *fé*.

E o que é a fé segundo Lutero? Eis uma questão a que é difícil responder, porque, neste ponto, o seu pensamento esteve num fluxo e refluxo constantes. Em todo o caso, não é, como ensina o catolicismo, a submissão aos ensinamentos da Igreja e a aceitação total das verdades que ela considera reveladas. É, sim, a firme confiança em Deus, a certeza de que Ele pode perdoar os pecados ao homem em nome de Cristo, uma espécie de abandono total nas mãos do Todo-Poderoso e, melhor ainda, a convicção de que o simples fato de se possuir essa fé garante de per si a salvação. Portanto, a "fé que justifica" supre tudo e principalmente os vãos esforços do homem: "Crê e faz o que quiseres", poderia ser a fórmula. É por meio dela que, no cerne da terrível servidão que o pecado lhe impõe, o cristão encontra uma soberana liberdade[35].

De onde procederá essa fé em si mesma, e em que deverá o homem apoiar-se para possuí-la? Onde está, segundo a palavra dos primeiros cristãos, "a regra da fé"? Os católicos respondem que a sua depositária é a Igreja docente, que é ela o juiz da verdade revelada, transmitida por dois meios: a Escritura e a Tradição. Os luteranos reconhecem perfeitamente uma dessas duas fontes da verdade — a Sagrada Escritura —, mas negam à Igreja todo o direito de intervir para dela extrair os princípios de aplicação, porque a sua intervenção impede a relação direta do homem com Deus. Cada consciência cristã deve recorrer ao texto sagrado, à Bíblia[36], e dessa única fonte de fé tirar as suas regras de vida: é o Espírito Santo quem a guiará. Tal é a teoria do *livre exame*. A fé luterana procede, em última análise, de um impulso quase místico, de um apelo dirigido Àquele que ilumina a inteligência e cuja misericórdia abre a via do perdão.

Altera-se, por conseguinte, o ponto de equilíbrio do cristianismo. Ao passo que o catolicismo tradicional centra a fé sobre a Revelação do Deus que vive no seu Filho encarnado, de quem a Igreja dá um testemunho perpétuo e seguro, o luteranismo apoia-se na certeza subjetiva — que se pretende profunda e vivida — de se ter sido pessoalmente resgatado por Cristo. Nenhuns princípios exteriores, nenhuns dogmas irrecusáveis, nenhuma disciplina: apenas uma experiência interior de libertação espiritual.

Dentro de semelhante perspectiva, não é razoável que haja entre Deus e os homens esses intercessores e mediadores a quem cada um, na sua fraqueza, pode pedir auxílio ou apoio. Deixa de ter qualquer razão de ser tudo o que há de consolador, de profundamente humano no culto dos santos: deve-se continuar a apresentá-los como exemplos, mas não invocá-los ou implorar o seu socorro. A oposição neste ponto entre católicos e protestantes é particularmente significativa a propósito da Virgem Maria. Não se pode dizer que Lutero não a venere, mas recusa-se a admitir que, acedendo à proposta do Anjo para ser a Mãe do Salvador, ela tenha sido de alguma forma cooperadora da graça, e que, por esse motivo — simples criatura que é, separada da majestade divina por um abismo —, se beneficie de privilégios particulares e possa interceder em favor dos pecadores junto do seu Filho.

Uma vez que só a fé justifica, os sacramentos não podem ser meios e veículos da graça. Lutero não os rejeita e até — opondo-se à heresia donatista[37] — afirma que, por terem sido instituídos por Jesus Cristo, são eficazes em si mesmos, isto é, que a sua validade não depende dos ministros que os conferem. Mas não passam de sinais: atestam que aquele que os recebe tem fé e espera ser justificado pelos méritos de Cristo; por si próprios, não comunicam nenhuma graça. Aliás, Lutero mantém apenas aqueles cuja origem direta julga encontrar na Escritura, isto é, *três*: o Batismo, a Penitência e a Eucaristia.

Quanto ao Batismo, a Confissão de Augsburgo proclama a sua necessidade, mesmo para as crianças. Neste ponto, porém, Lutero mostra-se pouco lógico, pois de nada serve administrar um sacramento sem eficácia própria a quem ainda é incapaz de possuir a fé; mostra-se, pois, menos lógico do que os anabatistas, que esperavam a idade adulta para batizar.

Quanto à *Penitência*, é reduzida a um ato de impulso para Deus e de humildade profunda. Deixa de ser necessária a enumeração dos pecados, pois todos os atos humanos são pecaminosos; a contrição já não depende do homem[38] e a satisfação não constitui senão uma espécie de injúria aos méritos de Cristo, que são os únicos que satisfazem a justiça divina. Além disso, qualquer cristão pode dar a absolvição, pois todos são testemunhas do Espírito Santo.

E por fim a *Eucaristia*, também profundamente desviada do seu sentido católico, embora, neste ponto, Lutero vá infinitamente menos longe do que outros reformadores protestantes[39]. Para ele, não há verdadeiramente sacrifício na Missa e muito menos transubstanciação; Cristo, no entanto, está presente na hóstia, *com* o pão, *no* pão, mas sem que o pão se transforme no seu corpo: é a *empanação* e a *consubstanciação*. Quanto aos outros sacramentos, são abandonados ou perdem o seu valor autenticamente religioso: o casamento, por exemplo, deixa de ter um significado sacramental, o que autoriza imediatamente o divórcio.

Toda esta doutrina obedece a uma estrita lógica interna, uma vez admitido o princípio, e foi na sequência das suas premissas que Lutero, como se viu, formulou uma concepção da Igreja totalmente diferente da do catolicismo. Além de que os acontecimentos já tinham obrigado o movimento a modificar profundamente o seu ponto de vista, a Confissão de Augsburgo vem proclamar que a Igreja é a sociedade dos santos, mas — acrescenta — a sociedade em que o Santo Evangelho é ensinado com exatidão e os sacramentos corretamente administrados. Quem será então o juiz dessa exatidão e dessa correção? O princípio hierárquico da Igreja Católica é rejeitado em nome da relação direta com Deus; no entanto, por força das necessidades do apostolado e da administração dos sacramentos, a Confissão de Augsburgo admite que haja clero e chega a especificar que esse clero deverá ser *rite vocatus*, oficialmente chamado. Mas os *pastores* são eleitos pela comunidade.

Que resta, por fim, do culto tradicional? A este respeito, Lutero mostra-se pouco categórico, muito menos do que alguns dos seus êmulos e dos seus herdeiros. No fundo, considera o culto, o rito e as fórmulas tão pouco importantes que concorda em admiti-los com a condição de que não contradigam o Evangelho ou o essencial da doutrina. Eliminam-se, por exemplo, os votos, porque atentam contra a liberdade total do impulso para Deus. Ao contrário, deixam-se subsistir muitas festas litúrgicas, por serem úteis à boa ordem e ajudarem as almas a elevar-se. Quanto à Missa, é conservada, mas reduzida a dois elementos: a pregação da Palavra e a celebração da ceia; desaparece o seu caráter de mistério sacrificial. Nem é preciso dizer que se suprimem todas as formas de devoção tão caras à piedade católica, como as práticas de penitência, as peregrinações e a veneração de relíquias.

Estes são os dados essenciais do luteranismo. Definiam um cristianismo novo, que pretendia ser o único verdadeiro, o dos primeiros tempos, o cristianismo do único Cristo redentor. Afirmavam nos menores detalhes a vontade de regressar formalmente às origens, reclamando — nos sete últimos artigos da Confissão de Augsburgo — a supressão do celibato dos padres, a comunhão sob as duas espécies e a abolição da confissão auricular. Em resumo: rejeitava-se tudo aquilo que quinze séculos de fé haviam enraizado nas tradições cristãs.

Mas era contra o "retorno às origens" que a Igreja Católica se levantava? Era para manter forçosamente todos esses usos cujo sentido e alcance ela conhecia perfeitamente? Não. O que a Igreja defendia era mais essencial. Em quatro pontos fundamentais, Lutero e o luteranismo incorriam em heresia: pela sua concepção do pecado todo-poderoso, pelo inchamento e desvio do papel da fé, pelo desconhecimento da ação dos sacramentos e, por fim, pela rejeição da autoridade da Igreja. Estes quatro pontos não permitiam encontrar nenhuma plataforma de entendimento.

Lutero contra o humanismo de Erasmo

Não foi, porém, apenas contra os católicos que Lutero teve de defender, já bem cedo, a sua doutrina. Ensinando o livre exame, parecia admitir que cada qual, no uso do direito de interpretar a Sagrada Escritura à sua maneira, podia criar os seus próprios dogmas. Mas o reformador era o que há de mais contrário a um liberal e, estritamente preocupado com a ortodoxia, haveria de mostrar-se durante toda a sua vida de um extremo escrúpulo em não permitir que a sua doutrina sofresse o menor desvio. Daí que a sua existência tenha sido escoltada pelo estrondo de muitas rupturas, coisa que, aliás, combinava com o seu temperamento.

O estrondo mais retumbante foi, sem dúvida, o do duelo a golpes de tratados que o opôs a Erasmo. A princípio, como vimos, os dois homens pareciam ser aliados. Não tinham eles os mesmos inimigos: os teólogos, os dominicanos e toda essa fradaria de ignaros e de fanáticos? Erasmo pensara que, para bem do cristianismo, a voz de Lutero não devia ser abafada. Melanchthon dera a conhecer ao mestre de Rotterdam a admiração que o agostiniano de Wittenberg lhe merecia, e houvera entre eles uma troca de cartas muito amáveis. Mesmo quando a rebelião de Lutero começara a provocar ruído, Erasmo, embora procurasse acalmá-lo, tinha-o defendido junto dos príncipes e até da Igreja. Convidado a atacá-lo publicamente, respondera: "Aproveito mais percorrendo uma só página dele do que lendo toda a obra de São Tomás", o que não passava, sem dúvida, de uma piada. E ainda acrescentara, bastante maliciosamente: "Lutero não cometeu senão dois erros: ferir o papa na coroa e os monges no ventre!"

Na verdade, nada era mais equívoco do que essa aliança. Bons amigos oficialmente, os dois homens sabiam que não tinham nada em comum. A Melanchthon, o sutil humanista escrevia que Lutero pouco sabia da verdadeira cultura e que, no fundo, não era senão um escolástico, e da pior espécie. Por seu lado, em 1517, Lutero confessava: "Leio o nosso Erasmo e, de dia para dia, sinto diminuir a minha atração por ele". Eram dois caracteres tão diferentes! Basta observar o célebre Erasmo pintado por Holbein, aquele rosto franzino sem idade, de perfil agudo, cheio de rugas entrançadas do nariz à comissura dos lábios, perpassado por um sorriso de sábia ironia, para adivinhar até que ponto o mais profundo do seu ser o separava do maciço monge exaltado. "Um repouso meditativo e a tranquilidade me bastam", declarava Erasmo, mas isso não era suficiente para Martinho Lutero.

Para este espírito pouco geométrico, o admirável dedilhar do mestre holandês sobre todos os teclados da inteligência não passava de um conjunto de prazeres suspeitos e de vaidades mais ou menos pecadoras. Quanto ao semiceticismo de Erasmo, devia causar horror à sua alma de fé profunda. Quando soube de toda a desordem provocada por Lutero em nome da verdade, o professor murmurou: "A verdade?... Merecerá ela que, por sua causa, se vire o mundo de pernas para o ar? Às vezes, é melhor calá-la. Diante de Herodes, Jesus calou-se". Semelhante prudência só podia despertar a fúria do reformador.

No plano doutrinário, e mais ainda quanto à atitude perante a vida, os dois homens opunham-se diametralmente. Erasmo era um humanista cristão, da linhagem daqueles que, na Itália[40], aspiravam a realizar a síntese entre os novos dados da cultura e as verdades eternas do Evangelho; era o herdeiro de Marsílio Ficino e de Pico della Mirandola, e o amigo desses outros humanistas cristãos que, na Inglaterra, se chamavam Thomas More e John Colet. Apesar de bastantes "impulsos arrebatados" e de alguns erros categóricos, o seu pensamento situava-se deliberadamente no marco do cristianismo. Tinha confiança na natureza humana que, criada por Deus à sua imagem, albergava no entender do mestre uma inclinação natural para o belo e para o bem. Mas, para que ela desabrochasse, exigia ele a graça, à qual a natureza do homem deve abrir-se nas suas profundezas, a fim de ser transfigurada por ela. Deus não era para ele um senhor irritadiço e caprichoso, e Cristo uma figura simplesmente negativa, inerme e dolente: o seu cristianismo configurava-se como uma relação com Deus pacífica e confiante. Tudo o que é humano devia encontrar nele o seu lugar: tanto as virtudes naturais como as qualidades da inteligência, a ciência como a santidade. E a vida espiritual, apoiada na razão, devia ser qualquer coisa de calmo, de pausado e sólido, em que a oração tem o seu tempo previsto, em que os bons hábitos auxiliam o homem na sua fraqueza, em que os mais altos cumes da mística se atingem por meio de um caminhar cotidiano. Em suma, defendia uma doutrina que se diria por vezes muito próxima da que São Francisco de Sales viria a propor mais tarde. Se tivesse tido a possibilidade de morrer mártir, como os seus amigos Thomas More e John Colet, talvez Erasmo estivesse hoje sobre os altares[41].

Mas basta resumir as suas principais ideias para observar que elas eram exatamente o contrário do que ensinava Lutero. Confiar no homem?! Na sua natureza pecadora?! Admitir que a graça brota do interior da alma que a merece?! Seguir a razão?! Estas e outras teses erasmianas eram, para Lutero, outros tantos insultos à verdade. "Não há nenhum artigo de fé", gritava ele, "de que Erasmo, Erasmo-a-razão, não saiba escarnecer". Além disso, era evidente que o mestre de Rotterdam não passava de um moralista que reduzia o Evangelho a um manual de boa conduta, e que lhe escapava o verdadeiro significado da religião e o seu sentido místico! Quanto à preocupação do humanista por enlaçar o cristianismo com as grandes fontes da Antiguidade, é pouco dizer que era algo completamente alheio ao rude monge de Wittenberg: parecia-lhe muito simplesmente absurda.

Na verdade, eram duas fórmulas de cristianismo que iriam defrontar-se quando esses dois homens se combatessem. Existia na altura uma concepção erasmiana da religião que era partilhada por numerosos intelectuais, por prelados, por homens de Estado, uma concepção humana — talvez demasiado humana — que se espalharia por toda a parte, tanto na França como na Espanha, e mesmo em Roma, porque o papa Paulo III seria tentado a perfilhá-la: uma concepção que ia além da própria personalidade do seu iniciador e que viria a sobreviver-lhe; uma concepção, enfim, que, para dizer tudo, teria podido muito bem ser a da reforma católica, se elementos mais rígidos, mais estritamente ortodoxos, não a tivessem rejeitado. Lutero ter-se-á apercebido exatamente do que estava em jogo nesse combate que se avizinhava? Talvez não claramente, mas a verdade é que não lhe faltavam muitas vezes intuições decisivas. Compreendeu instintivamente que Erasmo e ele eram contraditórios, que não poderia haver entre eles nenhum entendimento ou colaboração.

A aliança do começo foi substituída pelo antagonismo, e em breve nascia entre os dois homens um desses ódios como só os teólogos são capazes de fomentar reciprocamente quando se convencem de que, combatendo o adversário, ferem o pecado que nele se encarnou. No entanto, a zaragata não começou logo. Cada um deles temia que, ajudando a abater o outro, estivesse a preparar as vergastas que o haviam de açoitar. Houve até uma carta bastante divertida em que Lutero dizia a Erasmo: "Não juntes as tuas forças às dos meus inimigos; não publiques nenhuma obra contra mim, que eu não publicarei nada contra ti". Mas o humanista sabia que o suspeitavam de ser amigo do rebelde; acabava de aparecer a bula *Exsurge*, que ele achou inábil, mas que dissipava todos os equívocos. O papa Adriano VI, com uma insistência lisonjeira, louvando "a sua grande inteligência", pedia-lhe que "se servisse dos seus dons para a glória de Cristo e a defesa da Santa Igreja". Resolveu-se, pois, a dar garantias: "Até agora", respondeu ao papa, "dei sempre provas de um espírito ortodoxo e, até ao meu último dia, manterei esta posição".

Em 1524, surgiu o *Diálogo sobre o livre-arbítrio*. O livre-arbítrio? É "a força de vontade que torna o homem capaz de se aplicar ao que interessa à sua salvação ou de se afastar dela". Com a ajuda da Escritura, Erasmo demonstrava a existência dessa faculdade no homem. O tom era extremamente moderado, e muitos viram nesse escrito uma base de discussão que talvez permitisse a Lutero corrigir as suas teses. Mas não foi assim que o violento reformador o entendeu. Sentiu-se atingido e exclamou: "Tu não me incomodas com as tuas pequenas astúcias a respeito do papado, das indulgências, do purgatório e de outras ninharias! O que me incomoda é que preparaste o laço e me agarraste pelo pescoço". E veio a resposta: foi o tratado do *Servo arbitrio* (1529), talvez a obra mais extraordinária que saiu da sua pena. Reafirmava os seus princípios. O livre-arbítrio? Existe apenas um: o de Deus. O homem é impotente, está corrompido, atado quer ao mal, quer à graça, é um cavaleiro lançado por uma estrada escura, com um companheiro invisível atrás dele, sobre a sela, que pode ser Deus ou Satanás! Eram ideias demasiado ligadas ao que nele havia de crença dilacerante, essencial, para que deixasse esse semicético Erasmo pôr sobre elas a sua mão frívola. Não, o cristianismo de Lutero não era um humanismo! Partiam flechas aceradas, que visavam não somente as ideias do adversário, mas o próprio autor. Quem era Erasmo? Uma espécie de sofista, de cínico, que desconhecia a Escritura e era incapaz de verdadeira piedade.

A ruptura foi, portanto, categórica. Os contemporâneos não se enganaram; esse estrondo de plumas em pleno choque marcava o fim da aliança entre o humanismo e o luteranismo. Uns aplaudiram, outros lamentaram. Uma vez atacado, Erasmo ripostou, açoitando as gordas faces de Lutero com golpes cruéis, sublinhando os seus erros, as alterações que fazia aos textos, escarnecendo da sua vaidade e até da sua conduta. Assim procedem ordinariamente os sábios, quando se deixam dominar pela cólera.

"Odeio Erasmo!", repetiria Lutero mil vezes até ao último suspiro. "Odeio-o do fundo do coração. Ouvi-me e sede minhas testemunhas!" Eram palavras dirigidas aos discípulos que recolhiam piedosamente as suas *Conversas à mesa*. "Considero Erasmo como o maior inimigo de Cristo, tal como não houve outro nos últimos mil anos!"

Reformas fora de Lutero: Zwinglio, Bucer, Ecolampádio

Defender as suas ideias contra os assaltos de um antigo aliado não era o único esforço polêmico que se impunha ao campeão da Reforma. Entre aqueles que, como ele, se situavam fora da Igreja Católica, Lutero via cada vez mais surgirem tendências que lhe pareciam heréticas. "A Reforma", diz um historiador protestante[42], "não foi um movimento organizado, nascido no espírito de um homem ou de um grupo de homens em estreitas relações uns com os outros, que se tivesse desenvolvido segundo um plano estabelecido previamente e cujo chefe tivesse todas as alavancas de comando na mão. Foi um movimento que os homens se limitaram mais a seguir do que a conduzir"...

O anabatismo, momentaneamente imobilizado pela derrota de Münzer, estava outra vez em ação. Novos profetas ocupavam agora a cena, espalhados por toda a parte. Na Suíça, no sul da Alemanha, perto de Augsburgo, na Alsácia e na Morávia, eram inúmeras as pessoas de segundo batismo; mas começavam a penetrar também no norte da Alemanha e nos Países Baixos. Tinham encontrado um chefe — *Melquior Hoffmann* —, um antigo operário peleiro, entusiasta, frequentemente obscuro nas suas palavras, mas com poderosos dons magnéticos. A sua doutrina absorvera o velho sonho apocalíptico e milenarista que tantos seguidores de Joaquim de Fiore e "espirituais" haviam acalentado. Anunciavam a vingança social, a perfeita igualdade dos bens, o "reino de Deus na terra". Expulsos da Morávia, onde o seu pastor Hubmaier fora queimado, e do Alto Reno, onde Ensisheim era palco da "carnificina da Alsácia", ressurgiam em outros lugares, indestrutíveis. O magistrado de Estrasburgo tolerava-os e Hoffmann predizia que a cidade de Ill seria a "nova Jerusalém": seria lá, precisamente em 1533, que se reuniriam os cento e quarenta e quatro mil eleitos do Apocalipse para inaugurar a nova idade de ouro. Em toda a parte, os anabatistas entravam em choque com outros reformados que, mal se tornavam senhores, os tratavam exatamente como faziam os católicos noutros lugares: na Suíça, Zwinglio lançara ao Limmat todos os que havia apanhado, e o doce Melanchthon aprovara claramente as medidas tomadas contra eles na Saxônia.

O anabatismo ainda podia ser considerado um movimento de exaltados à margem da verdadeira reforma, mas já dentro desta iam nascendo tendências inaceitáveis. Pior ainda: Lutero encontrava-as no seio dos seus próprios seguidores! O seu amigo *João Agrícola*, professor em Wittenberg e um dos seus primeiros fiéis, que se revoltara contra as medidas tomadas para assegurar o controle dos Estados sobre a Igreja, proclamara na mesma ocasião, bastante de acordo com a teologia do seu chefe, que a fé nada tem a ver com a Lei — nem mesmo com a do Decálogo —, o que, como se pode imaginar, permitia aos seus discípulos algumas liberdades no campo da moral. O reformador teve de elaborar teses categóricas contra Agrícola, mas em Torgau, em 1527, comprometeu-se, por mediação de Melanchthon, a tomar uma atitude mais prudente. O que não quer dizer que o terrível autor da Reforma não estivesse pronto a reincidir.

Mais graves eram as divergências que o opunham aos muitos reformadores que entretanto haviam surgido em diversos lugares. Quer se tivessem inspirado mais ou menos nas ideias de Wittenberg, quer tivessem agido por iniciativa própria, cada um — ó livre exame! — criara uma doutrina para si mesmo. Na prática, todos esses "protestantismos" combinavam uns com os outros e, para muitos espíritos, chegavam a confundir-se. Mas os chefes, hábeis nas justas teológicas, empenhavam-se em distinguir as suas teses das dos outros[43], o que não favorecia a união.

A mais importante dessas reformas era a de *Ulrich Zwingli* ou *Zwinglio* (1484-1531). Padre suíço, de compleição maciça, rosto rosado e barbudo, tinha uma alma de fogo que desmentia a sua aparência plácida. Nascido no Toggenburg, onde seu pai, um camponês abastado, era presidente da comuna, exatamente contemporâneo de Lutero, começara por ser educado por um tio, pároco de Wesen, e depois estudara em Berna e em Basileia, ordenara-se em 1516 e fora enviado sucessivamente às paróquias de Glaris e de Nossa Senhora de Einsiedeln. Muitas das coisas que viu à sua volta acabaram por indigná-lo. A Igreja, na Suíça, não estava melhor do que em outras partes: aquele abade militarizado de Saint Gall que, a golpes de lanças, reprimira uma agitação entre os seus súditos, e essas multidões cuja devoção supersticiosa vinha à tona na famosa peregrinação ao santuário de Einsiedeln, tudo isso provocava a sua cólera. E como se apaixonava tanto pela coisa pública como pela fé, também o horrorizava o detestável costume das "capitulações", que levava os suíços a alugarem-se como soldados a serviço de potências estrangeiras; durante um certo tempo, ele mesmo chegara a ser capelão de um bando de mercenários, por ocasião da vitória de Novara e da derrota de Marignan. Era, portanto, um reformador em dois planos: no plano religioso, em que se considerava discípulo de Erasmo, um humanista cristão, embora as suas ideias estivessem muito longe das do prudente mestre, e no plano político, em que queria restituir a liberdade ao seu povo.

Em 1518, ficara vacante a cadeira de primeiro pregador na catedral de Zurique e Zwinglio obteve-a. Tinha agora uma tribuna. As suas ideias haviam-se consolidado: formaram-se completamente à margem de Lutero, a quem então dizia mal conhecer e que subestimou durante toda a sua vida. A voz do novo pregador veio arrancar Zurique à sua próspera quietude. O suíço trovejava contra os abusos, contra as capitulações, contra os votos monásticos, contra o culto dos santos, contra tudo. Um franciscano de Milão, chamado Sansão, viera pregar as indulgências — com a mesma inabilidade de Tetzel —, e Zwinglio, imitando Lutero, insurgiu-se contra elas num sermão de rara violência. Pormenor curioso: em vez de castigar o insolente, Leão X, que tinha muita necessidade dos suíços para a sua política italiana, tentou lisonjeá-lo nomeando-o capelão!

Zwinglio continuou a atacar vigorosamente em todos os terrenos ao mesmo tempo. Na Quaresma de 1522, a questão da abstinência permitiu-lhe alcançar uma vitória decisiva: Zurique não jejuou! E o protesto do bispo de Constança junto da Dieta helvética não deu qualquer resultado. Zwinglio era agora senhor da cidade e do cantão. Em duas discussões públicas, durante o ano de 1523, esmagou os seus adversários, fez o Conselho reconhecer as suas teses e redigiu um código da sua reforma. As igrejas foram esvaziadas de todas as suas imagens e ornamentos, e os conventos transformaram-se em escolas e hospitais. O zwinglianismo foi declarado religião oficial do cantão de Zurique e o *De vera et falsa religione* do profeta tornou-se o seu catecismo e a sua lei[44]. Em 1524, o reformador casou-se: "É o seu modo de mortificar-se", caçoou o seu amigo Erasmo.

O que era, na realidade, o zwinglianismo? Um radicalismo extremo, em que ideias vizinhas às de Lutero atingiam as suas últimas consequências. A Sagrada Escritura, interpretada por cada qual segundo a luz do Espírito Santo, constituía a única autoridade; a Tradição era rejeitada, e cada um podia forjar a sua teologia pessoal. A verdadeira religião consistia em nada acrescentar e em nada tirar à Escritura. Por conseguinte, tudo o que não se encontrasse formalmente na Bíblia ou que a Bíblia condenasse devia desaparecer; declarava-se guerra aos crucifixos, às imagens, aos retábulos, aos vitrais e aos altares. Zwinglio afirmava não encontrar no Novo Testamento senão dois sacramentos: o batismo e a ceia, e mesmo esses não passariam de símbolos e comemorações: não havia presença real de Cristo na Eucaristia. Quanto aos graves problemas com que Lutero se debatera dolorosamente na sua alma, o novo reformador, que estava muito longe de os equacionar em termos tão dramáticos, resolveu-os pelo recurso à filosofia. Sendo emanação de Deus, o homem não é livre; Deus é o autor tanto do mal como do bem, e o mal não é pecado, visto que faz parte do plano divino; o pecado é, em suma, a parte animal do ser, contra a qual é impossível lutar. Tudo isso não deixava de ter uma certa lógica, mas era ir longe demais.

A concepção zwingliana da Igreja nada tinha de comum com a do catolicismo. A hierarquia era rejeitada e não tinha qualquer direito de decidir sobre o dogma, a moral ou o culto. Mas, na Suíça prática, inimiga de toda a desordem, Zwinglio não cometeu o erro luterano de se desinteressar do problema da organização eclesiástica. Era filho dessas boas cidades livres, solidamente alicerçadas nos seus negócios e zelosas da independência que tinham sabido conquistar; queriam desembaraçar-se da tutela desses abades e desses bispos que os tinham feito ingressar na civilização, mas não tolerariam nem a anarquia nem a intervenção dos príncipes como na Alemanha. Por isso, o reformador construiu-lhes uma igreja de Estado, cujos chefes seriam os burgueses e que seria fiscalizada pelo Conselho civil da democracia cantonal. Era a primeira realização do Estado-Igreja, e, desse ponto de vista, Zwinglio foi um iniciador. A sua teologia adaptava-se às suas ideias políticas; Calvino, em Genebra, lembrar-se-ia dela.

De Zurique, as ideias zwinglianas espalharam-se rapidamente por todo o país — meio espontaneamente, meio à força —, alcançando Berna, Lausanne, Genebra e, depois, as cidades do vale do Reno. Foram acolhidas também por Estrasburgo, assim como por Basileia, Glaris, Saint Gall e Mulhouse. Os seus progressos foram marcados pela destruição de igrejas e queima de mosteiros. Os bispos de Constança, Basileia, Lausanne e Genebra tiveram de abandonar as suas sés. No entanto, sete cantões suíços se mantiveram fiéis ao catolicismo: Schwyz, Uri, Unterwalden — os três fundadores da União —, Lucerna, Zug, Friburgo e Soleure, que se coligaram na "Liga de Valais" para defender a sua fé. Fernando da Áustria ajudou-os. A consequência dessa cisão religiosa foi a guerra civil. Em 1531, para vingar o abade de Saint Gall, expulso pelos zwinglianos, os católicos pegaram em armas, e em *Kappel*, perto de Zurique, infligiram aos reformados uma derrota cruel, na qual Zwinglio e vinte e quatro dos seus pregadores perderam a vida. A Suíça passava a estar dividida em cantões católicos e cantões protestantes, estes últimos regidos oficialmente pelos princípios de fé formulados nas duas "Confissões helvéticas" de 1536 e 1564; mas, influenciados por Calvino (que se instalara em

Genebra em 1536), esses textos, e sobretudo o último, não seriam senão parcialmente zwinglianos.

Paralelamente, uma outra cidade situada na Suíça, ainda que dependente do Império, tinha visto também desenvolver-se uma reforma, diferente em certos pontos da de Zurique, embora as relações entre os dois centros fossem constantes: *Basileia*. Era então uma das cidades mais florescentes. A sua universidade era ilustre e contava com mestres famosos como Wittenbach de Bienne, o alsaciano Köpflein chamado *Capito*, "o cabecinha", Pellicanus e Glareanus. O impressor Frobenius, editor das obras de Lutero, agrupava à sua volta alguns espíritos notáveis, como Beatus Rhenanus, Amerbach e o ex-monge *Ecolampádio*. Desde 1521, ali se encontrava também Erasmo, que acompanhava a impressão dos seus livros e posava para o pintor Holbein.

A reforma de Basileia era doutrinalmente um compromisso entre o luteranismo e o radicalismo zwingliano, com diversos elementos humanistas. Era uma religião de intelectuais que não queriam chegar ao pior. Durante algum tempo, sob a sua influência, o Senado de Basileia deixou subsistir, lado a lado, a Missa e o culto, mas, quando o zwinglianismo triunfou em Bienne, a violência tomou conta de Basileia. Os conselheiros católicos foram obrigados a demitir-se. A multidão começou a lançar-se sobre as igrejas e os conventos com uma fúria iconoclasta. Ecolampádio mostrou-se encantado: "Doloroso espetáculo para a superstição!", escrevia ele a Capito; "os papistas chorarão lágrimas de sangue..." Erasmo, desanimado, foi viver em Friburgo no Brisgau.

Em *Estrasburgo*, onde se havia instalado uma outra variedade de reforma, as coisas passaram-se de modo menos brutal. Quem deu as cartas ali foi o ex-dominicano *Martin Bucer*, "o bispo de Estrasburgo" — no dizer de Calvino —, um homem moderado, lúcido calculador, que se apercebia com angústia dos perigos que a causa poderia correr com a perda da unidade e com a fragmentação da Reforma. Mais maleável que todos os outros em questões de doutrina, procurou aproximar os diversos elementos protestantes e até estabelecer contato com os católicos, o que lhe valeu ser qualificado por Bossuet — bastante cruelmente — como "arquiteto de refinados equívocos".

Ao lado dele, Mateus Zell era mais ardente, e Capito, em constantes viagens entre Basileia e as margens do Ill, representava a corrente humanista. Também em Estrasburgo se misturaram ideias luteranas e zwinglianas, sem falar de alguns ressaibos de anabatismo, pois, no seu conjunto, a cidade se mostrou estranhamente tolerante e acolhedora em relação a ideias e pessoas, o que era muito raro no clima da época; não admira que se tenha convertido num centro de difusão das ideias protestantes. A ruptura definitiva com o catolicismo consumou-se apenas em 1529, no meio das desordens que tinham passado a estar de moda. Quanto à doutrina que a Reforma ensinava na cidade, traduzia também a vontade de chegar a um compromisso que animava Bucer; assim, por exemplo, rejeitando a absoluta justificação pela fé à maneira luterana, admitia, como os católicos, a necessidade primordial de uma regeneração interior, do esforço ascético pessoal.

Que pensava Lutero de todos esses movimentos que, mais ou menos herdados do seu, dele se afastavam tão nitidamente? O mínimo que se pode dizer é que estava longe de ter confiança neles! Que tinha de comum — ele, o antirracionalista — com um Zwinglio, esse helvécio prático e tão pouco místico, esse humanista excessivamente positivo que, um dia, se lembrara de dizer que esperava encontrar Sócrates e Sêneca no paraíso? E com esse indeciso Bucer que, sob pretextos de união, se prestava a todas as confusões? Todos esses homens, Lutero vomitava-os como a tíbios. Hoje, seriam chamados dissidentes da esquerda e dissidentes da direita, e semelhante linguagem política seria bastante moderada, porque o aliado e amigo dos príncipes sentia um grande desprezo por todos esses democratas citadinos.

O pomo de discórdia entre eles foi a questão da Eucaristia, do Sacramento da Ceia, de onde provém o nome de "sacramentários" que se dá frequentemente aos reformados à margem do luteranismo. Já Lutero se opusera a Karlstadt nesse ponto. Zwinglio e Ecolampádio negavam a Presença real, limitando-se a interpretar simbolicamente as palavras de Cristo: "Isto é o meu corpo, isto é o meu sangue". A Eucaristia, para eles, não era senão uma espécie de comemoração da última refeição do Senhor. A atitude de Lutero neste ponto foi de uma nobre coragem. Num tratado que Moreau não hesitou em qualificar como "verdadeiramente notável", assumiu violentamente uma posição contrária à daqueles que negavam a Presença real. Devemos lembrar-nos de que Lutero, sem admitir a transubstanciação, acreditava numa "empanação" e numa "consubstanciação". Ele mesmo confessava honestamente — aos que o acusavam de defender uma tese tão pouco coerente com a sua doutrina da justificação pela fé — que tinha tentado escapar do dilema e aplicar nos papistas "o mais vigoroso murro", mas que, "acorrentado pelo texto" do Evangelho, tivera de admitir a Presença real. É uma das mais comoventes confissões do despedaçamento interior deste homem espantoso.

A questão sacramentária lançou, pois, umas contra as outras as diversas reformas. A princípio, de 1524 a 1527, foi uma pequena guerra entre escritores, a golpes de libelos e tratados. Ecolampádio criticava as teses de Lutero, e este respondia-lhe com o seu costumeiro vigor. Mas, à medida que os acontecimentos políticos levavam a uma divisão da Alemanha em duas, os chefes laicos e certos chefes religiosos, como Bucer, inclinavam-se para um entendimento. Assim, Filipe de Hesse conseguiu em 1º de outubro de 1529 que Lutero e Melanchthon, por um lado, e Zwinglio e Ecolampádio por outro, se reunissem no castelo de *Marburgo* para discutirem fraternalmente as suas teses. Faremos uma ideia da fraternidade que reinou nesse piedoso colóquio se soubermos que, à partida, Zwinglio estendeu a mão a Lutero, mas este a recusou, dizendo: "O vosso espírito não é o nosso espírito". Não deixaram de entrar em acordo sobre numerosos pontos, mas não no ponto fundamental. Apenas uma fórmula vaga foi subscrita por todos: "A Eucaristia é o sacramento do verdadeiro corpo e do verdadeiro sangue de Jesus Cristo, e todo o cristão tem necessidade de participar dela", o que não significava muito. Mas sobre a questão da Presença real, o desacordo continuou a ser total e grave. No ano seguinte, na Dieta de Augsburgo, os protestantes não luteranos recusaram-se a aderir à famosa "Confissão" e enviaram ao imperador uma declaração separada subscrita por quatro cidades, Estrasburgo, Constança, Lindau e Memmingen: a *Tetrapolitana*. A Reforma estava cindida.

Assim, no momento em que, por volta de 1530, Lutero podia considerar como alcançado o objetivo do seu combate (se é que alguma vez teve em vista algum), via a sua doutrina ameaçada pelos piores desvios. Muitas palavras escapadas da sua pena e dos seus lábios nos dão a conhecer o misto de desespero e fúria que isso lhe causava. "Mais vale anunciar a condenação do que a salvação segundo Zwinglio e Ecolampádio". Furiosos, raivosos, escravos de Satanás, mais inimigos de Cristo do que o próprio papa! Assim lhe pareciam os seus adversários. Quando soube da morte de Zwinglio no campo de batalha, disse, à laia de oração fúnebre: "Teve a morte de um assassino". E quando Ecolampádio seguiu o reformador de Zurique no túmulo, exclamou: "Foram as estocadas do diabo que o mataram!" Mais prudente, Melanchthon murmurava: "Sinto-me extremamente aflito com a perturbação universal da Igreja. Se Cristo não nos tivesse prometido estar conosco até à consumação dos séculos, eu temeria que a religião fosse destruída por estas dissensões". E, político mais sutil, Calvino escreveria: "É da maior importância que não passe para os séculos vindouros qualquer suspeita das divisões que existem entre nós, porque é ridículo, acima de quanto se possa imaginar, que, depois de termos rompido com todo o mundo, estejamos tão pouco de acordo entre nós desde o início da nossa reforma"[45]. Mas esta linguagem tão prudente não encontrou eco...

Quanto a Lutero, impermeável a argumentos desse gênero, continuava a sua carreira como alguém que persegue um sonho: "Tenho à minha frente o papa", dizia ele; "tenho pelas costas os sacramentários e os anabatistas, mas marcharei sozinho no meio de todos eles. Hei de desafiá-los para o combate; hei de esmagá-los aos pés".

Melanchthon em ação

Crises, contradições, divergências, oposições, nada parecia poder deter os progressos do luteranismo na Alemanha. Se, a partir de 1535, o avanço da doutrina de Wittenberg fora dos limites do mundo germânico foi muito lento, o mesmo não aconteceu dentro do marco em que nascera. Príncipes, bispos e abades, em geral por conhecidos motivos econômicos, passavam-se para a nova religião e mandavam pregá-la. O jogo político trabalhava nesse sentido; assim, quando o duque Ulrich de Würtenberg, desapossado dos seus domínios por Fernando da Áustria por causa da sua má administração, os viu restituídos pelo landgrave Filipe de Hesse, protestante notório, apressou-se a protestantizá-los. Outros, sem adotarem a Reforma, permitiam que os pregadores atuassem entre eles, como aconteceu com o príncipe-abade de Fulda. Conheceram-se até bispos que venderam às suas ovelhas o direito de aderirem à nova fé...

Por outro lado, cada uma das classes sociais encontrava vantagens em deixar a Igreja Católica: os príncipes, leigos ou religiosos, ganhavam substanciais proventos; o baixo clero, uma melhor repartição das rendas eclesiásticas; os clérigos de todas as categorias, a isenção das suas obrigações; e o povo, a abolição do dízimo. Mais profundamente, o luteranismo, na medida em que assinalava um regresso às primitivas concepções religiosas, correspondia a uma reação da antiga mentalidade germânica, nacionalista e tribal, contra o universalismo romano-cristão. A religião integrada na comunidade nacional afagava o orgulho do povo; cancelando a ideia da igualdade dos homens, professada pelos católicos e, logo depois, também pelos calvinistas, dava vazão ao solidarismo primitivo dos povos germânicos menos evoluídos. Os únicos baluartes que lhe resistiram foram as regiões — da Renânia à Baviera — onde a civilização estava mais adiantada[46]. O luteranismo ganhava terreno por toda a parte.

Além disso, a sua grande adversária, a Igreja Católica, parecia esforçar-se pouco para o deter. Possuía muitos polemistas, teólogos ou humanistas, que se encarniçavam em refutá-lo, e os escritos de Johann Cochloeus, Emser, Eck, Nausea e Dietenberger estavam muito difundidos. Possuía também príncipes fiéis, dentre os quais se destacava João da Saxônia, e foi por isso que consideráveis partes da Alemanha permaneceram sob a obediência de Roma. Mas faltavam-lhe — e deviam faltar-lhe até à segunda metade do século XVI — chefes determinados a lutar e tropas capazes de combater. Não era por certo o pobre Clemente VII quem tinha a estatura suficiente para dirigir a batalha, pois não passava, como se dizia, do "mais infeliz dos papas", prisioneiro das piores servidões da política e a braços com uma multidão de mercenários alemães que devastavam a Cidade Eterna e uivavam: "Viva o nosso papa Lutero!" E, no seu conjunto, não era também esse clero, tão ignorante e tão mal formado, que podia enfrentar os pregadores da nova doutrina. Tudo mudará depois de 1550, quando as primeiras medidas da reforma católica fizerem sentir os seus efeitos, quando pontífices vigorosos ocuparem a cátedra de São Pedro, no preciso momento em que o luteranismo tiver perdido impulso e o desprezo do seu fundador pelos estudos tiver feito baixar o nível dos pastores. Mas, enquanto não se produzia a mudança de situação, o movimento originário de Wittenberg não podia deixar de progredir.

Sob este ponto de vista, portanto, os quinze últimos anos da vida de Lutero foram felizes. Viu a sua doutrina espalhar-se e, de algum modo, fincar-se nessa terra alemã que ele tanto amava. Mas mesmo esse êxito fez surgir novos problemas. Todo o movimento que triunfa reclama uma organização, quadros e disciplina. É raro que um iniciador espiritual tenha também os dons — mais humildes, mas necessários — de construtor e administrador, e é frequente que, no embate entre exigências contrárias, se sinta dilacerado; assim acontecera com São Francisco de Assis. Lutero, encerrado em si mesmo, unicamente preocupado com os seus problemas e, no fundo, desinteressado do êxito temporal, era incapaz de imprimir a sua forte marca numa igreja que tinha de se organizar vigorosamente, como faria Calvino um pouco mais tarde em Genebra. Viu-se, portanto, obrigado a consentir que trabalhasse a seu lado um homem capaz de levar a cabo essa tarefa indispensável. Esse homem foi *Melanchthon*.

Era um dos seus mais antigos seguidores, um daqueles que, desde os primeiros dias, lhe inspirara confiança. Sobrinho-neto de Reuchlin, *Filipe Schwarzerd* (1497-1560) cognominado Melanchton, "terra negra", era, originariamente, um humanista — foi por isso que traduziu o seu nome para o grego —, e, no fundo do coração, continuou a sê-lo durante toda a vida. Ainda jovem professor na Universidade de Tubinga e depois na de Wittenberg, com apenas vinte anos, descobrira na doutrina do fogoso monge as respostas para problemas que, embora se formulassem nele de modo menos violento, não eram menos graves que os que o agostiniano tivera de resolver. Esse intelectual recheado de grego achara autenticamente profética a violenta linguagem de Lutero. Era um homem de coração, "moderado e naturalmente sincero", diz Bossuet, uma alma de meditação e de escrúpulo, como deixava entrever no seu rosto fino, emaciado e doce, que parecia ignorar a juventude. Se seguiu o caminho da heresia, foi por uma convicção profunda, e não sem numerosos rodeios e dolorosos conflitos interiores[47].

Com efeito, esse *alter ego*, esse São Paulo discreto do novo messias, não demorou a afastar-se das ideias do seu mestre. A princípio, sentira-se subjugado por Lutero e entregara-se de corpo e alma a ele e ao seu pensamento. Quando publicara um tratado de teologia sobre a nova fé, em 1521 (tinha então vinte e quatro anos), chamado *Os lugares comuns*, Lutero decidira que essa obra deveria fazer parte do cânon da Reforma. Mas em breve o autor desse primeiro resumo oficial da doutrina sacudira dos ombros o jugo daquela influência avassaladora. A crise de 1525 e a guerra dos camponeses tinham-no feito compreender o perigo que havia em deixar tantas almas — daí por diante desvinculadas das antigas disciplinas — errarem pela existência sem órbita alguma, sem alguma coisa a que pudessem agarrar-se.

Mas se se afastara de Lutero sobre a concepção da ação a desenvolver, também tinha questionado a sua eclesiologia. Assustado com a crescente desordem moral, reagira contra uma doutrina que, aos olhos dos espíritos simplistas, parecia autorizar todas as licenças: a justificação pela fé. Na nova edição de os *Lugares comuns*, de 1535, retificando a sua posição, atribuía à cooperação humana uma parcela na obra da salvação. A Lutero, que proclamava: "Deus salva quem Ele quer", respondia: "Não, Deus salva quem o quer"[48]. Assim, em pontos essenciais, Melanchthon estava infinitamente mais próximo da Igreja Católica, da qual, aliás, dada a sua natureza de homem pacífico, não desejava separar-se. Redator da *Confissão de Augsburgo*, fizera o possível por encontrar fórmulas que parecessem aceitáveis. Em vinte ocasiões, pronunciara frases do gênero desta: "Que a terra se abra debaixo dos meus pés antes que ver-me afastado do sentimento da Igreja em que reina Jesus Cristo", ou ainda: "Submeto-me à Igreja Católica". É verdade que acrescentava: "isto é, às pessoas de bem e aos sábios", o que lhe permitia só reconhecer a autoridade de quem quisesse; mas não há dúvida de que subsistia nele a angústia desse terrível despedaçamento que a Reforma provocava no Corpo místico de Cristo.

Tal era, paradoxalmente, o homem a quem Lutero deixava as responsabilidades práticas dentro do movimento que dele nascera. Terá feito isso sem conhecer as divergências que existiam entre eles e que se acentuariam depois da morte do fundador, permitindo que o luteranismo se tornasse um verdadeiro "melanchthonismo"? De forma alguma: todas elas eram do seu perfeito conhecimento. Terá agido assim devido à profunda afeição que nutria por essa figura sutil e delicada, cujas eminentes qualidades de espírito tanto admirava? Sem dúvida alguma. Mas, mais provavelmente, porque sentia nesse homem o seu complemento. "Eu sou", dizia ele, "o rude lenhador que deve preparar os caminhos; o mestre Filipe avança doce e tranquilamente, cultiva, semeia, planta e rega cheio de felicidade".

Desde a grande crise camponesa, o luteranismo debatia-se com uma grave contradição. Por um lado, o seu princípio fundamental, que definia a fé como uma criação pessoal, como floração de uma experiência espiritual desenvolvida no campo da consciência, obrigava-o a permitir que a individualidade religiosa de cada fiel se expandisse livremente, sem quadros hierárquicos e sem disciplinas formais. Mas, por outro, obrigado pela necessidade de opor uma barreira à anarquia — e justificando assim a sua doutrina pelo fundamento divino de toda a autoridade —, Lutero tinha acabado por admitir a concentração de poderes nas mãos dos príncipes laicos. Para ele, porém, essa contradição não constituía qualquer embaraço, visto que, em muitos pontos, o seu gênio, essencialmente dialético, se acomodava a esses e outros ilogismos! Mas, para fazer viver e crescer um grande movimento, uma nova religião, era preciso encontrar fórmulas menos ambivalentes. Toda a história do luteranismo há de revelar um esforço constante por conciliar o sombrio anarquismo espiritual do seu fundador com a exigência de ordem imposta pelo seu desenvolvimento.

Melanchthon, como homem acostumado a manobrar as ideias, compreendeu profundamente o dilema: crescer organizando-se, ou deixar o anarquismo interior tornar-se anarquia política e social. Esse "mestre Filipe", que Lutero censurava um pouco por se preocupar tanto com a sorte dos impérios e dos problemas da política, via mais claro do que ele. Foi, portanto, sobre a própria noção de Igreja que o dogmático da nova religião fez incidir o seu esforço. Nos seus *Lugares comuns* de 1535, declara formalmente que a Igreja invisível não é a única — em 1543, chegaria até a considerá-la "ideia platônica"! — e que é preciso ter em conta também a Igreja visível. Dedica um capítulo inteiro à *politica ecclesiastica*, que declara "digna de amor e de respeito". O ministério ordenado por Deus é exercido por homens chamados por homens. À Igreja, sociedade não-organizada dos santos, justapõe, pois, uma sociedade organizada[49], cujos membros podem estar muito longe da santidade; e os "sinais" da presença da Igreja invisível tornam-se os critérios da Igreja visível. Resta saber em que pontos esta "congregação de homens que professam o Evangelho e se servem corretamente dos sacramentos" se diferenciava da Igreja visível católica tão criticada, uma vez que era necessário fazer parte dela para alcançar a salvação, e se devia obedecer aos seus chefes e às suas ordens.

Por outro lado, para manter a integridade da doutrina e fazê-la penetrar nos espíritos, o "preceptor da Germânia" — que era o que Melanchthon passara a ser — acabou por admitir que não se devia confiar nas livres disposições de cada um. Os pastores tinham de ser formados numa doutrina correta, que depois transmitiriam aos fiéis "como a uma classe de alunos". E os fiéis deviam acatar com respeito esse ensino e submeter-se a ele.

Foi sobre esses novos princípios — cuja formulação completa Melanchthon só apresentaria seis anos depois da morte de Lutero — que o movimento se foi estruturando cada vez mais, ao longo dos últimos quinze anos da vida do seu fundador. Era uma organização baseada em quatro pontos principais.

O primeiro foi a sistematização da *autoridade dos príncipes*, aos quais, efetivamente — em lugar dos bispos, que Melanchthon teria desejado conservar —, se confiou a fiscalização da vida religiosa nos seus Estados; os *visitadores* seriam apenas seus delegados, com a missão de exercer esse controle segundo instruções precisas redigidas por Melanchthon. Posto em prática primeiro na Saxônia, o sistema estabeleceu-se pouco a pouco em toda a Alemanha luterana, tal como a paz de Augsburgo o reconheceria oficialmente em 1555.

O segundo foi a organização diferenciada das *paróquias*, conforme se tratasse de aglomerações rurais ou urbanas. As primeiras, as *Haufen*, "montões", que se mostravam pouco dispostas a fazer qualquer esforço para instituir atos de culto regulares e continuavam a ser uma massa inerte que era preciso evangelizar, foram constituídas sob a forma hierárquica, em torno de um pastor encarregado da cura de almas e da manutenção da disciplina; mesmo onde parecia possível associar os fiéis a essa organização, como em Hesse, os príncipes opuseram-se a isso. Já nas cidades, as paróquias foram estabelecidas de modo mais democrático: concedeu-se aos cidadãos mais destacados a possibilidade de colaborarem na obra reformadora e na administração por meio de magistrados eleitos. Pelo menos, era esse o princípio, pois havia o grande perigo de a autoridade civil se impor em todos os domínios, incluído o espiritual[50].

O terceiro ponto importante de organização foi a criação do *Consistório*, em 1542, primeiro na Saxônia e depois na maior parte dos Estados luteranos. Tratava-se de um organismo permanente, formado por eclesiásticos e leigos designados pelo príncipe, com a missão geral de controlar as comunidades reformadas. Cabia-lhe nomear ou confirmar os pastores, resolver os conflitos entre os fiéis e o clero e velar pela pureza da fé. Possuía um corpo de "superintendentes", que serviam de intermediários entre o Consistório e o clero local. Mais tarde, depois da morte de Lutero, o Consistório arrogou-se o direito de regular por si próprio as questões doutrinais, como se fosse um pequeno concílio.

Por fim, um quarto ponto fundamental era a instituição de uma *dogmática oficial*, ensinada obrigatoriamente. Lutero, que tantas vezes dissera que se devia deixar a Palavra em liberdade para agir sobre as almas, permitiu que Melanchthon estabelecesse um programa para as universidades, fora do qual era proibido ensinar teologia. Praticamente, impuseram-se um novo cânon e uma nova ortodoxia, à margem da qual se situariam todos aqueles que, mesmo reformados e protestantes, se afastassem do "credo" oficial.

O cardeal Baudrillart observou com justeza que o luteranismo pôde instaurar-se e durar "copiando essa Roma contra a qual se revoltara, isto é, constituindo igrejas regulares e soberanas, inspirando fórmulas de fé e transmitindo às crianças, pela educação e pelo ensino, doutrinas elaboradas sem o concurso delas, exatamente como a doutrina católica". Em que medida Lutero concordou com esta evolução? Henry Strohl pensa que ele esteve sempre em desacordo sobre este ponto fundamental, e "que nunca reconheceu como Igreja senão a Igreja invisível, para a qual a Palavra, esse dom inefável de Deus, recruta os seus membros". Se em algumas ocasiões aprovou as iniciativas que tendiam a inserir a Igreja no mundo visível (por exemplo, quando, em 1539, se regozijou publicamente com a nova organização das paróquias), em outras insurgiu-se contra a excessiva influência das autoridades laicas e contra a sua pretensão de legislar em matéria eclesiástica. Terá a lei de contradição, que nele era tão forte, entrado em ação neste caso como em tantos outros? No tratado de 1541, *Wider Hans Worst* ("Contra Hans Worst"), se por um lado exalta a Igreja-instituição, "a nossa Igreja pura, bem organizada", por outro, algumas páginas mais adiante, escreve: "A Igreja é uma realidade tão escondida que ninguém a pode ver"...

Este é talvez um dos aspectos mais dolorosos — se não um dos mais impressionantes — do drama de Martinho Lutero, se é que ele chegou a tomar consciência de que a sua obra, para sobreviver e crescer, devia separar-se dele e das suas profundas aspirações, a ponto de opor-se a elas...

O luteranismo torna-se uma força política

A solidez atingida pelo luteranismo tanto no plano da doutrina como no da organização foi alcançada também no plano propriamente político, devido às circunstâncias. De um acordo simplesmente religioso, os príncipes reformados passaram, com efeito, para uma verdadeira aliança, quando foram levados a enfrentar o imperador.

Carlos V, por volta de 1530, estava cada vez mais consciente da sua vocação universal de chefe temporal da cristandade, mas não pensava que a Reforma devesse ser brutalmente repelida. Sinceramente religioso, compreendia o que ela tinha de profundo e como certas deficiências da Igreja tinham facilitado o seu livre curso. Era partidário de uma política de inspiração erasmiana, orientada para a correção dos abusos e para uma reconciliação dogmática entre as confissões. Fora por isso que autorizara os luteranos e os sacramentários a expor diante da Dieta de Augsburgo as suas respectivas doutrinas. Em 1540 e 1541, estimulou também os colóquios de Haguenau, Worms e Ratisbona.

Mas, se se sentia inclinado à conciliação religiosa — a que também o inclinavam as dificuldades da situação geral —, não podia admitir que o luteranismo se tornasse uma facção política, e era nisso que este se convertera.

A Dieta de Augsburgo, em novembro de 1530, terminara por uma ruptura, e um decreto imperial fizera vigorar outra vez o edito de Worms: a autoridade episcopal devia ser restabelecida nos seus direitos, os livros heréticos suprimidos e os bens eclesiásticos restituídos aos seus proprietários. Carlos V quereria realmente aplicar essas medidas? É duvidoso: na verdade, não constituíam senão uma afirmação de princípios. Mas, sob a ameaça de se verem desapossados dos bens secularizados, os príncipes luteranos tinham ripostado com a fundação de uma organização política, a *Liga de Smalkalde* (1531), que Lutero aprovara declarando legítima a revolta contra um senhor tão injusto como o imperador Habsburgo. Reunidos, portanto, perto de Gotha, a chamado de Filipe de Hesse e de João da Saxônia, altos senhores e poderosas cidades tinham decidido aliar-se para defender qualquer protestante que fosse atacado pelo imperador: dar-lhe-iam "ar e espaço". Constituíra-se assim uma Alemanha reformada e anti-imperial, que negociaria sem escrúpulos com todos os inimigos de Carlos V. Em breve, todos os Estados protestantes aderiam a essa aliança, incluindo a Dinamarca.

No entanto, o conflito não eclodiu imediatamente. Embora encorajada por Francisco I, que lhe enviou o seu notável embaixador Guilherme de Bellay, e por Henrique VIII da Inglaterra, que lhe fez chegar subsídios, a Liga não agiu. Se o tivesse feito, teria vencido o imperador. Mas não se atreveu a tanto, sem dúvida sofreada por um antigo respeito e também, provavelmente, impressionada com a severa derrota que os protestantes de Zwinglio tinham sofrido em

Kappel. Carlos V, por seu lado, não tinha nenhuma vontade de precipitar os acontecimentos; havia outro perigo que o inquietava mais: o dos turcos, cujos corsários devastavam o Mediterrâneo, paralisavam todo o comércio no estreito de Messina e, por terra, pressionavam as fronteiras da Hungria e obrigavam Fernando da Áustria a implorar auxílio. Filipe de Hesse respondeu exigindo a revisão das cláusulas de Augsburgo, e assim obteve a *Paz de Nuremberg* (1532): "O Landgrave", exclamou um entusiasta, "fez mais pelo protestantismo do que cem livros de Lutero".

Durante doze anos, desenvolveu-se na Alemanha um jogo político, prodigiosamente complexo, em que se imbricaram todos os elementos da política europeia. A Liga de Smalkalde tornara-se um peão de grande importância no xadrez diplomático. Carlos V, inteiramente entregue aos seus projetos de guerra santa e de hegemonia mediterrânea, lançou contra Túnis um ataque de grande estilo, que, vitorioso, teve como resultado a libertação de 20 mil escravos cristãos. Entretanto, Francisco I, inquieto por ver o adversário levar a cabo o cerco da França, apressava-se a negociar com Solimão II uma espantosa aliança. Ao mesmo tempo, oferecia-se como mediador para preparar na Alemanha a reconciliação religiosa sem a intervenção imperial; depois, como essa tentativa não tivesse levado senão a palavras vãs, estreitou a sua aliança com os príncipes protestantes[51]. Tudo concorria, portanto, para aumentar o poder da Liga e, em previsão de um concílio protestante alemão de que Filipe de Hesse vinha falando, Lutero chegou a redigir os *Artigos de Smalkalde*, em que deu livre curso à sua romanofobia.

O duelo entre Francisco I e Carlos V recomeçou nesse momento (1536), em condições bastante inquietantes para o imperador. O Rei Cristianíssimo assinou com o Sultão uma nova aliança ofensiva e defensiva, completada por um tratado comercial chamado *Capitulações*, aliança que os historiadores costumam considerar muito hábil e que, efetivamente, restabelecia no Mediterrâneo o equilíbrio de forças, mas que tinha um caráter indubitavelmente escandaloso do ponto de vista cristão. Mas onde não havia escândalo, nesses tempos de extrema confusão? Tanto o cristianismo católico de Wittelsbach da Baviera como o cristianismo luterano de Smalkalde, ou ainda o do novo cismático Henrique VIII da Inglaterra, estavam completamente de acordo em ver no muçulmano um aliado precioso contra as ambições do imperador. Lutero proclamava que os turcos eram o "Gog e Magog" das justas cóleras divinas, e o próprio papa Paulo III, um Farnese, muito desconfiado de Carlos V, era amigo de Francisco I! Estranha coligação! Mas, desempenhando sempre o seu papel, os príncipes protestantes da Alemanha continuavam a ver aumentar o seu poder.

Um ataque brusco dos soldados do Império sobre Marselha, em 1538, terminou em desastre, e uma dupla ofensiva contra a Sublime Porta redundou também num duplo malogro de Fernando diante de Budapeste e da frota de Carlos V diante de Argel (1541). Francisco I invadiu o território milanês e os turcos ameaçaram as costas da Espanha. O Império tremia nas suas bases. Se Henrique VIII tivesse escutado Thomas Cromwell e lançado todas as suas forças contra Carlos V, este teria sido abatido. À vista dessa situação, o imperador apressou-se a procurar uma paz ao menos provisória com os protestantes alemães: foi o *Ínterim de Ratisbona* (1541), que mantinha em princípio o *status quo*. Mas uma cláusula menos oficial autorizava os príncipes luteranos a secularizar os bens da Igreja situados nos seus territórios.

A partir de então, a Liga de Smalkalde julgou-se senhora da Alemanha. Enquanto a guerra causava novamente estragos devastadores entre Francisco I e Carlos V — este agora apoiado por Henrique VIII graças à política de báscula —, uma guerra, aliás, confusa, em que os franceses triunfavam em Ceresole d'Alba, mas viam as vanguardas imperiais avançar até Meaux, enquanto os ingleses tomavam Bolonha — os smalkaldianos saltavam sobre as cláusulas de Ratisbona. Protestantizaram dioceses à força, invadiram o ducado de Brunswick-Wolfenbüttel no momento em que o seu duque Henrique enviava tropas contra os turcos, desafiaram os representantes do imperador nas Dietas de Espira e de Nuremberg, e ganharam para a sua causa o Conde Palatino, Henrique de Neuburg. Em 1544, o arcebispo de Colônia, Hermann de Wied, convertido em amigo de Bucer, parecia estar prestes a passar-se para o protestantismo, o que teria dado aos reformados a maioria no colégio eleitoral do Império.

Essa situação podia durar? Carlos V podia permitir sem qualquer reação que toda a Alemanha se tornasse protestante? "Ele tem", dizia o seu confessor a um embaixador de Veneza, "uma qualidade pouco recomendável: lembra-se das ofensas e não as esquece facilmente". A paz de Crépy-en-Laonnais, em 1544, livrou-o momentaneamente da ameaça francesa. Paulo III decidiu por fim reunir em Trento, em 1545, o famoso Concílio tantas vezes anunciado, mas esse Concílio iria abrir-se sob a influência do partido intransigente da Cúria, que Carlos V desaprovava. Limitando, pois, a sua ação à Alemanha e reunindo todas as suas forças — sobretudo a célebre infantaria espanhola —, o soberano pensou em ajustar contas com os príncipes protestantes e obrigá-los à obediência. Uma vez mais, um colóquio celebrado em Ratisbona, em janeiro de 1546, tentou — ou fingiu tentar — uma aproximação das teses. A altiva Liga dos Príncipes sabia que teria de enfrentar todo o poder do imperador: a guerra parecia inevitável, precisamente no momento em que Lutero ia expirar.

Novas dificuldades, novos dramas

O temor de que a Alemanha mergulhasse em sangue e fogo não era o único motivo de angústia para Lutero. Durante a segunda parte da sua vida pública, não faltaram dificuldades e até mesmo dramas.

O mais grave, de 1531 a 1535, foi provocado por um novo episódio da questão anabatista. Apesar do edito imperial que ordenava que todo o membro dessa seita, "fosse qual fosse o sexo e a idade, devia sofrer a morte pela espada ou pelo fogo ou por qualquer outro processo, sem julgamento inquisitorial prévio", ela continuara a expandir-se. Os anos de 1532-1534, que haviam sido assinalados na Alemanha por uma grave crise econômica e por uma enorme alta do custo de vida, tinham sido extremamente favoráveis a uma propaganda religiosa que dava uma bela oportunidade para reivindicações sociais. Afastado de Estrasburgo, Melquior Hoffmann, herdeiro de Münzer, fizera uma sementeira no norte do Império, na Suécia, na Dinamarca e sobretudo na Holanda, onde a esperança messiânica e apocalíptica tomara a forma de um terrível adventismo revolucionário, sob o impulso do padeiro de Harlem, *Johann Matthys*. Mas era em *Münster*, na Westfália, que se desenrolava a tragédia mais terrível.

Na opulenta cidade das margens do Aa, sólida na sua cintura em forma de navio, a crise religiosa começou por uma ação luterana dirigida por um discípulo de Melanchthon, Bernard Rothmann, contra um bispo pouco digno de apreço, Franz de Waldeck, e um clero não muito melhor. Eclodiram distúrbios, do tipo já conhecido, bem como saques de igrejas e destruição de imagens. O anabatismo chegara ali através do negociante de tecidos Knipperdolinck, demagogo sanguíneo que conhecera Melquior Hoffmann na Suécia e se deixara subjugar por ele. Münster vira surgir rapidamente, no interior das suas muralhas, verdadeiros enxames de anabatistas miseráveis, exaustos, que cantavam os salmos desafinadamente, uns provenientes da Alsácia, outros da Holanda. Principalmente da Holanda, porque um jovem amigo de Johann Matthys, *Johann Bockelsoon*, dito *João de Leyde*, cuja mãe era westfaliana, tinha convencido alguns anabatistas de que "a nova Sião, onde já não haveria ricos nem pobres, senhores nem servos", não seria Estrasburgo, como profetizara Hoffmann, mas Münster. Rothmann convertera-se ao anabatismo e, algumas semanas depois da chegada de João de Leyde, a cidade westfaliana, depois de expulsar o bispo, arvorara-se numa espécie de Roma da seita, de capital dos "santos".

Estranhos santos, na verdade! Durante cerca de dezoito meses, Münster foi palco de uma das aventuras mais estranhas que a história já conheceu, ao mesmo tempo cômica e horrível. Denominando-se a si mesma "a Montanha de Sião", ou ainda "a Jerusalém dos novos israelitas", a cidade transformou-se numa república comunista, onde se deviam repartir todos os bens, onde se pretendia aplicar literalmente os princípios da Sagrada Escritura, onde o profetismo desvairado fanatizava as massas. Não há exemplo mais impressionante de aberração coletiva. Como senhor absoluto depois da morte de Matthys, o jovem João de Leyde — tinha então vinte e cinco anos — proclamou-se "Rei de Sião", Cristo vivo, o Messias retornado. Naturalmente, rodeou-se de doze apóstolos. O reino de Deus num manicômio! Mas era também uma espécie de prefiguração e de caricatura dessa ditadura político-religiosa que, um ano após a queda de

Münster, Calvino estabeleceria em Genebra. O cúmulo dessa piedosa "cachorrada" foi atingido quando João de Leyde, verificando que faltavam homens no seu reino, e querendo assegurar a posteridade dos "novos israelitas", proibiu que as moças permanecessem virgens e tornou obrigatória a poligamia. Ele mesmo desposou dezesseis mulheres. Um exemplo tão edificante não podia deixar de ser seguido!

Confunde-nos verificar como uma tal demência pôde espalhar-se. Em Amsterdam, sob a direção do alfaiate van Geelen, e também na Frísia, o anabatismo, de mistura com o adamismo nudista, ganhou terreno. Lübeck, sob o comando de Wullenweber, não foi tão longe nessas loucuras, mas também se entregou ardentemente ao novo batismo. A angústia social da população era tão grande que, no início de 1535, se chegou a recear que toda a Alemanha fosse devorada pelas chamas da destruição.

A reação não se fez esperar, implacável. Os príncipes lançaram-se em ajuda do bispo Waldeck, que sitiara a sua própria cidade. Estreitamente bloqueada por uma contra-fortificação sem falhas, esfomeada, Münster agonizou durante meses. Desenrolaram-se então terríveis cenas de canibalismo e coprofagia. Implacável, João de Leyde manteve a disciplina até ao fim e foi ao extremo de decapitar pessoalmente a sua esposa preferida, acusada de derrotismo. Por fim, graças a um traidor, a "Montanha de Sião" foi tomada. João de Leyde e dois dos seus associados foram mortos no meio de atrozes suplícios, dilacerados lentamente por tenazes incandescentes. Os seus corpos, encerrados em caixas de ferro, foram içados ao cimo do campanário da catedral e lá ficariam durante mais de três séculos... Por toda a parte, uma sangrenta repressão deu cabo dos pretensos santos.

Lutero acompanhou atentamente todos esses terríveis acontecimentos. João de Leyde não lhe parecia um adversário sério, nada que se comparasse com Münzer. No entanto, inquietava-se com o estado moral, social e religioso de que essa crise era um claro sintoma: "Se um diabrete amador pôde fazer tais coisas, que não poderá fazer o diabo, o verdadeiro, que esse sim é um bom teólogo?" E perguntava a si mesmo, com razão, se os católicos não o considerariam responsável por tudo isso, a ele que semeara os ventos que tinham provocado semelhante colheita de tempestades. Por outro lado, era também desse argumento que se servia Francisco I para justificar, aos olhos dos príncipes de Smalkalde, seus aliados, as suas perseguições contra os protestantes da França, todos apresentados como anabatistas. Mais ainda do que o drama da revolta camponesa, o de Münster atingia na carne o promotor da rebelião...

Menos trágico e até bastante cômico foi, um pouco mais tarde, o caso da *bigamia de Filipe de Hesse*, ou, como se disse então, do seu "casamento turco". Sob o pretexto de que a sua legítima esposa lhe inspirava repulsa, de que, por outro lado, as suas constantes viagens a serviço da causa o afastavam muitas vezes dela, e ainda de que o seu temperamento não lhe permitia guardar abstinência, o célebre landgrave pediu aos chefes da reforma que lhe fosse permitido desposar outra mulher — nada menos que como a Abraão, a Jacó e a Davi... Na verdade, esse escrúpulo de consciência era bastante patético: na mesma época, Henrique VIII da Inglaterra não tinha tantos escrúpulos em desembaraçar-se das suas sucessivas esposas, e Francisco I e Carlos V, por mais católicos que fossem, mostravam-se escandalosamente negligentes com relação ao sexto e ao nono mandamentos.

No entanto, o pedido do candidato à bigamia embaraçou os piedosos reformadores; depois de terem meditado a fundo sobre a penosa questão, deram uma resposta[52], assinada por oito principais, em que, embora rejeitassem o princípio da poligamia, herança do Antigo Testamento, mas condenado pelo Novo, autorizavam o príncipe a desposar o objeto dos seus desejos, "para salvação do seu corpo e da sua alma, bem como para a glória de Deus". Mas com uma condição: "que tudo fosse feito em segredo"! O casamento foi celebrado sem espalhafato pelo pregador da corte de Hesse, mas o segredo foi mal guardado. Muitos protestantes de vida reta ficaram indignados e Joaquim de Brandenburgo e João da Saxônia recusaram-se a continuar a encontrar-se com o bígamo (o que prejudicava a Liga de Smalkalde).

Extremamente agastado com as críticas dos que o censuravam pela sua excessiva indulgência, Lutero chegou a escrever: "A mentira é uma verdade quando é empregada contra a raiva do diabo, em benefício do próximo". O seu amigo Melanchthon, não muito convencido por esse argumento, lançou esta flecha ao príncipe: "Verifico que vós, homens santos, tomais com todo o gosto a mulher que vos agrada. Por que não permitis que nós, pobres pecadores, façamos outro tanto?"

Na realidade, o incidente do casamento turco não era senão um sintoma, entre muitos outros, de uma crise moral de que sofria todo o luteranismo e cuja gravidade o fundador media perfeitamente. Difundida entre as massas, a sua reforma estava muito longe de ter obtido como resultado aquela transformação interior que se propusera alcançar. Muito pelo contrário. Já em 1525 chegara a esta desoladora conclusão: "*Não há um só dos nossos evangelistas que não seja hoje pior do que antes!*" De ano para ano, parecia-lhe que a situação se agravava. "Os nossos camponeses já não temem nem o inferno nem o purgatório; por isso são orgulhosos, grosseiros, insolentes e cúpidos. Temos a fé, proclamam eles, e é quanto basta!" Chegou mesmo a afirmar: "Imaginai uma lei que imponha em tudo e por toda a parte o contrário dos dez mandamentos, e conhecereis exatamente aquela que parece regular a marcha do mundo".

Paradoxos e exageros de um homem dominado pela fúria? Mas Amsdorf reconhecia o mesmo: "A Alemanha está como que afogada na gula, na embriaguez, na avareza e na luxúria, e os fiéis já não fazem realmente caso algum do Evangelho". E Melanchthon, o moderado, formulava conclusões igualmente aflitivas: "Olhai, pois, a sociedade evangélica: quantos adúlteros, bêbados e viciados no jogo, quantos depravados e ignóbeis! Examinai as famílias: serão elas mais castas do que aquelas que chamais pagãs? Sabeis bem que histórias eu poderia contar, se quisesse". E terminava melancolicamente: "Todas as águas do Elba não bastariam para chorar a desgraça da Reforma".

Lutero sentia-se cada vez mais responsável por essa decadência moral. Podia agora meditar com amargura sobre as palavras cruéis que o seu adversário Erasmo lhe arremessara ao adverti-lo de que das suas teses sairia "uma raça impudente, anárquica e insolente, que deporia contra ele mesmo". As gentes a quem o reformador pregava a moral respondiam com as suas próprias palavras, interpretando-as como bem entendiam: "Não nos ensinaste que o homem é incapaz de praticar o bem e de se justificar diante de Deus"? A cólera do ex-monge não cessava de crescer. "*Viva a concupiscência invencível!*", zombava ele, quando lhe referiam novos escândalos. As mulheres alemãs? "Umas porcas sem vergonha..." Os estudantes? "Em dois mil, dificilmente haverá dois ou três recomendáveis". Os camponeses e os burgueses? "Bêbados, entregues a todos os vícios". E Wittenberg, esse Tabor da iluminação divina, "uma Sodoma e Gomorra", que merece todos os castigos...

A anarquia doutrinal não era menos grave que a anarquia moral. As divergências outrora combatidas não tinham desaparecido. A morte de Zwinglio, "esse assassino", não pusera termo à expansão da sua doutrina; em 1544, Lutero viu-se obrigado a fulminá-la com um panfleto teológico, a *Curta confissão sobre o Santo Sacramento*. Com Agrícola, a situação era ainda pior; "esse homem perdido, esse pérfido", agora íntimo de Joaquim de Brandenburgo, desprezava Lutero e escarnecia abertamente do seu tratado *Contra os antinomistas*. Por isso, sempre que o seu antigo amigo aparecia em Wittenberg, o vingativo reformador recusava-se a apertar-lhe a mão.

Mas havia ainda outros desvios. Karg, antigo colega do reformador em Wittenberg, pôs-se a ensinar uma espécie de arianismo misturado com docetismo a respeito da natureza de Cristo. Dizia ele que, enquanto homem, o Senhor estava sujeito à Lei e teria podido pecar; por outro lado, a sua Paixão não era imputável aos homens. Lutero teve de combatê-lo. Um dos seus mais antigos amigos, *Osiander*, apavorado com a crise moral que também ele testemunhava, concebeu uma teologia da justificação radicalmente diferente da luterana e bastante próxima do catolicismo. Não esperava senão uma ocasião para professá-la publicamente: o desaparecimento do cenário do mundo do "papa de Wittenberg", como se dizia correntemente.

Compreende-se a angústia que, perante tal espetáculo, torturava o iniciador da Reforma. Um dia em que, no "convento negro" de Wittenberg, recebia o seu caro Filipe Melanchthon, deixou escapar esta amarga profecia: "Quantos mestres diferentes irá seguir o próximo século? A confusão atingirá o cúmulo. Ninguém quererá deixar-se governar pela opinião ou pela autoridade de outrem. Cada um quererá tornar-se o seu próprio Rabbi. Vede já Osiander, Agrícola...

Que enormes escândalos se preparam!" E chegou a desejar um concílio para pôr termo a essa anarquia, mas acrescentou logo a seguir, furioso: "Os papistas esquivar-se-ão, porque têm muito medo da luz"!

Nos últimos tempos, a própria atitude de Melanchthon acabou por atormentá-lo. No terreno doutrinário, os pontos de vista de ambos afastavam-se cada vez mais. O sábio Filipe era demasiado prudente para precipitar as coisas, e foi só muito tempo depois da morte do mestre que revelou todo o seu pensamento, chegando a classificar como "maniqueias" as teses de Lutero; mas este não tinha ilusões a respeito de um possível acordo. O que ele mais censurava no seu amigo era essa inclinação para se entender com todos e cada um, o seu impenitente desejo de aceitar composições. O conciliador Filipe não perdia a esperança de se entender com os outros protestantes e, até, com os católicos. Nos colóquios de Haguenau, de Worms e de Ratisbona, em 1540-1541, dera-se muito bem com Bucer e com esse jovem pastor francês que acompanhara o pregador de Estrasburgo e cuja inteligência fulgurante exerceria desde então sobre ele uma grande influência: *João Calvino*. Melanchthon tinha tentado uma aproximação com os próprios legados, que o papa escolhera dentre os mais benevolentes, e o seu manifesto *A reforma de Wittenberg* fora redigido em termos tão prudentes que se poderiam considerar equívocos. Era preciso acabar com essas perigosas fraquezas! E doente, exausto, alguns meses antes de morrer, Lutero pôs-se a escrever tanto contra os seus partidários excessivamente políticos como contra o seu grande adversário, a quem dirigiu o mais terrível dos seus panfletos: *Contra o papado fundado em Roma pelo diabo*. Escolheu até as ilustrações que deviam completar o seu pensamento nesse opúsculo: o papa puxado pelo diabo para a goela escancarada do inferno, o papa cavalgando uma porca, o papa sob a figura de um asno! A morte não permitiu que o heresiarca acabasse esse escrito; só podemos lamentar que o tenha empreendido...

O fim de um profeta

Os últimos anos de Lutero foram, portanto, bastante sombrios. Desde 1538 sofria de pedras nos rins, o que lhe infligia por vezes torturas intoleráveis. Tornara-se — conforme se vê pelo último retrato que dele fez Cranach, no leito de morte — um homem gordo, de tez pálida e rosto inchado, cujos traços, deformados pela gordura, já não lembravam em nada os do magro monge que, trinta anos antes, se lançara sozinho ao assalto da velha fortaleza da Igreja, num desafio desesperado.

Mas a fortaleza não ruíra. Pelo contrário! Em Trento, no Concílio que se abria e que Lutero não tinha palavras suficientemente pesadas para execrar, ela avançava ao encontro de uma nova juventude. Organizavam-se tropas para defendê-la e havia já nove anos que a Companhia de Jesus entrara em ação. Quanto a ele, o reformador, em que se tornara, afinal de contas? Num chefe de seita, cuja autoridade era discutida e que sonhara levar à cristandade inteira a mensagem da salvação! Atormentavam-no dúvidas sobre a legitimidade da sua missão. Em que se fundava? Vinham-lhe então aos lábios fanfarronices terríveis: "Se eu quisesse, poderia reconduzi-los a todos, com apenas três sermões, aos seus velhos erros!" E soltava risadas atrozes. As rupturas que tivera de consumar, as condenações que tivera de pronunciar, todo esse tumulto que marcara a sua vida, tudo lhe causava remorsos. Lembrava-se da contenda com

Erasmo, da rejeição de Karlstadt, da execução de Münzer ("Ela me pesa no coração", dizia), da carnificina da Westfália, do duelo com Zwinglio... Era sincero quando bradava: "Por que o Senhor não aceitou a oferenda da minha vida terrena, feita por um coração tão puro? Por que sustou a mão dos maus e dos carrascos?" Proferiu estas palavras por volta de 1525, num momento em que parecia estar em plena ascensão para a glória. Agora, prestes a morrer, e como acontece a tantos homens bem-sucedidos, que foram alguém na vida, via erguer-se diante de si um rapaz violento e puro que, do fundo da sua juventude, o olhava em silêncio, e sabia-se julgado por ele.

O seu caráter, que nunca fora benigno, tornara-se terrível. Nem sempre, porém, porque tinha momentos de distensão e de alegria, em que ainda compunha cânticos e contemplava com ternura as flores, os animais e as crianças. Mas, na maior parte do tempo, corroído pela doença e acabrunhado por trabalhos e canseiras, cedia a uma irascibilidade que não poupava ninguém: nem a mulher, nem os amigos, nem os próximos. Melanchthon confessava que a vida ao seu lado parecia "uma insuportável prisão", e que ele, o discípulo amado, o São João desse messias, não desejava senão uma coisa: "reclinar a sua cabeça cansada sobre o peito de Calvino".

A fúria do ancião recaía sobre muitas vítimas: o papa, "esse porco de Satanás"; o sacerdócio, "que imprime nos padres o sinal da besta"; a Missa, que ele lamentava ter celebrado durante quinze anos ("teria feito melhor se me tivesse tornado rufião de prostitutas"); os mestres desses "templos de Moloch" que eram as universidades, sobretudo as de Lovaina e Paris, que ele mimoseava com inesgotáveis gentilezas, tais como "porcos grosseiros, porcos lúbricos de Epicuro, pântanos corrompidos e golfadas do inferno". Os judeus, sem que se saiba por quê, tornaram-se para ele outra das suas "bestas negras": no seu último escrito, em 1546, convidava os turcos a expulsá-los dos seus territórios.

Durante o inverno de 1545-1546, embora gasto, fatigado e depois gravemente doente, arrastou-se duas vezes até Mansfeld, para arbitrar um conflito que opunha os dois condes desse nome a propósito de direitos sobre minas de cobre: é preciso prestar homenagem a esta bela prova de dedicação[53]. Em fevereiro, com um tempo duro de gelo e frio, teve de se lançar novamente à estrada. De passagem por Halle, fez um sermão em que atacou os monges que não queriam abandonar o hábito. Chegando a Eisleben, sua terra natal, sentiu-se extremamente fraco e oprimido, e falou do seu fim próximo. Na noite de 17 para 18 de fevereiro, acordou o seu amigo Jonas que dormia no mesmo quarto. Sobreveio um fulminante ataque de apoplexia ou de congestão pulmonar. Os médicos que acorreram nada puderam fazer. Às três horas da manhã, entregou a alma ao Criador, depois de ter afirmado, aos discípulos que o interrogavam, que perseverava na sua doutrina.

As últimas palavras que saíram dos seus lábios foram para repetir três vezes o versículo do Evangelho segundo São João: "Deus amou tanto os homens que entregou o seu Filho único, para que todo aquele que nEle crer não morra e tenha a vida eterna"[54]. Contudo, na parede próxima do seu leito, um dos médicos descobriu esta inscrição rabiscada pela sua mão já moribunda: *Pestis eram vivus, moriens ero mors tua, papa*. Vivo, eu era a tua peste; morto, serei a tua morte, ó papa! Última injúria e supremo desafio do heresiarca.

Lutero inteiro está aí, nessa dupla atitude, com os seus ardores, a sua fé, as suas contradições e as suas intoleráveis violências. Alma exigente e profunda, à qual um católico não poderia recusar, por caridade, uma piedade fraternal, mas também um espírito luciferino, que a vontade orgulhosa de traçar por si só o seu caminho conduziu à pior rebelião... A sua vida, atormentada, característica das agitações da sua época, oferece à meditação dois dos temas mais dilacerantes: o drama da consciência empenhada em cheio no combate espiritual, "tão brutal como a batalha dos homens", diz o poeta, e o drama do homem de gênio que chega solitário às alturas, e que pela pressão social se vê obrigado a deixar que traiam o seu exigente ideal. Do combate contra o anjo, Lutero saiu arquejante, com a coxa a doer, a nuca ferida para sempre, sem trazer desse combate a verdadeira vitória, que é possuir na certeza a paz do coração. E na trágica batalha que travou durante toda a sua vida, quase tudo, no final das contas, escapou à sua posse. Também ele, como tantos ambiciosos, foi "punido pelo êxito"[55]: que prova de um julgamento imanente!

O seu papel na história da Igreja foi em muitos pontos considerável: dir-se-ia quase providencial. Se a culpa do terrível despedaçamento que a túnica inconsútil sofreu não recai somente sobre ele, e se, no campo católico, muitos homens têm parte da responsabilidade, não é menos verdade que ele foi o grande culpado, porque foi o iniciador, o chefe de fila, aquele sem cuja ação nada teria sido tal como vemos. Mas, por outro lado, enfrentando a Igreja duramente, tragicamente, nos seus problemas, não foi ele quem a obrigou a sair desse mar de lama, de facilidades e de conivências, em que o melhor da alma cristã se enterrava? Sem ele, sem o medo que suscitou, teria a Igreja empreendido essa reforma autêntica, levada a cabo na fidelidade e na disciplina, cuja necessidade tantos espíritos conheciam, mas que tão poucos homens de caráter ousavam realizar? Dialeticamente, foi da

Igreja de Wittenberg e da Confissão de Augsburgo que saiu, em grande parte, a Igreja do Concílio de Trento. Tereis vós refletido — vós, Mestre Martinho Lutero, que tão bem lestes São Paulo — no terrível sentido que comportavam para vós estas poucas palavras que o Apóstolo escreveu um dia aos cristãos de Corinto: *Oportet haereses esse?*[56]

Notas

[1] "Assim que o dinheiro tilinta na caixinha, / a alma (em favor de quem se dá a esmola) salta para fora do purgatório".

[2] E outros, como Denifle, que escreveram muito antes de Freud.

[3] Sobretudo Denifle.

[4] Principalmente Grisar, na obra citada nas notas bibliográficas.

[5] Infelizmente, o seu casamento dá uma aparência de verdade a essa impressão, pelo menos aos olhos de alguns.

[6] Cf. cap. III, par. *As rupturas da inteligência.*

[7] Cf. cap. III, par. *A mística desenvolve-se, mas isola-se.*

[8] A propósito da "descoberta", o próprio Lutero relatou na sua velhice que a iluminação lhe chegou enquanto se encontrava num lugar secreto e solitário de uma torre do convento de Wittenberg, que ele designa com o termo "cloaca". "O Espírito sopra onde quer", respondia o monge aos que se mostravam chocados com esse pormenor, acrescentando que assim o diz São João no seu Evangelho (3, 8). Essa insólita confidência tem sido motivo de troça para alguns católicos, mas talvez se possa ver nela uma espécie de candura bastante comovente.

[9] Lucien Febvre.

[10] O caso Reuchlin foi uma espécie de prefiguração do de Lutero, embora incidisse sobre um campo mais limitado como era, essencialmente, o da crítica bíblica. Mas já manifestava os elementos característicos dos tumultos que o monge de Wittenberg haveria de provocar. Os adversários tomaram posições: de um lado, os dominicanos, os teólogos de Colônia e de Paris; do outro, os humanistas, com Ulrich von Hutten à frente. Leão X deu nessa ocasião provas da mesma falta de energia e dos mesmos subterfúgios hesitantes que mostraria no início do drama de Lutero; a Cúria, por sua vez — como também aconteceria mais tarde —, viu-se despedaçada por influências contraditórias; e, por fim, também neste caso a paixão nacionalista deslocou o debate. E nem sequer se tratava do essencial! O caso Reuchlin ajuda, portanto, a compreender por que motivo Lutero, ao suscitar, esse sim, o problema fundamental, desencadearia um conjunto de forças de extraordinária violência.

[11] Sobre as ideias religiosas de Erasmo, cf. adiante par. *Lutero contra o humanismo de Erasmo.*

[12] Aliás, na Alemanha como por toda a parte, já tinham sido tomadas úteis medidas de reforma, tanto no âmbito das ordens religiosas como no das dioceses, medidas a que Lutero teria podido dar continuidade e aderir.

[13] Enquanto Lutero, para lhe responder já tarde demais, magicava o seu trabalho sobre *O papado*.

[14] *Histoire illustrée de l'Eglise*, II, 26.

[15] Assinalemos aqui uma outra coincidência de datas: Inácio de Loyola, ferido diante de Pamplona, decide na solidão de Manresa dedicar-se a Deus e à Igreja.

[16] Que não se deve confundir com Johann Eck.

[17] Frase muitas vezes citada por aqueles que pretendem ver em Lutero um campeão da "liberdade de consciência", quando ele, afinal, em toda a sua vida, só teve fome e sede de servidão em Deus...

[18] Alguns autores afirmam que houve também rabinos entre os seus companheiros e colaboradores, mas é uma afirmação discutível. Em qualquer caso, não se pode admitir o que Bernard Lazare diz no seu livro sobre o *Antissemitismo*: "É o espírito judeu que triunfa com o protestantismo. Uma grande parte das seitas protestantes foram semijudaicas".

[19] Foi também durante a sua permanência na Wartburg que Lutero escreveu o trabalho que mais pode tocar os corações católicos: o seu *Magnificat, traduzido e comentado*. Este tratado sobre a Santíssima Virgem revela uma grande piedade. A intercessão da Mãe de Cristo é implorada duas vezes: no princípio e no fim, e as virtudes de Maria são estudadas com fervor e exatidão, sobretudo a sua humildade e o seu abandono à vontade de Deus. No entanto, previne contra os excessos de muitos que recorrem a Ela mais do que ao próprio Deus: "Ela não dá nada; é unicamente Deus quem dá".

[20] Que escreveu a Espalatino estas palavras jocosas a propósito do casamento de Karlstadt: "Por Deus, os nossos wittenbergueses darão mulheres até mesmo aos monges; a mim, nunca!" — Quatro anos mais tarde, mudaria de opinião.

[21] O historiador protestante H. Strohl comenta assim airosamente o acontecimento: "Se é verdade que os senhores aumentaram o seu poder secularizando bens eclesiásticos, não foi esse o seu móbil essencial, como muitas vezes lhes tem sido lançado em rosto. Com efeito, geralmente eles utilizaram esses bens, não para aumentar o seu prestígio, mas, conforme o seu destino primitivo, para favorecer o bem público, assegurando a subsistência do clero protestante e as obras de caridade e de ensino" (*Lutero*, p. 11).

[22] Lucien Febvre. A data de 1530 é um pouco prematura; a afirmação será realmente verdadeira cinco ou seis anos mais tarde.

[23] Insuficientemente fundamentados do ponto de vista teológico. É este um dos pontos em que as bases teológicas de Lutero parecem mais frágeis, e é também o ponto em que o protestantismo mais mudou nas suas "variações".

[24] *Dogmengeschichte*, 1897, III, 788.

[25] Sobre o saque de Roma, cf. vol. V, cap. II, primeiro par.

[26] Termo de caráter negativo que os "reformadores" deploraram várias vezes, mas que o uso impôs.

[27] Do ponto de vista católico, sem dúvida nenhuma. A perspectiva protestante é oposta: um pastor celibatário não é um pastor completo; suscita desconfiança e concorre em posição de inferioridade numa eleição.

[28] Citado por H. Grisar, *Luther*, I, 471.

[29] Lutero insultou o rei inglês por ter escrito uma refutação das teses luteranas (cf. cap. VII, par. *O divórcio de Henrique VIII e o cisma anglicano.*)

[30] Vejam-se a este respeito as justas observações de Cristiani no artigo *Réforme*, do *Dictionnaire d'Apologétique d'Alès.*

[31] As principais obras de Lutero podem repartir-se da seguinte forma: Comentários da Sagrada Escritura e tradução da Bíblia; obras de polêmica (por exemplo, *O cativeiro na Babilônia*) ou políticas (*Manifesto à nobreza alemã*); tratados dogmáticos em que, aliás, o elemento polêmico desempenha também um grande papel (*Tratado do servo arbítrio*, *Dos votos monásticos* ou da *Missa privada*); os dois *Catecismos*; abundantes obras oratórias e os cânticos. As 7075 *Conversas à mesa*, fonte muito interessante sobre a sua vida, só parcialmente traduzem o seu pensamento; é preciso ter em conta o seu amor pelo paradoxo e os erros de transmissão daqueles que as reproduziram.

[32] Na evolução espiritual de Lutero, o ponto decisivo situou-se — quando ele ainda estava no convento — nessa descoberta da corrupção total da natureza humana e na rejeição do livre-arbítrio. A partir desse momento, tornou-se herege, embora no fundo não o soubesse.

[33] Cf. *A Igreja dos tempos bárbaros*, índice analítico.

[34] Strohl.

[35] É aqui que explode a fantástica contradição que surpreendia Bossuet. Lutero criticara as indulgências por darem lugar a uma falsa segurança, e a sua doutrina consiste em julgar-se salvo unicamente pela fé, em adquirir, portanto, uma total segurança através de um meio totalmente subjetivo e, no fim das contas, gratuito...

[36] Lutero, aliás, excluía do Cânon da Escritura todos os livros "deuterocanônicos" do Antigo Testamento (cf. Daniel-Rops, *Histoire Sainte*, p. 356), e, do Novo, rejeitava a *Epístola aos Hebreus*, as de *São Tiago* e de *São Judas*, e o *Apocalipse.*

[37] Cf. *A Igreja dos tempos bárbaros*, índice analítico.

[38] Nos artigos de Smalkalde, precisa-se o sentido da verdadeira contrição: "não *activa contritio*, arrependimento produzido pela própria pessoa, mas *contritio passiva*, dor verdadeira do coração, sofrimento e sentimento da morte". Mais adiante, diz-se que a Penitência contém dois elementos: "o arrependimento e a fé".

[39] Cf. adiante o par. *Reformas fora de Lutero* e o cap. VI.

[40] Cf. cap. IV.

[41] Também é verdade que, no *Elogio da loucura* ou nos *Colloquia* (que contém páginas simplesmente escandalosas destinadas à juventude), o advogado do diabo teria encontrado numerosos argumentos para dificultar o processo de canonização...

[42] Courvoisier.

[43] Não é possível entrar aqui em pormenores sobre as diferenças doutrinárias entre os diversos reformadores. Pode-se encontrar um estudo extremamente sério sobre a matéria no livro de Henri Strohl, *La Pensée de la Réforme.*

[44] Seria injusto, no entanto, encarar a pregação de Zwinglio apenas como uma constante demolição. Possuem-se poucos textos dele, mas sabe-se que, desde a sua chegada a Zurique, se dedicou a redigir um comentário ao *Evangelho de São Mateus*, parágrafo por parágrafo, apoiando-se em São João Crisóstomo e em Santo Agostinho. Depois passou aos *Atos dos Apóstolos* e em 1525 estava no fim do Novo Testamento. Também seria pouco justo ver na sua doutrina burguesa um enorme vazio; no *De vera et falsa religione*, palpita uma fé sincera e um sentido profundo da miséria humana e da caridade de Cristo que, sob certos aspectos, tornam Zwinglio mais humano que Lutero. A frase evangélica que mais o tocava era: "Vinde a mim, vós todos que estais fatigados e sobrecarregados".

[45] Foi por isso, sem dúvida, que o bom deão Henri Strohl escreveu a propósito das discussões entre reformados: "O ardor das suas controvérsias explica-se sobretudo pelo intenso desejo que têm de servir a verdade. Trata-se, na maior parte dos casos, de uma amigável entreajuda".

[46] Estas observações foram desenvolvidas por Jacques Pirenne no tomo II da sua admirável obra *Les grands courants de l'Histoire Universelle*. Podemos assim compreender a filiação do pangermanismo e mesmo do nacional-socialismo.

[47] Um dos traços mais curiosos do seu caráter, e que mostra suficientemente até que ponto esses humanistas da Renascença estavam longe dos humanistas atuais, era a sua tendência doentia para a superstição. Assim, por ocasião da Dieta de Augsburgo, escrevia que lhe parecia notar muitos prodígios favoráveis ao triunfo do luteranismo: uma cheia do Tibre, o parto de uma mula cujo filhote tinha um pé de grou, o nascimento de um veado com duas cabeças... Tudo isso eram para ele sinais da ruína de Roma. Em sentido contrário, quando a sua filha adoeceu, o terrível aspecto de Marte fê-lo tremer. Não dava um passo sem consultar os astrólogos.

[48] Esta doutrina é chamada em teologia "sinergismo".

[49] A partir de 1543, utiliza de preferência a palavra *coetus*, isto é, "classe", em vez de sociedade.

[50] Em Estrasburgo, Bucer foi mais longe e quis fazer da Igreja a educadora da cidade: a paróquia, como organização religiosa, controlaria a comunidade municipal laica; mas a ideia chocou-se com a resistência do magistrado. Bucer acabou por ser expulso, em 1548, por se ter recusado a aceitar a paz de Augsburgo, e refugiou-se na Inglaterra, onde desempenhou um papel importante na evolução religiosa desse país. As suas ideias seriam aproveitadas por Calvino, que as aplicou primeiro na própria Estrasburgo, na sua paróquia francesa, relativamente independente, e sobretudo em Genebra, em moldes ditatoriais, como teremos ocasião de ver (cf. cap. VI).

[51] O que não o impediu de, ao mesmo tempo, reprimir do modo mais sangrento a agitação protestante na França (como no caso dos *Pascards*, em outubro de 1534, que se verá adiante). "É um homem que cavalga sobre duas selas", disse Bucer.

[52] Bossuet publicou o texto em apêndice à *Histoire des variations*.

[53] Citemos aqui estas palavras que o honram: "Se conseguir reconciliar os meus caros senhores, deitar-me-ei com alegria no meu caixão".

[54] Sobre a morte de Lutero, correram os boatos mais absurdos e odiosos. Contou-se que se tinha suicidado por desespero e remorsos. Pretendeu-se que expirara na blasfêmia. O historiador Grisar alerta os católicos contra todas essas lendas degradantes e desprovidas de qualquer fundamento.

[55] Sabe-se que estas palavras foram proferidas por George Sand a propósito de Talleyrand.

[56] É preciso que haja hereges, para que se possam manifestar entre vós os que são de virtude provada (1 Cor 11, 19).

VI. O Êxito de João Calvino

A reforma protestante alcançaria a França?

O abalo provocado por Lutero repercutiu em todo o Ocidente. Em todas as nações batizadas, por volta do primeiro quartel do século XVI, perguntava-se em maior ou menor escala se as novas ideias provenientes de Wittenberg não trariam a resposta aos problemas que preocupavam tantas consciências, e se não seria necessário procurar a salvação fora dos quadros carcomidos da Igreja romana. Sinal vivo de contradição, o heresiarca ia obrigar a uma opção formal todo aquele que refletisse sobre o drama do seu tempo; seria preciso escolher: a favor ou contra.

De todos os países cristãos, aquele cuja opção podia ser mais decisiva era incontestavelmente a França. Cobrindo um território contínuo de quatrocentos mil quilômetros quadrados, contando vinte milhões de habitantes numa Europa que não tinha mais de cem, bem organizado em torno dos seus príncipes, o reino das flores-de-lis ocupava materialmente o primeiro lugar. Preservada desde há muito tempo das devastações militares — as guerras só se travavam nas suas fronteiras ou para além delas —, a França encontrava-se num período de prosperidade. Produzia trigo e vinho suficientes para vender; também exportava tecidos, móveis, produtos metalúrgicos e livros; as suas feiras tinham uma ampla freguesia e os seus banqueiros rivalizavam com os grandes milionários da Alemanha ou da Itália; banhada por três mares, começava a desenvolver em direção ao Atlântico uma atividade que o declínio do Mediterrâneo tornava viável. Se um reino dessa natureza pusesse a serviço da heresia o seu poder material e também todo o vigor do seu gênio intelectual, o catolicismo na Europa haveria de sofrer rudemente.

As circunstâncias eram ali tão favoráveis a um triunfo das novas doutrinas como o tinham sido no mundo germânico? Não era tão fácil. Para começar, impunha-se à observação um dado capital: na França, nada se assemelhava ao retalhamento anárquico do Império. Muito pelo contrário, restaurado na sua disciplina pelo punho de ferro de Luís IX e depois pela sábia suavidade de Carlos VIII e do "Pai do povo", Luís XII, o reino dos Valois apresentava-se como um verdadeiro modelo dessa "monarquia absoluta" para a qual tendiam em maior ou menor grau todas as coroas: um reino em que o príncipe, rodeado de uma corte suntuosa e servido por uma administração centralizada, reinava sobre um povo cujas classes sem exceção alguma lhe estavam estritamente subordinadas. Educado por sua mãe, Luísa da Savoia, na convicção de uma inata onipotência — "meu César", chamava-lhe ela —, *Francisco I* (1515-1547), déspota bem-humorado, esforçava-se ardentemente por firmar a autoridade da sua coroa. A Reforma não se beneficiaria, na França, da contingência de um imperador eletivo e discutido.

No entanto, a questão podia perfeitamente vir a levantar-se, porque essa França, sólida sob tantos aspectos, em outros pontos encontrava-se em busca das suas certezas. Embora refeita da Guerra dos Cem Anos, ainda não retomara nem retomaria antes de um século o papel que desempenhara outrora como guia das nações, como "forno onde se cozia o pão do Ocidente", segundo se dizia na Idade Média. E, confusamente, sofria com isso. De centro de influência, convertera-se em encruzilhada de influências. Os dois grandes movimentos da época tinham-se desencadeado fora dos seus limites: a Renascença na Itália e a Reforma na Alemanha. Assim como a sua política hesitava entre empreender cavalgadas aventureiras para além dos Alpes e, mais realisticamente, levar a cabo um paciente plano de junção de terras, assim também a sua vida moral e espiritual se via repuxada entre as forças vivazes das tradições nacionais e as fecundantes influências provenientes do exterior. O país percebia claramente que deviam ser dadas novas respostas ao eterno problema das relações do ser com a vida, mas não as formulava ainda na sua língua. Essa França de Francisco I, tão pitoresca e encantadora, tão excitante para o espírito, que espetáculo não dava de uma estranha fermentação! Tudo ali parecia possível, porque nada estava ainda muito definido.

O fenômeno da Renascença surgira nela nos últimos dias do século XV, isto é, cinquenta anos depois de ter irrompido na Itália. Para essa transformação, se bem que sem serem a sua causa única, tinham contribuído decisivamente as guerras da Península itálica. Das suas belas cavalgadas, Carlos VIII e Luís XII tinham trazido admiráveis exemplos e mesmo professores, como Fra Giocondo de Verona e o *Boccador*. Essa influência fizera-se sentir imediatamente: os austeros castelos-fortaleza tinham-se transformado em aprazíveis moradias; em Chaumont, em Loches, no Blois, no Lude e em Azay-le-Rideau, os elementos da arquitetura guerreira tinham-se convertido em motivos ornamentais, e em Chambord, um glorioso monstro, a carcaça feudal iria cobrir-se de uma decoração quase louca, inspirada diretamente na Cartuxa de Pavia.

A seguir, uma segunda vaga, trazida por Francisco I, lançara um novo assalto; no rasto do vencedor de Melegnano, tinham vindo o *Rosso*, discípulo de Michelangelo, o *Primaticcio*, aluno de Júlio Romano, *Vignola*, o famoso arquiteto, e o próprio *Leonardo da Vinci*, que, aliás, instalado nas margens do Loire, só se interessara por pesquisas científicas. O Palácio de Fontainebleau, no seu fausto cheio de mistério, era o quadro perfeito onde se associavam, ainda hesitantes, elementos contraditórios. Nos anos 30, o classicismo da Renascença francesa ainda se buscava a si própria; os homens que realizariam as suas obras-primas eram ainda rapazes de vinte anos: *Jean Goujon* (1510-1568) e *Pierre Lescot* (1510-1570), futuro construtor de Anet. As influências nacionais mantinham-se extremamente poderosas; sob as pilastras coríntias de Santo Eustáquio em Paris, reconhecia-se a velha construção francesa; em Troyes, Martin Chambiges rematava a catedral em puro gótico, como outros erigiam no mesmo estilo a célebre Torre de Saint-Jacques em Paris e a Torre de Beurre em Rouen, ao passo que no Palácio da Justiça dessa cidade (1499-1515), bem como na basílica de Brou (1511-1536), na orla do reino onde se situa Bresse, o estilo flamejante continuava a proliferar em mil decorações. Esse conflito das formas duraria ainda muito tempo, revelando um outro, mais interior: Jean Goujon faria triunfar as encantadoras formas pagãs das suas graças e náiades, enquanto *Germain Pilon* (1535-1590), vinte e cinco anos mais novo, se conservaria ainda fiel às lições dos escultores do século XV. Essa arte da primeira Renascença refletia as características de uma França cheia de vida, mas que ainda procurava a sua identidade.

A mesma febre criadora se observava no domínio das letras e das ideias. Junto com a Renascença artística, penetrara na França o *humanismo*, trazido da Itália. Tal como na Península, tinha a princípio como finalidade "ir beber na fonte fecunda do gênio grego e do gênio latino", como dissera já um dos primeiros livros impressos, *La Rhétorique*, de Guillaume Fichet. Extasiados, os espíritos mais notáveis tinham descoberto a comunhão com as antigas obras-primas. Haviam-se lançado sobre o grego e devorado desordenamente Xenofonte, Diodoro Sículo, Homero e Tucídides. Paris, por volta de 1500, tornara-se um dos focos de cultura, mas também se tinham constituído grupos de apaixonados pelas belas-letras em Lyon, Mans, Poitiers, Orléans, Grenoble e até em Fontenay-le-Comte, Cognac, Noyon e Coutances[1].

O movimento recrutara adeptos em todas as classes: magistrados, professores, clérigos e burgueses ricos. A imprensa — cujos primeiros ensaios haviam sido tentados em Avinhão já em 1444, dez anos antes de Gutenberg — difundira-se rapidamente. Em 1458, por ordem de Carlos VIII, Nicolau Jenson tinha trazido de Mogúncia a nova técnica; em 1469, a Sorbonne chamara os especialistas Miguel Friburger de Colmar, Ulrich Gering de Constança e Martin Cranz de Basileia, para instalarem uma oficina de tipógrafos nos seus edifícios; pouco depois, Pierre le Rouge fundava a sua, de onde sairia, em 1487, a admirável edição do *Mer des Histoires*. Em 1500, Lyon contava já cinquenta tipografias em plena atividade e, pouco depois, os *Estienne*, dinastia de impressores, criariam a sua ilustre empresa. No primeiro quartel do século XVI, o livro propriamente dito, assim como os inumeráveis "livretos" de algumas páginas, remotos antepassados das nossas revistas, difundiam ideias e conhecimentos por toda a parte. Em 1533, Rabelais podia escrever: "Agora todas as disciplinas estão organizadas e todas as línguas instauradas: a grega — sem a qual será vergonhoso que uma pessoa se diga sábia —, a hebraica, a caldaica e a latina".

Nesse mundo efervescente, era considerável a influência de *Erasmo*[2]; por toda a parte se devoravam os seus *Adágios*, o seu *Elogio da Loucura* e o seu *Enchiridion Militis Christiani* (Manual do soldado cristão). O único mestre francês da sua categoria foi *Guillaume Budé* (1467-1540), eminente helenista, historiador e sábio, teólogo e filósofo. Escritores de um novo tom iam conquistar o público: o amável e sensível *Clément Marot* (1496-1544) e o truculento, sábio e muitas vezes profundo *Rabelais* (1495-1553), cujas primeiras *Chroniques de Gargantua* surgiam em Lyon em 1532. Um e outro eram ainda escritores de transição; não faziam parte dos quadros do humanismo clássico e precediam num quarto de século os Ronsard e os Du Bellay da *Plêiade*, e Montaigne em quarenta anos. A toda essa viva emulação, Francisco I, "Pai das letras", embora ignorante do grego, talvez mesmo do latim e de muitas coisas mais, dispensava uma generosa proteção. O enorme desenvolvimento da Biblioteca real no seu reinado, bem como a fundação em 1530 do *Colégio dos leitores reais* (chamado mais tarde *Colégio de França*), instituição de ensino inteiramente livre quanto às matérias e aos métodos, foram brilhantes sinais dessa soberana solicitude.

Em que medida essa fermentação prepararia o terreno para a Reforma? Incontestavelmente, o humanismo francês — como o germânico e o inglês — diferenciava-se do italiano pelo interesse que lhe mereciam os problemas da moral e da religião: não havia escritor desse tempo que não emitisse a sua opinião sobre essas questões, incluindo os poetas da corte, como Marot, ou as grandes damas letradas, como Margarida de Navarra. Mas o espírito com que eles as abordavam favoreceria o eventual desenvolvimento da heresia? "O espírito do Colégio de França" queria estudar as letras, a filosofia e as ciências sem qualquer preocupação que não fosse a livre pesquisa. Afastando-se claramente dos quadros rígidos do ensino medieval — e, nesse sentido, a data de 1530, em que se inaugurou o célebre instituto, marca nitidamente a ruptura com a Idade Média —, pode mesmo dizer-se que, de certa maneira, esse espírito podia harmonizar-se com alguns aspectos do luteranismo. Mas, desde o instante em que o protestantismo seria levado a erigir-se em dogmatismo, o essencial do humanismo opor-se-ia a ele. É do que nos convenceremos se lermos o mestre Rabelais. "A França não se emancipou da escolástica para cair imediatamente sob a tirania do puritanismo protestante"[3]. O terreno trabalhado pelo humanismo seria pouco favorável à sementeira de Calvino.

A tendência predominante era antes a do "humanismo cristão", que já tivera precursores na Itália com Marsílio Ficino e Pico della Mirandola, e cujas teses pareciam resumir-se na "filosofia de Cristo" segundo Erasmo. Verdadeiros descrentes, ateus, havia poucos e, durante muito tempo ainda, continuaria a haver poucos, menos sem dúvida do que na Itália. Alguns paduanos como Pomponazzi ou Vicomercato seriam professores em alguns colégios, e o último até no Colégio de França; um curioso boêmio, Jerôme Cardan, que se autoproclamava "pérfido e invejoso detrator da religião", ensinava uma surpreendente teologia astrológica que explicava a Encarnação pela conjunção de Saturno e do Sol. Nada disso ia muito longe. O único grupo anticristão inquietante era o de Lyon, reunido em volta de *Étienne Dolet*, natural de Orléans, que se estabelecera em 1534 nas margens do Ródano para trabalhar na oficina de imprensa de Sébastien Gryphe; os seus *Commentarii linguae latinae*, compostos à maneira de um dicionário, atacavam tanto os dogmas da Igreja como as doutrinas de Erasmo que, aos olhos desse resoluto ateu, eram demasiado conformistas.

Os próprios ataques de Dolet provavam o caráter cristão do humanismo verdadeiro, aquele que professavam os Guillaume Budé, os Estienne e mesmo os Clément Marot e outros grandes espíritos. O sonho acalentado por estes era praticamente o mesmo que Erasmo desenvolvia na sua obra e que Thomas More, em 1516, acabava de expor sob a divertida ficção da *Utopia*: o de apoiar-se na natureza humana e naquilo que nela é centelha divina, aspiração ao Belo e ao Verdadeiro, para ali "enxertar a graça" e realizar assim uma religião acolhedora — talvez em excesso. Reduzia-se assim a contradição aparente entre a fé e a vida; mas não seria à custa da solidez dos dogmas? Nesse humanismo cristão anterior a 1535, havia elementos inquietantes que podiam inconscientemente abrir caminho à heresia. Mas não se tratava ainda senão de tendências pouco nítidas, de ambiguidades mal perfiladas.

Como na Alemanha e na Itália, os humanistas franceses eram, no sentido lato do termo, "reformadores". Isto significa que, mesmo sem pensarem de forma alguma em romper com Roma e com a Igreja, desejavam mudanças profundas no seu seio. Todos criticavam com violência — a exemplo do seu mestre Erasmo — os vícios e os escândalos de que a sociedade eclesiástica dava tantas mostras. Sofriam sobretudo com essa perversão da piedade que, com demasiada frequência, substituía uma verdadeira vida interior por uma religião muito formal e imobilizada no psitacismo. Mas, ao criticarem os abusos com um vigor muitas vezes excessivo, não abalariam eles as próprias bases da Igreja? O problema punha-se, pois, na França, tanto como no Império e em toda a parte.

Deste ponto de vista, nada é mais significativo do que o caso de *Rabelais*[4]. O ex-franciscano, depois beneditino em Ligugé, a seguir cônego de São Mauro e, por fim, pároco de

Meudon, tem sido muitas vezes apresentado como um notório blasfemo, um naturalista, um pagão. Hoje, depois da magistral demonstração de Lucien Febvre, já não é possível agarrar-se ao retrato superficial de um Rabelais anticristão e pagão. Sabe-se o que havia de realmente cristão nesse folgazão satírico, que um dia ousou emitir, como se fosse a brincar, o mais terrível juízo contra todos os futuros racionalismos e materialismos: "Ciência sem consciência não é senão ruína da alma". Também a ele devem os cristãos ser gratos pelo profundo conselho que põe na boca de Gargântua em conversa com o seu filho: servir, amar, temer a Deus e, "por uma fé imbuída de caridade, estar ligado a Ele, de forma que nunca sejas perturbado pelo pecado". Mas não há dúvida de que as críticas acerbas, muitas vezes mais que grosseiras, com que acabrunhou o clero, e os pérfidos gracejos com que atacou certos dogmas dos mais fundamentais, alimentaram o arsenal dos inimigos da Igreja, fossem protestantes ou ateus. Assim, Dolet reeditará Rabelais clandestinamente, adaptando-o à sua maneira, para dele se servir como archote.

Quer isto dizer que a Igreja, na França, não merecia censuras? De maneira nenhuma, mas tanto como em qualquer outra parte. As queixas que se ouviam em todos os países contra a indignidade e a rapacidade do alto clero, contra a ignorância e o mau comportamento do baixo clero, embora excessivas no sentido de que se prestavam a generalizações abusivas, eram no entanto muito fundadas. O regime da comenda, que a Concordata de 1516 acentuaria, colocando os benefícios eclesiásticos na dependência do rei, estava pelo menos tão difundido na França como na Alemanha:

Criancinhas que mal nasceram
têm bispados e dignidades; é a moda...

Basta-lhes ser bem prebendadas,
sem dizerem missas, horas, vésperas ou salmos...

Assim havia cantado o motejador Pierre Gringoire. Isto não era menos verdadeiro no limiar do século XVI, mas pouco interessa voltar ao tema. O mais grave era que a indiferença do alto clero pelos seus deveres acarretava uma decadência generalizada no baixo clero, com o enfraquecimento da fé e da prática nos diversos setores do país. Em 1553, o jesuíta Broët escreverá que, muito perto de Bordeaux, "o culto divino e a doutrina estão obscurecidos por trevas" e que os habitantes "vivem como animais de carga". Quanto ao clero regular, os dardos cruéis lançados por Rabelais contra ele não eram inteiramente injustos; se em Cluny, em Fontevrault e em Saint-Germain-des-Prés viviam comunidades edificantes, em muitas outras casas o espetáculo era menos digno de respeito. Também neste campo o sistema da comenda conduzia aos erros mais prejudiciais: em Saint-Bénigne de Dijon, uma criança de 11 anos foi nomeada prior claustral e despenseiro da abadia, isto é, encarregado da nutrição tanto espiritual como material dos monges! As críticas contra o clero estampadas nos folhetos vendidos pelos agentes do protestantismo não deixavam de ter fundamento.

Assim, de muitas formas, embora muito menos nitidamente do que na Alemanha, a Reforma podia encontrar na França um terreno bastante propício. No entanto, não seria bem-sucedida. Por quê? Que obstáculos iria ela encontrar? A resposta mais usual e, aliás, a mais simples, dá-se numa só palavra: o rei. Não há dúvida de que, pelo seu passado de tradição e fidelidade, a coroa "cristianíssima" dos descendentes de São Luís estava infinitamente mais ligada à Igreja do que as dos pequenos príncipes alemães. Mais ainda: é evidente que, depois da Concordata de 1516, o soberano francês deixara de ter qualquer interesse em rejeitar um sistema eclesiástico do qual ele mesmo era uma das peças e um dos beneficiados. A política regalista e galicana do chanceler Duprat e de Luísa da Savoia baseava-se nessa evidência.

No entanto, seria injusto afirmar que a França não se tornou protestante unicamente porque os reis não o quiseram. É profundamente verdade que foi o povo francês que não o quis. "Enquanto por toda a parte na Europa", escreve Baudrillart, "a massa do povo se deixou vencer e recebeu a Reforma — por indiferença, por surpresa ou pela força — da mão ávida e brutal dos seus chefes, a massa do povo francês não se deixou seduzir nem domar. Defendeu a sua fé contra todos os inimigos, por todos os meios, e soube impô-la até ao seu próprio rei"[5]. E o cardeal tem razão ao concluir: "É uma das páginas mais gloriosas de uma história fecunda em gestos generosos".

Mas por que o povo francês resistiu assim? Talvez porque, inconscientemente, sentia que a fé católica estava intimamente associada à sua consciência nacional. A influência da religião que se apoderava do homem desde o seu nascimento e não o deixava até à morte, e se fazia sentir em todos os aspectos da sua existência particular, do seu trabalho e mesmo da sua vida pública, não era certamente mais forte na França do que na Alemanha, mas exercia-se mais profundamente. A não ser na Renânia e na Baviera, o cristianismo alemão tinha-se apenas justaposto ao velho fundo germânico tribal e pagão, sem se integrar intimamente no próprio ser do povo. Na França, porém, as tradições cristãs estavam tão solidamente enraizadas na alma popular que, quando se produzirem as primeiras manifestações dos iconoclastas reformados, será a própria massa dos católicos que reagirá com violência contra os destruidores de imagens. Apesar de todos os seus defeitos e das suas limitações, a piedade era extremamente viva na França, e os ataques, longe de a fazerem declinar, só a farão crescer. A recitação do terço, a prática da Via-Sacra, a devoção pela Paixão e o culto à Imaculada Conceição, enaltecido pela Sorbonne, exaltavam as almas. É preciso ter em conta estes sentimentos para avaliar a resistência que o protestantismo encontrará na França quando quiser persuadir o povo fiel a desembaraçar-se dos seus velhos santos tão queridos, das suas peregrinações e das suas antigas fórmulas de piedade[6].

Por fim, é preciso sublinhar um último ponto. O francês não experimentava de forma alguma para com Roma e a igreja italiana aquele furor surdo, racial, que se pudera observar na Alemanha. É certo que a igreja galicana tinha entrado várias vezes em choque com os pontífices; Luís XII tinha corrido o risco de um cisma contra Júlio II[7]. E essa constante veleidade de independência, prefiguração do galicanismo do *Grand Siècle*, estava tão enraizada na consciência nacional que, em plena guerra de religião, no auge da Liga, em 1586, se verá a Assembleia do Clero francês falar em suprimir uma bula pontifícia porque a intervenção do núncio ia contra os privilégios da igreja galicana! Mas esses debates e essas querelas situavam-se no marco da mais sólida fidelidade. No fundo, mesmo quando se insurgiam contra a autoridade pontifícia, os católicos da França não pensavam de forma alguma em abalar as bases das suas crenças. "A prova", dizia um embaixador de Veneza, "é que não há povo no mundo que mais peça à Santa Sé dispensas, privilégios e outras autorizações!"

A França, em última análise, não era, pois, um terreno favorável à Reforma. Apesar das faltas muito flagrantes do mundo clerical, não seria protestante. Se deixou o protestantismo ganhar terreno em sua casa, foi devido à inércia própria das maiorias solidamente estabelecidas, demasiado confiantes no sistema, nas forças legais e no governo, que acabam sempre, em maior ou menor grau, por ficar na mão de minorias audaciosas. Mas a reação profunda da consciência nacional opor-se-ia ao desenvolvimento da heresia. Aconteceria na França exatamente o contrário do que se passara na Alemanha, onde unicamente o luteranismo tinha podido instilar numa massa informe e caótica uma alma coletiva. A forma francesa da Reforma protestante, suscitada por um francês, segundo critérios ideológicos profundamente franceses de lógica e de universalismo, apenas poderia ganhar raízes fora das fronteiras do país. Na própria França, só se implantaria parcialmente.

Um humanismo evangélico: Lefèvre d'Étaples e o Grupo de Meaux

Por volta de 1515, no pequeno meio dos intelectuais franceses que trabalhavam por instaurar entre eles o clima humanístico — homens graves, piedosos, bem diferentes desses italianos pagãos que se chamavam Lourenço Valla ou o *Panormita* —, uma admiração unânime, afetuosa, rodeava um sacerdote já idoso, de baixa estatura, de traços finos de rato de biblioteca, cujas qualidades de alma pareciam superar os eminentes méritos da inteligência. Chamava-se *Jacques Lefèvre*, nascera (em 1455) em Étaples, na Picardia, e desde muito jovem entregara-se sem descanso às puras alegrias do conhecimento. Todas as ciências o tinham apaixonado, sobretudo as matemáticas, bem como as filosofias antigas. Depois, pouco a pouco, passara das ciências profanas para outras mais elevadas. "Durante muito tempo", dizia ele mesmo, "dediquei-me aos estudos humanos, e somente de leve saboreava os estudos divinos, porque estes são tão sublimes que não nos podemos aproximar deles temerariamente. Mas um dia, lá ao longe, feriu-me os olhos uma luz tão brilhante que as doutrinas humanas me pareceram trevas em comparação com os estudos divinos, ao mesmo tempo que estes me pareciam exalar um perfume cuja doçura nada na terra podia igualar". E, para melhor consagrar-se a aspirar esse maravilhoso perfume, havia oito anos que se retirara para o convento de Saint-Germain-des-Prés, às portas de Paris, cujo abade, o seu aluno Briçonnet, empreendera a reforma do mosteiro.

A projeção desse homem tímido e raquítico — desse *homunculus*, dizia ele rindo de si mesmo — era prodigiosa. Vinham procurá-lo as melhores cabeças da época, algumas delas verdadeiros personagens, como o sábio Guillaume Budé, o hebraísta François Vatable, Guillaume Farel, o fogoso delfinês, Josse Clichtove, que vinha dos Países Baixos, o afamado pregador Gérard Roussel, capelão da mais letrada das princesas de sangue, Margarida, e Pierre Caroli, e Michel d'Arande, e até o próprio confessor do rei, Guillaume Petit. Todo esse cenáculo em volta do pequeno *Faber Stapulensis* ("trabalhador de Étaples"), que morria de frio dentro da sua samarra, rodeava-o em círculo para escutar a sua palavra. Sabia-se que o grande Erasmo nutria por ele a maior consideração e que os dois mantinham uma frequente correspondência, na qual nem sempre se mostravam de acordo. O holandês censurava o picardo por se entregar demasiado à ascese monástica e à especulação mística, e este, por sua vez, replicava que o mestre de Rotterdam perdia muito tempo com o estudo dos antigos e que a sua ironia excessivamente ácida não era digna de um verdadeiro cristão.

Verdadeiro cristão, até às dobras mais íntimas da alma, era, sem dúvida, Jacques Lefèvre d'Étaples. Símbolo vivo de todas as inquietações que acometiam os seus contemporâneos, sonhava com uma nova fé, pura e fulgurante, que, haurida nas fontes vivas, renovaria tudo quanto exigia ser renovado nessa Igreja a que ele nem por um instante pensava poder ser infiel. Apaixonado pelos Padres, sobretudo por Santo Inácio de Antioquia e São Policarpo, e também por esses monges de São Vítor da Idade Média, para os quais o amor ia sempre "mais longe do que a razão", e ainda por Ruysbroeck e pelas videntes Mechtilde e Hildegarda, resumia gozosamente o essencial da sua doutrina espiritual citando o célebre aforismo de São Paulo: "Já não sou eu que vivo, mas é Cristo que vive em mim".

Na prática, o que ele preconizava era uma reforma levada a cabo na Igreja e pela Igreja, uma reforma intelectual que substituísse a degenerada escolástica por uma teologia positiva, baseada no estudo da Escritura e dos Santos Padres, e também uma reforma moral e disciplinar que pusesse fim aos abusos gritantes. Por que meios se realizaria tal reforma? Por um regresso da alma fiel à verdade de Cristo e por uma penetração do Evangelho em todas as consciências. Era à Escritura, à palavra sagrada, que, muitos anos antes de Lutero, Lefèvre d'Étaples confiava as possibilidades da indispensável renovação. Em 1509, editara o Saltério e, em 1512, as Epístolas de São Paulo. Este *evangelismo* de sábios e de humanistas baseava-se simultaneamente na natureza humana resgatada e nos inesgotáveis poderes da mensagem de Cristo.

Um dia, ofereceu-se a Lefèvre e aos seus discípulos uma oportunidade única de experimentarem as suas ideias. Em 1516, um membro do grupo — um dos mais importantes, *Guillaume Briçonnet* — recebeu o bispado de Meaux. Filho de um ministro de Carlos VIII — que, tendo enviuvado, se ordenara sacerdote e obtivera o arcebispado de Reims, depois o chapéu cardinalício, além de uma boa meia dúzia de ricos benefícios —, Briçonnet, ao contrário do pai, preocupava-se mais com as almas do que com as prebendas. Em Lodève, seu primeiro bispado, e depois em Saint-Germain-des-Prés, empenhara-se em aplicar os mais sólidos princípios. Durante uma estada em Roma, aproximara-se dos entusiastas dos Oratórios "do amor divino" e conhecera o ambiente que, ao redor do cardeal Caraffa e de São Gaetano de Thiène, se esforçava por forjar novas armas para a Igreja. Era uma alma elevada e pura, cuja piedade e unção fazem pensar em São Francisco de Sales. Tinha a mais nobre concepção do seu papel: "O ministério episcopal é inteiramente evangélico", dizia ele. "O bispo é um anjo enviado por Cristo para difundir a mensagem divina, e que cuida de realizar o ofício dos anjos, isto é, de purificar, iluminar e tornar perfeitas as almas".

Briçonnet empreendeu, pois, energicamente, a "purificação" da sua pequena diocese. As suas duzentas paróquias foram divididas em vinte e seis setores ou "estações"; para cada uma foi nomeado um pregador, encarregado especialmente de trabalhar o melhor possível essa terra há tanto tempo baldia. Proibiram-se as danças e os jogos públicos, ocasiões frequentes de devassidão. Os padres pouco exemplares ou pouco dedicados às suas ovelhas foram severamente chamados à ordem. Alguns franciscanos, mais pedintes do que pregadores, foram sumariamente expulsos da diocese. Essas medidas não podiam agradar a todos e começaram a chover denúncias contra o bispo excessivamente diligente.

Foi à sua volta que se estabeleceu o pequeno grupo de Saint-Germain-des-Prés, com Lefèvre d'Étaples à cabeça. Sabendo que este não era muito bem visto pela Sorbonne, Briçonnet chamou-o em 1523 e fez dele seu vigário-geral;

Gérard Roussel foi nomeado tesoureiro do Cabido; o cônego de Sens, Pierre Caroli, e o antigo reitor de um colégio parisiense, Marcial Mazurier, devotavam-se ardentemente à renovação da teologia. O *Grupo de Meaux*, onde se preparava o cristianismo rejuvenescido com que sonhavam tantas almas excelentes, tornou-se assim um cenáculo de piedade e de apostolado — com um pouco de Port-Royal e outro pouco do *La Chesnaie* dos tempos de Lamennais — e não demorou a projetar-se para além dos limites da diocese. Quantos bispos não eram favoráveis ao movimento! Os Du Bellay em Paris e no Mans, Lenoncourt em Châlons, Sadolet em Carpentras... Por intermédio de sua irmã Margarida e de sua mãe Luísa da Savoia, Francisco I mantinha-se em contato com Briçonnet, seu amigo muito querido, e com todo o grupo. E era por eles solicitado a prover as dioceses vacantes com prelados zelosos, capazes de compreender a nova cruzada.

Que havia de suspeito e de inquietante nesse evangelismo tão nobre e tão generoso? O equívoco das fórmulas e um certa vaporosidade nas suas bases teológicas? Em 1523, Lefèvre d'Étaples publicou com grande sucesso a sua tradução francesa do Novo Testamento; no prefácio, podiam ler-se estas palavras: "Chegou o tempo em que Nosso Senhor Jesus Cristo, único sol, verdade e vida, quer que o seu Evangelho seja puramente anunciado em todo o mundo, para que ninguém se deixe extraviar por loucas promessas ou criaturas, nem por quaisquer tradições humanas, que não podem salvar". Um católico admitia facilmente tais princípios. Mas estar-se-ia igualmente de acordo quando se liam, no comentário às Epístolas de São Paulo, escrito em 1512, conselhos como estes: "Espera a salvação só da fé em Cristo"... "A tua salvação não são as tuas obras, mas sim as obras de Cristo"... "Tu não te podes salvar, Cristo te salvará; não a tua cruz, mas a sua Cruz!"? Não se pensa imediatamente em outro reformador que, oito anos mais tarde, defenderia teses singularmente próximas dessas, embora numa perspectiva inteiramente diferente?

Da mesma forma, quando Lefèvre denunciava a "louca piedade" que se ensinava ao povo em lugar da doutrina, quando se insurgia contra a mediocridade de certas preces e devoções e exclamava: "De que me serve jejuar novas Quaresmas?", não ingressava, certamente sem o querer e talvez sem o saber, numa corrente que, lá fora, desviava violentamente as almas das devoções, das preces tradicionais, dos jejuns e de muitas outras coisas? E quando se liam palavras como estas: "Se tu tens essa fé de que Jesus Cristo morreu por ti e para apagar os teus pecados, isso basta", em que terreno se estava?

Por isso, a doutrina do Grupo de Meaux, que para os que a formulavam era totalmente católica, comportava certamente perigos, dos quais o menor não era o de tender a promover uma religião inteiramente pessoal, em que a Igreja a bem dizer não tinha por que intervir, uma religião capaz, sem dúvida, de satisfazer as almas elevadas, mas não de dar diretrizes simples e firmes a todo um povo ansioso por respostas e reformas. Em outros tempos, mais tranquilos, o fabrismo, evangelismo humanista, teria podido ser útil, mais ou menos como viria a sê-lo o salesianismo, a doutrina de São Francisco de Sales; mas, naquela grave transição histórica, não seria perigoso?

Foi fácil aos adversários de Lefèvre, de Briçonnet e dos seus amigos servir-se das ambiguidades da sua doutrina para atacá-los. Como costuma acontecer nestes casos, o ataque não incidiu sobre o essencial, sobre a anfibologia das teses teológicas, mas sobre pontos secundários: a supressão dos peditórios e das espórtulas de Missas; o emprego da língua vulgar na liturgia (em Meaux, liam-se as Epístolas e o Evangelho em francês) e sobretudo as críticas contra os erros no culto dos santos. A ofensiva foi conduzida pela Sorbonne, essa Sorbonne de que Rabelais zombaria tão bem nos seus primeiros livros, mas que não contava senão com inofensivos "Mestres Janotus de Bragmardo", bons precisamente para irem reclamar de Gargântua os sinos de Notre-Dame postos por ele ao pescoço da sua égua!

À frente da faculdade de teologia encontrava-se então o antigo reitor do austero colégio de Montaigu[8], Noël Béda (ou Bedier), de quem se disse ser "um homem altivo e terrível, íntegro de costumes, insensível aos ataques e indiferente aos meios"[9]. Solidamente instalado sobre bases teológicas que lhe pareciam indiscutíveis, odiava tudo o que, de perto ou de longe, se assemelhasse a uma inovação. Já em 1518, tinha fustigado Lefèvre seriamente, acusando-o de ter ousado escrever que, no Evangelho, Maria de Magdala, Maria, irmã de Marta, e a pecadora perdoada eram três personagens diferentes, e não uma, como — segundo se dizia — ensinava a tradição. A partir do momento em que o Grupo de Meaux começou a ganhar importância, Béda e todos os da Sorbonne, bem como todos os "teologastros", juraram acabar com ele.

Com efeito, a situação modificava-se muito rapidamente. O luteranismo — esse luteranismo cujo vocabulário se assemelhava tão estranhamente ao das missões de Meaux! — começara a penetrar na França por volta de 1520. O famoso mas anônimo autor do *Journal d'un bourgeois de Paris* observava, carregando as tintas: "A maior parte de Meaux está infectada pela falsa doutrina de Lutero, e o chamado Fabry (*sic*) é a causa de toda essa balbúrdia". A partir de 1521, interveio no caso o Parlamento de Paris, esse tribunal real que tinha metade dos seus membros constituída por clérigos. Da mesma forma que a Sorbonne, estava resolvido a tolher o passo à heresia e, ao mesmo tempo, a esses oficiais-às-ordens de Lutero que pareciam ser os evangelistas de Meaux! Houve cisões no próprio grupo: o biblista Clichtove abandonou-o, depois de uma viva discussão com Lefèvre, pois era da opinião de que "o sublime sentido das Sagradas Escrituras não pode ser compreendido sem o auxílio de comentários dos doutores ortodoxos".

Produziram-se incidentes terríveis e nas igrejas de Meaux rasgaram-se cartazes que continham orações à Virgem e aos santos. Briçonnet inquietou-se. Um aviso do Parlamento proibiu que se publicasse qualquer livro religioso sem autorização oficial. Iniciou-se a era da repressão, que coincidiu com os anos de tribulação em que o rei estava preso em Pavia e em que a regente Luísa da Savoia se apoiava no Parlamento e na Sorbonne, que eram as forças da ordem... Um dominicano excessivamente ousado foi preso, um franciscano foi executado em Grenoble e a mesma sorte teve em Paris um agostiniano de nome Jacques Pavannes, que se dizia discípulo de Lefèvre d'Étaples! Denunciado em 1525 pelos franciscanos, o velho evangelista não esperou que a Sorbonne o prendesse; fugiu para Estrasburgo com Roussel, e só voltou à França quando o rei, posto a par da situação por sua irmã, ordenou de Madri que se suspendessem as perseguições.

Esse foi o fim do Grupo de Meaux. Uma bula de Clemente VII condenou os audaciosos evangelistas. Briçonnet submeteu-se. Lefèvre, depois de ter sido durante algum tempo bibliotecário do rei e mesmo preceptor dos príncipes, retirou-se para Nérac, para junto da sua protetora Margarida, onde morreu com oitenta e dois anos (1537), afirmando que nunca quisera afastar-se da Igreja. No entanto, recusou a presença de um padre que o assistisse nos últimos instantes. Os seus seguidores tiveram destinos diversos: uns permaneceram firmes na Igreja, como Clichtove, Roussel, que foi bispo de Oloron, e d'Arande, que ocupou a sé de Saint-Paul-Trois-Châteaux; outros, porém, passaram para o protestantismo, como Farel, que nele desempenhou um papel importante, e Vatable. Caroli, depois de uma temporada junto de Calvino, regressou à fé católica.

Assim acabou essa tentativa — sob tantos aspectos apreciável, mas sob muitos outros inquietante — de realizar no interior da Igreja, pacificamente, uma reforma capaz de rivalizar com a de Lutero. O evangelismo humanista malogrou. Foi talvez porque os seus chefes não eram senão intelectuais, muito tímidos e pouco preparados para eletrizar as multidões, nada comparáveis ao agostiniano — vigoroso, agressivo, cheio de seiva popular, que levantava a Alemanha — e muito menos a essa cortante lâmina de aço que em breve seria Calvino. A hora já não era para discussões sutis nem para aspirações místicas, mas para atos enérgicos e resoluções firmes.

Pode-se dizer que esta "pré-reforma" — lembremo-nos de que foi anterior à de Lutero — marcou o início da reforma herética na França? Alguns protestantes[10] têm pretendido fazer de Lefèvre e do Grupo de Meaux a sua vanguarda em terras francesas. Ora, isso é ir expressamente contra o próprio Calvino ou contra Guillaume Farel, que nunca consideraram os "fabristas" como precursores da sua igreja. "O exame imparcial dos escritos de Lefèvre", escreve com muita razão um historiador protestante[11], "deve atirar para o domínio da lenda tendenciosa tudo o que se tem afirmado a favor de uma verdadeira adesão de Lefèvre à Reforma e aos seus princípios teológicos". Mas talvez, no meio dessa "balbúrdia" de que falava o burguês parisiense, o evangelismo tenha trabalhado candidamente a favor de outras doutrinas: abriu-lhes o caminho.

A primeira reforma francesa

Chegavam do Leste as novas doutrinas que dentro em pouco iriam suplantar o suave misticismo reformador de Meaux. "A chave da heresia é feita de fino aço alemão", diria uma farsa representada em Rouen, em 1535, o que não é inteiramente verdade, porque a palheta francesa de mestre João Calvino fará vibrar outras cordas! Mas não há dúvida de que o "fabrismo" teria exercido pouca influência sobre os destinos religiosos da França se Lutero e Zwinglio não tivessem existido e proliferado.

Foi em 1519, logo depois da "Disputa de Leipzig"[12] entre Johann Eck e o agostiniano, que as teses luteranas penetraram na França. E é bastante engraçado observar que os primeiros escritos do rebelde chegaram a Paris pelo caminho mais oficial e foram recebidos com as melhores intenções do mundo. Incumbida de julgar aquelas teses, a Sorbonne confiou o respectivo estudo aos seus mestres, que as examinaram com o maior cuidado, aliás com tanto cuidado que alguns acabaram por gostar delas, como Louis de Berquin, amigo de Lefèvre e de Briçonnet.

As inquietantes teses não demoraram a ser veiculadas por outros meios. De Frankfurt, de Basileia, de Nuremberg ou de Estrasburgo, chegavam os vendedores ambulantes com os seus cestos cheios de escritos subversivos. "Enviamos seiscentos para a França e para a Espanha", escrevia Frobenius, o grande editor de Basileia; "vendem-se em Paris e mesmo os doutores da Sorbonne os leem e aprovam". Lutero era então discutido, mas não tinha sido condenado; e, quando o foi, tanto em Roma como em Paris, o rendoso negócio tornou-se contrabando sagrado. Passavam-se às escondidas, ou vendiam-se no fundo das lojas, pequenos opúsculos, sem nome do autor nem do impressor, que propagavam a doutrina de Wittenberg. Em 1523, difundia-se na França a primeira tradução francesa de uma obra luterana, *La Somme de l'Écriture Sainte*, impressa em Basileia na casa Wolf. Mas, mais do que os tratados dogmáticos, o que os propagandistas distribuíam eram sobretudo libelos "contra o poder do papa, contra as ordenações e cerimônias da Igreja", como dizia o famoso burguês anônimo cujo *Journal* evoca este caso. O *Cativeiro de Babilônia* e os sermões *Contra as indulgências* foram muito lidos pelos franceses amantes da crítica.

O primeiro ambiente atingido foi, portanto, o dos humanistas amigos de Erasmo e de Lefèvre d'Étaples. Foi ali que se comentaram com paixão o tratado sobre *A liberdade do cristão*, o *Servo arbitrio*, que era uma resposta a Erasmo, e outras obras. As próprias almas piedosas se deleitaram com o *Livro da verdadeira e perfeita oração* e a *Exposição sobre o Magnificat*. Assim se infiltrava o essencial do pensamento luterano, sem que quase ninguém se precavesse. Basta ler o Rabelais dos primeiros livros para sentir o sopro dos "ventos luteranos". Quando Gargântua exclama que "todos os verdadeiros cristãos oram a Deus e o Espírito Santo ora e intercede por eles", ou quando Pantagruel, dirigindo-se a Grandgousier, que lhe pergunta se os monges são úteis ao mundo pelas suas preces, lhe responde com um desdenhoso "nem um pouco", parece evidente que o seu autor leu o mestre alemão da Reforma. E na gigantesca carta de Gargântua a Pantagruel, no segundo livro, não há até mesmo uma passagem muito bem disfarçada de um sermão de Lutero?

Em breve, porém, a esses pequenos grupos de luterófilos letrados, vieram juntar-se muitos outros, recrutados em ambientes mais humildes. Para estes, a segunda vaga, a do zwinglianismo, mais radical, veio reforçar o que havia de revolucionário e de anárquico no luteranismo. Quanto às pessoas de baixa condição, clérigos ou artistas — pouco firmes na doutrina, mas cujo sentimento religioso se exaltava à vista da desordem da Igreja —, as novas teses traziam uma resposta a muitas das suas perguntas, mas eram incapazes de ver o perigo contido nessas doutrinas. Muitos, no clima de cristianismo mórbido herdado do século XV, estavam dominados pela ânsia de uma expiação, de uma necessária purificação, e, quando conheceram o dogma da justificação pela fé, sentiram-se libertados de uma sombria obsessão. Outros, menos desinteressados, interpretaram as asserções luteranas à maneira de Karlstadt ou dos anabatistas, encontrando nelas argumentos para sacudir a tutela do clero e dos nobres, para não pagar os dízimos e reclamar a partilha das terras abaciais.

Assim se encontrou penetrado pelas ideias da Reforma um populacho constituído por grupos de artesãos — *gens meschaniques*, como se dizia então —, cardadores de lã, tecelões, tipógrafos, diaristas de todas as espécies, que já então se sentiam oprimidos pela evolução capitalista e irritados com o aumento do custo de vida. Os camponeses, ao contrário, fiéis ao culto dos seus santos, pouco se deixaram contaminar pelas novas doutrinas. Mas, no baixo clero, a par de elementos imbuídos de uma fé viva e de uma religião mais pura, houve também padres e frades de vocação vacilante, que se sentiram muito felizes por encontrarem assim um pretexto para se casarem: o primeiro foi, em 1522, um certo Lambert, franciscano em Avinhão, que atirou o hábito ao Ródano e foi casar-se em Wittenberg!

Por volta de 1530, a França católica estava como que recheada de pequenos núcleos de "luteranizantes", e Paris viu constituir-se uma igreja reformada, cuja sede se encontrava no bairro latino. A situação de Meaux, já contaminada no tempo de Lefèvre, como vimos, piorou ainda mais depois da sua partida. Na Picardia, Noyon e Amiens; no nordeste, Metzs, Bar-le-Duc, Châlons-sur-Marne, Vitry; no sudeste, região onde sobreviviam comunidades valdenses e onde Guillaume Farel iria atuar, Lyon, Grenoble, os vales de Mateysine e do Champsaur; a oeste, a região de Alençon e a Normandia, "uma verdadeira pequena Alemanha", no dizer excessivamente eufórico de Bucer; no sudoeste, velha terra dos albigenses, diversos pontos de Castres a Nîmes e, naturalmente, o reino de Navarra — tais eram, antes que a situação se resolvesse, os pontos onde se poderiam localizar os "simpatizantes" da Reforma. Não os havia na Bretanha e na Auvergne.

Tudo isso se mostrava confuso, principalmente — e em primeiro lugar — para aqueles que olhavam de fora toda essa fermentação. "Não se faz nenhuma distinção entre erasmianos, luteranos e anabatistas", escreverá Johann Sturm a Bucer, ainda em 1533. E o primeiro "protestante" de importância que morrerá na fogueira, Louis de Berquin, será condenado, não em nome de Lutero, mas de Erasmo. A confusão não era menor no próprio campo daqueles que defendiam as novas ideias. Qual era a doutrina que se invocava? Não se sabia muito bem: não se escolhia entre Lutero, Zwinglio, Bucer, Erasmo, Ecolampádio e Lefèvre: ainda não existia um credo "protestante".

Relativamente à Igreja Católica, as posições eram das mais variadas: desde o reformismo evangélico, um pouco ingênuo, à maneira de Meaux, até às violências anabatistas e à destruição das imagens. E tais pessoas denominavam-se a si mesmas "bons cristãos", melhores cristãos do que esses católicos devotos de relíquias e angariadores de indulgências, cujo comportamento era muitas vezes tão pouco edificante. Cada um formulava para si a sua pequena doutrina pessoal e assim aconteceria durante muito tempo ainda. Os pontos sobre os quais se estava de acordo eram, de modo geral, que só a Bíblia continha a verdade da Revelação — "o resto não passa de mentira" —, que o supremo sentido da Sagrada Escritura pertencia aos pequenos, "como eram os apóstolos, pobres pescadores iletrados", que a disciplina eclesiástica, os jejuns e as indulgências eram "invenções do diabo", e que a Missa era, segundo Zwinglio, "uma horrível blasfêmia". Essas convicções negativas não constituíam de forma alguma um corpo de doutrina capaz de se impor a um país.

No entanto, alguns homens compreenderam que, se a Reforma queria triunfar na França, era preciso adotar outros métodos. O mais notável foi, sem dúvida, esse jovem da Sorbonne, *Louis de Berquin*, que experimentara um interesse tão grande pelas teses luteranas que se convertera a elas e traduzira o panfleto do seu novo mestre em resposta à bula pontifícia. Erasmiano de espírito ousado, formado no manejo das ideias e excelente publicista, esse homem cujo pensamento conhecemos mal, pois todos os seus livros foram queimados, talvez tivesse conseguido realizar a síntese entre o evangelismo místico de Lefèvre, o humanismo crítico de Erasmo, o espírito organizador de Zwinglio e as aspirações teológicas de Lutero. Graças a ele, teria podido nascer assim um protestantismo francês, mas a sua morte veio pôr fim a esse sonho[13].

Houve ainda outro homem, o veemente, ardoroso e combativo *Guillaume Farel*, que, formado no cenáculo de Lefèvre, logo o abandonou para se lançar em mais rudes batalhas. Roçou pelo anabatismo, elogiou Karlstadt e Zwinglio, e entregou-se muitas vezes a manifestações sacrílegas, atirando um relicário à água, deitando abaixo a cruz de uma capela e chegando a arrancar uma hóstia consagrada das mãos de um padre. No entanto, lúcido e bom organizador, redigiu em 1524 uma primeira "confissão de fé" francesa, e depois um regulamento para a liturgia do culto. A sua ação na França foi mínima. Apreensivo com a repercussão das suas atitudes e pouco talhado para o martírio, após uma vã tentativa em Montbéliard, fugiu para Neuchâtel, e depois para Genebra, onde prepararia o caminho para Calvino.

Assim foi a primeira reforma francesa, que, segundo observa Imbart de la Tour, "teria sem dúvida terminado num cristianismo individual, desprovido de um dogmatismo muito rígido, condenado a dissolver-se, mais cedo ou mais tarde, na diversidade das suas crenças ou na imprecisão das suas fórmulas. O perigo comum fê-la cerrar fileiras, pois sentiu a necessidade de se defender e, ao mesmo tempo, de se definir. Como um exército disperso em país inimigo, viu-se compelida a arranjar um centro e um chefe". Esse chefe seria Calvino.

A era dos equívocos

Durante longos anos — mais de quinze —, a Reforma pôde infiltrar-se na França sem que a autoridade real se levantasse para barrar-lhe o caminho. Francisco I não se apercebeu do perigo? Não viu que era do seu interesse, como rei que assinara uma Concordata com a Santa Sé e chefe da Igreja estabelecida, não deixar triunfar esses "heterodoxos" que não reconheciam a hierarquia católica? Não imediatamente. O seu caráter não o inclinava a tomar medidas extremas. Tanto pelos seus defeitos como pelas suas qualidades, este rei era um homem da Renascença. Encharcado de humanismo, professava um certo desprezo pelos homens da Sorbonne e pelos "teologastros", e comprazia-se em elevar ao episcopado letrados de cultura requintada como Guillaume Petit ou Jean du Bellay. Além disso, a política exterior absorvia-o demasiado para que se apaixonasse por questões de importância secundária ou que julgava como tais. Por fim, a partir de 1524, tornara-se aliado dos príncipes luteranos alemães. Preferiu, portanto, esperar. O quê? Um acontecimento que lhe permitisse permanecer fiel à sua generosidade natural?, o regresso dos extraviados ao bom caminho?, talvez o concílio? O equívoco prolongou-se durante quinze anos.

De um lado, encontrava-se o clã da resistência: a vigilante Sorbonne, com o seu terrível "síndico" Noël Béda; o altivo Parlamento de Paris; todos aqueles que, na luta contra o Habsburgo, queriam apoiar-se no papado — e Clemente VII já estava prestes a chamar a atenção de Francisco I para os ameaçadores progressos da heresia na França —; o chanceler Duprat, para quem a razão de Estado era a única que contava; e, enfim, todos aqueles que, como o bom Briçonnet, julgavam que a Reforma se extraviava por caminhos estranhos. Era a esse clã que iria aliar-se — não sem hesitação, mas porque em circunstâncias difíceis é sempre conveniente apoiar-se nas forças da ordem — essa notável mulher, mais inteligente do que amável, mais forte do que terna, que o rei venerava muito e temia um pouco — sua mãe, *Luísa da Savoia*[14].

À testa do outro clã, o das pessoas avançadas, dos humanistas, dos ousados reformadores, encontrava-se também uma mulher, bem diferente da temível rainha-mãe, a própria irmã do rei, *Margarida de Navarra* (1492-1549). Poderia dizer-se que, nesta jovem mulher, menos bonita do que graciosa, de rosto expressivo e espírito perspicaz, se resumia todo o encanto da época. Filha da Renascença — tanto da italiana como da francesa —, apaixonada por Platão, Erasmo e Marsílio Ficino, alma ao mesmo tempo abrasada por um sincero fogo místico, aquela que os seus amigos poetas chamavam "a Margarida das Margaridas" era como que o exemplo vivo da confusão que reinava no seu tempo.

Sucessivamente duquesa de Berry, depois de Angoulême, casada em 1527 com Henrique d'Albret, rei de Navarra[15], não gostava de viver senão rodeada de espíritos refinados que se diziam livres, mas preocupados com as questões religiosas. Humanistas, erasmianos, fabristas e luteranos, todos lhe eram queridos. Budé, Berquin, Dolet, Vatable, Ambroise Paré, os bons impressores Estienne e Bernard Palissy, o grande músico Goudimel, os mestres da pedra, Jean Goujon e Ligier Richier, quantos não se beneficiaram da sua benevolência! O gentil poeta Marot parecia um dos seus preferidos. Tudo isso era generoso, mas equívoco; na pequena corte de Nérac, onde, "como uma galinha com os seus pintinhos debaixo das asas", Margarida reunia os seus amigos, ouvia-se de manhã um sábio hebraísta comentar o *Livro de Jó* ou o dos *Provérbios*, um pregador falar da salvação pela fé ou a rainha ler um dos seus piedosos poemas:

Amai, portanto, a Deus que é tão amável,
sem nada ter no vosso coração a não ser Ele...

...mas, à noite, no meio do perfume dos mirtos, sob o doce marulhar dos jatos de água, praticavam-se outros jogos, de sabor inspirado no *Heptameron*, e cuja crônica a rainha também escrevia. De forma alguma resolvida a adotar a reforma luterana — ao que sempre se recusou —, a rainha de Navarra escarnecia, porém, dos monges e dos padres, implicava com os dogmas e fazia pouco caso das práticas do culto católico. Esta encantadora e atordoante mulher exercia uma considerável influência sobre o seu irmão; era intelectualmente aquilo que ele teria querido ser. "Vossa muito humilde e muito obediente súdita e valida", assinava ela nas amáveis cartas que lhe escrevia frequentemente, mas por certo não se dizia "valida" senão para ser "súdita" o menos possível.

A política religiosa de Francisco I oscilou durante muito tempo entre essas duas tendências. Em 1521, a Sorbonne denunciou ao Parlamento "livreiros, impressores e outros" que difundiam na França escritos suspeitos de heresia. Em 1523, voltando à carga, condenou Melanchthon. Aproveitando que, nessa ocasião, o rei perambulava gloriosamente pelas planícies da Itália, o clã dos rigoristas tratou de agir: promulgaram-se leis que confirmavam as decisões da faculdade de teologia. Foi então que o círculo de Meaux se viu atingido pelos golpes desferidos mais contra os luteranizantes do que contra ele próprio. Alguns ousados reformadores foram queimados aqui e acolá, como Pierre Piefort, profanador de hóstias. Louis de Berquin foi preso pela primeira vez; o seu crime fora traduzir Hutten e Lutero, e fazer rir a França com a sua *Farce des théologastres*. Pavia, o cativeiro, Madri, foram outros tantos trunfos no jogo dos teólogos e das Ordens de diversos hábitos, de todos aqueles que a regente Luísa chamava "os hipócritas brancos, negros, cinzentos, enfumaçados e de todas as cores", de quem ela não gostava, mas que deixava agir.

Entretanto, Francisco I voltava e estabelecia uma indispensável aliança com os príncipes luteranos: os ventos sopravam a favor da tolerância e a balança pendia para o lado de Margarida. Louis de Berquin, que fora preso pela segunda vez, foi libertado por ordem pessoal do seu amigo, o rei, que o mandou "buscar pelo seu capitão e pelos arqueiros da sua guarda". Os exaltados da Reforma foram longe demais e quebraram em Paris uma imagem muito venerada da Santíssima Virgem. Apesar dos mil escudos de prêmio oferecidos pelo rei indignado, o autor do sacrilégio não foi denunciado. A Igreja reagiu: quatro grandes concílios provinciais, reunidos em 1528, em *Bourges*, *Paris*, *Reims* e *Lyon*, definiram lucidamente e condenaram as teses protestantes, prefigurando assim o Concílio de Trento. Foi então que o imprudente Berquin, que levara a sua audácia ao ponto de denunciar como herege o íntegro Noël Béda, da Sorbonne, foi preso pela terceira e última vez. O rei, naquele momento em Blois, não teve tempo de intervir e Berquin foi queimado (1529)[16].

O Grupo de Meaux dispersou-se. Seria esse o sinal da repressão decisiva? De maneira nenhuma. Francisco I nunca esteve menos disposto a usar de severidade. Dentre os seus queridos "leitores reais", para os quais acabava de abrir o seu Colégio (1530), muitos eram favoráveis às novas ideias e ele não queria passar por um bárbaro aos olhos da sua irmã. A nova mutilação de uma Madonna ficou sem castigo, tal como em 1528. Aliás, a própria Sorbonne confeccionava um bom feixe de vergastas para se deixar zurzir. Indignado por ver que o suspeito Gérard Roussel, capelão de Margarida, pregava na corte uma Quaresma de estilo "heterodoxo", Béda não hesitou em dizer em voz suficientemente alta que toda a camarilha do rei estava contaminada, e um decreto exilou-o para um lugarejo a vinte léguas da colina de Santa Genoveva. Um ano depois, a Sorbonne julgou poder revidar, condenando um livro de poemas, anônimo, que corria Paris: *Le miroir de l'âme pécheresse*; mas quem ignorava o nome muito ilustre da inquietante autora? Francisco não deixou que tocassem na sua querida "valida e súdita", e, apelidando os homens da Sorbonne de "baratas", ordenou-lhes que se desdissessem.

A verdade é que se estabeleceu uma grande confusão. Por que se prenderam e se queimaram aqui e acolá pobres homens que professavam a mesma fé que a rainha Margarida parecia abraçar? A Sorbonne, mais rabugenta que nunca, via hereges por toda a parte e chegou a censurar o cardeal Caetano e os seus comentários ao Saltério. "Os nossos teólogos acabarão por condenar o papa!", murmurava, irônico, Jean du Bellay. Em Marselha, Francisco I foi ter com Clemente VII, assinou com ele uma aliança contra Carlos V e casou o seu segundo filho — o futuro Henrique II — com Catarina de Médicis, sobrinha do pontífice. Na França, promulgaram-se bulas intimando os heterodoxos a submeter-se. O jovem mestre Nicolau Cop pronunciou um discurso considerado excessivamente audacioso e, por muito reitor da Sorbonne que fosse, viu-se obrigado a fugir para evitar perseguições. Instaurou-se o pânico no clã "reformado"... Mas Francisco I interveio mais uma vez. Assinou um tratado secreto com o landgrave de Hesse, e Noël Béda foi novamente enviado para o exílio. Correu o boato de que o rei convidara Melanchthon a aparecer na França, justamente quando Henrique VIII da Inglaterra acabava de romper com Roma... O jogo ainda não terminara.

Semelhante partida de pingue-pongue teria podido durar muito tempo, se a atitude provocadora dos "protestantes" não tivesse exasperado a opinião pública. À medida que a Reforma parecia ganhar terreno, os espíritos moderados e os conciliadores viam-se ultrapassados pelos violentos. O *Caso dos panfletos* (1534) alarmou tanto o rei que o colocou definitivamente do lado dos repressores. Durante a noite de 17 para 18 de outubro — é preciso ler a narrativa do acontecimento no saboroso *Journal d'un bourgeois* — "nos lugares públicos e nas ruas da Paris", no interior, em Orléans, Rouen, Tours e Blois, e até no castelo de Amboise, onde residia o rei, foi afixado um texto, redigido num estilo "incisivo e fulminante", contra a "honra e verdade do Santíssimo Sacramento e dos santos". Nele se tratavam como mentirosos e blasfemos "o papa e toda a sua caterva de cardeais, bispos, monges e padres". Insultava-se o sacrário, porque Cristo não podia estar "dentro de uma caixa ou num armário". Escarnecia-se horrivelmente de todo o culto católico: "Repiques de sinos, uivos, cantorias, vãs cerimônias, luminárias, incensos e disfarces, tudo isso são formas de feitiçarias". E a conclusão do panfleto, endereçada aos católicos, era esta: "Falta-lhes a verdade, ameaça-os a verdade, a verdade persegue-os: e em breve o reino de todos eles será por ela destruído para sempre".

O autor do escandaloso escrito era um francês chamado Antoine Marcourt, seguidor de Zwinglio. Refugiara-se em Neuchâtel, mas era preciso que houvesse muitos cúmplices na França para que semelhante golpe tivesse sido bem-sucedido. A opinião pública — e o rei em primeiro lugar — viu que se tratava de uma conspiração. Eram bem conhecidas inúmeras dessas histórias de anabatistas que tanto davam que falar na Alemanha e na Holanda. Não acabava João de Leyde de fazer de Münster a capital de uma pretensa revolução evangélico-comunista?[17] Correu o boato de que os hereges queriam imitá-lo na França. Alguns não hesitaram em bradar que a verdadeira causa do escândalo era a fraqueza do rei; entre eles, contava-se o terrível Béda, cuja franqueza lhe valeu ser exilado para o Mont Saint-Michel, onde morreu.

Francisco I teve medo. A polícia prendeu atabalhoadamente um grande número de suspeitos e o Parlamento instalou uma "Câmara ardente" para instruir os processos. Foram queimados perto de quarenta heterodoxos, entre eles um rico burguês, um simples pedreiro, um tecelão, o editor do *Miroir de l'âme chrétienne*, uma professora primária e até um sapateiro paralítico. Os outros "foram completamente despidos e açoitados com varas". Durante algumas semanas, a atmosfera foi a de uma noite de São Bartolomeu antecipada. O edito de 29 de janeiro de 1535 prescreveu a exterminação dos hereges, o que não impediria que a mesma mão real que o assinou rubricasse também um memorial dirigido aos aliados alemães para lhes explicar que não se tratava senão de medidas muito legítimas contra revolucionários furiosos, sediciosos e outros anabatistas.

"Nunca compreendi melhor este versículo: o coração do rei está nas mãos de Deus!", escrevia Johann Sturm a Bucer. O príncipe tão tolerante, o humanista coroado, acabava de promulgar um surpreendente edito proibindo "sob pena de enforcamento" toda a impressão de livros no reino. Escolhera, por fim, o seu caminho! Em 21 de janeiro de 1535, viram-no presidir — de cabeça descoberta, com um círio na mão e seguido pela rainha, pelos cardeais e bispos, por todo o Parlamento e pelos Colégios — a uma procissão expiatória que desfilou de Saint-Germain l'Auxerrois até Notre-Dame, ao longo das ruas geladas. Estava terminada a era dos equívocos[18].

Calvino aos vinte e cinco anos

Pelas estradas que conduziam a Estrasburgo ou à Suíça, viram-se passar muitos viajantes durante os meses do inverno de 1534-1535, cheios de pressa por chegar ao seu destino e muito preocupados em não se fazerem notar. Entre eles — parecia dirigir-se para a Alsácia —, encontrava-se um rapaz alto, inquieto, de lábios enrugados e nariz delgado, com os olhos em brasa, que um homem mais velho rodeava de solícita afeição. Ambos tinham ar de intelectuais, aristocrático e de finas maneiras; o magro era tímido e reservado, e o outro, mais forte e entroncado. João Calvino fugia de Paris, onde o seu amigo Étienne de la Forge acabava de morrer na fogueira, na praça de Grève. Acompanhava-o o seu fiel Louis du Tillet.

Aquele cujo nome a história conservou sob a forma latinizada de "Calvinus", *Calvino*, era então conhecido somente por um pequeno círculo de humanistas que passara a estimá-lo pelo seu comentário ao *De clementia* de Sêneca. Nascera em 10 de julho de 1509 e na altura tinha, portanto, vinte e cinco anos. Mas a sua existência fora já muito rica, e grande a experiência que pudera adquirir dos homens e das ideias. Vira a luz do dia nessa estranha Picardia onde o realismo terreno se mistura tão curiosamente com anelos de sonho ou de aventura, e onde uma aparente placidez oculta secretas violências, terra de Pedro o Eremita, de Ferré o Grande, de Lefèvre d'Étaples, e também das comunas, da *Jacquerie*, bem como, mais tarde, de Camille Desmoulins e de Graco Babeuf. Noyon — Noyon a Santa, como se dizia por vezes, tantas eram as igrejas e as relíquias que possuía — era a sua cidade natal, capital diocesana, dotada de um clero poderoso e de um bispo com assento entre os doze pares da França.

Era precisamente de negócios clericais que o seu pai, mestre Gérard, tirava confortáveis rendimentos, como advogado do tribunal eclesiástico, secretário do prelado e procurador do cabido: para filho de um tanoeiro e irmão de um ferreiro e de um serralheiro — "todos pessoas de faculdades sofríveis", dirá Beza —, esse rábula realmente conseguira vencer na vida. Dentre os seus seis filhos (quatro rapazes e duas moças), que tivera de educar sozinho, porque sua mulher, Jeanne Lefranc, o deixara viúvo muito cedo, o segundo,

João, parecera-lhe o mais notável. Da mãe herdara este a distinção inata e um misterioso encanto; mas a que ascendência fora buscar essa inteligência fulgurante, esse dom de tudo assimilar e tudo reter que, ainda menino na escola dos Capetos, já surpreendia os seus mestres? Quanto ao caráter, também já aos doze anos era o que viria a ser durante toda a vida: frio e resoluto, reservado, mas capaz de violências terríveis e tão severo com os outros como consigo próprio.

De acordo com os usos do tempo, o seu pai valeu-se das suas altas proteções eclesiásticas para conseguir que se adjudicasse ao pequeno João o benefício de uma capelania na catedral, e depois o de uma paróquia, que não demorou a trocar por outro mais lucrativo, o de Saint-Martin de Marteville: era o sistema que existia na época para conceder "bolsas de estudo" aos rapazes promissores. Calvino dedicou-se aos estudos sempre com distinção e com aquela seriedade que punha em todas as coisas. Ligado aos filhos da nobre família Hangest-Montmor, sobrinhos do arcebispo, acompanhou-os a Paris antes dos quinze anos para fazer no Colégio de la Marche os cursos de Mathurin Cordier, o eminente latinista por quem conservaria ao longo de toda a vida uma confiante afeição.

Depois, por vontade do "grotesco" preceptor dos seus amigos Montmor, foi obrigado a deixar o sábio pedagogo para cair sob a férula do terrível Mestre Tempête, sucessor de Noël Béda à frente do célebre Colégio Montaigu, que bem merecia o apelido de *horrida tempestas* que lhe davam os seus alunos. Os cinco anos passados nessa austera casa — que não era de maneira nenhuma, pelo menos intelectualmente, "o galinheiro" de que Rabelais escarneceu — foram para ele extremamente fecundos. "Manuseava-se ali tanta teologia", diz Erasmo, "que as próprias paredes estavam impregnadas dela". Com o estudo da filosofia, da literatura, dos Padres latinos e gregos lidos nos textos originais, a formação em Montaigu era excelente. O pequeno picardo de Noyon saiu de lá bem enfronhado em todos esses temas[19].

Conheceu então essa febre voraz de aprender que, por volta dos vinte anos, abrasa as melhores cabeças. Bem relacionado com jovens inteligentes — tais como seu primo Pierre Robert, o futuro humanista *Olivetanus* — e hábil em captar a amizade de homens já maduros como Fourcy de Cambrai, mestre na Sorbonne, e Guillaume Cop, primeiro médico do rei, e também íntimo de Guillaume Budé, Calvino encontrava-se mergulhado naquele meio em que tanto se discutia a literatura antiga como a Bíblia, e em que os escritos de Erasmo, de Lefèvre d'Étaples, de Lutero e de Melanchthon eram lidos com paixão. Encerrado horas e horas no seu cubículo, magro, queimando as pestanas no estudo, enfrentou os exames com o desembaraço de um cavalo puro-sangue: mestre de filosofia e letras em 1528, licenciado em leis em 1532, qual seria o seu destino?

Por ele, gostaria de se dedicar às letras ou à teologia, mas seu pai, um picardo prático, inclinava-se pelo direito, que era mais remunerador. Em Orléans, com Pierre de l'Estoile, esse "príncipe incontestado" das ciências jurídicas, como diria ele mais tarde, e em Bourges, onde a vivacidade um pouco extravagante do milanês Alciati o desiludiu, Calvino estudou leis, bem como o *Digesto* e as *Pandectas*, sem prazer, mas não sem utilidade. O seu gosto pelo convívio com pessoas ilustres manifestou-se também nesse meio, e assim se relacionou com Rabelais, cuja notoriedade de humanista precedia então a publicação dos seus livros. O erudito Melquior Wolmar, fanático de Lutero, ensinou-lhe uns rudimentos de hebreu e fê-lo estudar o Novo Testamento grego editado por Erasmo. Ao mesmo tempo, porém, não lhe ocultou que, na sua opinião, ele trilhava um caminho errado ao procurar fazer carreira como advogado ou notário, pois a sua verdadeira natureza o chamava para a teologia, "mestra de todas as ciências". Mas naquela ocasião Calvino não compreendeu até que ponto o conselho era realista.

A morte do pai, em maio de 1531, deixou-o senhor do seu destino. Foi, aliás, uma morte bastante penosa e que o impressionou, porque o notário apostólico, brigado com o cabido havia três anos por causa de uma complicada história de uma liquidação, fora sumariamente excomungado — nessa época, excomungava-se com muita facilidade — e, na sua última hora, os filhos viram-se obrigados a negociar com as autoridades religiosas uma tardia absolvição. Ao regressar a Paris, o jovem Calvino retomou avidamente os seus estudos de letras, seguindo os cursos de grego de Pedro Danês no novo Colégio dos leitores reais e estudando também o hebreu com Vatable. Depois, hesitando e tergiversando, corricou durante dois anos entre Paris, Noyon, Orléans e Bourges, alojando-se por alguns meses no Colégio de Forter, em frente do Montaigu. Foi então que publicou, aliás sem êxito de venda, o seu primeiro livro — o comentário a Sêneca —, em que muitas das farpas que disparava tinham em vista a ordem estabelecida, a Igreja e a escolástica. Foram esses os últimos anos de expectativa, em que completou a sua formação de humanista, associando a cultura antiga ao Evangelho. Quem o tivesse visto nessa ocasião poderia pensar que um jovem tão ricamente dotado viria a ser discípulo longínquo de Erasmo ou de Guillaume Budé?

Ninguém estava mais convencido do que ele próprio de que nascera para realizar uma grande missão. Assim o dava a entender, e por isso o consideravam um presunçoso; em Orléans, chamavam-lhe "o acusativo", por causa do zelo com que censurava os outros. Mas os seus verdadeiros amigos reconheciam nele finas qualidades de coração, e a verdade é que, sempre que falava deles — de um Pierre Robert, de um Nicolas Duchemin ou de um François Daniel —, Calvino o fazia com um calor verdadeiramente fraternal. Mas quem se podia gabar de conhecê-lo a ele? Riram-se dele quando se mostrou tão irritado com o malogro do seu primeiro livro, mas o certo é que não era menos sincero quando, num tom de altivo estoicismo, proclamava a vaidade de tudo e o desprezo das coisas deste mundo. No seu rosto pálido, nada transparecia dos seus conflitos interiores. Havia nesse jovem gênio um mistério, algo de terrível e de glacial.

Mas em nenhum outro domínio guardava ele tão ciosamente esse mistério como no ponto em que mais nos interessaria surpreendê-lo: o da sua evolução espiritual. Como se tornou um "reformado"? Como nasceu João Calvino? Sabemos como São Paulo e Santo Agostinho foram subitamente feridos pela luz e chamados por Deus pelos seus nomes; conhecemos a noite de Pascal; Lutero apregoava o seu drama diante do mundo. "Não gosto de falar de mim; sempre gostei da sombra", dizia Calvino. Desprezo aristocrático pelas confidências? Orgulho de conduzir sozinho o seu destino? Certeza de que o homem não conta nada nas questões a que se dedicou? São muitas as razões, não desprovidas de certa nobreza, que podem explicar essa reserva. "Calo-me, Senhor", dizia ele ainda, "porque foi o que Tu também fizeste".

Em que data, portanto, passou ele para as novas ideias? "Nada", diz Abel Lefranc, "nos permite conjecturar em que momento começou declaradamente o seu debate interior e em que momento o deu por concluído"... Durante muito tempo, houve quem se baseasse numa carta que escreveu a Bucer para admitir que o jovem picardo tinha adotado o partido da Reforma desde setembro de 1532, mas a data dessa carta foi contestada. Em agosto de 1533, em Noyon, ainda assistiu a uma sessão do cabido em que se decidiu organizar uma procissão contra a peste, e nada indica que tivesse erguido o menor protesto contra essa manifestação de piedade, que mais tarde consideraria idolátrica. Mas, se formalmente não se considerava então um reformado, não teria havido nele uma evolução iniciada muitos anos antes? Nos Colégios de Marche e de Montaigu, não tinha ele ouvido louvar ou criticar as novas ideias? Quando frequentara os círculos humanistas, ainda estudante, não tivera nas mãos os livros de Lefèvre, de Lutero e de Melanchthon? Não tinha Guillaume Cop, amigo de Erasmo e de Reuchlin, ventilado na sua presença muitos dos problemas que ocupavam então todas as cabeças pensantes? Não se tinham exercido sobre ele influências diretas, como por exemplo a do seu primo Pierre Robert *Olivetanus* que, ligado à Reforma, decidira abandonar o reino da França para pensar livremente, e a do seu mestre germânico Wolmar, que tanto lhe repetira que ele nascera para teólogo? Trabalhos recentes atribuem a uma leitura continuada e profunda de Lutero uma ação direta sobre a sua evolução intelectual. Foi verossimilmente uma evolução longa, preparada na semi-inconsciência da alma, antes de chegar subitamente ao seu termo, por um fenômeno de cristalização que é frequente nestes casos[20].

Tal é a impressão que dão os textos, raros e sucintos, em que Calvino explicou a sua "conversão" à Reforma. Há historiadores que os consideram contraditórios, mas parecem antes complementares. Por um lado, numa passagem da *Epístola a Sadolet*, diz claramente que a sua decisão foi precedida por uma lenta preparação: "Quanto mais eu me considerava de perto, mais a minha consciência se sentia oprimida por acerados aguilhões, e assim não me restava outro alívio e conforto senão enganar-me a mim próprio, esquecendo-me. Mas, como não se me oferecia nada de melhor, mantinha-me sempre na posição tomada desde o começo, até que surgiu uma forma muito diferente de doutrina, não para distorcer a profissão de fé cristã, mas para reconduzi-la às suas origens e para restabelecê-la na sua pureza, depois de expurgada de toda a imundície. Eu, porém, ofendido com essa novidade e tão firme na fé como no começo, só com grande custo aceitei dar-lhe ouvidos e resisti-lhe valente e corajosamente". Os obstáculos que encontrava em si mesmo eram então, como ele mesmo diz, a rotina que prende os homens às ideias adquiridas e a reverência que nutria pela Igreja e que queria manter. O testemunho é, portanto, formal: evolução lenta, retida por conflitos de consciência, mas também ativada pela influência das novas doutrinas, principalmente daquelas que apresentavam a Reforma como o regresso a um cristianismo mais puro.

No entanto, outros textos de Calvino mostram que, no termo dessa evolução, houve um abalo decisivo. No *Comentário aos Salmos* de 1557, viria a escrever: "Embora eu estivesse tão obstinadamente apegado às superstições do papado que seria bem difícil poderem tirar-me desse atoleiro tão profundo, Deus, por uma conversão súbita, domou e chamou à docilidade o meu coração"... E declarou ainda: "Deus fez-me puxar as rédeas para outro lado. Como se fosse ao clarão súbito de um relâmpago, verifiquei em que abismo de mentiras eu estava mergulhado".

Devemos concluir que apenas uma evolução intelectual, rematada por uma decisão fulgurante, explica a sua determinação, e que, como se escreveu, "só a lógica o conduziu à sua ruptura com Roma", tendo chegado a ela "sem a angústia experimentada por outros espíritos"?[21] Hesitaríamos em afirmá-lo. Calvino não parece ter experimentado o sofrimento da separação que torturou Lutero e mais ainda Melanchthon; mas o homem que deixou escapar este grito admirável: "Trago a Deus o meu coração despedaçado", o homem que, tendo julgado encontrar na terrível teoria da predestinação a solução para o único verdadeiro problema, o da salvação, murmurou: "Confesso que esta sentença é horrível"..., esse homem teria chegado à heresia por um desenrolar mecânico de argumentos e demonstrações? Custa a crer; mas, quanto ao essencial do seu processo de evolução, o gênio glacial guardou silêncio.

O momento do supremo conflito interior deve situar-se entre o outono de 1532 e a primavera de 1534. Em setembro de 1532, Calvino instalara-se em Paris, em casa de um rico mercador de panos, Étienne de la Forge, estabelecido na rua de Saint Martin com uma casa denominada Pelicano. Esse seu hospedeiro, "reformado" convicto, gastava a sua fortuna em esmolas e em custear a impressão de milhares de exemplares do Evangelho traduzido para o francês. Nessa casa, o intelectual recheado de livros encontrou um pequeno mundo de convictos, exilados de Flandres, da Alemanha ou da Itália: ferreiros, sapateiros, antigas prostitutas e até ladrões arrependidos. Ele que, conforme confessa honestamente, era "por natureza tímido, mole e pusilânime", descobriu nesse meio a coragem dos simples que se sentem animados por uma grande fé. Em reuniões secretas, esses ardorosos adeptos das doutrinas reprovadas zombavam do tenente da polícia Morin, dos seus espiões e até das suas torturas.

No entanto, a situação agravou-se. Por entre as flutuações da política real, viu-se chegar o momento das decisões categóricas, em que era preciso escolher. Aconteceu que, no dia 1º de novembro de 1533, o jovem reitor da universidade, o recém-nomeado *Nicolau Cop*, filho do médico do rei, pronunciou na igreja dos Maturinos o discurso de abertura dos cursos. Dois franciscanos ouviram-no e correram imediatamente a denunciá-lo ao tenente Morin. O tema da alocução fora o Sermão da Montanha e Cop tomara-o como pretexto para expor algumas ideias pouco ortodoxas. Mostrando um grande desprezo pelos sofistas que reduziam a teologia a exercícios escoláticos, opusera-lhes uma espécie de erasmismo; por outro lado, tinha proclamado Cristo como "único mediador", o que o tornava suspeito de desprezar a Virgem Maria e os santos. Havia exaltado o regresso exclusivo ao Evangelho e, nesse caso, que papel reservava para a Tradição? Chegara até a abordar o tema da justificação pela fé...

Ora, Nicolau Cop era amigo íntimo de Calvino. Correra — e ainda hoje corre com insistência — o boato de que fora o próprio jovem picardo quem redigira esse texto, o que nunca pôde ser demonstrado, embora se tenha encontrado entre os seus papéis, em Genebra, um texto — rascunho ou cópia? — do discurso. A alocução continha também, quase literalmente, passagens do prefácio de Erasmo ao Novo Testamento e de um comentário de São Mateus escrito por Lutero. Que Calvino fosse ou não o autor do discurso era coisa que tinha pouca importância aos olhos da polícia: ser amigo de Cop era o suficiente. Este, intimado a comparecer perante o Parlamento, fugiu de noite para Basileia, e Calvino, avisado a tempo, também escapou. Em casa de um vinhateiro, "irmão evangelista" dos arredores, disfarçou-se de operário e, com uma sacola às costas e a enxada ao ombro, deixou a capital. Pouco tempo depois, Étienne de la Forge era preso.

Estavam lançados os dados? Aquele acontecimento não fixava o jovem mestre no campo dos heterodoxos? Durante alguns meses, com o nome falso de Carlos d'Espeville, passou um período de tranquilidade em casa do seu amigo Louis du Tillet, pároco de Claix e depois de Angoulême, devorando os tesouros de uma biblioteca bem apetrechada. A seguir, foi até à corte de Nérac, onde Margarida acabava de acolher o velho Lefèvre d'Étaples que, chorando de alegria, à maneira do velho Simeão, profetizou que via em Calvino o enviado do céu. Pouco satisfeito com a singular mistura de erotismo cortês e de piedade mística que constituía o clima de Nérac, e também inquieto por ter ouvido dizer que fora denunciado, Calvino retomou as suas andanças. Talvez tenha assistido nessa ocasião, numa gruta perto de Poitiers, às reuniões clandestinas em que se celebrava a Ceia "à maneira dos tempos primitivos". Deslocou-se incessantemente durante todo o ano de 1534, umas vezes voltando a Paris, onde se encontrou de novo com Miguel Servet, sua futura vítima, outras permanecendo algum tempo em Orléans, onde redigiu um tratado contra certas teses anabatistas, e outras ainda tornando a pedir asilo ao seu querido du Tillet, em Angoumois.

No mês de maio, teve um grande gesto de honestidade. Sentiu-se desgostoso com essa vida dupla que levava há muito tempo, reformado no seu coração e católico nas aparências, capelão teórico de Noyon, pároco imaginário de Pont-l'Evêque e beneficiário respeitado, a quem os cônegos da sua cidade acabavam de oferecer o cargo de vigário-geral do bispado. Voltou então a Noyon e, em vez de pedir as ordens sacras, que lhe eram indispensáveis se queria fazer carreira na Igreja, renunciou a todos os benefícios. Essa decisão marcava a ruptura com todo o seu passado e com uma situação de clara hipocrisia. Ele mesmo se colocou no campo dos separados e reprovados. Alguns meses mais tarde, o caso dos panfletos desencadeava a repressão real, que o lançava no caminho do exílio.

Basileia e a "Instituição cristã" em latim

Obrigado a fugir da França, Calvino dirigiu-se muito compreensivelmente para leste, para essas regiões renanas onde, havia mais de quinze anos, se procedia a audaciosas pesquisas espirituais. Por Metz, alcançou Estrasburgo, onde ficou apenas de passagem. A cidade que o atraía era Basileia, cidade de Ecolampádio, centro da Reforma e uma das capitais do espírito, onde se mantinha viva a lembrança de Erasmo. Pierre Viret, Karlstadt, Caroli, Bullinger, o impressor Platter, Oporin, Ruch e Winter, futuros editores da *Instituição cristã*, formavam ali uma pequena sociedade cosmopolita em que se discutia tudo. Com que clima mais grato podia ele sonhar?

Os meses que passou em Basileia devem ser contados entre os mais fecundos de uma vida que, aliás, se dedicaria por inteiro ao trabalho. Instalou-se no arrabalde de Saint-Alban, em casa de Catarina Klein, uma honesta viúva, e, talvez para estar mais tranquilo, ou por prudência, adotou um novo pseudônimo, o do "estudante Martianus Lucianus", cujo último termo é anagrama de Calvinus. Mas, dentro em breve, nos meios fervorosos da Reforma, onde o seu amigo Nicolau Cop o precedera e o apresentou, esse jovem frágil, de aspecto meditativo e duro, foi considerado um mestre e um chefe, a exemplo do que ocorrera na França. "Fiquei muito surpreendido", confessava ele então, "de ver que todos os que desejavam algum ensinamento vinham ter comigo, que mal começava a aprender". Chegava às reuniões com um grosso boné de feltro enfiado até às orelhas, e permanecia muito tempo calado a cofiar a barba, conforme o seu temperamento "um pouco selvagem e envergonhado, que gostava de recolhimento e tranquilidade". Mas, quando intervinha, chamava imediatamente a atenção e impunha-se pela sua autoridade. No entanto, dedicava a maior parte do seu tempo a frequentar os cursos de professores ilustres e sobretudo a ler e escrever no seu quarto. Com Sebastian Münster, aluno de Reuchlin, retomou o estudo do hebreu e entregou-se sobretudo à teologia, ciência que conhecia mal e que o absorveu noite e dia, desde os Padres gregos até Lutero. Ao mesmo tempo, correspondia-se com outros pensadores da Reforma, sobretudo os de Estrasburgo, Capito e Bucer, que lhe causavam uma profunda impressão. E escrevia.

Em junho de 1535, redigiu um amplo prefácio para a nova tradução da Bíblia publicada pelo seu primo *Olivetanus*. O tom era sóbrio, mas de uma viva ironia contra certos erros e firme nos princípios. "Sem o Evangelho", dizia ele, "somos inúteis e vãos; sem o Evangelho, toda a riqueza é pobreza, a sabedoria é loucura diante de Deus e a força é fraqueza... Mas, pelo poder do Evangelho, somos feitos filhos de Deus". Era já o verdadeiro Calvino.

Ainda não se tratava, porém, de uma obra-prima. Havia já muito tempo que ele pensava num trabalho mais completo e pessoal. A darmos crédito a Florimond de Rémond, que publicou em 1623 a primeira história completa da *Heresia deste século*, foi durante a permanência em casa do seu amigo Tillet, no conforto da esplêndida biblioteca, que ele elaborou o projeto definitivo e "urdiu pela primeira vez, para surpreender a cristandade, a teia da sua *Instituição*". Em qualquer caso, quando, um pouco mais tarde, em Orléans, escreveu contra um erro anabatista o pequeno tratado da *Psychopannychia* — "O sono das almas" —, já tinha com certeza em mente o essencial do seu propósito, pois leem-se nessa obra frases que se mostram plenamente de acordo com as da *Instituição*, como por exemplo: "Nós não reconhecemos outra unidade senão em Cristo, nem outra caridade senão aquela de que Ele é o laço; por isso, o principal meio de conservar a caridade é que a nossa fé se mantenha intacta e inviolada". O que determinou Calvino a escrever e publicar o seu livro foi, segundo Teodoro de Beza, o espetáculo das perseguições desencadeadas na França, e o desejo que teve de expor ao rei — e ao mundo inteiro, se fosse possível — uma defesa e uma ilustração da Reforma. Mas esse pequeno manual — *breve enchiridion* — viria a adquirir as dimensões de um manifesto e de um programa de ação.

A julgar pela data aposta à "epístola preliminar" ao rei Francisco I, a *Instituição cristã* deve ter sido terminada em agosto de 1535 (dia 1º ou dia 23, conforme as edições). Uma das principais feiras onde se vendiam livros era a de 7 de setembro, ocasião que o editor Oporin queria aproveitar para lançar a obra; mas não o conseguiu, e só pôde apresentá-la na feira da Páscoa, em março de 1536. Nessa primeira versão, a *Instituição* estava redigida em latim e era muito mais breve do que a edição em francês que seria lançada cinco anos mais tarde com o mesmo título. Era um pequeno in-oitavo, de dez centímetros por quinze, e com cerca de 520 páginas. Compunha-se de seis capítulos: além dos quatro iniciais a que se limitara a primitiva redação — sobre a Lei, a fé, o sermão dominical e os sacramentos —, outros dois acrescentados no último momento: um sobre os falsos sacramentos e outro sobre as relações do cristão com o Estado. Era já uma exposição completa daquilo que se convencionou chamar o "calvinismo". Quanto à epístola que servia de dedicatória ao rei, magnífico trecho de eloquência, de inspiração firme e comedida, escrita por uma pena nervosa, tomava ares de um hábil discurso de defesa: "Com esta obra, Senhor, eu quereria servir a França. Vendo que numerosas pessoas desse reino têm fome e sede de Cristo, mas que muito poucos O conhecem; vendo também que se ergueu no vosso reino a fúria de alguns iníquos... e que está impedido todo o acesso a um ensino justo, quereria que este livro confessasse a fé dos fiéis perseguidos".

A obra despertou a atenção logo que apareceu, e a edição estava esgotada em janeiro de 1537. Foi lida com paixão em todos os meios interessados nos problemas de que tratava. Terá sido a *Instituição cristã* esse "louvável objeto" que Margarida de Navarra enviou ao seu irmão, aconselhando-o a lê-lo "para bem universal de todo o mundo e para incremento da honra de Deus"? Francisco I esteve em Lyon de fevereiro a abril de 1536, não longe, portanto, de Basileia; terá ele recebido do editor um exemplar do livro? Pequenos mistérios rodeiam os começos desta obra e, assim, pergunta-se se, em 1537, não teria aparecido uma edição francesa que Calvino declarava, em outubro de 1536, estar preparando "em todos os seus momentos vagos". Mas o que não oferece a menor dúvida é que a publicação e a repercussão do livro fizeram passar Calvino para o primeiro plano da Reforma. Até então, apenas o tinham na conta de um jovem talentoso capaz de bem servir a causa, mas esse tratado tão solidamente pensado e tão firmemente escrito deu a muitos partidários a certeza de que tinham agora o seu código, o seu catecismo e o livro fundamental da nova doutrina. Nessa data de 1536, Calvino tornara-se, no dizer de Bossuet, "o segundo patriarca" da Reforma.

No entanto, decorreriam ainda vários anos antes que pudesse passar as suas ideias para o plano das realidades. Não era em Basileia, cidade fortemente organizada sobre bases que não eram as suas, que o conseguiria. Seria na Itália, nessa corte de Ferrara, para onde a duquesa Renée de Ferrara, prima de Francisco I, o convidou? Lefèvre d'Étaples tinha-a convertido às suas ideias, e essa mulher doce e triste, de belos olhos azul-escuros, encontrava na piedosa meditação o único consolo que podia esperar da vida sem luz que lhe impunha o marido, Hércules de Este, em cujas veias corria o sangue dos Bórgia. Mas a permanência na corte de Ferrara não teve outro resultado senão firmar entre a grande dama e o jovem profeta uma *sancta amicitia* que duraria até à morte. Obrigado a disfarçar-se de padre católico para despistar os agentes da Inquisição, e tendo presenciado a prisão de vários dos seus correligionários, o estudante Lucianus preferiu voltar a calcorrear as estradas: nunca teve particular inclinação pela fogueira.

Entretanto, na sua ausência, crescia a sua autoridade na França. Ele mesmo ousava falar mais alto, ou, melhor, escrever. De Ferrara, escreveu em tom de repreensão a vários dos seus amigos ou relações. Entre os elementos reformados ou próximos da Reforma, havia alguns que pareciam vacilar: Duchemin, Gérard Roussel e o próprio Tillet. Como verdadeiro chefe, Calvino admoestou-os. Duchemin, que falava em ingressar numa ordem religiosa, recebeu umas linhas veementes em que era convidado a "fugir das superstições papais" e a não fingir uma fé que já não tinha: "Se o Senhor é Deus, segui-O". Roussel, que acabava de obter o bispado de Oloron, foi repreendido da mesma mancira: "cntoucar--se" com a mitra?, quereria ele alinhar-se entre os "falsos profetas e hipócritas" e esses "pequenos vilões gatunos e bandidos" que eram os padres?

Essa jovem autoridade tinha necessidade de extravasar--se; mas onde e como? Tomou então a resolução de dedicar--se por inteiro ao serviço daquilo que julgava ser a verdade, e assim o provou pelo passo decisivo que deu nessa altura. Valendo-se do edito de tolerância, de julho de 1535, que suspendia por um certo tempo as perseguições contra os heterodoxos, voltou à França, a Noyon, liquidou tudo o que lhe cabia da herança paterna e persuadiu o seu irmão

Antoine e uma das suas irmãs a mudar-se com ele para o estrangeiro. Tinha em mente regressar a Basileia ou antes instalar-se em Estrasburgo, quando — conforme a predestinação, teria ele dito — a sua vida se orientou subitamente numa nova direção.

Na Genebra dos "huguenotes"

A guerra entre Francisco I e Carlos V recomeçara pela terceira vez. Por esse motivo, as estradas da Lorena estavam atulhadas de tropas e mostravam-se pouco seguras. Calvino foi assim obrigado a dirigir-se para o Sul, pela Savoia e Genebra, onde o aguardava o seu destino.

Genebra era então uma cidade imperial, um pequeno Estado independente, tanto mais cioso da sua liberdade quanto a sentia ameaçada pelo seu temível vizinho, o duque da Savoia, cujas terras, com o Bugey, o Vaudois e o Valais, o cercavam por todos os lados. O governo passara recentemente a ser exercido ao mesmo tempo pelo bispo e pelo povo, e este exprimia os seus votos por meio do Conselho geral ou Assembleia, que por sua vez delegava a sua autoridade em três Conselhos restritos, cada um deles com uma função própria: o Pequeno Conselho ou "Conselho dos Vinte", o Conselho dos "Sessenta" ou Senado e o Conselho dos "Duzentos" ou Grande Conselho. Mas este sistema híbrido dava origem a frequentes atritos, pois os genebrinos suspeitavam de que o seu bispo tinha entendimentos com o duque da Savoia, cujo território fazia parte da sua diocese.

A penetração das ideias da Reforma na Suíça não trouxera consigo a concórdia. Essas ideias tinham-se difundido em ampla escala, apesar da derrota dos cantões reformados da Suíça alemã em Kappel, no ano de 1531, e sob o impulso de Henri Bullinger, o sucessor de Zwinglio em Zurique, e de três pregadores audaciosos, Guillaume Farel, Pierre Viret e Antoine Froment, haviam passado para Morat e Neuchâtel. Berna, convertida à Reforma, lançara na balança as suas forças políticas, que eram grandes, e, com Friburgo, que se conservava católica, e com Genebra, formara a Liga dos Confederados — *Eidgenossen, Huguenots*[22] — para salvar a sua liberdade comum. De um dia para o outro, as novas doutrinas a que os habitantes de Berna tinham aderido haviam penetrado rapidamente na cidade do lago Leman. Em 1532, por ocasião de uma pregação de indulgências ordenada por Clemente VII, tinham-se afixado panfletos "protestantes", e as autoridades católicas tinham tentado reagir. Mas, dois anos mais tarde, o bispo, que se fora tornando cada vez mais odioso, vira-se obrigado a fugir, abandonando o governo da cidade aos Conselhos democráticos, e estes, como forma de rebelar-se contra ele, tinham deixado o campo livre aos pregadores da Reforma. Organizara-se então uma grande "disputa" pública entre protestantes e católicos, e os primeiros haviam levado a melhor, pelo menos na opinião dos árbitros. Os católicos, furiosos com a proibição de se celebrarem Missas, haviam pedido auxílio ao duque da Savoia e ao seu bispo, refugiado em Annecy, para que a cidade rebelde fosse submetida pela força. A pequena guerra terminara com o triunfo de Genebra. Ajudados por Berna e por Francisco I — que o duque da Savoia acabara de abandonar para se aliar ao imperador —, os cidadãos livres tinham repelido os agressores infligindo-lhes pesadas perdas. Esta vitória (1535) assegurara também a da Reforma na cidade, mais por motivos políticos, como se vê, do que de fé.

O homem que tomara parte ativa em todos esses acontecimentos, pregador infatigável, chefe corajoso no combate e com dotes de organizador, era Guillaume Farel (1489-1565), do Dauphiné, antigo discípulo de Lefèvre d'Étaples que chegara a Genebra após uma malograda tentativa em Montbéliard. Era, na verdade, um homem estranho, de baixa estatura, uma espécie de gnomo ruivo, com o rosto crivado de sardas, olhos sanguíneos e lábios enormes. Quer estivesse diante de uma multidão ou de um único ouvinte, a sua voz saía-lhe sempre no diapasão mais agudo; inchavam-se-lhe as veias do pescoço, e tinha sempre o aspecto de arengar ou amaldiçoar. Muito arguto, perfeitamente consciente dos seus limites, desejava para si o humilde mas necessário lugar de um novo João Batista junto de um novo messias. Nessa Genebra dividida entre clãs inimigos — os católicos continuavam poderosos —, tentara lançar as primeiras pedras de uma cidade "evangélica", dotada de um culto regular e de um clero selecionado, mas apercebera-se de que os resultados do seu esforço eram minguados. O seu mérito foi descobrir em Calvino o homem que realizaria aquilo com que ele sonhava.

Foi Tillet — então ainda "protestante" — quem os pôs na presença um do outro. Encontrava-se em Genebra quando Calvino ali chegou para passar uma noite num albergue próximo da porta Cornavin. Avisado pelo cônego, Farel correu ao albergue. Entre ele e o viajante deu-se então uma cena de que este conservaria durante toda a vida uma penosa lembrança. Berrando, gesticulando, com as largas mangas da sua garnacha a bater no ar, Farel intimou Calvino, em nome de Deus, a permanecer em Genebra e a realizar a tarefa que ele, o anunciador, lhe indicava. O prudente picardo tentou esquivar-se, alegando que tinha "alguns estudos particulares a fazer e que queria conservar-se livre para os levar a cabo". O gnomo ruivo não o entendeu assim; com o pescoço intumescido e a barbicha sacudida por tremores punitivos, gritou ao seu interlocutor que pediria a Deus que amaldiçoasse a tranquilidade dos seus estudos, se ele se recusasse a trabalhar naquela obra indispensável. Essa imprecação "aterrorizou" Calvino, que se rendeu. E a sua viagem acabou ali mesmo.

Nomeado "leitor da Sagrada Escritura na igreja de Genebra", e logo depois encarregado também de pregar sermões e de se ocupar da organização religiosa, Calvino pôs a serviço da comunidade reformada os seus eminentes dons de francês lógico e rigoroso. A situação que encontrou não era nenhuma maravilha. "Nesta igreja", contaria ele mais tarde, "não havia quase nada. Pregava-se e pouco mais. Tudo era uma barafunda". No fundo, reformados por razões políticas, os genebrinos não se interessavam por questões religiosas. Os sermões de mestre Calvino na igreja de São Pedro tiveram pouco êxito. Escolhido, porém, para participar da conferência de Lausanne, onde uma vez mais teve lugar uma "disputa" entre católicos e reformados, e depois da de Berna, onde se tentou um acordo com os luteranos e os zwinglianos, Calvino revelou-se um polemista de grande classe e um orador de argumentos contundentes. E a sua influência em Genebra cresceu.

Julgou-se então no dever de pôr em prática o programa de três pontos que estabelecera com Farel: substituir o culto católico por um culto reformado, formular uma doutrina que se pudesse impor a todos os cidadãos, e estabelecer um controle sobre a vida e os costumes da cidade. Os *Artigos sobre a disciplina eclesiástica* atingiram o primeiro objetivo a partir de novembro de 1536: as igrejas, convertidas em "templos", foram despojadas dos seus paramentos, as imagens destruídas e as próprias cruzes, "insígnias da feitiçaria papal", condenadas. O serviço divino ficou reduzido às orações, a um sermão e ao canto dos salmos. Calvino teria desejado que se celebrasse a Ceia com certa frequência, talvez mensalmente, mas, sob a influência dos habitantes de Berna, teve de concordar em que se realizasse apenas três ou quatro vezes por ano. Uns meses mais tarde, em fevereiro de 1537, a *Instrução e confissão de fé*, espécie de catecismo extraído da *Instituição cristã*, visou o segundo objetivo. O Conselho dos "Duzentos" decretou que todos os cidadãos deveriam aderir a essas normas, sob pena de exílio. Alguns inofensivos anabatistas e o pastor francês Pierre Caroli, que ousou dizer que esse calvinismo lhe parecia uma espécie de arianismo, foram banidos.

As coisas complicaram-se quando Calvino e os seus quiseram atingir o terceiro objetivo: a reforma dos costumes. A cidade, afirmavam eles, precisava muito dela. Mas os genebrinos acharam que não tinha expulsado o seu bispo e vencido os saboianos para que uma corja de franceses viesse agora ensinar-lhes como deviam viver. "A força da Igreja está na disciplina", dizia do púlpito o terrível jovem pregador, "e a força da disciplina está na excomunhão". Por consequência, exigiu a criação de um organismo que se encarregasse de vedar a participação na Ceia a todos os cidadãos de má conduta. A reação foi viva. Em torno de alguns importantes burgueses que tinham intervindo brilhantemente na luta contra os savoianos, constituiu-se um partido de amigos da liberdade, o partido dos "libertinos", como então se dizia. Nas ruas, ouviam-se cantarolar coplas debochadas contra os senhores do momento:

Diabo ruivo,
demônio negro!
Mestre Guilherme,
Mestre João!

E de noite, a tranquila Genebra, que nunca vira tais coisas, foi perturbada por bandos de mascarados que vinham entoar refrãos inconvenientes e gritar blasfêmias debaixo das janelas de Farel e de Calvino. Por fim, nas eleições de 1538, em todos os Conselhos, a maioria passou para os adversários dos reformadores. Para confundir o francês, o Grande Conselho decretou que a Eucaristia seria dada à maneira de Berna, pouco mais ou menos como faziam os luteranos, com pão ázimo, e não com pão comum como ensinava Calvino. Depois, um edito proibiu qualquer pregador de intervir nos negócios do Estado. Nitidamente visado, Calvino protestou, mas foi proibido de continuar a pregar a partir daquele momento. A situação assumia as proporções de um motim. Os partidários dos reformadores faziam oposição e os adversários vinham gritar-lhes à porta: "Ao Ródano! Ao Ródano!" ou presenteavam-nos com algumas arcabuzadas.

No dia da Páscoa de 1538, na catedral de São Pedro, Calvino, que tinha preparado o golpe com os seus amigos Farel e Couraud, subiu ao púlpito apesar da proibição, ergueu um veemente protesto contra as decisões dos Conselhos e anunciou que se recusava a distribuir a Ceia a um povo dissoluto, sacrílego e blasfemo. E excomungou toda a cidade! Apesar das ameaças de morte e das espadas desembainhadas num abrir e fechar de olhos, recusou-se a desistir da sua espantosa decisão. Só a custo se conseguiu evitar o derramamento de sangue. Mas, no dia seguinte, a Assembleia do povo castigou os culpados com o banimento. "Ainda bem", exclamou Calvino; "se servíssemos os homens, seria uma má recompensa, mas nós servimos um Senhor maior, e Ele saberá recompensar-nos!"[23]

Estrasburgo, Bucer e a "Instituição cristã" em francês

Calvino experimentou um imenso alívio ao deixar as margens do lago Leman. Administrar a Eucaristia a cristãos indignos era algo que lhe torturava a consciência. Mas, imediatamente depois, essa mesma consciência começou a dirigir-lhe censuras: a sua partida de Genebra não iria enfraquecer a causa da Reforma? Não fora ele em parte responsável pela ruptura, devido à sua brutalidade e às suas excessivas exigências? Deus não lhe pediria contas dessas almas que ele talvez não tivesse amado suficientemente? Essa crise de remorsos foi tão viva que o levou, acompanhado por Farel, que passava por uma crise igual, a partir para Zurique — onde estava reunido o sínodo dos pastores da Suíça —, a fim de confessar publicamente a sua culpa. Fê-lo com tal compunção que vários dos presentes escreveram aos genebrinos aconselhando-os a receber novamente o seu apóstolo. Mas uma recusa categórica confirmou a pena de exílio.

Para onde iria? Enquanto Farel se estabelecia em Neuchâtel[24], Calvino resolveu voltar para Basileia e ali recomeçar em paz as suas estudiosas meditações. Mas, dois anos antes, tinha ele encontrado em Berna o reformador de Estrasburgo, Bucer, e este lúcido chefe adivinhara a força que havia naquele jovem profeta, de palavra tão incisiva, embora agora estivesse em desgraça. Propôs-lhe então que se instalasse junto dele, como pastor dos numerosos franceses refugiados na sua cidade. Calvino hesitou durante meses, receoso de pôr sobre os ombros um novo fardo. Bucer insistiu e, "usando de admoestações e recriminações parecidas às que lhe fizera Farel", lembrou ao seu colega o terrível exemplo de Jonas que, chamado por Deus para levar a Palavra aos ninivitas, também pretendera esquivar-se, o que lhe valera um horrível destino. A ideia de ser engolido por uma baleia "aterrorizou" Calvino, como ele próprio confessou. E resolveu ceder à intimação.

Estrasburgo era então, desde havia vários anos, um dos centros mais ativos da Reforma, como Wittenberg e Basileia.

Cidade do Sacro Império, praticamente livre, dirigida politicamente por um homem de primeira plana, Jakob Sturm, tinha como teólogos duas personalidades eminentes, *Capito* e sobretudo *Martin Bucer*[25]. Graças a eles, criara-se no seio do protestantismo uma situação original. Tendo aderido à Concórdia de Wittenberg, desde 1536, a igreja de Estrasburgo nem por isso deixava de conservar a sua própria confissão de fé, a "tetrapolitana"[26], que havia sustentado perante a Dieta de Augsburgo. Bucer, espírito aberto e penetrante, ensinava uma teologia firme e moderada, a meio caminho entre o luteranismo e o zwinglianismo. Organizara a sua igreja muito solidamente, com a ajuda de um conselho de anciãos e de uma escola superior fundada por Sturm; o poder civil e o poder eclesiástico trabalhavam de mãos dadas, e o sentimento de comunhão com a Igreja universal era nessa comunidade mais forte do que em qualquer outra região protestante. Calvino iria aprender muito no contato com essa igreja tão ativa.

Estrasburgo foi, portanto, a última etapa da sua formação, uma etapa que ele teve a sorte de percorrer em companhia de um mestre cujas lições aceitava de bom grado. Bucer tinha dezoito anos mais que Calvino. "Se nalgum ponto eu não corresponder à tua esperança", escrevia o jovem ao mais velho, "sabes que estou em teu poder. Admoesta, castiga e faz tudo o que é permitido a um pai com relação ao seu filho". E o mais velho respondia-lhe com uma ternura comovente: "Tu és o meu coração e a minha alma". Graças ao ex-dominicano, Calvino, em Estrasburgo, aprendeu a limar as suas arestas e, como lhe dizia Bucer, "a deixar que, por vezes, as pessoas fizessem tolices". Juntamente com o pensamento, acabou também de formar-se o seu caráter.

Durante os três anos que permaneceu em Estrasburgo, o pastor francês foi ao mesmo tempo professor de teologia, com honorários de um florim por semana, e pastor da paróquia francesa de Saint-Nicolas-des-Eaux. Obteve bons resultados: a sua pequena comunidade mostrou-se fervorosa e muitos anabatistas abandonaram a sua seita e pediram-lhe o Batismo. Prudentemente, Calvino pôs de lado tudo o que dera mau resultado em Genebra: exigências excessivas e objurgações categóricas. O culto que praticava não estava muito distante do luterano; mas que importância tinha isso? Tolerava, por exemplo, que se tocassem os sinos. À imitação de Bucer, cuidava muito dos cantos na igreja. Escrevia cânticos em francês, servindo-se também da tradução dos salmos da Bíblia feita por Marot, e encomendava a música ao organista de Estrasburgo, Mathias Greiter. Essa pequena paróquia, acolhedora e amigável, deu-lhe grandes alegrias e serviu-lhe mais tarde de modelo em Genebra.

Em 1539 e 1540, deu dois passos decisivos. Em primeiro lugar, pediu e obteve o direito de burguesia da cidade, para o que, segundo a lei, se inscreveu numa corporação de ofícios, a dos alfaiates; a quota de entrada, que era de vinte florins, pareceu-lhe pesada para a sua magra bolsa. E depois casou-se; ou, melhor, deixou-se casar. Por quê? Certamente não pelas mesmas razões que tinham motivado Lutero. Para o franzino picardo, as exigências da carne não eram tão fortes como para o sanguíneo germano, talvez porque a sua saúde, que nunca fora boa, se deteriorava rapidamente: a má alimentação de Montaigu, o excesso de trabalho durante a juventude, as preocupações e os receios que o assaltavam durante as suas viagens sem rumo, o terrível abalo de Genebra — tudo isso contribuíra para torná-lo uma pessoa doente. Dores de cabeça, vertigens, catarros, indisposições estomacais e mais tarde as hemorroidas tinham convertido pouco a pouco a sua vida num constante calvário, agravado por uma angústia semifísica e semimetafísica.

"Ignoro se algum dia me casarei", dizia ele ainda uns meses antes de se decidir, "mas, se o fizer, será para consagrar o meu tempo ao Senhor, desembaraçando-me de certas preocupações com o cotidiano". Não foi essa a única razão do seu casamento, mas, mais profundamente, o desejo "de cumprir a Lei", conforme o conselho de Bucer. Teoricamente, condenava o celibato dos padres: que exemplo dava ele então, permanecendo celibatário? Após duas tentativas infrutíferas, propuseram-lhe e aceitou a viúva de um anabatista que ele convertera, *Idelette de Bure*, uma linda mulher, elegante e fina, que correspondia aos seus gostos aristocráticos. "A única beleza na mulher reside, para mim, na castidade, no pudor, na modéstia e no cuidado do marido". Idelette correspondia perfeitamente a essa definição do seu esposo. De resto, desempenharia um papel extremamente apagado junto do reformador. Morreu antes dele (em 1549) e não lhe deu senão um filho, que a morte também levou. E o austero picardo não experimentou a necessidade, como Lutero, de deixar à posteridade qualquer pormenor preciso sobre a sua vida conjugal.

Ficaria definitivamente em Estrasburgo? Tudo parecia indicar que sim. Quanto mais os meses passavam, mais Bucer o associava aos seus trabalhos e aos seus planos. Em fevereiro de 1539, fez parte da delegação de Estrasburgo que participou do Congresso de Frankfurt, reunido a pedido de Carlos V para tentar pôr fim à confusão da Igreja. Ali encontrou Melanchthon, com quem passou a relacionar-se. Nos encontros seguintes, que se estenderam ao longo dos anos de 1540-1541, acompanhou Bucer a Haguenau e a Worms, como seu segundo. Por fim, participou oficialmente, com Jakob Sturm e Bucer, da delegação de Estrasburgo que interveio na reunião de Ratisbona, onde se fez a última tentativa de pacificação[27]. Este contato com as igrejas alemãs teve como resultado confirmá-lo na sua decisão de seguir um caminho diferente e evitar os erros que via cometer, principalmente quanto à submissão aos príncipes. A sua autoridade pessoal era tão grande que, mesmo na França, Margarida de Navarra, com quem se correspondia, fazia-o intervir a favor dos reformados.

Foi precisamente essa precoce notoriedade — elevada ao auge, como veremos, pela publicação da *Instituição cristã* em francês — que o levou a abandonar a existência tão plena e tão perfeitamente equilibrada que tinha em Estrasburgo. Tanto nas margens do Ill como em Haguenau, Worms e Ratisbona, foi procurado por delegações de genebrinos que lhe suplicavam que voltasse àquela cidade e ali retomasse a sua missão.

Que se passava em Genebra? Segundo declarações do próprio Conselho, a partida dos dois pregadores fora "uma grande desgraça". Desde então, não se viam senão "lutas intestinas, denúncias, assassinatos e desgraças de toda a espécie". Novamente de posse da sua liberdade, o povo aproveitava-se dela e deixava muito malparados os princípios morais. A cidade estava dividida em clãs inimigos, mesmo entre os reformados: os "guilherminos", partidários de Guillaume Farel, e os "articulantes", favoráveis às ideias de Berna, vinham-se digladiando a ponto de se banirem alternadamente. Os católicos, por outro lado, encorajados pelo papa Paulo III, tinham-se refeito e, reunidos em Lyon, haviam estudado um conjunto de medidas destinadas a restaurar a sua fé em Genebra; o cardeal Sadolet acabara de dirigir aos genebrinos uma carta extremamente hábil, em que explorava as faltas de Calvino e as divergências de que a Reforma parecia ser a causa. Por fim, a Assembleia popular havia votado por esmagadora maioria uma moção em que se suplicava a Calvino que voltasse a ser "o seu pastor evangélico".

Ao receber essa súplica, o pastor de Saint-Nicolas-des-Eaux sentiu-se mais do que nunca apegado à sua tranquila paróquia e ao bom trabalho que ali fazia em paz. “Preferiria cem outras mortes a essa cruz!”, exclamou ele. E, a Farel, que unia as suas instâncias às dos genebrinos, dizia: “Só de ouvir o apelo, tremo de horror. Quanto mais penso, mais vejo o abismo de que o Senhor me livrou”. Mas poderia ele esquivar-se uma e outra vez a essas súplicas que também invocavam o interesse de Deus? Ao sair da baleia, Jonas acabara por resolver-se a levar a mensagem divina aos ninivitas...

Como foram espantosamente fecundos esses anos de Estrasburgo! Além de quatro prédicas hebdomadárias, dos seus cursos e de uma imensa correspondência, Calvino trabalhou nos seus livros com furor. Foi então que escreveu o seu *Comentário à Epístola aos Romanos*, o seu *Pequeno tratado da Santa Ceia* e a sua famosa *Epístola ao cardeal Sadolet*, em que explicava o motivo por que se tornara aquilo que era. Mas Estrasburgo marcou sobretudo uma etapa capital, não só na vida do reformador e mesmo na história da Reforma, mas ainda na história religiosa do mundo e na história literária da França: a da publicação da *Instituição cristã* em francês.

Por quê? Evidentemente, essa tradução, em que Calvino começara a trabalhar nos seus momentos livres já em Basileia, tinha em vista conquistar um público mais numeroso que o da edição latina. Nessa mesma ocasião, Dolet publicava o seu livro sobre a *Maneira de bem traduzir*, em que mostrava a vantagem de os autores serem lidos em francês, na época a língua mais notável pela sua precisão. Portanto, em 1539, saiu das oficinas tipográficas de Ribel, em Estrasburgo, um grande e belo livro de 20,5 por 32 cm, com 436 páginas, visivelmente destinado a professores, estudantes e pesquisadores. Mas isso não bastava aos olhos de Calvino;

era precisa também uma obra que se pudesse esconder no bolso, e essa foi a edição que preparou para o genebrino Jean Gérard, que acabava de publicar, em 1540, a tradução da Bíblia revista por ele. No momento em que o reformador regressar a Genebra, sairá das oficinas o seu pequeno livro, composto em caracteres muito apertados, com 822 páginas em formato 11,5 por 18,5 cm, que iria difundir pelo mundo as ideias do seu autor.

Mas já não era a *Instituição* latina de Basileia, pois a obra ampliara-se enormemente. Esta "suma de piedade e de quase tudo o que é necessário na doutrina da salvação" compreendia agora dezessete capítulos. E isso era apenas uma etapa: as edições posteriores teriam ainda mais páginas e contariam oitenta capítulos! Não se tratava já de um catecismo desenvolvido, mas de um verdadeiro manual de teologia dogmática, em que as matérias eram aprofundadas, as lacunas preenchidas, o vocabulário cuidadosamente desembaraçado de termos muito eruditos, de resquícios da escolástica, e em que, como observa Wendel acertadamente, "aflora um pouco por toda a parte a recordação das experiências do autor e das suas recentes conversas com os teólogos de Estrasburgo".

Mal apareceu, a obra espalhou-se por toda a parte, e, através da Suíça, dos Países Baixos, dos vales do Vaudois, os vendedores ambulantes introduziram numerosos exemplares na França. Podemos ver a prova do seu êxito pela pressa com que a Faculdade de Teologia parisiense tratou de refutá-la, logo em 1543. Em breve a *Instituição* foi traduzida para o alemão, o inglês, o italiano, o espanhol, o húngaro e até o grego. Nenhum livro seria mais lido durante o século XVI.

É que ele trazia para a Reforma o essencial do que ela esperava para ganhar fisionomia própria perante a Igreja Católica. Além disso, era a obra de um grande escritor.

O autor da "Instituição cristã"

Calvino foi um excelente escritor, cronologicamente o primeiro dos mestres do francês moderno, e não se poderá falar dele sem lhe prestar a homenagem que sem dúvida lhe é devida sob este aspecto. Todos os que se referiram ao seu estilo — católicos, protestantes e livre-pensadores, de Brunetière a Brunot, de Petit de Julleville a Morçay, de Lefranc a Plattard ou Pannier — são unânimes em ressaltar o seu contributo para a língua de que em breve se serviriam São Francisco de Sales e Montaigne, Pascal e Bossuet.

Na sua produção literária, a *Instituição cristã* ocupa um lugar de absoluto destaque. Contudo, não constitui senão uma parte relativamente mínima, um quarto da sua obra escrita em francês, e esta por sua vez não passa de perto de um quinto da produção total, porque esse grande trabalhador escreveu sem parar, e sobretudo em latim. As suas cartas, tratados e panfletos têm evidente interesse para o estudo da sua vida, do seu pensamento e da sua influência. Mas o essencial da sua doutrina, o testemunho decisivo que ele tinha a oferecer ao mundo, assim como a plenitude da sua forma literária, encontra-se na *Instituição*, nesse livro que escreveu aos vinte e quatro anos e que, ao longo de toda a sua vida, até os seus últimos dias, não deixou de retocar e de enriquecer.

Se alguma obra, na sua realização, coincidiu exatamente com o propósito do seu autor ao empreendê-la, é por certo este tratado, em que tudo parece lucidamente calculado para ensinar, combater, demonstrar e julgar. O que impressiona logo de entrada é a simplicidade e o despojamento do vocabulário. Estamos aqui nos antípodas das complicações pedantes da escolástica decadente. Os termos da *Instituição* são aqueles que os artesãos, as donas de casa, os vendedores ambulantes e os camponeses podiam compreender. Abundam as fórmulas concisas, ricas de sentido e habilmente introduzidas. As palavras importantes estão bem destacadas. Sóbrio e direto, semelhante estilo punha ao alcance do povo — e nisso estava o perigo para o catolicismo — um pensamento pessoal, de uma lógica persuasiva. Tudo nessas páginas era intencional, e o próprio autor o diz várias vezes: "Todo o mundo", nota ele, "sabe como eu sei defender um argumento e como é precisa a brevidade com que escrevo".

"Defender um argumento": não há expressão melhor. Como também "arguir", "redarguir", "opor embargos" e "intimar" são intenções evidentes nos seus escritos. Calvino pleiteia num processo, enquanto expõe as suas ideias. Daí a ordem geométrica dos seus raciocínios, o plano lógico e seguro, a solidez dialética da argumentação. Jamais se extravia ou se perde, mesmo quando — por exemplo ao falar da Ceia — o seu pensamento não está muito claro. Ao contrário de Rabelais, que escreve como uma árvore que rebrota e lança folhas e ramos em todos os sentidos, Calvino vai direto ao objetivo, sem se deixar desviar por nada.

No jogo das ideias, é exímio. Ao contrário do pensamento medieval, que recorria geralmente às deduções sucessivas, encaixadas em proposições curtas, ele conhece o segredo arquitetônico da frase, em que todas as partes se ordenam em torno da ideia central para marcar a causa, a consequência, as condições, numa palavra, todas as relações que constituem um pensamento completo. A língua francesa, até então fundamentalmente narrativa à maneira das iluminuras, deve-lhe o sentido da grande composição e da perspectiva, a arte do período que apreende o espírito na sua plenitude. Tudo isso é magnificamente novo.

Os defeitos desse estilo são a contrapartida dos seus eminentes méritos: arrisca-se a ser seco, monocórdico e monocromático. A sua frase está desprovida de fantasia. "Estilo mais triste", disse Bossuet, comparando-o com o de Lutero, embora o reconheça "mais harmônico e mais amadurecido". Será uma apreciação justa? As imagens vivas não são raras e mantêm a atenção desperta; e também saltitam provérbios e comparações que nos divertem. Calvino não despreza o termo familiar, e até o vulgar, as locuções do torrão picardo e o jargão do foro. É óbvio que, comparado com o do seu truculento contemporâneo Rabelais, parece provir de uma palheta pobre de cores. Mas se pusermos em paralelo alguns dos seus parágrafos — por exemplo, os da Epístola em que dedica o livro ao rei — com aqueles em que Gargântua se espraia, a superioridade é manifesta: a força e a beleza estão do lado de Calvino.

"O estilo é o homem". Desde que Buffon proferiu esse axioma, o que nós procuramos conhecer através da forma é o autor. Há poucas obras literárias que, como a *Instituição cristã*, sejam tão reveladoras daquele que as escreveu. E é também isso o que lhe fixa os limites. Rigorosa, lógica, ampla e forte, esta obra literária continua a ser a obra de um grande intelectual, muito pouco poeta — embora Calvino estivesse convencido de que o era —, e que só se importa com o jogo perfeito das ideias.

Não se sente nas suas páginas aquela bem-aventurada fome de conhecer que fazia delirar alegremente Rabelais. Não há nenhum sinal de que o reformador se tenha interessado pelas descobertas que começavam a apaixonar os espíritos, como, por exemplo, a da rotação da terra por Copérnico em 1530, e que Calvino, em 1560, ainda ignorava. Não há também qualquer sinal — ou muito poucos... — de que ele tenha amado os homens na sua miséria e na sua fraqueza, com esse calor de fraternidade que tanto comove os corações. Lutero amava apaixonadamente as flores, os pássaros e as crianças. Calvino não desce a tais fraquezas, e ficamos penosamente chocados ao ler, escritas por ele, as seguintes palavras: "As crianças são pequenas imundícies". Os únicos momentos em que o seu tom se exalta é quando fala de Deus, da sua glória, da sua honra e do seu poder. Temos de confessar que, nesses momentos, é verdadeiramente grande. E esses arroubos de fervor acabam por dar o seu sentido a todo o conjunto. Lembram-nos a serviço de que doutrina terrível está posto esse estilo de reflexos metálicos, austero e puro como o dever.

Calvinismo

Damos o nome de "calvinismo" à doutrina que Calvino expôs. Teremos, porém, esse direito? Alguns protestantes, e não dos menores — Karl Barth (1886-1968), por exemplo, o maior teólogo atual da Reforma[28] —, têm-se insurgido contra o uso dessa palavra. "O calvinismo é um conceito que devemos aos historiadores modernos", dizem eles. Assim como não existe verdadeiramente o "luteranismo", menos ainda existe, para falar rigorosa e objetivamente, o "calvinismo". Nas perspectivas em que Calvino se situou, e em que, como vamos ver, só a Palavra de Deus é fonte de verdade e princípio de ação, não se poderia admitir um corpo de doutrina, um dogmatismo formal imposto ao homem por uma autoridade exercida por homens, como acontece no catolicismo. "Um verdadeiro discípulo de Calvino só tem um caminho a seguir: obedecer, não a Calvino, mas Àquele que foi o Mestre de Calvino"[29].

Pode ser, mas não é menos verdade que o pensamento do reformador se nos apresenta como um sistema completo, notavelmente coerente (apesar de algumas falhas), e que, no sentido em que falamos de "platonismo" ou de "cartesianismo", existe certamente um "calvinismo". Também é certo que, na prática — e bem mais lucidamente do que jamais fizera Lutero —, Calvino, para assentar a sua obra em Genebra, foi levado a dar à sua doutrina esse caráter de dogmatismo imperioso que, substancialmente, ela se recusava a ter. Formuladas estas reservas, o edifício erigido pelo genial picardo causa uma considerável impressão. É harmoniosamente construído e prestigiosamente apresentado. Parece ter saído de um jato desse grande cérebro e depois não ter feito mais do que desenvolver-se e crescer. Com efeito, entre a primeira versão latina da *Instituição* em seis capítulos e a última em oitenta (na qual, evidentemente, colaboraram discípulos menos dotados), não há nenhum desvio, nenhuma ruptura. Assim se compreende a influência que ele exerceu sobre tantos espíritos, muitas vezes entre os melhores.

Original? Não mais do que o são geralmente os grandes criadores, que alimentam a sua obra com tudo o que lhes parece útil, sem receio de ficarem diminuídos por isso. "Os que temem as influências e se furtam a elas", diz André Gide, "fazem uma tácita confissão da pobreza da sua alma". Pertencendo à segunda geração da Reforma, e tendo vindo depois de Lutero, de Melanchthon, de Zwinglio e de Bucer, Calvino não considerou nulo o esforço dos seus predecessores. Foi lá buscar os primeiros materiais do seu vasto empreendimento. É evidente, por exemplo, que a sua concepção da natureza humana e do papel da fé devem muito ao Lutero dos catecismos e do *Servo arbítrio*; que a exaltação sistemática de Deus lhe deve ter vindo de certas observações de Zwinglio; que os *Lugares comuns* de Melanchthon contribuíram de algum modo para a sua doutrina sobre a Ceia; e que ele não teria elaborado a sua eclesiologia se, em Estrasburgo, não tivesse visto Martin Bucer em ação. Mas o que é mais evidente ainda é que, seja qual for a ideia que lhe venha à mente, leva-a até ao extremo, espreme-a até às últimas consequências, ao mesmo tempo que se aplica a remediar as falhas e as lacunas que possa verificar. Realizou uma síntese completa de tudo o que colheu dos seus predecessores, imprimindo-lhe ao mesmo tempo o cunho de um pensamento forte e autenticamente original.

Mas, bem mais do que nas obras humanas, onde ele foi haurir a inspiração fundamental foi num livro divino, o livro dos livros, o texto escrito sob o ditado de Deus. Também neste ponto é discípulo direto de Lutero, daquele que centrou na Bíblia toda a Reforma. "A verdadeira autoridade dos cristãos protestantes", diz ainda Karl Barth, "é a Palavra, aquela que o próprio Deus pronunciou, que continua e continuará a pronunciar eternamente pelo testemunho do seu Espírito Santo nos escritos do Antigo e do Novo Testamento". Escutar a Palavra de Deus e somente a Palavra de Deus, rejeitando tudo o que deva ser considerado meros "mandamentos dos homens", tal é a intenção — ou a pretensão — de todos os defensores da Reforma que, por vezes, se denominavam *christaudins*, "ouvintes de Cristo". Em nenhum deles é tão forte como em Calvino a convicção de que esse é o primeiro e único dever do crente. Essa Palavra, Deus fê-la ouvir aos homens na Sagrada Escritura; portanto, tudo se deve apagar diante dela. "Nem a antiguidade, nem os costumes, nem as sentenças, nem os editos, nem os decretos, nem os concílios, nem as visões, nem os milagres se devem opor" ao texto único, mensagem autêntica do Altíssimo.

Autêntica? Neste ponto, um católico levanta uma grave objeção: quem garante essa autenticidade? Para ele, é a Igreja e o seu Magistério infalível. "Eu não acreditaria no Evangelho", diz Santo Agostinho, "se não acreditasse na Igreja". Calvino rejeita essa garantia; o que descobre o verdadeiro sentido da Palavra é a consciência do homem, é o seu espírito iluminado pelo Espírito Santo. "Todo o protestante é papa, com uma Bíblia na mão", dirá Boileau. O biblicismo integral faz-se acompanhar de uma estranha liberdade deixada aos juízos do homem, uma liberdade contra a qual, aliás, Calvino reagirá violentamente nos casos de Castellion, de Bolsec e de Miguel Servet. Mas que puro perfume escriturístico não ficou a sua obra a dever a essa convivência constante e como que amorosa com o texto sagrado! Que brilho não recebeu o seu estilo, graças ao uso tão pertinente que faz das citações do Antigo e do Novo Testamento!

Sob a inspiração da Palavra, Calvino concebe, pois, todo um sistema do mundo, toda uma explicação do destino humano. O tríplice ponto de partida é, evidentemente, fornecido por Lutero. O pecado original, eis a primeira e a mais irrecusável das evidências. "Somos os frutos de uma semente imunda, nascemos manchados pela infecção do pecado"; "o homem é um *macaco*, uma *besta indomada e feroz*, uma *imundície*"; tende "necessariamente para o mal" e "o que é mais nobre e mais valioso nas nossas almas [...] está inteiramente corrompido, seja qual for a dignidade que aí reluza". Assim, "desde o entendimento até à vontade, desde a alma até à carne", a natureza humana está corrompida; nada podemos compreender seja do que for, se não começarmos por admitir profundamente esta realidade.

Este fardo do pecado é tão esmagador, tão determinante, que o homem não pode deixar de vergar sob o seu peso. Não há qualquer meio para tentar desembaraçar-se dele. Porque, na realidade, o homem não é livre: o "servo arbítrio" calvinista é tão rigoroso como o de Lutero. Tal como está constituída, a nossa natureza só pode levar-nos ao mal, uma vez que "a raiz é má e viciosa, totalmente podre". A própria luta nos está vedada: "Não temos o arrependimento nas mangas". Escravo dessa fatalidade que lhe faz pesar sobre as costas a sua própria condição, o homem não possui, de per si, nenhuma liberdade.

Mas esta escravidão radical traz consigo a possibilidade de êxito. "Quanto mais débil fores em ti, tanto melhor te recebe Deus". Esta salvação, que é inacessível às nossas próprias forças, Deus no-la pode conceder, com uma condição: que tenhamos fé nEle. A justificação pela fé é professada por Calvino tão nitidamente como por Lutero. "É justificado aquele que não é considerado pecador, mas justo. Deus considera-nos justos em Cristo, por mais que não o sejamos em nós mesmos. É-nos imputada a justiça de Jesus Cristo". Crer em Cristo, *pendurar-se* dEle de qualquer maneira, para que Ele resgate todas as nossas indignidades e máculas, para que nos faça escapar à justa necessidade do castigo merecido pela nossa corrupção, eis o primeiro — e quase único — dever de uma alma fiel. É esse o seu conforto, a sua certeza. "Esta é, portanto, a nossa confiança! Esta é a nossa única consolação! Este é todo o fundamento da nossa esperança!"

Lutero descobrira esses três dados fundamentais no decorrer da sua experiência interior, como resposta às perguntas que formulara durante o drama da sua alma. Ele mesmo se sentira corrompido e manchado; sentira-se inteiramente largado nas mãos de Deus, escravo de uma vontade sobrenatural e implacável; e não encontrara repouso senão no dia em que se lançara literalmente nos braços de Cristo, descobrindo que o outro nome da justiça é "amor"[30]. Para Calvino, o essencial não está aí. Não é por razões pessoais, psicológicas, que sacrifica o livre arbítrio, mas sim porque tem, elevada ao ápice, a ideia da grandeza de Deus, da "honra" de Deus. Sob este aspecto, é verdadeiramente discípulo da Bíblia, um filho do povo que exclamará em todas as circunstâncias: "Mas só para Ti, Senhor, a glória!"

Eram dois os homens que, com voz igualmente forte, proclamavam nessa época a certeza sublime de que tudo na terra deve ser realizado *ad majorem Dei gloriam*: Calvino e Santo Inácio de Loyola. Mas, enquanto o sábio jesuíta atribui o devido lugar às potências da alma humana, criada à imagem de Deus, e as ordena como instrumentos livremente escolhidos para proclamar essa glória, Calvino pensa e professa que seria "obscurecer a glória de Deus e levantar-se contra Ele" atribuir ao homem a menor parcela de mérito. É exatamente a posição contrária à desses humanistas — cristãos ou não — que, nesse mesmo momento, faziam girar toda a concepção do mundo em torno do homem. A insistência, em si admirável, com que o reformador exalta o poder e a soberania de Deus tem como corolário uma espécie de alegria sádica em espezinhar a natureza humana. Deus é tudo, o homem não é nada: este princípio não sofre qualquer atenuação.

É desta teodiceia que resulta a tese geralmente considerada como característica do calvinismo: a *predestinação*. Os luteranos tinham visto que ela estava na lógica do seu sistema e que se impunha ao espírito desde o momento em que se recusava ao homem o livre arbítrio; mas, inquietos com o que ela tem de atroz e de terrível, e menos preocupados com a lógica do que o francês, tinham-na deixado na penumbra, e Melanchthon afastara-a da Confissão de Augsburgo. Calvino raciocina mais estreitamente: "O Senhor reserva para Si todo o poder". Poder "não vão, ocioso e como que adormecido, mas sempre vigilante e cheio de eficácia". Este Deus, que o homem é radicalmente incapaz de compreender e de representar no seu espírito, tudo governa no mundo e na vida. Por conseguinte, o homem nada pode pensar, querer e fazer que não tenha sido decidido por Deus desde toda a eternidade. E quanto à decisão mais capital para cada um dos vivos, a da salvação eterna, ela depende unicamente da vontade, do "livre propósito" de Deus.

Tal é, portanto, a ideia central de toda a doutrina. "Chamamos predestinação ao juízo eterno de Deus, pelo qual Ele determinou o que cada homem deve fazer, visto que não os cria a todos de igual condição, mas destina uns à vida eterna e outros à eterna condenação [...]. Segundo o que a Escritura mostra claramente, afirmamos que o Senhor decidiu de uma vez para sempre, no seu juízo eterno e imutável, quais os que queria salvar e quais os que queria deixar perecer. Aos que chama à salvação, recebe-os na sua misericórdia gratuita, sem olhar para a sua dignidade. Pelo contrário, a todos os que quer entregar à condenação, impede-os de entrar na vida. E tudo isso se faz pelo seu juízo oculto e incompreensível, embora Ele seja justo e equitativo".

O próprio Calvino declarou que se tratava de uma doutrina terrível. "Confesso", diz ele, "que este decreto deve aterrorizar-nos". É uma lei de aço, a que ninguém escapa. "Manobrem como manobrarem os homens, ou mesmo os diabos, é sempre Deus quem segura o leme". É o próprio Deus quem "obriga os réprobos a fazer o que Ele quer". Estamos aqui nos antípodas da doutrina católica da bondade de Deus, da sua justiça que recompensa cada um segundo os seus esforços e os seus méritos, mesmo que, aos olhos do Todo-Poderoso, esses esforços sejam miseráveis e esses méritos irrisórios. Apenas alguns são eleitos. Por quê? Não o sabemos. E se murmuramos: "Não compreendo isso", Calvino responde-nos, sarcástico: "Quem és tu, animal? Mesmo que todos os maiores doutores do mundo se aplicassem a entendê-lo com os seus sentidos, não o poderiam conseguir".

E se gritamos contra a injustiça, Calvino, inexorável, aconselha-nos a descer ao nosso íntimo e considerar a nossa abjeção, para saber que não merecemos senão o inferno. É uma doutrina tão desumana — dir-se-á — que só pode mergulhar o homem numa resignação fatalista, numa ataraxia total. Mas não é assim, visto que há eleitos e, se eu tenho fé, estou predestinado à salvação! É por isso que o pastor francês e, futuramente, os seus fiéis irão buscar na terrível convicção de estarmos inteiramente nas mãos de Deus as razões do seu heroísmo. A alma que recebe o inefável testemunho da sua eleição pode porventura ceder ao desânimo e à fraqueza? Trata-se de uma ideia-força basilar, em que mergulham as suas raízes todos os fanatismos. Longe de ser uma causa de impotência, o predestinacionismo de Calvino será para o protestantismo uma poderosa alavanca de ação.

Que seja assim, mas que fazer se eu não me sinto salvo, se não me encontro entre os eleitos? Nesse caso, deve o desgraçado que eu sou ser responsável por crimes que, desde toda a eternidade, foram previstos para mim e associados ao meu destino? Segundo a lógica da sua doutrina, Calvino admite "que o mal entra no plano de Deus". "O primeiro homem caiu porque Deus o quis. E por que foi que Deus o quis? Não o sabemos. Sabemos apenas que não o teria querido se não tivesse previsto que, dessa forma, a sua glória se multiplicaria". Da mesma maneira, "ao criar os homens que Ele sabia antecipadamente que se haviam de perder, Deus fê-lo porque assim o determinou". Não estamos diante de uma desculpa para abrir a porta ao que de pior pode haver na conduta humana? O verdadeiro responsável do mal que eu cometo não sou eu, mas sim esse Deus que o impõe à minha vontade fraca. Tal é o argumento que os "libertinos" de Genebra oporão a Calvino, e que o pregador francês Bolsec desenvolverá em termos contundentes. Melanchthon, por seu lado, procura um meio-termo: "Se Deus faz o bem em nós [...], o homem só peca por culpa própria e condena-se pelo seu pecado. Acusemos, portanto, a nossa vontade quando sucumbimos, e não procuremos a causa no juízo de Deus".

É a uma espécie de responsabilidade partilhada que Calvino se agarra. Depois de ter coberto de injúrias essas "bestas furiosas, cães que ladram, porcos que em tudo fuçam com o seu focinho", que pretendem justificar a sua vida dissoluta com a vontade de Deus — já com isso demonstram que estão condenados! —, apela para o testemunho da consciência, que sabe muito bem que, quando pratica o mal, não é por Deus, mas contra Deus. "Ainda que", exclama ele, "eu lhes confesse cem vezes — o que é verdade — que Deus é o autor da sua condenação, eles não conseguirão apagar o seu crime, que lhes está gravado na consciência e de cada vez se lhes apresenta diante dos olhos".

Não há dúvida de que nisto reside o erro mais grave do sistema, obrigado a restabelecer a liberdade no plano moral enquanto a recusa no plano teológico. A responsabilidade e a liberdade são os primeiros princípios da psicologia moral que fazem voar em estilhaços a doutrina, completamente unilateral, de Calvino... "Quem não vê, aliás", escreve profundamente Dom Poulet, "que essa glória divina, a que ele quer selvagemente imolar tudo, como a Moloch, nunca terá peso senão numa alma livre, livre para se recusar, mas também livre para se entregar?"

Esta doutrina contém um aspecto que não deixa de ter o seu valor: conserva solidamente uma moral, coisa que Lutero não fizera. O homem deve comportar-se bem. Por quê? Não *para* ser salvo, mas *porque* está salvo. Santificação e justificação são realidades indissociáveis: se me portar como um santo, provo a minha fé e, portanto, a minha eleição. Daqui resulta, entre as almas mais elevadas, uma notável aspiração moral, que se poderá encontrar nesse tipo bastante comum de protestantes austeros, sinceramente desejosos da glória de Deus e do seu próprio aperfeiçoamento moral, e gozosamente moralizadores. "Somos do Senhor: vivemos e morremos por Ele! Somos do Senhor: que a sua vontade e a sua sabedoria presidam a todas as nossas ações!", exclama Calvino. É uma linguagem que todo o crente deve ouvir. Mais modestamente, o cristão médio, sem ir até esses extremos místicos, entregar-se-á às atividades do mundo com sobriedade, justiça e piedade. Persuadido de que foi colocado na sua situação terrestre por um decreto da Providência, não terá necessidade de abandonar os bens deste mundo — a renúncia à maneira de São Francisco de Assis é radicalmente ignorada pelo calvinismo —: basta-lhe usá-los com moderação, bendizendo a Deus por lhe ter dado condições de usufruir deles. Triunfar na vida, ser cumulado de prosperidade por Deus é ser visivelmente protegido por Ele, e isso também é muito bíblico![31]

Sinais da eleição divina, as obras são, portanto, necessárias, e, neste ponto, Calvino está mais perto do catolicismo do que Lutero; mas essas obras só terão sentido se trouxerem a marca do único sinal decisivo, que é a fé. Para Calvino, esta é, verdadeiramente, totalmente, um dom de Deus, que o homem jamais merece e para a qual jamais concorre com os seus esforços. Eu creio porque "Deus trabalha em mim". Esta fé calvinista é tão imperiosa como a luterana, mas não procede da mesma fonte. Lutero, curvado sob o peso da sua miséria, lança o grito da sua fé como um apelo do fundo dos abismos: "Senhor, salvai-me, eu creio em Vós!" Já Calvino, fascinado pela transcendência e pelo esplendor de Deus, de que a Sagrada Escritura lhe deu a certeza, procura aderir a ela sob a ação do Espírito Santo. E, para ele, muito mais do que para Lutero — que, retido pelo sentimento da sua baixeza, só chegou à mesma ideia lentamente, como que hesitando —, crer, isto é, aderir a Deus, é já estar salvo.

Num tal sistema, em que a salvação procede do interior do homem, que lugar se pode reservar para tudo aquilo que pretende proporcioná-la de fora? Os sacramentos não são rejeitados, pois constituem, diz Calvino, "uma ajuda próxima e semelhante à da pregação do Evangelho para sustentar e confirmar a fé". Por outro lado, são sinais da justificação obtida por essa mesma fé, embora, em si mesmos, não tenham qualquer eficácia. Calvino insurge-se vivamente contra aqueles que, sejam zwinglianos ou católicos, "atribuem aos sacramentos não se sabe que virtudes secretas", porque isso é "injuriar o Espírito de Deus", cuja graça não necessita de sinais para se comunicar. Admitir que os sacramentos "justificam e conferem a graça" é para ele uma opinião "totalmente diabólica", porque "mergulha as consciências na confusão".

De resto, mais radical do que Lutero, Calvino não conserva senão dois sacramentos, pois, como Zwinglio, pensa que o Evangelho permite discernir apenas dois: o Batismo e a Ceia. E, mesmo esses, define-os à sua maneira. O Batismo "é a marca da nossa cristandade e o sinal pelo qual somos recebidos na companhia da Igreja... Foi-nos dado por Deus primeiro para podermos confessar a nossa fé diante dEle e, em segundo lugar, para podermos confessá-la diante dos homens". Isto não quer dizer que "seja apenas uma marca", uma espécie de ficha de inscrição no partido dos batizados: Calvino protesta contra essa maneira de o compreender. O Batismo é autenticamente "o sinal da remissão dos pecados", mas não passa de um sinal; em si, essa remissão não procede da água batismal, pois o Espírito Santo pode muito bem levar a cabo a nossa união em Cristo fora do rito batismal[32].

Relativamente à Eucaristia, designada por "Santa Ceia", é flagrante, para quem compara as sucessivas edições da *Instituição*, que ela preocupou cada vez mais o reformador francês. Situando-se entre os luteranos e os zwinglianos, Calvino procurou um termo médio. Com Zwinglio, opõe-se a Lutero que, como já vimos, admitia certa presença real de Cristo na hóstia, por *consubstanciação* (não por *transubstanciação*, como os católicos), e interpreta a palavra *é* da fórmula "Isto é o meu corpo" no sentido de *significar*. "O pão e o vinho são sinais visíveis". Mas, contra Zwinglio, afirma que a Ceia é mais do que uma comemoração da última refeição do Senhor na terra, e que há mais do que uma união simbólica da alma com Cristo para todo aquele que comunga: há uma união real, embora de "substância espiritual"[33]; o pão e o vinho da Eucaristia não são, portanto, como para os católicos, o corpo e o sangue de Cristo; no entanto, o corpo glorificado de Cristo comunica-se "realmente" à alma crente do predestinado, dando-lhe "uma indubitável confiança na vida eterna". Trata-se de uma doutrina, afinal, complexa e muito confusa que — como reconhece Wendel — "deixa subsistir inúmeras obscuridades imperfeitamente resolvidas", o que talvez se explique — e isso não deixa de ser bastante comovente — pela própria piedade de Calvino, incapaz, neste ponto, de ir até ao fim do seu sistema para conservar a consoladora certeza da presença real de Cristo no pão...

É evidente que uma doutrina totalmente centrada na ação do Espírito Santo sobre a alma não pode deixar aos ritos senão um lugar muito limitado. O sacrifício da Missa deixa de ter sentido. O serviço divino reduz-se à audição da Palavra, isto é, à pregação, às orações e ao canto de salmos. A Ceia, que os luteranos ainda conservavam — excluindo embora a ideia católica de sacrifício —, está separada do serviço divino; realiza-se apenas algumas vezes por ano — quatro em Genebra —, com a participação de toda a comunidade dos fiéis. A lei deste culto é a da mais rigorosa simplicidade, pois suprimem-se as imagens, os adornos, os órgãos, "todas essas idolatrias". O êxtase interior e a exaltação da fé devem bastar para compensar o que pode haver de aparentemente frio numa religião que nada pede aos meios humanos. É evidente, enfim, que, como Zwinglio e Lutero, Calvino rejeita o culto dos santos e o da Virgem Maria. Embora os considere figuras exemplares — ainda que nunca os mencione —, de que modo poderia atribuir-lhes o papel que o catolicismo lhes reconhece, como intercessores que são junto da divina misericórdia, se o essencial do ato religioso se opera na solidão da consciência, por um contato direto com o Espírito?

Como se vê, tudo isto está muito mais longe ainda da Igreja do que as posições de Lutero. São cinco os pontos capitais em que Calvino formula teses absolutamente inaceitáveis para um católico: a Sagrada Escritura, interpretada somente pelo homem inspirado pelo Espírito Santo, é a única autoridade, visto que a da Igreja não conta; o homem é radicalmente corrupto e incapaz de encontrar na sua natureza a menor possibilidade de salvação; Deus decide do destino de cada homem a seu bel-prazer, sem que este possa modificar pelos seus méritos nem um til da sorte que o espera; a fé é o único penhor e meio de salvação, e o esforço moral não é senão o seu corolário; os sacramentos não passam de sinais desprovidos de qualquer eficácia. Tudo o que Lutero, Zwinglio, Bucer, Ecolampádio e tantos outros haviam descoberto mais ou menos claramente antes dele, sem no entanto ousarem levar o seu pensamento até às últimas consequências, ele, o francês lógico, assume-o, completa-o, arremata-o e, embora o negue, converte em dogma. É uma obra de gênio, cuja influência histórica viria a ser decisiva. Mas poderia essa influência exercer-se como o fez se Calvino não tivesse abordado também o último problema, aquele em que Lutero se debatera tão dolorosamente — o problema da autoridade?

Calvino apôs o cunho na sua doutrina no momento em que definiu a Igreja e, ao mesmo tempo, fixou as relações que ela deveria manter com o Estado. Para ele — sobretudo para o Calvino da juventude, o de 1536 —, como para Lutero, a verdadeira Igreja é invisível, constituída pela comunidade dos predestinados. Mas, à medida que a sua experiência se foi desenvolvendo, passou a insistir noutro aspecto, o da Igreja visível, que compreende "a multidão dos homens que professam honrar a Deus e Jesus Cristo da mesma maneira". Esta Igreja visível, justifica-a ele teologicamente muito melhor que Melanchthon: foi instituída por Deus; tem sob a sua custódia o tesouro de Cristo; é uma instituição legítima e sagrada, a cujas diretrizes o cristão deve obediência e que tem o direito de impor normas disciplinares, principalmente contra aqueles que, "pela sua torpeza, difamam e desonram a cristandade". Estamos assim bem longe daquele anarquismo espiritual com que Lutero sonhara durante toda a vida! Ao ver funcionar o protestantismo na Alemanha, Calvino compreendeu que não bastava redigir "receituários de fé", livremente aceitos, para que a Reforma se firmasse e pudesse defender-se dos seus adversários...

Qual havia de ser então a atitude da sua Igreja visível perante o Estado? Segundo a sua ótica, como também a de

Lutero, as instituições humanas são queridas por Deus e necessárias. A sociedade civil deve organizar materialmente a vida coletiva dos homens. Mas, ao passo que Lutero deixava a Igreja aos cuidados do poder civil, pedindo aos príncipes que fizessem aplicar os artigos de fé, e Zwinglio tentava unir Igreja e Estado, Calvino, mais profundo — e lembrado da perfeição com que as coisas se passavam em Estrasburgo —, encarrega a Igreja de colaborar com o Estado, controlando-o do alto. Aqui está a diferença mais decisiva entre Lutero e Calvino; é a diferença que faz do primeiro um reformador religioso, e do segundo o fundador de uma Igreja. Num instante, a religião escapa à servidão do poder laico, como escapa às limitações que forçosamente lhe impõem os Estados nos seus interesses egoístas. Torna-se universal, como o catolicismo.

Fora do Estado, a igreja calvinista vai estruturar-se solidamente[34] sob a direção de uma autoridade suprema, o *Consistório* — totalmente diferente daquele que Lutero acabara por admitir e que dependia dos príncipes —, um Consistório independente de toda a intrusão do Estado e suficientemente forte para se fazer obedecer por ele. Assim "erguida", segundo a expressão predileta de Calvino, a Igreja nascida dele podia afirmar-se e assumir o papel histórico a que ele a sabia predestinada. Restava-lhe apenas fazer a experiência da sua doutrina, submetendo-a à prova dos fatos. Genebra ofereceu-lhe a ocasião apropriada.

"Os maravilhosos combates"

Na manhã do dia 13 de setembro de 1541, todos os magistrados de Genebra, precedidos de um arauto, saíram a cavalo pela porta Cornavin e prosseguiram em direção a

Versoix. Iam ao encontro do mesmo homem que, três anos antes, expulso por eles por essa mesma porta e por esse mesmo caminho, fora obrigado a partir para o exílio: Mestre João Calvino. Os registros da cidade conservam ainda a ata da reunião em que o Grande Conselho deliberou "pedir-lhe que permanecesse aqui e que se fosse procurá-lo, com a sua esposa e os seus pertences".

Calvino cedeu às solicitações, mas não sem hesitar e perturbar-se. Dividido entre dois deveres — o de salvar essa igreja de Genebra que trazia no coração tanto mais quanto muito o fizera sofrer, e o de continuar a sua obra tão útil em Estrasburgo —, desfez-se várias vezes em lágrimas diante dos mensageiros que o tinham ido procurar. Mas recordou a si próprio que "não se pertencia a si mesmo" e que o Senhor o intimava a escolher a porta estreita. Cessou então essa "maravilhosa perplexidade" e disse que sim. Pálido, quase mudo, feliz, mas ainda preocupado, entrou na cidade acolhido por uma multidão igualmente feliz, mas bastante inquieta. No domingo seguinte, na catedral de São Pedro abarrotada de gente, subiu ao púlpito e, após uma breve oração, retomou o comentário da Sagrada Escritura no mesmo ponto em que, quarenta meses antes, fora obrigado a interrompê-lo, como se a suspensão houvesse durado um breve instante.

Dali por diante, e até à morte, viveria nessa cidade da qual faria a sua obra, a sua Cidade-Igreja, a aplicação prática das suas ideias. Era uma situação bastante estranha. Como professor de teologia e pregador que era, não passava, em princípio, de mais um mestre e pregador entre muitos outros: um "servidor de Genebra"; ele mesmo declarará frequentes vezes não ter querido ser outra coisa. No entanto, a cidade alojou esse servidor numa casa confortável, embora simples, rodeada de um belo jardim, na rua dos Cônegos.

Passou a pagar-lhe os honorários de quinhentos florins de ouro, o dobro do que pagava aos demais pregadores, sem no entanto lhe oferecer — nem ele ter exigido — qualquer título oficial. Era um hóspede de passagem, "um viajante sobre a terra", esse homem a quem um povo entregava a sua alma. Ele mesmo experimentou certamente a alegria de não ser nada, dando-se por muito satisfeito por ter reivindicado e obtido para Deus uma autoridade ilimitada.

No momento em que se abria para ele o capítulo principal da sua vida, Calvino contava trinta e dois anos. Nas nossas perspectivas atuais, gozosamente gerontocráticas, somos levados a pensar que era uma idade bastante precoce para se exercer o mister de condutor de homens. Realmente, Calvino beneficiava-se de uma excepcional maturidade. No seu rosto delgado, de tez muitas vezes descorada, bem como nos seus olhos fundos, lia-se essa "tão grande majestade" de que falaria um membro do Pequeno Conselho de Genebra na sua oração fúnebre. Tudo nele respirava uma resolução fria, uma energia sem fissuras e uma coragem capaz de enfrentar todas as resistências. Vendo-o passar pelas ruas da cidade, discreto e apressado, o magro corpo cingido por um friorento capote, um gorro enterrado até às orelhas, a barba fina a esvoaçar ao vento, e de olhos no chão, os genebrinos, que liam São Paulo por sua ordem, não tardariam a dizer que ele viera até à sua cidade, como diz uma das Epístolas aos Coríntios, mais "com a vara do que com o espírito de mansidão".

No entanto, esse exterior, todo frieza e energia, era uma máscara, ou melhor, era o resultado de um perpétuo combate. Para ser tal como o seu dever o exigia, Calvino tinha de lutar incessantemente. Em primeiro lugar, contra o seu corpo, cada vez mais trabalhado por doenças e achaques que por vezes o tornavam quase um inválido, meio enlouquecido por enxaquecas e cheio de dores espalhadas por todo o organismo. Não havia dúvida de que a saúde o preocupava, pois fala dela com muita frequência nas suas cartas, com uma espécie de ingenuidade impudica, chegando a referir-se às suas hemorroidas numa carta à duquesa de Ferrara. Mas nunca o seu mau estado físico o impedirá de fazer nada do que tenha decidido fazer; este gênero de homens, "artríticos nervosos", como diziam os médicos — Richelieu será outro —, são capazes de superar as misérias do seu corpo à força de atos de vontade.

Mais grave era o combate que tinha de travar contra as suas tendências profundas, que o inibiam de ousar, empreender e comandar. Não podemos duvidar da sua sinceridade quando repete muitas vezes: "Sou tímido e pusilânime por natureza". Mas essa timidez, sabia ele vencê-la, e a sua energia era tanto maior quanto resultava de uma fraqueza subjugada. "Este homem não será como um tição saído das chamas?", dirá dele Teodoro de Beza. Pessoa dura, como tantas vezes se disse? A este respeito, persiste nele uma contradição. O mesmo Beza — que viveu ao seu lado durante dezesseis anos — escreve também: "A princípio, parecia duro; mas, numa convivência mais íntima, não havia homem mais terno". E são numerosos os testemunhos que nos falam daquilo que ele chamava "a brandura, para não dizer a frouxidão da sua alma". Como se compreenderia o poder de irradiação desse homem, se ele tivesse sido apenas o velho ossudo, de barba em forma de vírgula, congelado naquela expressão severa que a gravura nos mostra, e se não tivesse em si esse poder misterioso de conquistar as almas que nunca se separa totalmente da sensibilidade, mesmo que seja uma sensibilidade combatida e recalcada?

Sabe-se que Goethe designava com a palavra *demônica* "essa força misteriosa que todos sentem, mas que ninguém pode explicar [...], que se manifesta nas mais diversas circunstâncias [...], que é sempre positivamente criadora" e que, acrescenta ele, "emana mais naturalmente dos grandes homens e se afeiçoa com ardor aos séculos crepusculares". Merejkowski observou com notável acuidade que esse era exatamente o poder de Calvino, um poder fáustico, feito de audácia e moderação, de orgulho e humildade, imperioso na íntima consciência de ter sido investido por Deus numa missão — como os profetas da Bíblia, como São Paulo ou como Maomé —, capaz de violências terríveis, mais calculadas e mais atrozes que as de Lutero, mas que exerciam também sobre os seres uma espécie de encanto magnético. Acrescentemos ainda a serviço deste caráter tão firme uma inteligência vivíssima, extremamente bem dotada para a discussão das ideias, uma capacidade de trabalho por vezes ilimitada, um sentido agudo da disciplina ou, como ele dizia, da "bela ordem", e teremos o retrato de um chefe de excepcional envergadura. E se nos lembrarmos de que essa personalidade estava a serviço exclusivo de uma grande ideia, teremos o tipo perfeito do fanático. Calvino é dessa família de homens terríveis e sublimes que, como Savonarola ou Robespierre, sonham construir a obra da salvação ou a felicidade dos homens sem eles, apesar deles e até contra eles.

A grande ideia, com todos os seus desdobramentos, fora exposta por ele na *Instituição cristã*. Tão logo se encontrou novamente em território genebrino, tratou de a pôr em prática. Já no dia seguinte ao da sua chegada, pedia aos Conselhos que, através de uma comissão, elaborassem as *Ordenações eclesiásticas* para estabelecer o estatuto religioso da cidade. Na realidade, foi ele sozinho quem as redigiu. E em 20 de novembro, a Assembleia do povo, convocada ao som de trombetas para a planície Molard, votava por unanimidade um decreto que estabelecia "um governo segundo o Evangelho de Nosso Senhor Jesus Cristo". Estava proclamado em Genebra o reino de Deus — como o fora em Florença no tempo de Savonarola e também, de forma estranha, em Münster por João de Leyde... "Todo o poder pertence a Deus, que é Rei dos Reis e Senhor dos Senhores", viria a murmurar Calvino na sua última hora. Durante vinte e três anos, empregará toda a sua energia e toda a sua inteligência em fazer desse preceito uma realidade moral, social e política, tanto quanto religiosa. Nunca, sem dúvida, a teocracia conheceu uma realização prática mais completa.

Estabelecer o reino de Deus implicava, para Calvino, um duplo trabalho. Por um lado, tinha de organizar a comunidade cristã de Genebra segundo os seus princípios, isto é, "erguer a Igreja", e, por outro, tinha de conseguir que toda a vida se submetesse aos preceitos de Deus, ao Evangelho, ou melhor, à interpretação que ele, Calvino, lhe dava. É claro que este duplo esforço não se poderia desenvolver sem encontrar resistências. Por maior boa vontade que os arrependidos genebrinos manifestassem, não deixariam que lhes pusessem a canga ao pescoço sem escoicear. Constituir a Igreja como guia e censor do Estado não seria coisa cômoda, e menos ainda o seria constranger a uma austeridade total um povo que acabava de saborear até ao excesso as múltiplas alegrias da liberdade. Os doze primeiros anos de Calvino em Genebra foram, portanto, bem pouco agradáveis. "Vivi aqui maravilhosos combates", diria ele, pouco antes de morrer, na sua carta de despedida dirigida aos pastores de Genebra. "O pobre estudante tímido" viu-se obrigado a enveredar por caminhos bem estranhos.

Não é fácil imaginar o que foi a atmosfera de Genebra durante esses anos surpreendentes. Era o de um regime de salvação pública, no sentido mais completo e mais rigoroso do termo. A pequena comunidade cujas rédeas Calvino assumiu passou a estar ameaçada por todos os lados. Materialmente, pelo rei da França, cujas tropas se encontravam a quarenta minutos de marcha, bem como pelo duque da Savoia, pelo antigo bispo, pelos católicos e pelos próprios habitantes de Berna, com quem as relações eram tensas. Pobre praça!, à espera de ser assaltada sem estar segura das suas muralhas nem poder confiar no lago, que a tornava tão vulnerável! Mas esse perigo não era nada ao lado do outro, do perigo espiritual. O inimigo mais terrível contra o qual a nova comunidade tinha de lutar era o antigo adversário, o anjo negro empenhado em afastar os crentes do reino de Deus. Essa foi a tarefa essencial que Calvino impôs a si próprio: impedir que o Maligno se apoderasse da sua Cidade-Igreja. Seria um combate terrível...

Para travar essas duas batalhas simultaneamente, todos os meios seriam legítimos: a única coisa que contava era a obra da salvação — da salvação pública. Como na França republicana invadida, instalar-se-á o Terror, policial e político, agravado por basear-se em princípios religiosos. Nesse povo que consentira na sua própria servidão, serão numerosos os que haverão de aprovar o regime, colaborar com ele, denunciar os suspeitos aos "guardiões" e aplaudir as repressões. Mas haverá também os que rejeitarão esse estatuto — e o número poderá crescer, se se mostrar a menor fraqueza —, aqueles que odiarão no chefe o francês, o estrangeiro, aqueles que se irritarão com ele por investir contra as suas comodidades, aqueles que, em tese conformes com ele, passarão a julgá-lo excessivamente extremista, e também aqueles que — e não serão os menos violentos, pois a religião e a vida pública estão intimamente ligadas no sistema — não aceitarão a sua teologia.

É preciso acrescentar ainda que essas lutas incessantes ao longo de doze anos se desenrolaram num clima próprio da época, em que as superstições exasperavam as paixões coletivas. Menos de dois anos depois do regresso de Calvino, sobrevém a peste. Genebra vive dias atrozes: os habitantes acusam-se uns aos outros de serem "semeadores de peste", pois é bem sabido que, pela calada da noite, besuntam as aldrabas das portas com unguento extraído do cadáver das vítimas da epidemia. A feitiçaria multiplica os seus estragos; fala-se por toda a parte de encantamentos, de malefícios, de homens arrebatados pelos demônios. Os maldosos veem Calvino por trás de todos esses horrores: "É difícil acreditar nas calúnias que Satanás forjou contra ele nesses dias", diz Teodoro de Beza, "pois lhe imputavam tudo o que se passava em Genebra". Não podemos deixar de ter presente tudo isto, se quisermos compreender o rigor e a crueldade que nos parece acompanhar a ditadura teocrática nessa cidade. Os cães que os garotos acirrarem contra Calvino, tal como as zombarias da senhora Perrin, esposa do capitão-mor, que se divertirá em atropelá-lo com o cavalo, serão coisas sem importância; o que haverá de terrível para um homem como ele será ter de carregar sozinho sobre os ombros a responsabilidade de um povo que Deus lhe confiara e que, sem a sua intervenção, recairia certamente na morte eterna.

Como é que, nessas condições, poderia ele deixar de se mostrar terrível em quebrar todas as resistências? Viessem de onde viessem! A primeira que encontrou foi a dos pastores que, no dizer de Farel, eram "medíocres, intemperantes, grosseiros e quizilentos"; e sobretudo escapavam ao seu controle e por vezes queriam aplicar a doutrina do livre exame às suas ideias. O mais importante dentre eles era o saboiano *Sébastien Castellion*, que, encarregado durante algum tempo da direção da Escola de Genebra, discutia publicamente a canonicidade de certas partes da Bíblia e interpretava alguns artigos do Credo de forma diferente da de Calvino. Foi demitido à força e depois expulso da cidade. Seguiu-se uma depuração dos pastores, substituídos por refugiados protestantes franceses de confiança.

Depois do poder religioso, Calvino teve de combater o político. Para permitir que a Igreja controlasse a vida pública, não podia deixar a autoridade nas mãos da Assembleia popular, que sempre corria o risco de afastar-se dele, seduzida por qualquer corrente de opinião. Os Conselhos, o Grande e o Pequeno, o dos "Duzentos" e o dos "Vinte", ficaram com a iniciativa das leis e com o direito de elaborar uma lista de candidatos dentre os quais — e somente dentre eles — o povo poderia escolher os seus "zeladores". A democracia estava amordaçada.

Surgiram, porém, numerosas reações que Calvino teve de enfrentar. Os chefes laicos autorizaram o pastor genebrino Trolliet a pregar, e o chefe religioso enfureceu-se e retirou-lhe a licença. O negociante Pierre Ameaux, membro do Pequeno Conselho, que aliás se via lesado pelas medidas moralizadoras no seu comércio de cartas de baralho, criticou publicamente o teocrata: "homem perverso, picardo ambicioso e pregador de falsa doutrina". Calvino expeliu chamas de fogo e anunciou que não voltaria a subir ao púlpito enquanto não recebesse uma reparação pelo ultraje. E Genebra, estupefata, viu esse membro notável da sua magistratura passar pelas ruas em mangas de camisa, de cabeça descoberta e um círio na mão, pedindo a Deus perdão pela sua falta.

A alta burguesia tomou a mal o episódio e o clã dos "libertinos" agitou-se: havia entre os seus membros excelentes reformados, tão bons cristãos como os calvinistas, e até antigos amigos de Calvino, como Ami Perrin, que fora um dos que mais ativamente tinham contribuído para o seu regresso. No entanto, julgavam agora que o reformador estava indo longe demais e recusavam-se a aceitar essa intervenção eclesiástica na sua cidade. Calvino respondeu com energia e visou principalmente a família *Favre* e a família *Perrin*. O velho François Favre, sogro de Perrin, antigo zelador, foi condenado por um caso de "libertinagem". A sua filha, a "pentesileia" que se divertia a atropelar Calvino com o seu cavalo, foi acusada de gostar muito de dançar; a mulher zombou da acusação e — pior ainda — apelidou o Ministro da Justiça de "grande porco"; foi imediatamente lançada na prisão, e, como se suspeitasse de que entre os guardas havia alguns que lhe eram fiéis, trocou-se todo o pessoal da cadeia, o que não a impediu de escapar. Quanto ao marido, uma oportuna missão diplomática na França afastou-o por algum tempo.

As coisas degeneraram em drama com o caso *Gruet*. Três dias depois da fuga da esposa de Perrin, apareceu afixado no púlpito de São Pedro um cartaz com ameaças contra o corpo pastoral: "Quando se sofre demasiado, surge a vingança". Descobriu-se que o autor fora Jacques Gruet, uma espécie de livre-pensador, bastante culto e de costumes duvidosos. Revistaram-lhe a casa e encontraram um livro de Calvino em cujas margens se liam estas ímpias palavras: "Tudo loucura!" Descobriram também notas que criticavam as ordenações eclesiásticas e o Consistório, e até o rascunho de uma carta ao rei da França em que se lhe pedia que viesse restabelecer a antiga ordem em Genebra. Preso, torturado e condenado à morte, Gruet foi decapitado e a sua cabeça exposta no pelourinho.

Como se pode imaginar, esses acontecimentos agitaram a cidade genebrina. A opinião pública estava dividida. Uns eram a favor de Calvino, outros contra ele. Na verdade, o seu poder era frágil; uma eleição podia modificar a maioria que detinha nos Conselhos. E com efeito, em fevereiro de 1548, "libertinos" e "calvinistas" encontraram-se em igualdade. Ami Perrin, eleito zelador, começou a tramar uma reação. Como as perseguições desencadeadas na França por Henrique II faziam afluir a Genebra os refugiados protestantes, que Calvino recebia de braços abertos, os "perrinistas" apresentaram um projeto de lei segundo o qual seriam necessários vinte e cinco anos de permanência para se obter o direito de cidadania. A iniciativa visava o próprio Calvino. Ao mesmo tempo, divulgou-se uma carta sua, aliás antiga, em que se continham expressões bastante duras contra o corpo de magistrados. Durante algumas semanas, o reformador pensou que seria obrigado a exilar-se novamente. Mas o projeto de lei foi posto de lado. Iria ele agora estabelecer solidamente a sua obra, apoiando-se nos refugiados franceses?

Não, ainda não, porque do próprio seio desses imigrados se erguiam vozes contra a sua teologia, que muitos protestantes da França estavam longe de admitir. A mais violenta de todas foi a do ex-carmelita *Jerôme Bolsec* estabelecido como médico em Veigy, nos arredores de Genebra. Apaixonado pela teologia, participava com frequência das "congregações" de sexta-feira, em que os mais cultos discutiam dogmas e doutrina. Mas ele insurgia-se contra a predestinação absoluta sustentada por Calvino. Admiti-la seria "fazer de Deus um tirano ou um Júpiter" e, acrescentava ele, essa tese desumana de forma alguma se encontrava em Santo Agostinho, onde Calvino afirmava tê-la ido buscar. Preso — e muito maltratado na prisão — Bolsec resistiu e chegou ao extremo de denunciar o seu adversário como herege e autor de doutrinas contrárias à Escritura. Atingido no ponto mais vivo, Calvino defendeu-se com igual violência e reclamou o parecer das igrejas de Berna, Basileia e Neuchâtel. Para ele, tolerar o antipredestinacionismo era consentir que se demolisse a base do seu edifício. Mas não obteve a condenação que esperava. Se Farel, de Neuchâtel, o defendeu, Basileia e Berna deram respostas pouco categóricas. O Pequeno Conselho não pensou em condenar Bolsec à morte e limitou-se a desterrá-lo[35]. Ninguém se deixou enganar pela argumentação de Calvino, o que para ele foi uma derrota.

No inverno de 1552-1553, deu-se a reviravolta decisiva. Muitos se perguntavam se o reformador não iria ser banido da cidade pela segunda vez. Ele mesmo declarava ao Grande Conselho que preferia ser demitido do seu cargo a continuar a "sofrer tanto". Trolliet, que ele afastara da pregação, retomava as teses de Bolsec e agitava a opinião pública, mas, levado à presença do Conselho, foi declarado inocente. Todos os "libertinos", todos os amigos dos clãs Perrin e Favre, todos os taberneiros cujo botequins Calvino mandara fechar, todas as moças que gostavam de dançar, todos os que gostavam de beber, e muitos outros além desses, todos se uniam para pôr fim à ditadura do picardo. Nas eleições de 1553, os anticalvinistas obtiveram a maioria. Os pastores foram excluídos dos Conselhos e os refugiados que ainda não tinham recebido o direito de burguesia foram submetidos a medidas vexatórias. Seria o fim de Calvino na sua Cidade-Igreja? Subitamente, um caso dramático veio inverter a situação. Foi um caso horrível, tão dramático, tão patético, que é preciso situá-lo dentro do clima desses meses para o compreender. Foi o caso Servet.

A fogueira de Miguel Servet

A 13 de agosto de 1553, foi preso em Genebra — num quarto da hospedaria da Rosa, segundo uns; durante um serviço religioso em São Pedro, segundo outros — um estrangeiro que estava de passagem e se inscrevera no livro de registro com o nome de "Miguel Villanueva, médico espanhol". A polícia estava vigilante na pequena república, e, sob o pseudônimo do viajante, identificou uma pessoa em quem o Consistório estava interessado: *Miguel Servet*. Era um homem louro, de aspecto distinto, inteligência viva mas confusa, um humanista curioso de tudo e apaixonado pela teologia. Nascido em 1511, em Tudela de Navarra, de uma família aragonesa originária de Villanueva-de-Sigena[36], fizera estudos brilhantes em Saragoça e em Toulouse, e a seguir construíra uma despretensiosa carreira, primeiro como secretário do confessor de Carlos V, depois como modesto funcionário imperial por ocasião da Dieta de Augsburgo, mais tarde como oficial gráfico e, finalmente, médico. Nesta qualidade, ficou adido à pessoa do arcebispo de Vienne, no Dauphiné. Evidentemente, nenhum desses cargos bastou para torná-lo conhecido, mas, a par disso, publicara vários livros que tinham sido muito discutidos entre os teólogos.

Sob a influência de Melanchthon, que conhecera em Augsburgo, e depois de Ecolampádio e Capito, com quem se encontrara, numa das suas incessantes viagens, em Basileia e em Estrasburgo, Servet tornara-se um fanático da Sagrada Escritura, ou melhor, um exaltado biblicista. Praticando o livre exame segundo os seus mestres, aplicara-se a estudar sozinho os textos sagrados, bem convencido de que o Espírito Santo lhe servia de guia. Como não descobrira na Bíblia o dogma niceno da Trindade, resolvera afastar os cristãos de um erro tão manifesto e, em 1531 e 1532, publicara em Haguenau dois tratados sobre o tema. Surpreendentemente, as elucubrações desse rapaz de vinte anos tinham sido levadas a sério. Escandalizados, os graves reformadores de Estrasburgo e de Basileia tinham-se dado ao trabalho de as combater, receosos de que a antiga heresia "monarquianista"[37] tivesse ressuscitado no jovem espanhol.

Deixando a Alsácia e residindo sucessivamente em Lyon, em Charlieu-en-Forez e depois em Vienne, prosseguira as suas especulações escriturísticas juntamente com os seus estudos de medicina, associando estranhamente as duas coisas. Fora assim que, tendo lido na Bíblia que a alma humana reside no sangue, fizera pesquisas acerca desse precioso líquido — porque estava incontestavelmente dotado de um raro poder de investigação científica — e concluíra que o sangue arterial vem dos pulmões, onde é regenerado pelo ar inspirado, o que era nada menos que o ponto de partida para a grande descoberta da circulação do sangue que Harvey faria meio século mais tarde.

Foi então — por volta de 1548 — que publicou secretamente o seu grande livro, cujo título já só por si indicava o seu audacioso propósito: *Christianismi restitutio*[38], resposta evidente à *Christianismi institutio* de Calvino. Como a doutrina cristã fora falsificada pelos Padres dos primeiros tempos, pela Igreja Católica e mesmo pelos reformadores, era preciso que ele, Servet, a reconduzisse à sua pureza. E como? Ligando-a ao platonismo de que naquele momento estava embebedado. Ensinava, portanto, que Cristo é a razão ideal, a ideia que concebe e assume a essência do mundo; que as criaturas são emanações degradadas do divino e que o pecado original não é senão a ruptura entre o homem e a sua raiz divina. Em resumo, defendia uma espécie de gnosticismo[39], com o qual a fé cristã mal podia harmonizar-se.

Servet conhecia um pouco Calvino, com quem se tinha encontrado tempos atrás. Teria ele, muito ingenuamente, alimentado a esperança de atraí-lo para os seus pontos de vista? O certo é que lhe deu a conhecer a sua obra antes mesmo de publicá-la. O reformador mostrou-se indignado. Sem duvidar um só instante de que estava em presença de "um Satanás", conjurou os raios de Deus contra o herege e escreveu a Farel (13 de fevereiro de 1547): «"Ele (Servet) declara que virá aqui se isso for do meu agrado, mas eu não respondo por mim, porque, se vier, a prevalecer a minha autoridade, não sairá vivo daqui!"[40] A fúria de Calvino explicava-se por razões profundas: as teses de Servet iam diretamente de encontro àquilo que constituía a base da sua teologia e da sua piedade — a exaltação da divindade de Cristo. Mas, por outro lado, quando ele mesmo publicara a sua primeira versão da *Instituição cristã* (em latim), as suas ideias sobre a Trindade não estavam ainda nitidamente formuladas e fora vivamente interpelado por alguns reformados, principalmente por Pierre Caroli que, como vimos por ocasião da sua primeira estada em Genebra, o acusara de ser ariano, de negar a divindade de Cristo. Era, portanto, de uma importância capital para ele não permitir que se estabelecesse a menor confusão entre as aberrantes especulações de Servet e as suas próprias posições. Daí a sua violência, uma violência de teólogo atingido no ponto mais sensível.

Foi então — em princípios de 1553 — que se deu um episódio do qual o menos que se pode dizer é que foi pouco honroso para Calvino. Os historiadores protestantes[41] não o evocam sem um certo constrangimento. Entre os refugiados franceses, encontrava-se um jovem procedente de Lyon, Guillaume de Trie, que Calvino escolhera como seu secretário. Alvo da reprovação dos seus parentes por ter aderido à Reforma, esse jovem respondeu a um deles, Claude Arneys, que estranhava que na França tivessem a audácia de o acusar de heresia, quando toleravam ali um herege da laia de Servet, assim como o seu livro, que bem merecia "ser queimado em toda a parte onde fosse encontrado". Calvino teve conhecimento dessa carta? Nada se sabe ao certo, como se ignora também se reprovou essa denúncia.

Com efeito, tratava-se de uma denúncia, pois Arneys foi imediatamente levar a carta ao magistrado de Lyon que, após uma investigação, descobriu o autor da obra: o médico do arcebispo de Vienne. As autoridades civis no território dessa diocese tomaram então conta do caso e prenderam Servet, que negou categoricamente ser ele o "Villanueva" signatário da *Restitutio*. "Como faltavam provas para fundamentar o processo[42], de Trie, a pedido do seu parente, passou às mãos da justiça diversos manuscritos, entre os quais se encontravam cartas dirigidas por Servet a Calvino, e que este último só entregara a de Trie após grandes hesitações. Mas nem por isso é menos verdade que o reformador acabou por abrir mão desses documentos comprometedores e que não podia ignorar o uso que se faria deles". Entregue à Inquisição, Miguel Servet encontrou-se numa terrível situação, mas, como era um médico caridoso, tinha numerosos amigos, e as autoridades de Vienne tampouco se sentiam inclinadas a queimar um dos prediletos do seu arcebispo. Deixaram-no fugir no meio da noite, portanto, contentando-se com queimá-lo em efígie, juntamente com cinco grandes pacotes do seu tratado.

A fuga deu-se em 7 de abril. Em agosto, depois de andar quatro meses errante, Servet chegou a Genebra, onde a polícia o prendeu, como vimos. Por que razão, tendo pensado em refugiar-se em Nápoles, cometeu ele semelhante imprudência? "Uma loucura fatal", diria Calvino, "o levou a atirar-se de cabeça em Genebra". Esta é a explicação que geralmente se repete, mas talvez a coisa não seja assim tão simples. É possível que o médico espanhol, que era dotado de uma ingênua fanfarronice, informado por alguns genebrinos da situação bastante crítica em que Calvino se encontrava nessa ocasião, tivesse imaginado que só com a sua presença derrubaria o reformador.

Com efeito, acabava precisamente de se dar na Cidade--Igreja um novo incidente que punha seriamente em xeque a autoridade de Calvino. Um incidente cuja coexistência com o de Servet explica a pressa e a raiva fria com que o picardo se resolveu a abater o herege espanhol. Um grande burguês de Genebra, *Filibert Berthelier*, diretor da Casa da Moeda, filho de um patriota morto pela pátria e pela liberdade, e notável membro do clã dos Favre e dos Perrin, aproveitando que se revertera a situação da maioria nos Conselhos, dirigia uma hábil manobra contra Calvino e o Consistório. Tendo sido excomungado por "libertinagem" — isto é, por algum propósito um pouco audacioso —, apelou para o Pequeno Conselho, a fim de ser autorizado a participar da Ceia. Se Calvino se recusasse a dar-lhe a comunhão, praticaria um ato de rebeldia contra o Conselho; se concordasse, o seu poder e o do Consistório cairiam por terra. Compreende-se assim a grande importância que assumia o caso Servet, produzindo-se exatamente nessa ocasião. Calvino entrou, pois, com uma queixa contra o espanhol, acusando-o de heresia e blasfêmia, e, como um dos discípulos do reformador se deixara prender para que, segundo a lei, essa queixa fosse tomada em consideração, Servet foi recolhido à prisão. Seria ou não condenado? "Se Servet fosse absolvido", diz com razão o pastor J.-D. Benoît, "era Calvino quem se encontraria moralmente condenado e a sua obra destruída. Daí o seu encarniçamento em fazê-lo condenar".

Ora, dada a atmosfera que pesava sobre Genebra, Servet tinha todas as probabilidades de ganhar. Três dias depois da sua prisão, Filibert Berthelier intervinha em seu favor junto dos Conselhos: levantou uma objeção jurídica, contestou ao Consistório e aos pastores o direito de julgarem esse estrangeiro preso na cidade e conseguiu que o Pequeno Conselho chamasse a si a resolução do caso. No entanto, Servet perdeu a partida. Por quê? Porque as enormidades teológicas expostas no seu livro eram de tal calibre que até mesmo o cristão médio se indignava com elas? Ou talvez também, e sobretudo, por razões psicológicas, porque, aos olhos dos calmos genebrinos, esse espanhol turbulento, insolente e naturalmente amigo do paradoxo, parecia verdadeiramente um esbirro de Satanás, como lhes dizia Calvino? Apressaram-se os trâmites do processo. Desta vez, não faltavam as provas de culpabilidade e, para maior segurança, informou-se do caso a Oficialidade — católica! — de Vienne, para que se pudesse dispor dos documentos recolhidos pelos investigadores inquisitoriais![43]

Para agravar a situação, Servet não se preocupou com a sua defesa. Sabendo-se — ou julgando-se — protegido por "algumas personalidades importantes", mostrou-se arrogante e chegou a escrever aos juízes, membros do Pequeno Conselho: "Peço que o meu falso acusador seja punido com a pena de talião e seja feito prisioneiro como eu, até que a causa se resolva com a sua morte ou com a minha". Isso era chamar sobre a sua cabeça o supremo castigo! O infeliz não percebeu que cada um dos dois campos — o dos calvinistas e o dos "libertinos"` — poderia ver nesse caso a oportunidade de provar a sua perfeita ortodoxia, e que ele corria o risco de ser a vítima desse embate. Os terríveis insultos que lançava do fundo do cárcere contra Calvino voltavam-se contra ele mesmo: "Quem pode acreditar que um carrasco e um assassino como ele representa um servidor da Igreja de Deus?... Ou será que ainda esperas ensurdecer os juízes com os teus latidos de cachorro? Tu mentes, verdugo, monstro..." Como é que os genebrinos podiam deixar que se tratasse assim o homem a quem tinham chamado de volta como o "seu evangélico"?

Calvino percebeu que a situação revertia em seu favor. Em 20 de agosto, escreveu a Farel: "Tenho para mim que Servet será condenado à morte, mas desejo que o poupem à atrocidade da pena", isto é, às chamas. Enfrentava com uma energia cada vez maior os "libertinos", que continuavam a manobrar contra ele. Como o Pequeno Conselho tivesse autorizado Berthelier a participar da Ceia, protestou e declarou que não o faria; todos os outros pastores se puseram do seu lado e, por fim, conseguiu o que queria: o reconhecimento, por parte do Conselho, da independência do poder religioso, do Consistório. Estava prestes a triunfar em todos os campos.

O parecer solicitado às quatro igrejas reformadas da Suíça — Zurique, Basileia, Berna e Schaffhouse — acabou de lhe dar razão contra Servet. Esse parecer, em que se condenavam de cima a baixo as teses do médico, chegou a Genebra em 18 de outubro. Oito dias depois, em 25 de outubro, Calvino soube que os "libertinos" iriam no dia seguinte a São Pedro, para obrigá-lo pela força a dar a comunhão a Berthelier. "Prefiro morrer a atirar uma coisa sagrada aos cães!", exclamou ele. E, no dia seguinte, anunciou do púlpito, no meio de um silêncio total, que "se algum dos excomungados se aproximasse da Sagrada Mesa", preferiria deixar-se matar a dar-lhe o pão. Impressionada, a multidão não reagiu. "Tudo se passou", escreve Teodoro de Beza, "com tanta calma e solenidade, que se julgaria que a Majestade de Deus estava presente na sua casa". E umas horas mais tarde — a tal ponto é verdade que os dois casos eram inseparáveis —, o Conselho votava a condenação de Servet. Como consta da ata da reunião dos pastores de Genebra do dia 27 de outubro, Servet seria "levado a Champey e queimado vivo".

O suplício pelo fogo teve lugar nesse dia, apesar da intervenção de Calvino; não há razão para crer que ele minta quando repete, numa carta, que pediu inutilmente que se suavizasse a execução. Numa triste manhã de chuva fina, precedido pelo lugar-tenente juiz e pelo arauto-mor, e cercado de mosqueteiros, Miguel Servet foi conduzido até à fogueira, "sem dar nenhum sinal de arrependimento". Não se podem citar sem horror os comentários que esta terrível morte inspirou a Calvino: "Será bom que os imbecis não se gloriem da obstinação do seu herói, como se se tratasse da constância de um mártir. O que ele mostrou foi a estupidez dos irracionais [...]. Mugia sem cessar, em castelhano: *Misericordias! Misericordias!*" Mas outras testemunhas[44] asseguraram que Servet disse apenas, sem dúvida com o seu sotaque de "vaca espanhola" que tanto divertia o francês: "Por uma causa tão justa, não temo a morte!"

"A morte de Servet, de que Calvino foi responsável em grande medida", escreve Wendel, marcou a figura do reformador com uma mancha sanguinolenta que nada poderá apagar. Ele mesmo sentiu a necessidade de se defender e, no ano seguinte, publicou um tratado contra os *Erros de Servet* em que se pode ler: "São numerosos os que me acusam de feroz crueldade, alegando que pretendo atacar de novo aquele que abati. Não só não procuro que me aplaudam, como até me alegro de que me cuspam na cara". E esta atitude de extremo rigor pareceu tão terrível às gerações seguintes — sobretudo às modernas — que os bons calvinistas genebrinos sentiram a necessidade, em 1903, de erguer a Servet um monumento expiatório em que, como "filhos respeitosos e reconhecidos de Calvino"..., declaram condenar "um erro que foi o do seu século".

Que "o erro do século" explica em parte a violência de Calvino nesse episódio, é algo de que não se duvida. Quando se tratava de coisas divinas, os homens dessa época não usavam de indulgência: Melanchthon, o doce humanista Melanchthon, aprovou calorosamente a decisão do Conselho genebrino e a execução do "blasfemo", e nisso afastou-se muito das ideias tolerantes do seu mestre Erasmo. Mas podemos dizer que semelhante tragédia chegaria ao seu atroz desenlace se Calvino não tivesse compreendido que, na sentença a favor ou contra o herege, o que seria aprovado ou condenado seria a sua própria obra? O fanatismo de que deu provas mostra-se pelo menos tão político, no sentido profundo do termo, como religioso e teológico. Como observou Michelet, ele julgou "salvar a religião e a pátria, a revolução europeia", bem como a verdadeira fé e a Igreja. O século XX está em boas condições de compreender até que abismos de horror pode fazer descer os homens a convicção de possuírem sozinhos a verdade absoluta e de terem o futuro nas suas mãos.

O triunfo do "Procurador de Deus"

Queimado Miguel Servet, Calvino tornou-se, aos olhos dos genebrinos, o defensor da Palavra de Deus e o salvador da fé. A sua autoridade, contestada na véspera, encontrava-se agora estabelecida sobre bases inabaláveis: os seus adversários não se haviam condenado a si próprios ao defenderem o espanhol blasfemo? As últimas tentativas feitas pelos "libertinos" foram irrisórias, mas castigadas sem piedade. Uma conspiração tramada depois de uma bebedeira provocou uma repressão feroz; dois humildes barqueiros, os irmãos Comparet, foram executados, e os pedaços dos seus corpos esquartejados foram pregados diante das portas da cidade; um Berthelier, implicado no caso, foi decapitado, e todos os outros chefes do clã se puseram em fuga e, à revelia, foram condenados à morte por contumácia.

Até à sua morte, portanto durante mais de dez anos, Calvino foi o senhor absoluto de Genebra. As eleições de fevereiro de 1554 puseram de novo a maioria a seu favor; dos quatro zeladores, três eram seus amigos e, ao cabo de algumas semanas, o quarto também o era. Desde então, o corpo de magistrados genebrino trabalhou de acordo com o seu "evangélico". O Consistório conseguiu que lhe fosse reconhecido o direito de admitir à Ceia quem ele quisesse, sem que os Conselhos pudessem intervir. Mas, se Calvino conseguiu preservar a autoridade religiosa de toda a ingerência política, a recíproca não era de forma alguma verdadeira: sob o pretexto de fazer respeitar a moral, o Consistório intervinha em inúmeros domínios. "Nós somos Procuradores de Deus!", dizia gozosamente Calvino aos seus colegas. Com semelhante título, como não haviam eles de fazer reinar por toda a parte a lei divina? Além disso, para estar mais seguro do corpo eleitoral, Calvino abriu de par em par as portas da cidadania genebrina aos refugiados franceses. Quanto a ele, na sua modéstia, esperou seis anos antes de deixar que lhe oferecessem o direito de burguesia, no Natal de 1559; não precisava desse título para ser todo-poderoso. Mesmo no plano internacional, a situação era-lhe favorável. A ameaça crescente do saboiano Emanuel Filiberto, o vencedor de Saint-Quentin em 1557, amigo de Filipe II da Espanha, fez com que os patriotas cerrassem fileiras em torno do reformador e chegou a levar os habitantes de Berna a assinar uma aliança com Genebra, abandonando os "libertinos". Nada podia já impedir que o Procurador de Deus pusesse em prática os seus princípios teocráticos.

A Igreja "erguida" por Calvino foi notável pela sua organização. O governo eclesiástico compreendia quatro ordens: os pastores, os doutores, os anciãos e os diáconos. Os primeiros eram os mais importantes; não eram sacerdotes, no sentido católico do termo, mas pessoas casadas que viviam como os outros fiéis. No entanto, nem por isso deixavam de ter um caráter religioso muito acentuado e eram cuidadosamente formados. As suas funções eram três: anunciar a Palavra de Deus, isto é, pregar, instruir, exortar e repreender: todos os domingos havia pelo menos duas instruções em cada templo, e uma em três dias da semana; em São Pedro, havia uma diariamente. A segunda função era administrar os sacramentos, isto é, batizar e, quatro vezes por ano, presidir à Santa Ceia. A terceira era reconfortar os doentes: nenhum fiel devia estar três dias de cama sem ser visitado. Uma vez por semana, todos os pastores se reuniam em "congregação" para estudar as Escrituras, decidir acerca da sua ação comum e corrigir-se reciprocamente. Os doutores não exerciam nenhum ministério propriamente dito; eram os intelectuais da Igreja, a quem cabia manter a pureza da doutrina e formar a juventude nas escolas e na Academia. Os anciãos eram os delegados da comunidade cristã, escolhidos pelos Conselhos entre os mais judiciosos. E por fim, os diáconos, que se encarregavam das tarefas materiais, principalmente das obras de assistência aos pobres e aos doentes.

No cimo desse edifício bem construído, encontrava-se o Consistório, formado por doze anciãos designados pelos Conselhos e seis pastores eleitos pelos seus colegas. Reunia-se todas as quintas-feiras e competia-lhe assegurar a unidade da fé, velar pela assistência aos ofícios e também vigiar a honestidade dos costumes. Dispunha de meios de ação enérgicos: a admoestação, que acarretava a obrigação de fazer penitência pública; a excomunhão, que praticamente afastava a pessoa de toda a vida da comunidade; e a denúncia ao poder civil. As ordenações que haviam estabelecido esta constituição religiosa fixavam também o espírito com que se devia exercer a autoridade do Consistório: "Que tudo seja de tal forma moderado que não haja nenhum rigor que aflija seja quem for, e que as correções não sejam senão um remédio para reconduzir os pecadores a Nosso Senhor". Princípio tocante, cuja aplicação foi um pouco menos delicada e doce...

Com efeito, para velar pela integridade da fé e pela honestidade dos costumes, não há, evidentemente — já que os homens são "umas bestas brutas" e pecadores por natureza —, outro meio senão constranger essa mesma natureza. "É preciso", diz Calvino sem rebuços, "procurar o seu bem, mesmo que eles se incomodem". Não se pode negar ao Consistório genebrino o mérito de ter feito, por essa forma, muito bem aos seus administrados. Para falar com franqueza, Genebra conheceu então uma ditadura moral como nunca houve outra na história; teve início com o regresso de Calvino, em 1541, e a partir daí foi-se aperfeiçoando sem cessar. Os esbirros — os "guardiões" — vigiavam tudo, até no mais íntimo dos lares. Quem quer que pensasse mal ou tivesse má conduta era castigado com mão fraternalmente feroz. Cada qual que julgue![45]...

Gostas de dançar? Prisão. Gostas de beber na taverna? Prisão. Jogas cartas? Mais uma vez, prisão. Lês ao pé da lareira a *Lenda Dourada* ou o grande *Amadis de Gaula*? Sempre prisão! Tu, mulher, se entranças muito cuidadosamente os cabelos ou usas mangas com *gigots* — largas nos ombros e apertadas nos punhos — e calçados da moda, uma boa multa te fará perder esses costumes que "ofendem gravemente" a Deus. E tu, barbeiro, não te atrevas a tonsurar um padre que te passe pela porta, nem tu, ourives, tenhas a ousadia de fabricar um cálice: são coisas que merecem a forca. Sussurrar junto do túmulo de um ente querido o *Requiescat in pace* é confessar-se blasfemo e herético. E o mesmo será atrever-se a dizer que os refugiados franceses ocupam demasiado espaço ou — pior ainda — pretender que, afinal de contas, o papa é um grande homem. Cantarolar uma canção satírica contra Calvino é um crime; adormecer durante um dos seus sermões, um grave delito. Uma jovem é exilada por ter dito: "Basta-nos o que Jesus Cristo pregou!", e um lavrador tem os seus bens apreendidos por ter chamado "cornudos" aos seus bois, um epíteto que os senhores pastores reservam para o diabo.

Ninguém escapa a tanta solicitude; duas crianças são vergastadas por terem comido dois florins de doces ao saírem do ofício religioso, e um rapaz escapa por um triz de ser decapitado por ter cometido a insolência de revidar a um bofetão que a mãe lhe aplicou. Chega-se a tais excessos que se sente a necessidade de dar marcha à ré, como quando se tenta substituir as pousadas por "abadias" onde a única distração permitida é a leitura da Bíblia, ou quando se pretende substituir os nomes de batismo habituais pelos de Isaías, Jacó, Rebeca e Abraão. Até onde vai a responsabilidade de Calvino neste regime? Temos, evidentemente, de deixar uma parte aos seus colegas do Consistório e ao magistrado, que rivalizava com ele em intransigência. E, aliás, cita-se o caso de uma mulher que, encarcerada por ter insultado o reformador em público, foi perdoada a seu pedido. Não imaginemos, no entanto, que ele ignorava esses tormentos policiais; basta dizer que, no espaço de um único ano, trezentas pessoas foram incomodadas por se ter achado que se haviam comportado mal durante os seus sermões.

De qualquer modo, o "Procurador de Deus", como ditador que era na prática, não deixou de procurar para o seu povo o bem material, tanto quanto procurava o espiritual. Genebra ficou-lhe a dever admiráveis hospitais, asilos noturnos e casas de caridade. Foi ele quem introduziu na cidade as indústrias da lã e da seda que fizeram a sua riqueza. A organização econômica da cidade no seu tempo mereceria um estudo especial; as leis contra a alta de preços foram draconianas, mas eficazes: praticamente, todos os produtos foram tabelados. Um edito ordenou sob pena de prisão que se lançassem ao Ródano todos os gêneros alimentícios avariados. Surpreende-nos ver Calvino solicitar por escrito do magistrado a emissão de um decreto que obrigue todos os proprietários de imóveis a colocar nas janelas umas grades para que as crianças pequenas não voltem a cair. E mais admirados ficamos quando o ouvimos exigir *ex cathedra* que se cuide da "limpeza das latrinas e mesmo dessas coisas de que não é delicado falar". Mas ninguém ignora que a fatalidade dos ditadores é acabarem por querer regulamentar tudo!

O mais espantoso é que os genebrinos tenham aguentado semelhante regime durante tantos anos. Sustentava-os uma singular exaltação, a convicção de constituírem a vanguarda do exército de Deus, a cidade santa entre todas. Não era apenas a polícia que impedia todo o protesto sério; era também a opinião pública, por medo, sem dúvida, mas também por fanatismo. Quantas vezes não foram vistos condenados, no instante da execução, agradecerem a Deus e aos seus juízes por lhes permitirem que, expiando as suas faltas, obtivessem a salvação eterna! Esse estado de espírito mantinha-se num rigor crescente: um marido, condenado pelo Conselho à prisão por adultério, cometeu a imprudência de apelar para a Assembleia do povo e foi sumariamente condenado à morte...

Assim foi Genebra, a Cidade-Igreja, nos dias de Calvino triunfante. A sua imagem esguia e pálida dominava toda a população, que só concordava em viver por ele. Era raro vê-lo nas ruas, pois praticamente só saía para ir pregar, para participar da "congregação" dos pastores ou para visitar alguns doentes. Sem sono já desde a madrugada, pois quase não dormia, permanecia na cama quase toda a manhã, tão grande era a sua fraqueza. Tomava apenas uma refeição por dia, muito rapidamente, e depois passeava uma curta meia hora pelo jardim ou ao longo do quarto, conforme o permitia o estado do tempo[46]. Às vezes, distraía-se com algum íntimo, jogando a conca — a malha — ou a chave[47]. Passava todo ou quase todo o tempo entregue às suas ocupações, porque as doenças e os sofrimentos físicos não lhe afetavam a capacidade de trabalho. Escrevia dez a doze horas por dia, e assim se explica a vastidão de uma obra que abrange cinquenta e nove tomos in-oitavo, com cerca de quarenta mil páginas. Teodoro de Beza diz que Calvino pregou em média duzentas e oitenta e seis vezes por ano, e que, num único ano, chegou a proferir cento e oitenta conferências.

Temos de acrescentar a tudo isso a gigantesca correspondência, a correção dos livros e as frequentes consultas. Que dons não revela essa atividade prodigiosa: memória infalível, lucidez fulgurante, facilidade de expressão, incomparável rapidez! E todas essas qualidades pareciam ainda mais extraordinárias por terem como ferramenta esse corpo débil — "antes um sinal do que um corpo", dizia um dos seus íntimos —, cheio de tendões, mirrado pela velhice precoce e pelos sofrimentos, que segurava como de esguelha o pescoço enterrado nos ombros estreitos, um rosto com tez de cadáver, nariz afilado, barbicha comprida e já branca em forma de apóstrofe, onde só os olhos pareciam viver, com o seu insustentável olhar.

Tinha à sua volta um grupo muito pequeno de íntimos e de fiéis. Depois da morte da esposa, a família já não lhe dava nenhuma satisfação. A sua irmã Maria era insignificante e o seu irmão Antônio, um dos seus secretários, não chamava a atenção senão pelas suas infelicidades conjugais. Quanto à sua enteada, nascida do primeiro casamento de Idelette, não fazia mais do que multiplicar os escândalos. A verdadeira família de Calvino não era segundo o sangue, mas segundo a amizade. Era unicamente graças à amizade que a sua alma austera chegava a ter manifestações de ternura. Com Bucer, Farel, Melanchthon, a duquesa Renée de Ferrara e muitos outros, manteve uma correspondência cujo tom confiante nos surpreende neste homem enigmático. Foram numerosos os adeptos que, para estarem mais perto dele, conseguiram encontrar uma residência próxima da sua casa na rua dos Cônegos. Os mais ardorosos eram franceses refugiados, que tinham sacrificado tudo pela sua fé e não concebiam maior felicidade que a de viver ao lado do seu mestre: era o caso de Lourenço da Normandia, seu confidente, como também dos filhos de Guillaume Budé e desse Guillaume de Trie que desempenhou um papel tão lamentável no caso Servet. E foi sobretudo o caso de *Teodoro de Beza* (1519-1605), dez anos mais novo do que Calvino, a quem este reservou um lugar de primeiro plano na sua Cidade-Igreja.

Este discípulo fiel era um borgonhês de Vézelay, um nobre decaído. Estudara em Orleáns e conhecera Calvino nos cursos de Wolmar, numa época em que o futuro reformador ainda procurava encontrar-se. Mas levou muito tempo a juntar-se a ele, apaixonado como estava pelas letras e pela filologia, absorvido nos seus estudos de Direito e nos seus poemas — aliás bastante licenciosos —, frequentador assíduo da sociedade elegante de Paris, onde urdia as suas intrigas amorosas. Uma doença grave, em 1548, fizera-o "converter-se", isto é, adotar a vida austera que o seu mestre, Melquior Wolmar, lhe recomendava. E foi assim que, no ano seguinte, veio pedir a Calvino que o acolhesse. Ganhando a vida em Lausanne, onde dava aulas de grego, ao mesmo tempo que compunha peças de teatro e traduzia — muito bem — os *Salmos*, aparecia frequentemente em Genebra. Ali se fixou definitivamente em 1558, foi nomeado burguês e pastor, e desde então passou a ser junto de Calvino um pouco o que Melanchthon fora junto de Lutero, mas com maior fidelidade doutrinal. Sempre se mostrou um auxiliar infinitamente devotado, mais hábil do que o chefe em conciliar os corações, mais inclinado a atenuar as severidades excessivas, ao mesmo tempo que se revelava um caloroso comentador e biógrafo. Viria a suceder a Calvino à frente da igreja de Genebra, que assentaria em bases definitivas ao longo de quarenta anos. Foi o próprio reformador quem o encaminhou para essa função, fazendo dele o chefe daquilo que considerava como o fecho da abóbada e o coroamento da sua obra.

Tratava-se da *Academia de Genebra*. Desde a ruptura com Sébastien Castellion, o ensino superior tinha entrado em declínio em Genebra; Mathurin Cordier, o antigo mestre do Colégio de la Manche, era praticamente o único a ocupar-se dele. Calvino sentia a necessidade de restaurá-lo. Acima de tudo, preocupava-o a formação dos pastores e dos doutores, mas também via a necessidade de proporcionar alimento espiritual sólido a todos aqueles que, vindos da França, da Inglaterra, da Escócia, dos Países Baixos e até da Polônia, afluíam à Cidade-Igreja como quem vai à busca de uma fonte de água viva. Calvino lembrava-se com inveja da Escola Superior fundada por Johann Sturm em Estrasburgo. E em 5 de junho de 1559, num edifício que ainda existe — tão pitoresco com o seu íngreme telhado vermelho, a sua escadaria dupla e o seu campanário pontiagudo —, foi criada a universidade calvinista, cuja fundação é uma das iniciativas que mais honram o reformador. Teodoro de Beza foi nomeado reitor e revelou-se um pedagogo de grande categoria. Estabeleceu-se um plano de ensino ambicioso, simultaneamente humanístico, escriturístico e teológico. O ensino do hebreu mereceu especial atenção. Mas foram postas de lado as ciências naturais, *diabolica scientia*, cuja "curiosidade imprudente e audácia" Calvino receava.

Em 1564, a Academia genebrina não contava menos de mil e duzentos alunos no conjunto dos seus colégios secundários e mais de trezentos estudantes de grau superior. O seu papel foi considerável. O protestantismo deve-lhe a glória de ter constituído com muita rapidez um corpo pastoral dotado de grande cultura; e Genebra tornou-se o viveiro que Wittenberg não soubera ser, simultaneamente centro de formação de missionários da Reforma e escola superior para a elite protestante. Apenas os colégios jesuítas rivalizaram com esta universidade quanto à qualidade dos mestres e dos métodos, devendo-se sublinhar ainda que a matriz dos colégios inacianos, o "Colégio germânico" de Roma — hoje Universidade Gregoriana —, foi fundada em 1551, oito anos antes do de Genebra, a cujo exemplo, por conseguinte, nada deveram... A prestigiosa criação de Calvino não contribuiu pouco para aureolá-lo de glória e para fazer da sua cidade um dos faróis do Ocidente.

Mas não foi apenas graças à sua coerência doutrinária e institucional, nem mesmo à qualidade dos seus mestres, que Genebra se tornou em breve tempo o foco de uma admirável irradiação. Um dos eixos do pensamento de Calvino, como vimos, era o universalismo. Ele jamais achou que a sua obra pudesse considerar-se realizada se ficasse limitada aos muros da sua cidade, ou mesmo à Suíça, ao contrário de Lutero, que na prática deixara o luteranismo encerrar-se no marco do mundo germânico.

Apercebendo-se perfeitamente do perigo que a Reforma correria se comparecesse desunida aos inevitáveis combates, Calvino, quanto mais intransigente se mostrava em relação aos genebrinos, tanto mais conciliador se mostrou no que se referia ao exterior. Interessado, como Bucer, em unir todos os reformados, já em 1540 havia assinado a Confissão de Augsburgo, na qual Melanchthon modificara a definição da Ceia. Nas ásperas controvérsias "sacramentárias" que opunham luteranos e zwinglianos, sempre se pronunciou com cortesia, sem injuriar o adversário, ao contrário do que era moeda corrente.

A sua vontade de união não era apenas por motivos táticos; para ele, como a Igreja era o Corpo de Cristo e todas as diferentes igrejas protestantes reivindicavam para si o mesmo Senhor, deviam harmonizar-se nas suas dessemelhanças como membros que eram de um organismo vivo. Empenhou-se em estabelecer laços com todos os outros reformados e, ao cabo de dez anos de negociações com Bullinger, o sucessor de Zwinglio, conseguiu finalmente assinar um acordo com a igreja de Zurique, ao qual aderiram em seguida Basileia, Neuchâtel, Bienne, Berna e Schaffhouse: foi o *Consensus Tigurinus* (do nome latino de Zurique), que uniu as comunidades suíças em torno da concepção calvinista de uma presença real, mas sempre espiritual, de Cristo na Ceia.

Teria sido possível ir mais longe? Calvino tê-lo-ia certamente desejado, a tal ponto lhe parecia indispensável um entendimento com o luteranismo. Embora não esquecesse as flechas que o hipocondríaco alemão lançara contra ele no fim da vida, falava de Lutero com admiração: "Como não hei de recordar [...] a excelência dos seus dons, a firmeza da sua alma [...], aquela flexibilidade e, ao mesmo tempo, aquela firmeza doutrinal que demonstrou na sua luta contra o Anticristo! Mesmo que me chamasse diabo, eu sempre lhe prestaria a homenagem de reconhecê-lo como um servidor enviado por Deus!" E o próprio Lutero, já na velhice, tinha declarado "regozijar-se por Deus ter enviado à terra um homem como Calvino, para desfechar o último golpe contra o papismo e acabar aquilo que ele havia começado". No entanto, apesar do manifesto desejo de aproximação de Melanchthon e de numerosos luteranos, não foi possível levar a cabo a união.

Mal se assinou o *Consensus*, um fogoso pastor de Hamburgo, Westphal, empenhou-se em enfatizar quanto a doutrina sobre a Ceia formulada no acordo era contrária aos ensinamentos de Lutero. Seguiu-se uma pequena guerra de panfletos, na qual tomaram parte muitos desastrados e até verdadeiros energúmenos, como Tilemann Hesshusius, de Heidelberg, chegando-se depois a grosseiras querelas. Nada pôde convencer os fanáticos de Wittenberg a entender-se com os que eles consideravam defensores de abomináveis erros sacramentais. Calvino, porém, apoiado por Farel e por Beza, não renunciou às tentativas de reunificação. Em 1552, o arcebispo da Cantuária, Thomas Cranmer, propôs-lhe que estudasse com Melanchthon e Bullinger um modo de harmonizar as doutrinas da salvação e da Ceia. A tentativa abortou. Em 1557, Melanchthon, o conciliador que sucedera a Lutero, apesar de ter sido vivamente criticado pelos seus correligionários, concordou em que os representantes das duas principais confissões reformadas se reunissem em Worms. Mas nada saiu do colóquio; continuaram as divergências sobre a presença real e sobre a predestinação, que, como se sabe, Melanchthon descartava.

Considerado por muitos como o chefe do protestantismo, Calvino não conseguiu unificá-lo; haveria, não uma Reforma, mas reformas, que tenderiam a desmembrar-se em seitas. Por mais que encarnasse a força de expansão do protestantismo, o calvinismo reconhecia-se incapaz de discipliná-lo e de trazê-lo para a sua órbita. Por que terá sido? Talvez porque o âmago da Reforma consistia em encarar a religião como um assunto puramente individual, um diálogo exclusivo entre a criatura pecadora iluminada pelo Espírito e o seu Criador todo-poderoso, e essa mensagem, essência do novo cristianismo, não fora Calvino quem a trouxera ao mundo, mas Lutero.

Nem por isso é menos verdade que a sua influência — a da sua Cidade-Igreja — se exercia em vastas regiões conquistadas para a Reforma, e que essa Cidade-Igreja era, só por si, um elemento de unidade. A *Roma protestante*: esse foi o nome que se deu a Genebra. A expressão só é válida parcialmente. Calvino tê-la-ia recusado, sem dúvida, pois pensava apenas que Genebra devia ser "a arca sobre as grandes águas do Dilúvio", e Karl Barth insurgiu-se energicamente contra essa "flor de retórica sentimental", contra essa propensão para "revestir a *Instituição cristã*, as ordenações eclesiásticas e a própria pessoa de Calvino de uma autoridade profética e apostólica". "A Roma protestante", assegura ele, "nunca existiu senão em caricaturas, bem intencionadas ou malévolas". Não há dúvida de que o que Roma é para um católico — a pátria interior das suas fidelidades, o centro de onde dimana toda a autoridade legítima, o lugar onde, desde São Pedro até o papa reinante, uma presença sagrada representa visivelmente Cristo —, Genebra não o é nem nunca o foi para os calvinistas. Mas, num sentido lato, assumiu realmente o papel de uma capital espiritual nos dias em que o reformador ali vivia e em que tantas almas inquietas olhavam na direção do lago Leman.

É esta projeção de Calvino que temos de acentuar para avaliarmos o papel histórico deste homem. A esmagadora correspondência a que ele se obrigava e que, apesar da ajuda de vários secretários, era para ele um fardo cada vez mais pesado, espalhava a sua influência pelo mundo inteiro. Publicaram-se perto de seis mil cartas suas, endereçadas a 507 correspondentes, sobre todos os assuntos — desde a moral e a política, até à teologia e mesmo aos assuntos práticos. Algumas eram uma espécie de circulares, enviadas a várias comunidades simultaneamente, à maneira de encíclicas. Diretor de almas e chefe da Igreja, Calvino, na sua correspondência, desempenhava as duas funções juntas.

Mais comoventes ainda são os numerosos testemunhos que se possuem sobre homens e mulheres que abandonaram tudo para irem viver em Genebra perto daquele que lhes parecia possuir a Palavra de Deus. Florimond de Rémond, o primeiro historiador católico do protestantismo, conta ter conhecido um homem que lhe assegurava ter sentido o Espírito Santo descer sobre ele quando lhe murmuraram certa vez ao ouvido o nome de Calvino; tomou então o caminho de Genebra "com a alegria desse bom e religioso cavaleiro Godofredo de Bulhões ao partir para Jerusalém". Pouco tempo antes de morrer, Calvino recebeu a visita de uma humilde viúva chegada da França, que esperara trinta anos para poder fazer a viagem, mas que não queria passar deste mundo sem o ver.

Quanto a ele, Calvino, acompanhou com apaixonada solicitude, até o derradeiro instante, os progressos dessa gigantesca teia que, como uma pequena aranha encolhida na sua modesta cidade, via estender-se cada vez mais.

Teve algumas decepções: na Alemanha e na Escandinávia, as suas ideias embateram contra o poderoso luteranismo dos príncipes; na Itália, a sua amiga duquesa de Ferrara, depois de muitas hesitações, manteve-se fiel à fé católica, e na Inglaterra, apesar das suas relações com os ministros Cranmer e Somerset, a situação não evoluiu como ele teria desejado. Mas teve também grandes alegrias: as suas ideias penetraram em numerosos países. Na Suíça, a sua doutrina absorveu pouco a pouco o zwinglianismo; na Hungria e no Palatinado, substituiu a de Wittenberg; nos Países Baixos, o seu discípulo muito querido, Guy de Bray, fê-la triunfar sobre todas as outras, sobre a de Lutero e a dos anabatistas; finalmente, na Escócia, o calvinismo atingiu uma perfeição pelo menos igual à de Genebra, sob a forma presbiteriana, graças também a outro discípulo, John Knox. Pode parecer-nos estranha e surpreendente a irradiação dessa doutrina tão pouco sedutora e tão tirânica, mas John Knox explica-nos esse êxito: para ele, como para tantas almas profundamente religiosas, o calvinismo surgiu como "a mais perfeita Escola de Cristo que jamais houve sobre a terra desde o tempo dos apóstolos". Calvino podia orgulhar-se de ter sido o mestre dessa escola...

Calvino e a França

Havia um país que, mais do que qualquer outro, atraía constantemente a atenção do reformador de Genebra: a França, a sua pátria, que ele deixara para, de fora, melhor poder levar-lhe a verdade. Nela pensara em primeiro lugar quando, em 1541, traduzira para o francês e publicara em versão popular a sua *Instituição cristã*, e a ela se sentia incessantemente ligado pela dupla corrente dos emigrantes que de lá chegavam e dos propagandistas que para lá partiam. Este papel de animador, de organizador da propaganda protestante na França, foi por certo um dos aspectos da sua imensa tarefa a que ele consagrou mais tempo e fervor. A todos os que sabia professarem a sua doutrina, escrevia cartas de encorajamento e de conselho; por sua ordem, os refugiados franceses estabelecidos em Genebra também enviavam carta sobre carta aos parentes e amigos que tinham ficado na França.

Era ele igualmente quem animava e dirigia esses grupos de mensageiros clandestinos, admiravelmente corajosos, que regressavam furtivamente ao reino com a missão de dar a conhecer às comunidades reformadas o último estágio do pensamento do mestre, ou até de exercer o cargo de pastores dessas comunidades, na certeza absoluta de que, se fossem apanhados, seriam queimados, como aconteceu a esses cinco jovens pregadores que foram revistados por acaso no desfiladeiro de Tamié, na Savoia, e pereceram algumas semanas mais tarde. Era uma propaganda eficaz e hábil, que não hesitava em recorrer ao embuste, como, por exemplo, quando Calvino se lembrou de publicar livretos que se fizessem passar por textos católicos; assim o fez com *A maneira de rezar nas igrejas francesas*, que trazia na capa os dizeres *impresso em Roma por ordem do papa* e fora escrito por ele mesmo, além de ter sido composto em Estrasburgo!

O reformador ia acompanhando de perto os resultados progressivamente alentadores dessa propaganda. Dos quatro cantos do reino, chegavam-lhe notícias de que se iam constituindo comunidades calvinistas[48], e de que se abriam lojas de distribuição de bíblias, adquiridas em Lyon, centro de operações dos vendedores ambulantes, que compravam essa mercadoria por atacado na Alemanha e em Genebra.

Era proibido imprimir na França a *Instituição cristã*, mas a obra entrava de contrabando aos cestos. Dos seus escritórios genebrinos, Calvino dirigia todas essas operações minuciosamente.

O seu esforço não visava somente espalhar cada vez mais a sementeira, mas também, à força de diplomacia e de paciência, unir uns aos outros, por laços sólidos, esses núcleos de convertidos. A sua fama, que se tornou imensa em todo o protestantismo francês depois de ter erigido em Genebra a sua Cidade-Igreja, permitia-lhe falar com clareza e ser escutado. Pedia a cada uma dessas comunidades que estabelecesse estreito contato com as suas vizinhas, que estudasse com elas os problemas comuns e que tomassem juntas as suas decisões. Como escreveria Teodoro de Beza, Calvino "mostrava os grandes males que podiam sobrevir, tanto do ponto de vista da doutrina como da disciplina, se as igrejas não estivessem interligadas e alinhadas sob o mesmo jugo de ordem e autoridade eclesiástica". O fruto dessa sua política de união foi, em 1559, o primeiro *Sínodo calvinista nacional*, que os pastores franceses realizaram em Paris, no auge da perseguição, com a finalidade de estabelecerem uma confissão de fé comum e uma organização para todo o reino, que foi dividido em dezesseis províncias. Era talvez um objetivo demasiado audaz e excessivamente ambicioso, que uns anos mais tarde foi preciso reduzir um pouco, mas que não deixava de provar como a vontade de organização, insuflada pela lógica de Calvino, substituía o anárquico individualismo dos começos do protestantismo francês.

Mas, dessa França, não chegavam apenas boas notícias. Com efeito, depois de o reformador ter saído de lá, fugindo pelas estradas do Leste, logo após o caso dos panfletos, outros acontecimentos se tinham sucedido. À era dos equívocos favoráveis seguira-se a da repressão, ainda moderada com Francisco I, mas já sistemática e temível no tempo de Henrique II. As forças hostis ao protestantismo, com a Sorbonne e o Parlamento de Paris à cabeça, tinham entrado em ação. De todas as partes do reino chegavam a Genebra mensagens que anunciavam o mesmo: sequestro de bens, prisões e, muito frequentemente, fogueiras. Sucessivamente, ocorreram a chacina dos valdenses da Provença[49], a destruição da comunidade protestante de Meaux e a execução dos seus principais membros. Depois, com a subida ao trono de Henrique II, veio a instituição da nova "Câmara ardente" e o edito de Chateaubriant, que recusava aos protestantes o direito de apelação. "Edito atroz!", gritava Calvino. "Recusa-se aos cristãos o que se concede até aos envenenadores, aos falsários e aos ladrões! Aos parentes dos acusados em perigo de morte, é-lhes proibido intervir a seu favor, sob pena de serem considerados fautores da heresia. Um terço dos bens dos condenados destina-se aos denunciantes". Tudo isso era verdade, bem como outras coisas mais terríveis ainda: o edito de Compiègne de 1557 tirava aos juízes das terríveis "Câmaras ardentes" o direito de aplicarem outras penas que não a pena de morte. Era uma situação horrorosa, que fazia sofrer muito o coração dilacerado de Calvino. Todos os dias, em novas cartas, exaltava a coragem daqueles que arriscavam a vida pela causa. "O tempo requer que assinemos com o nosso sangue a fé que temos testemunhado com a boca ou com a pena e a tinta"... Mas também, muitas vezes, alquebrado pela angústia, perguntava-se a si mesmo se não era seu verdadeiro dever voltar para a França e ali arriscar a vida e selar a sua fé com o testemunho do martírio...

Os últimos anos da sua existência foram, portanto, entenebrecidos pelo tormento de ver em plena provação essa igreja da França que, no seu sentir, devia estar à frente de todas. Ardiam fogueiras por toda a parte; a uma delas acabava de subir um conselheiro do Parlamento de Paris, Anne du Bourg. O colóquio de Poissy, entre católicos e protestantes, promovido em 1561 por vontade de Catarina de Médicis, ao qual Calvino enviara Teodoro de Beza como delegado, não produziu nenhum resultado. O próprio caráter da obra protestante na França modificava-se; deixava de ser exclusivamente religioso para tornar-se político, com a entrada em cena de grandes nobres que se tinham convertido à heresia e não estavam dispostos a deixar-se abater. E Calvino, que — respondendo às insistentes consultas que vinham da França — escrevera pouco tempo atrás: "É mil vezes preferível perecermos todos a sermos motivo para que o nome de cristandade e o Evangelho se exponham a tal opróbrio [o de derramar sangue]", chegava agora a declarar legítima a insurreição. Convencidos de que lutavam pela verdadeira fé cristã, e ao mesmo tempo decididos a servir uma política que, se triunfasse, faria deles os senhores do reino, os chefes do novo "partido protestante" partiam para o combate. Na sua hora derradeira, ele, o chefe infatigável, não se perguntaria a si mesmo se não deixava sem guia a Igreja nascida das suas obras, precisamente no momento em que mais necessidade tinha dele?

Morte e glória de João Calvino

Na véspera do Natal de 1559, quando pregava na igreja de São Pedro, abarrotada de gente, Calvino teve de forçar a voz. No dia seguinte, atacou-o uma tosse violenta e começou a escarrar sangue. O médico diagnosticou-lhe uma doença contra a qual ainda não existia nenhuma arma: a tuberculose. O enfermo tinha apenas cinquenta anos, e o seu caso não teria sido desesperado se o seu organismo, atacado desde há muito tempo por muitos outros inimigos, desgastado pelo trabalho e pelas preocupações, não fosse, na realidade, o de um velho precoce — o velho cuja máscara trazia. Despertados pelo novo abalo, todos os males que já lhe eram familiares lançaram-se ao ataque: pulmões, rins, intestinos, encéfalo e até os braços e as pernas. Dentro em breve, não houve uma única parte desse organismo que não fosse motivo e foco de dores terríveis.

Calvino suportaria essa provação durante cinco anos, com uma coragem física e uma firmeza admiráveis. Torturado pelas cólicas, pela febre e pela gota, nem por isso deixou de dar prosseguimento aos seus trabalhos, à sua correspondência, aos seus livros e mesmo à sua pregação, que no entanto lhe exigia um esforço sobre-humano. Nos dias em que não podia manter-se em pé, pregava sentado, e, se não conseguia andar, dois homens o levavam à igreja numa cadeira. Por vezes, as dores eram tão fortes que o ouviam murmurar, como numa prece a pedir a libertação: "Até quando, Senhor, até quando?"

Perante a morte que via aproximar-se, mostrou-se o que sempre fora: lúcido, firme e reservado. Nem uma só vez deixou transparecer temor ou fraqueza. Segundo um plano traçado com a sua lógica costumeira, fez o seu testamento e recebeu, uns após outros, os corpos constituídos da cidade, desde o Pequeno Conselho até os pastores. A estes, fez um longo e minucioso discurso, em que resumiu com fórmulas incisivas toda a sua obra, nesse tom de sincera humildade e tranquilo orgulho que fazia parte do seu modo de ser. Convidou os seus colegas a mostrar-se firmes e vigilantes para com essa "nação perversa e má" que lhes estava confiada, e concluiu afirmando-lhes que não tivera outro desígnio sobre a terra senão servir a glória de Deus. Parecia ter ditado ali o seu testamento espiritual.

No entanto, a morte concedeu-lhe um novo adiamento. Farel teve tempo de vir vê-lo pela última vez. E ele próprio, o moribundo — o seu aspecto era já o de um cadáver —, sabendo que, de acordo com a legislação eclesiástica por ele estabelecida, a reunião das "censuras" trimestrais recaía no dia 19 de maio, ordenou que o levassem até lá para participar pela última vez dessa fraternal acusação de culpas. Humildemente, foi o primeiro a submeter-se à censura e a deixar que lhe referissem os seus defeitos: "ira, teimosia, crueldade e orgulho". Depois, com a voz ofegante, cortada sem cessar por acessos de tosse, falou durante duas horas, prevenindo os seus ouvintes contra as más inclinações. A seguir, elevando-se aos grandes princípios, comentou apaixonadamente o Evangelho.

Foi esse o seu último ato público, e o esforço exigido deixou-o esgotado. No dia seguinte, sobreveio nova expectoração sanguínea. Não abandonou mais o leito e falava com dificuldade, exceto para murmurar as suas orações. Ouviam-no dizer várias vezes: "Senhor, tu me esmagas, mas para mim é suficiente que seja pela tua mão". Ninguém o viu entregar a alma ao Criador, calmamente, em 27 de maio de 1564, por volta das oito da noite. De acordo com a vontade que manifestara no testamento, envolveram-lhe o corpo num grosseiro pano cru e depositaram-no num caixão de pinho semelhante àqueles com que se enterravam os pobres. Sem discurso e sem cantos, foi conduzido por uma imensa multidão ao cemitério de Plainpalais. Não se erigiu nenhum monumento sobre o túmulo, nem mesmo uma cruz ou a menor pedra. Assim desejara ele regressar ao pó, no anonimato e no silêncio.

E ninguém pode hoje indicar com certeza o lugar onde jaz João Calvino[50].

Poucos homens, no entanto, deixaram sobre a terra um rastro tão profundo. Quem poderá negar a sua grandeza? Semeou grandes ideias, realizou grandes coisas e determinou grandes acontecimentos. A história não teria sido tal como foi se ele não tivesse vivido, pensado e agido com a sua vontade implacável. Perto de cinquenta milhões de cristãos seguem hoje os seus ensinamentos, dos quais quarenta e um entre os reformados e os presbiterianos, e cinco entre os congregacionalistas. Talvez não haja nenhum setor do protestantismo onde não se possa encontrar alguma moeda do seu tesouro. Mas reconheceria ele como seus herdeiros aqueles que fazem profissão de prolongar a sua mensagem e que, no entanto, na sua quase totalidade, abandonaram a tese a que ele se apegava mais do que à vida — a predestinação — e muitas vezes deixaram deslizar a sua mensagem de fogo para uma espécie de sentimentalismo igualitário e moralizador? Essa é uma outra questão. Não resta qualquer dúvida, porém, de que a sua influência foi determinante, até no desenvolvimento do capitalismo, da democracia e do socialismo... Calvino pertence incontestavelmente ao pequeníssimo grupo de mestres que, no decorrer dos séculos, moldaram com as suas mãos o destino do mundo.

Não é fácil julgar um homem de tal calibre; só o pode fazer Aquele que "sonda os rins e os corações". Por isso, as opiniões a seu respeito têm sido sempre contraditórias; Michelet exaltava sem medida a sua obra "libertadora"; Renan via nele um banal ambicioso obstinado. Podemos fazer coro com os seus partidários e admirar o seu gênio, a sua acuidade na apreensão dos grandes problemas e o seu poder de síntese e organização. Podemos mesmo admitir essa espécie de sedução fria que, como todos os grandes espíritos, exerce sobre os que gostam das ideias longamente perscrutadas e perfeitamente expressas. E seria cometer uma enorme injustiça não reconhecer o seu ardente zelo por Deus, a sua paixão por conquistar almas, a seriedade trágica com que sempre encarou a sua vocação e o seu indefectível sentido do dever. Mas como podemos deixar de notar que faltaram a essa personalidade excepcional as duas virtudes essencialmente cristãs que deveriam tê-la modelado? A humildade verdadeira, não só perante Deus, mas também perante os homens, essa humildade que um dia haveria de levar São Vicente de Paulo a lançar-se de joelhos aos pés de um transeunte que acabara de esbofeteá-lo; e a bondade verdadeira, que sabe amar os homens apesar da sua abjeção, *por causa* da sua abjeção, e que toda a falta sempre encontra propensa à misericórdia. Perfeito leitor do Evangelho, Calvino teria compreendido os seus dois mais belos preceitos? Que é preciso ser o último na extremidade da mesa e que é necessário amar os inimigos?...

As opiniões divergem também quanto ao seu papel histórico. "Calvino é o primeiro destruidor do protestantismo autêntico", diz um[51]. "O calvinismo salvou o protestantismo", diz outro[52]. As duas opiniões são simultaneamente verdadeiras. É verdade que Calvino empurrou o protestantismo para longe das suas bases e para fins que Lutero não desejara. Mas os rumos que o monge de Wittenberg queria tomar não desembocariam nos impasses da anarquia ou da submissão aos Estados? O protestantismo ficou a dever a Calvino a sua ordem, a sua fé comum, os seus quadros, os seus métodos, e também esse ar grave e respeitável, mais do que amável, que se lhe reconhece. Deveu-lhe um novo tipo de homem religioso.

Mas Calvino foi sobretudo o homem da ruptura decisiva, e é neste ponto, mais do que em qualquer outro, que um católico não pode deixar de sentir horror por ele. Muito mais do que Lutero, empenhou-se com uma espécie de rigor luciferino[53] em levantar uma muralha intransponível, ou um abismo, entre a Igreja que lhe dera o Batismo e aquela que ele queria "erigir". Que o seu papel, dialeticamente, tenha podido ser afinal de contas favorável aos desígnios da Providência — como o do seu predecessor —, e que o terrível raio com que ele feriu a cristandade tenha acabado por provocar nela o grande despertar, é uma verdade incontestável, mas nem por isso desculpa a sua falta. Depois dele, toda a esperança de recosturar os pedaços da túnica inconsútil, tão horrivelmente dilacerada, se desfez durante séculos. Tal é, em última análise, o significado que se desprende desta vida humana e desta mensagem; tal foi o êxito de João Calvino.

Notas

[1] De 1522 a 1537, o bispo de Rieux, Jean de Pins, fez do seu palácio um centro propulsor do humanismo, a que acorreram todos os grandes talentos como que em peregrinação (Cf. G. Cormary, *Jean de Pins*, Castres, 1933). O bispo Geoffroy Herbert teve um papel análogo em Coutances (cf. C. Laplatte, *Le diocèse de Coutances à la fin du Moyen Age*, Coutances, 1950).

[2] Sobre Erasmo, cf. cap. V, parágrafo *Lutero contra o humanismo de Erasmo*.

[3] *Manuel de littérature française*, de Brunetière, p. 75.

[4] Cf. a apaixonante obra de Lucien Febvre, *Le problème de l'incroyance au XVIe. siècle: la religion de Rabelais*, citada nas notas bibliográficas. A refutação deste livro por Paulette Lenoir, *Quelques aspects de la pensée de Rabelais* (Paris, 1953), é pouco convincente. A autora faz de Rabelais um marxista *avant la lettre*. A tese do ateísmo de Rabelais tinha sido exposta mais seriamente por Abel Lefranc.

[5] *L'Église catholique, la Reinassance, le Protestantisme*. — Esta observação, verdadeira de um modo geral, deve ser vista com reservas no caso de Genebra, onde, por motivos

que analisamos mais adiante, o povo livre parece ter querido o regresso e a ditadura de Calvino.

[6] Isto é menos verdadeiro com relação à burguesia, sobretudo quanto aos seus elementos mais ricos e mais evoluídos, geralmente partidários de uma religião branda e sem exageros, de um humanismo cristão onde se encontravam também semidescrentes e fiéis mais que tíbios. Quanto à nobreza, na sua imensa maioria fiel à fé tradicional, só mais tarde é que verá alguns dos seus membros passarem para a heresia, e muitas vezes por razões políticas.

[7] A Pragmática Sanção de Bourges estava adormecida; era como um utensílio enferrujado que, de tempos a tempos, se limpava e lustrava. Traído por Júlio II, seu aliado, Luís XII voltou a brandir o instrumento que os seus predecessores, jogadores mais finos, só tinham utilizado para amedrontar Roma. Luís XII serviu-se dele a fundo. Rompeu as relações com o papa e pediu ao núncio (um bom homem de espírito conciliador) que abandonasse o reino. Em 1510, reuniram-se em Tours e em Orléans assembleias do clero e de universitários que se mostraram violentamente hostis ao papa. A "santa Pragmática" foi restabelecida em todo o seu rigor por várias ordenações (o que prova que, entretanto, caíra em desuso). Houve escritores assalariados que defenderam a política real: uns, como o prefeito de Belges e Bouchet, redigindo tratados eruditos e pesados; outros, como Gringoire, compondo sátiras ligeiras e ferinas. Luís XII reuniu em Pisa um concílio "reformador" que "depôs" o papa. Este morreu pouco depois.

[8] Cf. adiante o par. *A era dos equívocos*.

[9] Pierre Gaxotte, na sua *Histoire des Français*.

[10] Principalmente Doumergue.

[11] François Wendel, no seu notável *Calvin*.

[12] Cf. cap. V, par. *Lutero contra Roma*.

[13] Parece que Hauser e Renaudet, na sua obra *Débuts de l'âge moderne*, col. "Peuples et Civilisations", foram os únicos historiadores que destacaram a importância desta personagem mal conhecida e tão atraente. Existe, no entanto, sobre ela, um excelente verbete no *Dictionnaire de biographie française*, tomo IV, col. 139.

[14] Sobre *Luísa da Savoia*, o estudo mais completo e atual é a sólida e vigorosa obra de Paule Henry-Bordeaux (Paris, 1954).

[15] Sua filha, Joana d'Albret, seria a mãe de Henrique IV.

[16] Francisco I ainda chegou a exigir que o tribunal encarregado de julgá-lo fosse constituído por leigos, em parte escolhidos por ele. Berquin foi condenado a prisão perpétua, mas teve a infeliz ideia de apelar, e os juízes da segunda instância agravaram-lhe a pena.

[17] Cf. o cap. V, par. *Novas dificuldades, novos dramas*.

[18] No entanto, esse "terror branco" tinha ido longe demais. Pouco depois, Francisco I cancelava a proibição da impressão de livros e doze livreiros eram autorizados a editá-los. O papa Paulo III censurou esta "horrível justiça" e, quando morreu o chanceler Duprat, o edito de Coucy, em julho de 1535, ofereceu aos hereges que abjurassem a possibilidade da anistia. Mas, na verdade, esta marcha a ré não alterou nada de essencial: os dados estavam lançados.

[19] Na mesma ocasião em que, com cerca de dezenove anos, João Calvino saiu de Montaigu, chegou ali um gentil-homem espanhol, de trinta e seis anos, pálido, coxo e muito pobre, que empurrava pelas ladeiras de Santa Genoveva acima um burro carregado de livros. Era Inácio de Loyola.

[20] Não parece que o espetáculo dos abusos e erros da Igreja estabelecida tenha desempenhado grande papel nessa evolução. Calvino não insiste nisso. Quando muito, talvez os incidentes dolorosos que rodearam a morte de seu pai tivessem contribuído para afastá-lo mais, mas não foram determinantes. O esquema tradicional que enxerga na Reforma protestante uma consequência dos escândalos do catolicismo não tem maior verossimilhança quando se trata de Calvino do que quando se trata de Lutero, embora tenha encontrado eco no seu *Tratado das relíquias*, que não parece o fruto de um tardio desejo de polêmica. Em compensação, esta causa intervém fortemente na posição tomada por Farel.

[21] Pe. Joudan.

[22] É esta, segundo parece, a origem da palavra "huguenotes", que serviu para designar os protestantes na França. "Huguenote" parece ser um termo resultante da deformação de *Eidgenossen*, sob a influência de Hugues (Hugues de Besançon, chefe dos patriotas suíços). É divertido observar as etimologias fantasiosas que têm sido apresentadas para esta palavra. Étienne Pasquier pretende que os habitantes da Touraine acreditavam na existência de um diabo noturno chamado Hugon e que os calvinistas passaram a ser conhecidos por *huguonneaux* precisamente por terem o costume de se reunirem pela calada da noite. Castelnau afirma que o *huguenot* era uma moeda de bronze de Hugo Capeto; dizer "são huguenotes" equivalia a dizer: "não valem muito". De Brieux, mais cômico, assegura que um pregador calvinista começou a gaguejar no início de um sermão que abria com esta citação latina: "*Huc nos venimus*", e então a multidão começou a gritar: "Huc! Huc! Huguenote!" Nas memórias de Condé, lê-se que os reformados "usurparam" o nome de "*aignos*", o que é bastante exato, pois havia católicos friburgueses na Liga política dos *Eidgenossen*.

[23] Palavras pelo menos inesperadas nos lábios de um teólogo que não acreditava na eficácia das boas obras.

[24] Onde ficou até à morte, em 1565, com exceção de uma breve estadia em Metz, em 1542-1543, durante a qual tentou sem êxito fazer o que Calvino fizera em Genebra.

[25] Cf. cap. V, par. *Reformas fora de Lutero*.

[26] Cf. cap. V, par. *Reformas fora de Lutero*.

[27] Sobre todas estas reuniões, cf. cap. V, par. *Novas dificuldades, novos dramas*.

[28] No prefácio dos *Textes choisis de Calvin*, coligidos por Charles Gagnebin, para a coleção *Le cri de la France*, Paris, 1948.

[29] O que justifica por antecipado o pulular de doutrinas, a fragmentação em seitas, as "variações" do calvinismo, como diz Bossuet.

[30] Cf. cap. V, par. *O drama de uma alma*.

[31] Notam-se aqui as relações que existiram desde o começo entre o capitalismo burguês e o calvinismo. Neste sentido, Calvino foi profundamente um homem do seu tempo.

[32] Quanto ao sacramento da Confissão, as opiniões de Calvino parecem ter sido ambíguas. Compreendeu certamente os benefícios psicológicos da confissão pessoal, auricular, mas deixou-a fora dos sacramentos.

[33] A expressão "substância espiritual" — Calvino diz mesmo "substância espiritual do Corpo de Cristo" — comporta, evidentemente, muita ambiguidade. É um dos pontos em que a lógica calvinista apresenta uma falha. Os teólogos protestantes têm feito comentários intermináveis sobre o sentido da palavra "substância". Cf. Helmut Gollwitzer, *Coena Domini*, Munique, 1937.

[34] Não, porém, de forma centralizada, pelo menos em princípio. Nada de hierarquias entre os servidores de uma igreja, nenhuma subordinação de uma igreja a outra, mas uma federação subordinada a Cristo como chefe e à Bíblia como lei.

[35] Bolsec refugiou-se primeiro em algum lugar de Berna, de onde continuou a dirigir furiosos ataques contra Calvino. Regressou depois à França, abjurou o protestantismo e, de volta ao seio da Igreja Católica, escreveu uma biografia de Calvino que continha as mais infamantes acusações. A polêmica antiprotestante viria a alimentar-se abundantemente desse arsenal de calúnias, mas a história fez justiça. Hoje, já ninguém admite, por exemplo, como afirmava Bolsec, que Calvino tenha sido condenado na sua juventude por homossexualismo.

[36] Há quem diga que foi castrado quando criança para conservar a bela voz de soprano.

[37] Heresia professada no fim do século II e durante o século III, principalmente por Práxeas e Noeto, que viam nas três Pessoas divinas meros "pontos de vista" para considerar Deus. Foi combatida por Tertuliano e por Santo Hipólito.

[38] Esta obra foi queimada em Genebra e em toda a parte, tendo restado um único exemplar, e mesmo esse parcialmente chamuscado, que se conserva em Paris, na Biblioteca Nacional.

[39] Sobre o gnosticismo, cf. *A Igreja dos Apóstolos e dos Mártires*, par. "*Oportet haereses esse*".

[40] O que não o impediu de manter com Servet uma correspondência suficientemente importante para que este, ao publicar o seu livro, lhe pudesse acrescentar (sem permissão, é claro!) vinte e três cartas dirigidas por ele a Calvino.

[41] Principalmente Wendel e Benoît, e mesmo Doumergue.

[42] Citamos aqui Wendel, p. 65.

[43] Wendel, nota da p. 66.

[44] Cf. Henry, III, p. 168.

[45] Todos os fatos que se citam a seguir são mencionados por historiadores protestantes, principalmente por Henry, Walker, Koechler, Wendel, Doumergue e Benoît.

[46] Vida simples, como se vê, e que não revela nenhum fausto. No entanto, certos historiadores, baseando-se nas calúnias de Bolsec, pretenderam ver em Calvino um avaro que só queria entesourar. A sua herança, quando morreu, foi de 200 escudos, isto é, 2000 francos-ouro, o

que não é de espantar, tratando-se de um homem que durante vinte anos fora o senhor de Genebra e o diretor espiritual de uma parte da Europa.

[47] Jogo que consiste em impelir uma chave de uma extremidade da mesa para a outra, sem que bata na dos outros parceiros.

[48] A progressão do calvinismo na França será estudada no próximo capítulo.

[49] Todos estes acontecimentos são estudados no próximo capítulo.

[50] A pedra com a marca J.C. que se mostra no cemitério de Plainpalais foi ali colocada em 1830 por um calvinista holandês, mas essa localização é discutível.

[51] J. Dedieu.

[52] Doumergue.

[53] E sem travar essas polêmicas ruidosas que foram tão do agrado de Lutero durante toda a sua vida.

VII. Da revolta religiosa à política protestante

Mística e política

"Tudo começa em mística e tudo acaba em política". A célebre frase de Péguy acode-nos irresistivelmente ao espírito quando consideramos a história da Reforma protestante e a evolução que a assinalou. No vocabulário específico do poeta, a "mística" é a força de generosidade e de entusiasmo que impele o homem a servir um ideal com abnegação e sacrifício, sem levar em conta qualquer cálculo, qualquer interesse; e a "política" é exatamente o contrário: é a vontade, menos consciente, de dar prioridade aos interesses — do indivíduo ou do grupo — sobre o ideal e as suas exigências, e de pôr estes a serviço daqueles. E o que indigna Péguy é que a política, poder de degradação, acaba sempre por levar a melhor, destruindo a mística no próprio instante em que parece consagrar-se o seu triunfo e na proporção desse mesmo triunfo. Neste fenômeno, vê ele uma prova da "baixeza" do homem, ou mesmo, como diz, do seu "pecado".

Sentir-se um cristão livre, elevado pela fé e fortemente ligado ao seu Deus; saber que essa fé justifica e salva, enquanto dom gratuito do amor e graça incompreensível que o homem pecador não merece de maneira nenhuma; estabelecer a verdade pessoal num colóquio íntimo da alma com o seu Criador; ler a Bíblia, o livro da Palavra, com os olhos da fé, para dela receber a iluminação da consciência sem qualquer intermediário..., tal era a mensagem de libertação espiritual que Martinho Lutero havia anunciado e repetido durante toda a vida, certo de possuir uma verdade tão sólida que nenhuma autoridade do mundo o poderia obrigar a abandoná-la. E esse grito de uma consciência despertara na Europa cristã ecos tão fortes que milhares de almas lhe tinham respondido — almas inflamadas, prontas a sacrificar fosse o que fosse à doutrina que as revelava a si próprias, almas cheias de "mística", como teria dito Péguy.

Mas que se viu acontecer dentro em pouco? Menos de dez anos depois desse notável dia de Todos os Santos de 1517, em que se afixara na porta da *Schlosskirche* de Wittenberg o famoso cartaz contra as indulgências, as perspectivas tinham mudado muito. É certo que restavam ainda pessoas convictas e entusiastas exaltados, mas a "política" entrara em ação, e de muitas maneiras. Lutero, que dirigira inicialmente a sua mensagem a todos os cristãos capazes de ouvi-la, fora levado — *Kerndeutsch*, "alemão até o cerne" que era —, se não a restringir a sua proclamação, pelo menos a associá-la estreitamente às concepções e aos sentimentos do "seu querido povo alemão", o que a fizera perder muito do seu poder de irradiação. Ao mesmo tempo, impelido pelos acontecimentos, vira-se obrigado a confiar a sorte das suas comunidades de cristãos libertados à autoridade dos príncipes, e a verificar que o êxito da sua doutrina dependeria, no futuro, de uma política que geralmente se preocuparia mais com interesses práticos do que com a libertação espiritual, e que ele seria obrigado a avalizar até nas suas desordens.

Esse fenômeno, essa absorção de um movimento religioso por forças políticas, fora-se notando pouco a pouco por toda a parte. Começara pelas cidades livres, as pequenas repúblicas do Reno ou da Suíça, que, com algumas variações, se haviam situado categoricamente nesse plano. Em Basileia, nos dias de Ecolampádio, como em Zurique nos de Zwinglio, ou em Estrasburgo no tempo de Sturm e de Bucer, qual fora o elemento mais decisivo da Reforma senão a intervenção do poder público? Onde o burgomestre local fora ganho por elas, as novas doutrinas haviam-se imposto às populações sem que se tivesse conquistado o seu acordo em todos os casos. Berna pegara em armas, ao lado de Zurique, para procurar submeter à nova fé o conjunto dos cantões, e é o que teria acontecido se a derrota de Kappel não tivesse esmagado essa tentativa. Conhecemos o importante papel que os conselhos genebrinos desempenharam no triunfo de Calvino na sua cidade, principalmente quando chamaram o reformador exilado por motivos que estavam longe de ser exclusivamente religiosos. E o próprio Calvino não se opusera a esse movimento decisivo que era a absorção, cada vez mais evidente, da reforma espiritual pelo poder público. Pelo contrário. Se tinha destruído a relação entre autoridade religiosa e autoridade política, dando à primeira um direito de controle sobre a segunda, tornara-as mais solidárias uma com a outra e, fazendo sair a Reforma do estreito quadro nacionalista em que Lutero acabara por encerrá-la, tinha proposto ao mundo inteiro a sua nova fórmula teocrática, em que política e religião se confundiam na prática.

O período que decorre entre o episódio de Wittenberg (1517) e a morte de Calvino (1564) mostra a mesma evolução por toda a Europa. Enquanto a Reforma se lançava em vagas sucessivas ao assalto do velho baluarte católico, o calvinismo, mais lógico e mais bem organizado, a caminho de suplantar o luteranismo, suscitava por toda a parte o problema político. Em lugar algum o impulso propriamente religioso, o impulso "místico", foi suficiente para implantar a reforma herética; em parte alguma as causas sociais, económicas e eclesiásticas, que se evocam frequentemente para explicar certos resultados felizes, nos dão a chave da vitória final. Onde se alcançou essa vitória, foi devido à intervenção do poder público, à intervenção da "política" que, para impor a revolução religiosa, recorreu aos seus meios habituais — a astúcia e a violência[1]. Isto verificar-se-á tanto na Inglaterra como na Escandinávia e em muitos outros lugares. Mas, em sentido inverso, é preciso acrescentar que, onde a expansão protestante for detida, será também em grande medida graças à ação das forças políticas, das quais não se poderá afirmar honestamente que, ao lutarem pela verdade católica, não se batiam ao mesmo tempo por interesses muito concretos.

"Tudo começa em mística e acaba em política"... Não há dúvida de que foi a intromissão da política que pesou tanto na história da Reforma e lhe imprimiu o seu caráter trágico. Ao drama das almas misturou-se o antagonismo das ambições e dos interesses, e essa coligação de fanatismos acarretaria para a cristandade mais de um século de tormentos sangrentos.

A vaga luterana avança para o Leste e para o Norte

A vaga luterana começou a espraiar-se muito depressa, imediatamente depois de o jovem monge apaixonado lhe ter dado o impulso inicial. Como vimos[2], a Alemanha foi varrida por ela logo de início, começando pela Alemanha do povo humilde, dos cavaleiros sem fortuna, dos intelectuais e dos burgueses comerciantes. A imprensa — a invenção de Gutenberg não era germânica? — desempenhou um papel considerável nessa primeira expansão, em que as motivações religiosas se misturavam já com intenções mais temporais, com os apetites de pequenos fidalgos e de camponeses, aqueles impelidos por exigências nacionalistas e estes pela vontade de independência. Depois, no momento em que as repercussões sociais da nova doutrina começaram a provocar crises que teriam podido afundá-la, a intervenção dos grandes senhores, substituindo os primeiros aliados do heresiarca, fez passar o movimento para outro plano. Perante a anarquia ameaçadora, Lutero confiou aos senhores temporais o cuidado de assegurarem a ordem e de organizarem a sociedade religiosa nascida das suas obras. "Quando o Evangelho não basta, é necessária a lei e o carrasco". Encerrada nos limites de cada Estado, cujo senhor se tornava César e Papa simultaneamente, a igreja luterana vinculou o seu destino ao dos grandes feudatários, que não demoraram a perceber a vantagem da situação. Responder ao apelo do reformador seria o mesmo que secularizar os bens eclesiásticos, exercer sobre os súditos uma autoridade reforçada e controlar toda a vida religiosa por meio dos ministros do culto.

Sob essa forma enganosa, mas eficaz, a reforma de Wittenberg impôs-se em quase toda a Alemanha, com exceção da Renânia e da Baviera. O ato pelo qual Alberto de Brandenburgo secularizou os bens dos Cavaleiros Teutônicos, de quem era o Grão-Mestre, e constituiu com eles o ducado hereditário da Prússia, pareceu selar de um modo espetacular essa expansão político-religiosa. Os padres católicos refratários foram expulsos, e os altares, as imagens e as peregrinações proibidos. Pouco depois, a Livônia e a Curlândia, outras possessões da Ordem, foram protestantizadas por dignitários de menor categoria, mas também ambiciosos.

Assim consolidada, a vaga lançou-se ao assalto das regiões vizinhas ao mundo germânico. A primeira a ser atacada foi a Boêmia, o antigo país de João Huss, onde a grave crise provocada por ele deixara numerosas sequelas[3]. O cristianismo estava ali dividido em três elementos: uma minoria de corajosos católicos; uma maioria de *utraquistas*, antigos hussitas moderados cuja existência oficial, juntamente com o direito de comungarem sob as duas espécies — e daí o seu nome —, lhes fora reconhecida pelos *Compactata* em 1436 (e mais tarde confirmada por acordos assinados em 1485 e 1512); e, por fim, as seitas dos *Irmãos Boêmios* ou *Irmãos Morávios*, herdeiros dos hussitas violentos, taboritas já acalmados, mas sempre obstinados em lutar contra Roma e contra o catolicismo, e aos quais haviam aderido numerosos nobres.

Apenas a igreja utraquista, que controlava dois terços da população, poderia ter lutado contra as novas doutrinas; mas, privada de uma teologia original e desservida por um clero intolerante, medíocre e preocupada unicamente com os pormenores do rito, essa igreja não alimentava as almas. Quando as ideias de Wittenberg atravessaram o Böhmerwald, a floresta da Boêmia, levadas pelos viajantes da vizinha Saxônia a partir de 1520, os Irmãos Boêmios e Morávios aderiram a elas. *Johann Augusta* assumiu a direção do movimento e redigiu em 1538 uma "Confissão" que Lutero aprovou. A secularização dos bens eclesiásticos pelos nobres começou imediatamente. Aferrada aos seus privilégios, a igreja utraquista ofereceu uma resistência ridícula; apenas o núcleo católico sobreviveu.

Desse novo baluarte, a vaga luterana partiu para o Leste. Na Silésia, ducado autônomo sob a suserania da Boêmia, católico com uma minoria hussita, mas onde o clero estava bastante degenerado, foram os altos senhores, como

Frederico de Liegnitz, ou as cidades desavindas com o seu bispo, como Vratislávia, que chamaram os pregadores da Reforma. O seu êxito teve o corolário habitual: expropriação de padres e monges, confisco dos seus bens e expulsão dos recalcitrantes. Quando herdou o ducado e quis restaurar entre os seus habitantes a fé católica, Fernando da Áustria teve de se convencer de que era tarde demais.

Transpondo o território dos Habsburgos da Alta e Baixa Áustria, ambas contaminadas, o luteranismo seguiu o curso do Danúbio, infiltrou-se na Hungria e ganhou os mineiros alemães, as colônias saxônicas da Transilvânia, as cidades onde haviam penetrado elementos germânicos e a nobreza formada nas universidades do Império. Inicialmente, encontrou obstáculos: o povo húngaro não gostava dos alemães. Mas o desastre de Móhacs, em 1526, onde, juntamente com o rei Luís II, morreram seis bispos e a elite da juventude[4], modificou a situação. Nas regiões do país dominadas pelos turcos, estes favoreceram as comunidades reformadas, porque, sem hierarquia e sem vínculos, não seriam capazes de organizar a resistência nacional. Nas regiões que ficaram livres, enfrentaram-se dois candidatos ao trono: o arquiduque Fernando, herdeiro do reino por sua mulher, e João Zapolya, eleito pelos senhores feudais. Os pregadores reformados jogaram com o antagonismo entre esses dois bons católicos, no que foram ajudados pelos senhores que, logo após o malogro de Móhacs, se apropriaram das terras dos bispos mortos. Assim se constituiu uma igreja luterana germano-húngara, que adotou a Confissão de Augsburgo, mas que em breve sofreu a influência calvinista[5], até que se produziu a reação católica de princípios do século XVIII[6].

A nordeste da Europa, o enorme Estado de Sigismundo I, que se estendia do Báltico aos Cárpatos, unindo a Lituânia e a Polônia, encontrava-se aberto a todas as influências.

Era uma planície sem limites naturais e de uma população heterogênea. O povo manifestava uma fé verdadeira, até espetacular, e facilmente supersticiosa: as grandes peregrinações, como as de Nossa Senhora de Czestokowa, atraíam multidões. Os nobres, amigos do divertimento e muitas vezes arruinados, mostravam-se indiferentes, mas olhavam com cólera um clero rico e depravado, e com desprezo um baixo clero ignorante. Nos começos do século XV, a tentação hussita seduzira um tanto ou quanto a alma polonesa e agora, um século mais tarde, os apelos de Lutero vinham impressionando muita gente. Inquieto por verificar que a nova doutrina ganhava terreno nas suas cidades prussianas, e antes mesmo de conhecer a bula pontifícia de condenação, o rei, pelo edito de Thorn de 1520, proibiu a divulgação, venda e leitura "de um certo frade agostiniano, Martinho Lutero", como injurioso para a Santa Sé e perigoso para a ordem pública, e em 1523 anunciou que os contraventores seriam punidos com a pena de morte. Os progressos constantes da heresia tornaram Sigismundo ainda mais radical: em 1526, castigou severamente a cidade de Dantzig, onde os reformados eram numerosos; em 1534, intimou todos os nobres poloneses e lituanos a chamar de volta os filhos que estudavam na Alemanha, muitos deles em Wittenberg, proibiu que os poloneses viajassem por países heréticos e abriu processos de heresia em Cracóvia.

Semelhantes medidas, brutais mas sem coordenação, denotavam apenas a impotência do governo. A Reforma progrediu por toda a parte. Com algumas ilusões, os humanistas poloneses — havia muitos bispos entre eles — viam em Lutero um discípulo do seu querido Erasmo. Os nobres, resolvidos a desempenhar um papel político, queriam contrariar o rei e não hesitaram em dar abrigo aos pregadores, como o voivoda Poznan Gorka, que recebeu o ex-dominicano André

Samuel e o seu amigo João Sklugan, e lhes permitiu que celebrassem o ofício luterano no seu palácio. Muito próximos, os países bálticos aceitavam a Reforma: Riga e os Estados gerais urbanos da Estônia desde 1524, e as cidades de Livônia em 1539. Dirigida pelas criaturas menos recomendáveis da rainha Bona Sforza — que trouxera para a Polônia os piores hábitos da Renascença italiana —, a Igreja Católica parecia decompor-se.

Quando o velho Sigismundo desapareceu, em 1548, muitas das famílias mais poderosas tiraram a máscara e bandearam-se para a Reforma, arrastando consigo um sexto da nobreza. Sigismundo II Augusto, filho de Bona, declarou aos seus vassalos: "Sou vosso rei, mas não sou rei da vossa consciência". Formara-se uma igreja luterana na Polônia e o príncipe Radziwill mandou traduzir para o polonês a Bíblia de Wittenberg. A heresia vencera a partida? Apenas na aparência; a enorme massa dos "chlopi" permaneceu fiel ao catolicismo, e outras seitas protestantes — calvinistas, Irmãos Morávios, anabatistas e outros — reclamavam um lugar ao sol e em breve enfraqueceriam o luteranismo, permitindo que a Igreja romana retomasse a ofensiva[7].

O exemplo mais marcante de uma ação política dirigida a afastar povos inteiros da Igreja Católica foi dado — antes mesmo que a Inglaterra o seguisse por outras vias — nos países escandinavos. O historiador protestante Schoell reconhece-o sem rodeios: "Na Suécia, a Reforma foi fruto da política; a nova doutrina foi chamada e introduzida, contra as inclinações de uma grande parte da nação, por um monarca que a olhava como meio de consolidar o seu poder e que, durante todo o seu reinado, teve de lutar contra a repugnância dos seus vassalos em renunciar à fé dos seus pais". Nos começos do século XVI, nos termos da União de Kalmar, os reinos da Dinamarca, da Suécia e da Noruega estavam confederados sob o mesmo soberano, mas era uma união frágil, que se rompera e se reconstituíra muitas vezes, e estava sempre ameaçada de ruir. A Suécia, governada por regentes, aspirava à independência. Mas os prelados católicos, em constante conflito com os regentes e com a nobreza, preferiam a autoridade do rei de Copenhague. Em 1520, o arcebispo de Upsala, Gustav Trolle, que o regente Sten Stuve cercara no seu castelo dos arredores de Estocolmo, chamou em seu auxílio o rei Cristiano II, persuadindo-o de que o seu adversário era um traidor e um herege. A intervenção real mostrou-se feroz; os soldados suecos foram desbaratados na superfície gelada do lago Asunden e Sten Stuve expirou no trenó que o transportava. Por instigação do arcebispo, reuniu-se um tribunal que julgou cerca de cinquenta partidários do regente sob pretexto de heresia e entregou os condenados ao rei; este juntou-lhes ainda, *motu proprio*, uma trintena de inimigos pessoais, e oitenta e dois enforcados balançaram nas cordas de numerosos patíbulos. Este odioso ato de selvageria por parte de um rei católico, esta repressão com a qual a religião nada tinha a ver — o atinado povo sueco não se preocupava com problemas religiosos e reformas —, tornou inexpiável o ódio da Suécia pelo rei dinamarquês e, em consequência, também por Roma. Um nobre com menos de trinta anos, *Gustavo Vasa* (1523-1560), cujo pai havia sido executado, pôs-se à frente de um exército revoltado, conseguiu derrotar as tropas dinamarquesas e fez-se aclamar rei pela Dieta de Strengnaes (1523).

Senhor da Suécia, o jovem chefe encontrou-se numa situação difícil: espiritualmente, era preciso dar ao país uma consciência nacional; materialmente, a guerra custara muito dinheiro e o novo regime iniciava-se crivado de dívidas. Ora, Gustavo Vasa conhecera o luteranismo durante a sua passagem por Luebeck. A Universidade de Upsala não desconhecia o humanismo, tanto de Erasmo como dos outros. Mas sobretudo *Olaf* e *Lorenz Petersen*, filhos de um ferreiro, regressavam então de Wittenberg e, em ligação com mercadores alemães, pregavam as ideias luteranas a uma população que não se deixava enredar em sutilezas teológicas. Gustavo Vasa, em parte por convicção pessoal e em parte para resolver esses graves problemas, decidiu aceitar a Reforma. Em 1524 consumava-se a ruptura com Roma. Lorenz Petersen foi nomeado arcebispo de Upsala, e Olaf primeiro pregador de Estocolmo. A igreja da Suécia tornava-se uma Igreja de Estado e confiava a sua sorte ao rei.

Aureolado com o prestígio de um libertador nacional, Gustavo impôs a doutrina de Lutero no Concílio de Örebro, em 1529. O chanceler Laurentius Andreae, humanista que traduziu a Bíblia para o sueco, ajudou vigorosamente o seu soberano nessa tarefa. Foi criada uma hierarquia episcopal muito bem estruturada, sob o controle do rei e do primaz de Upsala. As Dietas de 1532 e 1540 conferiram a Gustavo Vasa quase todos os poderes espirituais. A Finlândia, que estava então anexada à Suécia, seguiu o mesmo caminho. Pedro Sarkilahti, que escutara as lições de Lutero, e o bispo Miguel Agrícola, pai da literatura finlandesa, introduziram nesse país o mesmo luteranismo de Estado, que a população, muito lentamente, acabou por aceitar.

O mais curioso do caso foi que a Dinamarca, cuja intervenção brutal e "católica" havia provocado o drama, não tardou a enveredar pelo caminho da heresia. Cristiano II considerava-se um humanista. Em 1521, conhecera Erasmo e deplorara com ele as desordens da Igreja romana. Desejoso de aumentar os seus bens, acontecia-lhe muitas vezes olhar com inveja para os domínios do seu clero e meditar sobre o exemplo dado pelos seus vizinhos germânicos, que enriqueciam tão facilmente, luteranizando-se. Mas, como tinha desposado a irmã de Carlos V, não lhe era fácil romper com o clã católico. Deposto em 1523, sucedeu-lhe o rei Frederico I, de origem alemã, que acolheu sem relutância a ideia de uma igreja de Estado: o seu capelão Hans Tausen — também um aluno de Wittenberg! — obteve em 1527, da Dieta de Odensee, a livre prática do luteranismo, e em 1530, da de Copenhague, a adoção da doutrina e da liturgia reformadas. O catolicismo, muito enfraquecido, foi utilizado como instrumento de oposição pelos adversários da monarquia e soçobrou com a derrota destes. Em 1535, Cristiano III declarava a igreja luterana como a única igreja da Dinamarca, e a hierarquia foi suprimida, sendo substituída por "superintendentes" que o alemão luterano Bugenhagen entronizou.

Os anexos políticos da Dinamarca sofreram análoga evolução. Em 1531, o antigo rei Cristiano II tentou reconquistar a Noruega, mas em vão. Mais tarde, o arcebispo de Trondjheim, Olaf Engelbrektssön, pensou em retomar a luta, mas foi preso com todos os seus sufragâneos e a Reforma luterana estendeu-se a todo o país; mas foi precisa pelo menos uma geração para que, de simples sinal de sujeição a Copenhague, o protestantismo se convertesse em elemento do patrimônio nacional da Noruega.

Não houve país nenhum até à Islândia que o protestantismo não atingisse. Muito cedo, comerciantes alemães de Hamburgo tinham levado escritos wittenbergueses a essa ilha longínqua. Oddir Gotteskalksson e Gissur Einarsson, alunos das universidades alemãs, desenvolveram nela as novas teses, e em 1539 o governador da ilha adotou a Reforma. Um corajoso bispo, o de Holar, *João Aresen*, resistiu teimosamente à introdução da heresia e, quando o luteranismo foi proclamado religião oficial, não demorou a ser preso e decapitado. Por volta de 1540, o catolicismo estava praticamente aniquilado na Islândia, e Gissur traduzia a Bíblia de Lutero para o islandês...

O Norte e o Leste da Europa ofereceram, pois, vitórias muito fáceis à vaga protestante sob a forma luterana. Foram numerosos os países que ela submergiu. Outros, embora não estivessem ainda seriamente contaminados, já davam a impressão de não poderem oferecer grande resistência. A Escócia, por exemplo, reino independente da Inglaterra, não tardaria a sofrer a influência das novas ideias, quando o país vizinho se separasse de Roma. Levado principalmente pelos hanseáticos e escandinavos, o pensamento luterano encontrava nesse reino um terreno favorável. Como o reconhecia sem rodeios o concílio católico de 1549, "as duas causas e principais raízes dos males que ali provocariam perturbações e heresias eram, por um lado, a corrupção de costumes e a impureza de vida do clero de quase todos os graus, e, por outro, a sua crassa ignorância das letras e das artes". Os autores satíricos ridicularizavam os clérigos; no seu panfleto *Franciscanus*, o humanista George Buchanan cobria de sarcasmos os monges e, ao mesmo tempo, troçava do papado "que não abre tanto o inferno como os cofres dos imbecis".

É verdade que o catolicismo parecia ainda muito sólido no reino dos fiéis *Stuart*, onde a pequena *Maria* sucederia a seu pai oito dias depois de ter nascido, em 1542: a propagação das ideias luteranas fora proibida por um *bill* parlamentar de 1525; um jovem exaltado, Patrick Hamilton, que as trouxera de Wittenberg, fora queimado em 1528; as hostilidades com a Inglaterra, que não cessariam antes de 1550, davam pé para acusar de traição todos aqueles que professassem na Escócia as novas ideias, que eram cada vez mais claramente adotadas pelo reino vizinho.

No entanto, surgiam incidentes que indicavam o progresso do protestantismo. Hamilton tinha discípulos que, um após outro, subiam à fogueira, sem que por isso se impedisse a aparição de outros. Em 1543, o próprio regente em nome de Maria Stuart, o conde de Arran, permitia que se imprimisse a Bíblia inglesa. Os iconoclastas entravam em ação. Em Perth, enforcavam uma estátua de São Francisco e, em Dundee, saqueavam os conventos. Um conhecido luterano, George Wishart — que, molestado em 1538, vagueara pela Inglaterra, Alemanha e Suíça, regressando em 1544 —, empreendeu então uma veemente campanha "evangélica"; foi preso e executado em 1546, implorando o castigo do céu para o seu carrasco. Três meses depois, o cardeal Beaton, arcebispo de Saint Andrews, responsável por essa morte, era atacado e friamente abatido no seu palácio por um grupo de jovens da nobreza. A Escócia parecia madura para se tornar também presa da heresia, quando um chefe resoluto assumiu o comando das tropas de ataque: John Knox.

A vaga quebra-se no Oeste e no Sul

Foram realmente impressionantes os êxitos alcançados pelo luteranismo. No entanto, não se mostraram idênticos em todas as direções. Na França, como vimos[8], pareceu ganhar terreno bastante depressa; penetrou não só nos grupos intelectuais em plena renovação, que tinham sido iniciados por Lefèvre d'Etaples na exegese das Sagradas Escrituras, como nos meios de artesãos e pequenos comerciantes, principalmente em Paris, Meaux e Lyon. Beneficiando-se das flutuações da política real, pôde implantar-se em muitas regiões, mas de modo ainda esporádico, sem organização nem plano de conjunto. E mesmo antes que o caso dos panfletos, em 1534, tivesse decidido os poderes públicos a tomar uma posição clara, era fácil verificar que as forças hostis ao luteranismo no reino de Francisco I eram ainda muito grandes para que, cedo ou tarde, a expansão da doutrina não viesse a encontrar pela frente uma oposição violenta.

Essa barreira já se chocara com a vaga luterana nos Países Baixos. As "dezessete províncias" dependiam diretamente de Carlos V. Embora bastante diferentes umas das outras — as sete do Norte mais marítimas, as dez do Sul mais terrestres — e falando umas o flamengo-neerlandês e as outras o francês, tinham todavia muitos traços comuns, devido à sua posição geográfica de lugar de passagem entre o continente e o mar. Antuérpia era então a maior praça comercial da Europa do Noroeste; frequentavam-na mercadores alemães, e a sua burguesia, rica e empreendedora, estimulava a vida intelectual de Flandres e do Brabante e controlava um importante tráfego através do Mar do Norte. Abertas às novas influências e amigas das artes, as classes afortunadas dos Países Baixos — que se haviam apaixonado loucamente pelas imagens de Nossa Senhora, já então um pouco mundanas, de *Memling* (1433-1494), e que tinham admirado a suntuosidade patética de *Quentin Metsys* e a truculência de *Hieronymus Bosch*, anunciadora da de *Breughel o Velho* (nascido em 1525) — encorajavam também o esforço dos humanistas. O secretário da cidade, Pedro Gilles, fazia gala da sua amizade com Erasmo, que, instalado em Lovaina, inspirava um movimento intelectual tão ativo como o econômico.

Além disso, a Igreja sofria nos Países Baixos dos abusos já conhecidos: o clero, pouco instruído, carecia de zelo e de prestígio; para dezessete províncias, havia apenas quatro bispos, que, aliás, se preocupavam mais com interesses terrenos do que com a salvação das almas. A santa influência dos místicos do século XV afrouxara muito na pátria da *Imitação de Cristo* e os conventos de beguinos estavam em crise. As novas ideias não tiveram grande dificuldade em infiltrar-se, propagadas pela imprensa, difundidas sobretudo pelos judeus convertidos e favorecidas pela tolerância erasmiana do governo de Bruxelas. Diversos centros intelectuais e os meios operários da indústria têxtil não demoraram a ser penetrados pela dupla propaganda do luteranismo e do anabatismo, aliás rivais entre si.

Mas Carlos V reagiu. Se tinha a autoridade abalada dentro das fronteiras do Império, nos Países Baixos podia falar noutro tom. Vendo que Antuérpia se tornava um centro de propaganda herética — o prior agostiniano Jakob Praepositus era amigo de Lutero —, e que Tournai e Lille, por um lado, e a Holanda por outro, se encontravam contaminadas, promulgou medidas draconianas.

Foi restabelecida a Inquisição, cujos juízes eram nomeados pelo rei. O núncio Alexandre foi mandado a Antuérpia e, na sua presença, recolheram-se e queimaram-se os livros de Lutero[9]. A Universidade de Lovaina, com Tiago Latomus e Eustáquio de Siquém, refutou as teses luteranas de 1521. Foi nessa ocasião que Erasmo se refugiou em Basileia, e que Dürer, que abraçara as novas ideias, abandonou Antuérpia. Em 1523, dois monges agostinianos foram queimados em Bruxelas. Em 1529 e 1530, promulgaram-se decretos terríveis, que cominavam com a pena de morte não só os hereges, mas também aqueles que, conhecendo-os, não os denunciassem. Os mesmos decretos permitiam que os inquisidores recorressem em qualquer caso à força pública. A propaganda luterana foi brutalmente reprimida e teve de refugiar-se nas cidades populares do Oeste do país, onde as imprensas clandestinas continuaram a imprimir bíblias, cânticos, pequenos tratados e panfletos. Mal apoiado por Wittenberg, esse protestantismo dos Países Baixos passou a procurar a sua inspiração nos sacramentários de Estrasburgo e de Basileia, ou seja, em Calvino.

Para os lados do Sul, o fracasso foi ainda mais patente. As regiões do Mediterrâneo não tinham escapado mais do que as outras ao contágio das novas doutrinas. Desde 1519, os escritos de Lutero, editados em Basileia, chegavam a Bolonha e a Veneza escondidos dentro de sacos ou de fardos que continham tecidos de algodão e de seda. Ao mesmo tempo, apesar da polícia de Carlos V, que revistava os navios, esse contrabando desembarcava na península ibérica, uma vez traduzidos os textos para o castelhano nos Países Baixos. Em Nápoles, constituíram-se grupos de simpatizantes das novas ideias em torno do espanhol *Juan de Valdés*, secretário do vice-rei, e da poetisa Vitória Colonna. Formaram-se grupos idênticos em Turim, Pavia e Veneza, onde se imprimiram os *Lugares comuns* de Melanchthon, bem como em Florença, onde Antonio Bruccioli traduziu a Bíblia, e em Ferrara, onde, como nos devemos lembrar, Renée de França, filha de Luís XII, abrigou muitos suspeitos.

No entanto, a maioria dos que se sentiam atraídos por uma religião de puro espírito não se resignava a romper com a Igreja Católica, à qual as massas populares se mantinham fiéis. Juan de Valdés, que encontrava na justificação pela fé um inesgotável tema místico, não abandonava a ortodoxia. Na Espanha, a situação mostrou-se ainda mais clara: os pequenos grupos erasmianos, entre os quais nem todos se inclinavam para o protestantismo, foram molestados pela polícia e pela Inquisição. Foi nessa altura que Valdés preferiu o clima de Nápoles ao da sua Castela natal, que Juan Diaz fugiu para Genebra e Estrasburgo, e que Franco Enzinas, tradutor da Bíblia de Wittenberg para o espanhol, permaneceu algum tempo em Bruxelas, para depois ir fixar-se em Basileia. Outros personagens de menor importância transferiram-se para a Itália onde, depois de 1540, se notou um breve clarão protestante, mais calvinista do que luterano, que não constituiria grande perigo para o catolicismo.

Se a velha Igreja se corrigisse, se reformasse a sua disciplina e pusesse fim aos muitos e clamorosos escândalos, o povo italiano, que continuava apegado aos seus papas mesmo quando deles escarnecia, bem como as classes dirigentes, que tinham mil laços com o sistema eclesiástico, estariam prontos para a contraofensiva. Quanto à Espanha, onde o *cardeal Ximénez de Cisneros* (1517) já se empenhara energicamente em restaurar a Igreja[10], rejeitou mais radicalmente ainda o vírus protestante: a vigilante Inquisição prendeu nada menos que cento e oitenta e dois suspeitos, dos quais quase metade subiu às fogueiras de Filipe II.

A Inglaterra às vésperas da Reforma

Se houve um país em que o papel da política se mostrou decisivo para a passagem de um povo inteiro do catolicismo para a Reforma, foi com certeza o reino da Inglaterra, cujo trono era ocupado desde 1509 pelo belo, ambicioso e violento *Henrique VIII*. No entanto, os primeiros apelos de Lutero que alcançaram a ilha não foram bem acolhidos. Para que a ordem de queimar os livros do monge alemão fosse revogada, em 1520, foi necessária a intervenção pessoal de Erasmo, que contava profundas amizades entre as altas personalidades britânicas. O próprio soberano, que tinha pretensões a teólogo, mostrou-se muito indignado quando leu num tratado de Lutero (*O cativeiro da Babilônia*) que não existiam senão três sacramentos válidos; redigiu então, de seu punho real, um belo e ótimo tratado sobre os *Sete sacramentos da doutrina ortodoxa* (1521), obra piedosa que lhe valeu o magnífico título de "Defensor da fé", concedido pelo papa Leão X. E foi ainda a esse príncipe tão cheio de méritos que Erasmo dedicou, em 1524, o seu tratado sobre o *Livre arbítrio*, ao qual Lutero responderia com o seu *Servo arbítrio*.

Os progressos da nova doutrina foram, pois, extremamente lentos na Inglaterra. Tardiamente — não antes de 1525 —, constituíram-se pequenos grupos luteranos, que contaram poucos adeptos. O único que alcançou alguma repercussão foi o dos estudantes de Cambridge, que se reunia em pequeno número na Hospedaria do Cavalo Branco, denominada *The Germany* pelos condiscípulos hostis. A doutrina destes primeiros reformados era incerta, como era bastante vacilante a sua vontade de renovação. Para um William Tyndale, que preferiu fugir para o continente a renunciar à sua fé herética, e que publicou em Colônia um Novo Testamento em inglês, quantos desses primeiros protestantes britânicos não abjuraram, quando os tribunais da Igreja lhes pediram contas das suas opiniões!

Não, Taine não tinha razão ao escrever que "quando cinco milhões de homens se convertem, é porque cinco milhões de homens têm vontade de se converter!" O povo inglês mantinha uma vida ativa no quadro da velha Igreja. Se sentia vivamente certos abusos e aceitava com repugnância a direção romana, a verdade é que nunca teria abraçado a Reforma se uma iniciativa do seu soberano não tivesse começado por desligá-lo do papado. Procurar saber como e por que motivo um homem em quem a vontade de poder e os apetites sensuais se uniam de uma forma estranha jogou com os sentimentos contraditórios de uma nação e imprimiu subitamente ao seu destino histórico uma mudança de orientação de alcance incalculável, é certamente um dos mais intrigantes e mais originais problemas deste século XVI que os oferece tantos e tão dramáticos ao espírito do historiador.

Mas, para começar, não analisemos a Inglaterra de Henrique VIII com os olhos de um homem do século XX. Hoje é um país de requintada e sólida indústria, detentor de um gigantesco poder comercial e financeiro, cabeça até há pouco tempo de uma comunidade mundial de povos, mas o pequeno reino Tudor não era nada disso naquela altura. No século XVI, os ricos e poderosos eram a Espanha, prestes a conseguir um império planetário; a França restaurada pelos seus reis, forte em homens e próspera; e a Itália dos comerciantes e dos artistas, bem como a Alemanha dos banqueiros.

Com os seus pobres quatro milhões de habitantes, a Inglaterra não era nem sequer a metade da Polônia! Economicamente, durante muito tempo não fora senão uma granja agrícola e mesmo pastoril, de recursos modestos. Havia cem anos que escutava o apelo da água: a *Sociedade dos mercadores aventureiros* datava de 1404, mas só se interessava pelo Mar do Norte e pouco a seduziam as grandes audácias hispano-portuguesas. Os seus novos príncipes, os Tudors, encorajavam os seus marinheiros, davam prêmios aos construtores navais, mandavam os venezianos *Caboto* descobrir o Labrador em 1497, mas todas essas tentativas não passavam ainda de sinais precursores de um grande destino.

Isto não quer dizer que os Tudors não pressentissem esse destino. Eram uma dinastia de aventura, que um golpe de força tinha imposto, que outro golpe podia lançar por terra, que os seus vizinhos da Escócia ameaçavam, mas que sabia lutar. A autoridade, centralizadora e absolutista, imposta por Henrique VII, vinha-se afirmando de dia para dia com o filho do fundador: *Henrique VIII* (1509-1547). Em toda a Inglaterra, os xerifes dirigiam os condados em nome do rei e tinham a justiça nas mãos.

O povo inglês, que dera à Igreja muitos santos, conservava-se profundamente fiel e demonstrava um grande nível espiritual. Chama a atenção que, das 349 obras impressas entre 1468 e 1530, como se pode ver pelo catálogo do *British Museum*, 176 fossem obras litúrgicas, manuais de devoção ou livros edificantes. Os ingleses gostavam muito das vidas de santos, sempre férteis em aventuras e exemplos. A *Lenda dourada*, enriquecida com 70 capítulos, foi reeditada seis vezes entre 1483 e 1537. Cultivava-se por toda a parte uma piedade filial para com a Virgem Maria, cujo ofício próprio foi impresso vinte e oito vezes em quarenta anos, sete só no ano de 1530. Nenhum marinheiro embarcava sem antes ir rezar a Nossa Senhora de Walshingham, que protegia os seus devotos contra os naufrágios. Por iniciativa dos pregadores, publicavam-se muitas compilações de sermões, bem como, para todo aquele que desejasse ter uma boa morte, inúmeros tratados de piedade, verdadeiros guias do paraíso. Todos os observadores estrangeiros notavam como eram numerosos os fiéis que visitavam as igrejas, que corriam a ajoelhar-se diante do Santíssimo Sacramento exposto e a venerar as relíquias que eram abundantes em toda a parte, e que enriqueciam os tesouros dos santuários com as suas dádivas. Nada disso deixava entrever o menor desejo de um rompimento com as velhas tradições.

O clero inglês não era nem melhor nem pior que o do resto da cristandade. Como por toda a parte, os bispados eram confiados aos melhores servidores da Coroa. Em 1530, de vinte e um bispos, apenas quatro residiam nos seus bispados. Em muitas colegiadas e catedrais, não havia mais do que um cônego em cada quatro para cantar no coro e recitar os ofícios. Mais de oitocentos conventos recordavam, na variedade das suas observâncias, toda a história religiosa da Inglaterra, mas os seus abades, nomeados pelo rei, não tinham da sua profissão senão o título, e, dentro das suas paredes — muitas delas desfeitas pela Guerra das Duas Rosas — vivia um grupo de pessoas medíocre e pouco disciplinado. Quanto ao baixo clero, recrutado sem critério, muito ignorante e abandonado a si mesmo, o menos que se pode dizer dele é que não estava, de forma alguma, à altura da sua tarefa. Apesar dos seus 10 mil padres seculares e 5 mil regrantes, o aparelho da igreja da Inglaterra era pesado e mostrava-se bastante deteriorado.

No entanto, houve clérigos que se deram conta desse estado de coisas. Alguns mosteiros beneditinos e cistercienses fizeram um esforço meritório para voltar a uma vida mais rigorosa, e o movimento da estrita observância rejuvenescia pouco a pouco a ordem franciscana. Guilherme Selling, prior beneditino de Christchurch, na Cantuária, restabeleceu o estudo das letras antigas. Em Cambridge, fundaram-se colégios onde os futuros padres poderiam estudar teologia. Eram certamente interessantes sintomas de renovação, mas ainda muito modestos e dispersos.

Os letrados e os humanistas mostravam-se mais categóricos e vibrantes. Com efeito, existia um humanismo inglês — o *new learning*, como se dizia —, à semelhança do humanismo italiano, do alemão ou do francês, que tinha em termos gerais os mesmos elementos fundamentais destes, mas que possuía também as suas características próprias. Foi para dar a esse humanismo inglês os seus meios de expressão que, logo após a fundação do Colégio dos leitores reais, Henrique VIII criou em Oxford o *Cardinal College*. Três homens dominavam esse pequeno meio de intelectuais. O primeiro era *John Colet* (1467-1519), filho de um Lorde-prefeito de

Londres, que, em 1496, trouxera da Itália os métodos filológicos de Lourenço Valla, e os aplicara em Oxford com tal autoridade que o seu aluno Erasmo dizia dele: "Quando o escuto, parece-me ouvir o próprio Platão". O outro era *Thomas More* (1478-1536), o futuro chanceler, cuja inteligência arrebatadora e caráter tão calmo como firme causavam profunda impressão, e cujo livrinho *Utopia* (1518) deleitava os espíritos cultos. O terceiro não era outro senão o próprio *Erasmo*, o grande Erasmo de Rotterdam, o holandês cujo rosto delgado e fino já encontramos em muitas encruzilhadas desta época, tanto na Alemanha como na França. Era o mesmo Erasmo que estudara em Oxford, que escrevera o seu famoso *Elogio da loucura* em casa do seu amigo Thomas More, e cuja tradução do Novo Testamento despertara o mais vivo interesse entre os letrados ingleses[11].

Os três "reformadores de Oxford" eram todos eles cristãos. Mais ainda que todos os outros, o humanismo inglês apresentava-se como um humanismo cristão, desejoso de integrar com sabedoria os novos contributos da cultura no velho fundo tradicional, para o renovar. O que eles queriam — e com eles o queriam também muitos grandes espíritos, como Linacre, Tunstall, Gardiner, John Fisher, bispo de Rochester, e Warham, arcebispo da Cantuária — era uma religião simples e pura, alimentada por um conhecimento preciso e uma incessante meditação da Sagrada Escritura, e enriquecida ao mesmo tempo por uma vasta cultura filosófica alicerçada na Antiguidade, uma religião que seria aberta e tolerante, exceto contra os abusos, contra o psitacismo e as superstições, que deviam ser severamente banidos.

Era neste último ponto que a influência desses três homens de bem podia ser bastante perigosa. Colet, em Florença, tinha escutado com paixão os sermões de Savonarola, e não se importava de repetir na Inglaterra as críticas do fogoso dominicano. Numa ocasião em que o encarregaram de pronunciar o discurso de abertura de um sínodo reunido para destruir os últimos vestígios dos *lollards*, entregou-se a tal diatribe reformadora que, desde então, foi proibido de pregar. A mordaz ironia de Erasmo — no seu *Elogio da loucura* — contra os padres, os papas, os monges e os teólogos, sem falar do culto das imagens e das relíquias, podia repercutir estranhamente nas almas fracas. E mesmo Thomas More, futuro santo, ao anunciar que no seu reino da Utopia os fiéis de todas as religiões se reuniriam no mesmo templo para celebrarem um culto comum, não contribuía muito para reforçar os laços com a única Igreja. Na Inglaterra, como em toda a parte, sem o saber e sem o querer, o humanismo cristão, com as suas críticas muito fundamentadas, preparava o caminho da Reforma.

Estes grandes intelectuais, aliás, estavam bem integrados no seu povo, numa nação que, fiel ao catolicismo, não gostava do aspecto que a Igreja apresentava na altura. Essa monarquia centralizada em volta do pontífice supremo, esses impostos cobrados pela Cúria romana, esses sistemas judiciários que faziam com que as apelações fossem sempre parar em Roma, esses interesses da política italiana, não, nada disso agradava aos cristãos ingleses. Tratava-se, de resto, de uma história muito antiga, que remontava às lutas entre Henrique II e Alexandre II no século XII, entre João Sem-Terra e Inocêncio III no século XIII, às doutrinas antipontifícias de Guilherme de Ockham e aos libelos de Wiclef. O exílio de Avinhão, o Grande Cisma e a crise conciliar não tinham contribuído precisamente para reforçar o prestígio do papado aos olhos dos católicos da Inglaterra. De alto a baixo na escala social, desconfiava-se dele.

A Igreja não tinha apenas o defeito de ser excessivamente romana: os privilégios de que se rodeara para não submergir no mundo feudal e as enormes riquezas e bens que acumulara pareciam cada vez mais anacrônicos e escandalosos, numa época em que o feudalismo se debilitara tanto e o Estado tomava crescente consciência das suas prerrogativas. Era assim que pensava sobretudo a classe burguesa, sinceramente religiosa mas totalmente pragmática, essa classe que fazia ouvir a sua voz na câmara baixa, chamada Câmara dos Comuns, bem diferente desde então da Câmara dos Lordes. Em 1512, o Parlamento suprimiu o privilégio de que gozavam todos os tonsurados — mesmo antes de serem ordenados diáconos — de dependerem unicamente da justiça eclesiástica. Mais de um deputado — hostil aos pedidos de novos subsídios que o governo, em perpétuas dificuldades econômicas, solicitava constantemente — pensava nos bens da Igreja com a mesma solicitude com que o fariam as constituintes francesas dois séculos e meio mais tarde. Os membros da *gentry*, a pequena nobreza arruinada, acompanhavam também com uma atenção voraz as suntuosidades clericais. Para confiscar as propriedades e as rendas do clero, Henrique VIII não terá de se indispor com o Parlamento nem terá de consultar a opinião dos seus leais vassalos.

A operação, aliás, estava na sequência de um movimento promovido outrora por John Wiclef e que já contava, portanto, cento e cinquenta anos[12]. O doutrinário de Oxford rejeitara a autoridade de Roma, achara justificado que o poder civil se apoderasse dos bens da Igreja e apelara para a autoridade exclusiva da Escritura. Condenado e expulso da universidade, aquele que fora "a estrela da manhã da Reforma" tinha, no entanto, terminado tranquilamente os seus dias numa boa paróquia de aldeia. Os seus quase discípulos — os *lollards* —, com os seus pregadores populares e os seus arautos da revolução social, tinham sido duramente atingidos pelos sangrentos incidentes de Wat Tyler, e as suas tropas de choque haviam diminuído tanto que, nos começos do século XVI, não existiam mais do que as necessárias para permitir, de tempos em tempos, que um ou outro pregador se entregasse a furiosas diatribes. Mas wiclefianos e *lollards* haviam-se envolvido demasiado na vida recente da Inglaterra para que não tivessem deixado vestígios nos espíritos.

Como podemos ver, o caso da Inglaterra era bastante complexo. Os papas haviam notado que esse reino, geograficamente isolado, merecia algumas deferências. Foi sem dúvida para agradar ao rei — um rei de tão segura doutrina! — que Leão X conferiu ao *cardeal Wolsey* a qualidade e as prerrogativas de legado perpétuo na Inglaterra, mas o fato, em si, não deixava de ter uma importância capital. Um inglês, ou melhor, um ministro real, detinha — e haveria de conservá-los de 1518 a 1529 — poderes pontifícios que lhe conferiam o direito de inspecionar todas as instituições eclesiásticas do reino, servir de único intermediário entre o clero britânico e Roma, e velar pela pureza da fé e dos dogmas. Antes de cair no cisma, a igreja da Inglaterra era já uma igreja nacional, e isto explica aquilo em ampla medida.

Mas quem era o homem a quem o papado confiara meios de ação tão extensos? Uma criatura do monarca, filho de um burguês de Norwich, que fora sucessivamente cônego de Windsor, capelão da corte, riquíssimo prebendado, bispo de Winchester e Durham, arcebispo de York — e tudo isso por expressa vontade de Henrique VIII, que o considerava inteligente e correto. Nomeado chanceler do reino ao mesmo tempo que era promovido a cardeal e legado, pretendente ao trono pontifício por duas vezes (1522 e 1523), esse Thomas Wolsey não estava à altura de tão insigne destino. Não lhe faltavam nem cultura nem inteligência política, e, em matéria religiosa, deixara-se até conquistar pelas ideias de renovação disciplinar e de humanismo sustentadas por Erasmo. Mas era um ambicioso desprovido de escrúpulos, um homem sem moralidade, rodeado do aparato principesco de oitocentos criados, que mantinha em casa uma concubina e concentrava nas mãos dos filhos os rendimentos de todos os benefícios eclesiásticos que podia rapinar. Em resumo: era exatamente o contrário do homem de que a igreja da Inglaterra teria precisado à sua testa para resistir ao rei quando este enveredasse por estranhos caminhos.

O divórcio de Henrique VIII e o cisma anglicano

Em 22 de junho de 1527, Henrique VIII entrou nos aposentos da rainha, Catarina de Aragão, e pediu-lhe que abandonasse imediatamente a corte, para pôr fim ao estado de pecado mortal em que os dois estariam vivendo havia dezoito anos. Em que se baseava o real teólogo para falar assim à sua esposa? Quando subira ao trono ainda adolescente, com menos de dezoito anos, tinha já atendido aos desejos de seu pai e pedido em casamento a filha dos Reis Católicos, tia do futuro Carlos V. Ora, Catarina tinha sido casada com o irmão mais velho de Henrique, Artur, que morrera aos quinze anos, menos de seis meses após a cerimônia nupcial. Segundo as regras do tempo, essa primeira união constituía um impedimento canônico dirimente, e Henrique VIII, que não quisera perder nem o dote nem a aliança com a Espanha, pedira ao papa a necessária dispensa. Júlio II não se fizera rogar e concedera-a sem demora, tanto mais que precisava da amizade inglesa para fortalecer a sua política antifrancesa. Ninguém, desde então, tivera nada a censurar a essa união.

Mas esse casamento, inteiramente político, não tinha dado bons resultados. Sem desavenças espetaculares, o casal não vivia nem bem nem mal. Contudo, os dois esposos eram muito diferentes. Catarina, sete anos mais velha, era — diz-nos um embaixador de Veneza — "baixa, gorda, de rosto aberto e franco. Agradável, justa e extremamente boa", praticava uma religião severa e a sua conduta era de uma rigorosa moralidade. Não era, evidentemente, a mulher ideal para um jovem rei cuja boa presença e temperamento o inclinavam a viver como um Don Juan!

Todos aqueles que o conheceram quando jovem — bem diferente do célebre e terrível retrato pintado muito mais tarde por Holbein — são unânimes em dizer que Henrique VIII era uma criatura admirável. "Mais belo que qualquer monarca do mundo cristão, mesmo que o rei da França", dizia um; "o rosto, mais que belo, angélico; e uma cabeça cesárea, de calma majestosa", dizia outro. Para imitar Francisco I, deixara crescer a barba "ruiva e luzente como o ouro". Muito do seu encanto provinha também da sua cultura e dos seus dons musicais; e quando se cansava de ter mostrado os seus eminentes méritos nos esportes, principalmente no tênis, podia igualmente brilhar esgrimindo a sua inteligência. Julgava-se e dizia-se perfeito cristão, "assistindo com frequência a três e até cinco Missas por dia [o que era um pouco exagerado], e recitando, além disso, as vésperas e completas". Thomas More, que mais tarde seria forçado a mudar de opinião, louvava a sua castidade, a sua clemência e a sua justiça! Mas o fundo do seu caráter estava impregnado de orgulho e sensualidade. Não tolerava que nada se opusesse ao seu poder ou aos seus desejos carnais. E quando encontrava pela frente alguma resistência, tudo lhe parecia bom para vencê-la, mesmo a violência e essa espécie de ferocidade felina que se lia nos seus olhos verdes.

No entanto, diante desse príncipe tão cheio de si, a natureza erguera uma barreira irrisória: não conseguia ter um filho homem que pudesse vir a suceder-lhe. Desde 1514, debatia-se e atormentava-se com o problema da sucessão. Dos cinco filhos que tivera, apenas um sobrevivera, uma menina, Maria, e a rainha já não parecia estar em condições de conceber. Embora a sucessão na Inglaterra não se regesse pela lei sálica, o reinado de uma mulher suscitaria sem dúvida muitas dificuldades. Não podemos subestimar a importância do problema, sobretudo se pensarmos que Henrique VIII era filho de um homem que fora obrigado a conquistar o trono pela força, e que uma crise sucessória teria certamente mergulhado de novo a Inglaterra no banho de sangue da Guerra das Duas Rosas.

O rei procurava, portanto, uma saída. Vinha pensando vagamente em legitimar um dos bastardos que tivera de uma das suas concubinas passageiras, quando o diabo — que muitas vezes assume um rostinho encantador para desviar os homens do caminho reto — o fez encontrar *Ana Bolena*. Irmã de uma das suas muitas e fugazes amantes, era uma morena altiva, de olhos negros e brilhantes, formada na arte das boas maneiras na França, na corte da rainha Cláudia, e, além disso, muito astuciosa. Apresentada ao soberano pelo irmão mais velho — que queria conservar os favores da realeza na família —, Ana percebeu imediatamente que ela o cativara. Hábil, e muito bem aconselhada pelo seu tio, o duque de Norfolk, soube fazer-se difícil. O flerte tornou-se paixão e essa paixão ocasionaria um drama ao mesmo tempo político e religioso.

Quem sugeriu a Henrique VIII o argumento canônico que lhe permitia separar-se legalmente de Catarina? Provavelmente, o embaixador da França, Grammont, bispo de Tarbes: um belo divórcio lançado entre a corte britânica e a da Espanha, que feito para um diplomata! O confessor do rei, o bispo Longland, por motivos obscuros — talvez por convicção —, confirmou a tese. Puseram-se, portanto, sob os olhos de Henrique VIII uns versículos do capítulo 18 do *Levítico*, em que está escrito: *Não descobrirás a nudez da mulher do teu irmão: é a nudez do teu irmão* (Lev 18, 16), e ainda, do capítulo 20: *Se um homem tomar a mulher do seu irmão, comete uma impureza; ofendeu a honra do seu irmão: não terão filhos* (Lev 20, 21). Textos como esses não podiam deixar de encher de alegria a alma do rei que, para poder desposar Ana Bolena, já pensara até em suplicar ao papa que lhe permitisse ser bígamo! Com o *Levítico* na mão, podia agora proclamar que a dispensa de Júlio II era nula e que, portanto, também era nula a sua união com Catarina.

Se tivesse lido a Bíblia com mais cuidado, teria visto que o seu caso, longe de ser digno de condenação legal, podia até ser tido como exemplar, pois o *Deuteronômio* ordena ao irmão de todo o esposo falecido sem filhos que se case com a viúva para lhe dar uma descendência (cf. Deut 25, 5-10): nesse sentido, o patriarca Judá recomendara a Onã — apesar do pouco entusiasmo desse seu segundo filho — que desposasse Tamar, viúva do seu irmão Her (cf. Gên 38). Mas a principal utilidade das citações tem sido sempre a de apoiarem toda e qualquer tese. Na peça que consagrou a Henrique VIII, Shakespeare extrai com uma ponta de humor a moral do caso: — "Parece — diz o camareiro — que o casamento com a esposa do irmão perturbou muito a sua consciência. — Não! — responde-lhe Suffolk —, foi a sua consciência que se perturbou muito com outra dama!"

O caminho que se decidiu seguir para resolver "o grande assunto — *the great matter* — do rei" foi este: em vez de pedir ao papa que anulasse a dispensa concedida pelo seu predecessor, pediram-lhe que renunciasse a ocupar-se da questão, mesmo em nível de recurso, e que a confiasse ao seu legado Wolsey. O golpe era hábil e o momento bem escolhido. Um mês antes de Henrique VIII ter entrado no quarto da rainha para lhe anunciar o seu projeto de ruptura, Clemente VII tinha visto os lansquenetes do Condestável de Bourbon saquearem horrivelmente a Cidade Eterna, e ele mesmo fora sitiado no Castelo de Sant'Angelo. Um terço da Europa, minado por Lutero, parecia querer afundar-se no protestantismo. Que podia fazer o infeliz pontífice? Ceder à vontade de Henrique VIII era — como bem o adivinhava — deixá-lo violar a lei da Igreja. Mas, por outro lado, ante o perigo extremo em que se encontrava, poderia ele indispor-se com um dos seus sustentáculos?

Embrenhou-se, portanto, num jogo complexo — bastante "florentino", devemos dizê-lo —, por meio do qual tentou salvaguardar o dogma sem prejudicar os seus interesses. Concordava, sim, em renunciar à sua jurisdição suprema, mas desde que o cardeal Wolsey aceitasse como adjunto um italiano, o cardeal Campeggio, para instruir o processo. Depois, recomendou a este último que procurasse arrastar as coisas o máximo possível, de modo a dar tempo a que a paixão real se extinguisse. Correu até uma história muito singular, jamais esclarecida, a respeito de uma bula que Campeggio teria entre os seus papéis, pronta a aparecer no momento propício, e que o papa depois teria mandado destruir: parece que essa bula concedia ao rei o que ele desejava. Afinal, nada é claro neste assunto em que o coração e a política misturavam as suas intrigas, e em que os princípios e os interesses se põem de acordo com demasiada frequência.

Campeggio percebeu imediatamente que Henrique VIII estava resolvido a divorciar-se. O italiano era, sem dúvida, fiel ao papa, mas a sua mão esquerda, ignorando o que fazia a direita, embolsava subsídios reais e os rendimentos de um frutuoso episcopado inglês. Dispôs-se a manobrar: que Catarina renunciasse à coroa e se retirasse para um convento, pronunciando o voto de castidade! Mas a altiva rainha recusou-se terminantemente a acatar semelhantes conselhos. Estava praticamente sozinha, ajudada apenas por Chapuis, embaixador de Carlos V, com quem não podia encontrar-se senão às escondidas, e pelo corajoso bispo John Fisher; todos os outros dignitários se esquivavam às suas instâncias: *Indignatio principis mors est*, dizia um deles. No entanto, quando se instaurou o processo — em maio de 1529 —, Catarina manteve-se firme. Com toda a dignidade, fez consignar um enérgico protesto contra o ultraje que lhe faziam e a seguir abandonou a sala, dizendo que apelava de antemão para o papa. Nesse momento, o clima político tinha mudado. Clemente VII reconciliara-se com Carlos V e, por conseguinte, já não era caso de apresentar a bula secreta, nem de sacrificar a tia do imperador ou de desobedecer ao dogma. Pressionado a tomar uma decisão, Campeggio deu férias ao tribunal. Pouco depois, tomou-se conhecimento de que Clemente VII anulava a jurisdição dos legados e chamava a si todo o assunto. Gostaríamos de acreditar que deu esse passo unicamente no interesse da Igreja e que a política nada teve a ver com essa decisão...

Esse fracasso precipitou a desgraça do cardeal Wolsey, que, embora fosse bastante favorável à separação entre o rei e Catarina, nunca aprovara o casamento com Ana Bolena: preferiria uma nova união política, com uma princesa francesa, por exemplo. Afastado do poder, julgou que desarmava o seu senhor abandonando-lhe as suas enormes riquezas. Durante semanas, os dois "noivos", como se dizia polidamente, entretiveram-se a inventariar o espólio. Mas, relegado ao seu arcebispado de York, o astucioso personagem nem por isso deixou de continuar a intrigar, urdindo novas combinações com o imperador e com a França, e fazendo correr o boato de uma próxima excomunhão. Traído pelo seu médico italiano, foi preso e levado para Londres. A morte, que o surpreendeu no trajeto (em novembro de 1530), evitou-lhe, sem dúvida, a humilhação da forca. "Se eu tivesse servido a Deus com a mesma diligência com que servi o rei", murmurou na sua última hora, "Ele não me teria abandonado na velhice".

Desaparecido o maior partidário de uma política de contemporização, Henrique VIII sentiu-se mais decidido. A partir desse momento, apoiar-se-ia no Parlamento, expressão da nação inglesa, para agir contra o papa. Desde 1516, Wolsey tinha reunido as câmaras apenas uma única vez, para que votassem a criação de novos recursos financeiros. Semelhante escândalo não podia continuar. Norfolk, nomeado primeiro-ministro (tendo ao lado Thomas More como chanceler), foi convidado pelo rei a convocar o Parlamento. Influenciados pela burguesia, os comuns eram francamente hostis ao clero. Na Câmara dos Lordes, os protestos de alguns bispos e abades foram abafados pelos gritos de algumas fornadas de novos pares. Seguro do seu instrumento, com muita sagacidade para proceder por etapas e não precipitar nada, o monarca podia desprezar as reticências da velha nobreza, dos humanistas e do povo, e escutar apenas as vozes audaciosas dos seus novos conselheiros.

Dois homens foram os agentes da sua política. O primeiro foi Thomas Cranmer, um sacerdote infiel que desposara a sobrinha do luterano alemão Osiander e por isso fora expulso do Christ College, em Cambridge. Sem respeito pela disciplina da Igreja, sugeriu que se consultassem sobre a validade do casamento as principais universidades da ilha e do continente. Devidamente prevenidas por embaixadores com os bolsos recheados de libras esterlinas[13], Cambridge, Oxford, Paris, Orléans, Angers, Toulouse, Ferrara e Pavia foram de opinião que a dispensa de Júlio II estava ferida de nulidade por abuso de poder, e que Henrique VIII nunca tivera o direito de casar-se com a mulher do seu irmão. No entanto, algumas corporações acrescentaram: "a menos que a primeira união não tenha sido consumada", justamente o que Catarina afirmava ter acontecido. Baseando-se nessas opiniões, Henrique VIII escreveu ao papa uma carta ameaçadora, acompanhada de uma petição assinada pelos mais ilustres nomes da Inglaterra.

A situação era extremamente grave. Prevenido pelo seu embaixador Jean du Bellay, Francisco I informou o papa de que havia o risco e mesmo a probabilidade de um cisma, e de que, sem dúvida, não era oportuno afastar da Igreja uma nova massa de cristãos. Mas Clemente VII podia permitir que a sua autoridade e a dos mais santos princípios fossem impunemente achincalhadas? Tanto mais que, nessa mesma ocasião, Carlos V acabava de lhe oferecer um acordo — assinado mais tarde em Barcelona — pelo qual a sua família, os Médicis, se restabeleceria em Florença... Continuou, portanto, a sua política dilatória, limitando-se a proibir ao rei qualquer outro casamento e a confirmar que a decisão seria tomada unicamente por ele.

Foi então que entrou em cena o segundo personagem decisivo do drama, um antigo secretário de Wolsey, *Thomas Cromwell*, um arrivista, filho de um ferreiro e homem atuante, que tempos atrás estivera a serviço da França na Itália. Dotado de um surpreendente senso prático e totalmente desprovido de escrúpulos, este personagem que, com os seus pequenos olhos de raposa e os seus lábios finos, tinha qualquer coisa de mefistofélico, dizia que as suas normas de conduta derivavam do *Príncipe*, de Maquiavel, e sustentava que todos os cortesãos deviam esforçar-se por satisfazer os caprichos do seu senhor (o que, aliás, ele próprio fez durante anos com admirável coerência, fornecendo ao rei as ligações que este reclamava para satisfazer os seus prazeres...); dizia ainda que o objetivo final da política era dar à razão de Estado o rosto da virtude. Para um homem de semelhante natureza, a mentira, o ardil, a chantagem e o crime eram meios inteiramente legítimos, desde que aumentassem a autoridade do soberano. Quanto à Igreja, devia ser um instrumento nas mãos reais e o Estado tinha o direito de dispor dos seus bens.

Para pôr o clero à mercê do rei, havia um meio bem simples: acusá-lo de transgredir as leis, de violar, entre outros, o estatuto de *Praemunire* de 1353, que proibia o recurso a tribunais estrangeiros. Foi como acusados, sentindo pairar sobre eles a ameaça de confisco das suas fortunas, que os clérigos das províncias de Cantuária e York se reuniram em assembleias ou *convocações* em 1531. Começaram por oferecer subsídios, mas o rei queria a submissão. Em 11 de fevereiro, a "convocação do Sul" aceitava a fórmula composta pelo arcebispo da Cantuária, William Warham, pela qual se reconhecia o rei como chefe supremo da igreja da Inglaterra. O heroico John Fisher conseguiu que se acrescentasse esta frase: "tanto quanto a lei de Cristo o permita". Em 18 de maio, a "convocação do Norte" aceitou as mesmas disposições.

Os prelados, votando a ressalva de Fisher, sentiram as suas consciências desoprimidas e deram a perceber que esperavam que a tempestade passasse: afinal de contas, Henrique VIII não vinha negociando com Roma? E não havia declarado ao núncio que não queria atentar contra a autoridade do papa, "contanto que Sua Santidade o tratasse convenientemente"? Mais clarividente, o enviado de Carlos V, Chapuis, anotava: "A questão que acaba de ser tratada em detrimento do papa é que o clero foi obrigado a aceitar o rei como chefe da Igreja, o que, no fundo, é o mesmo que ter declarado o rei papa da Inglaterra. É verdade que o clero acrescentou a essa declaração que só aceitava esse título na medida em que a lei de Deus o permitisse; mas, pelo que diz respeito ao rei, isso é exatamente como se não se tivesse feito qualquer ressalva, porque daqui por diante ninguém ousará discutir com o rei o alcance dessa ressalva".

Henrique explorou a vantagem. O Parlamento suprimiu as anatas, isto é, a obrigação de fazer chegar à Cúria romana as receitas anuais de todos os benefícios conferidos pelo papa. Por instigação de Cromwell, redigiu também uma "petição contra os Ordinários" que enumerava todos os agravos contra a jurisdição espiritual. Em 15 de maio de 1532, a "convocação da Cantuária" renunciou a todo o poder legislativo e aceitou que uma comissão governamental verificasse se os cânones da Igreja não eram contrários à prerrogativa real. Tudo parecia caminhar para uma quebra de obediência. Thomas More demitiu-se em 18 de março de 1532, mas, em 22 de agosto, para substituir Warham, que falecera, o rei propôs Cranmer como titular da sé primacial da Cantuária. Iludido ou talvez na esperança de que o rei não chegasse ao irremediável, Clemente VII concordou.

Mas a ruptura estava próxima. Já não era possível adiar mais a decisão sobre o divórcio. "Nan Bullen", agora Lady Rochfort, ocupava na corte o verdadeiro lugar da rainha, enquanto Catarina, numa ala afastada do palácio, esperava infindavelmente. "Falta apenas um padre para abençoar a aliança", resmungava Chapuis, furioso. No momento adequado, a astuta cedera à paixão real e estava grávida. Os astrólogos juravam que seria um menino. Em 25 de janeiro de 1533, o rei desposou Ana secretamente. Em 5 de abril, o Parlamento proibiu os recursos de apelação para a Cúria, a fim de que assim se mantivesse inalterável a decisão proferida pelo dócil Cranmer em 23 de maio, apesar dos últimos protestos de Catarina. Cinco dias depois, foi proclamada válida a união do rei com a sua amante.

Seguiu-se uma semana de festas esplêndidas, bem ao gosto do belo monarca. Na mesma barca da antiga rainha, precedida por duzentas outras embarcações, por entre salvas de canhão e fanfarras, a nova ocupante do trono dirigiu-se para a Torre — exatamente como aconteceria três anos mais tarde, quando outra para lá se dirigiria, enquanto Ana Bolena, na prisão, ficaria à espera do cepo e do gládio... Em junho, foi coroada em Westminster, e, em setembro, deu à luz uma menina, Elisabeth. E o "Ato de Sucessão", excluindo a filha de Catarina, Maria, decidiu que seria a posteridade de Ana que viria a reinar.

A resposta de Roma a esse escândalo veio, categórica. Henrique VIII foi excomungado em 11 de julho desse mesmo ano de 1533. Em vão Francisco I, na entrevista de Marselha, e depois Jean du Bellay, tentaram remediar as coisas. E mais inutilmente ainda, o rei da Inglaterra fez saber ao papa que apelava para o concílio: esse pavio estava molhado. Afastado da comunhão católica, que iria fazer o rebelde? Restava-lhe apenas uma solução, se não queria ver minada a sua autoridade: organizar uma igreja nacional independente do Papa e sujeita à sua pessoa. Foi o que fez.

Durante todo o ano de 1534, tomou uma série de medidas para edificar a nova organização. O *Ato de Supremacia* ordenou que "o rei fosse aceito e considerado como o único e supremo chefe da igreja da Inglaterra na terra e que se acrescentassem e se unissem à sua coroa todos os poderes de examinar, reprimir, restaurar, reformar e corrigir quaisquer faltas, heresias, abusos, ofensas e irregularidades que devessem ser reformadas, quer pela autoridade legal, quer pela autoridade espiritual". Subsidiariamente — e isso não era de somenos importância — as quantias outrora cobradas por Roma passariam a sê-lo pelo fisco real. Os bispos seriam nomeados pelo rei, e Thomas Cromwell, em janeiro de 1535, era nomeado "vigário-geral dos negócios religiosos". Estava consumado o cisma inglês. Mais do que na própria Alemanha luterana e como jamais se tinha visto na história, o poder civil confiscara em seu proveito a autoridade espiritual.

A resistência: martírio de São John Fisher e de São Thomas More

Restava fazer que o povo aceitasse essa substituição de poder. Ordenou-se que todo o clero pregasse durante vários domingos seguidos sobre a supremacia real. Consciente da importância adquirida pela imprensa como meio de propaganda, Henrique VIII multiplicou os livros e brochuras. Houve para todos os gostos: desde uma edição mutilada do *Defensor Pacis*, de Marsílio de Pádua, e uma adaptação do *Diálogo entre um clérigo e um cavaleiro* — velha máquina de guerra francesa que datava das lutas de Filipe o Belo contra Bonifácio VIII —, até compilações de documentos coligidos por John Foxe e tratados de Gardiner e de Sampson. Cada uma dessas publicações proclamava que se devia obediência ao rei em todos os domínios, e uma dessas apologias chegou a citar como exemplo o cesaropapismo de Bizâncio!

Toda essa propaganda, no entanto, demorou a produzir os seus frutos. Notava-se o descontentamento popular por muitos sinais. Quando Catarina aparecia em público, aclamavam-na. Nunca se falara tão bem do papa como agora que, ao fazê-lo, se atiravam pedras contra o rei. Profetizava-se que Ana acabaria por ser queimada viva. Predizia-se também uma próxima intervenção do "bom imperador Carlos", que viria restabelecer nos seus direitos "as fiéis esposas". Não havia, porém, uma oposição organizada: na sua grande maioria, o clero avaliava mal o significado das atitudes que lhe pediam e, impressionado pelo prestígio monárquico, submetia-se; e foram poucos os ingleses que se recusaram a prestar o juramento de fidelidade às novas leis do Estado. Mas mesmo essas oposições isoladas incomodavam Henrique VIII e a sua alma danada, Cromwell, e os dois decidiram atacar.

Começou então aquilo que Green, o grande historiador do povo britânico, chamou «o terror inglês, comparável apenas à ditadura de Robespierre". Durante dez anos, o cadafalso e a forca, permanentemente armados, tornar-se-iam meios de governar. Nenhuma classe social seria poupada. As primeiras vítimas foram escolhidas entre os frades, que, no conjunto, mostravam mais firmeza que os padres seculares. À cabeça, uma estranha vidente, a "Santa Filha de Kent", Elisabeth Barton, a quem se atribuíam dons de taumaturga e de profetisa e que fora visitada pelas mais altas personagens, entre as quais Wolsey, Fisher e More: acusada de ter invectivado "o rei impudico" e de ter anunciado a sua próxima queda, foi presa, exposta no pelourinho e depois executada, juntamente com os seus pretensos cúmplices, todos clérigos.

A seguir, foi a vez dos franciscanos de estrita observância. O seu mais célebre pregador, William Peto, "novo Miqueias", ousou condenar "o casamento ilegítimo" na presença do próprio rei; ameaçado de ser cosido num saco e lançado ao Tâmisa, replicou: "Ao céu se chega tanto por água como por terra". As sete casas da ordem foram fechadas e os seus religiosos dispersos ou condenados ao exílio; cerca de cinquenta morreram na prisão.

Mais terríveis ainda foram os maus-tratos infligidos aos cartuxos. Quando se impôs o Ato de Supremacia, os monges recusaram-se categoricamente a prestar juramento e uma repressão atroz caiu sobre eles: três dos seus priores foram presos e conduzidos a Londres, amarrados sobre grades de madeira arrastadas por cavalos; depois, os carrascos estenderam-nos sobre cepos, arrancaram-lhes o coração e as entranhas e em seguida mergulharam-lhes a cabeça e os membros em alcatrão para que, tomando consistência, os seus pobres restos fossem expostos na Torre ou às portas da cidade[14]. Outros cartuxos, mais felizes, foram simplesmente enforcados ou decapitados, e muitos morreram de frio e de fome na prisão. Assim o novo chefe da igreja inglesa implantava no seu reino a lei de Cristo...

Episódios tão chocantes impressionaram profundamente os espíritos ingleses. No entanto, estava reservada a duas altas figuras do humanismo a missão de emocionar a opinião pública de toda a Europa pelo seu sacrifício e heroísmo. *John Fisher* (1459-1535) era, sem dúvida alguma, o mais notável representante dessa pequeníssima elite episcopal inglesa que desejava a reforma interna da Igreja e, sem a esperar de fora, punha em prática os seus princípios. "O seu palácio episcopal de Rochester", dizia-se na altura, "assemelha-se, pelas regras que observa, a um mosteiro, e pela ciência a uma universidade". Humanista requintado, restaurador dos estudos em Cambridge, apaixonado pelo grego, que aprendera aos quarenta e sete anos, possuía também um temperamento invulgar, de uma nobreza e gravidade agradavelmente matizadas pelo bom humor.

Confessor da rainha, tomou imediatamente o partido de Catarina contra Ana Bolena, que o detestava.

Preso pela primeira vez em 1530, por ter desaprovado as leis sobre os benefícios eclesiásticos, e pela segunda em 1533, por ter criticado publicamente o divórcio, gozava contudo de tal prestígio que hesitavam em fazê-lo desaparecer. O Ato de Supremacia foi a sua perda. Lançado pela terceira vez na prisão e privado — embora octogenário— de qualquer conforto, resistiu a tudo e recusou-se a jurar o documento. Talvez Henrique VIII tivesse desistido de matá-lo se o papa Paulo III não o tivesse feito cardeal, quer porque ignorasse a violenta oposição entre ele e o rei, quer porque assim esperasse salvá-lo. Imediatamente o déspota entrou em fúria: "Não terá cabeça onde pôr o chapéu!", zombou. Entregue a um tribunal especial, Fisher foi condenado à morte por alta traição, depois de um desses simulacros de processo que Macaulay viria a definir como "assassinatos precedidos de algumas palhaçadas". Até o fim, a atitude do ancião foi a de um mártir dos tempos antigos, vestindo-se para o suplício como para um dia de núpcias e brincando com o seu criado, que estava aterrorizado. As suas últimas palavras foram o versículo do salmo: *In te Domine speravi*, e ele mesmo se adiantou a colocar a cabeça sobre o cepo. Correu por Londres o rumor de que Ana Bolena pedira que lhe trouxessem a cabeça ensanguentada do santo bispo e que, mal a viu, a esbofeteou.

Este suplício foi perpetrado em 22 de junho de 1535. Duas semanas depois, outra glória da Inglaterra subia os degraus do cadafalso: *Thomas More* (1478-1535). Por uma rara e providencial coincidência, era a véspera da festa da trasladação das relíquias de São Thomas Becket, londrino como ele, como ele antigo chanceler do reino, e como ele martirizado pela liberdade da Igreja e pelo primado da Sé

Apostólica. More fora nomeado chanceler ao fim de uma carreira brilhante, devida unicamente aos seus méritos. Sucessivamente advogado, deputado na Câmara dos Comuns e subprefeito de Londres, tinha conquistado quase a contragosto a estima do rei, que ele sabia volúvel e pronto a desdizer-se. Considerava as honras como deveres e os cargos mais pesados como verdadeiras alegrias em Deus. Posto à frente da justiça do seu país em 1529 — uma promoção inaudita para um leigo e um plebeu —, não alimentava ilusões sobre a solidez da sua posição. "Se a minha cabeça valesse para o rei uma praça fortificada na França", dizia ele ao genro que o felicitava, "não permaneceria muito tempo sobre os meus ombros". Conhecia bem o seu senhor e descobriu imediatamente no "grande assunto do Rei" — no *King's great matter* — o drama que se preparava.

Era um homem distinto, um dos santos mais simples e mais humanos que se conhecem. Não se notava nele nenhuma arrogância, frieza ou rabugice, mas a alegre serenidade e a transparência dessas almas que, tendo resolutamente optado pelo céu, podem oferecer à terra uma paz inesgotável. Tal como o vemos nos magníficos retratos que dele fez Holbein — o dos Uffizi, em Florença, é o mais belo — e tal como o descreveram os seus amigos, tinha um rosto sorridente, olhos joviais de um cinzento azulado e lábios sempre prontos para a réplica vivaz. "É homem capaz de fazer-me dançar na corda bamba", dizia dele o seu amigo Erasmo. Ao mesmo tempo, tinha o espírito muito bem apetrechado e a inteligência muito bem formada; estava a par de todas as pesquisas da sua época e era um apaixonado pelas ideias novas — numa palavra, um humanista completo. O amor às letras levara-o a fazer da sua casa uma espécie de pequena academia platônica, onde os filhos, as filhas, os genros e os amigos rivalizavam em conhecimentos de uma cintilante erudição. E, em apoio desse edifício perfeito, possuía também as mais sólidas bases de caráter e uma firmeza sempre igual perante as tentações do sucesso e as provações. A grandeza da sua morte, preparara-a ele ao longo de toda a vida, através da meditação e do silêncio. "O homem é um prisioneiro, um condenado à morte em expectativa", dizia prazerosamente, mas dizia-o com o sorriso de quem se alimenta da fé. Assim era esse santo, um santo a quem se ama e com quem desejaríamos parecer-nos.

A sua religião harmonizava-se perfeitamente com a nobreza do seu caráter: tolerante para com os homens, isenta de dogmatismos, mas firme nos princípios. O humanismo cristão — na linha de Marsílio Ficino, de Pico della Mirandola, de Guilherme Budé e de Erasmo — não atingiu tipo mais consumado. Para ele, a natureza humana, a respeito da qual não tinha ilusões, não era irremediavelmente maculada e perversa; desde que se deixasse penetrar pela seiva da graça, podia abrir-se tanto para a razão como para a caridade fraterna. O seu livro *Utopia*, que fora publicado em 1516 e rapidamente se tornara célebre, expusera amavelmente essa doutrina, evocando a vida de uma terra imaginária, onde o rei seria eleito, todos os bens postos em comum, o clero designado pelos fiéis e o Evangelho seria a lei.

Poderemos dizer que essa doutrina, de cujas amáveis páginas está ausente o dogmatismo, roça pelo reformismo luterano? Talvez, e a princípio More — como Erasmo e como o cavaleiro humanista von Hutten, amigo de ambos — acompanhou com certo prazer divertido a agitação produzida em Wittenberg. Mas muito em breve os exageros do antigo agostiniano o chocaram. Em 1529, condenou esses exageros no seu *Diálogo sobre as heresias*, uma pequena obra-prima cheia de verve, e depois, na *Súplica das almas*, denunciou como falsa a concepção luterana dos votos monásticos e das indulgências. Sustentou também uma viva polêmica com o protestantizante Tyndale, mostrando que o pretenso recurso à doutrina primitiva não passava de um sofisma e que a Tradição era simplesmente a adaptação de uma mensagem única e fundamental às formas cambiantes das sociedades.

Era evidente que um homem dessa natureza não estava talhado para entrar no jogo do rei e aceitar as razões inteiramente pessoais que Henrique VIII tinha para desobedecer às leis da Igreja. Fazendo-o chanceler, não teria o soberano pensado em confiscar-lhe a autoridade intelectual? Se foi assim, cometeu um erro! No entanto, ao contrário de Fisher, More não se pronunciou imediatamente. Enquanto a sua consciência não esteve em causa, guardou silêncio, desaprovando particularmente o divórcio, mas sem querer dar a menor impressão de trair o seu rei e de incitar o povo à revolta. Quando se impôs fazer a escolha, quando o "Ato de Sucessão", transformado em lei de Estado, obrigou todas as altas personagens a tornar-se cúmplices do casamento ilegítimo, Thomas More afastou-se silenciosamente: invocando como pretexto a sua pouca saúde, abandonou a Chancelaria e preferiu retirar-se para a calma da sua casa de Chelsea.

Infelizmente, os seus inimigos do clã de Ana Bolena estavam de olho nele. Intimado a jurar o Ato, tentou esquivar-se sem alarde, mas os arqueiros do rei vieram prendê-lo em 17 de abril de 1534 e levaram-no para a Torre. Viveu na prisão durante catorze meses, com uma serenidade e uma nobreza de que nos dão provas as suas cartas e últimos escritos. Meditou a *Paixão do Senhor* e redigiu um tratado sobre a *Maneira de suportar a adversidade*. À mulher e à filha, que lhe perguntavam por que não imitava tantos homens excelentes e se submetia ao rei, voltando a desfrutar da sua amada biblioteca, respondia, apontando para as paredes da sua masmorra: "Esta casa não estará também perto do céu?" Foram-lhe confiscados os bens, e a esposa teve de vender os seus vestidos para enfrentar os gastos domésticos. De que raro discernimento não precisou esse homem para defender, praticamente só — contra o rei, contra o Parlamento, contra a maioria do clero e contra a sua própria família —, não o pequeno soberano italiano de Roma, mas o próprio princípio do primado de Pedro e da unidade da Igreja! Quando chegou a hora de escolher, nenhuma hesitação perturbou a sua alma. Em vão o próprio Cromwell foi visitá-lo à prisão, convidando-o a submeter-se e jurar o Ato de Supremacia. No dia 1º de julho de 1535, naquela mesma sala de Westminster Hall onde tantas vezes administrara a justiça, foi condenado à morte.

Então, já sem o receio de parecer rebelde, sem ter de tomar mais nenhuma cautela, Thomas More levantou-se, muito calmo, e perante esse tribunal de lacaios e covardes disse o motivo por que aceitava a morte: "Visto que estou condenado — e Deus sabe de que maneira! —, quero falar livremente da vossa lei, para alívio da minha consciência. Estudei a questão durante sete anos. Em parte alguma, em doutor nenhum aprovado pela Igreja, pude ler que um príncipe secular tenha o direito de ser Chefe da Igreja". "E daí?!", exclamou o novo chanceler, Andley. "Quereis que vos consideremos mais sábio e de melhor consciência que todos os bispos e nobres do reino?" "*Mylord*, por um bispo da vossa opinião, tenho eu uma centena de santos da minha, e pelo vosso Parlamento — Deus sabe de que espécie! —, tenho eu todos os concílios gerais desde há mil anos; por um reino, tenho a França e todos os reinos da cristandade". "A vossa malícia é agora evidente", interrompeu Norfolk. "O que digo é necessário à consciência e à satisfação da minha alma. Apelo para o juízo de Deus, que perscruta o coração dos homens. A Igreja é una e indivisível, e vós não tendes autoridade alguma para fazer uma lei que quebre a unidade cristã". A essas palavras, somente o carrasco podia responder. Passaram-lhe o assunto para as mãos. Mostrando-se benevolente, Henrique VIII comutou em decapitação a pena de forca e esquartejamento, reservada aos traidores, que o tribunal lhe impusera. E a cabeça do "melhor de todos os ingleses", como o qualificou o cardeal Reginald Pole, rolou sobre o cepo.

As reações a esse assassinato jurídico foram extremamente vivas em toda a Europa. Três semanas depois do martírio, circulava por toda a parte uma das últimas cartas do santo[15], traduzida para o francês, o latim, o espanhol, o alemão e o holandês. O papa falou em depor Henrique VIII, mas nem Francisco I nem Carlos V se dispuseram a comprar uma briga de tal calibre. O cardeal Pole, amigo de Fisher e de More, e como eles adversário do cisma, refugiado na Itália, tentou inutilmente provocar uma intervenção. O déspota vingou-se mandando para o cadafalso o seu irmão Montague, os tios e até a própria mãe, a condessa de Salisbury. De nada adiantavam os protestos contra o autocrata. Aos reis estrangeiros, Henrique VIII limitou-se a responder que castigara uns traidores, e, para provar o seu zelo religioso, mandou queimar catorze anabatistas.

No entanto, que pensaria ele no seu íntimo? Stapleton conta que, ao ter conhecimento da execução de More, no meio de uma partida de dados, o rei se levantou, muito pálido, tomado de um ridículo remorso. Lançou um olhar sinistro em direção a Ana Bolena e, sem propósito, exclamou: "Sois vós a responsável!" E o sangue do novo João Batista viria a cair sobre a cabeça dessa Herodíades: um ano mais tarde, dia por dia, também ela seria executada.

A igreja da Inglaterra nas mãos do rei

A partir desse momento, a igreja da Inglaterra estava absolutamente separada de Roma e completamente entregue nas mãos do rei. Era necessário que essa ruptura fosse lucrativa. Chegara a altura de realizar a operação que certamente — embora de modo tácito — constituíra um dos motivos da quebra da submissão ao papado, da proclamação da supremacia real e do assentimento tão fácil dos comuns: a secularização dos bens monásticos. Por mais que se criticasse Lutero e os seus adeptos, o exemplo dos príncipes luteranos merecia ser seguido. E assim, de um momento para o outro, ia desaparecer uma instituição cujo caráter internacional se opunha claramente à nacionalização da Igreja.

A ideia de dispor dos bens dos conventos era antiga. Já em 1414, em plena Guerra dos Cem Anos, tinham sido suprimidos os priorados chamados "estrangeiros", isto é, que dependiam de casas-mães situadas no continente; mas Henrique V distribuíra esses bens pelas instituições de caridade. Entre 1524 e 1528, Wolsey, abusando dos poderes que detinha como legado, dissolvera vinte e nove estabelecimentos. Thomas Cromwell, que nutria contra os monges um ódio *à la* Maquiavel, encarregou-se da grande liquidação. Mas, fiel à tática henriquina, procedeu por etapas, acobertando-se com pretextos reformadores. Em 1535, confiou a comissários reais a missão de visitar os mosteiros. Estes informaram-se das rendas que recebiam, ordenaram aos monges com menos de vinte e cinco anos que abandonassem o convento, alegando que tinham pronunciado os votos ainda muito jovens, seduziram as religiosas com a vida fácil do século, desorganizaram a administração. Nos seus relatórios, que abrangiam pelo menos metade dos conventos ingleses, sublinharam intencionalmente um ou outro caso de imoralidade.

Em fevereiro de 1536, o Parlamento votou uma lei que dissolvia os pequenos mosteiros, de rendas inferiores a duzentas libras esterlinas, sob o pretexto de que se entregavam a uma vida licenciosa. Era uma alegação surpreendente, pois seria mais lógico que o desregramento se insinuasse mais facilmente nos conventos grandes e ricos. Mas o essencial era quebrar a possível resistência dos monges, dando ao mesmo tempo aos principais abades que se sentavam entre os Lordes a impressão de que não seriam inquietados. No primeiro ano, foram fechados trezentos e vinte e sete conventos, que passaram a render à coroa 32 mil libras esterlinas anuais, enquanto outros cinquenta ainda conseguiram escapar.

Vendo as portas dos priorados fecharem-se e os monges abandonarem o país, a população das províncias do Norte — um povo rude e pobre, que não entendia as complicações da política real e as vinha sofrendo passivamente, mas tinha uma fé ardente — acabou por revoltar-se. Os conventos detinham nessa região a propriedade de uma grande parte da terra e os rendeiros não se queixavam deles; depois do confisco, porém, muitos foram expulsos. A nobreza local apoiou o movimento e em outubro de 1536 Lincolnshire estava em chamas. O rei, à custa de promessas e lisonjas, conseguiu dominar a situação. Mas o fogo reacendeu-se em Yorkshire, Cumberland e Westmoreland. Comandados por um advogado, Robert Aske, cerca de 35 mil camponeses puseram-se em marcha, arvorando bandeiras em que tremulava o nome de Jesus; apoderaram-se de Hull e encaminharam-se para Londres. Era a "peregrinação do indulto", como eles diziam. Depois de receber em Windsor uma delegação desses "peregrinos", Henrique

VIII concordou em reunir um novo Parlamento e, com essa promessa, mais a ameaça de mandar os seus soldados queimarem tudo, conseguiu convencer os insurrectos a voltar para casa. Em seguida, sem encontrar nenhuma oposição, mandou matar os chefes que tinham confiado nele.

Essa inquietante onda de agitação febril foi a que levou, sem dúvida, o governo a apressar a sorte dos quinhentos conventos que ainda não tinham sido atingidos. Não houve nenhuma determinação de caráter geral, mas cada um dos superiores foi intimado a entregar ao rei o seu estabelecimento. O medo dos processos e a proposta de pensões ou distinções produziram os seus efeitos em menos de três anos. Os abades de Reading, de Colchester e Glastonbury, que se opuseram, foram executados por terem desobedecido ao soberano. O convento de Waltham foi o último a entregar-se, em 23 de março de 1540.

O Parlamento tinha sancionado a expropriação de todos os bens monásticos, mas a promessa de destinar o produto dessa espoliação a obras assistenciais, de instrução ou de caridade não foi cumprida. Tudo o que tinha valor negociável foi confiscado pelos agentes reais e vendido por baixo preço; o tesouro recolheu um milhão e meio de libras. Os edifícios foram abandonados e os habitantes das vizinhanças retiraram de lá todo o chumbo, ferro, bronze e madeira que quiseram. Os cadeirais trabalhados dos monges serviram de lenha para as lareiras.

Dois terços das terras — cujo rendimento global, ao contrário do que alguns alegaram, não parece ter representado mais do que um décimo da renda nacional — foram distribuídos mediante somas irrisórias entre aqueles que a realeza tinha interesse em atrair: negociantes, jurisconsultos e funcionários públicos. Alguns cortesãos foram contemplados gratuitamente: Suffolk colecionou trinta mosteiros! Eram outros tantos novos proprietários de bens imóveis para assegurar o cisma. Apenas um terço das propriedades dos regrantes reverteu a favor da coroa, à diferença do que acontecera nos principados alemães. A massa camponesa nada obteve. Pelo contrário: os compradores (lojistas, banqueiros ou nobres em decadência), sem nenhuma afinidade com o meio rural, exploraram os seus domínios com um espírito meramente mercantil: os aluguéis foram aumentados, as terras de lavradio transformadas em pastagens, as pequenas propriedades agrícolas fechadas. Milhares de desempregados foram atirados para as estradas. As distinções sociais acentuaram-se e a miséria aumentou assustadoramente.

Foi enquanto se suprimiam os mosteiros que o culto das imagens e a prática das peregrinações sofreram os primeiros ataques. Algumas imagens veneradas pelo povo foram queimadas, o túmulo de São Thomas Becket profanado e as suas relíquias dispersadas — um santo que ousara enfrentar um rei! Preocupado com escolher prelados devotados à sua causa, Henrique VIII colocou nas sés episcopais homens mais ou menos partidários das ideias reformadas: Latimer em Worcester, Shaxton em Salisbury e Foxe em Hereford. Cromwell resolveu mandar traduzir a Bíblia para a língua inglesa, mas o monge agostiniano Miles Coverdale, a quem ele confiou essa tarefa, era um antigo colaborador de Tyndale e, se tomou a Vulgata como ponto de partida, recorreu mais a Lutero e a Bucer do que ao texto grego ou hebraico. Quando finalmente foi publicada, a Bíblia em inglês mencionava como autor da tradução o nome fictício de Thomas Matthew e agrupava a versão de Tyndale para o Novo Testamento e para os primeiros livros do Antigo, e a de Coverdale para o restante.

Quanto ao rei, não há dúvida de que tencionava manter-se na ortodoxia católica. No entanto, a igreja de que ele era agora senhor sofria as repercussões da sua política, dos apoios de que carecia no interior e das alianças feitas no exterior. A partir de janeiro de 1534, houve contatos com os príncipes luteranos da Alemanha. Em 1535, Foxe e Heath encontraram-se com Martin Bucer em Estrasburgo, antes de visitarem os aliados de Smalkalde, mas os reformados exigiram que se chegasse a um entendimento sobre o dogma antes de se formular uma ação comum. Melanchthon propôs os artigos de Wittenberg; Henrique VIII rejeitou-os, mas os dez artigos da confissão de fé que foi aprovada em 1536 pela Assembleia do clero inglês não mencionaram senão três sacramentos — o Batismo, a Penitência e a Eucaristia. Omitiram-se os outros quatro. No entanto, foi reconhecida a Presença real, mantiveram-se o culto dos santos e as orações pelos mortos, desde que não gerassem abusos, e não se tocou na questão da justificação unicamente pela fé.

As delegações alemãs que se deslocaram à Inglaterra em 1536 e 1538 não conseguiram abalar os princípios doutrinais do rei. Melanchthon suplicou-lhe inutilmente que seguisse a via da Reforma até o fim. Ao contrário: depois das insurreições de Lincolnshire e de Yorkshire, uma comissão de bispos e de teólogos, vigiada pessoalmente por Henrique, manteve formalmente os sete sacramentos na confissão de fé de 1537, chamada o "Livro dos bispos". Como se manifestassem divergências no episcopado entre tradicionalistas e inovadores, o rei julgou por bem fazer votar, em 1539, o "Ato para abolir a diversidade de opiniões", cujos seis artigos se tornaram, para os heterodoxos, o "látego de seis cordas"!

Henrique VIII não se esquecia de que no passado refutara as ideias de Lutero: manteve a transubstanciação, o celibato dos padres, a observância dos votos de castidade mesmo para os religiosos expulsos dos mosteiros, as Missas privadas e a confissão auricular; descartou a comunhão sob as duas espécies. Os que não observassem uma ou outra dessas disposições seriam presos, privados dos seus bens e levados à presença de comissões especiais. Cranmer viu-se obrigado a mandar a esposa para a Alemanha para não cair em desgraça. Shaxton e Latimer preferiram pedir demissão. Thomas Cromwell, que continuava a defender um entendimento com os luteranos, conseguiu que o rei desposasse a protestante Ana de Clèves, mas a nova rainha não agradou. Cromwell foi acusado de ter difundido erros sobre a Eucaristia e, em 29 de julho de 1540, sem que ninguém chorasse por ele, subiu por sua vez as escadas do cadafalso.

Com cinquenta anos, Henrique VIII tornou-se o personagem que vemos no retrato de Holbein no castelo de Windsor: um homem enorme — com o ventre sustido por um cinto de ferro —, de rosto cheio e feições intumescidas, dedos grossos e rosados, revestido de uma túnica de tecido dourado e manto de púrpura e arminho sobrecarregados de pedras preciosas; com a mão direita, segura as luvas requintadas, enquanto apoia a esquerda na espada. Tudo o que nele ainda havia de sensibilidade na juventude desapareceu para dar lugar a uma crueldade fria, comandada pelo orgulho e pela sensualidade.

Depois da estouvada Ana Bolena, que foi para o suplício com o riso atroz de uma louca, quatro esposas ocuparam o seu lugar ainda quente no leito real: Joana Seymour, que morreu ao dar à luz o futuro Eduardo VI; Ana de Clèves, "a gorda égua flamenga", repudiada poucas semanas depois; Catherine Howard, que levou o mesmo caminho após uma acusação de adúltera tão pouco fundamentada como a que causara a perda de Ana Bolena; e a viúva Catherine Parr, desposada em 1543, a única que sobreviveu a esse Barba-Azul coroado.

Quanto mais tempo passava, tanto mais ele se vangloriava de ser "o defensor da fé". Nada o fazia desviar-se da mais estrita ortodoxia! Em março de 1543, escreveu o prefácio da *Necessária doutrina e instrução de todo o cristão*, que impôs como catecismo à sua igreja e que continha uma doutrina suficientemente boa para que mais tarde, no tempo de Maria Tudor, o cardeal Pole a aceitasse, pelo menos provisoriamente. Um Lorde afirmava: "Nenhum príncipe se mostrou mais sábio, mais instruído e mais católico do que o rei neste Parlamento". As orações da Missa eram recitadas em inglês, mas o livro de cerimônias seguia a liturgia tradicional. Stephen Gardiner orientava com talento a controvérsia contra os reformados do continente.

E o sangue corria, corria. Por motivos políticos ou por motivos religiosos? Não se sabe ao certo. *Beheaded!* Decapitado! — eis a abrupta fórmula que punha fim a tantas existências. Além de duas rainhas "com os seus cúmplices", Henrique VIII contava no seu ativo as mortes de dois cardeais, 18 bispos, 13 abades, 575 padres, 50 doutores, 12 lordes, 20 barões e cavaleiros, 335 nobres, 124 burgueses e 110 mulheres de nobre estirpe. Com uma aplicação monótona, a perseguição atingia tanto os protestantes como os católicos romanos. Foxe conservou a memória dos primeiros no seu *Livro dos Mártires*: em Calais, em Londres e em Windsor, muitos que negavam a Presença real foram queimados por ordem do rei. A morte mais célebre foi a de Anne Askew, que, por ter respondido com insolência aos inquisidores, foi tão ferozmente torturada sobre o cavalete que se tornou necessário levá-la numa cadeira para a fogueira. Mas aqueles que rejeitavam a supremacia real eram pendurados na forca com o mesmo zelo. "Deus de bondade!" — exclamava um estrangeiro —, "de que estranha maneira vive este povo! Aqui enforcam-se os papistas, acolá queimam-se os antipapistas".

Uma exceção feliz: o anabatismo pacífico

A ruptura da unidade cristã provocou, pois, reações violentas nos quatro cantos da Europa, e a responsabilidade cabe tanto à política como à religião. Dentro em breve, a amplitude adquirida pelo movimento da Reforma obrigaria todos os Estados a definirem categoricamente a sua posição. Houve apenas uma exceção a esse movimento: a de uma seita cuja importância numérica não era considerável, mas cuja atitude merece ser destacada.

Paradoxo da história: esses reformados sem violência, que de forma alguma procuram impor as suas doutrinas pela política, são os descendentes e os herdeiros daqueles que, no tempo de Melquior Hoffmann, pareciam querer abalar as bases da sociedade, e também daqueles que, com João de Leyde, tinham tentado estabelecer a mais rigorosa ditadura que jamais existiu[16]. O *anabatismo*, com efeito, depois da catástrofe sangrenta em que se afundou a "república dos santos" em 1535, mudou inteiramente de feição. Enquanto os corvos acabavam de dilacerar os cadáveres de João de Leyde e dos seus cúmplices dentro das jaulas de ferro em que os haviam pendurado, no campanário da catedral de Münster, os zeladores da doutrina do segundo batismo renunciavam a impor pela força o anarquismo religioso, social e político que defendiam. Houve ainda algumas manifestações de violência, como a tentativa de Johann van Geelen em Amsterdam ou de Johann van Battenburg em Steewijk e em Overijssel. No conjunto, porém, nos lugares onde sobreviveu — porque em diversos outros, especialmente na Alemanha e na Suíça, se fundiu com as igrejas do Estado, luteranas ou calvinistas —, a seita tornou-se pacífica e discreta. Na Hungria, na Boêmia e em parte na Suécia, continuaram a viver pequenas comunidades anabatistas, num evangelismo quase comunista, inofensivo. Nenhum nobre de alta linhagem nem nenhum príncipe se serviu delas ou tentou impor a sua doutrina nos seus Estados.

Foi nos Países Baixos que o anabatismo conheceu o seu maior desenvolvimento. Primeiro em Amsterdam, com *David Joris*, sucessor de van Geelen, um homem de bons costumes, de intenções generosas, mas dotado de um cérebro nebuloso, cheio de ideias apocalípticas. Depois na Frísia, onde um ex-padre católico, *Menno Simons*, com o seu zelo incansável e os seus dons de organizador, fez do anabatismo, pela primeira vez, um sistema coerente, muito bem adaptado às aspirações religiosas e às condições sociais dos humildes, a quem se dirigia. Foi graças a ele que a doutrina pôde sobreviver até aos nossos dias; os anabatistas de hoje são ainda conhecidos pelo nome de *menonitas*. Era um homem sem cultura, de inteligência mediana, mas bom, sinceramente piedoso e de uma profunda caridade.

Para ele, o essencial era a pacificação interior, a indiferença perante qualquer cuidado temporal e a fraternidade universal. Os seus dogmas eram simples: admitia o pecado original, mas não pensava que fosse transmissível, o que o levava a rejeitar o Batismo das crianças e a não considerar válido senão o dos adultos; acreditava na remissão dos pecados pelos méritos de Cristo, rejeitava a justificação luterana pela fé, professava que a única fé que salva é aquela que atua na caridade; a Igreja, sociedade dos justos, devia eleger democraticamente os seus pastores, que teriam de ser confirmados pela imposição das mãos e deveriam basear exclusivamente na Bíblia todo o seu ensino; quanto aos sacramentos, aceitava apenas o Batismo e a Ceia. Das ideias exageradas dos seus predecessores, Menno conservava o anúncio do fim do mundo próximo (que persiste hoje nos seus remotos sucessores, os adventistas do sétimo dia) e a desobediência às leis das sociedades civis, no seu entender pecadoras e violadoras da lei de Deus; assim, por exemplo, proibia os seus fiéis de comparecer nos tribunais, de prestar qualquer juramento, de alistar-se no exército ou de ocupar funções públicas. Era um suave anarquismo, que, no entanto, não redundou em nenhuma violência. Quando perseguidos, os menonitas deixavam-se supliciar sem qualquer resistência, em nome da sua fé.

Na realidade, foram muito perseguidos. O caráter antissocial desta seita, como aliás de tantas outras, inquietava tanto os luteranos como os católicos. Carlos V promulgou contra eles as mais severas medidas. Das 877 vítimas que figuram nos martirológios protestantes dos Países Baixos, 617 eram anabatistas. Foram numerosas as execuções capitais em Lovaina, Ruremonde, Maastricht, Liège, Antuérpia e Bruges. Os homens eram queimados e as mulheres enterradas vivas. Isso não impediu que o menonismo e outras variedades afins ganhassem terreno. Em Liège, por volta de 1560, contavam-se 1.500 anabatistas, e em Maastricht mais de mil; a Frísia tinha certamente dezenas de milhares. Elaboraram uma organização que dividia os Países Baixos em circunscrições, cada uma das quais com um bispo à frente. Paciente e modestamente, esse cristianismo muito simples, de dogmas elementares, continuou a expandir-se. Haveremos de encontrá-lo na Prússia, no ducado de Holstein, no sul da Rússia, na Inglaterra[17] e, ultrapassando o Atlântico, na América do Norte. Ainda subsiste em todos esses países.

A vaga calvinista reveza a luterana

Por volta dos anos 1535-1540, a situação não parecia boa para a Igreja Católica: o luteranismo, transformado em força política, dominava a Alemanha e impusera-se nos Estados escandinavos, e Henrique VIII tinha-se separado violentamente de Roma. Mas pode-se dizer que as coisas corriam melhor para a Reforma, tal como o monge de Wittenberg a havia sonhado? Igrejas separadas de Roma, mas dominadas pelo príncipe que, na Alemanha e na Escandinávia, impunha a doutrina defendida pelos *Lugares comuns* de Melanchthon, e que, na Inglaterra, sob a direção de um soberano deplorável — "um porco, um novo Herodes", dizia Lutero —, pretendia seguir a ortodoxia tradicional; igrejas que, onde não se exercia a autoridade do poder civil, se esfacelavam em comunidades prestes a degenerar em outras tantas seitas — seria esse o resultado da mensagem libertadora que Lutero, ébrio por ter encontrado a sua verdade, tinha trazido ao mundo?

Por vezes, desabafava a sua amargura e a sua inquietação pelo futuro, como nessa conversa profética que tivera em 1538 com o seu querido Mestre Filipe, e na qual manifestara o nobilíssimo desejo de que se reunisse um concílio e se fixasse um dogma e uma disciplina para impedir "enormes escândalos"[18]. Mas quem empreenderia esse esforço de unificação seria a Igreja, independentemente de Lutero e dos seus, e contra as suas esperanças. A ruptura estava consumada: a hora do compromisso tinha passado. Roma nada mais esperava dos reformados a não ser a total submissão. Os colóquios de 1540 e 1541, realizados em Haguenau, Worms e Ratisbona, entre partidários das duas confissões, sob a égide de Carlos V, tinham tropeçado na questão dos sacramentos, da natureza da Eucaristia e da autoridade da Santa Sé.

Nesse ínterim, Paulo III aprovara a constituição da Companhia de Jesus e tomara sob sua proteção essa tropa de choque contra os próximos contra-ataques. O cardeal Caraffa insistia com ele em que restabelecesse a Inquisição romana, tomando como modelo a que funcionava na Espanha. O concílio ecumênico que reerguia a catolicidade perante a Reforma herética estava prestes a reunir-se em Trento. Que sintomas terríveis!

A obra de Lutero deixava, pois, como saldo simultaneamente um êxito e um fracasso. O antigo monge impulsionara um movimento espantoso. A seu exemplo, homens, cidades e Estados tinham-se emancipado das velhas tutelas religiosas. Os seus fiéis tinham difundido a sua doutrina desde a foz do Escalda até à do Vístula, desde o Báltico até ao Mediterrâneo. Em vinte anos, a Igreja romana perdera posições que ocupava há séculos. Mas Lutero não fora capaz de manter essa chama acesa. Muito flexível, Melanchthon procurava balancear as fórmulas de uma ortodoxia medíocre. Wittenberg já não era um grande centro de estudos, e muito menos um viveiro de missionários. Abandonadas a si próprias em teoria, mas, na realidade, à vontade dos príncipes, as almas "libertadas" corriam grandes riscos e, com elas, a essência religiosa da Reforma. No plano intelectual, o perigo não era menos grave; o luteranismo separara-se totalmente da corrente que fecundava a época; os humanistas rejeitavam-no, na esteira de Erasmo, que morrera em 1536, mas cujo pensamento favorável ao "livre arbítrio" continuava a mostrar-se eficaz contra os partidários do "servo arbítrio".

Certamente, o ardor dos reformadores não enfraquecia. Multiplicavam os esforços, falavam, escreviam e não se poupavam, sempre animados de uma generosidade e de uma abnegação que temos de admirar. Sabe-se o que foi a correspondência de Lutero: cerca de quatro mil cartas. Mas conservaram-se também 1.200 de Zwinglio, duas mil de Vadian, o apóstolo de Saint-Gall, 7.500 de Melanchthon e 12 mil de Bullinger, o sucessor de Zwinglio em Zurique! Que vida febril nos descreve Bullinger, precisamente, numa das suas missivas! "Estou esmagado pela sobrecarga das frequentes e difíceis pregações, a que se juntam os cursos. Tenho de consagrar muitas horas a tal ou tal amigo, escrever a este, aconselhar aquele, que veio expressamente visitar-me. Além disso, é meu desejo pregar Cristo aos que estão longe, e explicar a Escritura aos que deparam com dificuldades, e por isso preparo comentários para serem impressos, o que constitui mais um fardo pesado. Que tempo me resta para comer, dormir e distrair honestamente o espírito e o corpo?" Bullinger obrigou-se a essa vida de forçado durante quarenta e cinco anos, fazendo tudo por si mesmo. Que belo exemplo de trabalho encarniçado dos grandes protestantes!

E, no entanto, esses esforços arriscavam-se a ser infecundos. Faltava-lhes o que sempre caracteriza o êxito das revoluções: a segurança de uma doutrina forte e a coerência de uma rigorosa organização. Bucer, o apóstolo de Estrasburgo, bem o compreendera, redigindo em 1530 uma confissão de fé aceitável para todos — pelo menos, assim pensava ele —, mas que na verdade apenas quatro cidades tinham assinado[19]. Depois, em 1536, aderira à "Concórdia de Wittenberg" e acalentara o projeto de uma igreja germânica separada do papado. Mas os sacramentários de Zurique e de Basileia tinham permanecido à margem dessas tentativas de união. O próprio Lutero, preocupado acima de tudo com a libertação individual, não se interessara muito por isso.

Não era por meio de um acordo que o protestantismo poderia ser salvo do duplo perigo de dispersão e laicização:

tinha necessidade de uma vontade e sangue novos. Alguns pensavam que a reforma de Zwinglio poderia desempenhar esse papel: a precisão lógica das suas teses seduzia. "Contentar-me-ia", dizia Myconius, "com essa fé muito simples. Poderia atravessar a minha vida com ela; o transcendente não é nada para nós". Mas o zwinglianismo carecia de bases metafísicas; seria muito mais do que um racionalismo religioso? "Zwinglio não sabe muito da santidade cristã", dizia Melanchthon; "segue os pelagianos, os papistas e os filósofos". Era necessária uma religião perfeitamente coerente, apoiada em alicerces sólidos, profundamente fervorosa e, ao mesmo tempo, organizada com um rigor estrito. Mas seria tal coisa concebível? Foi então que Calvino se impôs.

Que trouxe para a Europa protestante o genial picardo que, em 1541, se instalara em Genebra como vencedor e iria fazer dessa cidade uma espécie de arquétipo da sociedade reformada? Adotando o fundo comum a todas as reformas — a exclusiva autoridade da Escritura e a rejeição da Tradição, a justificação pela fé e a onipotência da graça, a rejeição da doutrina católica sobre os sacramentos, o culto dos santos e a Virgem Maria, a condenação do celibato eclesiástico e dos votos monásticos —, Calvino contribuiu com tantos novos elementos para a Reforma que a sua marca se inscreveu nela de modo indelével. O seu livro, a *Instituição cristã*, pela sua lógica, pelo seu entusiasmo e pelo seu estilo, apresentou-se aos espíritos como uma suma de pensamento e um manual de ação.

A sua concepção teológica da total dependência do homem em relação a Deus — a predestinação — formou apóstolos cuja vontade nada poderia fazer dobrar, visto que essa vontade era precisamente o selo aposto por Deus em cada um deles. A moral, cujas bases o luteranismo, embora sem se aperceber disso, havia minado, foi restabelecida sobre alicerces inabaláveis, visto que as boas obras, sem serem um meio de salvação, eram proclamadas como um penhor e um sinal da mesma. Recusando-se a submeter a Igreja ao poder laico, o calvinismo decidiu que toda a sociedade civil devia estar de algum modo impregnada pela fé, razão pela qual seria controlada pelo poder religioso. Uma organização muito firme, cujo elemento central era o Consistório, defenderia a comunidade dos crentes de todas as possíveis usurpações do poder, e essa comunidade, em vez de confiar o seu destino a qualquer príncipe pouco digno, elegeria os seus pastores livremente. Dessa maneira, o calvinismo fazia coro com o grande movimento de individualismo que trabalhava o mundo do seu tempo.

Na aparência e formalmente, Calvino estava bem separado — quase tão violentamente como Lutero — dos filósofos e dos humanistas, que ele considerava céticos e suspeitos. Como se escreveu muitas vezes, foi ele que "operou o divórcio entre a Renascença e a Reforma"; mas, mais profundamente, e talvez contra a sua vontade, a sua doutrina não continuou porventura a ser um humanismo, na medida em que se apoiava na razão, desejosa de pensar em Deus e não apenas de aderir a Ele num arrebatamento místico, e muito persuadida de que o conhecimento pode levar até Ele? Assim, em vez de se afastar da viva corrente da época, o calvinismo, mesmo à custa de algumas confusões e equívocos, tomou parte nela e dela tirou proveito: absorveu as ideias mais novas e mais modernas, tanto em política como em economia, coincidindo com as tendências nascentes para a democracia e o capitalismo. Numa palavra, recusando-se a permanecer no quadro estreito, nacional e feudal, em que o luteranismo alemão se fixara, tornou-se universalista, o que é também humanístico, a não ser que seja romano e católico.

Basta resumir assim o esforço de Calvino para medir a importância do seu papel histórico. É certo que provocou um desvio no protestantismo, mas arrancou-o a riscos mortais. E que poder de irradiação não manifestou, a serviço de todo esse conjunto doutrinal, tão coerente e tão rico! Genebra, centro de formação dos missionários reformados — com a sua célebre Academia —, Genebra, centro de propaganda das novas ideias, ultrapassando Wittenberg, ia figurar como capital europeia da Reforma a partir de 1541.

No futuro, a vaga calvinista reveza, portanto, a vaga luterana e em alguns lugares a substitui. Mas também, agravando a oposição ao catolicismo, aumenta a tensão trágica e provoca contragolpes sangrentos.

O drama na França

Assim que se definiu, o calvinismo penetrou rapidamente na França. A edição latina da *Instituição cristã* era conhecida em todos os meios letrados desde o ano da sua publicação, 1536, mas foi sobretudo a edição francesa, a de 1541, que se difundiu por todos os ambientes interessados nesse gênero de problemas. A proibição e a apreensão da obra pelo Parlamento de Paris, a partir do ano seguinte, mostra bem a importância que as autoridades católicas lhe davam. Essas medidas entravaram um pouco a sua difusão, mas não puderam extingui-la: a clandestinidade contribuiu talvez para torná-la mais eficaz.

Genebra, erigida por Calvino em centro vivo e modelo da Reforma, exerceu uma ação decisiva sobre todos os pequenos agrupamentos, extremamente dispersos e diversos — biblicistas, evangélicos, fabristas, *christaudins* e luteranos —, que constituíam então o protestantismo francês.

Em menos de quinze anos, a versão calvinista da Reforma impôs-se em todos os ambientes, e o nome de "calvinistas" prevaleceu por toda a parte. Foi a Genebra que, desde então, os perseguidos na França pediram asilo. Foi de Genebra que partiram os vendedores ambulantes do piedoso contrabando, bem como os missionários fanáticos, formados pela Academia. O Ródano, velha artéria comercial, espalhava pelas suas margens essa nova mercadoria, deixando-a nos Alpes e nas Cévennes, depositando-a nos portos das suas margens. Depois, por Nîmes e pelo Albigeois, a forma genebrina da heresia chegou a todo o Sul, para depois se desviar em direção ao Norte, pelo Bordelais, Angoumois, Poitou e Saintonge. Quase se poderia indicar num mapa o avanço da vaga insidiosa.

Essa penetração na França da orientação mais dura e mais estrita da Reforma protestante coincidiu com um endurecimento da política real. Até 1535, como devemos lembrar-nos[20], presidira a essa política uma indulgência ambígua e vagamente inquieta. Depois do caso dos panfletos, a situação transformara-se completamente. Mais uma vez, em 16 de julho de 1535, esperando sempre compor as coisas e, além disso, atormentado com a rudeza da reação católica, Francisco I, pelo edito de Coucy, concedera uma anistia geral, mas essa devia ser a sua última medida de clemência durante muito tempo. O rei passou a desconfiar da heresia, que queria encorajar nas terras de Carlos V ou ajudar em Genebra contra o duque da Savoia, mas cuja presença no seu próprio território considerava uma prova de fraqueza. A epístola que Calvino lhe dirigira no mês de agosto desse ano, como dedicatória da sua *Instituição cristã*, se realmente a leu, não o convenceu de que era preciso abandonar "a Missa, o purgatório, as peregrinações e outras ninharias". Começou até a admoestar certos bispos que, escrevia ele, "não eram bastante cuidadosos ao tratarem das coisas concernentes à honra de Deus". Teria chegado ao seu conhecimento a notícia dos progressos da heresia no seu país? Os legistas do seu Conselho tê-lo-iam convencido de que só a fórmula "uma fé, uma lei, um rei" poderia garantir a solidez do seu Estado? A verdade é que, a partir de 1538, depois de assinar por dez anos a Trégua de Nice com o imperador, se lançou abertamente numa política de repressão.

Estava delineado o drama que, durante sessenta anos, iria desenrolar na França os seus episódios. Os protagonistas de tão longa tragédia não demoraram a tomar as suas posições, dividindo o país em três campos. De um lado, os reformados, cada vez mais endurecidos e organizados por Calvino, e que, conforme a regra habitual, quanto mais perseguidos, mais se fortaleciam na sua resolução e na sua fé. Do outro, os partidários do rigor, com a Sorbonne e o Parlamento à cabeça, mais alguns membros do episcopado — entre eles, os cardeais da Lorena e de Tournon, por exemplo —, agora convencidos de que a indulgência era fraqueza, e homens de Estado apaixonados pelo absolutismo e pela política romana, tais como o clã Guise e o condestável de Montmorency. Entre os dois, havia um terceiro partido, constituído por moderados, intelectuais, magistrados e numerosos bispos — entre eles, a admirável e nobre figura do *cardeal Sadolet* —, partidários da pacificação dos espíritos e da conciliação geral. Pessoalmente, era a este terceiro grupo que Francisco I teria dado a sua simpatia; se condenava os hereges, desconfiava também dos violentos da direita, a quem chamava *ténébriques*. Mas a situação tornara-se tão grave que a mansidão real era inadmissível. Ainda não tinha soado a hora da grande política de tolerância que faria a glória de Henrique IV. Estavam distribuídas as cartas de uma partida em que haveria de correr muito sangue.

Em dezembro de 1538, foi revogado o edito de Coucy. Dezoito meses mais tarde, o edito de Fontainebleau promulgava uma legislação regular contra os hereges; ordenava-se aos procuradores que os perseguissem, mesmo que fossem padres. Todos os senhores com cargos no poder judiciário eram convidados "sob pena de graves sanções" a participar da repressão, e essa missão de lutar contra a heresia confiada aos leigos chegou a provocar protestos do clero. A Sorbonne estabeleceu um "formulário de fé" católica, que todos os doutores e bacharéis deviam assinar, e, pouco tempo depois, apresentou também um índex de livros heterodoxos condenados, em que figuravam Lutero, Melanchthon, Calvino, Dolet e Marot. As ruas de Paris passaram a ser percorridas por patrulhas que, ao som de uma trombeta, intimavam todos os que possuíssem alguma obra desses autores a entregá-la ao arquivo do Parlamento. O livreiro Antoine le Noël foi obrigado a retratar-se publicamente no átrio de Notre-Dame por ter vendido a *Instituição cristã*, e um exemplar da obra foi queimado solenemente pelo carrasco. Antes de 1562, ninguém ousaria editar esse livro na França. A vaga de repressão atingiu todo o interior, de Langres a La Rochelle e da Picardia à Provença, com os costumeiros excessos nesse gênero de operações; em Orléans, o conselheiro inquisidor levou o seu zelo ao extremo de prender o vigário-geral e o teólogo do bispado!

Fustigada pelos sucessivos golpes, a propaganda reformada tornava-se mais ativa, mais violenta. Multiplicavam-se os vendedores clandestinos, vindos de Estrasburgo e da Suíça, e os seus negócios prosperavam. Crescia a agitação nas universidades; em Toulouse, os estudantes reuniam-se para ler a Bíblia e os escritos condenados, e em Montpellier representavam uma "moralidade" nitidamente anticatólica. Circulavam obras de polêmica, entre as quais a mais debochada era a *Confissão de Noël Béda*, inventada por Marcourt (autor dos panfletos de 1535), em que se representava o fogoso teólogo, exilado pelo rei, confessando os seus erros e aderindo à nova fé. Eram também inumeráveis os tratados piedosos, de inspiração reformada, que passavam de mão em mão.

Não havia lugar onde não se tomasse partido, a favor ou contra as ideias subversivas; armavam-se discussões que com frequência chegavam às vias de fato. Jovens reformados espancavam freiras e mulheres católicas. Em Bordeaux, em 1545, "as mulheres devotas, para não serem censuradas ou incomodadas, tinham de mandar secretamente celebrar Missas no convento dos franciscanos ou em outros locais, e levavam ocultas sob os vestidos as velas que costumavam oferecer". Havia por toda a parte manifestações que perturbavam os sermões, e às vezes, durante a noite, um grupo de energúmenos ia quebrar, nas fachadas das igrejas ou nos nichos das ruas, as imagens da Virgem Maria e dos santos que o povo venerava tanto. Esse estúpido iconoclasmo contribuiu muito para provocar medidas severas. A fermentação religiosa degenerava em anarquia. Os poderes públicos iam agir com mais violência.

Os anos de 1545-1547, últimos do reinado de Francisco I, foram assinalados por violentos atos de repressão. Em 1544, o rei assinava a paz de Crépy com Carlos V, que, por sua vez, pretendia esmagar os luteranos alemães. Os dois soberanos católicos puseram-se de acordo para uma operação simultânea. O episódio mais doloroso deu-se em Meaux, onde, vinte anos antes, já tinha havido execuções[21]. O irmão de uma das vítimas de 1524, Pierre le Clerc, eleito pastor, organizara uma pequena igreja protestante, com cerca de cinquenta membros, que progredia rapidamente. Cercados pela polícia em 8 de setembro de 1546, enquanto celebravam a Ceia à moda calvinista, quase todos os membros da comunidade foram presos, transportados em carroças para Paris e julgados sumariamente. Condenados à morte, os catorze principais dentre eles foram transferidos para Meaux e ali executados um mês depois; com receio de que algum deles falasse antes de os queimarem, arrancaram-lhes a língua. Acabava-se de acrescentar um terrível capítulo ao *Livro dos mártires* protestantes que Crespin viria a escrever.

A repressão não alcançou apenas os pequenos círculos de reformados, em que se misturavam luteranos, ex-fabristas, zwinglianos e calvinistas. Uma vez desencadeada, a pesada máquina governamental abateu-se sobre outros que, aliás, mal se distinguiam dos protestantes. Foi o que aconteceu com os valdenses da Alta Provença, executados em circunstâncias tão terríveis que deixaram por muito tempo uma lembrança de horror em toda a região. Descendentes dos antigos hereges da Idade Média, os filhos longínquos de Pedro Valdo haviam-se refugiado nos vales alpinos, onde sobreviviam pacífica e austeramente, sem quaisquer mostras de agressividade. No entanto, quando a propaganda protestante chegou até lá, abandonaram essa atitude calma e também entre eles houve casos em que se quebraram imagens e se cometeram profanações. Já em 1540, o Parlamento de Aix tinha reagido e condenado à morte dez valdenses de alta posição, mas o bispo, que não era outro senão Sadolet, opusera-se à execução com a maior firmeza. Numa carta dirigida a Roma, um dos textos mais generosos da época, indignara-se pelo emprego da força contra os hereges: "Não é o terror, não são os suplícios, mas somente a verdade e a extrema mansidão que os farão confessar os seus erros, não apenas com a boca, mas também com o coração. Sou o pastor destes povos e não um mercenário. Tanto como qualquer pessoa, encho-me de indignação contra os maus, mas encho-me ainda mais de compaixão para com os infelizes".

Infelizmente, essas palavras belas e cristãs não podiam ser compreendidas numa época tão rude! Cinco anos mais tarde, como os valdenses tivessem estabelecido relações com Genebra e retomado as atitudes iconoclastas, o primeiro presidente do Parlamento de Aix, o barão de Oppède, aproveitou-se da ausência do bispo, então em Roma, e arrancou do rei a autorização para novas perseguições. Foi uma carnificina. Os bandos do barão Paulin de la Garde, que atravessavam a Provença em direção ao Piemonte, deixados à solta numa vintena de desventuradas aldeias, entregaram-se a todos os excessos próprios da soldadesca: Mérindol e Cabrières ficaram quase integralmente destruídas, e todos os prisioneiros masculinos foram enviados para as galés.

Alarmado com o grito de horror que a sua irmã Margarida soltou, Francisco I mostrou-se comovido e mandou abrir um inquérito que teve como resultado a condenação de alguns responsáveis. Mas pelo menos oitocentos cadáveres foram o terrível saldo dessa primeira grande operação militar, que anunciava a das guerras de religião.

A repressão de Francisco I causou ainda uma ilustre vítima, *Étienne Dolet*, o humanista cético, impressor de Lyon, cujos livros propagavam ideias subversivas em toda a França. Aproveitando-se da fermentação protestante, vinha multiplicando as publicações, servindo-se de textos de Marot e Rabelais, sem se preocupar com direitos autorais nem com a vergonha, reeditando a tradução dos *Salmos* de Calvino e uma Bíblia em língua vulgar, tudo isso, aliás, com bons lucros. Denunciado por concorrentes e preso uma primeira vez, escapou à fogueira graças a altas proteções, mas cometeu a loucura de tentar vender clandestinamente as obras que se comprometera a destruir. Preso, foi levado a Paris, onde esperou dois anos até que o queimassem vivo na praça Maubert. Parece que, ante a aproximação da morte, mudou de maneira de pensar e de sentimentos.

O suplício de Dolet, a chacina dos valdenses, a destruição da igreja protestante de Meaux e, por fim, a publicação do índex geral de livros proibidos foram outros tantos sinais claros de que, na ocasião em que terminava o reinado de Francisco I, o poder estava resolvido a castigar os heterodoxos com severidade. Mesmo que, no seu conjunto, essas medidas repressivas tenham sido pouco eficazes, esclareceram cruamente a situação, como se vê pela atitude dos intelectuais: alguns aderiram abertamente à Reforma — como o jurista Hoffmann, Ambroise Paré, Pierre Ramus e Jean Goujon —, mas todos os que se mostravam reticentes, todos os que vinham brincando com as novas ideias sem se comprometerem a fundo, viraram a proa para águas mais tranquilas.

Rabelais, até então em namoros com o protestantismo e, por esse motivo, várias vezes olhado com suspeita, apressou-se a dar garantias à ordem estabelecida. Daí em diante, reeditará os seus primeiros livros atenuando os ataques aos homens da Sorbonne e aos teólogos, e no quarto livro — aquele em que troçava baixamente dos *papimanes*, dos "papamaníacos" — despedirá flechas cruéis contra os "demoníacos Calvinos, impostores de Genebra". Em troca, o teocrata genebrino reservar-lhe-á um bom lugar no seu *Tratado dos escândalos*. Quanto a Marot, que fora mais do que simples conhecido dos melhores reformados, e de cujas traduções várias haviam sido condenadas, sentiu-se muito feliz por ter escapado duas vezes ao "inferno" e apressou-se a afirmar, em belos versos, que nem de perto nem de longe era herege, e que regressava humildemente ao seio da Igreja Católica. A hora dos subterfúgios realmente tinha passado.

Foi o que se percebeu quando, em 31 de março de 1547, subiu ao trono da França *Henrique II* (1547-1559). Este homem de espírito tacanho, inimigo de toda a inovação, zeloso da sua autoridade, estava rodeado de uma pequena corte onde todos se gabavam da sua intransigência doutrinária — hoje diríamos "integrismo" —: nela sobressaíam tanto a sua velha concubina Diana de Poitiers, mais terrível em matéria de dogma do que de moral, como Ana de Montmorency, que se pusera de mal com o rei defunto, e sobretudo os *Guises*, os famosos "príncipes lorenos", que iriam agora ocupar durante anos o primeiro plano. Na cerimônia de sagração, o cardeal Carlos de Lorena — da família Guise — disse ao rei: "Procede de forma que a posteridade diga de ti: Se Henrique, rei da França, não tivesse reinado, a Igreja romana teria perecido por completo". E o rei respondeu: "Comprometo-me".

Em outubro de 1547, criou-se uma câmara criminal especial para julgar os hereges, logo conhecida como a "Câmara ardente". Dois anos mais tarde, um segundo edito ordenava uma estreita cooperação entre os juízes eclesiásticos e os juízes laicos, e concedia aos tribunais civis o direito de julgar no âmbito da sua jurisdição todos os casos de heresia em que houvesse escândalo público. Numerosos suspeitos foram entregues a essas magistraturas: só a Câmara ardente de Paris proferiu 500 sentenças entre dezembro de 1547 e janeiro de 1550.

Pensou o rei que a advertência era suficiente? O certo é que devolveu a competência para julgar os hereges aos tribunais eclesiásticos, que, esses sim, não condenavam ao fogo. Mas em breve percebeu que a propaganda calvinista estava cada vez mais atiçada e assinou em 27 de junho de 1551 o *edito de Chateaubriant*, que coordenava todas as medidas anteriores: proibia as publicações e o comércio de livros interditos, exigia de todo o candidato a funções públicas uma declaração de ortodoxia, e chegava a decretar que não se podia recorrer de nenhuma sentença em matéria de heresia, o que já era claramente uma exorbitância. Em 1557, o edito de Compiègne confirmou essas rigorosas ordenações, agravando-as ainda mais. Compreende-se a emoção de Calvino quando soube dessas medidas terríveis, que recusavam aos protestantes garantias legais que se concediam a envenenadores e falsários[22]. O edito de Chateaubriant proclamava abertamente que eram o heresiarca e a sua propaganda que estavam, em boa parte, na origem dessas medidas: o edito cita Genebra mais de dez vezes e chega a especificar que os hereges refugiados nessa cidade teriam todos os seus bens confiscados, e que os seus parentes e amigos que se dispusessem a ficar com esses bens em depósito seriam tratados como cúmplices. Tudo isso provava amplamente a enorme importância que o calvinismo já assumira no protestantismo francês.

A França conheceu então anos de verdadeiro terror antiprotestante. A profissão de livreiro ou de impressor tornou-se quase impraticável no reino. Robert Estienne pediu asilo em Genebra. As fogueiras ardiam nos quatro cantos do país, e os suplícios dos hereges eram muitas vezes atrozmente agravados: se não se comprometiam a calar-se diante do público no momento da execução, estrangulavam-nos antes de queimá-los e cortavam-lhes ou arrancavam-lhes a língua. Em alguns lugares, o condenado era preso à ponta de uma corrente que deslizava sobre uma roldana, e assim faziam-no subir e descer sobre as chamas, de maneira a ser queimado mais lentamente.

Deve dizer-se que, perante essas terríveis medidas, os reformados franceses quase sempre deram provas de uma coragem admirável: foram muito poucas as abjurações. "Perseguidos sem piedade", escreve o cardeal Baudrillart, "sofreram com invencível constância suplícios horríveis, bem semelhantes àqueles que o paganismo fez sofrer aos discípulos do Crucificado". Uma extraordinária exaltação, alimentada pelas cartas e mensagens de Genebra, mantinha erguidas as almas. Gente humilde morria com alegria, na esperança de alcançar a salvação com o seu sacrifício. Um desses condenados, na manhã da sua execução, apontava para o céu do amanhecer e exclamava que, dentro em breve, "elevado acima de todas aquelas coisas", veria um espetáculo ainda mais admirável. E das fogueiras brotavam muitas vezes os versículos de algum salmo, tal como se entoava nas novas igrejas:

Quando o meu corpo for trespassado,
a minha alma não estará morta.

Vem-nos à memória a profunda observação de Santo Agostinho, quando diz que não é o sofrimento que faz o mártir, mas a causa: *Causa non poena martyrem facit.* Houve mártires da heresia como os houve nos primeiros tempos cristãos. "O seu sangue", diz ainda Baudrillart, "deu novos filhos à Reforma e firmou no erro aqueles que uma conduta mais suave teria reconduzido à Igreja; a fogueira foi a sedução que reteve e atraiu as almas mais elevadas e as consciências mais generosas". Era também a opinião de Bossuet. E, parafraseando as célebres palavras de Tertuliano, Agripa d'Aubigné escreverá:

As cinzas dos queimados são preciosas sementes...
Tanto sangue que os reis fazem verter aos jorros
evola-se em doce chuva e em fontes d'água...

Com efeito, a perseguição teve resultados medíocres. "É espantoso", escreve o embaixador de Veneza, Giambattista

Tiepolo, "que, queimando quase uma pessoa por semana, não se chegue a extinguir o fogo do incêndio". Por toda a parte, os relatórios da polícia mostravam a heresia em pleno progresso, tanto em La Rochelle como em Orléans, em Bourges como em Grenoble. Essa proliferação das comunidades protestantes escapa quase totalmente aos olhares do historiador, pois os documentos são bem raros. Só se conhece, e com pouca precisão, a vida da primeira igreja calvinista de Paris, as suas celebrações noturnas da Ceia, em datas irregulares, as suas mudanças de local, as suas senhas, as suas fugas por janelas e subterrâneos ao menor sinal de alerta. E o mesmo acontecia com outras igrejas. Mas não há nenhuma dúvida quanto ao seu desenvolvimento.

Perto do fim do reinado de Henrique II, talvez os agrupamentos calvinistas não estivessem ausentes senão de uma parte do Norte e da metade ocidental da Bretanha. Nalgumas regiões, como na Normandia, na Brie ou no Vivarais, alguns bispos, sem o querer, tinham preparado o terreno para a evangelização calvinista; noutras, como em Saintonge, um senhor poderoso — foi o caso de Antoine de Pons, que conhecera Calvino em Ferrara — tinha feito das suas terras um centro de difusão da doutrina; noutras ainda, haviam sido uma universidade, um colégio, um impressor ou um livreiro à cata de novidades que tinham lançado as primeiras sementes; ou enfim a tradição dos valdenses dos Alpes ou o humanismo bastante livre de Margarida de Navarra. E, por toda a parte, a ação dos propagandistas enviados por Genebra completava o trabalho.

Poder-se-ão dar indicações numéricas sobre esta progressão? O primeiro presidente do Parlamento de Paris, Pierre Lizet, escrevia ao condestável de Montmorency: "A doença progrediu neste reino de tal forma e está tão bem enraizada em muitos lugares que é impossível extirpá-la sem novos remédios". Com um certo exagero, sem dúvida, o cardeal da Lorena gritava por toda a parte que dois terços da França se haviam passado para a heresia. E o pastor Macar, enfático, escrevia a Calvino: "O fogo está aceso em todas as partes do reino e toda a água do mar não seria suficiente para o extinguir!" Na verdade, os cálculos mais precisos permitem concluir que cerca de um sexto da população francesa estava tocado pela Reforma: entre dois e três milhões de almas.

Tal era, por volta de 1557, o resultado da vaga calvinista. Mas a esse resultado material — a expansão da Reforma — tinha de se acrescentar outro: a profunda modificação das comunidades. A ação organizadora do genial lógico de Genebra fizera-se sentir por toda a parte. A sua tradução da Bíblia substituíra a de Lefèvre d'Étaples; apesar de proibida, a sua *Instituição* difundia-se amplamente. Dentro em pouco, Teodoro de Beza já não conseguiria atender todas as igrejas francesas que pediam pastores.

As comunidades bem organizadas, à imitação de Genebra, tinham o nome de "igrejas erigidas". Eram 34 em 1555 e, provavelmente, 72 em 1559. "Nos anos de 1555-1556 e seguintes, a herança do Senhor começou a ser distribuída e organizada", diz Crespin no seu *Livro dos mártires*. Paris, Meaux, Poitiers em 1555, Bourges, Issoudun, Blois e Tours em 1556, Orléans, Sens, Dieppe, Rouen em 1557, La Rochelle, Saintes, Cognac, Toulouse em 1558, Chartres, Castellane, Evreux, Vire em 1559: o movimento era irresistível. E havia também as "igrejas implantadas", isto é, não organizadas, mas nem por isso menos fervorosas. Não sabemos se Coligny cedeu a um excesso de entusiasmo quando, em 1561, contou 2150 comunidades calvinistas na França. Rouen afirmava ter dez mil reformados. Tais cifras bastam para fazer compreender a razão pela qual os poderes públicos foram levados a tornar mais severos os seus métodos repressivos.

A Inglaterra de Eduardo VI passa para o calvinismo

Se o governo dos Valois — depois de ter parecido desejar, na primeira parte do reinado de Francisco I, a vitória do humanismo e de uma reforma moderada da Igreja — enveredou pelo caminho de uma política de repressão, afinal infrutífera, a verdade é que a Inglaterra dos Tudors, subtraída à observância romana, evoluiu rapidamente para a adoção oficial do calvinismo. A Henrique VIII, morto em 28 de janeiro de 1547, sucedeu o filho que tivera de Joana Seymour, Eduardo VI (1547-1553). Era um rapazinho de dez anos. O pai previra um conselho de regência, mas quase imediatamente o papel preponderante foi assumido pelo tio materno do menino-monarca, Edward Seymour, conde de Hertford, depois duque de *Somerset*, que se intitulou "Lorde Protetor". Homem de governo avisado e hábil, Somerset — sem desprezar as pequenas vantagens do poder — compreendeu que a política de violência era muito arriscada e optou por soluções intermédias.

Em matéria religiosa, como em qualquer outra, deixou-se guiar por duas preocupações. Primeiro, contentar a nobreza enriquecida pela espoliação dos mosteiros e receosa de que o preço de uma reconciliação com o papado acarretasse a perda das suas recentes aquisições; evidentemente, essa preocupação impelia-o a tornar mais profundo o fosso que Henrique VIII cavara entre Roma e a igreja anglicana. Em segundo lugar, prestar ouvidos aos conselhos dos muitos que desejavam a adoção da Reforma, entre eles Cranmer, o arcebispo da Cantuária, que, em 1548, traduzira para o inglês o catecismo de Lutero.

Passara a haver no reino um clã de refugiados protestantes cuja influência não era pequena: o italiano Vermigli, mais conhecido sob o nome de Pedro Mártir, ex-monge agostiniano, casado, os seus compatriotas Tremellio e Ochino, ex-capuchinho, e sobretudo Martin Bucer, que Carlos V expulsara de Estrasburgo por se ter mostrado hostil ao Ínterim, e que passaria na Inglaterra os seus últimos anos de vida. Bem guarnecidos de prebendas e de cadeiras universitárias — Pedro Mártir ensinava em Oxford e Bucer foi contemplado com uma subvenção —, todos esses imigrados consideravam o Lorde Protetor como um amigo. Calvino chegou a dedicar-lhe o seu *Comentário à primeira epístola a Timóteo*, e escreveu-lhe uma carta, de notável lucidez, na qual lhe explicou que, se não desse ao seu povo uma fé e uma disciplina religiosa, vê-lo-ia soçobrar na anarquia. Somerset mostrou-se sensível à advertência.

As primeiras medidas tomadas pelo novo senhor tiveram em vista pôr fim às leis de perseguição promulgadas por Henrique VIII. A "alta traição", definida mais moderadamente, deixou de permitir que os juízes entregassem ao carrasco quem bem lhes aprouvesse. Católicos e protestantes deixaram de ser perseguidos. Mas, ao mesmo tempo, operou-se um desvio em direção ao protestantismo. Ah, sim, lentamente, com prudência e até mesmo com ambiguidade. As "Injunções" de julho de 1547 não pareciam atentar contra a liturgia tradicional; no entanto, ordenavam aos párocos que, com o Novo Testamento em latim e em inglês, adquirissem a paráfrase de Erasmo, e que lessem as homilias de Cranmer, rejeitadas pela Assembleia do clero como suspeitas em 1543. Os visitadores reais, encarregados de verificar a aplicação dessas medidas, levaram o seu zelo ao ponto de ordenarem que se retirassem as imagens das igrejas e se caiassem as paredes. Os bispos Gardiner e Bonner, que protestaram, foram presos.

Quanto ao celibato dos padres, a lei votada pelo Parlamento mostrou-se um modelo de astúcia: não o suprimia e até mesmo dizia que, "para o bom renome e estima dos padres", era desejável que fossem castos, mas, por outro lado, autorizava os leigos casados a assumir funções sacerdotais. Avançava-se com passos silenciosos! Os exaltados que proferiam blasfêmias contra a Eucaristia eram chamados à ordem pelo Parlamento e pelo Protetor, mas a *Order for the Communion* aproximava-se da Ceia luterana, não só porque admitia a comunhão sob as duas espécies, mas também porque tirava à Missa o seu caráter de sacrifício. O *Book of common prayer* de 1549, o "livro da oração comum, da administração dos sacramentos e dos outros ritos e cerimônias da Igreja" — conhecido vulgarmente por *Prayer Book* — confirmava as tendências protestantes, embora com ambiguidades. A Missa tornava-se um simples serviço de ação de graças, chamado "Ceia do Senhor e Santa comunhão", e das preces de oblação não havia nem rastro. O Batismo passava a ser administrado à moda luterana; a confissão auricular tornava-se facultativa, e o inglês era admitido como língua oficial da religião, mantendo-se porém os quadros da liturgia. O *Edito da uniformidade*, votado em 1549, tornou essas prescrições obrigatórias a partir do Pentecostes desse mesmo ano.

Tal era a situação quando um acontecimento político inesperado a modificou subitamente. Somerset caiu. As revoltas que, no decorrer do verão de 1549, eclodiram simultaneamente nas regiões Norte, Oeste e Leste da Inglaterra não resultaram do descontentamento causado nas massas camponesas pelo desvio para o protestantismo: os pequenos fazendeiros e modestos proprietários revoltaram-se para tentar pôr fim à *enclosure*, fenômeno muito curioso, propriamente inglês, que levava os ricos e poderosos a constituir à sua custa domínios enormes, verdadeiros latifúndios. No entanto, é significativo que os rebeldes da Cornualha e de Devon tivessem formulado, em dezesseis artigos, reclamações de caráter religioso, entre as quais o restabelecimento das Missas privadas e o regresso ao latim, em vez dessa "espécie de peças de teatro representadas no Natal". O caso foi grave: um certo Robert Kett chegou a comandar 16 mil rebeldes. Somerset cometeu o erro de confiar a repressão da revolta ao seu principal rival no Conselho, John Dudley, conde de *Warwick*, que, à frente de tropas alemãs, começou por afogar em sangue a insurreição e depois se apressou a livrar-se do Protetor.

Brilhante gentil-homem, bom soldado, hábil diplomata e tão orgulhoso que os seus contemporâneos lhe chamavam o "novo Alcibíades", Dudley era dotado de uma ambição desenfreada e desprovida de todo o escrúpulo. Pessoalmente, em matéria religiosa, passava por conservador ou pelo menos por "henriquino", mas a verdade é que tinha necessidade de constituir uma clientela devotada para assegurar o poder. Uma lei muito oportuna, promulgada havia pouco tempo, pusera à disposição da coroa os colégios, as fundações piedosas e os bens das confrarias, e Warwick executou-a imediatamente, pois assim poderia satisfazer muitos ávidos escrúpulos! As igrejas foram despojadas do seu mobiliário e vários bispos, de bom grado ou a contragosto, tiveram que ceder uma parte das suas rendas. A classe dos novos possuidores estava disposta a admitir todos os dogmas que quisessem impor-lhe, desde que não lhe tocassem nos bens. Que dizia o jovem soberano de semelhante evolução? Seria difícil atribuir a um garoto de treze anos a responsabilidade do que se passava; educado no anglicanismo e no ódio a Roma, como poderia o jovem Eduardo VI resistir aos seus conselheiros?

A Reforma inglesa tendia agora para o calvinismo e até para um radicalismo zwingliano, o que é uma prova suplementar desse esgotamento do luteranismo que já se havia notado. Os espíritos, uma vez desligados dos dogmas romanos, buscavam nas fórmulas de Genebra e de Zurique a sua satisfação lógica. Cranmer estava em constantes relações com Bullinger e correspondia-se com Calvino.

O *Prayer Book* de 1549 fora atacado pelos extremistas desde a sua publicação. Hooper, ex-monge, casado e agora bispo de Gloucester, era quem dirigia o ataque. Uma comissão de teólogos, reunida por Cranmer e na qual Bucer (mesmo depois da sua morte, ocorrida em 1551) exercia uma profunda influência, preparou a revisão dessa constituição religiosa da Inglaterra. Organizou-se, portanto, um novo *Prayer Book*, que um novo *Ato de uniformidade* tornou obrigatório. Enquanto se declarava guerra aos altares, substituídos por simples mesas no coro das igrejas despojadas de imagens, levava-se a termo a evolução dogmática para o calvinismo. Aboliu-se tudo o que lembrava a presença real de Cristo na Eucaristia; à hora da consagração, o celebrante diria daí em diante: "Toma e come isto, em memória de Cristo que morreu por ti, e nutre-te dEle no teu coração, com ações de graças. Bebe isto, em memória do sangue de Cristo derramado por ti, e mostra-te agradecido". O livro do rito anglicano de 1550 suprimira as ordens menores e o subdiaconato; o padre já não era o ministro do sacrifício, mas um pregador e um pastor que, com a sua sobrepeliz branca, presidia à Ceia; ao ordená-lo, o bispo dava-lhe uma Bíblia, um cálice e um pão, "a fim de que tivesse autoridade para pregar a palavra de Deus e para administrar os santos sacramentos ao seu rebanho". De um dia para o outro, passou a ser normal declarar legítimo o casamento dos padres; a *Ave-Maria* desapareceu do livro das horas e o catecismo ensinava a justificação apenas pela fé... No entanto, os 42 artigos de 1553, relativos a muitas questões controversas, e que os eclesiásticos deviam subscrever, contentaram-se com fórmulas imprecisas, muitas vezes conciliadoras, que anunciavam esse caráter intermédio que seria o do anglicanismo.

Houve resistências. Numerosos bispos não queriam ir além da posição de Henrique VIII, e os mais teimosos foram encarcerados e substituídos por criaturas do poder. Gardiner e Bonner manifestaram aos juízes a sua grande tristeza por verem "os hereges autorizados a pregar e a negar que o corpo e o sangue de Cristo estão no sacramento do altar". Reconheceram — um pouco tarde — que a autoridade real era impotente para garantir a ortodoxia sem uma autoridade espiritual independente e superior. Para vencer as oposições, restabeleceu-se a lei sobre a traição e voltaram-se a executar papistas e "fanáticos", isto é, protestantes que queriam ir até ao fim da evolução em curso. John Foxe, autor do *Livro dos mártires* inglês, chamou a Warwick "um cruel carrasco". A própria meia-irmã do jovem rei, Maria Tudor, foi incomodada por causa do seu rígido apego à fé católica; chegaram a perseguir os seus capelães, e foram essas intrigas que contribuíram em grande parte para alimentar o ódio que ela concebeu contra o protestantismo em todas as suas formas. Mas terá havido alguma resistência mais séria às inovações de Warwick? Não se pode dizê-lo. Em 6 de julho de 1553, poucas semanas depois da publicação do segundo *Prayer Book*, Eduardo VI morria e sucedia-lhe Maria Tudor.

A vaga calvinista ao assalto

O calvinismo não se contentava com os seus impressionantes progressos na França nem com o seu quase triunfo na Inglaterra. Com um vigor e um espírito de empreendimento a que temos de prestar homenagem, lançava-se ao assalto por toda a parte. O seu adversário declarado era o catolicismo, mas, na verdade, insidiosamente, tinha de enfrentar em muitos pontos o luteranismo e outras reformas que o haviam precedido, cuja força se revelava menor que a sua. Esses ataques de Genebra foram conduzidos de modos muito diversos e com resultados desiguais.

Em muitos casos, tratou-se de uma transformação lenta, de uma penetração que redundava numa substituição. Foi o que aconteceu na *Suíça*. O genro e sucessor de Zwinglio, Henri Bullinger, por mais devotado e ativo que fosse, não tinha uma personalidade tão vigorosa como o fundador da igreja de Zurique. Em breve sofreu o ascendente de Calvino, principalmente na questão da Eucaristia, em que, afastando-se do puro simbolismo zwingliano, adotou a posição intermédia de Genebra. No decurso dos anos 1548-1549, entabularam-se negociações que resultaram no acordo doutrinal conhecido sob o nome de *Acordo de Zurique* ou *Consensus Tigurinus*[23]. Subsistiram profundas diferenças de organização e de disciplina entre as igrejas calvinistas e zwinglianas, mas, na prática, Zurique deixou de exercer qualquer influência e, no próprio interior das suas muralhas, o núcleo zwingliano retraiu-se, cercado pouco a pouco pelos grupos calvinistas, a ponto de não ser hoje senão uma pequena minoria.

Ao longo do *Reno*, a crença já comum em Zurique, Genebra, Berna e Basileia, atingiu o ducado de Deux-Ponts, o Palatinado e muitas outras partes da região, onde o luteranismo foi praticamente eliminado. A Universidade de Heidelberg foi o foco de onde a nova doutrina se expandiu rapidamente até muito longe, para além da Renânia. O Palatinado adotaria o calvinismo em 1562, Nassau em 1578, Bremen em 1584, o ducado de Anhalt em 1595, o condado de Lippe em 1602, Hesse-Cassel em 1605 e o Brandenburgo, esse feudo da Reforma de Wittenberg, em 1614. Na direção do Danúbio, o calvinismo, sem existência legal, instalava-se em Ulm, Ratisbona e Passau.

Nos *Países Baixos*, a severidade de Carlos V e a propaganda anabatista tinham dificultado seriamente o protestantismo. Mas a partir de 1543 notou-se na região um segundo movimento de reforma. Começou pelo sudoeste, em Lille, Tournai e Valenciennes; depois, atingiu a Flandres marítima, reanimou as comunidades muito castigadas de Antuérpia, bem como a de Gand, que a repressão da crise social de 1539 quase aniquilara, e estendeu-se à Zelândia e à Holanda. Este segundo movimento abastecia-se em Estrasburgo, na Inglaterra ou ainda em Genebra. Mas bem cedo foi esta última influência a que se impôs. Um discípulo de Calvino, *Guy de Bray*, depois de ter pregado em Lille e em Gand, assumiu o comando do grupo reformado de Tournai e redigiu, em 1561, uma profissão de fé de puro estilo genebrino.

Visitadas apenas por pastores de passagem, mas amparadas por anciãos e diáconos, essas igrejas levavam uma vida precária e fervorosa, e designavam-se com nomes simbólicos, como "Palma", "Vinha" e "Gládio". A partir de 1560, ergueram a cabeça e passaram a fazer as suas reuniões, não apenas em casas urbanas, mas também ao ar livre, nesses "templos de sebes" que deixariam uma recordação tão viva. A organização democrática de Calvino adaptava-se perfeitamente a essas populações industriosas e propensas à crítica;

a burguesia letrada lia com entusiasmo a *Instituição cristã*, e o proletariado dos portos e das cidades de tecelagem fora preparado pelo anabatismo para uma doutrina mais radical que a de Lutero. A Reforma calvinista encontrou nos Países Baixos uma clientela animada de instintos revolucionários, à qual a nobreza, descontente com o autoritarismo dos Habsburgos, estava tentada a juntar-se. Preparava-se uma crise cuja violência seria terrível[24].

A leste do mundo cristão, a fé de Wittenberg era igualmente substituída pela de Genebra. Na *Hungria* — desmembrada depois do avanço turco —, onde o luteranismo se beneficiara do desaparecimento da hierarquia católica após o desastre de Móhacs e da presença de numerosas colônias alemãs, o elemento magiar preferiu adotar o calvinismo. Teve como apóstolo o pastor Juhasz, que tomara o nome de *Melius*; Debreczen foi a sua cidadela. A *Confessio Czengerina*, de 1557, tornou-se a carta magna e o catecismo daquilo que se denominou "igreja húngara"; depois de retocada por Teodoro de Beza, passou a ser obrigatória em 1563. Na mesma ocasião, reconheceu-se a existência de grupos calvinistas na Transilvânia.

Mais dificilmente, em virtude das resistências oficiais, observou-se o mesmo processo na *Boêmia*. O evangelismo rigoroso do calvinismo e a sua estrutura independente do poder civil convinham particularmente aos Irmãos Boêmios, herdeiros do taborismo e do hussismo. Duramente perseguidos pelo rei Fernando de Habsburgo, os reformados cerraram fileiras em torno da rígida doutrina de Calvino. O apóstolo dos luteranos, Johann Augusta, foi preso e a sua "confissão de fé" — que Lutero aprovara — não tardou a perder a sua influência. "A unidade dos Irmãos", que, apesar de uma emigração importante para a indulgente Polônia de Sigismundo Augusto, se reconstituíra numa semiclandestinidade, organizou-se segundo o modelo genebrino e adotou, principalmente quanto à Eucaristia, teses muito próximas das de Calvino. Por volta de 1555, o povo tcheco parecia votado a deslizar para o mais rígido protestantismo.

Devia-se então reconhecer que, manejada pelo terrível homem de Genebra, a heresia se imporia pouco a pouco em toda a Europa? Talvez não. Em certos pontos, Calvino encontraria semifracassos e até fracassos completos. Tinha depositado grandes esperanças na *Polônia*: em 1554, oferecera um programa de ação ao fraco rei Sigismundo II Augusto. Mas a complexidade da situação religiosa num país em luta com a anarquia crônica desiludiu-o; a massa continuava apegada aos princípios católicos e a burguesia alemã das cidades professava o luteranismo. No entanto, uma parte da nobreza passara para o calvinismo e podia exibir conversões retumbantes, como as de Nicolau Radziwill e de várias famílias do rito ortodoxo russo. Na Câmara dos Núncios, existia uma maioria protestante, mas as seitas pululavam e detestavam-se. A Dieta de 1556 autorizou os senhores a praticar o culto da sua preferência. *Jan Laski*, que pertencia à alta nobreza e tinha rompido com o catolicismo, reconciliara-se depois, mas, por fim, talvez descontente por não ter sido recompensado com um bom benefício, abraçara as teses dos sacramentários. Em 1549, falava em Londres a uma comunidade cosmopolita de emigrados e, em 1556, encarregado por Calvino de uma verdadeira missão, regressava à pátria. A sua atividade e o seu êxito foram grandes entre a nobreza da Lituânia e da região de Cracóvia. O seu sonho era dar uma única confissão a todos os protestantes do reino, mesmo aos Irmãos Boêmios, que ali se tinham introduzido em grande número desde 1548. No entanto, dado o seu caráter autoritário e bastante irrequieto, o seu plano fracassou; não conseguiu sequer conservar intactos os grupos calvinistas. O sienense Lelio Sozzini que, no decurso de uma existência errante, se estabelecera em Cracóvia, intrometeu-se com ideias bastante loucas. A sua crítica levou-o a rejeitar até a ideia de um Deus em três Pessoas, inspirando um movimento antitrinitário ou "unitarista", que não passava de um deísmo. Aproximava-se a hora do contra-ataque católico.

Na Polônia, portanto, Calvino não teve êxito. Mas fracassou também em várias regiões da *Alemanha*, onde os príncipes luteranos, solidamente instalados em posições religiosas que lhes asseguravam grandes vantagens políticas e financeiras, se opunham firmemente à introdução de teses demasiado democráticas para o seu gosto. O mesmo aconteceu na *Suécia*, onde a igreja luterana, bem dirigida pela sua hierarquia episcopal, se havia implantado solidamente. Eric IV, filho de Gustavo Vasa, convertido ao calvinismo pelo francês Denis Beurrée, tentou adotá-lo no seu reino; em seguida, o seu irmão João III, casado com uma polonesa católica, quis restaurar a fé católica, mas nem um nem outro conseguiram abalar o bastião luterano.

Na outra extremidade da Europa, o calvinismo também não foi feliz. Na *Espanha*, onde a obstrução à heresia fora logo de entrada muito severa, as teses de Genebra penetraram ainda menos do que as de Lutero. A custo se encontram vestígios dessa doutrina nos escritos do ex-dominicano Montán que, perseguido, se refugiou a tempo nas margens do lago Léman. O cardeal Carranza, arcebispo de Toledo, suspeito de simpatizar com o calvinismo por causa do seu *Comentário ao catecismo*, passou dezessete anos na prisão — a Inquisição, como se vê, não respeitava títulos —, mas não houve quem provasse que era realmente um herege.

Quanto à *Itália*, também refratária à heresia luterana, pouco se deixou seduzir pela calvinista. Renée de Ferrara, que recebera o jovem futuro reformador na sua corte e que, mais tarde, lhe confiara a direção da sua consciência, pôs termo à sua influência e, em 1560, retirou-se para Montargis, onde se preparou para uma boa morte católica. Apenas algumas personalidades isoladas aderiram à fé de Genebra e, entre elas, algumas de relevo. Assim aconteceu com o geral dos capuchinhos *Bernardino Ochino*, personagem misteriosa, cujo comportamento está longe de ter os motivos devidamente esclarecidos, e que, em 1542, abandonou a sua jovem ordem e deixou todo o mundo católico estupefato ao partir com uma mulher em direção a Genebra; passou depois à Inglaterra e nunca mais voltou, apesar das tentativas cheias de caridade que lhe foram feitas por Inácio de Loyola. Foi o caso também do vigário geral dos agostinianos, Pietro Vermigli — Pedro Mártir —, que também veio a desempenhar um papel importante na Inglaterra. E temos ainda o célebre e infeliz dominicano *Giordano Bruno*, cuja morte nas fogueiras da Inquisição faria correr tanta tinta e que, aliás, era mais panteísta do que discípulo de Calvino[25]. Nenhum desses casos bastava para constituir uma Igreja. Os pequenos grupos, meio evangélicos e meio calvinistas, que vegetavam na Venécia, no Piemonte, na Emília, na Toscana, na Campânia e na Sicília, estavam completamente desprovidos de organização.

Mas o exemplo mais impressionante da resistência de um povo inteiro à influência da Reforma foi dado pela *Irlanda*. Embora submetida desde o século XII ao rei da Inglaterra, cuja autoridade, aliás, suportava com impaciência; embora trabalhada por paixões particularistas que multiplicavam as querelas entre clãs ou *septs*; e embora a Igreja se encontrasse ali também a braços com graves desordens (era comum ver candidatos aos bispados disputarem as nomeações de espada em punho!), quando se tratava de lutar pela fé, a velha terra de São Patrício formava um bloco só e resistia firmemente.

Henrique VIII obtivera facilmente a aprovação do cisma pelo Parlamento irlandês, aliás formado por colonos ingleses. Mas quando tentara impô-lo ao episcopado e ao povo, perdera o tempo; cuidara de colocar em algumas sés clérigos complacentes, e nem assim pudera vencer essa resistência. No reinado de Eduardo VI, os esforços de Lorde Saint-Léger para impor os *Prayer Books* também foram inúteis. O arcebispo de Armagh, Dowdale, preferiu deixar a Irlanda a ver "ultrajar a Santa Missa". O ex-carmelita Bale, cognominado "da boca infecta", nomeado bispo de Ossory graças a Warwick, empreendeu uma campanha anticatólica violenta, mandando quebrar as imagens de algumas igrejas, representar peças blasfemas e difundir o rito inglês e os escritos de Genebra, mas não conseguiu senão amotinar as suas ovelhas. Perseguidos por todos os lados, os católicos irlandeses começaram então a escrever a gloriosa página que haviam de assinar com sangue nos dias de Elisabeth.

No Oriente, as igrejas gregas e russas recusam totalmente o protestantismo

O malogro mais curioso que o protestantismo experimentou no seu esforço por conquistar o mundo cristão teve por cenário o Oriente. É um fato de grande importância e que um católico desejoso de ver um dia selar-se de novo a fraternidade dos batizados não deve ignorar: a igreja oriental, aquela que o uso corrente denomina "ortodoxa", permaneceu totalmente impermeável às influências do protestantismo, sob qualquer forma que ele se apresentasse.

Seria razoável pensar que o ódio comum que ortodoxos e protestantes votavam a Roma os deveria aproximar. Mas não foi assim. Contando com esse sentimento, os reformados não demoraram a dar os primeiros passos. Em 1559, Melanchthon enviou uma tradução grega da *Confissão de Augsburgo* ao patriarca de Constantinopla, Josafá II. Este nem sequer lhe respondeu, mas, particularmente, entregou-se a violentas imprecações contra o herege. Um pouco mais tarde, alguns professores de Tubinga que tinham entrado em contato com o patriarca Jeremias II propuseram-lhe a união das igrejas com base nas doutrinas reformadas. Desta vez, houve resposta, sim, mas bem diferente da que os teólogos alemães desejavam: Constantinopla rejeitava altivamente as teses luteranas sobre a Eucaristia e a hierarquia da Igreja, e convidava os interlocutores a pôr fim aos seus vãos esforços.

Os calvinistas, por sua vez, tentaram uma aproximação, principalmente por intermédio dos colonos alemães da Transilvânia e de alguns comerciantes venezianos adeptos das novas ideias. O fracasso foi também rotundo, e viria até a degenerar em drama nos começos do século XVII. Quando o patriarca da época, Cirilo Lukaris, aderiu à fé de Genebra e publicou uma *Confissão de fé* em que defendia a predestinação e interpretava a Comunhão à maneira calvinista, o clero e o povo ficaram possuídos de indignação. Reuniu-se um concílio que depôs o patriarca e o denunciou às autoridades turcas. Estas, resolvidas a manter a paz religiosa entre os povos submetidos ao seu domínio, apressaram-se a mandá-lo estrangular. Apesar da sua servidão e decadência, a igreja grega conservou, pois, a sua fé.

Quanto à igreja russa, será pouco dizer que rejeitou o protestantismo: mostrou-se completamente avessa. Quando muito, alguns comerciantes alemães, que frequentavam as feiras de Novgorod ou outras, falaram das novas ideias nas hospedarias, mas a massa do povo russo continuou a ignorá-las. A igreja de Moscou, aliás, evoluía para o nacionalismo espiritual que a havia de caracterizar a partir de então. Herdeiro da tradição monárquica romano-bizantina, o patriarca de Moscou, que em 1589 iria obter dos outros quatro a sua autonomia, exercia sobre todo o imenso território russo uma autoridade cada vez mais absoluta, aprovando a fusão da nação e do Estado num mesmo ideal religioso. Foi ele quem dirigiu nos fins do século XV a luta contra duas seitas heréticas: os *strigolniki* (homens de cabelos cortados), com tendências vagamente racionalistas e certamente anticlericais, e os *judaizantes*, que negavam a Santíssima Trindade, o culto dos santos e os sacramentos. Contra estes últimos, quem se bateu eficazmente no plano intelectual foi *Máximo o Grego*, antigo monge do Athos chamado a Moscou; e *José de Volokolamsk* opôs-lhes a primeira teologia russa. Mas os poderes públicos também intervieram, e acenderam-se fogueiras para os chefes das duas seitas. O clima não era, pois, favorável a uma propaganda que só podia lembrar aos fiéis russos a dos seus próprios rebeldes anticlericais e ultrajadores de santos.

Além disso, num momento em que a Santa Rússia se orgulhava de possuir o seu mais alto místico, *São Nil Sorsky* (1508) — cujo *Oustav* (a regra), verdadeiro tratado de espiritualidade ascética, faz pensar na *Imitação de Cristo* ou nos *Exercícios* de Santo Inácio —, como é que ela poderia ceder a um movimento doutrinal tão contrário ao seu temperamento?

Os anos conturbados: malogro de Carlos V na Alemanha

No entanto, as resistências contra as quais o protestantismo esbarrava em diversos pontos não podiam iludir ninguém. A situação do catolicismo era dramática. O edifício da Igreja ia desabando aos blocos: estavam perdidos dois terços da Alemanha, os países escandinavos e a Inglaterra; a Boêmia, a Hungria, a Polônia, a Escócia e a França achavam-se gravemente contaminadas; a propaganda reformada encontrava por toda a parte ouvidos complacentes. Estaria a Europa inteira destinada a cair sob os golpes dos heresiarcas? Preocupado com a sua política italiana, responsável pelos desastres que a Igreja vinha sofrendo, o papado não parecia capaz de galvanizar a resistência e de reverter a situação.

Os quinze ou vinte anos dos meados do século XVI — a traços largos, entre a morte de Lutero e a morte de Calvino — iam ser anos convulsos, ao longo dos quais estaria em jogo o destino da cristandade. Enquanto a velha Igreja romana, numa reação de que muitos não a julgavam capaz, se reerguia, se reorganizava, enfrentava os seus adversários, contra-atacava e, por fim, retomava uma parte do terreno perdido, os reformados protestantes, num esforço furioso, conquistavam posições e alcançavam mais vitórias — que seriam as últimas. E o único resultado desse duplo ímpeto seria deixar a Igreja de Cristo definitivamente exausta e dilacerada.

Foi na Alemanha que se desenrolaram os episódios mais sensacionais do confronto entre as duas forças adversárias. Em 1546, a situação do catolicismo no país parecia muito má. Unidos pela *Liga de Smalkalde*[26], os príncipes luteranos aproveitavam-se dos embaraços de Carlos V e ganhavam terreno sem cessar, protestantizando à força novas regiões do Império. Mas, na verdade, nem tudo estava perdido para os partidários da fé romana. Lentos em agir, como são sempre as coligações, os membros da Liga luterana não souberam atacar a tempo, e Carlos V, livre da ameaça francesa depois da paz de Crépy, voltou-se para a Alemanha, resolvido a abater aqueles que encarava como rebeldes ao seu poder soberano.

Começou por entender-se com o *duque Maurício*, chefe do ramo mais novo da casa da Saxônia e rival natural do seu primo, o Eleitor protestante João Frederico. Depois, em julho de 1546, aboliu por um ato de autoridade os privilégios do Eleitor da Saxônia e do Landgrave de Hesse, sob o pretexto de que haviam violado a paz pública. O papa Paulo III enviou-lhe um contingente sob o comando do seu neto Otávio Farnese e durante o verão empreenderam-se operações de pouca envergadura no Alto Danúbio. No outono, Maurício da Saxônia, que tinha posto em prática um plano minucioso para adormecer a vigilância do seu primo, lançou-se sobre o Eleitorado e João Frederico abandonou o exército confederado para repelir a agressão. Os seus aliados, desorientados, dispersaram-se.

Com os movimentos livres, o imperador obrigou o duque de Wurtemberg a submeter-se, depôs o muito suspeito arcebispo de Colônia e apareceu como único senhor em Ulm, Augsburgo, Frankfurt e Estrasburgo, que outrora tinham aderido à Liga de Smalkalde. Os príncipes protestantes já não contavam com aliados: em algumas semanas, no início de 1547, Henrique VIII e Francisco I tinham desaparecido. Quando o Eleitor da Saxônia começou a levar vantagem sobre Maurício, Carlos V correu em auxílio do seu aliado. Em 24 de abril, as tropas imperiais atravessaram inesperadamente o Elba, precipitaram-se sobre o campo de

Mühlberg e, quase sem perdas, apoderaram-se dos estandartes e da artilharia de João Frederico. Wittenberg capitulou; havia quinze meses que Lutero tinha morrido. João Frederico entregou-se a Carlos V, que o declarou traidor ao Império e conferiu a Maurício o seu território. Abandonado, o Landgrave de Hesse, Filipe, juntou-se na prisão ao saxão e ali estiveram ambos durante cinco anos. A Boêmia, que se recusara a enviar contingentes, foi duramente castigada por Fernando da Áustria.

O poder do imperador atingia o auge. Quebrara a força política e militar dos protestantes e pensava agora em resolver a questão religiosa. Conduzira e ganhara a guerra de Smalkalde como um chefe de Estado que abate rebeldes, mas tinha cuidadosamente evitado mostrar-se inimigo dos hereges. Condenara o Eleitor da Saxônia e o Landgrave de Hesse porque esses homens tinham arrancado as terras ao duque de Brunswick, não porque defendessem ideias heréticas. E às repúblicas urbanas do Sudoeste, que submetera, prometeu respeitar certos ritos e os bens secularizados. O seu objetivo era certamente reconstituir a unidade, mas, para isso, não podia contar com o Concílio, cujas primeiras sessões acabavam de se realizar e que já definira de uma maneira radicalmente incompatível com as ideias dos reformados as fontes da fé, a justificação e os sacramentos. Além disso, indispôs-se com o papa, que o censurava por querer agir como senhor absoluto em assuntos religiosos e cobrar taxas exageradas sobre os bens da Igreja na Espanha. A transferência do Concílio para Bolonha, sob pretexto de uma epidemia que podia atingir a cidade imperial de Trento, pareceu-lhe uma provocação; por outro lado, opôs-se a que Pedro Luis Farnese — filho de Paulo III, nascido quando o papa ainda era leigo — se estabelecesse em Parma e em Placência, e o seu governador do território milanês não foi alheio ao assassinato desse personagem.

Já que a Alemanha estava à sua mercê, resolveu dar-lhe um regulamento religioso provisório e confiou a sua elaboração a dois teólogos católicos — Julius Pflug e Helding — e um protestante — João Agrícola. Estabelecido em vinte e seis artigos, o *Ínterim* foi proclamado pela Dieta de Augsburgo em 15 de maio de 1548. Por esse documento, anulavam-se as liberdades e garantias que os protestantes haviam conquistado pouco a pouco, davam-se aos católicos garantias jurídicas nos domínios dos príncipes reformados e reafirmava-se a doutrina tradicional da Igreja sobre o culto dos santos e os sete sacramentos. Ao mesmo tempo, porém, revelavam-se as intenções pessoais do imperador, pois autorizavam-se os padres casados a continuar o seu ministério e concedia-se a comunhão sob as duas espécies. Paulo III compreendeu que o vencedor de Mühlberg desaprovava o Concílio e suspendeu-o.

Mas em breve os acontecimentos infligiram a Carlos V um severo desmentido. Tornou-se difícil aplicar o Ínterim, visto que ninguém ficou satisfeito; o próprio Maurício da Saxônia se recusou a impô-lo aos seus súditos. Prematuramente envelhecido, torturado pela gota e visivelmente cansado — como no-lo mostra o retrato executado por Ticiano nessa época —, o imperador não soube agir com firmeza. Umas vezes, foi rigoroso, como aconteceu em Magdeburgo, que mandou sitiar, ou em Estrasburgo, onde exigiu a retirada de Bucer, que se refugiou na Inglaterra; outras vezes, fechou os olhos a certas oposições, como sucedeu em Brandenburgo, onde o Margrave Joaquim não respeitou o Ínterim, e na Saxônia, onde Maurício ordenou a alguns teólogos, entre os quais Melanchthon, que refizessem as disposições de Augsburgo, de forma a suprimir-se do texto a menor alusão à autoridade do Papa e dos bispos. A nova redação, chamada *Ínterim de Leipzig*, teve a mesma sorte da primeira. Carlos V estava visivelmente desmoralizado em todo o Império. Circulavam panfletos que atacavam com violência o regime provisório.

O imperador não se apercebeu, sobretudo, de que os príncipes não estavam suficientemente dominados para não se levantarem contra ele. A opinião alemã estava do lado deles: mostrava-se irritada por se terem introduzido tropas estrangeiras no Império, alarmava-se com o boato — absolutamente infundado — de que Carlos V deixaria a coroa imperial ao seu filho Filipe, um espanhol conhecido pela sua intransigência, e não ao seu irmão Fernando. Os príncipes do Norte reagrupavam-se na sombra e buscavam o apoio da França. Podiam agora contar com Maurício da Saxônia, verdadeiro príncipe segundo o modelo de Maquiavel, que punha ao serviço dos seus interesses e ambições uma habilidade fora do comum, comparável à demonstrada por Frederico II e por Bismarck. Sem querer consolidar mais a autoridade imperial, mas sem abandonar ainda o partido de Carlos V, Maurício fez saber aos reformados que estava com eles de coração e que, no momento oportuno, poderia tornar-se o seu chefe.

Por outro lado, iam recomeçar para o imperador as dificuldades internacionais. Na França, reinava agora Henrique II, homem frio e prudente, a quem o marechal de Vieilleville fizera compreender que, em vez de correr aventuras na Itália, seria preferível concentrar-se em melhorar a fronteira lorena. Pelo tratado de Chambord de 15 de janeiro de 1552, mediante uma contribuição em dinheiro e uma operação militar na região renana, Henrique II obteve autorização para ocupar os três bispados de *Metz*, *Toul* e *Verdun*, onde se falava a língua francesa. Um manifesto, datado de Fontainebleau, apresentava-o como o defensor das liberdades germânicas! Foi o momento que Maurício aproveitou para tirar a máscara. Enquanto os príncipes se agitavam e os franceses entravam na Lorena e avançavam até o Reno, as suas tropas ocupavam Augsburgo, de modo a privar Carlos V da ajuda dos banqueiros, e lançavam-se sobre Innsbrück, de onde o imperador, doente, fugiu durante a noite. Maurício estava a apenas três ou quatro dias de marcha de Trento, onde o Concílio havia retomado os seus trabalhos, com a presença de alguns delegados da Reforma. A sessão foi novamente suspensa.

Carlos V, que tentara em vão retomar Metz, soberbamente defendida por Francisco de Guise, retirou-se para Bruxelas, para junto de sua irmã Maria da Hungria, deixando ao irmão Fernando a tarefa de negociar com os príncipes protestantes o tratado de Passau. Retardada por desordens no decurso das quais Maurício da Saxônia morreu, a Dieta destinada a dar a paz à Alemanha teve início em *Augsburgo* somente em *5 de fevereiro de 1555*; o tratado ficou finalmente pronto em 26 de setembro e foi assinado por Fernando em 3 de outubro. Reconhecia a todos os príncipes, tanto aos católicos como aos que tinham aderido à confissão luterana, o direito de regularem como quisessem os usos religiosos no interior dos seus Estados e de imporem a sua própria religião aos seus vassalos. Se estes não se submetessem e não tomassem a precaução de fugir, seriam chamados aos tribunais e condenados ao exílio ou mesmo à morte.

O príncipe tornava-se senhor das consciências; estabeleceu-se o princípio *cuius regio eius religio* — "tal território, tal religião" —, nova base do direito público germânico, consagrando o triunfo da política em matéria religiosa. Quanto à secularização dos bens eclesiásticos, ficou assente que se manteriam todas as que houvessem sido feitas antes de 1552; no entanto, usando dos plenos poderes que o seu irmão lhe outorgara, Fernando mandou inserir a cláusula especial do "reservado eclesiástico" (*reservatum ecclesiasticum*), pela qual qualquer bispo ou abade que dali em diante passasse para a Reforma ficava proibido de conservar as propriedades que administrasse em virtude das suas funções. Como os príncipes protestantes corriam o risco de não aplicar as outras disposições da paz, pois bem sabiam, por experiência própria, o papel que o interesse desempenhara nas adesões à fé de Wittenberg, Fernando, por uma declaração particular, admitiu que era suficiente o voto da nobreza e das cidades, isto é, das "ordens" que estavam legitimamente representadas, para que um principado da Igreja abandonasse o catolicismo.

Dessa maneira, a Reforma recebia na Alemanha o seu estatuto político. Consagrando o desmembramento do país, a Paz de Augsburgo continha em si o germe de lutas fratricidas e estabelecia as bases da terrível *Guerra dos Trinta Anos*, que havia de eclodir no século seguinte. Assim se manifestava também a impotência do poder imperial. Por um lado, o acordo fizera-se no nível dos principados, e por outro não reconhecia a liberdade das consciências: em cada região, as crenças dos vassalos ficavam entregues ao seu respectivo príncipe. Ora, como os confederados de Smalkalde tinham adotado o protestantismo sob a forma luterana — o calvinismo que, como vimos, penetrara no Palatinado, não tinha recebido existência legal —, a única alternativa que restava era escolher entre Roma e Wittenberg.

O malogro de Carlos V era esmagador. Ele, que alimentara o sonho de assumir a responsabilidade do mundo cristão e de guiar a Igreja Católica por novos caminhos, tinha de resignar-se a ver que, no próprio coração dos seus imensos domínios, na Alemanha, a heresia adquiria foros de cidadania e, defendida pelos príncipes, erigida em igrejas oficiais, era imposta a milhões dos seus vassalos! Cingira a coroa dois anos depois da afixação das teses de Lutero em Wittenberg e, trinta e seis anos mais tarde, conseguira guardar para o catolicismo romano somente a Westfália, a maior parte dos principados renanos, os bispados dependentes de Mogúncia, a Suábia austríaca e o lado setentrional dos Alpes. O velho *limes* romano cortava agora a Alemanha em duas.

O imperador não voltou às suas terras depois da traiçoeira ofensiva de Maurício da Saxônia; estava fisicamente desfeito e moralmente esgotado. O fardo esmagador dos Estados díspares que possuía nos quatro cantos do mundo ter-lhe-á parecido excessivamente pesado para os seus ombros? Terá visto no desmoronamento dos seus sonhos um aviso do céu? Com uma pompa solene, renunciou a todos os seus títulos, a todos os seus cargos e a todos os seus domínios. Na grande Sala do Palácio de Bruxelas, a mesma onde, quarenta anos antes, o imperador Maximiliano o proclamara maior de idade e o investira na posse da sua fabulosa herança, depôs o Tosão de Ouro e a seguir, um após outro, todos os símbolos do poder temporal. Seu irmão Fernando I, duque de Áustria, rei da Boêmia e da Hungria, recebeu o governo do Império, e seu filho Filipe herdou a Espanha, as terras da Itália, os Países Baixos, o Franche-Comté e as imensidades d'além-mar.

Quanto a ele, que parecera ser o senhor do mundo, não tendo agora outro cuidado que não fosse a sua salvação pessoal, embarcou para a Espanha, resolvido a "fazer penitência em reparação e emenda das coisas com que havia ofendido gravemente a Deus". Passou o resto da vida num humilde mosteiro dos padres jerônimos em Yuste, no flanco da Extremadura, torturado pela gota, suportando calafrios que o gelavam da cabeça aos pés, inteiramente entregue à meditação e às preces. Morreu em 21 de setembro de 1558, depois de ter determinado com precisão e rigor a forma como queria o funeral. As suas últimas palavras foram: "É chegado o momento". Resolvera que o seu corpo fosse enterrado no convento, debaixo do altar-mor da igreja, metade dentro e metade fora da mesa do altar, de maneira que o padre, ao celebrar a Missa, pousasse os pés sobre o seu peito e a sua cabeça, em sinal de eterna humilhação.

Os anos conturbados: o protestantismo francês torna-se um partido político

Enquanto o luteranismo se estabelecia em bases sólidas na Alemanha, o protestantismo francês, já quase inteiramente calvinista, preparava-se para pôr em jogo o seu destino. Insidiosamente, com uma crescente rapidez depois que o mestre de Genebra assumira o comando, estendera-se por todo o reino. Longe de inspirarem terror, as fogueiras dos "mártires" tinham suscitado entusiasmo. A folha impressa e o desenho difundiam o exemplo desses homens. Celebrava-se em todas as comunidades reformadas a jovem e heroica memória dos cinco estudantes, vindos de Genebra e presos em Lyon, que, depois de terem convertido um malfeitor preso com eles, haviam morrido cantando a sua alegria no meio das chamas. Menos tocantes, repetiam-se em toda a França episódios de iconoclasmo; encontravam-se imagens da Virgem Maria decapitadas e santos atravessados por um punhal sacrílego sobre os altares. As desordens sociais — como as que ensanguentavam o Aunis e a Saintonge, a propósito da *gabelle*, o imposto sobre o sal — eram outro elemento que ajudava a Reforma a expandir-se. O governo real não reagiria?

Dois incidentes revelaram a Henrique II a extensão do perigo. Na noite de 4 para 5 de setembro de 1557, um grupo de estudantes do Colégio de Plessis surpreendeu alguns reformados que se tinham reunido numa casa contígua à Sorbonne, cujo locatário era um jovem advogado com um lugar no Parlamento. Apanharam-se cento e trinta pessoas, que foram conduzidas ao Châtelet. A justiça apurou que cerca de trinta — sobretudo mulheres — pertenciam à mais alta nobreza. Uns meses mais tarde, em maio de 1558, no Pré-aux-Clercs — um terreno destinado a passeios e jogos estudantis fora dos muros de Paris, na margem direita do Sena —, organizavam-se procissões de vários milhares de participantes, sob a vigilância de homens armados e a cavalo. Entoavam-se salmos. O Parlamento proibiu as manifestações e o rei ordenou um inquérito. Averiguou-se que Antônio de Bourbon, rei de Navarra, príncipe de sangue, tinha assistido a essas manifestações, e que o responsável era um sobrinho do condestável de Montmorency, François d'Andelot, irmão do futuro almirante de Coligny. Para o rei, dotado de espírito lento mas de caráter obstinado, essas informações foram esclarecedoras. Confessou que a Reforma sempre lhe parecera coisa para gente humilde, e a presença de nobres — armados, segundo se dizia — nas assembleias protestantes encheu-o de estupefação e ansiedade.

O certo é que o recrutamento protestante tinha mudado muito no decurso dos anos precedentes e atingira classes sociais diferentes das do início. Por volta de 1540, o "evangelismo" fora opinião de letrados, mas depois as novas ideias tinham-se espalhado entre o povo, entre os operários e artífices. Muitos intelectuais tinham-se afastado, ao verem que tais ideias eram inconciliáveis com o catecismo.

Os frades mendicantes e os párocos que, nos primeiros tempos, tinham podido mostrar-se simpatizantes, haviam retornado na sua maior parte ao seio da Igreja. E todos esses "tíbios", esses "renegados", tinham merecido o cruel panfleto de Calvino *Desculpas aos senhores nicodemitas*. Apenas as *gens meschaniques* do princípio haviam permanecido e proliferado.

Mas, pouco a pouco, juntaram-se-lhes membros da aristocracia, e não dos menos importantes. A nobreza rústica, vítima da centralização monárquica, da desvalorização monetária e, em 1559, da paz que a reconduzia aos seus lares, viu certamente na Reforma um meio de lutar contra a autocracia real e, talvez, de restabelecer as suas finanças com a secularização dos bens da Igreja. Outros, gentis-homens de elevada categoria, converteram-se ao calvinismo por razões de fé, sem dúvida, mas também para enfrentarem o clã dos ultracatólicos que gozavam do favor da corte.

Sem chamar a atenção, alguns homens de renome foram-se passando para o lado dos reformados: embora não se proclamassem abertamente protestantes, eram-no com certeza de coração os três irmãos Châtillon (o cardeal Odet de Châtillon, o almirante Gaspard de Coligny e o coronel-general François d'Andelot) e dois primos do rei, Antônio de Bourbon, rei de Navarra, bisneto de São Luís e genro de Margarida, e o seu irmão Luís de Rohan, fundador da casa de Condé, um dos melhores generais da época; Joana d'Albret, esposa de Antônio, convertida por sua vez, tornar-se-ia uma enérgica propagandista. Acabava a época dos humildes e de alma pura, cujos olhos brilhavam de fervor e de inocência diante das fogueiras, e abria-se outra, a do protestantismo político, cujos chefes iam pôr ao serviço da sua fé as suas espadas, as suas ambições e os seus rancores. Lá no fundo, não teriam em vista apoderar-se do poder, confiscar a realeza e impor à França a sua doutrina? "Então querem arrancar-me a coroa da cabeça?", exclamava o rei com cólera, mas não sem razão.

Depois do caso do Pré-aux-Clercs, que causou em Paris um enorme escândalo, Henrique II resolveu agir. A tentativa que fez pessoalmente para convencer d'Andelot a submeter--se acabou por persuadi-lo de que nada tinha a esperar desses obstinados. "Juro", disse ele diante do embaixador do duque de Módena, "que, se puder resolver os meus problemas externos, farei correr pelas ruas o sangue e as cabeças dessa infame canalha luterana"[27].

Ora, esses problemas externos foram resolvidos por ele pouco depois, e talvez o seu desejo de ter as mãos livres para lutar contra os protestantes explique a pressa, muito criticável, com que abandonou a Savoia, a Bresse e Bugey pelo tratado *Cateau-Cambrésis*, que assinou com a monarquia espanhola em 3 de abril de 1559. As guerras da Itália começadas em 1494, e o conflito com a casa de Áustria, aberto em 1519, chegavam ao fim. A França renunciava à Itália, às suas tentativas e às suas ruinosas aventuras. Na prática, esboçava-se um reagrupamento das forças católicas sob a direção do rei da Espanha; uma política de ofensiva contra a heresia substituía as lutas pela hegemonia, reconhecendo--se tacitamente o comando ao reino de Filipe II, que melhor soubera preservar-se do contágio protestante.

Em 2 de julho de 1559, o edito de *Écouen* definia a conduta do governo francês. Para extirpar as más crenças, a justiça real recebeu ordens para perseguir sem piedade os heterodoxos. Em 10 de junho, o rei presidia a uma sessão do Parlamento de Paris para sancionar o edito; um pequeno grupo de conselheiros tinha recomendado que se procedesse com moderação, que não se aplicasse a pena de morte em matéria de religião e que se esperasse o Concílio que corrigiria "os abusos romanos". Os conselheiros du Faur e du Bourg ousaram repetir essas opiniões na presença do rei, e Henrique, indignado, mandou-os prender imediatamente com dois dos seus colegas; nenhum deles escapou à pena capital. Mas, ferido num torneio organizado em honra do casamento de sua irmã, o rei expirava em 10 de julho.

Precisamente umas semanas antes, constituía-se a Reforma francesa. Em *25 de maio de 1559*, em Paris, os representantes das comunidades reuniram um *primeiro sínodo* sob a presidência do ministro Morel. Três delegados representavam Calvino. La Roche-Chandieu entendeu-se com eles sobre os termos de uma confissão de fé em 40 artigos. Decidiu-se que os pastores seriam eleitos pelos consistórios, que as igrejas seriam iguais e autônomas, mas se agrupariam em sínodos provinciais e, eventualmente, num sínodo nacional. O protestantismo francês organizava-se, portanto, de harmonia com o modelo de Genebra, como uma verdadeira igreja à margem da igreja da França. Mas — é preciso sublinhá-lo — não estava de forma alguma nas intenções daqueles pastores e daqueles teólogos erigir um Estado contra o Estado. Pelo contrário, com muita humildade, o sínodo assegurava ao rei a fidelidade dos seus súditos protestantes e suplicava-lhe que mandasse examinar a sua doutrina para ver que nada havia nela de subversivo. Mas seria esse o desígnio — o desígnio secreto — de todos os chefes ambiciosos do "partido protestante"?

Em breve se revelou o antagonismo político. Três grandes famílias aspiravam a ocupar o primeiro lugar no reino. Os Bourbons, descendentes de São Luís, eram príncipes de sangue; o mais velho, Antônio, um fraco e indeciso, que se tornara rei de Navarra pelo seu casamento com a impetuosa Joana d'Albret, e o terceiro, Luís, príncipe de Condé, ambicioso e irrequieto, tinham passado para o protestantismo, ao passo que o segundo, o cardeal Carlos, continuava à frente do arcebispado de Rouen. Os Montmorency, descendentes do velho condestável que fora amigo de Francisco I, estavam também divididos; o ramo direto conservava-se católico, mas os sobrinhos não eram outros senão os três Châtillon que, como vimos, se tinham convertido ao protestantismo. E diante dessas duas poderosas dinastias erguia-se outra que, sozinha, era bem capaz de enfrentar quem quer que fosse: a dos *Guise*, príncipes lorenos — isto é, meio estrangeiros —, mas cuja mãe era uma Bourbon, e que tinham a maior parte das suas terras na França. O mais velho, Francisco de Guise (1519-1563), era um magnífico guerreiro, notabilizado pela sua defesa de Metz e pela retomada de Calais; o mais novo, Carlos, era cardeal de Lorena, arcebispo de Reims e abade comendatário de Saint-Denis, Cluny, Noirmoutiers e Fécamp. "O catolicismo desses homens", disse-se[28], "aliava-se a grandes propósitos políticos". Apresentando-se como inimigos mortais do protestantismo e apoiando-se em Roma e no papa, satisfariam as suas ambições de família tanto como as suas convicções.

Ora, o novo rei, um reizinho de quinze anos, *Francisco II*, tinha desposado uma sobrinha dos Guises, que não era outra senão Maria Stuart, rainha da Escócia, muito mais velha que ele. Dominando o jovem marido, a rainha confiou aos seus tios "o encargo completo de tudo". Durante alguns meses, a perseguição redobrou: foi então que se enforcou e queimou o conselheiro Anne du Bourg. Mas o próprio rigor da repressão e a impopularidade dos Guises e da sua ávida clientela foram suficientes para que os príncipes protestantes ripostassem. Tramou-se uma conspiração — cujo chefe nominal era um simples gentil-homem, La Renaudie, mas cujo chefe verdadeiro era o príncipe Condé — para raptar Francisco II e subtraí-lo à influência dos Guises.

Ao tomar conhecimento do projeto, Calvino condenou-o, prevendo com razão que "da gota de sangue que se ia derramar jorrariam rios que inundariam a França". Como os Guises tivessem posto o rei em segurança no castelo de Amboise, os conjurados reuniram-se nas florestas vizinhas, mas um traidor os denunciou e a repressão foi feroz: todos os que foram capturados morreram afogados, decapitados ou enforcados. O Loire transportou cadáveres aos cachos, e foram tantos os que apodreceram nas ameias do castelo e nas ruas à volta que a cidade ficou infestada. Tais atrocidades pediam vingança e circularam panfletos que ameaçavam os Guises de morte. O fracasso da *Conjuração d'Amboise* (1560) marcava o início da tragédia que iria dilacerar a França. Indo além na sua reação, os Guises mandaram prender e condenar à morte o próprio Condé. Só a morte do jovem rei o salvou.

Havia alguém que se preparava para aproveitar-se do "grande tumulto": *Catarina de Médicis* (1519-1589), viúva de Henrique II e mãe do pequeno rei falecido, bem como do seu irmão *Carlos IX* (1560-1574), que lhe ia suceder. Era uma Médicis típica, uma cabeça política, um caráter: o olhar profundo dos seus olhos à flor da face, sobre aquele rosto sem beleza, cuja palidez de cera era realçada pela gola branca de viúva, não deixava transparecer os seus sentimentos fortes e resolutos. Possuía um elevado sentido do Estado, conservava uma profunda admiração pelo seu sogro, Francisco I, e pretendia, como ele, mandar sem réplicas. Apaixonada pela autoridade, mas sensível às realidades, odiava o poder dos Guises, via na alta nobreza protestante um útil contrapeso e estava resolvida a ziguezaguear por entre as facções, cujo fanatismo seria incapaz de professar.

Desde 8 de março de 1560, os processos de heresia tinham deixado de ser da alçada do Parlamento e passado para os tribunais eclesiásticos. Em 30 de junho do mesmo ano, Catarina introduziu Michel de l'Hôpital na chancelaria. Era um humanista que conservara a moderação erasmiana, um legista que se propunha reforçar o poder real e um católico prudente que se recusava a expulsar os protestantes do seio da Igreja enquanto o Concílio não terminasse. A subida ao trono de *Carlos IX*, uma adoentada criança de nove anos, deu a regência a Catarina e permitiu-lhe fazer a experiência da sua política.

Nos Estados Gerais de Orléans, Michel de l'Hôpital proferiu a sua famosa exortação: "Ponhamos de parte essas palavras diabólicas, nomes de partidos, de facções e de sedições, tais como luteranos, huguenotes e papistas. Não mudemos o nome de cristãos!" Para restaurar a dignidade das promoções episcopais, foram restabelecidas as eleições pelos Cabidos, e a rainha-mãe escreveu ao papa Pio IV, que acabava de convocar o Concílio para uma terceira série de sessões, pedindo-lhe que procedesse a algumas alterações litúrgicas para mostrar a sua boa vontade. Os protestantes e os seus bens foram subtraídos às violências e postos sob a proteção da lei. Fingindo ignorar as primeiras decisões do Concílio de Trento, o malogro das tentativas de Carlos V e a firmeza da atitude romana, Catarina e o seu chanceler esperavam que um colóquio, onde os representantes das diversas confissões cristãs exprimissem clara e livremente as suas opiniões, pudesse resultar numa aproximação ou, pelo menos, num apaziguamento.

A reunião — ou o colóquio, como se diz — realizou-se em *Poissy*, no outono de 1561. As comunidades reformadas do reino tinham nomeado doze delegados; Calvino enviou Teodoro de Beza. Este falou com moderação, mas, ao expor a tese de Genebra sobre a Eucaristia, afirmou que o corpo e o sangue de Cristo estavam tão longe do pão e do vinho consagrados como o mais elevado céu estava da terra. O velho cardeal de Tournon revoltou-se contra o blasfemo. O cardeal de Lorena, depois de ter citado o catecismo católico, referiu-se habilmente às divergências das igrejas reformadas, sublinhando que, sobre a Presença real, os calvinistas eram tão incapazes de se entender com os luteranos como com os romanos. Por fim, enviados pela Cúria, chegaram o cardeal Hipólito d'Este e o geral dos jesuítas, Laínez; este exaltou-se e apelidou os reformados de lobos, serpentes e assassinos — brutalidade certamente intencional e calculada. Percebendo que esses exageros desagradavam à rainha-mãe, o cardeal de Lorena sugeriu que se convidassem teólogos alemães, mas Beza declarou que não admitia a doutrina desses teólogos. E o colóquio encerrou-se sem qualquer resultado.

Os antagonismos ressurgiram. Francisco de Guise entendeu-se com o condestável de Montmorency, que dispunha de uma enorme clientela feudal, e com o marechal de Saint-André. Esse "triunvirato", que sabia poder contar com a maioria da França católica, decidida daí em diante a não tolerar qualquer progresso da heresia — sobretudo entre as massas rurais —, e que era encorajado pelo Parlamento de Paris e pelo rei da Espanha, pretendia opor-se à política de conciliação. E por outro lado, os Bourbons, que não viam em Michel de l'Hôpital senão um político, não afastavam a ideia de defender pelas armas a causa do calvinismo.

O governo real, no entanto, obstinava-se em procurar uma composição. Catarina de Médicis, impressionada com os resultados da Reforma na Europa e estimulada pela intrepidez de Joana d'Albret, que viera viver junto dela em Saint-Germain e acompanhava regularmente as reuniões calvinistas, quis definir os limites dentro dos quais os protestantes poderiam beneficiar-se da liberdade de culto no reino. O edito de 7 de janeiro de 1562 — chamado *Edito de janeiro* — concedeu-lhes essa liberdade fora das cidades muradas e, no interior destas, nas casas dos particulares.

Era uma política de moderação sem nenhuma possibilidade de triunfar. Ocorriam violências em toda a parte. Em Montpellier, em plena catedral, os protestantes mataram quinze católicos. No dia 1º de março de 1562, uma escaramuça na Champagne precipitou a guerra civil. O duque Francisco de Guise voltava de Saverne, onde se tinha encontrado com o duque de Würtemberg, que era luterano, provavelmente para impedir que os príncipes germânicos ajudassem os huguenotes da França. Em *Vassy*, não longe das propriedades que os lorenos possuíam em Joinville, a tropa do duque cruzou-se com uma reunião de protestantes. Cerca de mil pessoas assistiam a uma prédica fora dos muros da cidade e espalhavam-se pela estrada. Os homens de Francisco quiseram desimpedir o caminho, e o duque avançou. Respondeu-lhe uma saraivada de pedras. Os soldados carregaram e abriram naquela massa de gente uma passagem sangrenta.

Esse foi o sinal do drama. Em poucas semanas, o reino ficou abrasado; os Guises apoderaram-se do pequeno rei e da rainha; Condé instalou-se em Orléans e proclamou-se "defensor da coroa da França". Massacres, pilhagens e batalhas devastaram as províncias. Começavam as guerras de religião, que haviam de durar trinta e seis anos.

Os anos conturbados: na Inglaterra, Maria Tudor faz odiar o catolicismo

Na Alemanha e na França, portanto, a política sobrepujava as intenções propriamente religiosas. E na Inglaterra, país onde só a decisão política de um rei bastara para provocar a ruptura? A situação, ali, mostrava-se complexa, oscilando entre a intransigência anglicana, a intransigência calvinista e a intransigência católica. No tempo de Henrique VIII e de Eduardo VI, a personalidade do soberano desempenhara um papel decisivo na orientação religiosa do povo, e o mesmo aconteceu com a rainha que a ordem da sucessão chamou ao trono em 16 de julho de 1553: *Maria Tudor*.

Era filha de Henrique VIII e de Catarina de Aragão. Solteira apesar da idade, de rosto severo e maxilas cerradas, não lhe faltava bondade, mas carecia de encanto. Verdadeira Tudor, herdara de seu pai, com a voz profunda, a bela eloquência e o sentido inato da autoridade, e por isso chegou ao trono resolvida a tomar decisões capitais. Em que sentido? A esse respeito, não fazia qualquer mistério. "Preferia", dizia ela, "perder dez coroas a pôr em perigo a minha alma". Educada num catolicismo à espanhola, mostrara-se heroica por ocasião do cisma e do triunfo da heresia. O seu quase cativeiro e os seus sofrimentos tinham-na aureolado de prestígio. O povo inglês aceitou-a sem dificuldade; Warwick tentou em vão opor-lhe uma sobrinha de Henrique VIII, Jane Grey, o que lhe valeu ser executado.

Os primeiros atos do novo reinado mostraram claramente que a intenção de Maria era reconduzir o reino à fé católica. Embora exortasse os seus vassalos a viver "na calma e na caridade cristã, evitando os termos novos e diabólicos de papista e de herege", mandou pôr em liberdade os bispos Gardiner e Bonner, que tinham aceitado o cisma henriquino, mas se haviam recusado a sacrificar ao calvinismo, e encerrou na Torre de Londres o arcebispo da Cantuária, Thomas Cranmer, que inspirara a política religiosa dos anos anteriores. Se aceitou que o funeral de

Eduardo VI fosse celebrado segundo o rito anglicano, não assistiu à cerimônia e contentou-se com ouvir uma Missa de *requiem* por intenção do defunto. Depois solicitou do papa autorização para ser coroada na abadia de Westminster, conforme os antigos costumes. No fim do ano, o Parlamento revogou todas as leis religiosas votadas no tempo do falecido rei. A assembleia da província da Cantuária, reconhecendo "a presença natural de Cristo no sacramento do altar", rejeitou o catecismo à moda de Genebra.

Maria estava animada de uma boa vontade ingênua e inábil. Não teve suficiente astúcia e prudência para atingir os seus objetivos. Mas, pelo menos, estaria bem aconselhada? Da parte do seu querido tio Carlos V, certamente, pois recomendava-lhe que não se mostrasse "demasiado zelosa" e se limitasse a praticar privadamente essas virtudes cristãs, essa piedade tão viva e esses jejuns que causavam a admiração dos que a rodeavam. Sábios conselhos, mas que perderiam muito do seu peso no dia em que o imperador fizesse a sobrinha cometer o erro político mais clamoroso!

Aliás, havia outros que lhe davam conselhos bem diferentes. O homem mais influente do reino seria *Reginald Pole* (1500-1558), que, por ocasião do martírio de Thomas More, protestara publicamente e, na Itália, onde se refugiara, tinha tentado provocar uma intervenção para vingar o seu amigo. Primo da nova rainha, piedoso e meditativo como um monge, e além disso um bom humanista, beneficiava-se do prestígio da sua corajosa resistência e também da sua eloquência, porque, depois do divórcio de Henrique VIII, vivia na Itália e, às tentativas reais para o atrair, respondera com um tratado vigoroso, o *Pro Ecclesiasticae unitatis defensione*, em que aconselhava o rebelde a arrepender-se e a submeter-se. Criado cardeal por Paulo III, apesar das suas súplicas para que não o fizesse, por pensar no "perigo manifesto" que os seus parentes iriam correr, tinha, desde 1537, o título de "Legado na Inglaterra", o que lhe valeu ter a cabeça posta a prêmio por Henrique VIII.

Reginald era exatamente o contrário de um homem violento. Juntamente com os cardeais Sadolet e Contarini, preparara um plano de trabalho para o futuro Concílio, mas os intransigentes do gênero do cardeal Caraffa tinham-no considerado demasiado suave. Depois de se ter recusado a aplicar medidas repressivas no seu bispado de Viterbo, bem como de ter tentado nas reuniões de Trento fazer prevalecer os seus pontos de vista, mas sem êxito, acabara por retirar-se para o convento beneditino de Maguzzano, nas margens do lago de Garda. Foi ali que uma ordem pontifícia, solicitada por Maria Tudor, o confirmou como legado do papa e lhe confiou a missão de reconciliar a sua pátria com a Igreja romana. Era um humanista fino e calmo, e talvez tivesse sido bem-sucedido nessa batalha se o inábil rigor da sua soberana não lhe tivesse entravado a ação. Quando chegou, escreveu-lhe uma carta em que a comparava, muito simplesmente, à Virgem Maria! Ora, não se pode contrariar uma personagem tão elevada.

Mas, mesmo antes de Pole ter chegado à Inglaterra, a intervenção de Carlos V comprometeu definitivamente a situação. O imperador desejava vivamente o casamento do seu filho, o infante D. Filipe, com a sua sobrinha, para fixar a Inglaterra de uma vez por todas no jogo diplomático e militar dos Habsburgos. O seu embaixador, *Simon Renard*, realmente uma autêntica raposa, um desses numerosos homens do Franche-Comté que ele sabia utilizar tão bem, tratou do assunto com habilidade. Um retrato do pretendente pintado por Ticiano (o que hoje se vê em Madri) convenceu a rainha virgem de que aquele belo jovem de queixo saliente daria um excelente marido. No entanto, depois de ter procedido a minuciosas investigações, Renard aconselhou o seu senhor a não associar a aliança entre a Inglaterra e a Espanha à operação religiosa que a rainha desejava. Mas como impedir a opinião pública de se convencer de que o regresso à obediência romana era a cláusula capital dessa aliança, cujas consequências viriam a ser imensas? Verdadeiro desafio ao sentimento nacional, ao insularismo e à desconfiada independência dos ingleses, esse casamento espanhol iria desacreditar durante séculos o catolicismo, considerado a partir de então como traidor ao país.

O drama de Maria Tudor assentou, pois, sobre alguns dados simples, tragicamente simples: uma rainha cuja escolha pessoal comandava a religião do seu Estado e a quem teria sido necessária uma vida longa e uma habilidade consumada para levar a paz às consciências, mas que não possuía senão uma coragem cega e uma saúde débil; um legado que conhecia melhor a suscetibilidade do povo inglês, decidido a usar de liberalidade e de paciência, mas arrastado por vezes pelo seu entusiasmo místico e embaraçado pela ação da rainha e dos seus partidários; um sogro e um marido que pertenciam à mais poderosa casa católica da Europa, mas suspeitos aos olhos do povo inglês pela sua origem; e uma opinião pública desejosa, no seu conjunto, de voltar ao redil da velha Igreja, à qual continuava intimamente apegada, mas suscetível quando se tratava da independência nacional, hostil à Cúria e pronta a escoicear se se manifestasse a menor influência estrangeira.

Os rebeldes do inverno de 1553-1554 compreenderam que havia aí um meio eficaz de conservar a Inglaterra no campo protestante, confundindo a questão da fé com a honra nacional. Queixaram-se da "invasão do reino por estrangeiros" e tentaram entronizar Elisabeth, filha de

Henrique VIII e de Ana Bolena, que era protestante. Um nobre do condado de Kent, Thomas Wyatt, conduziu os seus bandos até às portas de Londres, mas Maria superou a crise. Os rebeldes foram vencidos e decapitados (incluindo a pequena e infeliz Jane Grey, inocente vítima de dezesseis anos, filha do duque de Suffolk, um dos líderes da revolta). Elisabeth, a meia-irmã de Maria, suficientemente hábil para não se expor, não foi morta, mas esteve detida durante alguns meses em Whitehall e na Torre, acabando por ser mandada para o castelo de Woodstock. Em 25 de julho, na festa de São Tiago, padroeiro da Espanha, a rainha da Inglaterra desposou o infante D. Filipe, "novo Isaac" que se sacrificava sem alegria pelos interesses dos dois Estados.

Surgiu uma questão de peso: a do destino dos bens eclesiásticos que haviam sido distribuídos e vendidos desde 1537. Uma classe inteira de novos proprietários estava interessada no cisma porque o negócio fora excelente, como aliás haveria de acontecer no tempo da Revolução Francesa com os novos proprietários dos bens da Igreja. Carlos V, que recebia informações precisas de Renard e não tinha o hábito de poupar a Santa Sé, julgava que era inviável pensar numa restituição, exatamente como pensaria Bonaparte ao negociar a sua Concordata. De acordo com a sua visão pessoal sobre o modo de conduzir a reconciliação da Inglaterra com Roma, fez saber ao papa que não toleraria a chegada do legado à ilha, a não ser que Pole tivesse poderes bastantes para reconhecer a alienação das antigas propriedades da igreja inglesa. Dominado pelos rigoristas, Júlio III procurou ganhar tempo, servindo-se do cardeal para uma mediação entre o imperador e o rei da França. Mas o legado impacientava-se e o pontífice acabou por reconhecer que, se a Igreja se desprendia dos seus bens para resgatar os prisioneiros, com maior razão poderia consagrá-los à salvação de um reino.

O Parlamento aceitou então a vinda de Pole, que desembarcou em Dover em 21 de novembro de 1554. No dia 24, entrou em Londres pelo Tâmisa, seguido por um cortejo triunfal. Maria e Filipe esperavam-no em Whitehall, o rei à porta e a rainha no cimo da escadaria. No dia 27, Pole lembrou ao Parlamento a antiga fidelidade do país à confissão de Roma e os limites que o poder temporal não poderia ultrapassar. No dia 30, a assembleia suplicou aos soberanos que dessem a conhecer ao representante da Sé Apostólica o seu arrependimento e lhe solicitassem o perdão. Perante os Lordes e os deputados dos Comuns ajoelhados, o cardeal pronunciou em latim, e depois em inglês, a fórmula solene da absolvição sobre Filipe e Maria, que estavam prostrados. Ressoou o *Te Deum*. Rutilaram todas as glórias católicas do passado. No dia seguinte, vinte e cinco mil fiéis, amontoados em Saint Paul e nas imediações, receberam de joelhos a bênção apostólica. Em 3 de janeiro de 1555, foi revogado tudo o que Henrique VIII e Eduardo VI tinham promulgado contra a Igreja.

A Câmara dos Comuns, que acabava de ser eleita, converteu-se numa espécie de *Chambre introuvable*, obsessionada com a punição dos cúmplices do cisma. O segundo erro de Maria foi não refrear esses furores cegos. Restabeleceram-se as leis outrora promulgadas contra os *lollards*. Pole achou prudente confiar o julgamento dos acusados a uma comissão de bispos, mas estes, que antes tinham admitido que Henrique VIII deixasse a obediência romana, desejavam agora ser perdoados pelo seu extravio e não manifestaram a menor indulgência para com os que recusavam a reconciliação e, sobretudo, para com os que tinham aderido ao calvinismo. Acenderam-se as fogueiras.

Através do seu pregador, Filipe interveio e condenou toda a violência excessiva. Ele, que na Espanha haveria de revelar-se um implacável adversário de toda a tolerância, recomendou que se praticasse a clemência no reino inglês. A seu pedido, o regime de Elisabeth viria a ser menos severo: Filipe preferia-a como herdeira da sua mulher à rainha da Escócia, Maria Stuart, casada com o delfim da França, Francisco. Mas em agosto de 1555, foi chamado a Bruxelas, onde o seu pai acabava de renunciar às suas coroas, e esteve ausente durante vinte meses. A sua ausência ocasionou resultados terríveis.

A perseguição redobrou. Pereceu então a maior parte das 277 vítimas cujos processos e execuções seriam descritos por Foxe no *Livro dos mártires*, livro que durante dois séculos as famílias inglesas leriam tanto como a Bíblia, e que, aliás, contém um bom número de exageros. Maria surgia perante a história como a *Bloody Mary*, a "Maria Sangrenta", e nunca mais perderia esse cognome. Morreram bispos que outrora se haviam mostrado complacentes com o cisma. Em Oxford, o de Worcester, Latimer, disse ao de Londres, Ridley, ao qual estava acorrentado, as célebres palavras: "Coragem, mestre Ridley; mostrai-vos um homem. Com a graça de Deus, vamos acender hoje na Inglaterra uma vela que — assim o espero — jamais se apagará". Excomungado, degradado, Cranmer achou que salvava a vida escrevendo nada menos que seis abjurações e reconhecendo a supremacia do Papa sobre a Igreja; mas quando, em 21 de março de 1556, lhe pediram que se dirigisse ao povo antes de se acender a fogueira que lhe daria a morte, num último e súbito gesto de honra, renegou tudo o que fizera com medo da morte e estendeu para as chamas a mão direita, para que fosse a primeira — assim o disse — a ser punida pelas suas covardes retratações.

Entretanto, Pole reorganizava a igreja da Inglaterra. Nomeado arcebispo da Cantuária e primaz, mandou um concílio nacional preparar o conjunto das medidas conhecidas sob o título de *Reformatio Angliae*. Os padres receberam uma compilação de homilias e uma exposição geral da fé católica para prover às necessidades mais urgentes da pregação. Estabeleceu-se um regulamento pormenorizado que fixava a idade, os estudos e as qualidades necessárias para a formação do clero. Foi proibida a acumulação de benefícios; recomendava-se que os bispos residissem nas suas dioceses e pregassem aos seus rebanhos. Ao mesmo tempo que se propunha aos padres seculares uma sábia renovação disciplinar, os monges regressavam aos seus mosteiros. Mas Pole, sem deixar de vigiar rigorosamente as universidades, opôs-se à introdução da Inquisição romana e declinou a sugestão de Inácio de Loyola para que enviasse a Roma jovens clérigos britânicos que pudessem ingressar na Companhia de Jesus.

Paralelamente, os católicos da Irlanda viam reconhecidos os seus direitos, que tão vigorosamente haviam defendido. O arcebispo Dowdale retomou a sua sé de Armagh e tornou-se primaz. Toda a obra dos hereges foi destruída e os bispos infiéis depostos. Um concílio provincial empreendeu a reforma da igreja irlandesa na linha do Concílio de Trento. Os irlandeses só teriam motivos para louvar Maria Tudor se, ao mesmo tempo, ela não tivesse feito uma política de anglicanização da ilha, que o papa erigiu em reino a seu pedido, e onde ela instalou muitos colonos britânicos, deixando assim subsistir e mesmo acentuar-se o antagonismo nacional, enquanto desaparecia o antagonismo religioso.

A elevação ao sumo pontificado do chefe do partido intransigente, Paulo IV, antigo cardeal Caraffa, e as vicissitudes da política europeia levaram Maria e a sua corte a tomar medidas severas. Napolitano, o papa desejava libertar Nápoles da tutela espanhola. Aliou-se à França e entrou em guerra contra a Espanha. Filipe II forçou o reino da sua esposa a socorrê-lo, apesar da oposição do Conselho privado. Julgando Pole muito fraco, o terrível Paulo IV destituiu-o das suas funções de legado *a latere* e, depois de substituí-lo pelo velho franciscano William Peto, chegou a intimá-lo a comparecer em Roma perante o Santo Ofício! Maria Tudor protegeu o cardeal, que protestou indignado. Temos de confessar que era dar um estranho tratamento a um prelado que tinha restituído um reino ao papado!

Mas, no continente, os franceses do duque Francisco de Guise apoderavam-se de Calais, último reduto dos ingleses na França. Tinha sido para sofrer essas humilhações que a Inglaterra solicitara o perdão do pontífice? Crescia a cólera por todo o reino: catolicismo e fidelidade a Roma tornavam-se sinônimos de derrotismo e traição. Muito abalada com a ausência do marido, sempre no continente, a notícia do desastre foi para Maria um golpe mortal. "Se abrirem o meu coração", murmurava ela, "encontrarão gravada a palavra Calais". Morreu em 17 de novembro de 1558, e, nesse mesmo dia, como se verdadeiramente fossem um só coração e uma só alma, o cardeal Pole descia também à sepultura. Os dois tinham servido a Igreja com grande retidão, com uma fé admirável e uma extraordinária coragem, mas um implacável encadeamento de erros fizera caducar a obra que haviam empreendido. O catolicismo perdeu na Inglaterra muitas das raízes que ainda conservava cinco anos atrás. Estava preparado o campo para Elisabeth — que Filipe II, por ódio a Maria Stuart, delfina da França, fizera reconhecer — e, com ela, para o anglicanismo protestante.

Na véspera da atroz carnificina

Assim, quando se encerrava por toda a parte, ao redor de 1560, esse período constituído por uma série de anos conturbados, em que se haviam tomado posições decisivas, a sorte da Reforma já não dependia do conflito de almas, mas das disputas de governos e partidos. Desde o início, a revolta espiritual de Lutero tinha desencadeado ambições temporais. Rompendo com a tutela pontifícia, os príncipes alemães, os reis escandinavos e Henrique VIII tinham aproveitado a ocasião para se apoderarem da direção das igrejas e das suas riquezas. Não era significativo que a própria palavra *protestantismo*, que designava o novo cristianismo — aliás, ao preço de um contrassenso[29] — se referisse a um acontecimento essencialmente político e não religioso, ou seja, à reclamação dos dinastas e das cidades contra a reviravolta do imperador em Espira, no ano de 1529? Era bem visível a desagregação: tudo começara em "mística" e acabara em "política"! Temos de fazer um esforço para nos lembrarmos de que esses cálculos impuros haviam sido autorizados pela desinteressada pesquisa de uns espíritos em busca da verdade, e de que o êxito da Reforma fora, a princípio, a adesão de milhões de cristãos a uma fé embriagante na sua simplicidade.

Não atiremos a primeira pedra! Essa evolução era fatal. A menos que se resignassem a ser destruídos mais cedo ou mais tarde, mas inelutavelmente, os partidários da heresia tinham-se visto obrigados a agrupar-se, a organizar-se e a defender-se. O papel reconhecido aos poderes civis no sistema de Wittenberg fora a consequência lógica de um estado de coisas que poderia mergulhar a Alemanha inteira na anarquia. Ao tomar uma estrutura política, a Reforma germânica afastara um perigo mortal, mas, ao mesmo tempo, tinha suscitado um antagonismo que, ainda muito tempo depois, a Guerra dos Trinta Anos havia de manifestar tragicamente. E como é que o calvinismo, sob o pretexto de que o chefe de Genebra pregava o respeito pelas autoridades estabelecidas, poderia contentar-se com o protesto heroico dos seus mártires lá onde se encontrasse ameaçado por essas mesmas autoridades? Em virtude de que lei de correspondência, secreta e sugestiva, a luta dos confederados protestantes contra o imperador católico começara na Alemanha algumas semanas depois da morte de Lutero? E por que razão, no momento em que morria Calvino, a Inglaterra estava pronta a passar da ortodoxia católica para a dele, e a França via o partido católico e o partido calvinista lustrarem as suas armas para uma terrível guerra civil? A revolução interior, que se ateara como uma chama na alma de Lutero, ia manifestar-se dali por diante em combinações, em intrigas e em provas de força. E essa "atroz carnificina" que Erasmo, singularmente profético, previra como consequência lógica da rebelião, estava às vésperas de ensanguentar o mundo cristão.

Não há dúvida de que, no último face a face com Deus, é no santuário de cada consciência que se toma a opção decisiva, visto que o preço de uma alma é maior do que o domínio do universo. E seria injusto ver somente ambiciosos e sectários em todos aqueles que iam defender, mesmo à custa da própria vida, a causa da heresia. Mas, para o historiador, tragicamente limitado pela face visível das coisas, é de alianças, de batalhas e de tratados que lhe cabe falar nos nossos dias, para contar a história religiosa da Europa cristã dilacerada, e não de teologia, de mística ou de aventura espiritual. Poder político, o protestantismo preparava-se para entrar em guerra, e esse embate será tanto mais terrível quanto se dará num momento em que a

Igreja Católica, refazendo-se por fim, reconstituía as suas tropas, restabelecia a sua disciplina e cerrava fileiras em torno do seu chefe. Estavam lançados os dados para a última partida.

Notas

[1] Baudrillart desenvolve bem esta ideia no seu livro *L'Église catholique, la Renaissance, le Protestantisme.*

[2] Cf. cap. V, par. *O drama de Martinho Lutero.*

[3] Cf. cap. III, par. *João Huss.*

[4] Cf. cap. V, par. *O drama de Martinho Lutero.*

[5] Cf. adiante o par. *A vaga calvinista ao assalto.*

[6] Cf. vol. V, cap. III.

[7] Cf. vol. V, cap. V.

[8] Cap. VI, par. *A primeira reforma francesa.*

[9] Como vimos antes, Lutero ripostou queimando a bula pontifícia.

[10] Cf. vol. V, cap. I.

[11] Sobre Erasmo, cf. cap. V, par. *Lutero contra o humanismo de Erasmo.*

[12] Cf. cap. III, par. *As primeiras heresias "protestantes".*

[13] Os documentos relativos à forma como decorreu a discussão sobre as gratificações encontram-se ainda no British Museum. Por eles se veem os pareceres dos teólogos pesarem na proporção da sua autoridade. Certos conventos menores foram comprados por alguns cequins.

[14] Aos três cartuxos juntaram um padre da ordem fundada por Santa Brígida e o velho e venerável padre Hale.

[15] John Fisher e Thomas More foram canonizados em 1935, bem como cerca de cinquenta mártires, vítimas de Henrique VIII.

[16] Cf. cap. V. *Descendentes e herdeiros*: pelo menos, assim se admite ordinariamente. Trabalhos recentes defendem outra tese e rejeitam o esquema atual, o de uma evolução que passa pela guerra dos camponeses e por Münster, para chegar, depois da catástrofe, a Menno, que teria reunido os restos. Nesta nova perspectiva, o verdadeiro anabatismo teria nascido, pacífico, em Zurique, nos anos de 1523-1525, como ramo da reforma zwingliana e sem nada

a ver com o movimento de Münster; o agrupamento neerlandês, embora fosse uma espécie de excrescência do de Münster, teria sido sempre pacífico e não violento, ainda que apocalíptico (cf. os trabalhos de Blanke, Bender e van der Zijtt). Informações prestadas por Johann Yoder, Basileia.

[17] Nesse país, misturou-se mais ou menos com uma seita proveniente dos "Independentes" e deu origem aos batistas, que se espalharam muito pelos Estados Unidos, onde existem mais de dez milhões de seguidores.

[18] Cf. cap. V, par. *Novas dificuldades, novos dramas.*

[19] Daí o seu nome de *Tetrapolitana*. Cf. cap. V, par. *Reformas fora de Lutero: Zwinglio, Bucer, Ecolampádio.*

[20] Cf. cap. VI, par. *A era dos equívocos.*

[21] Cf. o par. *A era dos equívocos.*

[22] Cf. cap. VI, par. *Calvino e a França.*

[23] Cf. cap. VI, par. *O triunfo do "Procurador de Deus".*

[24] Cf. vol. V, cap. III.

[25] Cf. a palavra no Índice do tomo II.

[26] Cf. cap. V, pars. *Melanchthon em ação* e *Novas dificuldades, novos dramas.*

[27] Vê-se que, nessa altura, ainda não se distinguiam os diversos protestantes.

[28] Lucien Romier, *Origine politique des guerres de religion.*

[29] Contrassenso, porque a fórmula do manifesto de Espira, *Protestati sumus*, deve ser traduzida por "nós atestamos". Muitos protestantes deploraram a prevalência do termo que parece dar à sua doutrina um significado negativo (cf. Wilfrid Monod, Raoul Stéphan).

Quadro cronológico

Datas	História da Igreja	Acontecimentos Políticos e Sociais	Artes, Letras e Ciências
1350	Inocêncio VI, 1352-1362	Os turcos invadem a Europa João o Bom, rei da França, 1350-1363	Bocaccio, 1313-1375 Pedro d'Ailly, jurista, 1350-1420
1355	Nascimento de São Vicente Ferrer, 1357-1419	A *Bula de Ouro* nega ao papa qualquer poder de intervir na eleição imperial, 1356 Batalha de Poitiers, 1356	
1360	Bem-aventurado Urbano V, papa, 1362-1370 Morte de Tauler (*1290), 1361 Morte do Bem-aventurado Henrique Suso (*1295), 1365 Nascimento de *João Huss*, 1368-1414	Tratado de Brétigny, 1360 Murad I, sultão, 1360-1389 Carlos V, rei da França, 1363-1380 Demétrio, príncipe de Moscou, 1363-1381 cruzada do "Conde Verde" (Amadeu VI da Savoia), 1366 Morte de Pedro de Lusignan, rei de Chipre, 1369	Claus Sluter, 1360-1406 *A Missa*, de Guilherme de Machaut (1300-1377), 1362 Jean Gerson, jurista, 1363-1429 Fundação da Universidade de Cracóvia, 1364 Fundação da Universidade de Viena, 1365 Cristina de Pisan, poeta, 1367-1430

1370	Gregório XI, papa, 1370-1378 Morte de Santa Brígida da Suécia (*1302), 1373		Morte de Petrarca, 1374
1377	*Regresso de Gregório XI a Roma*; fim da estadia do papado em Avinhão, 1377	Ricardo II, rei da Inglaterra, 1377-1399	
1378	*Grande Cisma do Ocidente*, 1378 Urbano VI, papa de Roma, 1378-1389 Clemente VII, antipapa de Avinhão, 1378-1394		Ghiberti, 1378--1455 *Fra Angélico*, 1378-1455
1380	Morte de *Santa Catarina de Sena* (*1347), 1380 Nascimento de São Bernardino de Sena, 1380-1444 Nascimento de Santa Colette, 1381--1447 Morte de Ruysbroeck o Admirável (*1293), 1381 Condenação de *John Wiclef* (1328-1384), 1382	Carlos VI, rei da França, 1380-1422 Os mongóis batem os russos em Kulikovo, 1380 Revolta de Wat Tyler e dos *wiclifitas (lollards)* na Inglaterra, 1381 Vitória da confederação suíça sobre o Império em Sempach, 1386 Os turcos derrotam os sérvios em Kossovo, 1389 Bajazet, sultão, 1389--1402	*Tomás de Kempis*, 1380-1471 Poggio, humanista, 1380-1459 Fundação da Universidade de Heidelberg, 1386 Donatello, 1386--1466

	Morte de Gerardo de Groote (*1340), 1384; formação dos Irmãos da Vida Comum Formação dos cônegos de Windesheim, ca. de 1387 Bonifácio IX, papa de Roma, 1389-1404 Nascimento de Santo Antonino de Pádua, 1389-1459		
1390	Fundação dos Jeronimitas, 1390 Nascimento de São João de Capistrano, 1393-1456 Eleição de Bento XIII, antipapa de Avinhão, 1394-1417	Manuel II, imperador de Bizâncio, 1391-1425 Morte do imperador João V Paleólogo, (*1341), 1396 Carlos VI da França enlouquece, 1392 Derrota da cruzada em Nicópolis, 1396 Henrique IV de Lancaster, rei da Inglaterra, 1399-1413	*Le songe du vieux pélérin*, de P. de Mézières, 1390 Alain Chartier, poeta, 1390-1450?
1400	Nascimento de Dionísio o Cartuxo, 1402-1471 Inocêncio VII, papa de Roma, 1404-1406	Tamerlão esmaga Bajazet em Ankara, 1402	A *Imitação de Cristo*, ca. de 1400 Luca della Robbia, 1400-1481 Predomínio do *gótico flamejante*

	Pregação de *João Huss* [ca. 1405] Gregório XII, papa de Roma, 1406-1417 *Concílio de Pisa*: três papas ao mesmo tempo, 1409 Alexandre V, antipapa de Pisa, 1409-1410 João XXIII, antipapa de Pisa, 1410-1415		*Manuscritos iluminados do duque de Berry*, ca. 1400-1420 Nicolau de Cusa, 1401-1464 Leo Battista Alberti, 1406-1470 *Brunelleschi* (1377-1446) constrói a cúpula de Santa Maria della Fiore, em Florença, ca. 1406 Fundação da Universidade de Leipzig, 1409
1410	Nascimento de *Santa Joana d'Arc*, 1412-1431 *Concílio de Constança*, 1414-1417 Suplício de *João Huss*, 1414 Deposição de João XXIII, antipapa, 1415 (†1419) Demissão de Gregório XII, papa, 1415 (†1417) Nascimento de São Francisco de Paula, 1416-1507 Demissão de Bento XIII, antipapa, 1417 (†1422) *Fim do Grande Cisma* e eleição de Martinho V, 1417 Martinho V, papa, 1417-1431	Sigismundo, imperador, 1410-1437 Henrique V, rei da Inglaterra, 1413-1422 Começo da guerra hussita: *defenestração de Praga*, 1419	*Le Miroir du monde*, de Pedro d'Ailly, 1410 Piero della Francesca, 1416-1492 O Infante D. Henrique dá início aos descobrimentos, 1418 Os portugueses chegam à ilha da Madeira, 1418-1419

1420		Tratado de Troyes, 1420 Carlos VII, rei da França, 1422-1461 Henrique VI, rei da Inglaterra, 1422-1461	Benozzo Gozzoli, 1420-1497
1425		João VIII, imperador de Bizâncio, 1425-1448 *Tomada de Orléans por Joana d'Arc* e sagração de Carlos VII, em Reims, 1429	
1430	Eugênio IV, papa, 1431-1447 *Concílio de Basileia*, 1431 Fundação das Oblatas de Santa Francisca Romana, 1436 Félix V, o último antipapa, 1438-1443	Joana d'Arc é queimada em Rouen, 1431 *Pragmática Sanção* de Bourges, 1438	Giovanni Bellini, escultor, 1430-1516 Martin Schöngauer, 1430-1491 Andrea Mantegna, 1431-1506 François Villon, poeta, 1431-146? Marsílio Ficino, 1433-1499 Hans Memling, 1433-1494 Andrea de Verrocchio, 1435-1488 O primeiro manuscrito completo de Platão chega ao Ocidente, 1438

1440	Nicolau V, papa, 1447-1455 Santa Catarina de Gênova, 1447-1510 *Concordata de Viena* entre o papa e os príncipes alemães, 1448	João Hunyade combate os turcos Frederico III de Habsburgo, imperador, 1440-1493 Os turcos derrotam os cristãos em Varna, 1444 Constantino XI, último imperador de Bizâncio, 1448-1453	Donato Bramante, 1444-1514 Sandro Botticelli, 1444-1510 Os portugueses chegam ao Cabo Verde, 1444 Criação da *Biblioteca Vaticana*, 1447
1450 *1453*		Maomé II, sultão, 1451-1481 *Tomada de Constantinopla pelos turcos*, 1453 Fim da Guerra dos Cem Anos, em Castillon, 1453	*Invenção da imprensa*, 1450 *A Paixão*, de Arnould Gréban, 1450 Luca Signorelli, 1450-1523 Hieronymus Bosch, 1450-1516 Platina (1421--1481) e a Academia romana, ca. 1451 *Leonardo da Vinci*, 1452-1519
1455	Calisto III Borja, papa, 1455-1458 Reabilitação de Joana d'Arc, 1456 Pio II (card. Enéas Sílvio Piccolomini), papa, 1458-1464	Guerra das Duas Rosas na Inglaterra, 1455--1485 João Hunyade liberta Belgrado, 1455 Vitória naval cristã em Mitilene, 1457	Vittore Carpaccio, 1455-1526 Johann Reuchlin, 1455-1522

1460	Paulo II, papa, 1464-1471	Luís XI, rei da França, 1461-1483 Ivan III, czar da Rússia, 1462-1505 Casamento de Fernando de Aragão (1452-1516) com Isabel de Castela (1451-1504), 1469	Matthias Grünewald, 1460-1528 Pico della Mirandola, 1463-1494 Erasmo de Rotterdam, 1466-1536 Quentin Metsys, 1466-1538 Guillaume Budé, 1467-1540 Nicolau Maquiavel, 1469-1527
1470	Sisto IV, papa, 1471-1484 Instituição da Inquisição espanhola, 1478	Ivan III casa-se com Sofia, herdeira dos Paleólogos, 1472 Morte de Carlos o Temerário; fim da casa de Bourgogne, 1477 Assassinato de Juliano de Médicis em Florença, 1478	Albrecht Dürer, 1471-1528 Lucas Cranach, 1472-1553 Luís Vives, 1472-1540 *Michelangelo*, 1475-1564 Ticiano, 1477-1574
1480	Nascimento de *Lutero* (1483-1546) em Eisleben Inocêncio VIII, papa, 1484-1492 Missão franciscana ao Congo, 1484 Codificação das medidas contra a feitiçaria, 1488	Fim do domínio mongol na Rússia, ca. 1480 Vanguardas turcas no Ocidente: batalha de Otranto, 1481 Morte de Maomé II, 1481. Rivalidade de Bajazet II e Djem Henrique VII Tudor vence Ricardo III e torna-se rei da Inglaterra, 1485-1509 Lourenço o Magnífico, em Florença, 1485	*Rafael*, 1483-1520 Bartolomeu Dias dobra o cabo da Boa Esperança, 1487

1490	Nascimento de Santo Inácio, 1491-1552 Alexandre VI Borja, papa, 1492-1503 Savonarola (*1452) é executado em Florença, 1498	Carlos VIII, rei da França, 1491-1498 *Tomada de Granada pelos reis católicos*; fim do domínio muçulmano na Espanha, 1492 Margarida de Navarra, 1492-1549 Tratado de Tordesilhas, 1491 Começo das guerras da Itália; batalha de Fornovo, 1493 Luís XII, rei da França, 1498-1515	Cristóvão Colombo descobre a América, 1492 Paracelso, 1493-1541 Corregio, 1494-1534 Rabelais, 1495-1553 Clément Marot, 1496-1544 *Philip Melanchthon*, 1497-1560 Cabotto descobre o Labrador, 1497 Vasco da Gama descobre o caminho marítimo para a Índia, 1498 Bramante é chamado a Roma para reconstruir São Pedro, 1499
1500	Pio III, papa, set.-out. 1503 Júlio II, papa, 1503-1513 Bartolomeu de Las Casas (1474-1566) começa o seu apostolado, 1504 Nascimento de *João Calvino*, 1509-1564	Nascimento de *Carlos V*, 1500 Liga de Cambrai, 1508 Henrique VIII, rei da Inglaterra, 1509-1547	Américo Vespúcio na "América", 1504

1510	Lutero viaja a Roma, 1511 Criação da diocese de São Domingos nas Antilhas, 1511 *Publicação da Bíblia poliglota*, 1512 Abertura do *V Concílio ecumênico do Latrão*, 1512-1517 Leão X, papa, 1513-1521 Criação da primeira diocese americana (Darien, no Panamá), 1513	Francisco I, rei da França, 1515-1547 *Carlos V, imperador*, 1519-1556	*Elogio da Loucura*, de Erasmo, 1511 Ambroise Paré, 1517-1590 Magalhães circum-navega o mundo, 1519-1522 Hernán Cortéz conquista o México, 1519
1515	Concordata de Francisco I, 1516 *O caso das Indulgências*, 31 de outubro de 1517 São Filipe Néri funda o Oratório do Amor Divino, 1517 *Zwinglio* (1484-1531) começa a Reforma em Zurique, 1518 Leão X sagra o primeiro bispo negro, Henrique, do Congo, 1518		

1520	*Lutero rompe com Roma*. Bula *Exsurge, Domine* [1520] Lutero traduz a Bíblia para o alemão na Wartburg, 1521 Adriano VI, papa, 1522-1523 Clemente VII, papa, 1523-1534 Lefèvre d'Étaples (1445-1537) e Briçonnet: o grupo de Meaux, 1523 Santo Inácio em Manresa, 1523 *Ecolampádio* (1482-1531) empreende a Reforma em Basileia; *Martin Bucer* (1491-1551) em Estrasburgo, 1524 A Suécia passa para o luteranismo, 1524 Criação dos Teatinos, 1524 Casamento de Lutero, 1525 O grupo de Meaux é dispersado, 1525 Fundação dos Capuchinhos, 1526	Solimão o Magnífico, 1520-1566 Gustavo Vasa, rei da Suécia (1523-1560) Batalha de Pavia, 1525 Guerra dos camponeses na Alemanha, 1525 Alberto de Brandenburgo seculariza a Ordem Teutônica, 1526 Batalha de Móhacz e tomada da Hungria pelos turcos, 1526 *Saque de Roma* pelos soldados de Carlos V, 1527 Dieta de Espira, 1529	O *Livre Arbítrio*, de Erasmo, 1524 Ronsard, 1524-1585 O *Servo Arbítrio*, de Lutero, 1525 Breughel o Velho, 1525-1569 *Palestrina*, 1526-1594 *Veronese*, 1528-1588

1530	*Confissão de Augsburgo*, 1530 *Henrique VIII da Inglaterra rompe com Roma*, 1533 *Calvino converte-se ao protestantismo*, 1533 Fundação dos Barnabitas, 1533 Criação do bispado de Goa, 1533 Paulo III, papa, 1534-1549 Santo Inácio em Montmartre, 1534 *O drama dos anabatistas em Münster*, 1535 Calvino em Basileia, 1535 A Dinamarca torna--se luterana, 1535 Martírio de São Thomas More, 1535 Calvino publica a *Instituição Cristã* em latim. Primeira estada em Genebra, 1536-1538 *Santo Inácio de Loyola funda a Companhia de Jesus*, 1537	Guerra dos cantões suíços e morte de Zwinglio, 1531 Liga de Smalkalde, 1531 Paz de Nuremberg entre o imperador e os príncipes alemães, 1532 Nova guerra de Carlos V contra Francisco I, 1536 Ivan IV o Terrível, czar da Rússia, 1537-1584 Trégua de Nice entre Carlos V e Francisco I, 1538	Pizarro e Almagro no Peru, 1532 *Montaigne*, 1533--1592 *Os lugares comuns*, de Melanchthon, 1535

1540	Fundação dos Somascos e dos Irmãos de São João de Deus, 1540 Paulo III aprova a Companhia de Jesus, 1540 São Francisco Xavier (1506-1552) parte para as missões na Índia, 1540 *Calvino instala-se definitivamente em Genebra*, 1541 Criação da Inquisição romana, 1542 *Início do Concílio de Trento*; primeira sessão a 13 de dezembro, 1545 *Morte de Lutero*, 18 de fevereiro de 1546 Massacre dos valdenses na Provença, 1546 São Francisco Xavier chega ao Japão, 1549	*Ínterim* de Ratisbona entre Carlos V e os príncipes, 1541 Paz de Crépy entre Carlos V e Francisco I, 1544 Guerra entre Carlos V e os príncipes luteranos alemães, 1546 Henrique II, rei da França, 1547-1559 Eduardo VI, rei da Inglaterra, 1547-1553 Princípio das missões jesuíticas do Paraguai, 1549	*A instituição cristã*, de Calvino, em francês, 1541 Primeiro *Prayer Book* inglês, 1549

1550	*Júlio III, papa*, 1550-1555 Suspensão do Concílio de Trento, 1552 Morte de Santo Inácio e São Francisco Xavier, 1552 Condenação de Miguel Servet em Genebra, 1553 "Conversão" de Santa Teresa de Ávila, 1553 Marcelo II, papa, abril 1555 Paulo IV, papa, 1555-1559 Malogro da restauração católica de Maria Tudor, 1555 O calvinismo triunfa na Hungria, 1557 Pio IV, papa, 1559-1565 Perseguição aos protestantes na França, 1559 *John Knox* (1505-1572) na Escócia, 1559	Edito de Chateaubriant, 1551 Maria Tudor, rainha de Inglaterra, 1553-1558 Paz de Augsburgo na Alemanha, 1555 Carlos V retira-se para Yuste, 1556 Filipe II, rei da Espanha, 1556-1589 Fernando da Áustria, imperador, 1556-1564 *Morte de Carlos V*, 1558 Elisabeth I, rainha da Inglaterra, 1558-1603 Tratado de Cateau-Cambrésis, 1559 Francisco II, rei da França, 1559-1560	O *Index*, 1558 Paulo IV manda velar os nus dos afrescos de Michelangelo, 1558

1560	Em torno de São Filipe Néri (1515-1595) forma-se o primeiro Oratório, ca. 1560 Guy de Bray introduz o calvinismo nos Países Baixos, 1562 Reabre-se o *Concílio de Trento*, 1562 Santa Teresa de Ávila (1515-1582) funda o primeiro convento reformado de Carmelitas Descalças, 1562 *Encerramento do Concílio de Trento* a 4 de dezembro de 1564 *Morte de Calvino* a 27 de maio de 1564	Conjuração protestante de Amboise, 1560 Carlos IX, rei de França, 1560-1574; regência de Catarina de Médicis (1519-1589) O motim de Vassy desencadeia as guerras de religião na França, 1562 Na Inglaterra, lei dos *39 artigos*, 1563	Morte de Michelangelo, 1564

ÍNDICE BIBLIOGRÁFICO

Obras de caráter geral

História geral

A coleção *Peuples et Civilisations* oferece uma firme exposição de conjunto nos seus tomos VII: *La fin du Moyen Âge*, 2 partes; VIII: *Les débuts de l'âge moderne, la Renaissance et la Réforme*, em que os problemas espirituais, intelectuais e artísticos da época são objeto de um enfoque denso e bem informado de Augustin Renaudet, e IX: *La prépondérance espagnole*, por Henri Hauser.

Uma visão geral dos dois séculos de que fala este volume pode ser encontrada nos tomos X e XI de E. Cavaignac, *Histoire du monde;* no tomo IV de C. Barbagallo, *Storia universale*, nos últimos tomos da *Cambridge Medieval History*, e nos primeiros da *Cambridge Modern History*. O tomo II da notável *Histoire de l'Europe au Moyen Âge*, por C. Bémond e R. Doucet, Paris, 1931, detém-se em 1493. O tomo II de G. Zeller, *Histoire des relations internationales (de Christophe Colomb à Cromwell)*, Paris, 1954, é um guia seguro e bem documentado.

Um esforço por apresentar os progressos do pensamento e das técnicas, deixando as combinações políticas em segundo plano, encontra-se no tomo IV de R. Mousnier, *Histoire générale des Civilisations*, Paris, 1954. J. Pirenne, *Les grands courants de l'Histoire Universelle*, é muito sugestivo.

A questão da originalidade da cultura renascentista com relação à da medieval foi apresentada com brilhantismo e arrojo, lá ao seu modo, por Michelet, na sua *Introduction à la Renaissance*, tomo IX da *Histoire de France*, ed. Lacroix, 1876. J. Burckhardt exaltou o poder criador da Itália dos séculos XV e XVI na sua *Civilisation de la Renaissance en Italie*, tradução francesa em dois volumes, 1885. Contudo, os laços com a Idade Média permaneceram fortes. Se o fim da civilização medieval tem um tom áspero e trágico, evocado pelo grande historiador holandês J. Huizinga no *Le déclin du Moyen Âge*, Paris, 1932, se os valores cristãos se enfraquecem na sociedade, como o demonstra a terceira parte do livro de L. Génicot, *Lignes de faîte du Moyen Âge*, Paris-Tournai, 1951, os elementos sobre os quais se apoia a nova concepção intelectual, por outro lado, produziram-se bem antes do século XV italiano. Basta lembrar o belo ensaio do sueco J. Nordström, *Moyen Âge et Renaissance*, Paris, 1932. Mas se a Idade Média teve o seu humanismo, definido por P. Renucci, *L'aventure de l'humanisme européen au Moyen Âge*, Paris, 1953, esse humanismo não teve exatamente a mesma atitude dos renascentistas perante a natureza e o homem, como É. Gilson prova em *Héloïse et Abélard*, Paris, 1938. Um livro de um norte-americano, Albert Hyma, *Renaissance and Reformation*, Grand Rapids Michigan, 1951, é uma confusa coletânea de dados e observações muito interessantes.

A maravilhosa produção artística desses tempos é descrita nos tomos IV e V de André Michel, *Histoire de l'art*, Paris, 1909-1913, e no compêndio de P. Lavedan, *Histoire de l'art*, t. II, Coleção *Clio*, Paris, 1944. Cf. também os seguintes títulos: J. Alazard, *L'art italien des origines à la fin du XIVème siècle*, Paris, 1949 e *Le Quattrocento*, Paris, 1951; Ch. Sterling, *Peintres du Moyen Âge*, 2ª ed., Paris, 1950; P. Fierens, *L'art flamand*, Paris, 1945 e os excelentes livretos, muito bem ilustrados, da coleção *Arts, Styles et Techniques*, em Larousse, devidos a B. Dorival, P. Lavedan e L. Benoist, para a pintura, arquitetura e escultura francesas respectivamente. Veja-se ainda o compêndio de P. du Colombier, *Histoire de l'art*. As artes plásticas e a literatura dessa época conturbada foram analisadas por R. Schneider e G. Cohen, *La formation du génie moderne dans l'art de l'Occident*, Paris, 1936, col. *L'Évolution de l'humanité*.

As histórias nacionais, desenvolvidas como a da França na célebre coleção *Lavisse*, ou mais sucintas, delineiam os aspectos políticos, econômicos e sociais.

História religiosa

O leitor que desejar uma exposição minuciosa e copiosas referências bibliográficas deve recorrer à *Histoire de l'Église*, organizada por A. Fliche e V. Martin, especialmente os tomos XV, *L'Église et la Renaissance* 1449-1517, por R. Aubenas e R. Ricard; XVI, *La crise religieuse du XVIème siècle*, por E. de Moreau, P. Jourda e P. Janelle; e XVII, *L'Église à l'époque du concile de Trente*, por L. Cristiani.

Lembremos ainda: F. Mourret, *Histoire générale de l'Église*, tomo V, *La Renaissance et la Réforme*, Paris, 1920; C. Poulet, *Histoire du Christianisme*, tomo III, *Les Temps Modernes* e *Histoire du Vatican;* L. von Pastor, *Histoire des papes depuis la fin du Moyen Âge*, Paris, 1888-1938; e F. Hayward, *Histoire des Papes*.

A posição da Igreja perante o Renascimento e a Reforma suscitou um número considerável de trabalhos nem sempre isentos de paixão. Os mais importantes são citados a propósito de cada capítulo. Basta enfatizar aqui a interessante obra do cardeal Baudrillart, *L'Église catholique, la Renaissance et le Protestantisme*, 1905-1928. Para os complementos cronológicos necessários, cf. H. Marc-Bonnet, *Les Papes de la Renaissance* e E.-G. Léonard, *Histoire du Protestantisme*, ambos da coleção *Que sais-je?*, e o livro de J. Chartrou-Charbonnel, *La Réforme et les guerres de religion*, Col. Armand Colin, Paris, 1936.

A evolução interna das reformas protestantes foi magistralmente esclarecida por Bossuet na sua famosa e erudita *Histoire des variations des Églises protestantes*.

Quanto à situação religiosa em cada país, vejam-se, do protestante A. Hauck, a erudita *Kirchengeschichte Deutschlands;* Mons. Kirsch, *Kirchengeschichte*, Freiburg im Breisgau, desde 1930; J. Lertz, *Die Reformation in Deutschland*, Freiburg im Breisgau, 1939-1940; A. Saba, *Storia della Chiesa*, Turim, 1936-1943; Stephens e Hunt, *A History of the English Church*, tomos III, IV e V; A.-D. Toledano, *Histoire de l'Angleterre chrétienne*, Paris, 1955; Jean Descola, *Histoire de l'Espagne chrétienne*, Paris, 1951; de Moreau, *Histoire de l'Église en Belgique*, tomos III, IV e V; V. Martin, *Les origines du Gallicanisme*, 2 vols., Paris, 1939; o tomo II, *L'Église catholique, la crise de la Renaissance* 2ª ed., Melun, 1944, e *Origines de la Réforme* de Imbart de la Tour. Gain, *L'Histoire de Lorraine*, e Burg, *L'Histoire de l'Église d'Alsace*, dão informações úteis em nível local.

Sobre a evolução da inspiração religiosa da arte medieval, ver Henri Focillon, *Art d'Occident*, Paris, 1938, e Émile Mâle, *L'Art religieux de la fin du Moyen Âge*, 4ª ed., Paris, 1931.

Recomendamos a obra-prima da historiografia francesa contemporânea composta por Lucien Febvre, *Problème de l'incroyance au XVIème siècle. La religion de Rabelais*, Paris, 1942, col. *L'Évolution de l'humanité*, pertinente reconstituição da vida cotidiana, do horizonte intelectual, dos instrumentos científicos e da vitalidade religiosa dos homens dessa época.

Resta dizer que muitas revistas trazem contribuições preciosas: *Bibliothèque de l'École des Chartres*, *Revue historique*, *Revue des questions historiques*, *Moyen Âge*, *Revue d'Histoire de l'Église de France*, *Revue d'Histoire Ecclesiastique* e *Bulletin de la Société d'histoire du Protestantisme*.

I. Uma crise de autoridade: o cisma e os concílios

Sobre o fim dos papas de Avignon, o essencial encontra-se em G. Mollat, *Les Papes d'Avignon*, 9ª ed., Paris, 1949. Para formar um juízo equitativo acerca do tema, cf. Bernard Guillemain, *Punti di vista sul Papato avinionese*, in *Archivisio Storico italiano 1953*. O clima espiritual e místico que rodeia os papas franceses é restituído por E. Dupré Theseider, *I papi d'Avinione et la questione romana*, Florença, 1939; E. de Lagarde, *La naissance de l'esprit laïque au déclin du Moyen Âge*, especialmente os tomos II e IV, Saint-Paul-Trois-Châteaux, 1934 e 1942; e E. Delaruelle, *Sainte Catherine de Sienne et la Chrétienté de son temps*, de que há um resumo substancial na *Revue du Moyen Âge latin* de 1948. Ver ainda L. Mirot, *La politique pontificale et le retour du Saint-Siège à Roma en 1376*, Paris, 1899, e a curiosa narrativa em latim e rimada de Pierre Ameilh, *Le voyage de Grégoire XI ramenant la Papauté d'Avignon à Rome*, Florença, 1952.

Há uma considerável bibliografia a respeito de Santa Catarina de Sena; entre os seus melhores biógrafos, destacam-se: J. Jörgensen, 1924; A. Lemonnyer, 1934, e A. Levasti, 1953, além da Condessa de Flavigny, Gonzague Truc, Sigrid Undset, Bernadot e N. Denis-Boulet; R. Fawtier e L. Canet escreveram uma obra notável, que recolhe muitas tradições: *La double expérience de Catherine Benincasa*, Paris, 1948.

Sobre o Grande Cisma, além de Pastor, *Histoire des Papes*, cit., e de G. Schnürer, *L'Église et la civilisation au Moyen Âge*, Paris, 1935, cf. Gayet, 1889, Salembier, 1921; Perroy, *L'Angleterre et le Schisme;* N. Valois, *La France et le Schisme*, 1896-1902; e M. de Bouard, *La France et l'Italie au temps du Grand Schisme*, 1935. Ver também o artigo *Le Schisme d'Occident* do *Dictionnaire de Théologie*, e o livro original e pitoresco de Georges Pillement, *Pedro de Luna, le dernier Pape d'Avignon*, Paris, 1955.

As teorias conciliares foram estudadas por N. Valois, *Le Pape et le Concile*, Paris, 1909, e por J. Leclercq, nos seus artigos publicados em *Études*, outubro-novembro, 1935: *Les théories démocratiques au Moyen Âge*. O livro magistral de É. Gilson, *La philosophie au Moyen Âge*, Paris, 1942, é fundamental.

Sobre os concílios, deve-se recorrer à obra de Hefele-Leclercq. Ver ainda os artigos de Baudrillart, *Constance* e *Bâle*, e o de E. Amann, *Martin V*, no *Dictionnaire de Théologie*. Leia-se também o interessante trabalho de G. Pérouse, *Le cardinal Louis Aleman et la fin du Grand Schisme*, Lyon, 1904.

Sobre os diferentes aspectos da emancipação dos Estados, cf. R. Folz, *L'idée d'Empire en Occident du Vème au XIVème siècle*, Paris, 1953; W. W. Capes, *The English Church in the fourteenth and the fifteenth centuries*, Londres, 1900, tomo III da *History of the English Church;* E. Perroy, *L'Angleterre et le Grand Schisme d'Occident*, Paris, 1933; N. Valois, *Histoire de la Pragmatique Sanction*, Paris, 1906; J. Gaudemet, *La Collation par le roi de France des bénéfices vacants en régale*, Paris, 1935; P. Ourliac, *Le Concordat de 1472*, Paris, 1944; e o fundamental, *Les origines du Gallicanisme*, de V. Martin, cit.

II. Uma crise de unidade: a cristandade desmembra-se e perde o Oriente

O nascimento das nações modernas é estudado em *La désagrégation du Monde médiéval* da coleção *Peuples et Civilisations;* J. Pirenne, *Les Grands courants de l'Histoire universelle;* e M. A. de L. Génicot, *Lignes de faîte du Moyen Âge*, Paris-Tournai, 1951. O desenvolvimento urbano foi exposto de modo excepcional por Régine Pernoud, *Les villes marchandes aux XIVème et XVème siècles*, Paris, 1948.

Sobre as grandes crises políticas, Guerra dos Cem Anos e outras, pode-se consultar os livros existentes de história geral e de cada país: França, Inglaterra, Alemanha etc.

Quanto à sobrevivência das ideias de unidade e da cruzada, há duas obras interessantes: Bernard Voyenne, *Petite histoire de l'idée européenne*, Paris, 1952, e N. Jorga, *Philippe de Mézières et la croisade au XIVème siècle*, Paris, 1896.

A bibliografia de Joana d'Arc é tão extensa que só podemos fazer aqui breves alusões. Os textos do processo de condenação e de reabilitação foram editados em 1841-1849, por J. Quicherat, e os do processo de condenação reeditados em 1920-1921 por P. Champion. As biografias abundam: J. Quicherat, *Aperçus nouveaux sur l'histoire de Jeanne d'Arc*, 1849, N. Wallon 1867, Marius Sépet 1869, P. Ayrolles 1890, L. Petit de Julleville 1900, e as de G. Hanotaux, Anatole France, P. Champion, Victor Giraud e Lucien Fabre. Leia-se especialmente a biografia escrita por Régine Pernoud 1953, baseada no processo de reabilitação. P. Lanéry d'Arc e, em inglês, E. Terry compuseram repertórios da biografia da santa.

Sobre o fim de Bizâncio, cf. René Grousset, *L'Empire du Levant*, Paris, 1946 e G. Schlumberger, *Le siège, la prise et le sac de Constantinople par les Turcs en 1453*, 1915. Sobre as tentativas de união, ver o excelente estudo de Viller 1921 e o interessante, embora antigo, H. Vast, *Cardinal Bessarion*, Paris, 1878. Dentre os diversos livros sobre Tamerlão, veja-se René Grousset, *L'Empire des steppes*, Paris, 1939.

Para as origens da Rússia, cf. Brian-Chaninov, *L'Église russe*, Paris, 1928; a história da Rússia de Brian-Chaninov ou a de E. Krakowski, Paris, 1954; Gonzague de Reynold, *Monde russe*, Paris, 1953 e o excelente J.-N. Danzas, *Itinéraire religieux de la conscience russe*, Juvisy, 1935. Também J. Decarreaux, *Sainte Russie*, in *La Vie spirituelle*, julho de 1954.

III. Uma crise do espírito: o abalo das bases cristãs

A crise moral, espiritual e intelectual dos conturbados anos 1400 foi objeto de estudo das obras de G. Schnürer e L. Génicot, já citadas. Veja-se também A. Renaudet, *La fin du Moyen Âge*, Paris, 1931; mas o livro capital é o extraordinário J. Huizinga, *Le déclin du Moyen Âge*, 2ª ed., Paris, 1948. Há numerosas e profundas observações no ensaio de Romano Guardini, *La fin des temps modernes*, Paris, 1952.

Sobre religião, suas características e desvios, cf. P. Denifle, *La désolation des églises, monastères et hôpitaux de France pendant la guerre de Cent Ans*, Paris, 1897; Pierre Champion, *F. Villon, sa vie et son temps*, Paris, 1933; J. Marx, *L'Inquisition en Dauphiné*. Os sermões e os pregadores foram estudados por A. Samouillan e P. Thureau-Dangin *Saint Bernardin de Sienne*, e M. Gorce, *Saint Vincent Ferrier*. Quanto aos mistérios, bastam as obras definitivas de Gustave Cohen, especialmente *Le théâtre en France au Moyen Âge*, Paris, 1928, e *Histoire de la mise en scène dans le théâtre religieux en France au Moyen Âge*, Paris, 1931. Sobre a "dança macabra", veja-se artigo de L. Spitzer in *Mélanges Dauzat*, 1951.

A crise e a reforma das ordens monásticas são estudadas em Marc-Bonnet, *Histoire des Ordres religieux*, Paris, 1949, e nas obras consagradas às diversas ordens. Ver também R. Morçay, *Saint Antonin*, Paris, 1924; Pierre Caillet, *La décadence de l'Ordre de Cluny au XVème siècle et la tentative de réforme de l'abbé Jean de Bourbon*, Paris, 1929; e J. Goulven, *Rayonnement de sainte Colette*, Paris, 1952.

A bibliografia sobre a mística é enorme. Destacamos os principais livros. Obras gerais: F. Vernet, *Spiritualité médiévale*, Paris, 1929; P. de Jaeger, *Anthologie mystique*, Paris, 1933; Émile Baumann, *L'Anneau d'Or des Grands Mystiques*, Paris, 1924; F. X. de Hornstein, *Grands Mystiques allemands*, Luzerna, 1922; Jean Chuzeville, *Mystiques allemands*, Paris, 1935.

Sobre Mestre Eckhart, obra e apresentação por Paul Petit, Paris, 1942; sobre Tauler, apresentados por Huguney, Théry e Corin, *Sermons*, Paris, 1927. Sobre Henrique Suso, a admirável obra em cinco volumes de Lavaud, com biografia, estudos e traduções, Paris, 1946; J. A. Bizet, *Henri Suso et le déclin de la scolastique*, Paris, 1946; e Gerlac Peter, *Le Soliloque enflammé*, Paris, 1936. Sobre Ruysbroek, obras escolhidas e apresentadas por J. A. Bizet, Paris, 1946; obras completas pelos beneditinos de Wisques, 1922-1928; o grande livro de A. Wauthier d'Aygalliers, Paris, 1923; e sobre o conjunto dos místicos flamengos, cf. os trabalhos de E. Bruggeman Lille, 1928, e de P. Groult, Lovaina, 1926.

Sobre a *Imitação de Cristo*, há múltiplas traduções: a de P. Corneille em versos, a de Lamennais, a mais célebre, a de A. Beaunier, Paris, 1931 e a de Michelet Saint-Maurice, 1954. Há também inúmeros estudos, entre os quais: M. Lewandowski, *L'auteur inconnu de l'Imitation*, Paris, 1940 e uma análise da questão em Daniel-Rops, *Des images de grandeur*, Paris, 1950.

Com relação à vida intelectual, a bibliografia é imensa. Destaquemos Stéphen d'Irsay, *Histoire des universités françaises et étrangères*, Paris, 1933. Ver em seguida as obras gerais sobre a filosofia medieval de Bréhier, M. de Wulff, Paul Vugnaux e, sobretudo, É. Gilson. Cf. também o precioso, *Manuel de Patrologie*, de Cayré; o tomo XIII de Fliche e Martin em A. Forest, F. Van Steenberghen e M. de Gandillac, *Le Mouvement doctrinal du IXème au XIVème siècle;* e o tomo da história da literatura que J. Calvet dirige, consagrado por R. Bossuat à *Moyen Âge*, Paris, 1931.

Sobre Gerson, cf. os trabalhos de Masson, Lafontaine, André Combes e Louis Mourin. Veja-se o pitoresco M. J. Pinet, *Vie ardente de Jean Gerson*, Paris, 1930. Sobre a história das ciências, cf. os livros de P. Devaux e, de tendências mais racionalistas, F. Sartiaux, *Foi et science au Moyen Âge*, Paris, 1926.

Sobre Wiclef, as obras em inglês de R. I. Poole, Londres, 1911; H. B. Workman, Oxford, 1926; o artigo de B. L. Manning in *Cambridge Medieval History;* em francês, o tomo I de E. Perroy, *L'Angleterre et le Grand Schisme*, Paris, 1933.

Sobre João Huss, os livros de Loserth, Berlim, 1925, de F. Strunz, Munique, 1927 e, em francês: E. Denis, *Huss et la guerre des Hussites*, Paris, 1930; V.-L. Tapié, *Une Église tchèque au XVème siècle: l'Unité des frères*, Paris, 1934; e M. Fichelle, *L'aspect social du mouvement hussite* in *Revue d'histoire économique et sociale*, 1954, p. 311.

Por fim, sobre a arte, afora os livros essenciais já citados, cf. o admirável Émile Mâle, *La fin du Moyen Âge*, Paris, 1908 e o excelente L. Lefrançois-Pillion, *L'Art en France au XIVème siècle*, Paris, 1954. A revolução musical do século XIV foi bem explicada em Jacques Chailley, *Histoire musicale du Moyen Âge*, Paris, 1947.

IV. Os papas do Renascimento

Da enorme bibliografia sobre as questões tratadas neste capítulo mencionaremos apenas as obras essenciais. Um excelente enfoque do tema encontra-se no tomo XV de Fliche e Martin in R. Aubens e R. Richard, *L'Église et la Renaissance 1449-1517*, que contém abundantes notas bibliográficas.

Sobre o Renascimento italiano, a visão de conjunto mais justa e completa está em Ph. Monnier, *Quattrocento*, Paris e Florença, 1936. Cf. também Labande, *L'Italie de la Renaissance;* o excelente artigo de A. Pératé, *Renaissance*, in *Dictionnaire apologétique de la Foi catholique;* a exposição viva e judiciosa de Fred Bérence, *La Renaissance*, Paris, 1955; e a original obra de Orestes Ferrara, *Le XIVème siècle vu par les ambassadeurs vénitiens*, Paris, 1954. Pouquíssimos historiadores estudaram as relações entre Renascimento e cristianismo. Às obras que já citamos no início deste índice, acrescentemos J. Guiraud, *L'Église et les Origines de la Renaissance*, Paris, 1902. As teses de J. Burckhardt sobre a originalidade radical das ideias do Renascimento com relação à Idade Média, expostas em *La Civilisation en Italie au temps de la Renaissance*, Paris, 1885, foram discutidas mais tarde, principalmente por J. Nordström em *Moyen Âge et Renaissance*, cit.

O problema mais particular do humanismo e das suas relações com o cristianismo chamou a atenção de muitos historiadores, especialmente Carlo Angeleri, *Il problema religioso del Rinascimento*, Florença, 1952; Garin, *L'Umanismo italiano, filosofia e vita civile nel Rinascimento*, Paris, 1952; e É. Gilson, *Les idées et les lettres*, 1932, e no apêndice ao seu *Heloïse et Abélard*. Ver também A. Renaudet, P. de Nolhac, H. Vast no seu livro *Cardinal Bessarion*, Paris, 1878, e L. Mohler em alemão. Há grande mérito na abordagem de Francis Hermans, *Histoire doctrinale de l'humanisme chrétien*, 4 vols., Tournai-Paris, 1952. Vale a pena lembrar dois artigos de L. Gardet publicados em 1948, em *Le Cheval de Troie:* 1. *Brisure d'un humanisme chrétien;* 2. *Aux origines de l'âge moderne;* e o ensaio substancial de Romano Guardini, *La fin des Temps Modernes*, Paris, 1952.

Sobre Maquiavel, ver o penetrante estudo de O. Ferrara, a exposição brilhante de Marcel Brion, Paris, 1948 e o admirável Edmond Baricou, *Toutes les lettres de Machiavel*, Paris, 1955.

Além da imensa obra de Pastor, a história dos papas durante este período pode ser estudada em Rodocanachi, *Histoire de Rome*, 4 vols., Paris, 1921-1931.

Sobre os Borgia, depois dos trabalhos de C. Yriarte, há centenas de títulos: J. Lucas-Dubreton, *Les Borgia*, Paris, 1952; O. Ferrara, *Le Pape Borgia;* ou Marcel Brion, *Le Pape et le Prince*, Paris, 1953. O livro fundamental é G. Soranzo, *Studi intorno al Papa Alesandro VI Borgia*, Milão, 1951.

Sobre as guerras dos franceses na Itália, cf. Levis Mirepoix, *François Ier.*, Paris, 1931 e J. Thomas, *Le Concordat de 1516*, 3 vols., Paris, 1910.

Para o parágrafo consagrado à Espanha, ver Jean Descola, *L'Histoire de l'Espagne chrétienne*, cit., que contém boas indicações bibliográficas, e Louis Bertrand, *L'histoire d'Espagne*, Paris, 1932. Cf. também Mariejol, *L'Espagne sous Ferdinand et Isabelle*, Paris, 1920; J. Dieulafoy, *Isabelle la Grande, reine de Castille*, Paris, 1920; e Walsh, *Isabelle la Catholique*, Paris, 1932. Sobre a Inquisição e o seu papel, duas obras fundamentais em espanhol: a de B. Llorca Barcelona, 1936, 2ª ed., 1948 e a de M. de la Pinta Llorente.

Tanto quanto o seu adversário, o Papa Borgia, Savonarola suscitou muitas obras: em francês, as de Marcel Brion, 1948; em italiano, as de Sementovsky, 1950, Ridolfi, 1952, Ferrara, 1952; em alemão, as de Schnitzer, 1902-1910, estão entre as melhores. Não esqueçamos, porém, o livro que Pasquale Villari publicou em 1874.

Há bibliotecas inteiras sobre o tema da arte, de forma que devemos limitar-nos a remeter o leitor às grandes obras e manuais gerais já citados, ao excelente A. Leroy, *L'Histoire de la peinture*, Paris, 1954, como também às obras e guias sobre Roma, especialmente N. Maurice-Denis e R. Boulet, *Romée*, Paris, 1935.

V. O drama de Martinho Lutero

A bibliografia sobre Lutero é todo um mundo. Já em 1906, Böhmer contava a existência de dois mil volumes, sem falar das brochuras e artigos. Portanto, só nos é possível oferecer aqui breves indicações.

Obras de Martinho Lutero, em alemão 67 tomos e 33 em latim, na edição Erlanger, 1826-1885. A edição de Weimar, iniciada em 1883, estava planejada para 80 in-quarto. Correspondência: edições de Welte, 1825-1856, e Enders, 1884-1923. Em francês, Michelet, *Les Mémoires de Luther*, 1835; *A la noblesse chrétienne*, 1881; *De la liberté du chrétien*, Paris, 1914; *Traité du serf arbitre*, Paris, 1936. Trechos escolhidos: H. Strohl, *La substance de l'Évangile selon Luther*, Paris, 1934; Goguel, *Luther*, Paris, 1934; L. Cristiani e Daniel-Rops, *Luther tel qu'il fut*, Paris, 1955.

Biografias escritas pelos protestantes: A. von Harnack, Berlim, 1917; D. E. Berger, Berlim, 1921; W. Koehler, Constância, 1917; O. Scheel, Tubinga, 1930, interessantes para conhecer a juventude, antes de 1517; J. Mackinnon, em inglês, Londres, 1925-1930. Em francês, Henry Strohl, *Luther, sa vie et sa pensée*, Paris, 1953, e a obra de Funck-Brentano, Paris, 1934. É preciso destacar o admirável Lucien Febvre, *Un destin, Martin Luther*, Paris, 1928, obra de um católico independente da Igreja, análise de uma excepcional lucidez, mas que não estuda a fundo a primeira parte da sua vida.

Biografias escritas por católicos: Denifle, Mogúncia, 1904-1906, traduzido por Pâquier, Paris, 1902-1906; Grisar, Freiburg im Breisgau, 1911-1912; L. Cristiani, *Luther et le Lutheranisme*, Paris, 1908 e *Du Luthéranisme au Protestantisme*, Paris, 1911, completadas pelos artigos publicados em *L'Ami du Clergé* em 1938 e 1939, e pelo artigo *Réforme* do *Dictionnaire Apologétique* de Alès.

Obras mais gerais sobre Lutero e a sua doutrina: cf. E. G. Léonard, *Histoire du Protestantisme*, Paris, 1950; A. Renaudet e Hauser nos tomos VIII e IX de *Peuples et civilisations;* e P. de Moreau, no tomo XVI de *L'Histoire de l'Église* de Fliche e Martin. Do ponto de vista protestante, ver especialmente a tese de A. Junot, *Le développement de la pensée religieuse de Luther jusqu'en 1517*, Paris, 1908; os estudos de H. Strohl sobre o mesmo tema, mas prolongado até 1520, Estrasburgo, 1924, e *La pensée de la Réforme*, Paris, 1951.

Do lado católico, não nos esqueçamos da célebre *Histoire des variations des Églises protestantes*, de Bossuet. O tomo II de Imbart de la Tour, *Les origines de la Réforme*, 1944, é muito útil. Veja-se também a obra de Baudrillart, já citada. O rude *Lutero* de Jacques Maritain, no seu *Trois Réformateurs*, apresenta uma posição que é preciso conhecer. Cf. ainda: G. Tavard, *À la rencontre du Protestantisme*, Paris, 1954 e J. Dedieu, *Instabilité du Protestantisme*, Paris, 1928.

Sobre o aspecto sócio-político da questão, há vários estudos de grande valor: G. de Lagarde, *Recherches sur l'esprit politique de la Réforme*, Paris, 1926; L. Cristiani, *Luther et la question sociale*, Paris, 1912; e E. Vermeil, *Réforme luthérienne et civilisation allemande*, Mélanges Andler, Estrasburgo, 1924.

Sobre Zwinglio, a obra mais importante é a de J. Courvoisier, Paris, 1953. Veja-se também o excelente Ch. Journet, *Esprit du Protestantisme en Suisse*, 1924. Sobre Bucer, J. Erber, *Martin Bucer, précurseur de l'oecuménisme*, in *Annuaire de Selestat*, 1954, p. 131. Sobre Bullinger, André Bouvier, Paris, 1940.

Sobre os anabatistas, cf. P. F. Catrou, Paris, 1895; Gérard Walter, *Thomas Munzer et les luttes sociales à l'époque de la Réforme*, Paris, 1937; e, sobretudo, G. d'Aubarède, *La Révolution des Saints*, Paris, 1946.

Sobre Erasmo, veja-se o excelente capítulo de Herman no já citado *Histoire doctrinale de l'Humanisme chrétien*. Há inumeráveis obras consagradas ao príncipe do humanismo por Hallis, G. Allem, L. E. Binns, H. Day, de Vocht, Gautierniam e A. Renaudet. Ver o estudo substancial do grande historiador holandês J. Huizinga, Paris, 1955 e, por fim, o curioso *Erasme et le septième sacrement*, de Émile V. Telle.

VI. O êxito de João Calvino

Sobre a França no início da Reforma, limitar-nos-emos a remeter o leitor às obras de história geral já citadas, especialmente: tomo VIII de Hauser e Renaudet de *Peuples et civilisation, XVIème siècle;* de Sée e Rebillon da coleção *Clio;* e *L'Histoire générale des Civilisations*, de Roland Mousnier. Mencionemos de passagem que, na coleção *Armand Colin*, o livro *La Réforme et les guerres de religion*, por J. Chartrou-Charbonnel, 1936, é um exemplo perfeito de incompreensão do catolicismo e de parcialismo. Cf. também Pierre Gaxotte, *L'Histoire des Français*, Paris, 1951; o tomo II de *L'Histoire du Peuple français*, a cargo da Éd. Pognon para o período de *Jeanne d'Arc à Louis XIV*, Paris, 1952; e G. Goyau, *L'Histoire religieuse*, in *Histoire de la Nation Française*, de Gabriel Hanotaux.

Para compreender o clima moral e espiritual da época, ver o brilhante Lucien Febvre, *Problème de l'irréligion au XVIème siècle*, Paris, 1942 e o excelente Lucien Romier, *Royaume de Catherine de Médicis*. Rendamos uma homenagem ao manual que Raoul Morçay escreveu sobre *La Renaissance*, Paris, 1933, in *L'Histoire de la littérature française*, de Mgr. Calvet. Ler-se-á com interesse o estudo de Jacques Boussard, *L'Université d'Orléans et l'humanisme du début du XVIème siècle* in *Humanisme et Renaissance*, Paris, 1938; o sólido L. Delaruelle, *Guillaume Budé*, Paris, 1907; e A. Renaudet, *Préreforme et humanisme à Paris pendant les premières guerres d'Italie*, Paris, 1916.

Sobre Lefebvre d'Etaples e o evangelismo de Meaux, cf. o estudo fundamental de J. Barnaud, *Jacques Lefbvre d'Etaples*, in *Études théologiques et religieuses*, Montpellier, 1936; N. Weiss, in *Revue de Métaphysique et de Morale*, setembro-dezembro 1918; e as de M. Villain in *Mélange Lebreton*, 1952. Sobre Briçonnet e as suas ideias religiosas, Ph. A. Becker publicou na *Revue de Théologie* de Montauban, 1900, um estudo muito tendencioso. Mais equilibrado é o artigo de E. Amann sobre Lefebvre e os seus amigos no *Dictionnaire de théologie catholique* ou o enfoque de Lucien Febvre no seu *Autour de l'Heptaméron*. O livro de A. Lefranc, *Les idées religieuses de Marguerite de Navarre*, Paris, 1900, é muito interessante, mas são os estudos de P. Jourda que trouxeram o maior número de contribuições sobre essa personagem.

Sobre Étienne Dolet e a corrente racionalista, cf. R. Coplet Christie, *É. Dolet, martyr de la Renaissance*, Paris, 1886, Galtier, Paris, 1907, e Chassaigne, Paris, 1931, todos em tom panegírico.

As primeiras perseguições contra os protestantes na França foram objeto de estudo do interessante N. Weiss, *La chambre ardente*, Paris, 1887. Ver também os estudos contidos nas obras gerais e sobre a história do protestantismo. Entre elas, a clássica obra do erudito católico Imbart de la Tour, em 4 volumes, merece consideração, bem como os dois volumes, um pouco tendenciosos, do protestante J. Vienot, *L'Histoire de la Réforme française*, Paris, 1926-1934. Fundamental é H. Strohl, *La Pensée de la réforme*. Vale a pena ler também Raoul Stephan, *L'Epopée Huguenote*, Paris, 1945, elegantemente escrito, erudito, com uma análise judiciosa da literatura da Reforma.

As *obras de Calvino* ocupam 59 volumes no *Corpus reformatorum* de Brunswick e a sua correspondência foi editada em 9 alentados tomos por Herminjard, Genebra, 1866-1897. *L'Institution chrétienne* foi editada por Jacques Pannier em 4 volumes, na coleção *Textes français*, Paris, 1936; o *Catéchisme de Jean Calvin* foi editado por *Je Sers* Paris, 1934; e ler-se-á com interesse os *Textes choisis*, por Ch. Gagnebin, para *Le Cri de la France*, Paris, 1948, com o breve mas substancial prefácio de Karl Barth.

Sobre Calvino, ver L. Cristiani e Daniel-Rops, *Calvin tel qu'il fut*, Paris, 1955; em inglês, Martinon, e em alemão, Paul Henry, *Das Leben Johann Calvinus*, 1883. O livro basilar é de E. Doumergue, *Jean Calvin, les hommes et les choses de son temps*, Lausanne-Paris, 1899-1927, apaixonado e apaixonante, muito rico e documentado.

Infelizmente, contém aspectos desagradáveis de um preconceito contra a Igreja Católica e de uma desmedida exaltação de Calvino. Bem mais equilibradas são as biografias de Wiliston Walker, Genebra, 1909 e François Wendel, Paris, 1950. Esta última oferece um bom resumo do conjunto dos trabalhos sobre Calvino. Ver também A. Autin, *L'institution chrétienne de Calvin*, Paris, 1929; J. D. Benoit, *Calvin directeur d'âme*, Estraburgo, 1947; Henri Bois, *La philosophie de Calvin*, Paris, 1919; Ch. Borgeaud, *L'Académie de Genève*, Genebra, 1906; a homenagem coletiva a Calvino publicada em Estrasburgo, 1938; a série de artigos de Cristiani em *L'Ami du clergé*, 1951; E. Choisy, *Calvin éducateur des consciences*, Neuilly, 1926; J. Courvoisier, *Bucer et l'oeuvre de Calvin*, in *Revue de théologie et de philosophie*, Lausanne, 1933; G. Goyau, *Genève, Ville-Église*, Paris, 1907.

Em sentido inverso, da autoria de protestantes e não-católicos, temos: H. Heyer, *L'Église de Genève*, Genève, 1909, uma interessante análise psicológica; Abel Lefranc, *La jeunesse de Calvin*, Paris, 1888; D. Merejkowski, *Calvin*, Paris, 1902; Mora e Louvet, *Calvin*, 1931, bastante tendencioso; Naef, *Les origines de la Réforme à Genève*, Genève, 1936. Ver também os numerosos e notáveis trabalhos de J. Pannier, especialmente *Calvin écrivain*, Paris, 1936, e os de H. Strohl, especialmente sobre as relações entre Bucer e Calvino, assunto que F. Wendel também estudou no seu *Église de Strasbourg*, Paris, 1942. Destaquemos a interessante obra de A. Favre-Dorsaz, *Calvin et Loyola*, Paris-Bruxelles, 1951.

Por fim, sobre Farel, o livro coletivo de Neuchâtel, 1930 e o artigo de Victor Carrière in *Rev. d'Histoire de l'Église de France*, 1934, p. 62. Sobre o caso Servet, o excelente estudo de A. Hollard, Paris, 1945, melhor que o livro de Rouquette, *L'Inquisition protestante*, Paris, 1906, e o de Bouvier, *La question Michel Servet*. Em 1953, surgem em Haarlem uma obra coletiva: *Autour de Michel Servet*.

VII. Da revolta religiosa à política protestante

O imenso tema da expansão da Reforma, que atinge a evolução política, social e econômica, tanto quanto a história das ideias e do sentimento religioso, gerou uma enorme bibliografia, cujos enriquecimentos mais recentes encontram-se nos *Bulletins d'histoire du protestantisme*, publicados pela *Revue historique*, 1952-1954, sob os cuidados de E. G. Léonard, um dos maiores especialistas franceses da Reforma.

Para as exposições de conjunto, reportamos o leitor às obras indicadas nos capítulos precedentes, assinalando especialmente o pequeno livro do mesmo Léonard, *Histoire du protestantisme*, publicado em 1950 na coleção *Que sais-je?* Lembramos também os tomos VIII e IX de *Peuples et civilisations* e o tomo de *L'Histoire de l'Église*, de Fliche e Martin, consagrado a este período. Leiam-se também as excelentes páginas de Baudrillart, já citado, e as de Bossuet.

Seria preciso recorrer a uma multidão de livros e artigos para acompanhar a história prodigiosamente complexa do protestantismo em cada país. Limitar-nos-emos a destacar alguns títulos.

No que diz respeito à França, o ensaio sociológico de Léonard, *Le Protestant français*, Paris, 1953, é obra de um protestante bem informado, clarividente, isento de sectarismo. Ver também, de Imbart de la Tour, *Origines de la Réforme;* E. Doumergue; John Vienot, *L'Histoire de la réforme française*, Paris, 1926-1934; Raoul Stéphan, *L'Epopée huguenote;* e os trabalhos sólidos e apaixonantes de Lucien Romier, *Les origines politiques des guerres de religion*, Paris, 1913-1914, *Le royaume de Catherine de Médicis* e *La France à la veille des guerres de religion*, Paris, 1922.

Para a Alemanha, afora as biografias de Lutero, há duas obras de grande categoria que condensam o essencial dos nossos conhecimentos com uma louvável lealdade: H. Hermelinck e W. Maurer, *Reformation und Gegenreformation*, Tubinga, 1931, volume muito útil também para o estudo da reforma católica, e J. Lertz, *Die Reformation in Deutschland*, Freiburg im Breisgau, 1939-1940.

A introdução do luteranismo nos países escandinavos é explicada do ponto de vista protestante, com abundantes referências às fontes, por J. Hoffman, *La Réforme en Suède et la succession apostolique*, Neuchâtel e Paris, 1945, e no tomo II da enciclopédia alemã *Ekklesia*, Gotha, 1935-1938.

O protestantismo na Boêmia compõe um dos capítulos mais caros aos historiadores do povo tcheco, especialmente o famoso Palacki e Français Ernest Denis. A Reforma na Europa Oriental suscitou numerosas pesquisas na Áustria e na Alemanha, notadamente as de Albert Amann e Karl Völker. Um excelente enfoque da questão do protestantismo na Polônia foi realizado por Berga, na introdução à sua tese sobre o jesuíta *Pierre Skarga*, Paris, 1916.

A penetração e o fracasso das doutrinas reformadas nos países do Sul são analisados por E. Rodocanachi, *La Réforme en Italie*, Paris, 2 vols., 1920-1921; Marcel Bataillon, *Erasme et l'Espagne*, Paris, 1937; e Menendez y Pelayo, *Historia de los heterodoxos españoles*, tomos IV e V, 1928.

A *Bibliographie de l'Histoire de Belgique*, de H. Pirrene, revela a volumosa pesquisa sobre o protestantismo e as guerras religiosas nos Países Baixos. Ver os historiadores holandeses Moorrees, Knappert, Rogier e sobretudo Blok. Os inícios dramáticos da sua história nacional são resumidos por Van Gelder, *Histoire des Pays-Bas*, Paris, 1936. O P. de Moreau encara o assunto do ponto de vista das regiões do Sul, que permaneceram fiéis ao catolicismo, na sua *Histoire de l'Église en Belgique*, tomo V.

Quanto à Inglaterra, cf. G. Constant, *La Réforme en Angleterre*, tomo I, *Le schisme anglican, Henri VIII*, tomo I, *Edouard VI*, Paris, 1930-1939. G. Coolen, *Histoire de l'Église d'Angleterre* não está isenta de um *parti pris* católico. Muito mais equilibrados são André Maurois, *Histoire d'Angleterre* e A. Toledano, *Histoire de l'Angleterre chrétienne*, Paris, 1955. As melhores obras em língua inglesa são, sem dúvida, J. Gairdner, *The English Church in the XVIth century*, Londres, 1924; os estudos de Pollard sobre a política de Somerset, o papel do arcebispo Cranmer e, sobretudo, a sua

History of England from the accession of Edward VI to the death of Elisabeth, Londres, 1910. Veja-se também W. Schenk, *Reginald Pole, Cardinal of England*, Londres, 1950. No verão de 1954, L. Cristiani ofereceu-nos no *L'Ami du clergé* uma excelente história da Reforma na Inglaterra.

Muitos leitores certamente quererão conhecer melhor a admirável figura de são Thomas More. O livro fundamental é o de R. W. Chambers, Londres, 1932. Temos ainda as obras de H. Bremond, 1920, de Émile Dermenghem, 1927, de Daniel Sargent e de Léon Lemonnier, Paris, 1948.

ÍNDICE ANALÍTICO

ESTE LIVRO ACABOU DE SE IMPRIMIR
A 5 DE NOVEMBRO DE 2024,
EM PAPEL IVORY SLIM 65 g/m².